AF816059

Die Preußischen Besoldungsgesetze

vom 17. Dezember 1920

Herausgegeben und erläutert von

Dr. Hermann Erythropel

Ministerialdirector im Preußischen Finanzministerium

3. völlig umgearbeitete Auflage

besorgt von

Otto König

Oberfinanzrat im Preuß. Finanzministerium

1923

Verlag von H. W. Müller

Berlin SW. 68, Schützenstr. 29/30.

Verlag von H. W. Müller, Berlin SW. 68.

Die Verfassung des Freistaates Preußen
vom 30. November 1920.

Mit einer Einleitung und Anmerkungen.

Herausgegeben von Dr. **Conrad Bornhak**,
Geh. Justizrat, Professor an der Universität Berlin.

1921. 72 S. Geheftet GZ. 1.—.

Die Landgemeindeordnung
für die 7 östlichen Provinzen der Monarchie.

Vom 3. Juli 1891.

Nebst den zu ihrer Ausführung erlassenen Anweisungen.

Erläutert von **St. Genzmer**,
Senatspräsident am Oberverwaltungsgericht.

5., verbesserte Auflage. 1914. Geb. GZ. 3.35

Wie hat der Schiedsmann sein Amt zu führen?
Eine gemeinverständliche Anleitung.

Mit **Beispielen** für alle beim Schiedsmann vorkommenden Protokolle, Vermerke und sonstigen Niederschriften, einem Abdruck der **Schiedsmannsordnung** und ausführlichem **Sachregister.**

Von **C. Christiani**,
weil. Geh. Justizrat, Amtsgerichtsrat in Osterode a. H.

Fünfte, neubearbeitete Auflage

Von Dr. **R. Reichau**,
Amtsrichter in Berlin.

8°. 126 Seiten. Kart. GZ. 1.05.

Grundzahl mal Schlüsselzahl = Verkaufspreis

Die Preußischen Besoldungsgesetze

vom 17. Dezember 1920

Herausgegeben und erläutert von

Dr. Hermann Erythropel
Ministerialdirektor im Preußischen Finanzministerium.

3. völlig umgearbeitete Auflage

besorgt von

Otto König
Oberfinanzrat im Preußischen Finanzministerium

1923
Verlag von H. W. Müller
Berlin SW. 68, Schützenstr. 29/30.

Junge & Sohn, Univ.-Buchdruckerei, Erlangen.

Vorwort zur 3. Auflage.

Nachdem die beiden wichtigsten Besoldungsgesetze, das Beamten-Diensteinkommensgesetz und das Volksschullehrer-Diensteinkommensgesetz, in ihrer z. Zt. geltenden Fassung im Mai d. J. neu bekannt gemacht worden sind, war es notwendig auch eine neue Bearbeitung der „Preußischen Besoldungsgesetze“ herauszugeben. Der bisherige Herausgeber, Herr Ministerialdirektor Erythropel, konnte infolge starker dienstlicher Inanspruchnahme die Neubearbeitung seines Werkes nicht selbst vornehmen. Mit seiner Zustimmung hat sich der Unterzeichnete, der derzeitige Referent für Beamtenbesoldungsfragen im Preußischen Finanzministerium, der Aufgabe unterzogen.

Bei der Neubearbeitung sind nicht nur alle bis Ende Mai 1923 ergangenen Abänderungsgesetze zu den Besoldungsgesetzen aufgenommen, sondern es sind auch alle grundsätzlichen Erlasse des Finanzministeriums berücksichtigt worden. Die im Laufe des Monats Juni erfolgten Änderungen, insbesondere die Erhöhung der Grundgehälter sind am Schluß in den „Veränderungen während des Druckes“ wiedergegeben. Um das Buch für die Kommunalbehörden brauchbarer zu gestalten, sind auch die Richtlinien des Ministeriums des Innern über die Besoldung der Kommunalbeamten, sowie das Gesetz über die Errichtung eines Landesschiedsgerichts mit abgedruckt worden. Um den Umfang des Werkes nicht zu groß werden zu lassen, mußten dafür einige der in der 2. Auflage abgedruckten Ministerialerlasse in Wegfall kommen.

Bei der Herstellung des Werkes hat mich Herr Regierungsrat Dr. Deichmann vom Preußischen Finanzministerium unterstützt, einzelne Abschnitte, so insbesondere die Anmerkungen über die Kinder- und Frauenbeihilfe, hat er selbständig bearbeitet. Ihm und den andern Helfern, die mir wertvolle Fingerzeige für die Ausgestaltung des Buches gegeben haben, sei auch an dieser Stelle nochmals mein Dank ausgesprochen.

Berlin-S. 59, den 1. Juli 1923.
Freiligrathstr. 13.

König.

Inhaltsübersicht.

Seite

A. Gesetz über das Diensteinkommen der unmittelbaren Staatsbeamten (Beamten-Diensteinkommensgesetz) 1
  I. Diensteinkommen. §§ 1—16 4
    A. Planmäßige Beamte. §§ 1—10 4
    B. Nichtplanmäßige Beamte und ihnen gleichgestellte Beamte. §§ 11—16 32
  II. Kinderbeihilfen. § 17 42
  III. Ausgleichszuschlag § 18 45
  IV. Wartegeld, Ruhegeld, Hinterbliebenenbezüge. §§ 19—24 . . . 47
  V. Übergangsvorschriften. §§ 25, 26 59
  VI. Schlußvorschriften. §§ 27—37 65
  Besoldungsordnung für die planmäßigen unmittelbaren Staatsbeamten (Anlage 1) 72
  Ortszuschlag (Anlage 2) 121
  Nachweisung der Dienstbezüge für die nichtplanmäßigen unmittelbaren Staatsbeamten (Anlage 3) 121

B. Gesetz über die Versorgungsbezüge der zum 1. April 1920 oder zu einem früheren Zeitpunkt in den Ruhestand versetzten unmittelbaren Staatsbeamten, ihrer Hinterbliebenen und der Hinterbliebenen der vor dem 1. April 1920 verstorbenen Beamten (Beamten-Altruhegehaltsgesetz) 124

C. Gesetz, betreffend das Diensteinkommen der Lehrer und Lehrerinnen an den öffentlichen Volksschulen (Volksschullehrer-Diensteinkommensgesetz -- VDG. —) 138

D. Gesetz über die Versorgungsbezüge der zum 1. April 1920 oder zu einem früheren Zeitpunkt in den Ruhestand versetzten Lehrer und Lehrerinnen an öffentlichen Volksschulen, ihrer Hinterbliebenen und der Hinterbliebenen der vor dem 1. April 1920 verstorbenen Lehrer und Lehrerinnen an öffentlichen Volksschulen (Volksschullehrer-Altruhegehaltsgesetz 167

E. Gesetz über die Bereitstellung von Mitteln zur Aufbesserung des Diensteinkommens der Geistlichen der evangelischen Landeskirchen. Vom 17. Dezember 1920 in der Fassung des Ges. vom 7. Aug. 1922 . 171

F. Gesetz über die Bereitstellung von Mitteln zur Aufbesserung des Diensteinkommens der katholischen Pfarrer. Vom 17. Dezember 1920 in der Fassung des Ges. vom 7. Aug. 1922 173

G. Gesetz über das Diensteinkommen der Leiter und Lehrer an nichtstaatlichen höheren Lehranstalten. Vom 17. Dezember 1920 . . . 175

Seite

H. Gesetz über die Besoldung der Lehrer und Lehrerinnen an den öffentlichen mittleren Schulen (Mittelschullehrer-Diensteinkommensgesetz — MDG. —). Vom 14. Januar 1921 in der Fassung des Gesetzes vom 2. Februar 1923 177

I. Gesetz über das Diensteinkommen der Gewerbe- und Handelslehrer und -Lehrerinnen an den gewerblichen, kaufmännischen und hauswirtschaftlichen Berufsschulen (Pflichtfortbildungsschulen). [Berufsschullehrer-Diensteinkommengesetz]. Vom 17. Oktober 1922 187

K. Gesetz über die Gehaltsverhältnisse der Beamten der Preußischen Staatsbank (Seehandlung) und der Preußischen Zentralgenossenschaftskasse. Vom 31. Juli 1922 197

L. Gesetz über die Gewährung von örtlichen Sonderzuschlägen an unmittelbare Staatsbeamte und Lehrpersonen. Vom 18. März 1922 . . 198

Anhang:

I. Verordnung, betreffend die einstweilige Versetzung der unmittelbaren Staatsbeamten in den Ruhestand, vom 26. Februar 1919 in der Fassung des Ges. vom 31. Dezember 1922 199

II. Verordnung über die Versorgung der Hofbeamten und ihrer Hinterbliebenen vom 10. März 1919 in der Fassung des Beamten-Diensteinkommensgesetzes vom 17. Dezember 1920 204

III. Gesetz, betreffend die Pensionierung der unmittelbaren Staatsbeamten vom 27. März 1872/27. Mai 1907 in der Fassung des Beamten-Diensteinkommensgesetzes vom 17. Dezember 1920 . . 208

IV. Gesetz, betreffend die Fürsorge für die Witwen und Waisen der unmittelbaren Staatsbeamten, vom 20. Mai 1882/27. Mai 1907 in der Fassung des Beamten-Diensteinkommensgesetzes vom 17. Dezember 1920 219

V. Gesetz, betreffend die Pensionierung der Lehrer und Lehrerinnen an den öffentlichen Volksschulen, vom 6. Juli 1885/10. Juni 1907 in der Fassung des Volksschullehrer-Diensteinkommensgesetzes vom 17. Dezember 1920 225

VI. Gesetz, betreffend die Fürsorge für die Witwen und Waisen der Lehrer an den öffentlichen Volksschulen, vom 4. Dezember 1899/10. Juni 1907 in der Fassung des Volksschullehrer-Diensteinkommensgesetzes vom 17. Dezember 1920 231

VII. Gesetz über eine erhöhte Anrechnung der von den Staatsbeamten und Volksschullehrpersonen während des Krieges zurückgelegten Dienstzeit. Vom 23. November 1920 234

VIII. Gesetz, betreffend Errichtung eines Landesschiedsgerichts. Vom 24. März 1922 235

IX. Gesetz, betreffend vorläufige Regelung verschiedener Punkte des Gemeindebeamtenrechts. Vom 8. Juli 1920 237

X. Gesetz, betreffend die Fürsorge für Beamte infolge von Betriebsunfällen. Vom 18. Juni 1887/2. Juni 1902 240

XI. Reichsgesetz zur Sicherung einer einheitlichen Regelung der Beamtenbesoldung. Vom 21. Dezember 1920/22. März 1923 . . 245

XII. Gesetz zur Änderung der Vorschriften über die Pfändbarkeit von Gehaltsansprüchen. Vom 26. Oktober 1922 250

Seite

XIII. Ministerial-Erlasse 252
1. Ausführungsbestimmungen zum Beamtendiensteinkommensgesetz vom 17. Dezember 1920 (Preußische Besoldungsvorschriften — PBV.). Vom 8. Juli 1921 in der Fassung der Bekanntmachung vom 1. April 1923 253
2. Ausführungsanweisung des Finanzministers zum Beamten-Diensteinkommensgesetz und zum Beamten-Altruhegehaltsgesetz vom 17. Dezember 1920. Vom 21. Januar 1921 — B 1626 322
3. Verschiedene Erlasse des Finanzministers zur Ergänzung des Teils II der AusfAnw. v. 21. Januar 1921 334
4. Erlaß des Ministers des Innern, betreffend Richtlinien für die Besoldung von Kommunalbeamten. Vom 1. März 1922 — IV a I 1306 347
5. Verfügung des Ministers des Innern, betreffend Amtsbezeichnungen und Dienstgradabzeichen der kommunalen Polizeibeamten. Vom 20. Mai 1922 — II D 982 359
6. Bekanntmachung betreffend Bildung des Landesschiedsgerichts. Vom 4. September 1922 362
7. Vorschriften über das Verfahren vor dem Landesschiedsgericht. Vom 4. September 1922 363

XIV. Verordnungen und Erlasse betreffend Zuwendungen an Beamte in besonderen Fällen 365
A. Verordnungen über die Gewährung von Kinderzulagen an über 21 Jahr alte Kinder 365
B. Verordnungen über Notstandsbeihilfen 367

XV. Tafeln über Grundgehalt und Ortszuschlagssätze nach
1. dem BDEG. vom 17. Dezember 1920 377
2. dem Ges. über eine Änderung der Dienst- und Versorgungsbezüge der unmittelbaren Staatsbeamten vom 24. Nov. 1921 379
3. dem Ges. über Änderungen in der Beamtenbesoldung vom 19. April 1922 381
4. dem Ges. über Änderungen der Dienst- und Versorgungsbezüge der unmittelbaren Staatsbeamten vom 21. November 1922 . 383

Veränderungen während des Druckes 385
1. Gesetz über Änderungen der Dienst- und Versorgungsbezüge der unmittelbaren Staatsbeamten 387
2. Gesetz über Änderungen des Volksschullehrer-Diensteinkommensgesetzes, des Volksschullehrer-Ruhegehaltsgesetzes, des Volksschullehrer-Altruhegehaltsgesetzes und des Volksschullehrer-Hinterbliebenenfürsorgegesetzes 401
3. Gesetz zur Abänderung des Mittelschullehrer-Diensteinkommensgesetzes 406
4. Bekanntmachung des Gesetzes, betreffend eine zweite Änderung des Besoldungssperrgesetzes 408

XVI. Schlagwörterverzeichnis 409

Abkürzungen.

a. a. O.	=	am angeführten Orte.
Abs.	=	Absatz.
AnwDA.	=	Anwärterdienstalter.
AnwDZ.	=	Anwärterdienstzeit.
AZ.	=	Ausgleichszuschlag.
a. E.	=	am Ende.
a. F.	=	alter Fassung.
AGO.	=	Allgemeine Gerichtsordnung.
a. M.	=	anderer Meinung.
Anl.	=	Anlage.
Anm.	=	Anmerkung.
AOrder	=	Allerhöchste Order.
Art.	=	Artikel.
BARG.	=	Gesetz über die anderweitige Regelung der Versorgungsbezüge der zum 1. April 1920 oder zu einem früheren Zeitpunkt in den Ruhestand versetzten unmittelbaren Staatsbeamten, deren Hinterbliebenen und der Hinterbliebenen der vor dem 1. April 1920 verstorbenen Beamten (Beamten-Altruhegehaltsgesetz), vom 17. Dezember 1920 (GS. 1921 S. 214).
BDA.	=	Besoldungsdienstalter.
BDEG.	=	Gesetz, betreffend das Diensteinkommen der unmittelbaren Staatsbeamten (Beamten-Diensteinkommensgesetz), vom 17. Dezember 1920 (GS. 1921 S. 135).
Begr.	=	Begründung zum BDEG. vom 7. Mai 1920.
BGB.	=	Bürgerliches Gesetzbuch vom 18. August 1896 (RGBl. S. 195).
BO.	=	Besoldungsordnung für die planmäßigen unmittelbaren Staatsbeamten (GS. 1921 S. 154ff.).
Brand, Beamtenrecht	=	Dr. A. Brand, Das Beamtenrecht. Berlin 1914.
BUFG.	=	Gesetz, betreffend die Fürsorge für Beamte infolge von Betriebsunfällen (Betriebsunfall-Fürsorgegesetz), vom 18. Juni 1887/2. Juni 1902 (GS. S. 282 und 153).
EG. BGB.	=	Einführungsgesetz zum Bürgerlichen Gesetzbuch vom 18. August 1896 (RGBl. S. 604).
Entw.	=	Entwurf.
Erl.	=	Erlaß.
FinMin.	=	Finanzminister.
FinMinBl.	=	Finanzministerialblatt.

GDG. = Gesetz über das Diensteinkommen der Gewerbe- und Handelslehrer und -lehrerinnen an den gewerblichen, kaufmännischen und hauswirtschaftlichen Berufsschulen (Pflichtfortbildungsschulen, [Berufsschullehrer-Diensteinkommensgesetz] vom 14. Januar 1921.
Ges. = Gesetz.
GS. = Preußische Gesetzsammlung.
GV. = Vorschriften für die Festsetzung der nach Dienstaltersstufen geregelten Gehälter der unmittelbaren Staatsbeamten. (Gehaltsvorschriften). (MBl. f. d. i. V. 1911 S. 219—241).
Heinemann = Heinemann, Die Preußische Staatsbeamtengesetzgebung. 1909.
HFG. = Gesetz, betreffend die Fürsorge für die Witwen und Waisen der unmittelbaren Staatsbeamten (Hinterbliebenen-Fürsorgegesetz (vom 20. Mai 1882/27. Mai 1907 (GS. S. 298 und 299).
HofbVO. = Verordnung über die Versorgung der Hofbeamten und ihrer Hinterbliebenen vom 10. März 1919 (GS. S. 475).
JMBl. = Justizministerialblatt.
KabO. = Kabinettsorder.
LandwMin. = Minister für Landwirtschaft, Domänen und Forsten.
MinBl. f. d. i. V. = Ministerialblatt für die gesamte innere Verwaltung.
MDG. = Gesetz über die Besoldung der Lehrer und Lehrerinnen an den öffentlichen mittleren Schulen (Mittelschullehrer-Diensteinkommensgesetz) vom 14. Januar 1921 (GS. S. 325).
MDZ. = Militär- und Marinedienstzeit.
OZ. = Ortszuschlag.
PBV. = Ausführungsbestimmungen zum Beamten-Diensteinkommensgesetz (Preußische Besoldungsvorschriften) vom 8. Juli 1921.
RGBl. = Reichsgesetzblatt.
v. Rheinbaben, Disziplinargesetze = v. Rheinbaben, Die preußischen Disziplinargesetze. 2. Auflage. Berlin 1911.
RichterDiszGes. vom 7. Mai 1851 = Gesetz, betreffend die Dienstvergehen der Richter und die unfreiwillige Versetzung derselben auf eine andere Stelle oder in den Ruhestand vom 7. Mai 1851 (GS. S. 218).
S. = Seite.
s. = siehe.
StGB. = Strafgesetzbuch für das Deutsche Reich vom 15. Mai 1871/19. Juni 1912 (RGBl. 1876 S. 39, 1912 S. 395).
StPO. = Strafprozeßordnung für das Deutsche Reich vom 1. Februar 1877 (RGBl. S. 253).
UnterrMin. = Minister für Wissenschaft, Kunst und Volksbildung.
VARG. = Gesetz über die Versorgungsbezüge der zum 1. April 1920 oder zu einem früheren Zeitpunkt in den Ruhestand versetzten Lehrer und Lehrerinnen an öffentlichen Volksschulen, ihrer Hinterbliebenen und der Hinterbliebenen der vor dem 1. April 1920 verstorbenen Lehrer und Lehrerinnen an öffentlichen Volksschulen (Volksschullehrer-Altruhegehaltsgesetz), vom 17. Dezember 1920 (GS. S. 655).

VDG. = Gesetz, betreffend das Diensteinkommen der Lehrer und Lehrerinnen an den öffentlichen Volksschulen (Volksschullehrer-Diensteinkommensgesetz), vom 17. Dezember 1920 (GS. S. 623).
vergl. = vergleiche.
Verord. = Verordnung.
VerwDiszGes. = Gesetz, betreffend die Dienstvergehen der nicht richterlichen Beamten, die Versetzung derselben auf eine andere Stelle oder in den Ruhestand, vom 21. Juli 1852 (GS. S. 465).
VolksschullehrerBesGes. = Gesetz über das Diensteinkommen der Lehrer und Lehrerinnen an den öffentlichen Volksschulen vom 26. Mai 1909 (GS. S. 93).
Vorb. = Vorbemerkung.
VZ. = Versorgungszuschlag.
WartegeldVO. = Verordnung, betr. die einstweilige Versetzung der unmittelbaren Staatsbeamten in den Ruhestand, vom 26. Februar 1919 (GS. S. 33).
WGZ. = Wohnungsgeldzuschuß.
ZDZ. = Zivildienstzeit.
Ziff. = Ziffer.
ZPO. = Zivilprozeßordnung für das Deutsche Reich vom 30. Januar 1877/13. August 1919 (RGBl. 1898 S. 410, 1919 S. 1448).
ZRGG. = Gesetz, betreffend die Pensionierung der unmittelbaren Staatsbeamten, sowie der Lehrer und Beamten an den höheren Unterrichtsanstalten mit Ausschluß der Universitäten (Zivilruhegehaltsgesetz), vom 27. März 1872/27. Mai 1917 (GS. S. 268 und 295).
ZVSch. = Zivilversorgungsschein.

Einleitung.

Das BDEG. vom 17. Dezember 1920 und insbesondere die dem Gesetz als Anlage 1 beigefügte Besoldungsordnung ist, trotzdem erst $2^1/_2$ Jahr seit seiner Verabschiedung verflossen sind, durch eine große Anzahl Gesetze und Verordnungen in zahlreichen Punkten abgeändert und umgestaltet, so daß es selbst für den Fachmann schwierig ist, sich ohne weiteres ein klares Bild von dem zur Zeit geltenden Gesetzestext und der Einstufung der einzelnen Beamten zu machen. In dem Gesetz vom 21. November 1922 — GS. S. 431 — war deshalb dem Finanzminister die Ermächtigung erteilt, das BDEG. in seiner zur Zeit geltenden Fassung neu zu veröffentlichen. Von dieser Ermächtigung ist Gebrauch gemacht und das Gesetz ist am 12. Mai 1923 — in der GS. S. 167 — neu bekannt gemacht worden.

Drei verschiedene Umstände waren es, die die vielfachen Abänderungen, die das BDEG. gegenüber seiner ursprünglichen Fassung erfahren hat, bewirkt haben. Zunächst hat die stetig wachsende Geldentwertung eine starke Steigerung aller Bestandteile des Gehaltes und die Einfügung neuer in dem Gesetz vom 17. Dezember 1920 noch nicht vorgesehener Bezüge hervorgerufen. Bereits am 18. Dezember 1920, einen Tag nach der Verabschiedung des BDEG. durch die verfassunggebende preußische Landesversammlung wurde das erste Abänderungsgesetz angenommen, welches durch Einführung besonderer Notzuschläge die Ortszuschlagssätze für die nichtplanmäßigen Beamten und die Kinderbeihilfen für alle Beamten erhöhte. Sechs Wochen später wurde allgemein der Ausgleichszuschlag erhöht und in der Folgezeit ist dann in nicht weniger als noch 18 weiteren Gesetzen und Verordnungen eine Erhöhung der Bezüge vorgenommen worden. Durch drei dieser Gesetze wurden mit Wirkung vom 1. Oktober 1921, 1. April 1922 und 1. Oktober 1922 an die Grundgehaltssätze und die Ortszuschlagssätze erhöht (vgl. die Tafeln am Schluß), durch die anderen traten Erhöhungen des Ausgleichszuschlages und des Versorgungszuschlages ein. Durch die Novelle vom 19. April 1922 wurde zwecks stärkerer Berücksichtigung des Familienstandes allen verheirateten Beamten und den Witwern, die in ihrem Haushalt Kinder zu unterhalten haben, für welche sie noch Kinderbeihilfe beziehen, eine Frauenbeihilfe zugebilligt. Durch ein besonderes Gesetz (s. S. 198) wurde die Gewährung von örtlichen Sonderzuschlägen an Orten mit besonders schwierigen Verhältnissen ermöglicht. Dies erschien notwendig, da sich gezeigt hat, daß die Abstufung der Gehälter durch die Ortszuschläge den stark differenzierten Teuerungsverhältnissen nicht gerecht wird und nicht gerecht werden kann, weil die schwankenden politischen und wirtschaftlichen Verhältnisse die Teuerung an einzelnen Orten oft unvermutet schnell und stark verändern. In solchen Fällen können den Beamten in den betreffenden Orten durch Verordnung des Finanzministers besondere prozentuale Zuschläge zum Grundgehalt, Ortszuschlag und zu den Kinderbeihilfen bewilligt werden. Aus ähnlichen Erwägungen heraus wurden vorübergehend vor Einführung der örtlichen Sonderzuschläge widerrufliche Wirtschaftsbeihilfen gegeben. Sie unterschieden sich im wesentlichen dadurch von den örtlichen Sonderzuschlägen, daß sie nicht in prozentualen Zuschlägen zum Gehalt, sondern in einer für alle Beamte gleich hohen Summe bewilligt wurden. Auch waren für die Bemessung ihrer Höhe andere Grundsätze maßgebend, als bei der Festsetzung des Ausmaßes der örtlichen Sonderzuschläge berücksichtigt werden.

Zu erwähnen ist ferner, daß vorübergehend neben dem Ausgleichszuschlag des § 18 BDEG. noch ein weiterer für alle Beamten gleich hoher Ausgleichszuschlag (der sogen. Kopfzuschlag) gewährt wurde. Dieser weitere Ausgleichszuschlag ist seiner nivellierenden Wirkung wegen wieder fallen gelassen worden.

Der zweite Umstand, der von entscheidendem Einfluß auf die Umgestaltung des BDEG. wurde, war die Verabschiedung des Reichsgesetzes zur Sicherung einer einheitlichen Beamtenbesoldung durch den Reichstag (vgl. Anlage XI). Nach diesem Gesetz sollen Beamte der Länder und Gemeinden durch die Besoldungsgesetze nicht günstiger gestellt werden, als die vergleichsbaren Reichsbeamten nach dem Reichsbesoldungsgesetz stehen. Auf Grund dieses Gesetzes, das von dem mit seiner Durchführung betrauten Reichsfinanzminister in einzelnen Fällen in kleinlicher und engherziger Weise angewandt worden ist, mußten z. B. die §§ 3 Abs. 3, 10 Abs. 2 und zahlreiche Abschnitte der Besoldungsordnung geändert werden. Insbesondere mußte der größte Teil der in der Besoldungsgruppe 7 vorhandenen Aufrückungsstellen in Wegfall kommen. Künftig werden die Beamten der Gruppe 6, für die bisher Aufrückungsstellen der Gruppe 7 vorgesehen waren, die Bezüge dieser Gruppe nur erhalten können, wenn sie bereits am 31. März 1920 planmäßig angestellt waren und eine besondere Prüfung abgelegt haben.

Schließlich ist die Besoldungsordnung noch durch den Haushaltsplan für 1922 wesentlich geändert. Um die preußischen Beamten in ihren Aufstiegsmöglichkeiten den entsprechenden Reichsbeamten völlig gleichzustellen, hat die Regierung durch den Haushaltsplan für 1922 nicht nur die bestehenden Aufrückungs- und Beförderungsstellen wesentlich vermehrt, sondern auch zahlreiche neue Aufstiegsstellen geschaffen, die in dem Gesetz vom 17. Dezember 1920 noch nicht vorhanden waren. Solche Stellen sind z. B. in der Besoldungsgruppe 9 die Stellen für „Regierungsobersekretäre in Sonderstellungen" und für „Forstrentmeister bei den großen Forstkassen", in der Gruppe 12 die Stellen für „Regierungsräte in Sonderstellungen", für „Regierungs- und Bauräte in Sonderstellungen" und für „Oberstudienräte".

Alle diese Änderungen des BDEG. haben sich entsprechend bei den sonstigen preußischen Besoldungsgesetzen ausgewirkt, insbesondere ist die jeweilige Erhöhung der Grundgehalts- und Ortszuschlagszusätze, sowie des Ausgleichszuschlages, die Gewährung der Frauenbeihilfe und der örtlichen Sonderzuschläge auch bei den Beamten und Lehrpersonen erfolgt, deren Bezüge durch das BDG., GDG. und MDG. geregelt sind. Auch die einstweilen oder dauernd in den Ruhestand versetzten Beamten haben an diesen Vorteilen teilgenommen (vgl. Vorbemerkungen zum BARG.). Die Umgestaltung des BDEG. erforderte auch eine Neufassung der PBV. Diese ist am 19. Mai 1923 im FinMinBl. S. 268 veröffentlicht worden.

In den als Anlagen beigefügten Gesetzen und Erlassen sind noch folgende Änderungen von besonderer Bedeutung hervorzuheben:

1. Im Hinterbliebenen-Fürsorgegesetz und im Volksschullehrerhinterbliebenen-Fürsorgegesetz ist das Witwengeld von 40 % auf 60 % erhöht worden.

2. In der Wartegeldverordnung ist der Kreis der Beamten, die jederzeit einstweilig in den Ruhestand versetzt werden können, erheblich erweitert worden.

3. Durch das Gesetz zur Änderung der Vorschriften über die Pfändung von Gehaltsansprüchen ist der pfändungsfreie Teil des Gehaltes stark heraufgesetzt worden.

Infolge der ständig weiter wachsenden Geldentwertung sind die Grundgehälter am 1. Juli d. J. wieder erhöht worden (s. Veränderungen während des Drucks S. 385).

A.

Gesetz
über das Diensteinkommen der unmittelbaren Staatsbeamten
(Beamten-Diensteinkommensgesetz).

Vom 17. Dezember 1920 (GS. 1921 S. 135) in der Fassung der Bekanntmachung vom 12. Mai 1923 (GS. S. 167).

Vorbemerkungen.

1. Das mit Wirkung vom 1. April 1920 und in der durch die Bekanntmachung vom 12. Mai 1923 (GS. S. 167) geänderten Fassung mit Wirkung vom 1. April 1923 ab an die Stelle des Gesetzes vom 7. Mai 1920 (GS. S. 191) getretene Beamten-Diensteinkommensgesetz (BDEG.) vom 17. Dezember 1920 regelt in seiner gegenwärtigen Fassung:

a) Die **Dienstbezüge** aller bei Beginn des 1. April 1923 im Staatsdienst befindlich gewesenen oder nach Beginn des 1. April 1923 in den Staatsdienst eingetretenen unmittelbaren Staatsbeamten aus dem Hauptamt.

b) Die **Versorgungsbezüge** der zu einem späteren Zeitpunkt als dem 1. April 1923 einstweilen oder dauernd in den Ruhestand versetzten unmittelbaren Staatsbeamten, sowie die Versorgungsbezüge der Hinterbliebenen dieser Beamten und der Hinterbliebenen der seit dem Beginn des 1. April 1923 im Amt verstorbenen Beamten.

Ansprüche aus der Zeit vor dem 1. April 1923 können aus dem BDEG. in seiner gegenwärtigen Fassung nicht hergeleitet werden. Die Gewährung des Gehalts an die planmäßigen unmittelbaren Staatsbeamten erfolgte bis zum 1. April 1920 auf Grund des Gesetzes betreffend die Bereitstellung von Mitteln zu Diensteinkommensverbesserungen vom 26. Mai 1909 (GS. S. 85) und der dazu gehörigen Besoldungsordnung. Die Dienstbezüge der als Stellenanwärter (Diätare) beschäftigten Beamten waren vor dem 1. April 1920 nicht gesetzlich geregelt; vergl. dazu die (bei Heinemann S. 97—105 abgedruckte) „Nachweisung über die bisherigen und künftigen Dienstbezüge der diätarisch beschäftigten Beamten vom Jahre 1908". Für die Zeit vom 1. April 1920 bis zum 31. März 1923 regeln sich die Gehaltsansprüche der Beamten nach dem BDEG. vom 17. Dezember 1920 und den zahlreichen zu diesem Ges. ergangenen Abänderungsgesetzen. (Vergl. Einleitung.)

Wegen der Regelung der Versorgungsbezüge der vor dem 1. April 1923 einstweilen oder dauernd in den Ruhestand getretenen Beamten und ihrer Hinterbliebenen s. Vorbemerkung 1 zum BARG.

2. Die Dienstbezüge des im Staatsdienst befindlichen (aktiven) Beamten sind nach dem BDEG. in seiner gegenwärtigen Fassung:

I. das **Diensteinkommen** (§§ 1—16 BDEG.).

a) Das Diensteinkommen im engeren Sinne setzt sich wiederum zusammen aus:

1. dem Grundgehalt bei den planmäßigen, der Grundvergütung bei den nichtplanmäßigen Beamten (§§ 1 u. 2, 11, 11a u. 12 BDEG.) und
2. dem Ortszuschlag (§§ 4—7, 14, 15 BDEG.).

Zu beiden tritt der Ausgleichszuschlag des § 18 BDEG.

b) Das Diensteinkommen im weiteren Sinne umfaßt außerdem die mit dem Hauptamt sonst verbundenen Vergütungen, Nebenbezüge und Vergünstigungen (§§ 8 bis 10, 16 BDEG.).

Diese Bestandteile des Diensteinkommens sind nicht ausgleichszuschlagfähig. Nicht zum Diensteinkommen gehören die Dienstaufwandsentschädigungen und die Reisekosten, insbesondere nicht die Auftrags- oder Beschäftigungstagegelder (Kommissionsdiäten). Erstere bleiben durch den Staatshaushalt, letztere durch das Ges. betreffend die Reisekosten der Staatsbeamten vom 3. Januar 1923 (GS. S. 3) geregelt.

II. Ist der Beamte verheiratet, so erhält er außer dem Diensteinkommen **eine Frauenbeihilfe** (§ 18 Abs. 3 BDEG.).

Hat er Kinder zu unterhalten, so erhält er außerdem **Kinderbeihilfen** (§ 17 BDEG.).

Zu den Kinderbeihilfen tritt ebenfalls der Ausgleichszuschlag des § 18 BDEG.

3. Die Versorgungsbezüge der Ruhestandsbeamten und Hinterbliebenen sind:

I. **Wartegeld, Ruhegehalt** oder **Witwen- und Waisengeld** (§§ 1 ff. WartegeldVO., §§ 8 ff. HofbVO., §§ 8 ff. ZRGG., §§ 8 ff. HFG. in Verb. mit §§ 19—22 BDEG.).

Zu den Wartegeld-, Ruhegehalts- und Witwenbezügen tritt der Versorgungszuschlag des § 23 BDEG.

II. **Frauenbeihilfe** und **Kinderbeihilfen** (§§ 23 Abs. 4 und 24 BDEG.).

Auch zu diesen Kinderbeihilfen tritt der Ausgleichszuschlag des § 18 BDEG.

4. Ausführungsbestimmungen zum BDEG. sind die vom Finanzminister am 8. Juli 1921 erlassenen Preußischen Besoldungsvorschriften, die in ihrer z. Zt. gültigen Fassung im Anhang unter XIII Nr. 1 auf S. 253 ff. abgedruckt sind.

5. Inkraftbleiben sonstiger Vorschriften. Soweit sich aus dem BDEG. nicht ein anderes ergibt, bleiben im übrigen die bestehenden gesetzlichen und sonstigen Vorschriften, die sich mit der Regelung der Beamtenbesoldung sowie des Wartegeld-, Ruhegehalts- und Hinterbliebenenversorgungswesens befassen, unverändert in Geltung, so vor allem die Vorschriften über Kürzung und Einbehaltung des Diensteinkommens bei längerem Urlaub (AOrder vom 15. Juni 1863, MinBl. f. d. i. V. S. 137), bei der Entfernung vom Amt ohne vorschriftsmäßigen Urlaub (VerwDiszGes. §§ 8—13, RichterDiszGes. §§ 7—12), bei der vorläufigen Dienstenthebung (Amtssuspension, VerwDiszGes. § 51 Abs. 1, RichterDiszGes. § 48 Abs. 1) und bei Versetzung in ein anderes Amt mit gleichem Range im förmlichen Disziplinarverfahren (VerwDiszGes. § 16 Abs. 1 Ziff. 1, RichterDiszGes. § 15 Ziff. 3), ferner die Bestimmungen über die Verjährung von Ansprüchen auf Rückstände von Besoldungen, Wartegeldern, Ruhegehältern, Hinterbliebenenbezügen, Gerichtsvollziehergebühren (§§ 197, 196 Ziff. 15 BGB.), über die Unzulässigkeit von Abtretung und Verpfändung von Besoldungen, Wartegeldern, Ruhegehältern und Hinterbliebenenbezügen (Art. 81 EGBGB. in Verb. mit Publikandum v. 18. Nov. 1802 und Anhang § 163 zu § 108 T. I Tit. 24 AGO., § 26 Abs. 1 ZRGG., § 17 HFG., s. das Nähere darüber bei Brand, Beamtenrecht S. 133, 272, 342, 404), und über die Pfändungsbeschränkungen bei den eben genannten Bezügen (§§ 811 Ziff. 8, 850 Ziff. 7 u. 8 u. Abs. 2—4 ZPO., § 26 Abs. 2 ZRGG. [vergl. Anhang XII]), die Bestimmungen über das Gehaltsabzugsverfahren (hierüber, sowie über die Möglichkeit der Aufrechnung und das Zurückbehaltungsrecht der Verwaltung gegenüber dem Diensteinkommen s. Brand, Beamtenrecht S. 140 ff.), über Sterbemonat (KabO. v. 15. Nov. 1890 GS. 20 S. 45 und 18. April 1855 JMBl. 166), und Gnadenvierteljahr (§§ 2, 3 des Ges. betr. die Zahlung der Beamtenbesoldung und des Gnadenvierteljahrs vom 7. März 1908 GS. S. 35, § 31 ZRGG.), über die Räumung der Dienstwohnung durch die Hinterbliebenen (§§ 4, 5 des Ges. vom 7. März 1908 GS. S. 35) u. a. m.

6. In den bei einzelnen Paragraphen angegebenen Beispielen sind stets die Grundgehälter der BDEG. vom 17. Dezember 1920 zugrunde gelegt, eine Übersicht über dieselben s. Tafel 1 S. 377.

Bekanntmachung des Wortlauts des Gesetzes über das Diensteinkommen der unmittelbaren Staatsbeamten (Beamten-Diensteinkommensgesetz) vom 17. Dezember 1920.

Vom 12. Mai 1923.

Das von der verfassunggebenden Preußischen Landesversammlung beschlossene Gesetz über das Diensteinkommen der unmittelbaren Staatsbeamten (Beamten-Diensteinkommensgesetz) vom 17. Dezember 1920 wird auf Grund der im Artikel IX des Gesetzes über Änderungen der Dienst- und Versorgungsbezüge der unmittelbaren Staatsbeamten vom 21. November 1922 (GS. S. 431) erteilten Ermächtigung hiermit in der am 1. April 1923 gültigen Fassung bekanntgegeben. Die Neufassung enthält die Abänderungen, welche durch die bis zum 24. April 1923 veröffentlichten Abänderungsgesetze zum Beamten-Diensteinkommensgesetz erfolgt sind, sowie die durch die Haushaltpläne für 1921 und 1922 und durch das Gesetz betreffend die Bereitstellung von Mitteln zur Neuordnung der Strafanstaltsverwaltung vom 20. Oktober 1922 (GS. S. 309) erfolgten Ergänzungen der Besoldungsordnung.

Berlin, den 12. Mai 1923.

Der Finanzminister.
von Richter.

I. Diensteinkommen.

A. Planmäßige Beamte.

§ 1.

Grundgehalt.

(Vergl. hierzu PBV. Ziff. 2 bis 5.)

(1) Die planmäßig angestellten[1] unmittelbaren[2] Staatsbeamten[3] einschließlich derjenigen Hofbeamten[4] (§ 1 der Verordnung über die Versorgung der Hofbeamten und ihrer Hinterbliebenen vom 10. März 1919, Gesetzsamml. S. 45), welche sich am 1. April 1920 in einer nach dem Haushaltplane der bisherigen Kronkasse vorgesehenen planmäßigen Stelle befanden, erhalten ein Grundgehalt[5] nach Maßgabe der diesem Gesetz als Anlage 1 beigefügten Besoldungsordnung.[6]

(2) Die weiblichen Beamten[7] erhalten bei gleichen Pflichten die gleichen Gehaltsbezüge wie die männlichen Beamten.

(3) Beamten, die gleichzeitig mehrere in der Besoldungsordnung vorgesehene Stellen bekleiden, wird das Grundgehalt nur einmal gewährt, und zwar für diejenige Stelle, für die das höhere Grundgehalt vorgesehen ist.[8]

1. **Anstellung.** Der Anspruch auf Gewährung der im BDEG. vorgesehenen Diensteinkommensbezüge setzt voraus, daß der Beamte vom Staat in einem bestimmten Amte angestellt ist. Über die rechtliche Natur der Anstellung vergl. Brand, Beamtenrecht S. 46ff.

Wegen des Anstellungstages s. Anm. 6 zu § 3 BDEG.

Wegen der Fälligkeit von Dienstalterszulagen und des Beginns der Zahlung bei der ersten planmäßigen Anstellung, wenn eine Verbesserung des BDA. nach § 3 Abs. 4 BDEG. eintritt, vergl. Anm. 6 zu § 2 BDEG.

Planmäßig angestellt sind die nach dem Staatshaushaltsplan oder dem Besoldungsplan (§ 36 BDEG.) angestellten Beamten.

Planmäßige Beamte, die in einer anderen Dienststelle außerplanmäßig beschäftigt werden, gelten nicht als nichtplanmäßige Beamte. Sie erhalten neben den Bezügen ihrer planmäßigen Stelle die ihnen etwa gesetz- oder verordnungsmäßig zustehenden Tagegelder und sonstigen Bezüge.

2. **Unmittelbare Staatsbeamte** im Sinne des BDEG. sind diejenigen Beamten, die ihr Amt unmittelbar und allein vom Staat erhalten haben und auch im Dienste des Staates ausüben (vergl. v. Rheinbaben, Disziplinargesetze S. 24, 26, 27, Brand, Beamtenrecht S. 23). Nicht erforderlich ist, daß diese Beamten ihre Dienstbezüge unter allen Umständen auch unmittelbar aus der Staatskasse erhalten. So trägt z. B. die Gehälter, Ruhegehälter und Hinterbliebenenversorgungsbezüge der Beamten der Preußischen Zentralgenossenschaftskasse die Anstalt und nicht der Staat. Letzterer hat nur die Aufsicht und Leitung hinsichtlich der Kasse. (Ges. betreffend die Errichtung einer Zentralanstalt zur Förderung des genossenschaftlichen Personalkredits vom

31. Juli 1895, GS. S. 310, Verordnung über die Rechtsverhältnisse der Beamten der Preußischen Zentralgenossenschaftskasse vom 2. August 1899, GS. S. 397).

Nicht zu den unmittelbaren Staatsbeamten im Sinne des BDEG. gehören die Volksschullehrer und -Lehrerinnen. Ihre Dienstbezüge sind im Volksschullehrer-Diensteinkommensgesetz (VDG.) gesondert geregelt.

3. **Mittelbare Staatsbeamte.** Eine den veränderten wirtschaftlichen Verhältnissen entsprechende vorläufige Neuregelung der Dienstbezüge der Gemeindebeamten, ihrer Hinterbliebenen, der den Beamten gleichzuachtenden ständig Angestellten und Anwärter und der Ruhegehaltsempfänger der Gemeinden und Gemeindeverbände bezweckt das Ges. vom 8. Juli 1920, betreffend vorläufige Regelung verschiedener Punkte des Gemeindebeamtenrechts (s. S. 237). Dazu ist ergangen die Ausführungsanweisung des Ministers des Innern vom 6. Oktober 1920 — IV a I 1351 — (MinBl. f. d. i. V. S. 359).

4. **Hofbeamte.** Nur diejenigen Beamten fallen als Hofbeamte unter die Bestimmungen des BDEG., die beim Inkrafttreten der Verordnung über die Versorgung der Hofbeamten und ihrer Hinterbliebenen vom 10. März 1919 GS. S. 45 (HofbVO.) als Staatsbeamte im weitern Sinne im Dienste des vormaligen Königlichen Hauses oder eines seiner Mitglieder standen und Gehälter bezogen, die nach dem Staatshaushaltplane der früheren Kronkasse damals dieser zur Last fielen (§ 1 HofbVO.). Weitere Voraussetzung ist, daß die Beamten sich noch am 1. April 1920 in einer nach dem Haushaltsplane der früheren Kronkasse vorgesehenen planmäßigen Stelle befanden. Die Gehälter und Versorgungsgebührnisse dieser künftig wegfallenden Beamten und ihrer Hinterbliebenen werden seit dem 1. April 1920 aus der Staatskasse gezahlt.

5. **Grundgehalt.** Das Grundgehalt entspricht in seiner Bedeutung dem früheren „Gehalt". Unter „Gehalt" wird jetzt Grundgehalt und Ortszuschlag zusammen als einheitliches Ganze zu verstehen sein (vergl. Anm. 1 zu § 4 BDEG.).

Die Grundgehälter sind entweder

α) nach Dienstaltersstufen aufsteigende Gehälter. Diese sind wiederum Gehälter mit festen Grundgehaltssätzen (BO. I 1 A, II, III 1), oder Gehälter mit Mindestgrundgehaltssätzen (Durchschnittsgehälter) (BO. I 1 B) oder

β) Einzelgehälter (BO. I 2, III 2).

Eine Zusammenstellung der Grundgehaltssätze bei den aufsteigenden Gehältern enthält Tafel 1 (Anhang S. 377 ff.).

6. **Besoldungsordnung (BO.)** (Anlage 1 des Gesetzes).

a) **Gliederung der BO.** Die BO. zerfällt jetzt in drei Abschnitte und endet mit ergänzenden „Schlußbemerkungen", die sich auf alle Abschnitte beziehen. Abschnitt I umfaßt die Grundgehälter der großen Menge der planmäßigen unmittelbaren Staatsbeamten. Abschnitt II regelt die Grundgehälter für die Beamten des Landtages, Abschnitt III die Grundgehälter für die Hofbeamten. Der frühere Abschnitt IV, der die Grundgehälter für die Beamten der Preußischen Staatsbank und der Preußischen Zentralgenossenschaftskasse enthielt, ist infolge des Ges. vom 31. Juli 1922 (s. S. 197) weggefallen.

b) **Einteilung der Beamtenschaft in Besoldungsgruppen.** Die BO. in der ursprünglichen Fassung umfaßte die preußische unmittelbare Beamtenschaft nach dem Stande des Haushaltsplanes für 1920. Darüber hinaus enthielt sie neue Stellen nur für Gestütwärter, Obergestütwärter, vollbesoldete Kreistierärzte und für Hilfsreferenten in den Ministerien. Diese Stellen hatten aus besonderen technischen Gründen in dem Haushaltplan für 1920 keine Aufnahme mehr finden können. Inzwischen sind insbesondere durch den Staatshaushaltsplan für 1922 zur Verbesserung der Aufstiegsmöglichkeit der Beamten zahlreiche neue Stellen aufgenommen worden.

Die planmäßigen Beamten mit aufsteigenden festen Gehältern werden aus seither 53 Besoldungsklassen durch Zusammenlegung wesensgleicher und wesensähnlicher Beamtengruppen in dreizehn Besoldungsgruppen (arabisch beziffert) zusammengefaßt. Daneben stehen fünf Gruppen (arabisch beziffert) mit Mindestgrundgehaltssätzen und fünf Gruppen (römisch beziffert) mit Einzelgehältern.

Die Gruppeneinteilung ist lediglich eine finanztechnische. Rangunterschiede sollen dadurch nicht aufrecht erhalten oder neu begründet werden (vergl. aber wegen Bewertung der Besoldungsgruppen im Disziplinarverfahren Anm. 31 zu § 3 BDEG.). Die Art der Zusammenfassung der Beamten verwischt im Gegenteil frühere Rangunterschiede. Sie nimmt insbesondere auf die bisherige Unterscheidung zwischen unteren, mittleren und höheren Beamten keinerlei Rücksicht.

Bei der Eingliederung der Beamtenschaft in die Besoldungsgruppen wurde angestrebt, daß Beamte, die nach der Art ihrer Vorbildung und dem Maß der mit ihrem Amt verbundenen besonderen Verantwortung etwa gleich zu bewerten sind, derselben Besoldungsgruppe angehören. Für die Art der Einreihung in die Gruppen mit Einzelgehältern, die fast ausschließlich für Beamte vorgesehen sind, welche an der Spitze großer Behörden oder bei den Zentralbehörden an leitender Stelle stehen, war die Größe und Wichtigkeit des Geschäftskreises in erster Linie entscheidend. Ein Unterschied in der Bewertung der Stellen, je nachdem, ob es sich um eine Lokal- oder um eine Provinzialbehörde handelt, ist nicht gemacht, wohl aber ist zwischen großen und kleinen Behörden unterschieden. Die Beamten in den Ministerien und den den Ministerien gleich zu bewertenden Zentralbehörden sind wegen der besonderen Bedeutung des Dienstes bei diesen Behörden, insbesondere auch wegen der dort im allgemeinen üblichen größeren und unregelmäßigeren Arbeitszeit, in eine entsprechend höhere Besoldungsgruppe eingegliedert worden.

Wegen der Gewährung von höheren Bezügen an Beamte, die beim Inkrafttreten des BDEG. im Amt waren, s. die Fußnoten zu Gruppe 2, 3, 4, 5, 7 und 8. Vergl. dazu PBV. Ziff. 50—52.

c) **Beförderungsstellen, Aufrückungsstellen, Automatisches Aufrücken.** Die Stelle, in der der Beamte zuerst planmäßig angestellt wird, wird als „Eingangsstelle" des Beamten bezeichnet. Er kann in die Stelle einer höheren Besoldungsgruppe nur dadurch gelangen, daß ihm eine Beförderungsstelle oder in der auf seine Besoldungsgruppe nächstfolgenden Gruppe eine Aufrückungsstelle verliehen wird. Ein automatisches Aufrücken von einer Besoldungsgruppe in eine andere nach Ablauf einer bestimmten Zeit kommt nur bei den Beamten vor, auf die die Bestimmung der Fußnote 1 zur Gruppe 7 Anwendung findet (s. unten), und bei den Offizieren der Schutzpolizei (s. Anm. 23 zu § 3 BDEG.).

Beförderungsstellen sind alle für den Beamten mit dem Erwerbe einer neuen Amtsbezeichnung verbundenen Stellen in den höheren Besoldungsgruppen, deren Verleihung wegen der größeren sachlichen Wichtigkeit der Diensttätigkeit auf seiten des damit betrauten Beamten ein erhöhtes Maß persönlicher Tüchtigkeit voraussetzt. Die Zahl der planmäßigen Beförderungsstellen innerhalb der einzelnen Verwaltungen hängt ausschließlich von der Verwaltungsorganisation und dem danach zu bemessenden sachlichen Bedürfnis ab. Beförderungsstellen in diesem Sinne waren auch die in der BO. vom 7. Mai 1920 mit einem Sternchen *) gekennzeichneten „gehobenen Stellen", durch welche einzelne Beamte aus Stellengruppen mit bisher gleichen oder nahezu gleichen Gehältern wegen des ihnen obliegenden besonders bedeutungsvollen Geschäftskreises in eine höhere, im allgemeinen die nächsthöhere Besoldungsgruppe eingereiht wurden. Diese Höherstufung ist neben anderen schon früher vorhanden gewesenen Beförderungsstellen in der BO. vom 17. Dezember 1920 erhalten geblieben. Nur die besondere Kennzeichnung der betreffenden Stellen mit einem Sternchen ist fortgefallen.

Mit den Beförderungsstellen dürfen die in der BO. vom 17. Dezember 1920 mit dem Schwarzpunkt ■) kenntlich gemachten Aufrückungsstellen (vgl. Vorbemerkung 1 zur BO.) nicht verwechselt werden. Diese finden sich bei einzelnen Beamtengattungen in der auf die normale Besoldungsgruppe dieser Gattung nächstfolgenden Besoldungsgruppe und sind in erster Linie dazu bestimmt, den dienstälteren Beamten, die den Aufstieg in eine Beförderungsstelle nicht haben erreichen können, ohne Änderung ihrer Diensttätigkeit und ohne Änderung ihrer Amtsbezeichnung die Dienstbezüge der nächstfolgenden Gruppe zugänglich zu machen.

Dem Wunsche des Landtags entsprechend sollen die Aufrückungsstellen in der Regel nach dem Dienstalter verliehen werden, wobei es den einzelnen Verwaltungen überlassen ist, ob sie — in Anlehnung an die bisherige Übung bei Rangerhöhungen, Auszeichnungen usw. — die Altersfolge nach dem Anstellungsdienstalter, dem Besoldungsdienstalter oder dem Anwärterdienstalter maßgebend sein lassen wollen. Ausnahmen von der Regel sind zugelassen. In besonderen Fällen können Aufrückungsstellen auch dienstjüngeren, besonders tüchtigen und mit besonders verantwortungsvollen oder arbeitsreichen Amtsobliegenheiten betrauten Beamten verliehen werden. Auf die Verleihung einer Aufrückungsstelle hat der Beamte keinen Rechtsanspruch. Die Zahl der für die einzelnen Beamtengattungen im Staatshaushalt auszuwerfenden Aufrückungsstellen wird vom Landtage unter Zugrundelegung bestimmter Verhältniszahlen, die eine gleichmäßige Berücksichtigung der Beamten aller Verwaltungszweige sicherstellen sollen, nach freiem Ermessen bestimmt. Für das Rechnungsjahr 1920 erfolgte die Festsetzung des Umfangs der Aufrückungsstellen im Besoldungsplan.

Wegen der Behandlung der Aufrückungsstellen beim Inkrafttreten des BDEG. s. § 25 Abs. 1 Satz 4 BDEG.

Altversorgungsberechtigte können nachträglich in planmäßige Aufrückungsstellen nicht mehr eingereiht werden (FinMinErl. vom 21. Januar 1921 — B 1626 — II f 2 (unten S. 329). Dagegen ist die Bestimmung dieses Erlasses unter II m 3, wonach auch Beamte, die nach dem 1. April 1920 bis zur Verkündung des BDEG. vom 17. Dezember 1920 in den Ruhestand getreten oder verstorben sind, bei der Verteilung von Aufrückungsstellen nicht zu berücksichtigen sind, aufgehoben worden durch den FinMinErl. vom 18. November 1921 — I D[1] 2830. — Nach diesem können Beamte, die zu einem späteren Zeitpunkt als dem 1. April 1920 in den Ruhestand getreten oder am 1. April 1920 und später verstorben sind, unter bestimmten Voraussetzungen nachträglich in Aufrückungsstellen und auch in Beförderungsstellen, die durch die BO. vom 17. Dezember 1920 neu geschaffen sind, eingereiht werden.

Die Fußnote 1 zur Besoldungsgruppe 7 überführt die in Gruppe 7 eingereihten Beamten, die beim Inkrafttreten des BDEG. in einer Stelle der

Gehaltsklassen 21 bis 23 und 54 Nr. 6 (Legationskanzlisten) des Gesetzes, betreffend die Bereitstellung von Mitteln zu Diensteinkommensverbesserungen vom 26. Mai 1909 (GS. S. 85) planmäßig angestellt waren, sobald sie in den Gehaltsklassen 14 bis 23 und 54 Nr. 6 jenes Gesetzes nach einer für die erwähnten Gehaltsklassen 21 bis 23 und 54 Nr. 6 abgelegten Prüfung oder in einer Eingangsstelle der Besoldungsgruppe 7 des BDEG. eine Dienstzeit von insgesamt 10 Jahren zurückgelegt haben, für ihre Person im Wege der Aufrückung in die Bezüge der Besoldungsgruppe 8.

Es handelt sich hier um eine der Reichsbesoldungsordnung in der Fassung vom 17. Dezember 1920 (RGBl. S. 2077 ff.) nachgeahmte Übergangsbestimmung, die gewisse Härten ausgleichen soll, welche dadurch entstanden sind, daß die in den Gruppen 1 bis 6 des Ges. vom 7. Mai 1920 aufgeführten Beamten im Ges. vom 17. Dezember 1920 fast durchweg um eine Gruppe höher eingestuft sind, während die in der Gruppe 7 aufgeführten Beamten im allgemeinen in dieser verblieben sind. Sie bedeutet ein persönliches Privileg für die davon betroffenen Beamten und kann auf andere Personen, als die in der Fußnote genannten, nicht angewendet werden.

Die Stellen der auf Grund der Fußnote 1 zur Besoldungsgruppe 7 in die Bezüge der Gruppe 8 eintretenden Beamten müssen auf die in Gruppe 8 vorgesehenen Aufrückungsstellen angerechnet werden.

d) **Amtsbezeichnungen.** Die BO. enthält keine Amtstitel, sondern lediglich Amtsbezeichnungen. Letztere entsprechen zum großen Teil den schon früher üblichen Bezeichnungen, zum großen Teil aber sind sie — den Wünschen der Beamtenschaft entsprechend — neu. In diesen Fällen sind die alten Bezeichnungen nach dem Staatshaushaltsplan für 1919 (teilweise auch die bisherigen Amtstitel) in Klammer beigefügt. Die gewählten Bezeichnungen sind nur vorläufige. Die endgültige Regelung der Amtsbezeichnungen bleibt unabhängig von dem derzeitigen Wortlaut der Besoldungsordnung der Beschlußfassung des Staatsministeriums vorbehalten.

e) **Höhe der Grundgehaltssätze.** Die Grundgehaltssätze der BO. sind seit dem Ges. vom 17. Dezember 1920 mehrfach geändert. Näheres hierüber s. Einleitung.

f) **Berücksichtigung des Familienstandes.** Verheiratete und unverheiratete (ledige) Beamte derselben Besoldungsgruppe — letztere auch dann, wenn sie keinen eigenen Hausstand besitzen — stehen im Grundgehalt und im Ortszuschlag völlig gleich. Durch die Novelle vom 19. April 1922 (GS. S. 83) wurde erstmalig für die verheirateten Beamten eine Frauenbeihilfe eingeführt, die seitdem ständig erhöht worden ist (vergl. die Anmerkungen zu § 18 Abs. 3).

Bei verheirateten weiblichen Beamten unterliegt im Regelfall der Ortszuschlag der Kürzung und die Kinderbeihilfe kommt in Wegfall. Vergl. § 4 Abs. 2 BDEG. und PBV. Ziff. 107 Abs. 4.

g) **Wegfall der Beamten-Steuervorrechte.** Nach dem Reichseinkommensteuergesetze fallen die bisherigen Steuervorrechte der Beamten fort. Ein Anspruch auf Entschädigung kann hieraus, insbesondere unter Berufung auf § 129 der Reichsverfassung, nicht hergeleitet werden, weil niemand einen Anspruch auf die Aufrechterhaltung derartiger Befreiungen hat (vergl. Christiansen, Über erworbene Rechte S. 77; Georg Meyer, Der Staat und wohlerworbene Rechte S. 41; Jellinek, System der subjektiven öffentlichen Rechte, 2. Aufl. S. 338). Auch greift das Reichseinkommensteuergesetz schon deshalb nicht in

„wohlerworbene Rechte" ein, weil es sich bei ihm um die Begründung eines neuen Reichsrechts handelt, durch das die bestehenden Steuerrechte der Länder und Gemeinden untergehen. Die Beamten haben aber kein wohlerworbenes Recht darauf, daß ihre für Landes- und Gemeindesteuern bestehenden Vorrechte auf neue Reichssteuern ausgedehnt werden. Mit der im Gesetz vorgesehenen erheblichen Erhöhung der Gehälter, die künftig einen vollen Entgelt für die Arbeitsleistung der Beamten darstellen, ist auch tatsächlich jeder Anlaß für die Weitergewährung von Steuerbegünstigung fortgefallen. (Begr.)

7. **Männliche und weibliche Beamte.** Männliche und weibliche Beamte erhalten bei gleichen Leistungen das gleiche Grundgehalt. Männer und Frauen sind daher in der BO. im allgemeinen in ein und dieselbe Besoldungsgruppe eingereiht. Nur bei einigen wenigen Verwaltungen finden sich Beamtenstellen, die vorwiegend für die Besetzung mit Frauen bestimmt sind, soweit dort die Tätigkeit der weiblichen Beamten ihrer Art nach geringer zu bewerten ist, in einer tieferen Besoldungsgruppe (z. B. Strafanstaltswachtmeisterinnen, Aufseherinnen bei den staatl. Erziehungsanstalten u. a. m.). Bei einzelnen weiblichen Beamtengattungen ist das Arbeitsmaß nicht dasselbe, wie das der entsprechenden männlichen Beamten, insbesondere ist bei den Lehrerinnen die Pflichtstundenzahl geringer als bei den Lehrern. Diesen in der Besoldungsordnung mit einem Kreuz (†) bezeichneten weiblichen Beamten soll beim Grundgehalt und bei der Grundvergütung ein Abzug von 10 v. H. gemacht werden. Auf die Berechnung des Ortszuschlags ist jedoch die Kürzung des Grundgehalts und der Grundvergütung ohne Einfluß (vergl. Anm. 3 c zu § 4 BDEG). Sobald das Arbeitsmaß der mit † bezeichneten weiblichen Beamten — insbesondere die Pflichtstundenzahl der Lehrerinnen nicht geringer ist, als bei den entsprechenden männlichen Beamten, fällt die Kürzung fort. (Vorbemerkung 2 zur BO. und Abs. 5 der Nachweisung, Anl. 3 des Ges.)

8. **Beispiel:** Ein Ministerialrat (bisher vortragender Rat) in einem Ministerium (Besoldungsgruppe 13) mit 18000 Mark Grundgehalt ist gleichzeitig außerordentlicher Hochschulprofessor und würde in letzterer Eigenschaft (nach BO. I, 1 B) 13700 Mark Grundgehalt bekommen. Er erhält dann nur das Gehalt des Ministerialrats.

§ 2.

Dienstaltersstufen.

(Vgl. hierzu PBV. Ziff. 6 bis 9.)

(1) Das Grundgehalt der planmäßigen Beamten, soweit es nicht ein Einzelgehalt[1] ist, steigt[2] nach Dienstaltersstufen[3] mit zweijähriger Aufrückungsfrist[4] bis zur Erreichung des Höchstgehalts.[5] Die höheren Gehaltssätze werden jeweils vom Ersten des Kalendermonats an gezahlt, in den der Eintritt in die neue Dienstaltersstufe fällt.[6]

(2) Auf das Aufrücken im Grundgehalt haben die planmäßigen Beamten einen Rechtsanspruch[7]. Der Anspruch ruht,[8] solange ein förmliches Disziplinarverfahren[9] oder wegen eines Verbrechens oder Vergehens ein Hauptverfahren[10] oder eine Voruntersuchung[11] schwebt. Führt das Verfahren zum Verluste des Amtes,[12] so

findet eine Nachzahlung des zurückbehaltenen Mehrgehalts nicht statt.[13]

(3) Die von ihren amtlichen Verpflichtungen entbundenen Lehrer an den wissenschaftlichen Hochschulen[14] rücken im Grundgehalt nicht mehr auf.[15]

1. **Einzelgehalt** vgl. Anm. 5 zu § 1 BDEG.

2. **Dienstalterszulagen.** Das Steigen im Grundgehalt geschieht durch Gewährung von Dienstalterszulagen. Die Zuwachsbeträge sind in den einzelnen Dienstaltersstufen so bemessen, daß sie, um den Beamten die frühzeitige Gründung eines eigenen Hausstandes zu erleichtern, in den Anfangsstufen etwas höher sind als in den späteren Stufen. Auf die Dienstalterszulagen haben die planmäßigen Beamten einen Rechtsanspruch (vergl. unten Anm. 7).

3. **Dienstaltersstufen.** Ein Aufsteigen nach Dienstaltersstufen (Gehaltsstufen) findet nicht nur bei den Gehältern mit festen Grundgehaltssätzen, sondern auch bei den Gehältern mit Mindestgrundgehaltssätzen statt (s. BO. I, 1 B).

4. **Aufrückungsfrist.** Das Verweilen auf den einzelnen Dienstaltersstufen betrug früher durchgängig 3 Jahre (GB. Nr. 1). Eine Abkürzung der Aufrückungsfrist aus irgend welchen besonderen Gründen im Einzelfalle ist nicht zulässig.

5. **Gesamtaufrückungszeit.** Das Höchstgehalt wird erreicht:
in den Besoldungsgruppen 1—7 nach 16 Jahren,
in den Besoldungsgruppen 8—11 und den Gruppen mit Mindestgrundgehaltssätzen 1—4 nach 14 Jahren,
in der Besoldungsgruppe 12 und der Gruppe mit Mindestgrundgehaltssätzen 5 nach 12 Jahren,
in der Besoldungsgruppe 13 nach 8 Jahren.

6. **Anweisung der Dienstalterszulagen.** Die fälligen Dienstalterszulagen für die planmäßigen Beamten wurden früher stets erst vom Ersten des folgenden Kalendervierteljahres an bewilligt (GB. Nr. 6). — Der neue Grundsatz der Zahlung vom Ersten des laufenden Kalendermonats an bezieht sich nur auf neue Dienstalterszulagen, nicht auch auf den Beginn der Bezüge beim Eintritt in eine Besoldungsgruppe. Hier entscheidet für den Beginn der Zeitpunkt der Anstellung in der betreffenden Stelle (vgl. Anm. 1 zu § 1 BDEG.). Er muß aber auch angewendet werden für die Berechnung des Grundgehaltssatzes bei der ersten planmäßigen Anstellung, wenn das Besoldungsdienstalter infolge Anrechnung von Anwärterdienstzeit und Militärdienstzeit (vergl. § 3 Abs. 4 BDEG.) verbessert wird und wenn Beamte nach einer bestimmten Zeit ohne Beförderung in eine höhere Besoldungsgruppe übertreten. (Wegen dieser Fälle s. Anm. 23 zu § 3 BDEG.)

Wegen unterlassener rechtzeitiger Anweisung einer Dienstalterszulage bei planmäßigen Beamten s. unten Anm. 7.

7. **Rechtsanspruch auf das Aufrücken im Grundgehalt.** Auf das Aufrücken im Gehalt durch die Gewährung von Dienstalterszulagen hatten früher nur die richterlichen Beamten einen Rechtsanspruch (§ 1 des Richterbesoldungsgesetzes vom 29. Mai 1907), die übrigen Beamten nicht. Eine der Zeit nach fällige Gehaltszulage konnte dem Beamten versagt werden, wenn eine erhebliche Ausstellung gegen sein dienstliches oder außerdienstliches Verhalten vorlag, wobei die einstweilige Versagung der Zulage allerdings für sich allein nicht die Wirkung

hatte, daß dadurch der Zeitpunkt für das Aufsteigen in die nächstfolgende Gehaltsstufe hinausgeschoben wurde (GV. Nr. 2—4).

Jetzt sollen alle planmäßigen Beamten einen klagbaren Rechtsanspruch auf das Aufrücken im Grundgehalt haben. Es kann ihnen also eine Dienstalterszulage nicht aus Gründen versagt werden, die in ihrem dienstlichen oder außerdienstlichen Verhalten liegen.

Wegen des fehlenden Rechtsanspruchs bei den emeritierten Hochschulprofessoren s. unten Anm. 15.

Ebenso wie bei der Verfolgung anderer vermögensrechtlicher Ansprüche aus dem Dienstverhältnis ist auch formelle Voraussetzung für die Erhebung des Klageanspruchs auf Auszahlung einer Dienstalterszulage, daß der Beamte den Anspruch zunächst im Verwaltungswege bis zur höchsten Dienststelle hinauf vergeblich geltend gemacht hat. Es muß also die Entscheidung des Verwaltungschefs auch hier der Klage vorhergehen (vergl. § 2 des Gesetzes betreffend die Erweiterung des Rechtswegs vom 24. Mai 1861, GS. S. 241). Insbesondere muß auch, wenn nachträglich Umstände hervorgetreten sind, die eine Vorrückung des BDA. bedingen, erst diese im Verwaltungswege vorgenommen werden (vergl. Anm. 48 zu § 3 BDEG.), ehe auf eine Nachzahlung der unterbliebenen Dienstalterszulagen geklagt werden kann.

Materielle Voraussetzung für die Erhebung des Klageanspruchs auf Auszahlung einer Dienstalterszulage ist, daß der Beamte den Tag der Fälligkeit der Zulage als Beamter im Dienst erlebt hat.

Bei der nachträglichen Zahlung der vor dem Ableben eines Beamten oder vor seinem Eintritt in den Ruhestand fällig gewordenen Dienstalterszulagen muß — auch bei Berechnung der Gnadenbezüge nach §§ 2, 3 des Gesetzes betreffend die Zahlung der Beamtenbesoldung und des Gnadenvierteljahrs vom 7. März 1908 (GS. S. 35) — der Betrag nachgezahlt werden, den der Beamte an Grundgehalt, Ortszuschlag und Ausgleichszuschlag mehr erhalten hätte, wenn die Dienstalterszulage rechtzeitig angewiesen worden wäre (vergl. PBV. Ziff. 8).

Bei der Kürzung des Diensteinkommens im Wege des Disziplinarverfahrens nach § 16 VerwDiszGes. und § 15 RichterDiszGes. ist entweder der Betrag oder der Bruchteil, um den das Diensteinkommen gekürzt werden soll, in dem Urteil bestimmt zu bezeichnen. Bei der Kürzung um einen festen Betrag kommen dem Beamten spätere Gehaltszulagen voll zugute, während diese sich bei der Kürzung um einen Bruchteil gleichfalls entsprechend vermindern (v. Rheinbaben, Disziplinargesetze S. 160).

8. **Ruhen des Anspruchs** auf Dienstalterszulagen, vergl. § 27 ZRGG., § 10 WartegeldVO., § 16 HofbVO., § 19 HFG., PBV. Ziff. 7 Abs. 2.

9. Nur ein **förmliches** Disziplinarverfahren (§§ 22 ff. VerwDiszGes. u. §§ 17 ff. RichterDiszGes.) hat die Wirkung, daß der Anspruch ruht.

10. **Hauptverfahren.** §§ 196 ff. StPO.

11. **Voruntersuchung** §§ 176 ff. StPO.

12. **Verlust des Amts**, siehe §§ 31, 32, 35, 81, 83, 84, 87—91, 95 StGB., sowie § 7 VerwDiszGes. u. § 6 RichterDiszGes. (vergl. dazu v. Rheinbaben, Disziplinargesetze S. 120 ff., 434).

13. **Vorenthaltene Beträge** sind nachzuzahlen, wenn das Verfahren eingestellt oder der Beamte freigesprochen wird (vergl. PBV. Ziff. 7 Abs. 1, dagegen früher § 7 Abs. 2 RichterBesGes. vom 29. Mai 1907 GS. S. 111).

14. Vergl. Anm. 5 zu § 11 BDEG.

15. **Emeritierte Hochschullehrer** (vergl. Anm. 3 zu § 21 BDEG.) können, obwohl sie noch planmäßige Beamte sind, im Grundgehalt nicht weiter aufsteigen, da sie den Staatsdienst dauernd verlassen haben (vergl. Anm. zur Besoldungsgruppe 3 u. 4 der Gehälter mit Mindestgrundgehaltssätzen).

Wegen der zum 1. April 1920 oder zu einem früheren Zeitpunkt emeritierten Hochschullehrer s. § 7 BARG.

§ 3.

Besoldungsdienstalter.

(Vergl. PBV. Ziff. 10 bis 85 d.)

(1) Das Besoldungsdienstalter[1] der planmäßigen Beamten mit aufsteigenden Gehältern beginnt mit dem Tage der Anstellung[2] in der jeweiligen planmäßigen Stelle, soweit in diesem Gesetz[3] oder in den Ausführungsbestimmungen[4] dazu nichts Abweichendes bestimmt oder zugelassen ist. Von diesem Zeitpunkt an sind die Zeitabschnitte für das Verbleiben im Anfangsgrundgehalt und für das Aufsteigen in die höheren Gehaltsstufen zu rechnen.[5]

(2) Als Tag der planmäßigen Anstellung[6] gilt der Tag, von dem an das Diensteinkommen der Stelle bezogen wird. Durch den Staatshaushalt neugeschaffene Stellen können, auch wenn die Besetzung später ausgesprochen wird, bereits mit Wirkung vom Beginne des Rechnungsjahrs verliehen werden, sofern der zu beleihende Beamte die Geschäfte der neugeschaffenen oder einer anderen gleichartigen Stelle bereits von diesem Zeitpunkt an versehen hat.[7]

(3) Den Militäranwärtern (Inhabern des Zivilversorgungsscheins)[8] wird bei der ersten planmäßigen Anstellung, wenn sie im Heere oder in der Marine

a) neun Jahre oder weniger gedient haben, die tatsächlich abgeleistete Militär- und Marinedienstzeit[9] bis zu einem Jahre,[10]

b) über neun Jahre gedient haben, außerdem die nachfolgende Militär- und Marinedienstzeit und die nachfolgende Zivildienstzeit,[11] wenn die Gesamtdienstzeit 13 Jahre nicht überschritten hat, mit höchstens weiteren 4 Jahren[12][13] auf das Besoldungsdienstalter angerechnet.[14]

Außerdem wird die fünf Jahre — vom 1. April 1925 ab die vier Jahre — übersteigende Anwärterdienstzeit angerechnet,[15] soweit nicht schon eine Anrechnung nach b erfolgt ist.[16] Die vor dem vollendeten 17. Lebensjahre liegende Militär- und Marinedienstzeit bleibt außer Betracht, soweit es sich nicht um eine tatsächlich geleistete Kriegsdienstzeit[17] handelt.[18]

(4) Darüber, nach welchen Grundsätzen beim Übertritte von ehemaligen aktiven Offizieren[19] des Heeres und der Marine sowie der Schutztruppen, von Inhabern des Beamtenscheins[20] auf Grund des § 33 des Reichsversorgungsgesetzes vom 12. Mai 1920 (Reichs-Gesetzbl. S. 989), von bewaffneten und uniformierten Beamten der der Verwaltung des Innern unterstehenden Schutzpolizei[21] sowie von Soldaten der Wehrmacht[22] in planmäßige Beamtenstellen das Besoldungsdienstalter festzusetzen ist, bestimmt das Staatsministerium das Nähere.

(5) Der Beamte erhält beim Aufrücken aus einer Besoldungsgruppe in eine andere[23] in der neuen Besoldungsgruppe stets den gegenüber seinem bisherigen Grundgehaltssatz nächsthöheren[24] Satz und behält diesen die volle für das Weiteraufsteigen in die folgende Stufe vorgeschriebene Zeit.[25] Wäre er jedoch in der früheren Besoldungsgruppe bereits vor Ablauf dieser Zeit in die nächsthöhere Stufe aufgestiegen und damit zu einem Grundgehaltssatze gelangt, der über den ihm in der neuen Besoldungsgruppe gewährten hinausgeht oder ihm gleichkommt,[26] so steigt er auch in der neuen Besoldungsgruppe zu derselben Zeit in die folgende Stufe.[27] Das Besoldungsdienstalter darf bei einem Übertritt in die nächsthöhere Besoldungsgruppe nicht um mehr als vier Jahre, bei Übertritt aus Gruppe 12 in Gruppe 13 nicht um mehr als sechs Jahre verkürzt werden.[28] Werden bei einer Beförderung Besoldungsgruppen übersprungen, so ist das Besoldungsdienstalter so festzusetzen, wie wenn der Beamte zunächst in die dazwischen liegenden Gruppen eingetreten wäre.[29] Tritt ein Beamter in eine niedrigere Besoldungsgruppe über,[30] so wird das neue Besoldungsdienstalter von dem zuständigen Minister in Gemeinschaft mit dem Finanzminister festgesetzt.[31]

(6) Ist ein Beamter aus einer planmäßigen Stelle des Staatsdienstes freiwillig ausgeschieden[32] oder ist sein früheres Beamtenverhältnis durch Dienstentlassung[33] gelöst worden, so wird im Falle seiner Wiederanstellung bei der Festsetzung des Besoldungsdienstalters und des Diensteinkommens der neuen Stelle auf das frühere Besoldungsdienstalter und das frühere Diensteinkommen des Beamten in der Regel[34] keine Rücksicht genommen.[35] Beamte, die ihre Stelle freiwillig aufgeben, sind hierauf ausdrücklich hinzuweisen. Soll von dieser Regelung in einzelnen Fällen abgewichen werden, so entscheidet darüber der zuständige Minister in Gemeinschaft mit dem Finanzminister. Beamten, welche wegen eines in Ausübung des Dienstes erlittenen Unfalls in den Ruhestand ver-

setzt worden sind,[36] muß im Falle ihrer späteren Wiederanstellung die frühere Dienstzeit auf das Besoldungsdienstalter angerechnet werden.[37]

(7) Wieweit sonst[38] in einzelnen Fällen die Dienstzeit in einem anderen Zweige des Staatsdienstes,[39] die Zeit im Dienste des Reichs[40] oder eines der Länder oder die Zeit im Gemeinde-, Kirchen- und Schuldienst[41] oder die Zeit praktischer Beschäftigung außerhalb des Staatsbeamtenverhältnisses[42] zur Vermeidung von Härten auf das Besoldungsdienstalter angerechnet werden kann, wird von dem zuständigen Minister in Gemeinschaft mit dem Finanzminister bestimmt. Die hierbei anzurechnende Zeit praktischer Beschäftigung außerhalb des Staatsbeamtenverhältnisses[43] darf die Hälfte der Gesamtaufrückungszeit[44] der Besoldungsgruppe nicht übersteigen, in der der Beamte planmäßig angestellt wird. Über vorstehende Bestimmungen hinaus können die genannten Minister in besonders gearteten Ausnahmefällen[45] zur Vermeidung offenbarer Härten eine Vorrückung des Besoldungsdienstalters zulassen.[46]

(8) Bei der Anstellung in dem Amte eines Richters oder Staatsanwalts steht die Dienstzeit, die im Richter- oder Staatsanwaltsdienste bei einem für preußische Gebietsteile und für Gebiete anderer Länder gebildeten gemeinschaftlichen Gericht oder bei der Staatsanwaltschaft eines solchen zurückgelegt ist, einer in der entsprechenden Stellung bei einer preußischen Justizbehörde zurückgelegten Dienstzeit gleich.[47]

(9) Der Beamte ist von der Festsetzung seines Besoldungsdienstalters schriftlich zu benachrichtigen.

(10) Die Entscheidung der Verwaltungsbehörden über die Festsetzung des Besoldungsdienstalters ist für die Beurteilung der vor den Gerichten geltend gemachten vermögensrechtlichen Diensteinkommensansprüche maßgebend.[48]

1. **Besoldungsdienstalter (BDA.).** Der Tag, auf den das Besoldungsdienstalter (BDA.) eines Beamten mit aufsteigendem Gehalt festgesetzt wird, bezeichnet den Zeitpunkt, welcher der Berechnung der dem Beamten in seiner Besoldungsgruppe zukommenden Dienstaltersstufe zugrundegelegt wird. Das BDA. beginnt in der Regel mit dem Tage der Anstellung in der jeweiligen planmäßigen Stelle. Sind darauf Dienstzeiten anzurechnen, so wird das BDA. um diese Zeiten verbessert oder — wie der gesetzliche Ausdruck lautet — vorgerückt.

Beamte mit Einzelgehältern und nichtplanmäßige Beamte haben kein BDA. (Über das Anwärterdienstalter [AnwDA.] der nichtplanmäßigen Beamten vergl. Anm. 1 zu § 13 BDEG.).

Die Grundsätze für die Bemessung des BDA. waren in Preußen (anders im Reich, vergl. Reichs-Besoldungsgesetz vom 15. Juli 1909, RGBl. S. 573) nur im Verordnungswege in den „Vorschriften für die Festsetzung der nach Dienstaltersstufen geregelten Gehälter der unmittelbaren Staatsbeamten" (Gehaltsvorschriften) (MinBl. f. d. i. V. 1911 S. 219—241) geregelt. Diese Gehaltsvorschriften sind in den wesentlichsten Punkten durch § 3 BDEG. ersetzt worden. Daneben gelten jetzt die wichtigen Bestimmungen der Ziffern 10—85d PBV.

Zuständig für die Festsetzung des BDA. ist — soweit im Gesetz nichts Abweichendes bestimmt ist — die Dienstbehörde, die das Diensteinkommen zur Zahlung anweist (in der Regel die vorgesetzte Dienstbehörde).

Das BDA. ist nur für die Regelung der Gehaltsbezüge von Bedeutung. Es hat auf die sonstigen Verhältnisse des Beamten, insbesondere auf die Berechnung der ruhegehaltsfähigen Dienstzeit, die Reihenfolge bei Beförderungen u. ähnl. keinen Einfluß.

Wegen der Berücksichtigung des BDA. bei der Verleihung von Aufrückungsstellen vergl. Anm. 6c Abs. 4 zu § 1 BDEG.

2. **Anstellung.** Die probeweise oder widerrufliche Übertragung der Verwaltung einer planmäßigen Stelle ist keine Anstellung und bleibt für die Bemessung des BDA. auch dann außer Betracht, wenn der Beamte während der betreffenden Zeit das volle Diensteinkommen der Stelle bezogen hat (vergl. PBV. Ziff. 12). Jedoch gilt für den mit Vorbehalt einer Probezeit angestellten Beamten der erste Tag des Monats seiner Bestätigung in der Stelle als Tag der Anstellung.

Beispiel: Ein Militäranwärter, der nach 14jähriger Militärdienstzeit am 1. Oktober 1919 mit dem ZVSch. ausgeschieden ist, wird zum 1. April 1920 in eine freie Stelle der Gruppe 2 einberufen und darin sogleich auf Probe angestellt. Am 3. Juli 1920 wird er in der Stelle bestätigt. Sein BDA. ist auf den 1. Juli 1915 festzusetzen.

3. § 3 Abs. 3—8, § 25 Abs. 1—4 und 6 BDEG.

4. **Ausführungsbestimmungen** zum BDEG. sind die Preußischen Besoldungsvorschriften (PBV.) vom 8. Juli 1921 nebst den dazu erschienenen Nachträgen.

5. **Berechnung der Dienstzeit bei Ermittlung des Besoldungsdienstalters.** Die Zeitabschnitte für das Verbleiben im Anfangsgrundgehalt und für das Aufsteigen in die höheren Gehaltsstufen ergeben sich aus § 2 BDEG. Der Beginn des BDA. ist stets genau auf den Kalendertag, nicht etwa auf den ersten Tag des laufenden Monats oder den nächstfolgenden Monats- oder Vierteljahrsersten festzusetzen. Dienstzeiten, die nicht volle Jahre, vom Tage des Diensteintrittes gerechnet, umfassen, sind nach Tagen, einschließlich der 31. Monatstage zu berechnen. Mehrere getrennte Dienstzeiten sind rechnungsmäßig besonders zu behandeln. Bei der Zusammenrechnung werden je 365 Tage als ein Jahr angesetzt und zwar auch dann, wenn bei den einzelnen Dienstzeiten Schalttage angerechnet sind (PBV. Ziff. 15 Abs. 3).

Beispiel: Wird ein Beamter am 1. Mai 1920 angestellt mit der Maßgabe, daß ihm die Zeit vom 1. Oktober 1916 bis 15. Juli 1919, vom 1. Dezember 1919 bis 4. März 1920 und vom 1. April 1920 ab auf das BDA. anzurechnen ist, so ergibt sich folgende Berechnung:

1. Oktober 1916 bis 15. Juli 1919	2 Jahre 288 Tage
1. Dezember 1919 bis 4. März 1920	95 Tage
1. April 1920 bis 30. April 1920	30 Tage
Zusammen	2 Jahre 413 Tage
	= 3 Jahre 48 Tage

Der Beginn des BDA. ist vom 1. Mai 1920 um 3 Jahre 48 Tage vorzurücken und auf den 14. März 1917 festzusetzen.

6. **Anstellungstag.** Als Zeitpunkt der planmäßigen Anstellung galt früher derjenige Tag, von dem ab dem Beamten eine planmäßige Stelle dauernd — sei es widerruflich, sei es auf Widerruf oder Kündigung — mit dem damit verbundenen Diensteinkommen verliehen worden ist. Jetzt gilt der Tag, von dem an das Diensteinkommen der Stelle bezogen wird, als Tag der planmäßigen Anstellung.

7. **Vorzeitige Besetzung neuer Stellen.** Die Vorschrift des § 3 Abs. 2 Satz 2 ist aufgenommen mit Rücksicht auf die öfter verspätet erfolgende Festsetzung des Staatshaushaltsplanes. Sie gilt ausdrücklich nur für neugeschaffene Stellen, d. h. solche Stellen, die noch nie besetzt waren. Eine Verleihung mit rückwirkender Kraft kann bei vorhandenen Stellen nur in beschränktem Umfange zugelassen werden. Jedenfalls muß der Amtsvorgänger vorher endgültig ausgeschieden und das Stelleneinkommen frei sein (vergl. PBB. Ziff. 13).

8. **Militäranwärter.** Unter Militäranwärtern versteht das Gesetz nur die aus dem früheren Heere, der früheren Marine und den Schutztruppen hervorgegangenen Militäranwärter, soweit sie Inhaber des Zivilversorgungsscheins sind (vergl. § 18 Abs. 1 des Mannschaftsversorgungsgesetzes vom 31. Mai 1906, RGBl. S. 593 und § 1 der Anstellungsgrundsätze, Zentralblatt für das Deutsche Reich 1922 S. 445), also auch diejenigen Personen, die den ZVSch. als Nichtkapitulanten auf Grund einer Dienstbeschädigung erhalten haben, die aber nach dem 31. März 1906 nur einen Anstellungsschein erhalten hätten, nicht auch die früheren Soldaten der neuen Reichswehrmacht. Auch diese werden jedoch unter Umständen wie Militäranwärter behandelt (s. unten Anm. 21 und 22).

Die Vorschriften des § 3 Abs. 3 BDEG. gelten auch für solche früheren Schutzmänner, die auf Grund des Allerh. Erl. v. 24. Mai 1911 (den Behörden mitgeteilt durch Runderlaß v. 6. Juni 1911 — MinBl. f. d. i. V. S. 174) die Erklärung abgegeben haben, daß sie beim Übertritt aus der Schutzmannschaft in den Zivildienst hinsichtlich der Regelung des Gehalts nach den Vorschriften jenes Erlasses behandelt werden wollen. Hinsichtlich der bis einschließlich 5. Juni 1911 angestellten oder in den Ruhestand versetzten Schutzmänner sind die Bestimmungen des Erl. v. 6. Juni 1911 anzuwenden.

Nicht als Militäranwärter sind anzusehen:

a) solche vor dem 1. April 1905 aus dem aktiven Militärdienst entlassenen Militärpersonen, denen der ZVSch. nur um deswillen versagt worden ist, weil sie sich nicht fortgesetzt gut geführt haben, und die von der zuständigen Militärbehörde eine Bescheinigung erhalten haben, daß ihnen eine den Militäranwärtern vorbehaltene Stelle übertragen werden kann,

b) die Inhaber des Anstellungsscheines,

c) die Inhaber des Forstversorgungsscheines

(vergl. PBB. Ziff. 28 Abs. 2). Ihnen kann daher die Militärdienstzeit nach den Vorschriften des § 3 Abs. 3 auf das BDA. nicht angerechnet werden.

9. **Militärdienstzeit.** Dem Dienst in Heer und Marine steht gleich der Dienst bei den Schutztruppen, der Dienst bei den Polizeitruppen sowie als Grenz- und Zollaufsichtsbeamter in den ehemaligen Schutzgebieten, der Dienst bei den vom preuß. Kriegsministerium und vom Reichsmarineamt anerkannten Sicherheitstruppen — Ziff. 3 der Verord. vom 18./22. November 1918 (AVBl. S. 647/8) und Ziff. II^{a} des Erlasses vom 16. Dezember 1918 (AVBl. S. 743)

— einschließlich der Gefangenenbewachungskompagnien bis zu ihrer Entlassung aus dem Militärverhältnis, der Dienst bei den auf Grund des Gesetzes zur Bildung einer freiwilligen Volkswehr vom 12. Dezember 1918 (RGBl. S. 1424) nebst Ausführungsanweisung des preuß. Kriegsministeriums vom 13. Dezember 1918 Nr. 1413/12, 18 A 1 (AVBl. S. 746) aufgestellten Abteilungen der Volkswehr sowie der Dienst der auf Grund des Erlasses des preuß. Kriegsministeriums vom 15. Dezember 1918 Nr. 1070/12, 18 A 1 (AVBl. S. 739) und des Aufrufes der Reichsregierung „Freiwillige vor" nebst Ausführungsanweisung des preuß. Kriegsministeriums vom 9. Januar 1919 Nr. 630/1, 19 A 1 (AVBl. S. 17) zum Grenzschutz eingestellten Freiwilligen und bei den in der neutralen Zone gebildeten Grenzwehren, soweit sie als Ersatz für das stehende Heer gebildet und vom preuß. Kriegsministerium anerkannt sind, endlich der Dienst bei den Sicherheits-, Bürger-, Orts- und Einwohnerwehren, Sicherheitskompagnien, sowie als Zeitfreiwillige usw., wenn und solange sie auf Anordnung einer militärischen Kommandobehörde an einen Freiwilligen- oder Truppenverband angegliedert sind und auf Befehl einer solchen Stelle militärischen Dienst leisten.

Ferner ist bei den preußischen aktiven oder pensionierten, im Besitz des ZVSch. befindlichen Landjägern (Gendarmen) oder Schutzmännern, welche im Zivildienst planmäßig angestellt werden, die in der Landjägerei (Gendarmerie) oder in der Schutzmannschaft verbrachte Dienstzeit als Militärdienstzeit anzusehen (PBB. Ziff. 32).

10. Beispiel zu § 3 Abs. 3a:

Beamter der Besoldungsgruppe 4:

Militärdienstzeit vom 1. Okt. 1904 bis 31. Aug. 1913 = 8 Jahre 335 Tage. Am 31. Aug. 1913 mit dem ZVSch. ausgeschieden. Vom 1. Okt 1913 bis zum 31. März 1914 Probedienstzeit = 182 Tage. Vom 1. April 1914 bis zum 30. Juni 1919 Anwärterdienstzeit = 5 Jahre 91 Tage. Am 1. Juli 1919 planmäßig angestellt.

Auf das BDA. sind anzurechnen: 1 Jahr Militärdienstzeit, die über 5 Jahre hinausgehende Anwärterdienstzeit im Zivildienst = 91 Tage, zusammen 1 Jahr 91 Tage. BDA. mithin 1. April 1918.

11. Zivildienstzeit. Als Zivildienstzeit gilt eine außerplanmäßige Dienstzeit nur bei endgültiger Übernahme in den Zivildienst, nicht bei nur vorübergehender Beschäftigung, vergl. Anm. 1 zu § 13 BDEG., im übrigen ist als Zivildienstzeit anzusehen die Zeit einer nach dem Ausscheiden aus dem Heere oder der Marine erfolgten informatorischen Beschäftigung, die Zeit des nach dem Ausscheiden aus dem Heere oder der Marine abgeleisteten Probedienstes (§ 19 der Anstellungsgrundsätze vom 20. Juni 1907) sowie eine Anwärterdienstzeit, in allen Fällen aber nur dann, wenn die Dienstzeiten in demjenigen Verwaltungszweige, in dem die planmäßige Anstellung erfolgt, behufs ihrer Erlangung zurückgelegt sind. Mit Genehmigung des Verwaltungschefs können aber auch informatorische Beschäftigung, Probedienstzeit und Anwärterdienstzeit in einem anderen Dienstzweige derselben Verwaltung oder in einer anderen Verwaltung berücksichtigt werden. Außer Betracht bleibt die Zeit, während der die planmäßige Anstellung auf eigenen Wunsch des Militäranwärters, wegen unzureichender Befähigung oder aus anderen in seiner Person liegenden Ursachen — ausgenommen Krankheit — ausgesetzt worden ist (PBB. Ziff. 29).

12. Hiernach werden auf das BDA. angerechnet, wenn die Gesamtdienstzeit 13 Jahr nicht überschritten hat, das erste, zehnte, elfte, zwölfte und dreizehnte Jahr, im günstigsten Falle also insgesamt 5 Jahre.

13. Im Gesetz vom 17. Dezember 1920 stand hinter den Worten „weiteren 4 Jahren" noch folgender Zwischensatz „bei längerer Dienstzeit für je 2 Dienstjahre mit einem weiteren Jahre bis zur Höchstgrenze von 8 Jahren". Gegen diese über den Rahmen des Reichsbesoldungsgesetzes vom $\frac{\text{30. April 1920}}{\text{17. Dezember 1920}}$ hinausgehende Bestimmung hatte der Reichsfinanzminister unter Bezugnahme auf das Reichsgesetz zur Sicherung einer einheitlichen Regelung der Beamtenbesoldung vom 21. Dezember 1920 (Sperrgesetz) (RGBl. S. 2117) Einspruch erhoben mit dem Hinweis, daß durch die weittragenden Rückwirkungen, die die preußische Regelung bei den Beamten der Post-, Eisenbahn- und Zollverwaltung hervorrufen werde, lebenswichtige Interessen des Reichs berührt werden würden. Infolgedessen war durch die PBV. Ziff. 179 Abs. 3 angeordnet worden, daß die Umrechnung des BDA. auf Grund der genannten Bestimmung bis zu weiterer Weisung zu unterbleiben hatte. Auf Grund der Entscheidung des Reichsgerichts (vergl Einleitung) ist diese vom Reichsfinanzminister beanstandete Bestimmung durch das Ges. vom 17. April 1923 (GS. S. 99) gestrichen worden.

14. **Anrechnung von Militärdienstzeit.** Für die Anrechnung macht es keinen Unterschied, ob die Anstellung des Militäranwärters in einer den Militäranwärtern vorbehaltenen oder in einer anderen Stelle erfolgt. PBV. Ziff. 33.

Die Anrechnung der aktiven Militärdienstzeit auf das BDA. nach Maßgabe des Gesetzes findet auch statt, wenn eine planmäßige Stelle ohne Ruhegehalt aufgegeben ist und demnächst eine anderweite planmäßige Anstellung auf Grund des ZVSch. erfolgt, ohne daß das BDA. nach Maßgabe des früher bezogenen Gehaltes bestimmt wird. PBV. Ziff. 35.

Erfolgt jedoch der Austritt aus einer planmäßigen Stelle lediglich zum Zwecke des Übertritts in eine andere planmäßige Stelle, so ist, falls der Beamte in derselben Besoldungsgruppe verbleibt, das BDA. nach PBV. Ziff. 11 Abs. 2, andernfalls nach Ziff. 37 festzusetzen.

Beispiel zu § 3 Abs. 3 b:

Beamter der Besoldungsgruppe 4:

Militärdienstzeit vom 1. Oktober 1900 bis 30. September 1913 = 13 Jahre. Am 30. September 1913 mit dem Zivilversorgungsschein ausgeschieden. Vom 1. Oktober 1913 bis zum 31. März 1914 Probedienstzeit = 182 Tage. Vom 1. April 1914 bis zum 30. Juni 1919 Anwärterdienstzeit = 5 Jahre 91 Tage. Am 1. Juli 1919 planmäßig angestellt.

Auf das BDA. sind anzurechnen: 5 Jahre Militärdienstzeit, die über 5 Jahre hinausgehende Anwärterdienstzeit im Zivildienst mit 91 Tagen, zusammen 5 Jahre 91 Tage. BDA. mithin 1. April 1914.

15. Im Ges. vom 17. Dezember 1920 hieß der Satz 2 des Abs. 3 „Außerdem wird die 4 Jahre übersteigende Anwärterdienstzeit (§ 13 Abs. 2) angerechnet, soweit nicht schon eine Anrechnung nach b erfolgt ist". Auch diese über die entsprechenden Vorschriften des Reichsbesoldungsgesetzes hinausgehende Bestimmung mußte geändert werden (vergl. Anm. 13 und Einleitung).

16. Beispiel zu § 3 Abs. 3 Satz 2:
Beamter der Besoldungsgruppe 7:

Militärdienstzeit vom 1. Oktober 1901 bis 31. Dezember 1910 = 9 Jahre 92 Tage. Am 31. Dezember 1910 mit dem Zivilversorgungsschein ausgeschieden. Vom 1. Januar 1911 bis zum 30. Juni 1911 Probedienstzeit = 181 Tage. Vom 1. Juli 1911 bis 30. Juni 1920 Anwärterdienstzeit = 9 Jahre. Am 1. Juli 1920 planmäßig angestellt.

Auf das BDA. sind anzurechnen:

1 Jahr 92 Tage Militärdienstzeit, nachfolgende Zivildienstzeit vom 1 Januar 1911 bis 30. September 1914 = 3 Jahre 273 Tage und von

der Anwärterdienstzeit vom 1. Oktober 1914 bis zum 30. Juni 1920 = 5 Jahre 273 Tage die über 5 Jahre hinausgehende Zeit mit 273 Tagen, zusammen 4 Jahre 638 Tage oder 5 Jahre 273 Tage. BDA. mithin 1. Oktober 1914.

17. Unter **tatsächlich geleisteter Kriegsdienstzeit** ist zu verstehen die Dienstzeit auf einem Kriegsschauplatze bei einem planmäßigen Truppenteil der alten Wehr.

18. Nichtanrechnung von Militärdienstzeit. Eine Anrechnung von Militärdienstzeit findet nicht statt:

bei Inhabern des ZVSch., die

a) schon vor dem Eintritt in das Heer oder in die Marine als Zivilanwärter bei einer Behörde beschäftigt waren, nach dem Ausscheiden aus dem Heere wieder in ihr früheres Dienstverhältnis zurücktraten und demnächst gemäß der auf diesem Wege — vor oder nach der Erlangung des ZVSch. — erworbenen Anwartschaft als Zivilanwärter planmäßig angestellt werden, oder

b) erst nach dem Ausscheiden aus dem Heere oder der Marine, aber bevor sie den ZVSch. besaßen, als Zivilanwärter angenommen wurden und demnächst gemäß der auf diesem Wege — vor oder nach Erlangung des ZVSch. — erworbenen Anwartschaft als Zivilanwärter planmäßig angestellt werden, oder

c) erst nach dem Ausscheiden aus dem Heere oder der Marine und nach Erlangung des ZVSch. für eine Laufbahn, deren Stellen zum Teil den Militäranwärtern vorbehalten sind, nicht nach den Anstellungsgrundsätzen für Militäranwärter, sondern auf ihren Wunsch unter den für Zivilanwärter vorgeschriebenen Bedingungen angenommen und demnächst auch als Zivilanwärter planmäßig angestellt werden.

19. Ehemalige aktive Offiziere. Die vom Staatsministerium erlassenen Bestimmungen sind in die PBV. aufgenommen. Vergl. Ziff. 36 daselbst.

20. Inhaber des Beamtenscheines. § 33 des Reichsversorgungsgesetzes vom 12. Mai 1920 (RGBl. S. 989) lautet:

„Versorgungsberechtigte, deren Erwerbsfähigkeit infolge Dienstbeschädigung um mindestens 50 v. H. gemindert ist (Schwerbeschädigte) erhalten neben der Rente einen Beamtenschein, wenn sie

1. infolge ihrer Beschädigung und unter Berücksichtigung der nach § 21 zu gewährenden beruflichen Ausbildung nachweislich außerstande sind, ihren vor dem Eintritt zum Militärdienst zuletzt ausgeübten oder einen anderen Beruf, der ihnen unter Berücksichtigung ihrer Lebensverhältnisse, Kenntnisse und Fähigkeiten billigerweise zugemutet werden kann, in wettbewerbsfähiger Weise aufzunehmen und

2. nach ihrem gesamten Verhalten für den Beamten geeignet erscheinen.

Die Grundsätze für die Anstellung der Inhaber des Beamtenscheins erläßt die Reichsregierung mit Zustimmung des Reichsrats."

Die Rechte der Inhaber des Beamtenscheins sind geregelt durch die Grundsätze für die Anstellung der Inhaber eines Versorgungsscheins (Anstellungsgrundsätze) vom 26. Juli 1922 (Zentralblatt f. d. Deutsche Reich S. 445). Über die Festsetzung des BDA. ist darin nichts vorgeschrieben; auch ein Erlaß des Staatsministeriums ist bisher nicht ergangen. Das BDA. ist daher nach den allgemeinen Vorschriften der PBV. festzusetzen.

21. 22. Bewaffnete und uniformierte Beamte der Schutzpolizei, die im Besitze des Polizeiversorgungsscheins sind, sowie Unteroffiziere und Mannschaften der Wehrmacht, die im Besitz des Zivildienstscheins sind, sind bei ihrer ersten planmäßigen Anstellung hinsichtlich der Festsetzung ihres BDA. wie Militäranwärter zu behandeln. Polizeiversorgungsschein und Zivildienstschein werden unter ähnlichen Bedingungen erworben, unter denen früher die Kapitulanten des Heeres den Zivilversorgungsschein erhielten (vergl. Wehrmachtversorgungsgesetz vom 4. August 1921 — RGBl. S. 993 — §§ 9—11 und Reichsgesetz über die Schutzpolizei der Länder vom 17. Juli 1922 — RGBl. I S. 597 — §§ 1—3). Nachdem durch die genannten Gesetze die Festsetzung des BDA. bei der planmäßigen Anstellung geregelt ist, erübrigt sich die Herausgabe besonderer Bestimmungen durch das Staatsministerium. Soweit die Beamten der Schutzpolizei und die Soldaten der Wehrmacht den Polizeiversorgungsschein bezw. den Zivildienstschein nicht erhalten haben, werden sie bei der Anstellung wie Zivilanwärter behandelt.

23. Aufrücken in eine neue Besoldungsgruppe. Der Übertritt von einer niedrigeren in eine höhere Besoldungsgruppe ist nur möglich im Wege der Beförderung oder infolge der Verleihung einer Aufrückungsstelle (Anm. 6c zu § 1 BDEG.). Insbesondere sind Versetzungen in eine höhere Besoldungsgruppe, die lediglich auf Antrag des Beamten selbst erfolgen, jetzt ausgeschlossen (vergl. dagegen bisher GV. Nr. 50—52). Wegen Versetzung auf Antrag in eine niedrigere Besoldungsgruppe s. unten Anm. 30.

Ferner sind die Vorschriften des Abs. 5 anzuwenden in den Fällen des Übertritts von Besoldungsgruppe 7 nach Besoldungsgruppe 8 auf Grund der Fußnote 1 zu Gruppe 7 (s. Anm. 6c zu § 1 BDEG.), sowie bei dem Aufrücken der Polizeileutnants nach 4 Dienstjahren aus Besoldungsgruppe 5 nach Besoldungsgruppe 6; der Polizeioberleutnants nach 4 Dienstjahren aus Besoldungsgruppe 7 nach Besoldungsgruppe 8; der Polizeihauptleute nach 2 Dienstjahren aus Besoldungsgruppe 9 nach Besoldungsgruppe 10. Diese rücken in die höhere Besoldungsgruppe erst vor, wenn sie volle 4 bezw. 2 Jahre in der niedrigeren Besoldungsgruppe zugebracht haben, nicht schon, wenn sie in der niedrigeren Besoldungsgruppe ein BDA. von 4 bezw. 2 Jahren erreicht haben. Haben diese Beamten nach der bestimmten Zeit ohne Beförderung in eine höhere Besoldungsgruppe überzutreten, so erfolgt der Übertritt mit dem ersten des Kalendermonats, in dem die Zeit vollendet wird (vergl. PBV. Ziff. 37).

Inwieweit die Vorschriften des Abs. 5 anzuwenden sind, wenn einstweilen oder dauernd in den Ruhestand getretenen Beamten eine planmäßige Stelle wieder verliehen wird, ist in der PBV. Ziff. 55 und 56 geregelt.

24. Bemessung des Besoldungsdienstalters nach der nächsthöheren Gehaltsstufe. Nach den früheren Bestimmungen (vergl. GV. Nr. 25) rückte der Beamte beim Übertritt aus einer Besoldungsklasse in eine höhere stets in die seinem bisherigen Gehalt entsprechende Gehaltsstufe ein und nur, wenn ein seinem Gehalt entsprechender Gehaltssatz in der neuen Besoldungsklasse nicht bestand, in die nächsthöhere Stufe. Dies führte insofern zu Unbilligkeiten und Härten, als mit der Beförderung oft keine Gehaltsverbesserung verbunden war. Jetzt erhält der Beamte beim Aufrücken aus einer Besoldungsgruppe in eine andere stets den gegenüber seinem bisherigen Grundgehaltssatz nächsthöheren Satz und damit in der Regel auch ein neues BDA. in der höheren Besoldungsgruppe.

25. **Beispiel:** Ein Kreiskassen-Rentmeister (Besoldungsgruppe 8) mit einem Besoldungsdienstalter vom 1. Juli 1918 und einem Grundgehalt von 6800 Mark wird zum 16. Mai 1920 zum Rentmeister bei einer großen Kreiskasse (Besoldungsgruppe 9) befördert. Er erhält in dieser Stelle ein Grundgehalt von 7600 Mark, steigend am 1. Mai 1922 auf 8300 Mark und ein BDA. vom 16. Mai 1920.

26. **Verbesserung im weiteren Aufsteigen** beim Übertritt in eine höhere Besoldungsgruppe. Die schon bisher geltende Bestimmung, wonach ein weiteres Aufsteigen in die folgende Stufe der neuen Besoldungsgruppe zu dem Zeitpunkt erfolgen muß, zu dem der Beamte in der früheren Besoldungsgruppe einen das neue Grundgehalt übersteigenden Grundgehaltssatz erlangt hätte (vergl. GV. Nr. 25 Abs. I S. 5), ist dahin erweitert, daß ein solches Weiteraufrücken auch zu dem Zeitpunkt erfolgen soll, in dem der Beamte beim Verbleiben in der früheren Besoldungsgruppe einen seinem neuen Grundgehaltssatz gleichen Satz erlangt haben würde. Diese Erweiterung soll verhindern, daß ein dienstjüngerer, nach dem genannten Zeitpunkt beförderter Beamter im Gehalt einen dienstälteren, vorher beförderten Beamten überholt.

27. **Beispiel:** Ein Oberbuchhalter (Besoldungsgruppe 9) mit einem BDA. vom 1. April 1911 und einem Grundgehalt von 10200 Mark wird zum 1. Oktober 1920 zum Landrentmeister (Gruppe 10) befördert. Er erhält in der neuen Stelle ein Grundgehalt von 10800 Mark und, da er in der früheren Besoldungsgruppe bereits am 1. April 1921 im Grundgehalt auf 10800 Mark aufgestiegen wäre, vom 1. April 1921 an ein Grundgehalt von 11300 Mark. Sein BDA. ist auf den 1. April 1913 festzusetzen.

28. Die Vorschriften, daß das BDA. beim Übertritt in die nächsthöhere Besoldungsgruppe nicht um mehr als vier Jahre, beim Übertritt aus Gruppe 12 nach Gruppe 13 nicht um mehr als sechs Jahre verkürzt werden darf, ist namentlich von Bedeutung bei Beamten, die das Höchstgehalt ihrer Gruppe bereits mehrere Jahre bezogen haben und nunmehr erst befördert werden.

Beispiel: Ein Seekapitän der Gruppe 7 mit einem BDA. vom 1. April 1904 wird zum 1. Juli 1921 zum Ersten Seekapitän (Gruppe 8) befördert. Er bezog in Gruppe 7 das Höchstgehalt von 9300 Mark und hätte demzufolge in die Gehaltsklasse 9600 Mark, steigend am 1. Juli 1923 auf 9900 Mark, aufzurücken. Sein BDA. wäre also auf den 1. Juli 1911 festzusetzen. Da sein BDA. aber um nicht mehr als 4 Jahre gekürzt werden darf, so ist es auf den 1. April 1908 festzusetzen. Der Beamte erhält also ein Grundgehalt von 9900 Mark, steigend am 1. April 1922 auf 10200 Mark.

29. **Überspringen von Besoldungsgruppen.** Die Bestimmung des Abs. 5 Satz 4 gilt allgemein, nicht nur in den Fällen des Abs. 5 Satz 3. Sie soll verhindern, daß von zwei Beamten, von denen der eine zunächst in die folgende und dann in die zweitfolgende Gruppe, der andere unter Überspringung

der Zwischengruppe gleich in die zweitfolgende Gruppe befördert wird, der erstere den letzteren im Gehalt überflügelt.

Beispiel: Ein Regierungsrat der Gruppe 10 mit einem BDA. vom 1. Februar 1910 und einem Grundgehalt von 11 800 Mark wird zum 1. Oktober 1920 zum Ministerialrat (Gruppe 13) befördert. Er ist einzureihen: zunächst in Gruppe 11 mit einem Grundgehalt von 12 500 Mark (steigend am 1. Februar 1922 auf 13 300 Mark) und einem BDA. vom 1. Februar 1914, sodann in Gruppe 12 mit einem Grundgehalt von 13 200 Mark (steigend am 1. Februar 1922 auf 14 200 Mark) und einem BDA. vom 1. Februar 1916, und endlich in Gruppe 13, da er dasselbe Grundgehalt von 13 200 Mark nicht erhalten darf, mit einem Grundgehalt von 15 600 Mark (steigend am 1. Oktober 1922 auf 18 000 Mark). Sein BDA. in Gruppe 13 ist also auf den 1. Oktober 1918 festzusetzen. Er bleibt auf dem Satz von 15 600 Mark vom 1. Oktober 1920 an zwei volle Jahre lang stehen, weil er bei dem nächsten Vorrücken in Gruppe 12 nicht auf ein höheres oder gleich hohes Grundgehalt, sondern nur auf ein solches von 14 200 Mark gekommen wäre.

30 **Übertritt in eine niedrigere Besoldungsgruppe.** Ein derartiger Übertritt kann immer nur ein freiwilliger sein. Gegen ihren Willen können Beamte in eine Besoldungsgruppe mit niedrigerem Gehalt nicht versetzt werden, auch nicht im Wege des Disziplinarverfahrens. Über die Festsetzung des BDA. vergl. PBV. Ziff. 40.

31. **Gehaltsregelung bei Strafversetzung.** Bei der „Versetzung in ein anderes Amt von gleichem Range" nach § 16 VerwDiszGes., § 15 RichterDiszGes. war schon bisher nicht sowohl der Platz in einem bestimmten Rangreglement, als das auf der gesamten dienstlichen Stellung des Beamten beruhende Verhältnis der Über- oder Nebenordnung der einzelnen Beamtenkategorien zu verstehen (v. Rheinbaben, Disziplinargesetze S. 160). Jetzt wird unter „gleichem Rang" in erster Linie die gleiche Besoldungsgruppe zu verstehen sein.

Wegen Gehaltsfestsetzung bei Versetzungen auf Grund eines Disziplinarurteils s. PBV. Ziff. 62.

32. Ein freiwilliges Ausscheiden aus dem Staatsdienst kann insbesondere bei der Verheiratung weiblicher Beamten vorkommen.

33. **Dienstentlassung** erfolgt im Wege des Disziplinarverfahrens (§ 16 Ziff. 2 VerwDiszGes., § 15 RichterDiszGes.) und bei Beamten, die auf Probe, auf Kündigung oder sonst auf Widerruf angestellt sind, ohne förmliches Disziplinarverfahren (§ 83 VerwDiszGes.).

34. Die Worte „in der Regel" finden sich im BDEG. vom 7. Mai 1920 noch nicht.

35. **Wiedereintritt in den Staatsdienst** nach freiwilligem oder unfreiwilligem Ausscheiden. PBV. Ziff. 57.

36. **Dienstunfall** vgl. § 1 Abs. 2 ZRGG., § 1 BUVG.

37. Die gesetzliche Festlegung der Anrechnungspflicht bei den infolge Dienstunfalls in den Ruhestand versetzten Beamten ist neu. Die Zeit vom Ausscheiden aus der planmäßigen Stelle bis zur planmäßigen Wiederanstellung kann nicht mit angerechnet werden.

38. Die Vorschriften des § 3 Abs. 7 BDEG. sind nur anwendbar auf Beamte, die am oder nach dem 1. April 1920 zur ersten planmäßigen Anstellung im unmittelbaren preußischen Staatsdienst gelangt sind. Für die früher

angestellten Beamten kommen nur die Übergangsvorschriften des § 25 BDEG. in Frage, insbesondere § 25 Abs. 6, der wesentlich enger gefaßt ist als § 3 Abs. 7.

39. **Anrechnung von Dienst in anderen Verwaltungszweigen** auf das BDA. Vergl. PBV. Ziff. 20 Abs. 3.

40. **Anrechnung von Reichsdienst oder Landesdienst** auf das BDA. Vergl. PBV. Ziff. 58—61.

41. Die Anrechnung von Gemeinde-, Kirchen- oder Schuldienstzeit auf das BDA. findet sich im BDEG. vom 7. Mai 1920 noch nicht erwähnt. Die Anrechnung des Kirchen- und Schuldienstes ist geregelt in den PBV. Ziff. 74—78.

42. **Anrechnung nichtstaatlicher Vordienstzeit** auf das BDA. Z. B. in der Eigenschaft eines Lohnangestellten, eines Rechtsanwalts oder in einem sonstigen freien Beruf (vergl. § 19 Abs. 1 Ziff. 2 ZRGG.).

43. Nur diese, nicht auch die Dienstzeit in einem anderen Zweige des Staatsdienstes oder die Zeit im Dienste des Reiches oder eines der Länder.

44. **Höchstgrenze für die Anrechnung von Vordienstzeit.** Die Bestimmung ist neu. Wegen der Gesamtaufrückungszeiten s. Anm. 5 zu § 2 BDEG.

45. Es kann sich hier immer nur um eine Festsetzung des BDA. von Fall zu Fall, niemals um eine generelle Regelung handeln.

46. **Milderung von Härten** bei Festsetzung des BDA. Eine solche Härte liegt z. B. vor, wenn die Verleihung einer planmäßigen Stelle an einen Beamten sich infolge eines verwaltungsseitigen Versehens verzögert hat, dagegen ist es z. B. nicht als Härte anzusehen, wenn ein dienstjüngerer Amtsgenosse — auch bei derselben Behörde — ein höheres Grundgehalt bezieht. Vergl. PBV. Ziff. 84 u. 85.

47. Die Vorschrift des Abs. 8 ist dem — nunmehr durch § 34 BDEG. aufgehobenen — Richterbesoldungsgesetz vom 29. Mai 1907 entnommen.

48. **Keine Nachprüfung des BDA. durch die ordentlichen Gerichte.** Die Nachprüfung der Festsetzung des BDA. muß den ordentlichen Gerichten entzogen bleiben, weil es sich hier um eine rein verwaltungsseitige Anordnung handelt. Ebensowenig hat der Beamte auf die Vorrückung des BDA. einen klagbaren Anspruch, wenn Umstände vorliegen oder nachträglich bekannt werden, die eine Vorrückung rechtfertigen. Aus § 2 Abs. 2 BDEG. kann ein solcher Anspruch nicht hergeleitet werden, da dort nur ein Rechtsanspruch auf die Dienstalterszulagen eingeräumt wird.

§ 4.

Ortszuschlag.[1]

(Vergl. hierzu PBV. Ziff. 86 bis 92.)

(1) Zum Grundgehalt tritt als weiterer Bestandteil[2] des Diensteinkommens ein Ortszuschlag nach Maßgabe der Anlage 2.[3]

(2) Eine verheiratete Beamtin[4] erhält den Ortszuschlag nur zur Hälfte, wenn sie mit ihrem Ehemann einen gemeinsamen Haushalt führt.[5] Sie erhält jedoch den vollen Ortszuschlag, wenn der Unterhalt der Familie überwiegend von ihr bestritten wird.[6]

(3) Beamten, die gleichzeitig auch eine Stelle im Dienste des Reichs oder eines der Länder bekleiden, wird der nach dem höchsten Grundgehalt zu berechnende Ortszuschlag nur in Höhe eines dem aus der Staatskasse gezahlten Grundgehalt entsprechenden Teilbetrags gewährt.[7]

1. **Ortszuschlag.** (OZ.) Der zum Grundgehalt und nach § 14 BDEG. auch zur Grundvergütung hinzutretende Ortszuschlag (OZ.) verfolgt ähnliche Zwecke wie der bisherige Wohnungsgeldzuschuß (WGZ.). Während jedoch der WGZ. nur dazu bestimmt war, dem — in der Wahl seines Dienstortes nicht freien — Beamten einen Bruchteil der mit seinem Wohnungsaufwand verbundenen Unkosten zu ersetzen, will der Ortszuschlag das Grundgehalt und die Grundvergütung ganz allgemein der Verschiedenheit der örtlichen Preisverhältnisse anpassen. Die Anpassung geschieht wie beim WGZ. durch Gewährung fester Sätze (Ortszuschlagsätze). Diese sind in ihrer Höhe je nach der Stellung des Dienstortes im Reichsortsklassenverzeichnis (vergl. Anm. 1 zu § 5 BDEG.) nach 5 Ortsklassen und je nach der Höhe des jeweils bezogenen Grundgehalts (nicht wie die Sätze des WGZ. nach dem Dienstrang) in 7 verschiedenen Ortszuschlagsgruppen (s. unten Anm. 3) abgestuft.

Die Höhe der Ortszuschlagssätze ist so bemessen, daß der Beamte in die Lage versetzt wird — wenigstens ist dies die Absicht des Gesetzgebers —, daraus neben dem Unterschied in den übrigen Kosten der Lebenshaltung die vollen Kosten seiner Wohnung bestreiten zu können.

Mit dem Inkrafttreten des DBEG. ist das Gesetz betreffend die Gewährung von Wohnungsgeldzuschüssen an die unmittelbaren Staatsbeamten vom 12. Mai 1873/25. Juni 1910 (GS. S. 209 u. 105) außer Kraft getreten (§ 34 d BDEG.), damit der WGZ. überall beseitigt und durch den Ortszuschlag ersetzt worden. Vergl. z. B. § 27 Abs. 3 ZRGG.

2. **Der Ortszuschlag ein Bestandteil des Diensteinkommens.** § 4 Abs. 1 BDEG. bezeichnet den Ortszuschlag als einen weiteren Bestandteil des Diensteinkommens, um damit zum Ausdruck zu bringen, daß Grundgehalt und Ortszuschlag zusammen ein einheitliches Ganzes bilden, z. B. für die Ruhegehaltsfähigkeit, für die Pfändung, das Gnadenvierteljahr usw. (vergl. bisher ähnlich § 6 Abs. 2 Satz 3 des Gesetzes betreffend die Gewährung von Wohnungsgeldzuschüssen vom 12. Mai 1873 GS. S. 209). Aus der Fassung des Gesetzes ergibt sich auch, daß Beamte, die gleichzeitig mehrere in der BO. vorgesehene Stellen bekleiden, den Ortszuschlag nur einmal erhalten können, und zwar für diejenige Stelle, für die das höhere Grundgehalt vorgesehen ist. (Vergl. § 1 Abs. 3 BDEG.). — Bei Verminderung des Diensteinkommens im Disziplinarverfahren (VerwDiszGes. § 16, RichterDiszGes. § 15) um einen Bruchteil (vergl. darüber v. Rheinbaben, Disziplinargesetze S. 160, 465) muß auch der Ortszuschlag entsprechend verkürzt werden, PBV. Ziff. 92 Abs. 2 (vergl unten Anm. 3 c Abs. 4).

3. a) Die Höhe der **Ortszuschlagssätze** für die planmäßigen Beamten ergibt sich aus Anlage 2 zum BDEG. unten Seite 121.

b) **Ortsklassen.** Zahl und Bezeichnung der Ortsklassen entspricht dem bisher für den WGZ. geltenden, jetzt auch für den Ortszuschlag des Reichsbesoldungsgesetzes maßgebenden Reichsortsklassenverzeichnis. (Vergl. § 5 BDEG.)

c) **Ortszuschlagsgruppen.** Durch die Abstufung der Ortszuschlagssätze nach Grundgehaltsgrenzen, statt wie beim WGZ. nach Rangklassen und Beamtenarten, werden die Ortszuschlagsätze in allen Besoldungsgruppen an die gleichen Grundgehaltssätze angegliedert, wodurch 7 Ortszuschlagsgruppen entstehen. Bei den gewählten Grenzen können an ein und demselben Dienstort in den einzelnen Besoldungsgruppen mit Ausnahme der Besoldungsgruppe 13 nacheinander mehrere verschiedene Ortszuschlagsgruppen erreicht werden, s. Tafel 1—4 (S. 377 ff.).

Werden die Grundgehaltssätze den in der BO. mit † bezeichneten weiblichen Beamten gekürzt gewährt, so ist diese Kürzung auf die Bemessung des Ortszuschlags ohne Einfluß (PBV. Ziff. 90 Abs. 2). Diese weiblichen Beamten gelangen also trotz der Kürzung des Grundgehalts in dieselbe Ortszuschlagsgruppe wie die im Dienstalter gleichen männlichen Beamten derselben Besoldungsgruppe.

Abweichend hiervon richtet sich der Ortszuschlagsatz bei den nichtvollbesoldeten Kreisärzten und den nichtvollbesoldeten Kreistierärzten, die nach Fußnote 1 zur Besoldungsgruppe 10 75 v. H. der Grundgehaltssätze der vollbesoldeten Kreisärzte und der vollbesoldeten Kreistierärzte erhalten, nach den tatsächlich gezahlten Grundgehaltsbeträgen (PBV. Ziff. 90 Abs. 3). Entsprechendes gilt bei den Hofärzten, vergl. Fußnote 2 zur Besoldungsgruppe 10 in Abschnitt III der BO. Ebenso erhalten planmäßige Beamte mit Mindestgrundgehaltssätzen stets den der Höhe ihres tatsächlich gezahlten Grundgehalts entsprechenden Ortszuschlag.

Wird das Grundgehalt eines Beamten infolge Entfernung aus dem Amte im Wege des Disziplinarverfahrens nach § 16 Abs. 1 Ziff. 1 VerwDiszGes. oder § 15 Ziff. 3 RichterDiszGes. vermindert, so bleibt für die erstmalige Berechnung des — gegebenenfalls — auch zu kürzenden (s. oben Anm. 1) Ortszuschlagsatzes die frühere Ortszuschlagsgruppe maßgebend.

4. **Der Ortszuschlag für verheiratete weibliche Beamte** ist in der Regel nur auf die Hälfte bemessen, weil der Ehemann nach bürgerlichem Recht verpflichtet ist, den Unterhalt der Familie zu bestreiten, und im Ortszuschlag auch diejenigen Beträge enthalten sind, die dem Beamten zur Befriedigung seines Wohnbedürfnisses dienen sollen (s. oben Anm. 1).

5. Voraussetzung für die Kürzung des Ortszuschlages auf die Hälfte ist, daß die Beamtin mit ihrem Ehemann einen gemeinsamen Haushalt führt. Die Kürzung tritt bei gemeinsamer Haushaltsführung auch dann ein, wenn die Ehefrau zur ehelichen Lebensgemeinschaft nicht verpflichtet ist (vergl. § 1353 BGB.).

6. Auch bei gemeinsamer Haushaltsführung erhält die verheiratete Beamtin den Ortszuschlag in voller Höhe, wenn sie überwiegend den Unterhalt der Familie bestreitet (PBV. Ziff. 87).

7. **Kürzung des Ortszuschlags bei Doppelbeamten.** Vergl. die Beispiele der Ziff. 88 PBV.

Darüber, wie zu verfahren ist, wenn ein unmittelbarer Staatsbeamter gleichzeitig auch eine Stelle im mittelbaren Staatsdienst bekleidet, enthält das BDEG. keine Vorschrift. Nach Ziff. 88 PBV. ist aber eine Stelle im Dienste einer Körperschaft des öffentlichen Rechtes einer Stelle im Reichs- oder Staatsdienste gleich zu achten.

§ 5.

Ortsklassenverzeichnis.

(Vergl. PBV. Ziff. 95 und 96.)

(1) Die Stellung der Orte in den verschiedenen Ortsklassen bestimmt sich nach dem Ortsklassenverzeichnisse, wie es nach reichsgesetzlicher Regelung für die Gewährung von Ortszuschlägen an die Reichsbeamten jeweilig maßgebend ist.[1]

(2) Welcher Ortsklasse ein außerhalb Deutschlands gelegener, in diesem Ortsklassenverzeichnisse nicht enthaltener Ort, an dem preußische Beamte ihren dienstlichen Wohnsitz haben, zuzuweisen ist, wird von dem zuständigen Minister in Gemeinschaft mit dem Finanzminister bestimmt.[2]

1. **Ortsklassenverzeichnis.** § 5 BDEG. ist dem § 2 Abs. 4 und 5 des Gesetzes, betreffend die Gewährung von Wohnungsgeldzuschüssen an die unmittelbaren Staatsbeamten vom 12. Mai 1873 (GS. S. 209) in der Fassung des Art. II des Gesetzes vom 25. Juni 1910 (GS. S. 105) nachgebildet. Das im Jahre 1909 geschaffene, vielfach veraltete Reichsortsklassenverzeichnis (RGBl. 1909 S. 628), das vorläufig auch für den Ortszuschlag noch maßgebend geblieben war, ist nach gründlicher Nachprüfung unter Verwertung des Ergebnisses einer besonderen Rundfrage über die Preise der wichtigsten Lebensbedürfnisse (Lebensmittel, Heizmaterialien, Wohnungsmiete) mit Wirkung vom 1. April 1920 durch das Reichsortsklassenverzeichnis vom $\frac{\text{13. Januar}}{\text{3. März}}$ 1922 (RGBl. Teil I S. 87/S. 245 ersetzt worden. Für die Forstdienstgehöfte gilt die Bekanntmachung vom 30. März 1922 (RGBl. Teil II S. 2).

2. **Auslandsbeamte.** Die Regelung entspricht der bisherigen Vorschrift in Art. II Ziff. 2 Abs. 2 des Wohnungsgeldzuschußgesetzes vom 25. Juni 1910 (GS. S. 105). Die Auslandsbeamten des Reiches erhalten keinen Ortszuschlag (vergl. § 12 Abs. 1 des Reichsbesoldungsgesetzes vom 30. April 1920, RGBl. S. 1263).

§ 6.

Ortszuschlagsatz.

(Vergl. PBV. Ziff. 93 bis 94a).

(1) Für die Höhe des Ortszuschlags ist der dienstliche Wohnsitz[1] maßgebend.

(2) Bei der Versetzung erlischt der Anspruch auf den dem bisherigen Wohnsitz entsprechenden Satz des Ortszuschlags mit dem Zeitpunkte, zu dem der Bezug des Grundgehalts der bisherigen Dienststelle aufhört.

(3) Die bei der Versetzung an den Ort einer niedrigeren Ortsklasse eintretende Verminderung des Ortszuschlags wird als eine Verkürzung des Diensteinkommens im Sinne des § 53 des

Gesetzes, betreffend die Dienstvergehen der Richter und die unfreiwillige Versetzung derselben auf eine andere Stelle oder in den Ruhestand, vom 7. Mai 1851 (Gesetzsamml. S. 218) und des § 87 des Gesetzes, betreffend die Dienstvergehen der nichtrichterlichen Beamten, vom 21. Juli 1852 (Gesetzsamml. S. 465) nicht angesehen.

1. **Dienstlicher Wohnsitz** ist der Ort, an dem sich der Sitz der Behörde des Beamten befindet. Dieser Ort kann von dem tatsächlichen Wohnort des Beamten verschieden sein. Wird ein Beamter wegen Wohnungsmangels nicht an seinem Anstellungsort, sondern einstweilen an einem anderen Ort beschäftigt, so erhält er trotzdem den für den Sitz seiner Behörde maßgebenden OZ. Eine dem § 14 Abs. 3 des Reichsbesoldungsgesetzes entsprechende Bestimmung ist in das BDEG. nicht aufgenommen. Können unter den gegenwärtigen Verhältnissen Beamte infolge Wohnungsmangels an ihrem Anstellungsort kein Unterkommen finden, so ist durch die Bestimmungen über die Gewährung einer Wohnungsbeihilfe Vorsorge getroffen, daß unverhältnismäßige Aufwendungen auf anderem Wege ausgeglichen werden. (Runderlaß vom 28. Februar 1922 — FinMinBl. S. 93 — und Nachträge dazu.)

Als dienstlicher Wohnsitz für alleinstehende Beamte, d. h. für Beamte, die an keiner Behörde angestellt, sondern selbständig tätig sind, wird in der Regel derjenige Ort zu gelten haben, von dem aus der Beamte die ihm obliegenden Pflichten am geeignetsten und mit möglichster Zeitersparnis erfüllen kann. Der dienstliche Wohnsitz (Amtssitz) wird hiernach meist mit dem tatsächlichen Wohnort zusammenfallen. Doch ist bei den Verhandlungen im Rechnungsausschuß des Hauses der Abgeordneten (Drucks. Nr. 140 für 1900, Nr. 144 für 1902, Nr. 135 für 1903, Nr. 392 für 1904 und Nr. 39 für 1906) ausdrücklich anerkannt worden, daß die vorgesetzte Behörde den dienstlichen Wohnsitz (Amtssitz) für alleinstehende Beamte nach Maßgabe des Dienstes bestimmt, daß sie ihm dabei ausnahmsweise gestatten kann, außerhalb dieses Amtssitzes zu wohnen, daß aber für die Berechnung des WGZ. (jetzt OZ.) der Reisekosten, Umzugskosten usw. stets der Amtssitz maßgebend bleibt. Immerhin wird eine solche Anordnung als Ausnahme von der Regel nur dann eintreten, wenn zwingende Gründe vorliegen, die das Wohnen am Amtssitz nur vorübergehend unmöglich machen und gleichzeitig einer dauernden Verlegung des Amtssitzes entgegenstehen.

2. **Änderung des OZ.-Satzes infolge Versetzung.** § 6 Abs. 2 und 3 entsprechen den bisher für den WGZ. geltenden Vorschriften (§ 3 d. Ges. vom 12. Mai 1873/25. Juni 1910. GS. S. 209 u. 105).

§ 7.

Dienstwohnungen.

(Vergl. PBV. Ziff. 97—102.)

(1) Wird dem Beamten eine Dienstwohnung[1] zugewiesen[2], so wird ihm dafür auf den ihm zustehenden Ortszuschlag einschließlich Ausgleichszuschlag (§ 18) ein angemessener Betrag angerechnet.[3] Dieser Betrag soll den am Wohnorte des Beamten für Wohnungen derselben Art zu zahlenden Mietpreisen entsprechen. Die Festsetzung geschieht durch die zuständige Behörde unter Mit-

wirkung der zuständigen Beamtenvertretung.[4] Bei dieser Festsetzung ist zu berücksichtigen außer dem wirklichen Werte der Wohnung auch der Wert, den die Wohnung für den Beamten hat.[5]

(2) Gibt der Inhaber einer Dienstwohnung unter Zustimmung seiner vorgesetzten Dienstbehörde Räume anderweit ab, die bei der letzten Wertfestsetzung berücksichtigt sind, so ist der anzurechnende Wert der Wohnung neu festzusetzen. Der Erlös für die abgegebenen Räume fällt dem Staate zu.[6]

1. **Dienstwohnung.** Als Dienstwohnung im Sinne des BDEG. gelten nur solche Wohnungen oder einzelne Zimmer, die dem Beamten im Interesse des Dienstes im Zusammenhang mit den Dienstobliegenheiten auf Grund des Staatshaushaltes zugewiesen werden. Räume, die ausschließlich dienstlichen Zwecken dienen oder die vorwiegend dienstlicher Repräsentation gewidmet sind, gelten nicht als Zubehör der Dienstwohnung (Ziff. 97). Ebenso gelten Nutzgärten nicht als Zubehör der Dienstwohnung, wohl aber Ziergärten (Ziff. 101).

Nach §§ 14—17 des Dienstwohnungsregulativs vom $\frac{\text{26. Juli 1880}}{\text{20. April 1885}}$ fallen die Kosten der Unterhaltung einer Dienstwohnung in weiterem Umfange dem Staate zur Last. Im allgemeinen wird in den neuen Gebäuden bei der Abmessung der Dienstwohnungen davon ausgegangen, daß eine solche enthalten muß:

für einen Angehörigen der Besoldungsgruppe

1 bis 4: ein zweifenstriges und drei einfenstrige Zimmer mit 45 bis 50 qm nutzbarer Wohnfläche,

5 und 6: drei zweifenstrige und zwei einfenstrige Zimmer mit 75 qm nutzbarer Wohnfläche,

7 bis 9: drei (oder vier) zweifenstrige und zwei (oder ein) einfenstriges Zimmer bis 90 qm nutzbarer Wohnfläche,

10 und 11: vier zweifenstrige, zwei einfenstrige, ein Fremdenzimmer sowie Mädchenstube,

dazu treten Küche, Speisekammer und Nebengelaß.

2. **Zuweisung der Dienstwohnung.** Ob eine Dienstwohnung gewährt wird, bestimmt der Staatshaushaltsplan.

Beamte, die an Stelle der Dienstwohnungen Mietentschädigungen beziehen (vergl. § 4 des Gesetzes betreffend die Gewährung von Wohnungsgeldzuschüssen vom 12. Mai 1873 GS. S. 209 und Nr. 5 der Bemerkungen zur Besoldungsordnung vom 26. Mai 1909 GS. S. 85) sind dem BDEG. unbekannt. Kann eine vorhandene Dienstwohnung dem dienstwohnungsberechtigten Beamten aus irgend welchen Gründen nicht eingeräumt werden, so erhält er lediglich den ungekürzten Ortszuschlag.

3. **Anrechnung der Dienstwohnung auf den Ortszuschlag.** Da der Ortszuschlag neben dem Ausgleich der örtlichen Preisunterschiede auch zur Bestreitung der Wohnbedürfnisse des Beamten dienen soll (s. Anm. 2 zu § 4 BDEG.), so muß für die Dienstwohnung ein angemessener Betrag auf den Ortszuschlag einschließlich Ausgleichszuschlag angerechnet werden (sog. Anrechnungsbetrag). Die unentgeltliche Einräumung einer Dienstwohnung ist unzulässig.

4. **Mitwirkung der Beamtenvertretung** vergl. Anm. 2 zu § 10 und Anm. 1 zu § 33 BDEG.

5. **Anrechnungsbetrag.** Dieser soll dem am Wohnorte des Beamten für Wohnungen derselben Art zu zahlenden Mietpreis entsprechen, er darf jedoch einen bei den einzelnen Beamtengruppen verschieden hoch festgesetzten Hundertsatz des höchsten Ortszuschlags seiner Besoldungsgruppe einschließlich Ausgleichszuschlages nicht übersteigen (höchster Anrechnungsbetrag).

Der Anrechnungsbetrag setzt sich zusammen aus dem Grundzins, der im Sinne des § 2 Abs. 1 des Reichsmietengesetzes vom 24. März 1922 (RGBl. S. 273) nach den vom Staatsministerium zu bestimmenden Richtlinien festgesetzt wird, und Zuschlägen dazu, nämlich einem allgemeinen Zuschlag, einem örtlichen Zuschlag, und gegebenenfalls einem Sondersatz für Neuwohnungen. Im einzelnen vergl. Ziff. 98—100.

6. **Abgabe von Räumen.** Die Vorschrift des Abs. 2 soll eine unbillige Beschwerung des Dienstwohnungsinhabers (insbesondere bei Zwangseinquartierung) verhindern.

§ 8.

Sondervergütungen.

(Vergl. PBV. Ziff. 103.)

In der Besoldungsordnung nicht vorgesehene Vergütungen,[1] insbesondere Vergütungen für über das festgesetzte oder übliche Arbeitsmaß hinausgehende Dienstleistungen,[2] werden dem Beamten aus dem Hauptamt[3] nicht gewährt. Außerordentliche Vergütungen können im Einzelfalle[4] ausnahmsweise bewilligt werden, falls die dazu erforderlichen Mittel[5] im Staatshaushalte besonders vorgesehen sind.

1. **Sondervergütungen (Stellenzulagen, Amtszulagen).** Das Gesetz will mit den zahlreichen Sondervergütungen, die bisher in Form von Stellenzulagen, Amtszulagen und ähnlichen Zulagen neben dem Gehalt auf Grund des Staatshaushalts gewährt wurden, möglichst ganz aufräumen. Die meisten derjenigen Beamten, die bisher Stellenzulagen erhielten, sind in eine höhere Besoldungsgruppe eingegliedert, daß dem gegenüber eine Stellenzulage nicht mehr von Bedeutung sein kann. Hiernach sind alle bisherigen Zulagen dieser Art abgeschafft und können künftig nur noch gewährt werden, wenn sie im BDEG. selbst oder in der BO. und der Nachweisung der Dienstbezüge der nichtplanmäßigen Beamten (Anlage 3 des Gesetzes) eine Stütze finden; insbesondere ist die Einführung neuer Stellen- oder Amtszulagen durch den Staatshaushaltsplan nur auf dem Umwege einer Änderung der Besoldungsordnung nach § 30 BDEG., also nur bei einer Änderung in der Organisation des Staatsdienstes möglich (vergl. Anm. 1 zu § 30 BDEG.).

Alle Zulagen, die künftig noch gewährt werden können, sind in den Schlußbemerkungen zur BO. unter A (Aufwandsentschädigungen) und B (Sondervergütungen) erschöpfend zusammengestellt. Insbesondere ist dort unter B 2 auch die Möglichkeit der Gewährung einer besonderen Ministerialzulage vorgesehen. Diese war ursprünglich bestimmt, um durch ihre Gewährung für die in den Ministerien vorübergehend beschäftigten Hilfskräfte einen besonderen Anreiz zu schaffen und sie so für die verantwortungsreiche und aufreibende Arbeit zu entschädigen (Staatsministerialbeschluß vom 24. März 1922). Neuerdings ist sie jedoch dieses Charakters als Hilfsarbeiterzulage entkleidet und wird allen Beamten der Ministerien und der ihnen gleichgestellten Behörden gegeben. Vergl. StaatsMinBeschl. vom 30. Juni 1922. Die Höhe der Sätze ist mehrfach geändert. Zurzeit ist der StaatsMinBeschl. vom 26. Februar 1923 maßgebend.

2. **Überstunden.** Besondere Vergütungen für Mehrarbeit, sog. Überstunden, für Hilfsunterricht usw. können nicht mehr gewährt werden. Es entspricht dies dem Grundsatz, daß jeder Beamte verpflichtet ist, auch bei erhöhten Ansprüchen seine Arbeitskraft dem Staat voll zur Verfügung zu stellen, ohne daß daraus ein Anspruch auf eine besondere Entschädigung hergeleitet werden könnte.

3. Wegen der Bezüge aus Nebenämtern s. Anm. 5 zu § 9 BDEG.

4. **Außerordentliche Sondervergütungen** können aus den sog. Remunerationsfonds niemals laufend, sondern immer nur in einzelnen besonderen Ausnahmefällen gewährt werden. Dazu gehören z. B. die außerordentlichen Zuwendungen von je 1500 Mark an Landjägermeister (Gendarmerieoberwachtmeister) und Landjäger (Gendarmen) nach 18jähriger oder 24jähriger Gesamtdienstzeit, die den Zweck haben, einen Anreiz zum Eintritt in die Landjägerei zu bieten und die Landjägereibeamten ihrem Beruf länger zu erhalten. Auch diese sollen aber künftig in Wegfall kommen und werden deshalb nur den bis zum 31. März 1922 in die Landjägerei eingetretenen Beamten gewährt.

5. Eine allgemeine Ausschüttung der Remunerationsfonds am Jahresschlusse ist unstatthaft.

§ 9.

Nebenbezüge.

(1) Mit einem Amte verbundene besondere Nebenbezüge,[1] wie Vorlesungs- und Unterrichtshonorare,[2] Gebührenanteile,[3] Gewinnanteile[4] und dergleichen, fließen den Beamten als Diensteinkommen nur soweit zu, als es in der Besoldungsordnung ausdrücklich zugelassen ist.

(2) Für ein Nebenamt oder Nebengeschäft[5] kann dem Beamten eine besondere Vergütung aus der Staatskasse bewilligt werden, wenn es mit dem Hauptamte nicht in unmittelbarem Zusammenhange[6] steht oder den Beamten in besonderem Maße in Anspruch nimmt.[7]

1. **Nebenbezüge.** Die Vorschrift des § 9 bezieht sich nur auf etwaige Nebenbezüge aus dem Hauptamt (vergl. unten Anm. 5). Sie erstreckt sich andererseits auf alle Bezüge aus dem Hauptamt, auch solche, die nicht unmittelbar aus der Staatskasse gewährt werden. Der Umfang, in dem solche Nebenbezüge den Beamten als Diensteinkommen zufließen können, ergibt sich erschöpfend aus der BO., Schlußbemerkungen unter C, und aus der Nachweisung, Anl. 3 des Gesetzes, Schlußbemerkungen Ziff. 3—6.

2. **Vorlesungs- und Unterrichtshonorare.** Wegen der Beteiligung der Professoren an den für ihre Vorlesungen eingehenden Unterrichtshonoraren und die Amtsvergütung der Rektoren siehe C Ziff. 8 der Schlußbemerkungen zur BO.

3. **Gebührenanteile** s. C Ziff. 5, 6a, 7, 9 der Schlußbemerkungen zur BO. und Ziff. 3—5 der Schlußbemerkungen zur Nachweisung Anl. 3 des BDEG.

4. **Gewinnanteile** s. C Ziff. 2, 4, 6b, c der Schlußbemerkungen zur BO.

5. **Nebenämter und Nebenbeschäftigungen.** Das BDEG. regelt lediglich die Dienstbezüge der Beamten aus dem Hauptamt, nicht auch die Vergütungen aus etwaigen Nebenämtern und Nebenbeschäftigungen (s. jedoch § 21 Ziff. 3 Abs. 2 BDEG.). Über den Begriff des Nebenamtes und der Nebenbeschäftigung vergl. v. Rheinbaben, Disziplinargesetze S. 85 ff., Brand, Beamtenrecht S. 509, 510. Die Festsetzung der Vergütungen, welche für ein Nebenamt oder eine Nebenbeschäftigung aus der Staatskasse geleistet werden, ist nach wie vor dem Staatshaushalte überlassen.

6. Ein unmittelbarer Zusammenhang mit dem Hauptamt ist stets dann anzunehmen, wenn die nebenamtlich ausgeübte Diensttätigkeit in Wirklichkeit nur einen organischen Teil der hauptamtlichen Aufgaben bildet.

7. Ob das Nebenamt oder die Nebenbeschäftigung den Beamten in besonderem Maße in Anspruch nimmt, unterliegt der Entscheidung der vorgesetzten Dienstbehörde.

§ 10.

Sonstige Vergütungen.

(Vergl. PBV. Ziff. 105 und 106.)

(1) Staatsseitig gewährte Nutzung von Wirtschaftsland, Feuerungs- und Beleuchtungsmittel, Verpflegung, Jagdnutzung und dergleichen werden dem Beamten mit einem angemessenen Betrage auf das Diensteinkommen angerechnet.[1] Die Höhe dieses Betrags wird von der zuständigen Behörde unter Mitwirkung der zuständigen Beamtenvertretung[2] festgelegt. In Zweifelsfällen entscheidet der zuständige Minister in Gemeinschaft mit dem Finanzminister endgültig.[3]

(2) Den Beamten, welche im Interesse der öffentlichen Sicherheit und Ordnung zum Tragen von Dienstkleidung[4] gezwungen sind, ist diese unter Anrechnung eines angemessenen Betrags[5] zu liefern.

(3) Die Gewährung von Unterkunft, Verpflegung, Bekleidung und ärztlicher Behandlung an die bewaffneten und uniformierten Beamten der der Verwaltung des Innern unterstehenden Schutzpolizei,[6] deren Umfang und die Anrechnung ihres Wertes auf das Diensteinkommen wird durch den Staatshaushaltsplan geregelt.[7]

1. **Naturalbezüge.** Die Anrechnung der in § 10 BDEG. genannten Vergünstigungen auf das Diensteinkommen erfolgt mit Rücksicht auf die erhebliche Erhöhung der Gehaltsbezüge. Einheitliche Richtlinien, nach denen bei der Abschätzung des Wertes zu verfahren ist, bilden sich erst allmählich heraus.

Bis zur endgültigen Regelung ist der anzurechnende Betrag nach dem pflichtmäßigen Ermessen der anweisenden Behörden festzusetzen.

Doch ist der Beamte darauf aufmerksam zu machen, daß er irgendwelche Ansprüche auf Beibehaltung der vorläufigen Regelung daraus nicht herleiten kann. Überzahlungen, die infolge einer vorläufigen Regelung stattfinden, müssen bei der nächsten Gehaltszahlung ausgeglichen werden.

2. **Mitwirkung der Beamtenvertretung** vergl. Anm. 4 zu § 7 und Anm. 1 zu § 33 BDEG.

3. In der Zentralinstanz findet eine weitere Mitwirkung von Beamtenvertretungen nicht mehr statt.

4. **Staatsseitige Lieferung von Dienstkleidung.** Die Vorschrift des § 10 Abs. 2 ist neu. Sie legt dem Staat die Verpflichtung ob, allen Beamten, die im Interesse der öffentlichen Sicherheit und Ordnung eine Dienstkleidung tragen müssen, diese zu liefern. Dienstkleidungen, die im Interesse der öffentlichen Sicherheit und Ordnung nicht erforderlich sind, können vom Staat nicht gewährt werden.

5. Die Anrechnung entspricht den allgemeinen Grundsätzen des § 10 Abs. 1. Die hiervon nach der ursprünglichen Fassung des Gesetzes zulässige Ausnahme der unentgeltlichen Lieferung, wo diese bisher geschah, mußte aufgehoben werden, nachdem das Reichsschiedsgericht den Einspruch des Reichs hiergegen für begründet erklärt hatte. Rück- oder Nachzahlungen finden aber nicht statt.

6. **Bewaffnete und uniformierte Beamte der Schutzpolizei** vergl. unten Anm. 1 zu § 32 BDEG.

7. Die Angehörigen der bewaffneten und uniformierten Beamten der Schutzpolizei sollen in ihren Bezügen und sonstigen Vergünstigungen den Angehörigen der Reichswehr möglichst gleichgestellt werden.

B. Nichtplanmäßige Beamte und ihnen gleichgestellte Beamte.

§ 11.

Grundvergütung.

(Vergl. hierzu PBV. Ziff. 126 bis 130.)

(1) Die im Staatsdienst als Stellenanwärter[1] voll beschäftigten[2] nichtplanmäßigen[3] unmittelbaren Staatsbeamten sowie die wissenschaftlichen Assistenten[4] mit planmäßiger Vergütung bei den wissenschaftlichen Hochschulen[5] (Universitäten, Technischen, Landwirtschaftlichen, Tierärztlichen Hochschulen, Berg- und Forstakademien) und die ihnen in der anliegenden Nachweisung der Dienstbezüge der nichtplanmäßigen Beamten — Anlage 3 — gleichgestellten Hilfskräfte[6] der wissenschaftlichen Hochschulen, Anstalten und Institute erhalten eine Grundvergütung[7] nach Maßgabe dieser Nachweisung.[8]

(2) Die Vorschrift des § 1 Abs. 2 findet auf weibliche Stellenanwärter[9] sinngemäß Anwendung.

(3) Beamte, die gleichzeitig mehrere in der Besoldungsordnung vorgesehene Stellen bekleiden, wird die Grundvergütung nur ein-

mal gewährt, und zwar für diejenige Stelle, für die die höhere Grundvergütung vorgesehen ist.[10]

1. **Stellenanwärter** ist die neue Bezeichnung des Gesetzes für „Diätar". (Bisher wurden als „Stellenanwärter" nur die auf Grund der abzulegenden Prüfungen für geeignet befundenen Bewerber unter den Militäranwärtern bezeichnet. Brand, Beamtenrecht S. 85.) Entsprechend sind die bisher üblichen Ausdrücke „Diätariendienstjahr" und „Diätariendienstalter" durch Anwärterdienstjahr und Anwärterdienstalter (AnwDA.) verdeutscht worden. Wegen des Beginns des AnwDA. s. Anm. 1 zu § 13 BDEG.

2. **Hilfsarbeiter.** Nur die vom Staat voll beschäftigten Stellenanwärter haben einen Anspruch auf die vom Gesetz vorgesehenen Bezüge.

Stellenanwärter im Sinne des Gesetzes sind hiernach nur solche Beamte, die schon bisher gegen Diäten beschäftigt wurden. Vorübergehend beschäftigte Hilfskräfte, vor allem Beamte, die sich noch zu ihrer eigenen Ausbildung im Vorbereitungsdienst befinden (z. B. Referendare) — auch wenn sie mit der Wahrnehmung einer vollen Dienststelle betraut werden — fallen nicht unter das BDEG.

Der Vorbereitungsdienst ist grundsätzlich unentgeltlich abzuleisten, die Beamtenanwärter haben daher die Kosten für ihren Lebensunterhalt während dieser Zeit selbst zu bestreiten. Mit Rücksicht auf die außergewöhnlichen wirtschaftlichen Verhältnisse ist man jedoch in Preußen dazu übergegangen, den Beamten im Vorbereitungsdienst **widerrufliche Unterhaltszuschüsse** zu gewähren. Die grundlegenden Richtlinien für die Gewährung dieser Zuschüsse, die später mehrfach abgeändert sind, enthalten der Erlaß des Finanzministers vom 23. November 1921 — P 4149 — abgedruckt im FinMinBl. S. 566 (für die Anwärter der allgemeinen Verwaltung) und die Erlasse des Justizministers vom 29. März und 15. November 1921 — I 8800 und I 10944 — abgedruckt im Justizministerialblatt S. 235 und 573 (für die Anwärter der Justizverwaltung). Für die Anwärter der anderen Verwaltungen sind entsprechende Verfügungen ergangen.

Die Beamtenanwärter erhalten danach — abgestuft nach der Länge der Zeit, die sie bereits im Vorbereitungsdienst zugebracht haben und der Ortsklasse ihres Beschäftigungsortes — prozentuale Bruchteile des Anfangsgrundgehalts derjenigen Besoldungsgruppe, in der sie bei regelmäßigem Verlauf ihrer Dienstlaufbahn zuerst planmäßig angestellt werden (z. Zt. für Zivilanwärter zwischen 50 und 60 %), höchstens jedoch der Besoldungsgruppe 7. Die Zahlung erfolgt nur im Falle des Bedürfnisses, die jeweils geltenden Sätze sind Höchstsätze, es bleibt dem Behördenvorstand überlassen, geringere oder auch keine Zuschüsse zu gewähren. Ersetzt der Anwärter vorübergehend eine volle Arbeitskraft, nimmt z. B. ein Referendar auftragsweise die Geschäfte eines Amtsanwalts wahr, so erhält er für diese Zeit einen höheren Zuschuß, z. Zt. 85 %, jedoch auch höchstens der Besoldungsgruppe 7.

3. **Besoldung der nichtplanmäßigen Beamten.** Die nichtplanmäßigen Beamten erhielten ihre Bezüge bisher nicht auf gesetzlicher Grundlage (s. Vorbem. zum BDEG. Ziff. 1).

Die Besoldung der nichtplanmäßigen Beamten unterscheidet sich von derjenigen der planmäßigen Beamten jetzt nur noch in folgenden Punkten:

1. Die Dienstbezüge der nichtplanmäßigen Beamten werden stets monatlich im voraus gezahlt (§ 1 Abs. 2 des Gesetzes betreffend die Zahlung der Beamtenbesoldung usw. vom 7. März 1908 [GS. S. 35] in der Fassung des § 27 BDEG. — vergl. dagegen § 1 Abs. 1 daselbst).

2. Die Grundvergütungssätze betragen für Zivilanwärter während der ersten 5 Anwärterdienstjahre 70 v. H. bis 95 v. H., für Militäranwärter während der ersten 4 Anwärterdienstjahre 80 v. H. bis 95 v. H. des Anfangsgrundgehaltes derjenigen Gruppe, in der der Stellenanwärter beim regelmäßigen Verlauf seiner Dienstlaufbahn zuerst planmäßig angestellt wird (Nachweisung Anl. 3 des Gesetzes Abs. 1) und steigen während dieser Zeit mit einjähriger Aufrückungsfrist (§ 12 Abs. 1 BDEG., vergl. dagegen § 2 Abs. 1 daselbst). Daneben erhalten sie einen Ortszuschlag in der Höhe, in der ihn die planmäßigen Beamten der ersten Gehaltsstufe derjenigen Besoldungsgruppe beziehen, in der die Anwärter bei regelmäßigem Verlauf ihrer Laufbahn zuerst angestellt werden.

3. Der Stellenanwärter hat keinen Rechtsanspruch auf Aufrücken in der Grundvergütung (§ 12 Abs. 2 BDEG., vergl. dagegen § 2 Abs. 2).

Im übrigen völlige Gleichstellung mit den planmäßigen Beamten (vergl. § 13 Abs. 2 Satz 2, § 17, § 21 Ziff. 3 Abs. 1 BDEG.).

Nichtplanmäßige Beamte, die in einer andern Dienststelle verwendet werden, erhalten, wenn und solange sie nicht in eine Stelle der sie verwendenden Behörde versetzt werden, die Bezüge ihrer bisherigen nichtplanmäßigen Stelle und daneben die ihnen etwa gesetz- oder verordnungsmäßig zustehenden Tagegelder und sonstigen Bezüge.

4. Die **wissenschaftlichen Assistenten** mit planmäßiger Vergütung bei den Universitäten und den übrigen wissenschaftlichen Hochschulen, die bisher schon, ähnlich den Diätaren, kein Gehalt, sondern eine monatliche Vergütung für ihre Tätigkeit erhielten, sind keine Stellenanwärter im Sinne des Gesetzes, werden aber hinsichtlich ihrer Dienstbezüge wie solche behandelt und zwar als Stellenanwärter nach Gruppe 10 (vergl. § 14 Abs. 2, § 15 Abs. 1 Satz 2, § 21 Ziff. 3 Abs. 1 BDEG. und die Nachweisung Anl. 3 Abs. 4).

5. **Wissenschaftliche Hochschulen.** Unter Wissenschaftlichen Hochschulen — im Gegensatz zu den Kunsthochschulen — versteht das Gesetz die in Klammer ausdrücklich beigefügten Lehranstalten. Der Ausdruck kehrt auch sonst wieder, vor allem in § 21 Ziff. 2 BDEG.

Als **Kunsthochschulen** haben zu gelten:

Die Akademische Hochschule für die bildenden Künste und die Akademische Hochschule für Musik in Charlottenburg, die Unterrichtsanstalt des Kunstgewerbemuseums in Berlin, die Kunstakademien in Cassel, Düsseldorf und Königsberg, sowie die Akademie für Kunst und Kunstgewerbe in Breslau (vergl. BO. Abschn. I 1 B 4).

6. **Wissenschaftliche Hilfskräfte.** Die den wissenschaftlichen Assistenten mit planmäßiger Vergütung in ihren Dienstbezügen gleichgestellten Hilfskräfte sind in der Nachweisung Anl. 3 des Gesetzes Abs. 4 einzeln aufgeführt (unten S. 122).

7. **Grundvergütung** ist der Ausdruck des BDEG. für die bisherigen „Diäten“ oder fixierten Remunerationen. Materiell ist die Änderung bedeutungslos.

Die Zahlung der Grundvergütung beginnt mit dem Zeitpunkt der Einstellung als Stellenanwärter. Wegen der Anweisung der Dienstalterszulagen vergl. Anm. 3 zu § 12 BDEG.

8. Die **Nachweisung der Dienstbezüge der nichtplanmäßigen Beamten** (Anlag 3 des Gesetzes) enthält in 6 Abschnitten die maßgebenden Vor-

schriften für die Höhe der Grundvergütung und in den „Schlußbemerkungen“ Besonderheiten, die sich auf einzelne Beamtenkategorien beziehen.

Für die Stellenanwärter sind die Grundvergütungssätze in der Nachweisung nur bis zum vollendeten 5., bei den Militäranwärtern bis zum vollendeten 4. Anwärterdienstjahre geregelt; für die folgende Zeit s. § 13 Abs. 2 Satz 2 BDEG. Die Sätze für Militäranwärter gelten auch für die Anwärter in der Landjägerei und für die Hilfspolizeiwachtmeister in der Schutzmannschaft, soweit sie mindestens 4 Jahre beim Militär gedient haben (Schlußbemerkungen z. Nachweis. Anl. 2 d. Ges. Ziff. 2).

Die weiblichen Stellenanwärter sind in ihren Bezügen den männlichen Anwärtern völlig gleichgestellt. S. aber Abs. 5 der Nachweisung und Anm. 7 zu § 1 BDEG.

Wegen der Grundvergütungssätze der wissenschaftlichen Assistenten mit planmäßiger Vergütung an den wissenschaftlichen Hochschulen und der ihnen gleichgestellten Hilfskräfte s. Abs. 4 der Nachweisung.

Wichtig ist die Bestimmung in Abs. 2 der Nachweisung:

Stellenanwärtern, die bereits eine planmäßige Stelle bekleidet haben, kann zur Vermeidung von Härten das zuletzt bezogene Diensteinkommen ihrer planmäßigen Stelle (Grundgehalt und Ortszuschlag, letzterer jedoch nach dem Satze des neuen dienstlichen Wohnsitzes berechnet) bis zum Aufsteigen in der Grundvergütung nach Maßgabe des Abs. 1 der Nachweisung oder bis zur planmäßigen Anstellung in der neuen Stelle als Grundvergütung und Ortszuschlag gewährt werden.

Wegen der Gewährung höherer Bezüge an Anwärter auf Stellen für Kanzleiassistenten und Justizkanzleigehilfen, die am 31. März 1920 im Dienst waren, s. Fußnote 1 zu Gruppe 4 (vergl. dazu PBV. Ziff. 50).

9. Vergl. Anm. 7 zu § 1 BDEG.

10. Vergl. Anm. 8 zu § 1 BDEG.

§ 11a.

(Vergl. hierzu PBV. Ziff. 126 bis 130.)

Bis zur anderweiten Regelung durch den Staatshaushaltsplan oder durch besonderes Gesetz erhalten die nichtplanmäßigen Beamten, die wissenschaftlichen Assistenten mit planmäßiger Vergütung an den wissenschaftlichen Hochschulen und die ihnen gleichgestellten Hilfskräfte der wissenschaftlichen Hochschulen, Anstalten und Institute zur Grundvergütung nebst Ausgleichszuschlägen einen Notzuschlag[1] in der Höhe, daß Grundvergütung, Ausgleichszuschläge und Notzuschlag (ohne Frauenbeihilfe) zusammen betragen,

wenn sie Zivilanwärter sind,

im 1. Anwärterdienstjahr	. . .	95 v. H.,
„ 2. „	. . .	95 v. H.,
„ 3. „	. . .	98 v. H.,
„ 4. „	. . .	100 v. H.,
„ 5. „	. . .	100 v. H.,

wenn sie Militäranwärter sind,

im 1. Anwärterdienstjahr	. . .	95 v. H.,
„ 2. „	. . .	98 v. H.,
„ 3. „	. . .	100 v. H.,
„ 4. „	. . .	100 v. H.

des Anfangsgrundgehalts nebst Ausgleichszuschlägen (ohne Frauenbeihilfe) derjenigen Gruppe, in der sie beim regelmäßigen Verlauf ihrer Dienstlaufbahn zuerst planmäßig angestellt werden. Bei Anwärterinnen auf Stellen, die in der Besoldungsordnung mit einem † bezeichnet sind, ist der Berechnung dieses Notzuschlages das um 10 v. H. gekürzte Anfangsgrundgehalt solcher Stellen zugrunde zu legen.

1. Die in der Anlage 3 der BO. festgesetzten Grundvergütungssätze für die nichtplanmäßigen Beamten haben sich bei der seit der Verabschiedung des BDEG. vom 17. Dezember 1920 immer stärker steigenden Geldentwertung sehr bald als unzulänglich erwiesen. Nachdem daher bereits durch die Ges. vom 18. Dezember 1920 (GS. 21 S. 218) der Ortszuschlag für die nichtplanmäßigen Beamten, der ursprünglich nur 80 % des für die planmäßigen Beamten vorgesehenen Satzes betragen hatte, erhöht worden war, wurde ihnen durch die Novelle vom 24. November 1921 (GS. S. 553) zu ihren Bezügen ein Notzuschlag gewährt, der ihre Gesamtbezüge während der Anwärterdienstzeit auf rund 95 bis 100 % des Anfangsgrundgehalts der Gruppe, in der sie zur Anstellung gelangen, festsetzte. Diese Regelung ist seither mit unbedeutenden Änderungen bestehen geblieben. Die Einfügung des § 11a ist durch die Novelle vom 21. November 1922 erfolgt.

§ 12.

Dienstaltersstufen.

(Vergl. hierzu PBV. Ziff. 131 bis 136.)

(1) Die Grundvergütung der nichtplanmäßigen Beamten steigt[1] bis zur Vollendung des fünften, bei Militäranwärtern bis zur Vollendung des vierten Anwärterdienstjahrs[2] nach Dienstaltersstufen mit einjähriger[3] Aufrückungsfrist. Die höheren Grundvergütungssätze werden jeweils vom Ersten des Kalendermonats an gezahlt, in den der Eintritt in die neue Dienstaltersstufe fällt.[4]

(2) Das Aufrücken in der Grundvergütung kann versagt[5] werden, wenn gegen das dienstliche oder außerdienstliche Verhalten des Stellenanwärters eine erhebliche Ausstellung vorliegt.[6]

(3) Vor der Verfügung ist dem Beamten Gelegenheit zu geben, sich über die Gründe der beabsichtigten Maßregel zu äußern. Wird das Aufrücken versagt, so sind dem Beamten die Gründe hierfür schriftlich zu eröffnen.

(4) Gegen die Verfügung steht dem Beamten, sofern sie nicht von der obersten Verwaltungsbehörde erlassen ist, die Beschwerde an diese zu.

(5) Nach Behebung der Anstände ist der vorläufig versagte Grundvergütungssatz zu gewähren, und zwar vom ersten Tage des Kalendermonats ab, in dem die Bewilligungsverfügung ergeht. Nur aus besonderen Gründen ist die Gewährung von einem früheren Zeitpunkt ab zulässig. Eine Nachgewährung für rückliegende Rechnungsjahre bedarf der Genehmigung der obersten Verwaltungsbehörde.

(6) Die einstweilige Versagung des Aufrückens hat für sich allein nicht die Wirkung, daß dadurch der Zeitpunkt für das Aufsteigen in die nächstfolgende Vergütungsstufe hinausgeschoben wird.

1. **Dienstalterszulage der nichtplanmäßigen Beamten.** Die Dienstalterszulage besteht bei nichtplanmäßigen Beamten in dem Mehrbetrage, der sich durch Aufsteigen in den nächsthöheren Satz der Nachweisung Anl. 3 des Gesetzes ergibt.

2. **Zivilanwärter** sind künftig spätestens nach Vollendung des 5. Anwärterdienstjahres, **Militäranwärter** spätestens nach Vollendung des 4. Anwärterdienstjahres allgemein planmäßig anzustellen (§ 13 Abs. 2 Satz 1 BDEG., s. Anm. 6 zu § 13 BDEG.).

Solange diese Maßnahme nicht allgemein durchführbar ist, sollen die nichtplanmäßigen Beamten nach 5 Anwärterdienstjahren, Militäranwärter nach 4 Anwärterdienstjahren, den planmäßigen Beamten derjenigen Besoldungsgruppe, in der sie beim regelmäßigen Verlauf ihrer Dienstlaufbahn zuerst planmäßig angestellt werden, doch wenigstens in der Höhe der Dienstbezüge und der Länge der Dienstaltersstufen völlig gleichgestellt werden (§ 13 Abs. 2 Satz 2 BDEG.).

3. **Aufrückungsfrist der nichtplanmäßigen Beamten.** Die einjährige Aufrückungsfrist war bei den Stellenanwärtern (Diätaren) schon bisher allgemein üblich. Für die wissenschaftlichen Assistenten mit planmäßiger Vergütung und die ihnen gleichgestellten Hochschulhilfskräfte gilt die Sondervorschrift des Abs. 4 der Nachweisung Anl. 3 des Gesetzes. Darnach beträgt die Aufrückungsfrist für sie während der ersten 5 Dienstjahre 1 Jahr, später 2 Jahre.

Wegen der Anweisung der Dienstalterszulagen an die nichtplanmäßigen Beamten und die wissenschaftlichen Assistenten nebst gleichgestellten Hochschulkräften gilt das oben in Anm. 6 zu § 2 BDEG. Gesagte sinngemäß.

4. Vergl. Anm. 6 zu § 2 BDEG.

5. **Kein Rechtsanspruch auf Dienstalterszulagen bei nichtplanmäßigen Beamten.** § 12 BDEG. hält für die Dienstalterszulagen der nichtplanmäßigen Beamten die Grundsätze aufrecht, die bisher für die Dienstalterszulagen der planmäßigen Beamten, mit Ausnahme der richterlichen Beamten allgemein galten (vergl. GV. Nr. 3). Auf das Aufrücken in der Grundvergütung (Diäten) besteht demnach kein Rechtsanspruch. Ist die rechtzeitige Bewilligung einer Dienstalterszulage versehentlich unterblieben, so kann die Nachzahlung verfügt werden; für rückliegende Rechnungsjahre jedoch nur mit Genehmigung des Verwaltungschefs (vergl. PBV. Ziff. 134 Abs. 2).

6. **Verzögerung des Aufrückens** in der Grundvergütung. Ein Mangel im dienstlichen Verhalten, der eine Versagung des Aufrückens in der Grundvergütung rechtfertigt, kann nur bei vom Stellenanwärter verschuldeten Tatbeständen in Frage kommen. (mangelnde Führung, mangelnder Fleiß und ähnl.). Wegen unzulänglicher Leistungen infolge mangelnder Befähigung bei sonst einwandfreier Dienstführung kann wohl die planmäßige Anstellung (s. Anm. 6 zu § 13 BDEG.), nicht aber das weitere Aufrücken in der Grundvergütung verzögert werden.

§ 13.

Anwärterdienstalter.

(Vergl. hierzu PBV. Ziff. 137 bis 166.)

(1) Das Anwärterdienstalter [1] des nichtplanmäßigen Beamten beginnt mit dem Tage, von dem ab er nach erlangter Befähigung für das Amt endgültig in den Staatsdienst übernommen ist, soweit in diesem Gesetz [2] oder den Ausführungsbestimmungen [3] dazu nichts Abweichendes bestimmt oder zugelassen ist. Von diesem Zeitpunkt an sind die Zeitabschnitte für das Verbleiben in den Dienstaltersstufen zu rechnen. [4]

(2) Die Anwärterdienstzeit [5] darf fünf Jahre, bei Militäranwärtern vier Jahre nicht übersteigen. [6] Ist ein Zivilanwärter bis zur Vollendung des fünften Anwärterdienstjahres, ein Militäranwärter bis zur Vollendung des vierten Anwärterdienstjahres noch nicht planmäßig angestellt, so erhält der Zivilanwärter vom Beginn des sechsten, der Militäranwärter vom Beginn des fünften Anwärterdienstjahres an nach Dienstaltersstufen mit zweijähriger Aufrückungsfrist steigend eine Grundvergütung in Höhe der Grundgehaltssätze derjenigen Besoldungsgruppe, in der er beim regelmäßigen Verlauf seiner Dienstlaufbahn zuerst planmäßig angestellt wird. [7] Die Zahl der einzustellenden Anwärter ist alljährlich von dem zuständigen Minister im Einvernehmen mit dem Finanzminister festzusetzen. [8]

(3) Im übrigen gelten die Vorschriften unter § 3 Abs. 5 bis 7 [9], Abs. 9 und 10 [10] sinngemäß.

1. Der Tag, auf den das **Anwärterdienstalter** (AnwDA.) — bisher Diätariendienstalter — eines nichtplanmäßigen Beamten festgesetzt wird, bezeichnet den Zeitpunkt, welcher der Berechnung der dem Beamten in seiner Anwärtergruppe (vergl. Anm. 4 zu § 14 BDEG.) zukommenden Dienstaltersstufe zugrunde gelegt wird. Das AnwDA. beginnt in der Regel mit dem Tage, mit dem der Beamte die Vorbedingungen für die Erlangung eines Amtes erfüllt und mit der Anwartschaft auf eine planmäßige Stelle endgültig in den Staatsdienst übernommen ist. Insbesondere beginnt das AnwDA.:

a) bei den aus den Klassen der Zivilsupernumerare oder der Justizanwärter hervorgegangenen Beamten mit dem Ablauf dreier Jahre nach Beginn des Vorbereitungsdienstes, soweit nicht der Vorbereitungsdienst auf eigenen Wunsch des Beamten, wegen unzureichender Befähigung oder aus einem sonstigen in der Person des Beamten liegenden Grunde — ausgenommen Krankheit — über 3 Jahre hinaus verlängert wird;

b) bei den aus der Klasse der Militäranwärter hervorgegangenen Beamten mit dem Tage der endgültigen Übernahme in den Zivilstaatsdienst, frühestens jedoch 1 Jahr nach Beginn der Probedienstzeit (vergl. PBV. Ziff. 141).

Wenn ein Beamter den Dienst bei einer Behörde beabsichtigtermaßen mit dem Beginne des Kalendermonats antreten sollte, ihn aber, weil der erste oder auch noch der zweite Tag des Monats ein Sonn- oder Festtag war, erst am darauffolgenden Werktag antreten konnte, so ist der Beginn der Beschäftigung als Stellenanwärter so festzusetzen, als ob der Dienstantritt am ersten Tage des Kalendermonats erfolgt wäre (PBV. Ziff. 140 Abs. 2).

2. § 13 Abs. 3 BDEG.

3. **Ausführungsbestimmungen** zum BDEG. (vergl. Vorbem. Ziff. 4).

4. Für die **Festsetzung und Berechnung des AnwDA.** müssen die Bestimmungen über die Festsetzung des BDA. sinngemäß angewendet werden, insbesondere die Vorschriften des § 3 Abs. 5—7 u. Abs. 9 und 10 (§ 13 Abs. 3 BDEG.). Weitere Einzelheiten, insbesondere die Anrechnung von Dienstzeit außerhalb des Beamtenverhältnisses und von nichtplanmäßiger Dienstzeit auf das AnwDA. sind durch die PBV. geregelt.

Die Festsetzung des AnwDA. erfolgt durch die vorgesetzte Dienstbehörde, die auch die Dienstbezüge anweist. Die in Anm. 5 Satz 2 und 3 zu § 3 BDEG. genannten Grundsätze gelten sinngemäß auch für das AnwDA.

Das AnwDA. ist nur für die Regelung der Dienstbezüge von Bedeutung; es hat auf die sonstigen Verhältnisse des Anwärters, insbesondere auf die Berechnung der ruhegehaltsfähigen Dienstzeit, die Reihenfolge bei Beförderungen u. ähnl. keinen Einfluß.

5. **Anwärterdienstzeit.** Unter Anwärterdienstzeit (früher Diätariat) wird die Dienstzeit der als Stellenanwärter (Diätare) vollbeschäftigten nichtplanmäßigen Beamten verstanden, die zwischen dem Beginn des AnwDA. und dem Tage der planmäßigen Anstellung liegt.

6. **Planmäßige Anstellung nach spätestens 5 Jahren.** Alle Stellenanwärter sollen nach spätestens fünf, die Militäranwärter nach spätestens vier Jahren Anwärterdienstzeit planmäßig angestellt werden. Wegen der Anrechnung der über diese Jahre hinausgehenden Anwärterdienstzeit auf das BDA. bei den vor dem 1. April 1920 angenommenen nichtplanmäßigen Beamten siehe § 25 Abs. 2 BDEG. Die Vorschrift des § 13 Abs. 2 Satz 1 bedeutet die Einführung eines numerus clausus für die Stellenanwärter aller Verwaltungen. Sie tritt aus Übergangsrücksichten erst mit dem 1. April 1930 in Kraft (§ 37 BDEG.). Bis dahin gilt die Vorschrift des § 13 Abs. 2 Satz 2 BDEG.

Wird das Aufrücken in der Grundvergütung wegen erheblicher Ausstellungen im dienstlichen und außerdienstlichen Verhalten des Stellenanwärters endgültig verzögert, vergl. Anm. 6 zu § 12 BDEG., so muß die Zeit der Verzögerung bei Berechnung der Anwärterdienstzeit außer Betracht bleiben. Dasselbe gilt, wenn die planmäßige Anstellung des Beamten auf seinen eigenen Wunsch, wegen unzureichender Befähigung oder aus sonstigen in der Person des Beamten liegenden Gründen — ausgenommen Krankheit — verzögert worden ist.

7. Diese Vorschrift entspricht dem bisherigen § 28 Abs. 2 BDEG. vom 7. Mai 1920.

8. **Festsetzung der Einstellungszahl.** Die Zahl der alljährlich einzustellenden Anwärter wird im allgemeinen nach dem Abgang an planmäßigen Beamten in dem vorhergehenden Rechnungsjahr bemessen werden können. Doch bietet die Vorschrift auch eine Handhabe, um den Beamtenkörper im Interesse der Sparsamkeit und besseren Ausnützung der einzelnen Arbeitskräfte sachgemäß einzuschränken und überflüssige planmäßige Stellen abzustoßen.

9. Vergl. Anm. 23—46 zu § 3 BDEG.

10. Vergl. Anm. 48 zu § 3 BDEG.

§ 14.

Ortszuschlag.

(Vergl. PBV. Ziff. 167 bis 171.)

(1) Zur Grundvergütung der nichtplanmäßigen Beamten tritt als weiterer Bestandteil[1] des Diensteinkommens ein Ortszuschlag[2] in Höhe des Ortszuschlags,[3] den sie als planmäßige Beamte in der ersten Gehaltsstufe derjenigen Besoldungsgruppe beziehen würden, in der sie bei regelmäßigem Verlauf ihrer Dienstlaufbahn zuerst planmäßig angestellt werden.[4] Ist ein Zivilanwärter bis zur Vollendung des fünften Anwärterdienstjahres, ein Militäranwärter bis zur Vollendung des vierten Anwärterdienstjahres noch nicht planmäßig angestellt, so erhält der Zivilanwärter vom Beginn des sechsten, der Militäranwärter vom Beginn des fünften Anwärterdienstjahres an den Ortszuschlag, den sie als planmäßige Beamte in der von ihnen erreichten Vergütungsstufe beziehen würden, in voller Höhe.[5]

(2) Für die wissenschaftlichen Assistenten[6] mit planmäßiger Vergütung bei den wissenschaftlichen Hochschulen und die ihnen gleichgestellten Hilfskräfte der wissenschaftlichen Hochschulen, Anstalten und Institute beträgt der Ortszuschlag 100 vom Hundert des Ortszuschlags, den sie als planmäßige Beamte in der ersten Gehaltsstufe der Besoldungsgruppe 10 beziehen würden, und sobald die ihnen gewährte Grundvergütung in ihrer Höhe den Grundgehaltssätzen dieser Besoldungsgruppe entspricht,[7] 100 vom Hundert des Ortszuschlags, den sie als planmäßige Beamte in der von ihnen erreichten Vergütungsstufe beziehen würden.

(3) § 4 Abs. 2[8] und 3[9] gelten sinngemäß.

1. Vergl. Anm. 2 zu § 4 BDEG.
2. Vergl. Anm. 3 zu § 4 BDEG.

3. **Ortszuschlag der nichtplanmäßigen Beamten.** Früher waren die nichtplanmäßigen Beamten vom BGZ. ausgeschlossen. — Nach der ursprünglichen Fassung des BDEG. erhielten sie nur 80 v. H. des Ortszuschlagsatzes der ersten Gehaltsstufe.

Seit dem Gesetz vom 18. Dezember 1920 (GS. 1921 S. 218) erhalten sie 100 v. H.

4. Diese Besoldungsgruppe wird in den PBV. als Anwärtergruppe bezeichnet.

5. Ebenso bisher § 28 Abs. 2 BDEG. vom 7. Mai 1920.

6. **Ortszuschlag der wissenschaftlichen Assistenten** vergl. Anm. 5 und 6 zu § 11 BDEG.

7. D. h. nach vollendetem 5. Dienstjahr (Nachweisung Anl. 3 des Ges. Abs. 4) s. Anm. 4 zu § 11 BDEG.

8. Vergl. Anm. 4 bis 6 zu § 4 BDEG.

9. Vergl. Anm. 7 zu § 4 BDEG.

§ 15.

Dienstwohnung.

(Vergl. PBV. Ziff. 172.)

Wird dem nichtplanmäßigen Beamten eine Dienstwohnung zugewiesen, so ist § 7 sinngemäß anzuwenden.[1] Dabei gilt als Besoldungsgruppe des Wohnungsinhabers diejenige, in der der Beamte bei regelmäßigem Verlauf seiner Dienstlaufbahn zuerst planmäßig angestellt wird,[2] bei den im § 14 Abs. 2 genannten Beamten die Besoldungsgruppe 10.[3]

1. Vergl. Anm. 1 bis 6 zu § 7 BDEG.
2. Entsprechend dem § 14 Abs. 1 Satz 1 BDEG.
3. Entsprechend dem § 14 Abs. 2 BDEG.

§ 16.

Sondervergütungen, Nebenbezüge und sonstige Vergünstigungen.

(Vergl. PBV. Ziff. 173.)

Für die nichtplanmäßigen und die sonst im § 11 Abs. 1 genannten[1] Beamten gelten §§ 8,[2] 9[3] und 10[4] sinngemäß mit der Maßgabe, daß an die Stelle der Besoldungsordnung die Nachweisung der Dienstbezüge der nichtplanmäßigen Beamten Anlage 3 tritt.

1. Vergl. Anm. 4 bis 6 zu § 11 BDEG.
2. Vergl. Anm. 1 bis 5 zu § 8 BDEG.
3. Vergl. Anm. 1 bis 7 zu § 9 BDEG.
4. Vergl. Anm. 1 bis 7 zu § 10 BDEG.

II. Kinderbeihilfen.[1] [2]

§ 17.

Betrag und Voraussetzung der Kinderbeihilfe.

(Vergl. PBV. Ziff. 107 bis 122 d, 174.)

(1) Die Beamten[3] erhalten für jedes[4] unterhaltsberechtigte[5] Kind eine Kinderbeihilfe. Diese beträgt für Kinder bis zum vollendeten 6. Lebensjahre monatlich 2000 Mk., bis zum vollendeten 14. Lebensjahr monatlich 2500 Mk. und bis zum vollendeten 21.[6] Lebensjahr monatlich 3000 Mk.

(2) Die Kinderbeihilfe wird jedoch für Kinder vom 14. bis zum 21. Lebensjahr nur gewährt, wenn[7] sie

1. sich in der Schulausbildung[8] oder in der Ausbildung für einen künftig gegen Entgelt auszuübenden Lebensberuf[9] befinden, oder wenn sie wegen körperlicher oder geistiger Gebrechen dauernd erwerbsunfähig[10] sind, und wenn sie
2. nicht ein eigenes Einkommen[11] von mehr als 10000 Mk. monatlich haben. Übersteigt[12] das eigene Einkommen des Kindes den Betrag von 10000 Mk. um weniger als den Betrag der Kinderbeihilfe einschließlich des Ausgleichszuschlages, so wird die Kinderbeihilfe gewährt, jedoch gekürzt um den Betrag, um den das eigene Einkommen des Kindes den Betrag von 10000 Mk. übersteigt. Der Finanzminister ist ermächtigt, diese Einkommensgrenze zur Anpassung an die Veränderungen in der allgemeinen Wirtschaftslage anderweit festzusetzen. Als eigenes Einkommen des Kindes gilt auch das dem Beamten kraft der elterlichen Nutznießung[13] aus Kindesvermögen zufließende Einkommen.

(3) Unterhaltsberechtigt im Sinne des Abs. 1 sind: 1. eheliche[14] Kinder, 2. für ehelich erklärte[15] Kinder, 3. an Kindes Statt angenommene[16] Kinder, 4. Stiefkinder,[17] die in den Hausstand[18] des Beamten aufgenommen sind, 5. uneheliche[19] Kinder.[20]

(4) Ein Beamter erhält als Erzeuger eines unehelichen Kindes die Kinderbeihilfe nur, wenn seine Vaterschaft[21] festgestellt ist und wenn er das Kind in seinen Hausstand[22] aufgenommen hat oder auf andere Weise nachweislich für seinen vollen Unterhalt aufkommt.[23]

(5) Die Kinderbeihilfen fallen fort mit dem Ablauf des Vierteljahres, in dem das für den Wegfall der Beihilfe maßgebende Ereignis sich zugetragen hat.[24]

1. **Kinderbeihilfen.** Nach Art. 119 Abs. 2 der Verfassung des Deutschen Reiches vom 11. August 1919 (RGBl. S. 1383) haben kinderreiche Familien Anspruch auf ausgleichende Fürsorge. Dieser Anspruch steht an sich jedem Staatsbürger zu. Die Gewährung besonderer Kinderbeihilfen an die Staatsbeamten bedeutet aus bevölkerungspolitischen Gründen ein Abweichen von der reinen Leistungstheorie zugunsten der Unterhaltstheorie. Die Kinderbeihilfen sollen nur einen Beitrag zu den Kosten des Auferziehens der Kinder darstellen. In erster Linie ist die Erziehung des Nachwuchses sittliche Pflicht der Eltern, nicht des Staates.

2. Die Kinderbeihilfe ist **kein Bestandteil des Diensteinkommens** wie Grundgehalt, Grundvergütung und Ortszuschlag. Sie bildet einen selbständigen, nicht ruhegehaltsfähigen Teil der Dienstbezüge. Als „Erziehungsgelder" sind die Kinderbeihilfen nicht pfändbar (vergl. Anl. XII), als Teil der Dienstbezüge sind sie nicht abtretbar und nicht verpfändbar (s. Vorb. zum BDEG. Ziff. 5). — Die Kürzung des Diensteinkommens im Disziplinarverfahren (vergl. Anm. 7 a. E. zu § 2 BDEG.) hat eine entsprechende Kürzung der Kinderbeihilfe nicht zur Folge.

3. Die **planmäßigen** und die **nicht**planmäßigen Beamten erhalten die Kinderbeihilfen in gleicher Weise und Höhe. Zu ihrem Empfang berechtigt ist, auch wenn sich das Kind nicht mehr im Haushalt des Beamten befindet, stets der Beamte als Vater und Stiefvater und die Beamtin als Mutter oder Stiefmutter des Kindes, nicht das Kind. Dies gilt auch, wenn das Kind anderweit untergebracht ist (z. B. in Fürsorgeerziehung), sofern nur die sonstigen Voraussetzungen vorliegen. Wenn der Beamte geschieden ist und die Mutter das Kind erzieht, erhält nicht sie, sondern der Beamte die Kinderbeihilfe.

4. **Kinderbeihilfefähige Kinder.** Zu diesen gehören nur die im § 17 Abs. 2 Genannten. Damit ist der Kreis der zu berücksichtigenden Kinder gegenüber denjenigen, die bei Gewährung der Kriegsteuerungszulagen und Kriegsbeihilfen berücksichtigt wurden, erheblich eingeschränkt worden. Denn bei letzteren wurden auch Stief- und Pflegekinder berücksichtigt, wenn sie von dem Beamten unterhalten werden mußten, weil sie sich noch in Schul- oder Berufsausbildung befanden oder aus sonstigen, in ihrer Person liegenden Gründen einem Erwerbe nicht nachgehen konnten. Auch Stiefkinder wurden in weiterem Umfange als jetzt berücksichtigt. Nach der ersten Fassung des BDEG. vom 7. Mai 1920 kamen sie überhaupt nicht in Betracht.

5. Bestreitet der Beamte den Unterhalt des Kindes nicht oder nur teilweise, so wird ihm die Kinderbeihilfe nebst Ausgleichszuschlag nicht oder nur bis zur Höhe seiner Aufwendungen gewährt (PBV. Ziff. 108). Für ein uneheliches Kind erhält der Beamte in einem solchen Falle gar nichts (PBV. Ziff. 110b). Ein verheiratetes Kind gilt nur dann als unterhaltsberechtigt, wenn weder es selbst noch der Ehegatte noch seine Kinder imstande sind, es zu unterstützen.

6. **Kinderzulage für über 21 Jahre alte Kinder.** Für Kinder über 21 Jahre werden unter bestimmten Voraussetzungen Kinderzulagen gewährt. Vergl. die Richtlinien des Preuß. Staatsministeriums vom $\frac{\text{8. August 1922}}{\text{15. Mai 1923}}$ und Erlaß der Minister des Innern und der Finanzen vom 24. August 1922 / 17. Mai 1923 (FinMinBl. S. 497 / Nr. 8/9 — unten S. 365). Für eine Kürzung dieser Kinderzulagen sind dieselben Bestimmungen anzuwenden, wie nach den PBV. Ziff. 111, 114 und 119 für die Kürzung der Kinderbeihilfen.

7. Vergl. PBV. Ziff. 113.

8. Vergl. PBV. Ziff. 113a.

9. Vergl. die eingehenden Vorschriften der PBV. Ziff. 113b und 113c. Dieser Fall gibt in der Praxis zu den meisten Zweifelsfällen Anlaß, da sich natürlich ein jeder möglichst lange den Bezug der Kinderbeihilfe zu sichern sucht.

10. Vergl. PBV. Ziff. 113d.

11. Vergl. PBV. Ziff. 114—116.

12. Die **Kürzung der Kinderbeihilfe** bei eigenem Einkommen will die Unbilligkeit verhüten, daß für ein Kind, dessen eigenes Einkommen gerade den Betrag von 10000 Mark erreicht, die volle Kinderbeihilfe, dagegen für ein Kind, dessen eigenes Einkommen vielleicht nur um ein geringes höher ist, überhaupt keine Kinderbeihilfe gezahlt wird.

Beispiel: Ein 19jähriges Kind hat ein eigenes Einkommen von monatlich 15000 Mark. Bei 600 v. H. Ausgleichszuschlag betrüge an sich die Kinderbeihilfe 21000 Mark. Davon sind jedoch zu kürzen 15000 — 10000 = 5000 Mark, sodaß 16000 Mark Kinderbeihilfe zu zahlen sind.

13. Anders wenn der Nießbrauch an dem Vermögen des Kindes von dem Beamten kraft eigenen Rechtes (z. B. auf Grund letztwilliger Verfügung) ausgeübt wird.

14. **Eheliche Kinder.** Durch eheliche Abstammung (§ 1591ff. BGB.) oder infolge Legitimation durch nachfolgende Ehe (§ 1519ff.).

15. Für ehelich erklärte Kinder (§ 1723 BGB).

16. **An Kindes Statt angenommene Kinder.** Es muß eine ordnungsmäßige Annahme an Kindes Statt gemäß § 1741 BGB. vorliegen. Eine vertragsmäßige Annahme auf anderer Grundlage genügt nicht. Ebenso nicht die Namensänderung gemäß § 1706 Abs. 2 BGB. und der Verordnung vom 3. November 1919 — GS. S. 179 —. Pflegekinder sind nicht kinderbeihilfefähig, ebenso nicht Stiefkinder, die nicht in die Familiengemeinschaft aufgenommen sind.

17. **Stiefkinder** im Sinne dieser Vorschrift sind die Kinder des Ehegatten des Beamten, die nicht von dem Beamten selbst abstammen. Das sind die ehelichen, für ehelich erklärten und an Kindes Statt angenommenen Kinder des anderen Ehegatten sowie die unehelichen Kinder der Ehefrau (PBV. Ziff. 110a).

18. Stiefkinder sind nur dann beihilfefähig, wenn und solange sie in den **Hausstand des Beamten** aufgenommen sind. Die Aufnahme in die Hausgemeinschaft ist nicht unter allen Umständen erforderlich, z. B. das Kind ist zwecks Berufsausbildung auswärts (PBV. Ziff. 110a). Die Umwandlung des früheren Wortes „Familiengemeinschaft" erfolgte, ohne eine sachliche Änderung zu bedeuten, lediglich in Anlehnung an die Ausdrucksweise des Reichs.

19. **Uneheliche Kinder.** § 1705ff. BGB.

20. Eines Antrags bedarf es nicht mehr.

21. Feststellung der Vaterschaft. §§ 1717, 1718 BGB.

22. Siehe Anm. 18. Erst seit der Novelle vom 19. April 1922 gefordert.

23. Als **voller** Unterhalt wird nur ein Betrag angesehen, der die Kinderbeihilfe und den Ausgleichszuschlag um wenigstens ein Viertel übersteigt. Ist die Unterhaltsrente noch höher, so muß der Beamte mindestens diese Unterhaltsrente aufwenden. Dagegen ist die Behauptung, die aufgewendete Summe decke den Unterhalt voll, nicht ausreichend. Fünf Viertel der Kinderbeihilfe muß

stets gezahlt werden. Diese Vorschrift will verhindern, daß der Beamte die Sorge für das uneheliche Kind dadurch völlig auf den Staat abwälzt, daß er als Unterhaltsbeitrag lediglich die Kinderbeihilfe zur Verfügung stellt. Auch die Kinderbeihilfen für uneheliche Kinder können also nur ein Beitrag zu ihren sonstigen Unterhaltskosten sein. Findet der Beamte das Kind durch eine einmalige Abfindung oder in ähnlicher Weise ab, so gilt als tatsächliche jährliche Aufwendung für das Kind der Wert der Abfindung geteilt durch die Anzahl der Jahre, für die das Kind abgefunden ist. Wird der volle Unterhalt nicht gezahlt, so ist überhaupt keine Kinderbeihilfe zuständig. Letztere kann nicht etwa anteilig entsprechend den geringeren Unterhaltsleistungen gezahlt werden (PBV. Ziff. 110 b).

24. Weitere Einzelheiten über die Voraussetzungen, unter denen die Kinderbeihilfe gewährt wird, die Vorschriften über die Anrechnung anderer Bezüge, über den Beginn, die Änderung und den Wegfall sind entsprechend den reichsrechtlichen Bestimmungen in die PBV. verwiesen. Vergl. insbesondere die Ziff. 109, 110b, 111, 121—122d.

III. Ausgleichszuschlag.[1] [2]

§ 18.

Ausgleichszuschlag.

(1) Zur Anpassung an die Veränderungen in der allgemeinen Wirtschaftslage wird zum Grundgehalte, zur Grundvergütung und zum Ortszuschlag sowie zu den Kinderbeihilfen[3] ein veränderlicher Ausgleichszuschlag gewährt.[4] Die Art und Höhe des Satzes[5] wird durch den Staatshaushaltsplan[6] bestimmt.

(2) Der Ausgleichszuschlag wird bis zur anderweitigen Festsetzung durch den Staatshaushaltsplan oder durch besonderes Gesetz für alle im Abs. 1 genannten Bezüge gleichmäßig vom 1. Februar 1923 ab auf 942 vom Hundert festgesetzt.

(3) Als besonderen Ausgleichszuschlag erhalten die verheirateten männlichen planmäßigen und nichtplanmäßigen unmittelbaren Staatsbeamten für die unterhaltsberechtigte[7] Ehefrau eine Frauenbeihilfe, deren Höhe durch den Staatshaushaltsplan oder durch besonderes Gesetz festgesetzt wird.[8] Die Frauenbeihilfe wird auch Witwern[9] gewährt, wenn sie im eigenen Hausstand[10] für den vollen[11] Unterhalt von Kindern aufkommen, für welche sie nach § 17 Kinderbeihilfe[12] beziehen.

1. Ausgleichszuschlag. (AZ.) Die vom Gesetz vorgesehenen Grundgehalts- (Grundvergütungs-) und Ortszuschlagsätze, sowie die Sätze der Kinderbeihilfen wurden bewußter- und beabsichtigterweise den bei Inkrafttreten des Gesetzes herrschenden allgemeinen Teuerungsverhältnissen nicht gerecht. Sie gingen vielmehr von der Voraussetzung aus, daß daneben zur Anpassung an diese Teuerungsverhältnisse noch ein besonderer Zuschlag — bei den im Dienst befindlichen Beamten „Ausgleichszuschlag" genannt — gewährt wird. In der Literatur wird — hauptsächlich von Zeiler „Der Beamtenschaft Not und Rettung“ (München 1918) — zur Angleichung der Beamten-Diensteinkommensbezüge an die Veränderungen in der allgemeinen Wirtschaftslage die Einführung eines automatisch beweglichen Gehaltsfaktors empfohlen, dessen Höhe sich der durchschnittlichen Höhe des Volkseinkommens entsprechend verändern soll, und zwar soll nach Zeiler den Vergleichsmaßstab die Entwicklung des auf den Kopf der Bevölkerung berechneten Durchschnittseinkommens der natürlichen Personen des Reichs bilden, wie sie sich aus der steueramtlichen Ermittlung der Einkommen ergibt. Gegenüber diesen und ähnlichen Vorschlägen auf Einführung einer gleitenden Gehaltsskala — etwa auf Grund der Kleinhandelsindexziffern des Statistischen Reichsamts — haben sich die Regierungen in Deutschland bisher ablehnend verhalten (vergl. des näheren Reichstagsdrucksache Nr. 5007/1922). Die Vorschläge berücksichtigen nicht, daß bei weiterem Steigen der Teuerung, die eine zunehmende Verelendung des Volkes bedeutet, auch die Lebensführung des Beamten eine eingeschränktere werden muß und das Gehalt der Teuerung nicht völlig angepaßt werden kann. Dieser „Verelendungsfaktor“ läßt sich nicht auf eine ein- für allemal gültige Formel bringen, außerdem sprechen noch andere Gesichtspunkte, wie die jeweilige politische Lage usw. mit. Es wird daher bei den gegenwärtigen Verhältnissen nichts anderes möglich sein, als daß die Volksvertretung der jeweiligen Sachlage entsprechend Art und Höhe des Zuschlagssatzes nach freiem Ermessen festsetzt.

2. Als weiterer Zuschlag wird auf Grund des Gesetzes vom 18. März 1923 — GS. S. 63 — in der Fassung des Art. III des Gesetzes vom 21. November 1922 — GS. S. 437 — für eine größere Anzahl von Orten ein **örtlicher Sonderzuschlag** gewährt. (Vergl. Erlaß vom $\frac{\text{9. November}}{\text{19. Dezember}}$ 1922 (FinMinBl. S. $\frac{763}{465}$).) Außerdem wird für das besetzte Gebiet die sog. **Besatzungszulage** gezahlt — vergl. Erlaß vom 30. August 1920 (FinMinBl. S. 311) — und für das widerrechtlich neubesetzte Gebiet die sogen. Notzulage für das Einbruchsgebiet — vergl. Erlaß vom 18. Januar 1923 (FinMinBl. S. 41) —, an dessen Schluß die wesentlichen Ergänzungen des grundlegenden Erlasses über die Besatzungszulage vom 30. August 1920 zusammengestellt sind.

3. **Beschränkung des Ausgleichszuschlags auf bestimmte Bezüge.** Der Ausgleichszuschlag tritt nur zu den hier ausdrücklich genannten Bezügen, zum Grundgehalt, zur Grundvergütung, zum Ortszuschlag und zu den Kinderbeihilfen, nicht auch zu der Frauenbeihilfe und anderen Zulagen, Sondervergütungen oder Nebenbezügen nach §§ 8 und 9 BDEG., auch nicht zu Vergütungen aus Nebenämtern.

Unter Ausgleichszuschlag versteht das Gesetz nur den Betrag, der nach § 18 zum Diensteinkommen der aktiven Beamten und zu den Kinderbeihilfen als Zuschlag gewährt wird. Die Wartegeldempfänger, Ruhegehaltsempfänger und Witwen (nicht auch die Waisen) erhalten zu ihren Versorgungsbezügen den besonderen „Versorgungszuschlag“ des § 23, zu den Kinderbeihilfen auch den Ausgleichszuschlag des § 18, s. unten Anm. 1 zu § 23 BDEG.

4. **Pfändbarkeit des Ausgleichszuschlags.** Der Ausgleichszuschlag bildet einen vom übrigen Diensteinkommen und den Kinderbeihilfen untrennbaren, aber nicht ruhegehaltsfähigen (§ 21 Ziff. 3 Abs. 2 BDEG.) Bestandteil der Dienstbezüge. Er ist bei Berechnung des der Pfändung unterliegenden Teils der Dienstbezüge (§§ 811 Ziff. 8, 850 Ziff. 8, 7 und Abs.

2—4 ZPO.) mit zu berücksichtigen. Vorübergehend war durch das Reichsgesetz vom 23. Dezember 1921 (RGBl. S. 1658) bestimmt, daß der Ausgleichszuschlag der Pfändung nicht unterliege. In die Neufassung dieses Gesetzes vom 26. Oktober 1922 (vergl. Anl. XII) ist diese Bestimmung jedoch nicht wieder aufgenommen. Vergl. wegen der Pfändbarkeit der Kinderbeihilfen Anm. 2 zu § 17 BDEG.

5. **Art und Höhe des Ausgleichszuschlagssatzes** kann in verschiedener Weise bemessen werden. Zur Zeit besteht er in einem prozentualen Zuschlag. Zeitweise wurden daneben feste Beträge gewährt, der sogen. Kopfzuschlag, der für alle Gruppen gleich hoch war. Weil dieser sich nicht bewährte, ist er seit der Novelle vom 21. November 1922 wieder fallen gelassen.

Bei der Kürzung des Diensteinkommens im Disziplinarverfahren (vgl. Anm. 7 a. E. zu § 2 BDEG.) tritt auch eine entsprechende Kürzung des AZ.-Betrages ein.

6. Die **erstmalige** Bestimmung erfolgte durch das BDEG. § 18 Abs. 2 selbst.

7. Vergl. PBV. Ziff. 124 a Abs. 2.

8. Die näheren Bestimmungen über Beginn und Wegfall der Frauenbeihilfe sind nicht mehr im Gesetz geregelt, sondern infolge der Ermächtigung des § 35 in den PBV.

9. Dies ist eine Ausnahme von dem Grundsatz, daß die Frauenbeihilfe nur für die Ehefrau gezahlt wird. Diese Ausnahme ist nicht ausdehnungsfähig, insbesondere ist die Frauenbeihilfe nicht zu zahlen für die geschiedene Ehefrau oder eine Angehörige, die den Haushalt führt. Es ist bewußt davon abgesehen, sie zu einer Haushaltsbeihilfe auszugestalten.

10. Vergl. Anm. 18 zu § 17.

11. Vergl. PBV. Ziff. 124 a Abs. 3.

12. Der Bezug einer Kinderzulage gemäß dem Erlaß vom 24. August 1922 — FinMinBl. S. 497 — genügt nicht (PBV. Ziff. 124 a Abs. 3).

IV. Wartegeld, Ruhegehalt, Hinterbliebenenbezüge.

§ 19.

Änderungen der Verordnung vom 26. Februar 1919.

Die Verordnung, betreffend die einstweilige Versetzung der unmittelbaren Staatsbeamten in den Ruhestand, vom 26. Februar 1919 (GS. S. 33) wird wie folgt geändert:[1]

1. § 1 Abs. 2 Satz 2 fällt weg.[2]
2. § 3 Abs. 2 Satz 1 erhält folgende Fassung:

„Das Wartegeld dieser Beamten beträgt, sofern nicht die Voraussetzungen des § 1 vorliegen, stets drei Viertel des ruhegehaltsfähigen Diensteinkommens und höchstens 46500 Mk. monatlich.“[3]

3. § 6 Abs. 2 Satz 1 hat wie folgt zu lauten:

„Bei der Vergleichung des früheren und des neuen

Diensteinkommens sind der Wohnungsgeldzuschuß oder der Ortszuschlag sowie eine etwa gewährte freie Dienstwohnung oder Mietentschädigung unberücksichtigt zu lassen."[4]

4. § 7 Satz 2 wird wie folgt geändert:

„Während der Dauer dieser Beschäftigung erhalten sie den vollen Betrag ihres ruhegehaltsfähigen Diensteinkommens."[5]

5. § 13 Abs. 1 Satz 2 wird aufgehoben.[6] Soweit die bisherige Bestimmung jedoch für die zu einem späteren Zeitpunkt als dem 1. April 1920 auf Grund des § 13 in den Ruhestand versetzten Beamten bei Berücksichtigung des von ihnen vor jenem Tage bezogenen ruhegehaltsfähigen Diensteinkommens günstiger sein würde, verbleibt es bei der bisherigen Bestimmung.[7]

6. § 14 wird wie folgt geändert:

„Dieses Gesetz findet auch auf die Beamten der Landjägerei Anwendung,[8] dagegen findet es keine Anwendung auf die bewaffneten und uniformierten Beamten der der Verwaltung des Innern unterstehenden Schutzpolizei.[9]

Es findet, abgesehen von § 13,[10] keine Anwendung auf diejenigen Beamten, die unter das Gesetz, betreffend die Dienstvergehen der Richter und die unfreiwillige Versetzung derselben auf eine andere Stelle oder in den Ruhestand, vom 7. Mai 1851 (GS. S. 218) fallen."

1. Die **einstweilige Versetzung in den Ruhestand** erfolgt fortan nur noch auf Grund der Verordnung vom 26. Februar 1919 (WartegeldVO.). Die Verordnung ist in der jetzt geltenden Fassung im Anhang (S. 334 ff.) abgedruckt.

2. Das Wartegeld der auf Grund der Verordnung vom 26. Februar 1919 einstweilen in den Ruhestand versetzten Beamten wird nach ihrem ruhegehaltsfähigen Diensteinkommen berechnet. Die nach § 1 der Verordnung einstweilen in den Ruhestand versetzten Beamten erhielten nach der früheren Fassung während eines Zeitraums von 5 Jahren den vollen Betrag ihres ruhegehaltsfähigen Diensteinkommens mit der Maßgabe, daß dabei der Wohnungsgeldzuschuß nicht mit dem Durchschnittssatze, sondern nach der Ortsklasse ihres bisherigen dienstlichen Wohnortes in Ansatz gebracht wurde. Diese Maßgabe wurde durch das BDEG. vom 17. Dezember 1920 dahin abgeändert, daß bei Wartegeldempfängern stets der Ortszuschlagsdurchschnitt in Ansatz gebracht wurde. Durch die Novelle vom 21. November 1922 schließlich wurde bestimmt, daß bei der Berechnung des Wartegeldes der Ortszuschlag stets nach dem Satze der Ortsklasse B in Ansatz gebracht wird.

3. **Höchstgrenze des Wartegeldes** für politische Beamte. Die Heraufsetzung der bisherigen Höchstgrenze des Wartegeldes der politischen Beamten von 12000 Mark auf 46500 Mark monatlich soll der allgemeinen Heraufsetzung der Diensteinkommensbezüge der aktiven Beamten bis zu einem gewissen Grade Rechnung tragen.

4. Hier sind hinter die Worte „der Wohnungsgeldzuschuß" die Worte „oder der Ortszuschlag" eingefügt worden, weil es bei den jetzigen Gehältern einen WGZ. nicht mehr gibt.

5. Die Änderung ergibt sich aus der Änderung des § 1 Abs. 2 Satz 2 der WartegeldVO. (s. Anm. 1) von selbst.

6. Die Aufhebung des Satzes 2 im § 13 Abs. 1 der Verordnung beseitigt die Vorschrift, daß das Ruhegehalt der infolge der Umgestaltung des Staatswesens freiwillig in den Ruhestand tretenden Beamten stets drei Viertel ihres ruhegehaltsfähigen Diensteinkommens betragen soll. Diese weitgehende Bestimmung ist angesichts der Höhe der neuen Gehälter aufgehoben worden. Beamte, die nach dem 1. April 1920 von der Befugnis, auf Grund des § 13 in den Ruhestand treten zu können, Gebrauch machen, sollen nur das nach Maßgabe der zurückgelegten Dienstjahre erdiente Ruhegehalt bekommen.

§ 13 lautet in der neuen Fassung: „Unmittelbare Staatsbeamte, die nach Vollendung des zehnten Dienstjahrs bis zum 31. Dezember 1920 infolge der Umgestaltung des Staatswesens ihre Versetzung in den Ruhestand nachsuchen, sind in den Ruhestand zu versetzen, ohne daß eingetretene Dienstunfähigkeit oder die Vollendung des 65. Lebensjahrs Vorbedingung des Anspruchs auf Ruhegehalt ist.

Auf die unter dem Vorbehalte des Widerrufs oder der Kündigung angestellten Beamten, die eine planmäßige Stelle nicht bekleiden, findet diese Vorschrift keine Anwendung."

7. Die Bestimmung ist angesichts der jetzigen Höhe der Gehälter gegenstandslos geworden. Nach den Gehaltssätzen des BDEG. vom 17. Dezember 1920 konnte sie in Einzelfällen noch Bedeutung haben.

8. Hier wird nur der bisherige Ausdruck „Landgendarmerie" in die Bezeichnung „Landjägerei" geändert. Auch die früheren Offiziere der Landjägerei sind jetzt Beamte.

9. Die **bewaffneten und uniformierten Beamten der Schutzpolizei** können nicht einstweilen in den Ruhestand versetzt werden. Für die Beendigung des Dienstverhältnisses dieser Beamten sind lediglich die Vorschriften des Schutzpolizeibeamtengesetzes vom 26. August 1922 (GS. S. 251) maßgebend.

10. **Ausdehnung der Wartegeldverordnung vom 26. Februar 1919 auf die richterlichen Beamten.** Die Verordnung fand vor dem 1. April 1920 auf die richterlichen Beamten überhaupt keine Anwendung. Durch die Einfügung der Worte „abgesehen von § 13" erhalten die Vorschriften des § 13 auch für die richterlichen Beamten Geltung.

§ 20.

Änderungen der Verordnung vom 10. März 1919.

Die Verordnung über die Versorgung der Hofbeamten und ihrer Hinterbliebenen vom 10. März 1919 (GS. S. 45) wird für die im § 1 dieses Gesetzes genannten Hofbeamten wie folgt geändert:[1]

1. § 4 und § 8 Abs. 2 Satz 2 fallen weg.[2]

2. § 12 Abs. 2 Satz 1 hat wie folgt zu lauten:

„Bei der Vergleichung des früheren und des neuen Diensteinkommens sind der Wohnungsgeldzuschuß oder der Ortszuschlag sowie eine etwa gewährte freie Dienstwohnung oder Mietentschädigung unberücksichtigt zu lassen.[3]

3. § 13 Satz 2 erhält folgende Fassung:

„Während der Dauer dieser Beschäftigung erhalten sie den vollen Betrag ihres ruhegehaltsfähigen Diensteinkommens.“[4]

4. § 15 Ziff. 1 erhält folgende Fassung:

„wenn der Hofbeamte mit einem dem früher von ihm bezogenen Diensteinkommen mindestens gleichen Diensteinkommen (§ 12 Abs. 2) in einem Amte wieder angestellt wird, zu dessen Übernahme er nach § 12 oder § 14 verpflichtet ist, oder wenn der Hofbeamte ohne Genehmigung des Finanzministers im Dienste des vormaligen Königlichen Hauses oder eines seiner Mitglieder beschäftigt wird.“[5]

5. § 16 erhält folgende Fassung:

„Das Recht auf den Bezug des Wartegeldes ruht, wenn und solange der einstweilen in den Ruhestand versetzte Hofbeamte infolge einer Wiederanstellung im Reichs- oder Staatsdienst im Sinne des § 27 Abs. 2 des Zivilruhegehaltsgesetzes ein Diensteinkommen bezieht insoweit, als der Betrag dieses neuen Einkommens unter Hinzurechnung des Wartegeldes den Betrag des von dem Beamten vor der einstweiligen Versetzung in den Ruhestand bezogenen Diensteinkommens übersteigt. Hinsichtlich der Berechnung des früheren und des neuen Einkommens findet § 27 Abs. 3 des Zivilruhegehaltsgesetzes entsprechende Anwendung.[6]

Das Recht auf den Bezug des Wartegeldes ruht ferner, wenn und solange der einstweilen in den Ruhestand versetzte Hofbeamte im Dienste des vormaligen Königlichen Hauses oder eines seiner Mitglieder beschäftigt wird.“[7]

6. § 17 Abs. 2 erhält folgende Fassung:

„Wird der Hofbeamte im Reichs- oder Staatsdienste gegen Tagegelder oder eine anderweite Entschädigung vorübergehend beschäftigt, ohne zur Übernahme dieser Beschäftigung verpflichtet zu sein, so wird das Wartegeld für die ersten sechs Monate unverkürzt, dagegen vom siebenten Monat ab nur zu dem sich aus § 16 ergebenden Betrage gewährt. Wird der Hofbeamte im Dienste des vormaligen Königlichen Hauses oder eines seiner Mitglieder beschäftigt, so tritt die Einziehung, Kürzung oder Wiedergewährung des Wartegeldes mit dem Beginne desjenigen Monats ein, der auf das eine solche Veränderung nach sich ziehende Ereignis folgt.[8]

1. Die **Verordnung vom 10. März 1919** (HofbVO.) ist in der jetzt gültigen Fassung im Anhang (S. 204 ff.) abgedruckt.

2. **Nebenbezüge der Hofbeamten.** Die Nebenbezüge, wie freie Verpflegung, freie Dienstbekleidung, freie ärztliche Behandlung und freie Arzneiversorgung bildeten bisher einen nicht unwesentlichen Teil der Dienstbezüge der Hofbeamten. Nach § 8 des BDEG. werden diese Nebenbezüge den noch im Dienst befindlichen Hofbeamten nicht mehr gewährt. Dementsprechend müssen sie auch bei der Berechnung des ruhegehaltsfähigen Diensteinkommens der Hofbeamten wegfallen. Vergl. im übrigen Anm. 2 zu § 19 BDEG.

3. Vergl. Anm. 4 zu § 19 DBEG.

4. Vergl. Anm. 5 zu § 19 BDEG.

5. Hier sind die Worte „mit einem dem früher von ihm bezogenen Diensteinkommen zuzüglich des Durchschnittssatzes des Wohnungsgeldzuschusses seiner bisherigen Rangklasse gleichen Einkommen" (Fassung des BDEG. vom 7. Mai 1920) gestrichen und die Wiederbeschäftigung einstweilen in den Ruhestand versetzter Hofbeamten im Dienste des vormaligen Königlichen Hauses oder eines seiner Mitglieder von der Genehmigung des Finanzministers (vergl. § 3 HofbVO.) abhängig gemacht worden. Aus der Begründung:

„Es entspricht der Billigkeit, daß das vormalige Königshaus und seine Mitglieder bei der Verwendung ehemaliger Hofbeamter im privaten Dienst, soweit es sich um solche Beamte handelt, die auf Grund der Verordnungen vom 10. März 1919 in den einstweiligen Ruhestand versetzt worden sind, den Staat hinsichtlich derselben in bezug auf die von ihm übernommenen Leistungen freizustellen hat. In dieser Richtung brachte die Verordnung vom 10. März 1919 weder in ihrer ursprünglichen Fassung noch in der durch das BDEG. vom 7. Mai 1920 abgeänderten Fassung genügende Sicherheiten für den Staat.

Nach der neuen Fassung des § 15 hört der Bezug des Wartegeldes außer im Falle der Ziff. 1 Satzteil 1 auch dann auf, wenn der Hofbeamte ohne Genehmigung des Finanzministers im Dienste des vormaligen Königlichen Hauses oder eines seiner Mitglieder beschäftigt wird. Es wird beabsichtigt, diese Genehmigung zu erteilen, wenn der Wartegeldempfänger darauf verzichtet, daß die Jahre der vorgedachten Beschäftigung bei seiner späteren Pensionierung und bei der Berechnung der Hinterbliebenenbezüge auf das pensionsfähige Dienstalter angerechnet werden."

6. Hier sind die Worte: „oder im Dienst des vormaligen Königlichen Hauses oder eines seiner Mitglieder ein Einkommen" (Fassung des BDEG. vom 7. Mai 1920) gestrichen.

7. Durch diesen gegenüber der Fassung des BDEG. vom 7. Mai 1920 neuen Zusatz in Verbindung mit der oben Anm. 6 genannten Streichung

gelangt zum Ausdruck, daß das Wartegeld ruht, wenn der Hofbeamte im Dienste des vormaligen Königlichen Hauses oder eines seiner Mitglieder beschäftigt wird, und zwar unabhängig von der Höhe der Bezüge, die der frühere Hofbeamte für diese Beschäftigung erhält. Es soll hierdurch verhindert werden, daß die Mitglieder des vormaligen Königlichen Hauses sich dadurch besonders billige Angestellte halten können, daß diese neben den ihnen für ihre Beschäftigung gewährten Bezüge das Wartegeld vom Staate beziehen (Begr.).

8. Hier sind die Worte: „gegen Tagegelder oder eine anderweite Entschädigung vorübergehend" (Fassung des BDEG. vom 7. Mai 1920) gestrichen in Konsequenz der Neufassung des § 16 HofbVO. (s. oben Anm. 7).

§ 21.

Änderungen des Zivilruhegehaltsgesetzes.

Das Gesetz, betreffend die Pensionierung der unmittelbaren Staatsbeamten, vom 27. März 1872/27. Mai 1907 (GS. S. 268 und S. 95) wird wie folgt geändert:[1]

1. § 4 erhält folgende Fassung:

„Dieses Gesetz findet auch auf die Beamten der Landjägerei Anwendung."[2]

2. § 6 Abs. 1 wird wie folgt geändert:

„Auf die Lehrer an den wissenschaftlichen Hochschulen ist dies Gesetz nicht anwendbar."[3]

3. An Stelle der §§ 10 und 12 treten für die zu einem späteren Zeitpunkt als dem 1. April 1920 in den Ruhestand versetzten Beamten folgende Vorschriften:[4]

(1) Der Berechnung des Ruhegehalts wird das auf Grund des Beamten-Diensteinkommensgesetzes zuletzt bezogene Diensteinkommen (Grundgehalt oder Grundvergütung und Ortszuschlag) zugrunde gelegt. Dabei wird der Ortszuschlag mit dem — auch bei den verheirateten Beamtinnen und den im § 4 Abs. 3 genannten Beamten — ungekürzten Satze der Ortsklasse B angerechnet. Dieser Satz gilt auch für diejenigen Beamten, denen eine Dienstwohnung gewährt war. Anrechnungsbeträge auf Grund der §§ 10 und 16 des bezeichneten Gesetzes werden dem tatsächlich bezogenen Diensteinkommen hinzugerechnet.[5]

(2) Ruhegehaltsfähig sind ferner die in der Besoldungsordnung[6] oder im Staatshaushaltsplan ausdrücklich als ruhegehaltsfähig bezeichneten Beträge und Nebenbezüge sowie die mit Nebenämtern oder Nebengeschäften verbundenen Vergütungen, wenn eine planmäßige Stelle als Nebenamt bleibend verliehen war. Andere Beträge und Nebenbezüge,

insbesondere auch Dienstaufwandsentschädigungen, die Kinderbeihilfen und der Ausgleichszuschlag (§ 18 des Beamten-Diensteinkommensgesetzes) sind nicht ruhegehaltsfähig.

(3) Dienstbezüge, die ihrer Natur nach steigend und fallend sind, werden nach dem festgesetzten und in Ermangelung einer besonderen Festsetzung nach dem Durchschnitt der letzten drei Rechnungsjahre vor der Zurruhesetzung angerechnet.

1. Das **Zivilruhegehaltsgesetz** vom 27. März 1872/27. Mai 1907 (ZRGG.) ist in der vom BDEG. geänderten Fassung im Anhang S. 208 ff. abgedruckt.

Wegen erhöhter Anrechnung der Dienstzeit während des Krieges s. Gesetz vom 23. November 1920 (GS. 1921 S. 89) — abgedruckt Anhang S. 234.

2. Vgl. Anm. 8 zu § 19.

3. **Emeritierung der Hochschulprofessoren.** Durch Änderung der bisherigen Worte „Lehrer an den Universitäten" in „Lehrer an den wissenschaftlichen Hochschulen" werden neben den Professoren der Universitäten, die bisher dies Vorrecht schon besaßen, auch die Lehrer sämtlicher anderen wissenschaftlichen Hochschulen (wegen des Begriffs s. Anm. zu § 11 BDEG.) von den Bestimmungen des Zivilruhegehaltsgesetzes ausgenommen, so daß auch bei diesen nur noch die Emeritierung (Entbindung von den amtlichen Verpflichtungen) Platz greifen kann (vergl. dazu Anm. 15 zu § 2 BDEG. und Anm. 2 zu § 23 BDEG.).

4. **Ruhegehaltsfähiges Diensteinkommen.** Ziff. 3 bezeichnet in ähnlicher Weise, wie es bisher in §§ 10 und 12 ZRGG. in Verbindung mit § 6 Abs. 2 des Gesetzes betreffend die Gewährung von Wohnungsgeldzuschüssen vom 12. Mai 1873 (GS. S. 204) geschehen ist, diejenigen Bezüge, welche künftig bei Ermittlung des ruhegehaltsfähigen Diensteinkommens zu berücksichtigen sind. Für die nach dem 1. April 1920 in den Ruhestand tretenden Beamten wird das ruhegehaltsfähige Diensteinkommen nach den neuen Gehaltssätzen berechnet. Ruhegehaltsfähig sind nur Grundgehalt, Grundvergütung und Ortszuschlag. Der Ortszuschlag, der nach dem BDEG. vom 17. Dezember 1920 ebenso wie früher der Wohnungsgeldzuschuß mit einem Durchschnittssatz angerechnet wurde, wird jetzt (seit dem 1. Oktober 1922) stets nach dem Satze der Ortsklasse B angerechnet. Insbesondere sind Dienstaufwandsentschädigungen und Kinderbeihilfen nicht ruhegehaltsfähig, andere Bezüge nur dann, wenn sie in der BO. oder im Staatshaushalt ausdrücklich für ruhegehaltsfähig erklärt sind.

5. **Beispiel:** Ein Förster (Gruppe 6) in der 9. Dienstaltersstufe (8700 ℳ) hat infolge Anrechnung von staatsseitig gewährter Nutzung von Wirtschaftsland, Feuerungsmitteln, Jagdnutzung, tatsächlich nur ein Diensteinkommen von 8000 ℳ Grundgehalt + 1800 ℳ Ortszuschlag bezogen. Sein ruhegehaltsfähiges Diensteinkommen beträgt 8700 + 1800 ℳ = 10500 ℳ.

6. Siehe Schlußbemerkungen zur BO. B Ziff. 3 und 4, C 5 b.

§ 22.

Änderung des Hinterbliebenenfürsorgegesetzes.

§ 8 Abs. 2 des Gesetzes, betreffend die Fürsorge für die Witwen und Waisen der unmittelbaren Staatsbeamten, vom 20. Mai 1882/27. Mai 1907 (GS. S. 298 und S. 99) wird wie folgt geändert:[1]

1. § 8 Abs. 2 erhält folgende Fassung:

„Das Witwengeld soll jedoch, vorbehaltlich der im § 10 verordneten Beschränkung, mindestens 3000 Mk. und höchstens 25000 Mk. monatlich betragen.“[2]

2. Hinter § 22 werden folgende Paragraphen eingeschaltet:[3]

§ 22a.

(1) Dieses Gesetz findet Anwendung auch auf die Hinterbliebenen der am 1. April 1920 oder später verstorbenen planmäßigen Professoren an den wissenschaftlichen Hochschulen.

(2) Für die Berechnung des Witwen- und Waisengeldes und die im § 10 Abs. 1 genannte Höchstgrenze gilt als Ruhegehalt des Verstorbenen derjenige Betrag, den der Verstorbene als Ruhegehalt erdient hätte, wenn er am Todestage oder, falls er vorher von seinen amtlichen Verpflichtungen entbunden war, am Tage der Entbindung von den amtlichen Verpflichtungen nach Maßgabe des Zivilruhegehaltsgesetzes vom 27. März 1872/27. Mai 1907 (GS. S. 268 und 95) in den Ruhestand versetzt worden wäre.

(3) Die den Professoren an Unterrichtshonorar und sonstigen aus ihrem akademischen Lehramt herrührenden Nebenbezügen nach der jeweils geltenden Besoldungsordnung gewährleistete jährliche Mindesteinnahme wird dem Diensteinkommen im Sinne des § 10 des Zivilruhegehaltsgesetzes hinzugerechnet.

(4) Die für die Berechnung des Ruhegehalts maßgebende Dienstzeit wird vom Tage der Habilitation an gerechnet, sofern nicht nach den Bestimmungen der §§ 13ff. des Zivilruhegehaltsgesetzes eine für den Verstorbenen günstigere Berechnung Platz greift.

§ 22b.

Die bei den Universitäten bestehenden Professoren-Witwen- und Waisenversorgungsanstalten werden aufgehoben. Ihre Verpflichtungen werden auf die Staatskasse übernommen. Ihr Vermögen fällt an den Staat.

1. Das **Hinterbliebenen-Fürsorgegesetz** vom 20. Mai 1882/27. Mai 1907 (HFG.) ist in der jetzt geltenden Fassung im Anhang (S. 219 ff.) abgedruckt.

2. Die **Mindestgrenze des Witwengeldes** betrug vor dem 1. April 1920 300 Mark, die **Höchstgrenze** 5000 Mark jährlich (§ 8 Abs. 2 HFG.). Wegen der Heraufsetzung vergl. Anm. 3 zu § 19 BDEG.

3. **Versorgung der Witwen und Waisen von Hochschulprofessoren.**

a) Nachdem durch § 21 Ziff. 2 die Vorschrift des § 6 Abs. 1 ZRGG., nach der auf die Universitätslehrer das Zivilruhegehaltsgesetz nicht anwendbar ist, auch auf die Lehrer an den übrigen wissenschaftlichen Hochschulen ausgedehnt worden ist (vergl. Anm. 3 zu § 21 BDEG., würde es fortan an einer Bestimmung fehlen, auf Grund deren die Witwen und Waisen der Professoren der technischen, landwirtschaftlichen und tierärztlichen Hochschulen sowie der Bergakademie Clausthal Witwen- und Waisengeld beziehen könnten; denn auf Grund des Hinterbliebenenfürsorgegesetzes können an sich nur die Witwen und Waisen derjenigen Beamten Versorgungsbezüge erhalten, auf die das Zivilruhegehaltsgesetz Anwendung findet. Die bisher für die Witwen und Waisen der Universitätsprofessoren gültige Sonderreglung des Königlichen Erlasses vom 20. Mai 1889 ging nach den inzwischen ergangenen Ergänzungen dahin, daß erhielten unabhängig von der Dauer der Dienstzeit und der Höhe des letzten Gehalts:

die Witwe eines ordentlichen Professors . .	2000	Mark,
die Witwe eines außerordentlichen Professors .	1600	„
eine Ganzwaise	864	„
jede weitere Ganzwaise	576	„
eine Halbwaise	576	„
jede weitere Halbwaise	360	„

jährlich.

Nunmehr ist zur Vereinheitlichung des Rechtszustandes die Sonderregelung zugunsten der Witwen und Waisen der Universitätsprofessoren beseitigt und es sind die Witwen und Waisen sämtlicher Hochschulprofessoren durch ausdrückliche Bestimmung in das Hinterbliebenenfürsorgegesetz einbezogen. Da die planmäßigen Professoren an den wissenschaftlichen Hochschulen nicht zur Ruhe gesetzt, sondern nur emeritiert werden können, so muß der Festsetzung des Witwengeldes ein angenommenes Ruhegehalt zugrunde gelegt werden. Als solches ist derjenige Betrag vorgesehen, den der Verstorbene als Ruhegehalt erdient hätte, wenn er am Todestage oder dem etwaigen vorherigen Emeritierungszeitpunkt nach Maßgabe des Zivilruhegehaltsgesetzes in den Ruhestand versetzt worden wäre.

Der besonderen Stellung und der Eigenart der wissenschaftlichen Hochschulen und der planmäßigen Professoren an ihnen entspricht es, daß dem Diensteinkommen im Sinne des § 10 ZRGG. das dem Professor an Unterrichtshonorar und sonstigen mit seinem akademischen Lehramt verbundenen Nebenbezügen gewährleistete Aufkommen (vergl. Schlußbemerkung zur BO. C, Ziff. 8) hinzugerechnet wird.

Auch bezüglich der für die Berechnung des Ruhegehalts maßgebenden Dienstzeit bedurfte es einer ergänzenden Bestimmung. Die Zeit der Privatdozententätigkeit ohne Beamteneigenschaft, die an sich unter keinen der Fälle des § 19 ZRGG. fällt, soll auf die ruhegehaltsfähige Dienstzeit angerechnet werden.

b) Mit der Neuregelung nach § 22a verlieren die bei den Universitäten bestehenden Professoren-Witwen- und Waisenversorgungsanstalten ihre Daseinsberechtigung. Das Gesetz sieht daher ihre Aufhebung vor.

§ 23.

Versorgungszuschlag.

(1) Zur Anpassung an die Veränderungen in der allgemeinen Wirtschaftslage wird zu den Ruhegehältern, Wartegeldern und Witwengeldbezügen ein veränderlicher Versorgungszuschlag[1] gewährt.

(2) Der Versorgungszuschlag der Ruhegehalts-, Wartegeldempfänger und Witwen[2] wird aus dem Ruhegehalt, Wartegeld und Witwengeld in derselben Art und in demselben Verhältnis berechnet, wie die Ausgleichszuschläge gleichartiger im Dienst befindlicher Beamten von deren Grundgehalt oder Grundvergütung und Ortszuschlag berechnet werden.[3]

(3) Beim Vorliegen besonderer Verhältnisse kann auf Antrag der Versorgungszuschlag bis auf die volle Höhe[4] desjenigen Betrages erhöht werden, der als Ausgleichszuschlag auf das zuletzt bezogene ruhegehaltsfähige Diensteinkommen, soweit es aus Grundgehalt oder Grundvergütung und anrechnungsfähigem Ortszuschlag bestand, entfallen würde.

(4) Die Frauenbeihilfe (§ 18 Abs. 3) erhalten die verheirateten und verwitweten männlichen Wartegeld- und Ruhegehaltsempfänger bis zur anderweitigen Festsetzung durch den Staatshaushaltsplan oder durch besonderes Gesetz als besonderen Versorgungszuschlag in derselben Höhe und nach denselben Grundsätzen wie die im Dienst befindlichen Staatsbeamten.

(5) Ändern sich später Art und Höhe des Ausgleichszuschlagssatzes für die Beamten im Dienst, so ist auch der Versorgungszuschlag für die Ruhegehaltsempfänger, Wartegeldempfänger und Witwen entsprechend neu zu berechnen.

(6) Ruhegehalts-, Wartegeldempfänger und Witwen, die im Reichs-, Staats- oder Gemeindedienst oder im Dienste eines der Länder Teuerungs- oder Ausgleichszuschläge der im Dienst befindlichen Beamten, Lohnangestellten, Lohnempfänger, Ruhegehalts-, Wartegeldempfänger oder Witwen beziehen oder erdient haben, werden nur insoweit berücksichtigt, als diese Bezüge hinter dem Versorgungszuschlag zurückbleiben.

(7) Sofern das Ruhegehalt, Wartegeld oder Witwengeld nach den Vorschriften über das Ruhen der Versorgungsbezüge teilweise ruht,[5] wird jedoch der Versorgungszuschlag von dem nichtruhenden Teil gewährt; falls den Beamten im Dienst neben dem allgemeinen Ausgleichszuschlag ein weiterer Ausgleichszuschlag von einem gewissen Teil des Diensteinkommens gewährt wird,[6] wird dieser von dem nichtruhenden Teil des Ruhegehalts, Wartegeldes oder Witwengeldes nur insoweit gewährt, als ihn der Versorgungsberechtigte nicht von seinen sonstigen Bezügen bereits voll erhält.

(8) Der Monatsbetrag des Versorgungszuschlages ist auf volle Mark nach oben abzurunden.

1. **Versorgungszuschlag.** (VZ.). An die Stelle des Ausgleichszuschlages der aktiven Beamten tritt zu den Wartegeld-, Ruhegehalts- und Witwengeldbezügen ein — vom Gesetz mit dem Namen „Versorgungszuschlag" versehener — Zuschlag, der eine teilweise Fortgewährung des auf das aktive Diensteinkommen gewährten Ausgleichszuschlages darstellt. Der Zuschlag wird — im Gegensatz zu den vor dem 1. April 1920 an Ruhestandsbeamte und Witwen gezahlten Teuerungsbeihilfen — ohne Antrag und ohne Prüfung des Bedürfnisses gewährt. Der Versorgungszuschlag ist ebenso wie der Ausgleichszuschlag ein von den Wartegeld-, Ruhegehalts- und Witwenbezügen nicht trennbarer Bestandteil und als solcher nicht abtretbar, nicht verpfändbar und nur im Rahmen des § 850 Ziff. 7 und Abs. 2—4 ZPO. der Pfändung unterworfen (vergl. Anm. 4 zu § 18 BDEG.).

2. Nur die Empfänger von Wartegeld, Ruhegehalt- oder Witwengeld erhalten den Versorgungszuschlag, nicht auch die Waisen, da für diese durch die Kinderbeihilfe gesorgt ist.

Emeritierte Hochschullehrer erhalten nicht den Versorgungszuschlag, sondern den Ausgleichszuschlag des § 18 zu dem zur Zeit ihrer Emeritierung bezogenen (vergl. Anm. 15 zu § 2 BDEG.) Grundgehalt und Ortszuschlag.

3. **Normalhöhe des Versorgungszuschlags.** Die jetzige Fassung entspricht den Änderungen des Gesetzes vom 21. November 1922.

4. **Erhöhung des Versorgungszuschlags.** Besondere Verhältnisse, die eine Heraufsetzung des VZ. bis zur Höhe des in § 23 Abs. 3 genannten Betrages rechtfertigen, lagen insbesondere dann vor, wenn ein Ruhegehaltsempfänger oder eine Witwengeldempfängerin durch die vor dem 1. April 1920 gezahlten Teuerungsbeihilfen bereits höhere Beträge erhalten hatte. In diesen Fällen sollte auch, ohne einen besonderen Antrag abzuwarten und ohne erneute Prüfung des Bedürfnisses, der Zuschlag soweit erhöht werden, daß der Betrag der bisherigen Versorgungsbezüge erreicht wurde, wobei jedoch der dem neuen ruhegehaltsfähigen Diensteinkommen entsprechende Versorgungszuschlag nicht überschritten werden durfte. Ferner hatte der Finanzminister durch Erlaß vom 30. Dezember 1920 — I 36324. III 1 U. 110 — die nachgeordneten Behörden ermächtigt, den erstmalig auf Grund des Gesetzes, betreffend Einführung einer Altersgrenze, vom 15. Dezember 1920 (GS. S. 621) zum 1. April 1921 in den Ruhestand tretenden Beamten zur Erleichterung ihres

Übertritts in den Ruhestand bis zum 30. Juni 1921 den Höchstbetrag des Versorgungszuschlags ohne besonderen Antrag zu gewähren, sofern nicht im Einzelfalle besondere Umstände, insbesondere beträchtliches Privatvermögen, dies entbehrlich erscheinen lassen. Zur Zeit kommen diese Fälle bei den infolge der Geldentwertung sehr gestiegenen Bezügen nicht mehr in Frage. Es wird jetzt namentlich von dieser Bestimmung Gebrauch gemacht, um für besondere Gebrechlichkeit, dauernde Krankheit oder sonstige Nöte einen Ausgleich zu schaffen.

5. Vergl. § 27 des Pensionsgesetzes (unten S. 214). Die Bestimmung ist vor allem von Bedeutung in den Fällen der Wiederbeschäftigung von Ruhestandsbeamten.

6. Nach dem Wegfall des Kopfzuschlags (Anm. 5 zu § 18) zur Zeit ohne Bedeutung.

§ 24.

Kinderbeihilfen an Wartegeldempfänger, Ruhegehaltsempfänger und Hinterbliebene.

(1) Die im § 17 vorgesehene Kinderbeihilfe einschließlich Ausgleichszuschlag wird in der gleichen Weise[1] unter den dort genannten Voraussetzungen[2] auch den zu einem späteren Zeitpunkt als dem 1. April 1920[3] einstweilen oder dauernd in den Ruhestand versetzten Beamten sowie für die Kinder der am 1. April 1920 oder später im Amte oder im Ruhestande verstorbenen Beamten gewährt.

(2) Verheirateten Wartegeld- und Ruhegehaltsempfängerinnen wird die Kinderbeihilfe für gemeinsame Kinder nur gewährt, wenn der Ehemann bei Berücksichtigung seiner sonstigen Verpflichtungen außerstande ist, ohne Gefährdung des standesmäßigen Unterhalts der Familie diese zu unterhalten.[4]

(3) Bei den im § 4 Abs. 3 genannten Beamten wird die Kinderbeihilfe in demselben Verhältnis gekürzt wie der Ortszuschlag.

1. Höhe der Kinderbeihilfe. Vergl. die Anm. zu § 17 BDEG.

Empfangsberechtigt ist bei ehelichen Beamtenkindern der noch im Ruhestande lebende Beamte als Vater oder Stiefvater und die im Ruhestande lebende Beamtin als Mutter oder Stiefmutter, sowie die Beamtenwitwe als Inhaberin der elterlichen Gewalt (§§ 1684 ff. BGB.); bei Vollwaisen und unehelichen Beamtenkindern bestimmt das Vormundschaftsgericht, an wen die Kinderbeihilfe zu entrichten ist (vergl. Anm. 3 zu § 17 BDEG.).

Als eigenes Einkommen eines Kindes im Alter von 14 bis 21 Jahren gilt zwar nach § 9 Abs. 3 REStG. auch das Waisengeld oder die Waisenrente; gleichwohl ist das Waisengeld oder die Waisenrente bei Gewährung der Kinderbeihilfe nicht dem etwaigen Einkommen des Kindes aus Kapitalvermögen, Grundbesitz, Gewerbebetrieb usw. oder aus Arbeitseinkommen hinzuzurechnen, weil das Waisengeld (die Waisenrente) seiner wirtschaftlichen Bedeutung nach an die Stelle des dem Kinde bei Lebzeiten des Beamten aus dessen Gehalt gewährten Unterhalts tritt, und aus derselben Quelle fließt wie die Kinderbeihilfen (vergl. PBV. Ziff. 115).

2. **Kinderbeihilfefähig** sind (abweichend vom BDEG. vom 7. Mai 1920) auch die in die Familiengemeinschaft des Wartegeldempfängers oder Ruhegehaltsempfängers aufgenommenen Stiefkinder, die unehelichen oder an Kindes Statt angenommenen Kinder der Ruhestandsbeamten und die Kinder aus einer erst nach der Zurruhesetzung des Beamten geschlossenen Ehe. Stiefkinder, die erst nach dem Tode des Ruhestandsbeamten in die Familiengemeinschaft aufgenommen werden, sind nicht kinderbeihilfefähig. S. FinMinErl. vom 21. Januar 1921 — B 1626 — II i Ziff. 2, 3 (unten S. 330).

Für Waisen und Vollwaisen wird die Kinderbeihilfe unabhängig vom Waisengeld gewährt. Bei Wiederverheiratung der Beamtenwitwe fällt die Kinderbeihilfe nicht weg.

Bei Kinder von verstorbenen Beamten oder verstorbenen Ruhestandsbeamten hat die eheliche Mutter als Inhaberin der elterlichen Gewalt (§§ 1684 ff. BGB.), im übrigen der Vormund die dem Beamten nach den PBV. Ziff. 118 obliegenden Verpflichtungen.

3. Die Kinderbeihilfen für die Kinder der Altruhestandsbeamten sind in § 4 BARG. entsprechend geregelt.

4. Die Erziehung und Unterhaltung der Kinder liegt in erster Linie dem Ehemann ob (§§ 1601, 1627 ff. BGB.). Vergl. aber § 1603 Abs. 1 BGB., dessen Vorschrift hier im Interesse der verheirateten Beamtin zur Anwendung kommen soll (PBV. Ziff. 107 Abs. 4).

V. Übergangsvorschriften.

§ 25.

Einreihung in die neuen Gehalts- und Vergütungsstufen.

(Vergl. hierzu PBV. Ziff. 44 bis 54.)

(1) Die am 1. April 1920 im Dienste befindlichen planmäßigen Beamten mit aufsteigenden Gehältern werden in die Besoldungsgruppen der Besoldungsordnung mit derjenigen Gehaltsstufe eingereiht, die ihrem bisherigen Besoldungsdienstalter in der Stelle entspricht, die sie am 1. April 1920 bekleiden.[1] Dabei wird für diejenigen Beamten, die bisher ein Einzelgehalt bezogen haben und für die durch dieses Gesetz Dienstaltersstufen eingeführt werden, das Besoldungsdienstalter auf den Tag des Einrückens in ihre Stelle festgesetzt.[2] Für Beamte, die zum 1. April 1920 in eine Stelle befördert werden, die in einer höheren Besoldungsgruppe als die bisher von dem Beamten bekleidete Stelle vorgesehen ist, wird das Besoldungsdienstalter unter Berücksichtigung von § 3 Abs. 5 so festgesetzt, als wenn sie erst im Laufe des 1. April 1920 in die neue Stelle eingerückt wären.[3] Das gleiche gilt für die-

jenigen Beamten, welche mit Wirkung vom 1. April 1920 in Stellen eingereiht werden, die in der Vorbemerkung 1 zur Besoldungsordnung als Aufrückungsstellen bezeichnet sind.[4]

(2) Allen planmäßigen Beamten, auch wenn sie sich nicht mehr in ihrer ersten planmäßigen Stelle befinden, wird das Besoldungsdienstalter soweit vorgerückt, wie es vorgerückt wäre, wenn § 13 Abs. 2 Satz 1 schon zur Zeit ihrer ersten planmäßigen Anstellung gegolten hätte.[5] Den Beamten aus der Klasse der ehemaligen Militäranwärter, auch wenn sie sich nicht mehr in ihrer ersten planmäßigen Stelle befinden, wird das Besoldungsdienstalter soweit vorgerückt, wie es vorgerückt wäre, wenn der § 3 Abs. 3 schon zur Zeit ihrer ersten planmäßigen Anstellung oder ihrer Ueberführung in eine höhere Gehaltsklasse gegolten hätte.[6]

(3) Sollte sich für einzelne vor dem 1. April 1920 beförderte oder aus dienstlichen Rücksichten versetzte Beamte ergeben, daß am 1. April 1920 nach den neuen Grundgehaltssätzen ihr Grundgehalt in der jetzigen Stelle hinter dem Satze zurückbleibt, den sie erhalten haben würden, wenn sie in einer früher[7] von ihnen bekleideten Stelle verblieben und erst zum 1. April 1920 befördert worden wären, oder daß sie in der früheren Stelle bei dem nächsten Aufsteigen nach dem 1. April 1920 früher einen höheren oder gleichen Grundgehaltssatz erreicht hätten, als es in der neuen Stelle der Fall sein würde, so ist das Besoldungsdienstalter so festzusetzen, als wenn sie erst im Laufe des 1. April 1920 in die neue Stelle eingerückt wären.[8]

(4) Beamte, die infolge der Umbildung der Staatsbehörden oder infolge Abtretung von Gebieten oder Staatswerken aus dienstlichen Rücksichten in Stellen einer Besoldungsgruppe mit geringeren Grundgehaltssätzen verwendet werden, erhalten während der Dauer dieser Verwendung das Grundgehalt, das sie in ihrer früheren Stelle nach den Vorschriften dieses Gesetzes bezogen hätten.[9]

(5) Die am 1. April 1920 im Dienste befindlichen nichtplanmäßigen Beamten und die am gleichen Tage im Dienste befindlichen sonst im § 11 Abs. 1 genannten Beamten werden in die Gruppen der Nachweisung Anlage 3 mit derjenigen Vergütungsstufe eingereiht, die ihrem Anwärterdienstalter in der Stelle entspricht, die sie am 1. April 1920 bekleiden.[10]

(6) Über vorstehende Bestimmungen hinaus kann der zuständige Minister in Gemeinschaft mit dem Finanzminister in besonders gearteten Ausnahmefällen zur Vermeidung offenbarer Härten eine Vorrückung des Besoldungsdienstalters[11] zulassen.

1. Maßgebend für die Einreihung in die Gehaltsstufen der neuen Besoldungsgruppen ist grundsätzlich das bisherige BDA.

Beispiel: Ein Beamter ist seit dem 1. Januar 1910 Assistent der alten Gehaltsklasse 14a und bezieht im gegenwärtigen elften Dienstjahre 2600 Mark Gehalt (ohne Wohnungsgeldzuschuß). Er erhält bei Überführung in die neue Besoldungsgruppe 6 seinem Dienstalter entsprechend 8100 Mark und vom 1. Januar 1922 an, da mit diesem Tage das dreizehnte Dienstjahr beginnt, 8300 Mark Grundgehalt.

2. Beispiel: Die Bürovorsteher in den Ministerien der alten Gehaltsklasse 55 (Einzelgehalt 7200 Mark) sollen in die neue Besoldungsgruppe 11 übergeleitet werden. Angenommen, ein solcher Beamter ist am 1. Januar 1911 Bürovorsteher geworden und steht demnach als solcher im zehnten Dienstjahre. Er ist dann in die fünfte Dienstaltersstufe der neuen Besoldungsgruppe 11 mit einem Grundgehalt von 13 300 Mark einzureihen und rückt am 1. Januar 1921 auf 13 700 Mark vor. Begr.

3. Beispiel: Ein Ministerialsekretär mit einem BDEA. als solcher vom 1. April 1900 ist am 1. April 1915 zum Bürovorsteher mit einem Einzelgehalt von 7200 Mark und am 1. April 1920 zum Bürodirektor (alte Gehaltsklasse 55, Einzelgehalt 7800 Mark) (neue Besoldungsgruppe 12) ernannt. Dann ist wie folgt zu rechnen: Nach § 3 Abs. 5 BDEG. darf das BDA. bei einem Übertritt in die nächsthöhere Besoldungsgruppe nicht um mehr als vier Jahre verkürzt werden. Werden bei einer Beförderung Besoldungsgruppen übersprungen, so ist das BDA. so festzusetzen, wie wenn der Beamte zunächst in die dazwischen liegenden Gruppen eingetreten wäre.

Zunächst ist hier also das BDA. für Gruppe 11 auf den 1. April 1904 festzusetzen. In Gruppe 11 hätte der Beamte das Höchstgehalt von 14 500 Mark erhalten. Diesem Gehaltssatze entsprechend würde er mit einem Grundgehalt von 15 100 Mark in die Besoldungsgruppe 12 einzureihen sein. Da das BDA. aber nicht um mehr als vier Jahre verkürzt werden darf, so ist es auf den 1. April 1908 festzusetzen. Der Beamte erhält also auch in der Gruppe 12 das Höchstgehalt von 16 800 Mark. Begr.

4. Einreihung in Aufrückungsstellen. Der Vorschrift des § 25 Abs. 1 Satz 4 liegt der Gedanke zugrunde, daß die Erwerber von Aufrückungsstellen (vergl. Anm. 6c zu § 1 BDEG.) sich bei Beginn des 1. April 1920 noch in der früheren niedrigeren Gruppe befanden. Sie müssen daher zunächst mit ihrem bisherigen BDA. (unter Berücksichtigung von § 25 Abs. 2) in diejenige Gruppe eingereiht werden, aus deren Stelle ihre Stelle unmittelbar herausgehoben worden ist.

Beispiel: Ein Regierungssekretär mit einem bisherigen BDA. als Regierungssekretär (Besoldungsgruppe 7) vom 1. April 1909 soll in eine Aufrückungsstelle der Besoldungsgruppe 8 eingereiht werden.

Berechnung: Neues Grundgehalt würde in Gruppe 7 seit 1. April 1920 8500 Mark sein. Einzureihen in Gruppe 8 mit 8600 Mark, steigend am 1. April 1921 auf 9100 Mark. Neues BDA.: 1. April 1913.

5. Anrechnung außerplanmäßiger Dienstzeit auf das BDA. Nach § 25 Abs. 2 Satz 1 wird mit anderen Worten bei der Festsetzung des BDA. der Beamten, die vor dem 1. April 1920 als außerplanmäßige Beamte angenommen worden sind, von der im außerplanmäßigen Staatsbeamtenverhältnis bei dem gleichen Dienstzweig verbrachten Anwärterdienstzeit bei Zivilanwärtern der Teil angerechnet, der 5 Jahre übersteigt.

Beispiel: Ein Regierungsrat mit einem Assessorendienstalter vom 15. Oktober 1906 ist am 1. April 1918 planmäßig angestellt. Dabei ist ihm von der Wartezeit von 11 Jahren 169 Tagen die 10 Jahre übersteigende Zeit mit 1 Jahr 169 Tagen auf das BDA. angerechnet und dies auf den 15. Oktober 1916 festgesetzt worden. Da nach § 13 Abs. 2 Satz 1 des Gesetzes die über 5 Jahre hinausgehende Wartezeit auf das BDA. anzurechnen ist, so ist dies auf den 15. Oktober 1911 neu festzusetzen. Der Beamte rückt also in der Besoldungsgruppe 10 statt in ein Grundgehalt von 9200 Mark in ein Grundgehalt von 11 300 Mark ein. Begr. Eine Anrechnung außerplanmäßiger Dienstzeit nach § 25 Abs. 2 Satz 1 kann soweit nicht stattfinden, als sich die planmäßige Anstellung auf eigenen Wunsch des Beamten, wegen unzureichender Befähigung oder aus einem sonstigen in der Person des Beamten liegenden Grunde verzögert hat. (Vergl. Anm. 6 zu § 13 BDEG.).

6. a) **Beispiel:** Ein aus dem Militäranwärterstande hervorgegangener Regierungsobersekretär hat vom 1. Oktober 1896 bis zum 9. Juli 1909 = 12 Jahre 282 Tage beim Militär gedient und ist am 9. Juli 1909 mit dem Zivilversorgungsschein ausgeschieden. Vom 10. Juli 1909 bis zum 31. März 1915 = 5 Jahre 265 Tage war er Regierungsbürodiätar. Am 1. April 1915 ist er als Regierungssekretär planmäßig angestellt. Dabei ist sein BDA. unter Anrechnung von 3 Jahren 265 Tagen Militär- und Zivildienstzeit auf den 10. Juli 1911 festgesetzt. Nunmehr ist nach § 3 Abs. 3 des Gesetzes das BDA. unter Anrechnung von 5 Jahren 182 Tagen M.- u. ZDZ. anderweit auf den 1. Oktober 1909 festzusetzen. Der Beamte erhielt am 1. April 1920 also in Besoldungsgruppe 7 ein Grundgehalt von 8500 Mark.

b) Wenn das BDA. eines beförderten Beamten in der ersten Dienststelle (Eingangsstelle) durch erweiterte Anrechnung der über 5 oder 4 Jahre hinausgehenden Anwärterdienstzeit oder von Militär- und Zivildienstzeit verbessert worden ist, so ist sein BDA. in der Beförderungsstelle zunächst unter Zugrundelegung der zur Zeit der Beförderung geltenden (alten) Gehaltssätze neu festzusetzen. Dabei ist jedoch nach § 25 Abs. 3 zu prüfen, ob, wenn der Beamte erst zum 1. April 1920 befördert wäre, sich bei Anwendung der Bestimmungen unter § 3 Abs. 5 nicht ein günstigeres BDA. ergibt, in welchem Falle dies einzusetzen ist.

Beispiel: N., Ministerialrat. Am 5. Februar 1902 Regierungsassessor, am 1. April 1911 Regierungsrat (Gruppe 10) mit einem BDA. von demselben Tage. Am 1. Januar 1920 Vortragender Rat (Gruppe 13) mit einem BDA. von demselben Tage.

Das BDA. als Regierungsrat ist zunächst auf den 5. Februar 1907 zu verbessern. Grundgehalt am 1. April 1920 = 12300 Mark, steigend am 1. Februar 1921 auf 12600 Mark. Sodann einzuordnen in Gruppe 11 mit einem Grundgehalt von 12500 Mark, steigend am 1. Februar 1921 auf 13300 Mark, BDA. 5. Februar 1913, nach § 3 Abs. 5 BDEG. zu verbessern auf den 5. Februar 1911, mithin neues Grundgehalt am 1. April 1920 = 13300 Mark. Darauf einzureihen in Gruppe 12 mit einem Grundgehalt von 14200 Mark, steigend am 1. April 1922 auf 15100 Mark, BDA. 1. April 1914. Endlich einzureihen in Gruppe 13 mit einem Grundgehalt von 15600 Mark, steigend am 1. April 1922 auf 18000 Mark, mithin BDA. 1. April 1918.

c) Ist ein Militäranwärter zuerst in einer niedrigeren Besoldungsgruppe angestellt worden, weil er nach den bestehenden Verwaltungsvorschriften nicht sogleich in der Stelle, für die er sich gemeldet hat, angestellt werden konnte, sondern erst die Stelle der niedrigeren Besoldungsgruppe durchlaufen mußte, oder hat ein Militäranwärter sich zuerst um eine Stelle in einer niedrigeren Besoldungsgruppe beworben, und ist darin angestellt, obwohl er sich auch um die Stelle in einer nächst höheren Gruppe, in die er inzwischen aufgerückt ist, hätte bewerben können, so kann ihm bei der erstmaligen Beförderung die bereits bei der ersten planmäßigen Anstellung angerechnete Militär- und Zivildienstzeit insoweit angerechnet werden, als nicht schon die Anrechnung bei der ersten planmäßigen Anstellung zu derselben Verbesserung des Diensteinkommens in der neuen Besoldungsgruppe führt.

Beispiel: Ein Amtsgehilfe (Gruppe 2), der vom 1. Oktober 1899 bis zum 30. September 1911 = 12 Jahre beim Militär gedient hat, ist am 1. Januar 1912 mit einem BDA. vom 1. April 1912 planmäßig angestellt. Am 1. April 1913 ist er zum Ministerialamtsgehilfen (Gruppe 3) befördert worden. Sein BDA. als Amtsgehilfe ist zunächst um 4 Jahre, also auf den 1. April 1908 zu verbessern. Hienach würde er in Gruppe 3 mit einem Gehaltsatz von 1400 Mark, steigend am 1. April 1914 auf 1500 Mark, also mit einem BDA. vom 1. April 1911 einzureihen sein. Da der Beamte einerseits sich um die Stelle eines Ministerialamtsgehilfen hätte bewerben und in der Stelle zuerst hätte planmäßig angestellt werden können, und er andererseits durch die erweiterte Anrechnung der Militärdienstzeit um nichts verbessert worden ist, so ist sein BDA. anderweit auf den 1. April 1909 festzusetzen.

Wird dieser Beamte später nochmals — z. B. am 1. April 1922 in die Stelle eines Oberzählers — Gruppe 4 befördert, so ist sein BDA. in dieser zweiten Beförderungsstelle nach den Bestimmungen unter § 3 Abs. 5 festzusetzen. Der Beamte rückt also mit einem Grundgehalt der Gruppe 3 von 6700 Mark in ein Grundgehalt von 6800 Mark der Gruppe 4 ein (steigend am 1. April 1925 auf 7100 Mark); sein BDA. ist auf den 1. April 1913 festzusetzen.

7. Im § 20 Abs. 3 des BDEG. vom 7. Mai 1920 hieß es statt „in einer früher": „in der zuletzt von ihnen bekleideten Stelle".

8. Nach diesen Grundsätzen ist auch bei den früheren Besoldungsaufbesserungen verfahren worden.

Beispiel: Ein Bausekretär (bisherige Gehaltsklasse 16 b) mit einem BDA. vom 1. Januar 1910 ist am 1. Januar 1920 zum Regierungsbausekretär (bisherige Gehaltsklasse 22 c) befördert worden. Da er als Bausekretär schon ein Gehalt von 2700 Mark erdient hatte und am 1. Januar 1922 auf 3000 Mark vorgerückt wäre, so ist sein BDA. als Regierungsbausekretär auf den 1. Januar 1913 und sein Gehalt auf 2900 Mark festgesetzt worden. Hiernach würde der Beamte in die Besoldungsgruppe 7 mit 7700 Mark (steigend am 1. Januar 1921 auf 8100 Mark) einzureihen sein. Wäre er aber bis zum 1. April 1920 Bausekretär geblieben und erst am 1. April 1920 zum Regierungsbausekretär befördert worden, so würde ihm in der Besoldungsgruppe 6 ein Grundgehalt von 8100 Mark zugestanden haben und er hätte in die Gruppe 7 mit einem Grundgehalt von 8500 Mark eingereiht werden müssen. Sein BDA. ist daher anderweit auf den 1. Januar 1910 festzusetzen. Begr.

9. Infolge der Umgestaltung des Staatswesens und infolge der Abtretung von Gebieten oder Staatswerken ist es namentlich im Bereich der

Bergverwaltung vorgekommen, daß Beamte mangels geeigneter planmäßiger Stellen nicht ihrem bisherigen Diensteinkommen entsprechend untergebracht werden konnten, obwohl ihre Weiterverwendung aus dienstlichen Rücksichten erforderlich war. Es ist billig, diesen wie anderen Beamten, bei denen ähnliche Verhältnisse vorliegen, das Diensteinkommen, das sich nach BDEG. in ihren früheren Dienststellen bezogen haben würden, so lange zu gewähren, bis sie in einer planmäßigen Stelle mit entsprechendem Diensteinkommen wiederverwendet werden können. (Begr.) Das Gehalt nach den Sätzen der früheren Stelle wird bei jeder Weiter- oder Wiederverwendung im Staatsdienst gezahlt, auch wenn von vornherein feststeht, daß der Beamte eine seiner früheren Stelle entsprechende Wiederverwendung nicht finden kann. (FinMinErl. vom 16. Juli 1921 Bes 2298.)

10. **Beispiel:** Ein Regierungsbürodiätar in Ortsklasse C, der am 1. April 1916 als Zivilsupernumerar in den Staatsdienst eingetreten ist und am 31. März 1919 seine dreijährige Vorbereitungszeit vollendet hat (Anwärterdienstalter 1. April 1919), wird mit einer Vergütung von 4960 Mark (steigend am 1. April 1921 auf 5270 Mark) in die Gruppe 7 der Nachweisung der Dienstbezüge für die nichtplanmäßigen unmittelbaren Staatsbeamten eingereiht.

11. Diese Bestimmung entspricht dem § 3 Abs. 7 Satz 3 BDEG. Sie gilt sinngemäß auch für das AnwDA.

§ 26.

Gleichstellung mit den bisherigen Dienstbezügen.

(1) War das bisherige Diensteinkommen eines Beamten einschließlich der bisherigen Teuerungszulagen am 31. März 1920 höher als seine Bezüge auf Grund dieses Gesetzes, so ist ihm der Unterschiedsbetrag, soweit es sich um ruhegehaltsfähige Bezüge handelt, als ruhegehaltsfähiger Zuschuß, im übrigen als nichtruhegehaltsfähiger Zuschuß über den Staatshaushaltsplan bis zu dem Zeitpunkte weiterzugewähren, zu dem er durch die Erhöhung in den neuen Bezügen ausgeglichen wird. [1] Hierbei bleiben Erhöhungen des Ortszuschlags und der Kinderbeihilfen insoweit außer Betracht, als sie lediglich infolge der Hinaufsetzung eines Ortes in eine höhere Ortsklasse, der Versetzung an einen Ort einer höheren Ortsklasse oder infolge einer Vermehrung der Kinderzahl eintreten.

(2) Der Ausgleichung nach Abs. 1 wird stets der höchste seit dem 1. April 1920 in Geltung gewesene Hundertsatz des Ausgleichszuschlags zugrunde gelegt.

1. **Gleichstellung mit den bisherigen Dienstbezügen.** Die Vorschrift fehlte im BDEG. vom 7. Mai 1920. Sie ist dem § 30 des Reichsbesoldungsgesetzes vom 30. April 1920 nachgebildet.

Nach der starken Steigerung, die die Bezüge der Beamten seit dem BDEG. vom 17. Dezember 1920 erfahren haben, ist dieser Paragraph gegenstandslos geworden. Er hat nur noch in den Fällen Bedeutung, in denen aus irgend welchen Gründen nachträglich berechnet werden muß, welche Bezüge ein am 31. März 1920 im Dienst befindlich gewesener Beamter in der Zeit vom 1. April 1920 an bis zum 30. September 1921 zu beanspruchen gehabt hat.

VI. Schlußvorschriften.

§ 27.

Änderung des Gesetzes, betreffend die Zahlung der Beamtenbesoldung und des Gnadenvierteljahrs, vom 7. März 1908.

§ 1 des Gesetzes, betreffend die Zahlung der Beamtenbesoldung und des Gnadenvierteljahrs, vom 7. März 1908 (Gesetzsamml. S. 35) erhält folgende Fassung:

„Die unmittelbaren Staatsbeamten, die eine planmäßige Stelle bekleiden, erhalten ihre Dienstbezüge, soweit sie ihnen in festen Barbezügen zustehen, aus der Staatskasse monatlich,[1] bei Überweisung auf ein Konto[2] vierteljährlich im voraus.

Die nichtplanmäßigen Beamten (Stellenanwärter) erhalten ihre Dienstbezüge monatlich im voraus.“[3]

Alle Zahlungen sind auf volle Markbeträge nach oben abzurunden.

1. **Art der Zahlung der Dienstbezüge.** Die Bestimmung monatlicher Bezahlung der Dienstbezüge ist für Preußen neu.

Nach § 1 des Gesetzes betreffend die Zahlung der Beamtenbesoldung und des Gnadenvierteljahrs vom 7. März 1908 (GS. S. 35) wurde das Gehalt den planmäßigen Beamten vierteljährlich im voraus gezahlt. Diese Vorschrift beruhte auf der Erwägung, daß am Anfang eines Vierteljahrs größere einmalige Zahlungen — Mietzins, Steuern usw. — zu leisten sind. Die bei den gegenwärtigen schwierigen wirtschaftlichen Verhältnissen bei der vierteljährlichen Gehaltszahlung gemachten Erfahrungen mahnen jedoch im Interesse der Beamtenschaft zur Vorsicht. Bei einer vierteljährlichen Gehaltszahlung besteht die Gefahr, daß die Beamten infolge unrichtiger Einteilung und Bemessung ihrer Ausgaben einen größeren Teil ihrer Bezüge verbrauchen, als bei sorgfältiger Berechnung auf die in Betracht kommende Zeit entfällt. Die Folge ist, daß die Beamten am Schlusse des Vierteljahrs vielfach genötigt sind, Darlehen aufzunehmen oder einen Vorschuß auf ihr künftiges Gehalt zu erbitten. Diesen Erwägungen soll die vorgesehene Regelung Rechnung tragen. Jedoch sollen denjenigen planmäßigen Beamten, die ein Bank- oder Postscheckkonto haben, die Dienstbezüge wie bisher vierteljährlich im voraus gezahlt werden. Von dieser Regelung ist zugleich zu erwarten, daß sie der Geldwirtschaft des Reichs durch Verringerung des Zahlungsmittelbedarfs und durch Gewöhnung weiterer Bevölkerungskreise an den bargeldlosen Zahlungsausgleich dient. Begr.

Zu den Dienstbezügen gehören auch die Kinderbeihilfen (s. Anm. 2 zu § 17 BDEG.), auch sie werden bei Überweisung auf ein Konto den planmäßigen Beamten vierteljährlich, im übrigen monatlich ausbezahlt.

Die Dienstbezüge der planmäßigen Beamten werden nur dann vierteljährlich gezahlt, wenn der Beamte bei der zuständigen Kasse schriftlich die restlose Ueberweisung des Grundgehalts, des Ortszuschlages, der Kinderbeihilfen, des Ausgleichszuschlages und etwaiger sonstiger laufender Bezüge auf ein Konto beantragt.

Die Zahlung des Wartegeldes erfolgt nach § 5 WartegeldVO., § 11 HofbVO. im voraus in derselben Weise, in der das Gehalt gezahlt worden ist.

Ruhegehälter werden stets für jedes Kalendervierteljahr im voraus in einer Summe gezahlt (§ 25 ZRGG.); Witwen- und Waisengelder werden monatlich im voraus gezahlt (§ 16 HFG.). Nach der Zahlungsart der Hauptversorgungsbezüge richtet sich auch die Zahlungsweise der Kinderbeihilfen an Ruhestandsbeamte und Hinterbliebene.

2. **Zahlung auf ein Konto.** Das Konto kann bei einer Bank, einer Sparkasse oder irgend einem anderen Geldinstitut und auch bei der zahlenden Kasse selbst eingerichtet werden.

3. Die **nichtplanmäßigen** Beamten erhalten ihre Dienstbezüge auch dann monatlich, wenn sie auf ein Konto angewiesen werden.

§ 28.

Änderung des Staatshaushaltsgesetzes.

Das Gesetz, betreffend den Staatshaushalt, vom 11. Mai 1898 (Gesetzsamml. S. 77) wird wie folgt geändert:[1]

1. § 23 Abs. 1 erhält folgende Fassung:

„Ersparnisse, die bei den Mitteln zu Besoldungen und zu sonstigen Diensteinkünften der planmäßigen oder außerplanmäßigen Beamten entstehen, dürfen zu außerordentlichen Vergütungen nicht verwendet werden."

2. § 23 Abs. 3 bis 5 werden aufgehoben.

1. **Verbot anderweiter Verwendung ersparter Besoldungsbeträge.** Mit Rücksicht auf die großen Vorteile, die die neue Besoldungsordnung für die Beamten bringt, erschien es angezeigt, die Bestimmung in § 23 des Staatshaushaltsgesetzes aufzuheben, wonach Ersparnisse, die bei den Mitteln zu Besoldungen und sonstigen Dienstbezügen der planmäßigen und außerplanmäßigen Beamten dadurch entstehen, daß Stellen zeitweise nicht besetzt sind oder von ihren Inhabern nicht versehen werden können, zu außerordentlichen Vergütungen verwendet werden können. Begr.

§ 29.

Möglichkeit der gesetzlichen Änderung der Bezüge.

Änderungen der durch dieses Gesetz geregelten Diensteinkommensbezüge und Kinderbeihilfen sowie der auf Grund dieser Diensteinkommensbezüge festgesetzten Wartegelder, Ruhegehälter und Hinterbliebenenbezüge können durch Gesetz erfolgen.[1]

1. Ausdrücklich wird hervorgehoben, daß Änderungen der durch das Gesetz geregelten Diensteinkommensbezüge und Kinderbeihilfen, sowie der auf Grund dieser Diensteinkommensbezüge festgesetzten Wartegelder, Ruhegehälter und Hinterbliebenenbezüge durch Gesetz erfolgen können, damit die Beamten sich **nicht** darauf berufen, daß **wohlerworbene Rechte verletzt** werden, wenn die Zeitverhältnisse künftig eine a n d e r e B e m e s s u n g ihrer Bezüge erforderlich machen. Der entsprechende § 34 des Reichsbesoldungsgesetzes sagt ausdrücklich, daß auf diesem Wege Änderungen der Einreihung der Beamten in die Gruppen der Besoldungsordnung erfolgen können. Für Preußen gilt aber auch ohne eine solche ausdrückliche Vorschrift das Gleiche.

§ 30.

Änderung der Besoldungsordnung.

Änderungen der Besoldungsordnung können insoweit durch den Staatshaushalt erfolgen, als sie durch Änderungen in der Organisation des Staatsdienstes, insbesondere durch die Einrichtung neuer in der Besoldungsordnung nicht aufgeführter Beamtenklassen, erforderlich werden.[1]

1. **Änderungen der Besoldungsordnung.** Die Vorschrift des § 30 BDEG. entspricht dem bisherigen Recht (vgl. § 2 Abs. 3 Satz 1 des Gesetzes betreffend die Bereitstellung von Mitteln zu Diensteinkommensverbesserungen vom 26. Mai 1909, GS. S. 85). Da nach § 8 und § 9 BDEG. Sondervergütungen (Stellenzulagen) und Nebenbezüge aus dem Hauptamt künftig nur noch soweit gewährt werden können, als sie in der BO. ausdrücklich für zulässig erklärt sind, so können auch neue Stellenzulagen und Nebenbezüge durch den Staatshaushalt nur geschaffen werden, wenn sie durch eine Änderung in der Organisation des Staatswesens bedingt werden.

§ 31.

Dienstverhältnisse der bisherigen Gerichtsschreibergehilfen.

(1) Der Justizminister wird ermächtigt, die Dienstverhältnisse der an die Stelle der bisherigen Gerichtsschreibergehilfen tretenden Justizsekretäre und Registratoren vorläufig zu regeln.[1]

(2) Die auf Grund dieser Ermächtigung jeweilig erlassenen Bestimmungen sind dem Landtage alsbald zur Genehmigung vorzulegen.

1. Die Sondervorschrift des § 31 BDEG. war erforderlich, weil die **Dienstverhältnisse der bisherigen Gerichtsschreibergehilfen**, die nach der neuen Besoldungsordnung zum Teil Justizsekretäre, zum Teil Registratoren werden, nur durch G e s e t z geregelt werden können. Es mußte durch gesetzliche Bestimmung daher der Justizminister ermächtigt werden, die Dienstverhältnisse dieser Beamten vorläufig zu ordnen.

§ 32.

Anwendung des Gesetzes auf die Schutzpolizei.[1]

(Vergl. PBB. Ziff. 81 und 178.)

(1) Die Vorschriften dieses Gesetzes finden auf die Angehörigen der der Verwaltung des Innern unterstehenden Schutzpolizei erst Anwendung, sobald ihnen durch Anstellungsverfügung oder Bestallungsurkunde die Eigenschaften von unmittelbaren Staatsbeamten verliehen worden sind.

(2) Bis zum Erlaß eines Polizeibeamten-Ruhegehaltsgesetzes kann den bewaffneten und uniformierten Beamten der der Verwaltung des Innern unterstehenden Schutzpolizei, sofern sie wegen eingetretener dauernder Dienstunfähigkeit ausscheiden müssen, ein Ruhegehalt bis zur Höhe der im Zivilruhegehaltsgesetze vom 27. März 1872/27. Mai 1907 (Gesetzsamml. S. 268 und S. 95) bestimmten Sätze durch den Minister des Innern in Gemeinschaft mit dem Finanzminister bewilligt werden. Auf die Witwen und Waisen dieser Beamten findet Artikel VI des Gesetzes wegen Abänderung des Gesetzes, betreffend die Fürsorge für die Witwen und Waisen der unmittelbaren Staatsbeamten, vom 20. Mai 1882 (Gesetzsamml. S. 298) und des Gesetzes vom 1. Juni 1897 (Gesetzsamml. S. 169), vom 27. Mai 1907 (Gesetzsamml. S. 99) bis auf weiteres sinngemäß Anwendung.

1. **Schutzpolizeibeamte.** Auf Grund des Reichsgesetzes über die Schutzpolizei der Länder vom 17. Juli 1922 (GRBl. S. 597) ist nunmehr das Schutzpolizeibeamtengesetz vom 16. August 1922 (GS. S. 251) ergangen. Der § 32 ist damit gegenstandslos geworden.

§ 33.

Mitwirkung von Beamtenvertretungen.

(Vergl. PBB. Ziff. 181.)

Soweit bei Ausführung dieses Gesetzes Streitigkeiten über die dem einzelnen Beamten aus diesem Gesetze zustehenden Ansprüche entstehen, ist von den zur Entscheidung berufenen Verwaltungsbehörden auf Antrag des Beamten die für ihn zuständige Beamtenvertretung zur Mitwirkung hinzuziehen.[1]

1. **Mitwirkung der Beamtenvertretung in Streitfällen.** Aus der Fassung des § 33 ergibt sich, daß die Zuziehung der für den Beamten zuständigen Beamtenvertretung nur *auf Antrag* und nur bei *Meinungsverschiedenheiten* zwischen dem Beamten und der die Dienstbezüge regelnden Behörde erfolgen soll (vergl. dagegen die Mitwirkung der Beamtenver-

tretung von vornherein in den Fällen des § 7 Abs. 1 Satz 3 und § 10 Abs. 1 Satz 2 BDEG.). Welche Beamtenvertretung im einzelnen Falle zuständig ist, bestimmt sich nach den darüber noch zu erlassenden gesetzlichen Vorschriften.

§ 34.

Aufgehobene Gesetzesbestimmungen.

Alle diesem Gesetz entgegenstehenden Bestimmungen werden aufgehoben, insbesondere:[1]

a) § 2 des Gesetzes, betreffend die Bereitstellung von Mitteln zu Diensteinkommensverbesserungen, vom 26. Mai 1909 (Gesetzsamml. S. 85);
b) das Gesetz zur Abänderung der Besoldungsordnung vom 29. Juni 1914 (Gesetzsamml. S. 121);
c) das Richterbesoldungsgesetz vom 29. Mai 1907 (Gesetzsamml. S. 111);
d) das Gesetz, betreffend die Gewährung von Wohnungsgeldzuschüssen an die unmittelbaren Staatsbeamten, vom 12. Mai 1873 (Gesetzsamml. S. 209) in der Fassung des Gesetzes vom 25. Juni 1910 (Gesetzsamml. S. 105);
e) die §§ 8 und 59 des Ausführungsgesetzes zum Deutschen Gerichtsverfassungsgesetze vom 24. April 1878 (Gesetzsamml. S. 230);
f) § 4 Satz 2 der Verordnung, betreffend die Rechtsstellung der Landgendarmerie, vom 10. März 1919 (Gesetzsamml. S. 37);
g) das Gesetz, betreffend das Diensteinkommen der unmittelbaren Staatsbeamten (Beamten-Diensteinkommensgesetz), vom 7. Mai 1920 (Gesetzsamml. S. 191).

1. In § 34 BDEG. sind nur die wichtigsten der entgegenstehenden bisherigen Gesetzesvorschriften aufgehoben. Soweit eine Aufhebung älterer Bestimmungen nicht ausdrücklich ausgesprochen ist, wird nach dem Grundsatz lex posterior derogat priori zu verfahren sein. Ohne weiteres außer Geltung getreten sind alle verwaltungsseitigen Vorschriften über die Gewährung von laufenden Kriegsteuerungszulagen und laufenden Kriegsbeihilfen an die Staatsbeamten. Soweit solche für die Zeit nach dem 1. April 1920 noch gewährt worden sind, müssen sie auf die neuen Bezüge angerechnet werden.

§ 35.

Ausführungsbestimmungen.

(Vergl. PBV. Ziff. 180.)

Der Finanzminister wird mit der Ausführung dieses Gesetzes beauftragt, insbesondere auch ermächtigt, die zur Ergänzung der gesetzlichen Vorschriften über die Festsetzung des Besoldungsdienstalters erforderlichen Ausführungsbestimmungen zu erlassen. Diese sind dem Landtage zur Nachprüfung vorzulegen. In gleicher Weise ist der Finanzminister ermächtigt, Bestimmungen für solche Fälle zu treffen, in denen die besondere Lage der Verhältnisse eine abweichende Regelung geboten erscheinen läßt.[1]

1. Diese Bestimmung stellt die Befugnis des Finanzministers zur Fortbildung des Besoldungsrechts außer Zweifel. Das Besoldungsgesetz kann eben nur die großen Richtlinien geben und muß den Ausbau im einzelnen den Besoldungsvorschriften überlassen.

§ 36.

Besoldungsplan.

Die Zahlung der sich aus diesem Gesetz ergebenden Bezüge erfolgt an die in der Besoldungsordnung aufgeführten planmäßigen Beamten für das Rechnungsjahr 1920 nach Maßgabe eines vom Finanzminister im Einvernehmen mit den zuständigen Ministern aufgestellten Besoldungsplans,[1] aus dem sich nach Besoldungsgruppen geordnet Art und Zahl der Stellen der auf jede Besoldungsgruppe in den einzelnen Verwaltungsstellen entfallenden Beamten ergibt. Dieser Besoldungsplan ist dem Landtage mit tunlichster Beschleunigung zur nachträglichen Genehmigung vorzulegen.

1. **Besoldungsplan.** Die Gestaltung des Haushaltsplans für das Rechnungsjahr 1920 war abgeschlossen, ohne daß dabei die Neuerungen des Gesetzes, insbesondere die Einführung der in der Besoldungsordnung neu vorgesehenen Aufrückungsstellen schon berücksichtigt werden konnten. Ebensowenig konnte dabei eine Reihe von Änderungen berücksichtigt werden, die, wie beispielsweise die Bestimmung, wonach die Anwärterdienstzeit 5 Jahre, bei Militäranwärtern 4 Jahre nicht übersteigen darf, für weite Kreise der Beamtenschaft eine völlige Änderung ihrer Anstellungsverhältnisse bedeuten. Da aber § 21 des Staatshaushaltsgesetzes vom 11. Mai 1898 bestimmt, daß Besoldungen usw. nur auf Grund einer durch die Sonderhaushalte oder durch besondere gesetzlich erteilte Ermächtigung verliehen werden dürfen, so ist im Gesetz vorgesehen, daß die sich aus ihm ergebenden Bezüge an die in der Besoldungsordnung aufgeführten planmäßigen Beamten für das Rechnungsjahr 1920 nach Maßgabe eines vom Finanzminister mit den zuständigen Ministern aufgestellten Besoldungsplans, aus dem sich nach Besoldungsgruppen geordnet, Art und Zahl der Stellen der auf jede Besoldungsgruppe in den einzelnen Verwaltungszweigen entfallenden Beamten ergibt, ausgezahlt werden können. Nach § 3 des Gesetzes über die Feststellung des Staatshaushaltsplanes für das Rechnungsjahr 1920 vom 14. Januar 1921 (GS. S. 239) tritt der Besoldungsplan nach seiner Genehmigung durch den Landtag an die Stelle der entsprechenden Titel des Staatshaushaltsplanes. Dieser „Besoldungsplan für das Rechnungsjahr 1920" ist als Landtagsdrucksache Nr. 4055

dem Landtage vorgelegt und am 14. Januar 1921 von ihm vorbehaltlich nochmaliger Prüfung durch den 20. Ausschuß genehmigt worden. Die endgültige Fassung ergibt sich aus Landtagsdrucksache Nr. 4055 in Verbindung mit Nr. 4129.

§ 37.

Inkrafttreten.

Dieses Gesetz tritt mit Ausnahme des § 13 Abs. 2 Satz 1[1] mit Wirkung vom 1. April 1920 in Kraft.*) § 13 Abs. 2 Satz 1 tritt mit dem 1. April 1930[2] in Kraft.

1. S. Anm. 6 zu § 13 BDEG.

2. Die in § 28 Abs. 1 der BDEG. vom 7. Mai 1920 vorgesehene Frist (1. April 1925) ist hier bis 1. April 1930 verlängert worden.

---

*) Soweit nicht in den Abänderungsgesetzen für einzelne der vorstehenden neuen Bestimmungen ein anderer Zeitpunkt des Inkrafttretens bestimmt ist.

Anlage 1.
(§ 1.)

Besoldungsordnung
für die planmäßigen unmittelbaren Staatsbeamten.

Vorbemerkungen.

1. Die in einzelnen Besoldungsgruppen mit dem Zeichen ■) versehenen Beamten erhalten die Bezüge dieser Gruppen, sobald ihnen eine planmäßige Aufrückungsstelle verliehen worden ist.
2. Weibliche Beamte in den mit einem Kreuz †) bezeichneten Stellen erhalten die Grundgehaltssätze um 10 v. H. gekürzt. Auf die Berechnung des Ortszuschlags ist die Kürzung des Grundgehalts ohne Einfluß.

Abschnitt I.

I. Aufsteigende Gehälter.

A. Gehälter mit festen Grundgehaltssätzen.

Gruppe 1.

9700—10100—10500—10900—11300—11700—12100—12500—12800 Mark monatlich.

Forstverwaltung.

Ablagewärter.

Ministerium für Wissenschaft, Kunst und Volksbildung.

Hauswärterinnen bei den Staatstheatern — künftig wegfallend —

Gruppe 2.

10600—11100—11600—12100—12500—12900—13300—13700—14100 Mark monatlich.

Domänenverwaltung.

Rohrleitungsaufseher, Wiesen-, Weide-, Parkaufseher, Rehnenmeister, Spreewehrwärter.

Domänenrentwarte (bisher Domänenrentamtsdiener).

Forstverwaltung.

Wiesenwärter.

Amtsgehilfen (bisher Boten).

Lotterieverwaltung.

Amtsgehilfen (bisher Kanzlei- und Kassendiener und andere Unterbeamte).

Münzverwaltung.

Amtsgehilfen (bisher Pförtner).

Berg-, Hütten- und Salinenverwaltung.

Amtsgehilfen (bisher Amtsdiener, Kanzleidiener, Boten und andere Unterbeamte) bei den Bergwerksdirektionen und Werken, Oberbergämtern und der Geologischen Landesanstalt.

Grubenwächter.

Staatsschuldenverwaltung.

Pförtner[2]).

Staatsministerium.

Pförtner[2]).

Archivverwaltung.

Amtsgehilfen (bisher Archivdiener) bei den Staatsarchiven in den Provinzen.

Oberrechnungskammer.

Pförtner[2]).

Landeswasseramt.

Pförtner[2]).

Reichs- und Staatsanzeiger.

Amtsgehilfen (bisher Kanzleidiener).

Finanzministerium.

Amts- und Kassengehilfen (bisher Boten und Kassendiener) bei den Oberpräsidien, Regierungen, einschließlich der Preußischen Bau- und Finanzdirektion in Berlin, und bei den Rentenbanken sowie beim Fürsorgeamte für Beamte aus den Grenzgebieten.

Schloßaufseher.

Pförtner[2]).

Handels- und Gewerbeverwaltung.

Amtsgehilfen (bisher Boten und Unterbeamte) bei Hafenpolizeibehörden und beim Staatskommissar bei der Berliner Börse, Kassengehilfe (bisher Kassendiener) bei der Porzellanmanufaktur, Eichwarte (bisher Unterbeamte) bei den Eichbehörden.

Bahnwärter, Brückenaufseher, Amtsgehilfe.

Pförtner[2]).

Justizverwaltung.

Justizunterwachtmeister.

Pförtner[2]).

Unterwachtmeister bei den Strafvollzugsämtern*).

Verwaltung des Innern.

Amts- und Kassengehilfen (bisher Boten, Kassen- und Kanzleidiener).

Polizei-Amtsgehilfen (bisher Polizeidiener).

Polizei-Unterwachtmeister (bisher Unterwachtmeister in der Sicherheitspolizei).

Heizer bei den staatlichen Polizeiverwaltungen.

Hausmeister, Heizer beim Polizei-Krankenhaus.

Pförtner[2]).

Landwirtschaftliche Verwaltung.

Amtsgehilfen (bisher Boten, Diener und Pförtner) bei den Landeskulturämtern und dem Oberlandeskulturamte, Institutsgehilfen (bisher Diener, Unterbeamte und Pförtner) bei den Landwirtschaftlichen und Tierärztlichen Hochschulen und den landwirtschaftlichen Lehranstalten, Amtsgehilfe (bisher Diener) bei der Fischereiverwaltung.

Schleusenmeister.

Leuchtfeuerwärter.

Signalwärter.

Steuermänner.

Schiffbrückenaufseher.

Brückenaufseher.

Stackmeister.

Pförtner[2]).

Gestütverwaltung.

Gestütwärter.

Ministerium für Wissenschaft, Kunst und Volksbildung.

Amts-, Akademie-, Atelier-, Bibliotheks-, Instituts- und Schulgehilfen, Heizer, Museumsaufseher[1]), Museumsaufseherinnen, Pedelle (bisher teilweise Akademie-, Atelier-, Bibliotheks-, Büro-, Haus-, Instituts-, Kanzlei-, Kassen-, Saal-, Sammlungs- und Schuldiener, Kuratortalboten, Pfört-

*) Endgültige Amtsbezeichnung vorbehalten.

ner, Aufseher, Sammlungsaufseher, Zeugwarte 2. Klasse, Wächter) im Bereiche der Verwaltung des Ministeriums.
Pförtner [2]).

Ministerium für Volkswohlfahrt.
Amtsgehilfen im Bereiche der Verwaltung des Ministeriums.
Pförtner [2]).

[1]) Die am 1. April 1920 im Amte befindlich gewesenen Museumsaufseher (bisher Zeugwarte 2. Klasse) beim Zeughaus in Berlin erhalten für ihre Person die Bezüge der Gruppe 3.

[2]) Die am 31. März 1920 im Amte befindlich gewesenen Pförtner bei Ministerien und sonstigen Zentralbehörden erhalten für ihre Person die Bezüge der Gruppe 3.

Gruppe 3.

11700—12200—12700—13200—13700—14200—14700—15100—15500
Mark monatlich.

Domänenverwaltung.
Gärtner (bisher Obergartengehilfe und Gartengehilfen), Wiesenmeister, Weideverwalter, Brunnen- und Bademeister, Parkwärter (bisher Parkgärtner).
Hausmeister (bisher Kastellan).
Domänenrentwarte (bisher Domänenrentamtsdiener) ■).

Forstverwaltung.
Unterförster (bisher vollbeschäftigte Waldwärter).
Hausmeister.
Amtsgehilfen (bisher Boten) ■).

Lotterieverwaltung.
Amtsgehilfen (bisher Kanzlei- und Kassendiener) ■).
Zähler.

Münzverwaltung.
Amtsgehilfen ■).
Zähler (bisher Kassendiener u. Pförtner).

Berg-, Hütten- und Salinenverwaltung.
Badekartenverkäuferinnen.
Badepolizeiwachtmeister (bisher Badepolizeibeamte) [1]).
Kohlenmesser, Schlafhausmeister, Wegebauaufseher (bisher Wegewärter).
Laboratoriumsgehilfe und Drucker bei der Geologischen Landesanstalt.
Hausmeister (bisher Schuldiener) bei der Bergschule in Saarbrücken.
Botenmeister bei der Bergakademie in Clausthal, bei den Oberbergämtern und bei den Bergwerksdirektionen, Botenmeister und Kastellan bei der Geologischen Landesanstalt.
Amtsgehilfen (bisher Boten u. Kanzleidiener) ■) bei den Oberbergämtern, bei den Bergwerksdirektionen und den Werken sowie bei der Geologischen Landesanstalt.
Grubenoberwächter.

Staatsschuldenverwaltung.
Amtsgehilfen (bisher Geh. Kanzlei- und Kassendiener, Drucker u. Hausdiener).

Staatsministerium.
Ministerial-Amtsgehilfen (bisher Geh. Kanzleidiener), Pförtner und Maschinisten (bisher Heizer und Hausdiener).

Archivverwaltung.
Amtsgehilfen (bisher Archivdiener) beim Geh. Staatsarchiv in Berlin.
Amtsgehilfen (bisher Archivdiener ■) bei den Staatsarchiven in den Provinzen.

Oberrechnungskammer.
Amtsgehilfen (bisher Geh. Kanzleidiener).

Landeswasseramt.
Amtsgehilfe (bisher Geh. Kanzleidiener).

Reichs- und Staatsanzeiger.
Botenmeister, Lagerverwalter (bisher Kanzleidiener).
Amts- u. Kassengehilfen (bisher Kanzleidiener) ■).

Ansiedlungskommission.

Botenmeister.
Amtsgehilfe (bisher Bote).

Finanzministerium.

Ministerial-Amtsgehilfen (bisher Geh. Kanzleidiener).
Botenmeister bei den Oberpräsidien und Regierungen, einschließlich der Preußischen Bau- und Finanzdirektion in Berlin, und bei den Rentenbanken sowie beim Fürsorgeamte für Beamte aus den Grenzgebieten.
Amts- u. Kassengehilfen (bisher Kassendiener und Boten) ■) bei den Oberpräsidien und Regierungen, einschließlich der Preußischen Bau- u. Finanzdirektion in Berlin, und bei den Rentenbanken sowie beim Fürsorgeamte für Beamte aus den Grenzgebieten.
Gärtner, Maschinist (bisher Maschinenheizer), Zimmermann bei der Verwaltung des Tiergartens in Berlin.

Handels- und Gewerbeverwaltung.

Ministerial-Amtsgehilfen (bisher Geh. Kanzleidiener).
Amtsgehilfen (bisher Boten) ■) bei den Hafenpolizeibehörden.
Hausmeister (bisher Unterbeamte) bei den Eichbehörden.
Eichwarte (bisher Unterbeamte) ■) bei den Eichbehörden.
Hausmeister (bisher Schuldiener und Pedelle bei den gewerblichen Fachschulen.
Kassengehilfe ■) bei der Porzellanmanufaktur.
Amtsgehilfe, Oberbahnwärter, Magazinaufseher, Rottenführer, Weichenwärter, Brückenoberaufseher, Rangierer.

Justizverwaltung.

Ministerial-Amtsgehilfen (bisher Geh. Kanzleidiener und andere Unterbeamte) beim Ministerium und bei der Justizprüfungskommission.
Justizwachtmeister (bisher Gerichtsdiener und Kastellane) ²).
Oberheizer (bisher Heizer), Maschinisten.
Strafanstaltswachtmeisterinnen (bisher Gefangenaufseherinnen oder Strafanstaltsaufseherinnen)

Verwaltung des Innern.

Ministerial-Amtsgehilfen (bisher Geh. Kanzleidiener).
Amtsgehilfen (bisher Kanzleidiener) beim Oberverwaltungsgerichte.
Kreisamtsgehilfen und Oberamtsgehilfen (bisher Kreisboten, Oberamtsdiener).
Botenmeister beim Statistischen Landesamte.
Amtsgehilfen (bisher Kanzleidiener) ■) beim Statistischen Landesamte.
Amtsgehilfen bei den staatlichen Polizeiverwaltungen (bisher Polizeidiener) ■).
Botenmeister, Kastellane beim Polizeipräsidium in Berlin.
Polizei-Amtsgehilfen (bisher Boten und Kassendiener) ■).
Schauhausgehilfen (bisher Leichendiener).
Polizeiwachtmeister (bisher Wachtmeister in der Sicherheitspolizei).
Polizeigefängniswachtmeisterinnen (Polizeigefängnisaufseherinnen, Gefangenwärterinnen .
Hausmeister beim Chef der Landjägerei (bisher Pförtner bei der Landgendarmerie) — künftig wegfallend —.
Hausmeister (bisher Pförtner) bei den Landjägerschulen.
Bäcker, Schlosser, Lagermeister bei den Polizeiverwaltungen.
Hausmeister ■), Maschinist beim Polizei-Krankenhaus.

Landwirtschaftliche Verwaltung.

Ministerial-Amtsgehilfen (bisher Geh. Kanzleidiener).
Botenmeister und Hausverwalter (bisher Boten) bei den Landeskulturämtern, Botenmeister beim Oberlandeskulturamte.
Hausverwalter (bisher Kastellane) und Gärtner bei den landwirtschaftlichen Lehranstalten.
Institutsgehilfen (bisher Diener, Unterbeamte) ■), technische Amtsgehilfen (bisher technische Unterbeamte) bei den Landwirtschaftlichen Hochschulen

sowie den Forschungs- und Versuchsanstalten zu Landsberg a. W.
Laboratoriumsgehilfen bei den landwirtschaftlichen Lehranstalten.
Hausverwalter (bisher Diener) bei den Tierärztlichen Hochschulen.
Institutsgehilfen (bisher Diener) ■) bei den Tierärztlichen Hochschulen.
Laboratoriumsgehilfen, Tischler, Beschlagschmiede, Gärtner bei den Tierärztlichen Hochschulen.
Oberschleusenmeister.
Maschinisten.
Leuchtfeuer- und Signaloberwärter.
Materialienaufseher.
Buschaufseher.
Schiffbrückenoberaufseher.

Gestütverwaltung.

Gestütoberwärter.

Ministerium für Wissenschaft, Kunst und Volksbildung.

Ministerial-Amtsgehilfen (bisher Geh. Kanzleidiener).
Amtsgehilfen (bisher Geh. Kanzleidiener) beim Evangelischen Oberkirchenrat.
Hausverwalter u. Kastellane im Bereiche der Verwaltung des Ministeriums.
Hausmeister und Hausmeisterinnen (bisher teilweise Kastellane, Schuldiener und Hauswarte) bei den höheren Lehranstalten für die männliche und weibliche Jugend und bei den Seminaren, Hausmeister (bisher Schuldiener, Schulwarte usw.) bei der Taubstummenanstalt in Neukölln und bei der Waisen- und Schulanstalt in Bunzlau, Hausmeister (bisher Kastellane) an der Landesturnanstalt in Spandau und der Blindenanstalt in Steglitz, Hausmeister (bisher Hauswart) bei der Hauptstelle für naturwissenschaftlichen Unterricht in Berlin.
Amtsgehilfen (bisher Schuldiener, Schulwarte usw.) bei den Staatlichen Bildungsanstalten.
Hausinspektor beim Kunstgewerbemuseum in Berlin.
Botenmeister im Bereiche der Verwaltung des Ministeriums.
Museumsoberaufseher, Oberaufseher im Bereiche der Verwaltung des Ministeriums.
Amtsgehilfen, Bibliotheksgehilfen, Institutsgehilfen, Museumsaufseher, Pedelle, Kassengehilfe und Hilfspedell, Amtsgehilfe und Pförtner (bisher teilweise Bibliotheks-, Büro-, Haus-, Instituts-, Kanzlei-, Kassen-, Orchester-, Rentamts-, Rentei-, Schul-, Saal- und Sammlungsdiener und Diener, Kuratorialboten, Pedelle, Oberaufseher, Aufseher, Oberzeugwarte, Zeugwarte 1. und 2. Klasse, Pförtner, Sammlungsaufseher) ■) im Bereiche der Verwaltung des Ministeriums, Kastellan ■) bei der Universität Königsberg.
Akademiegehilfen (bisher Akademiediener) ■), Ateliergehilfen (bisher Atelierdiener) ■), Heizer ■) und Schulgehilfen ■).
Laboratoriumsgehilfen (bisher Laboratoriumsdiener).
Gärtner beim Charitékrankenhaus in Berlin.
Materialverwalter bei Universitätsinstituten und den Instituten der Technischen Hochschulen.
Maschinisten im Bereiche der Verwaltung des Ministeriums.
Mechaniker bei Universitätsinstituten.
Mechaniker und Kastellan beim Meteorologischen Institut in Berlin nebst Observatorien bei Potsdam, beim Astrophysikalischen Observatorium bei Potsdam, beim Aeronautischen Observatorium bei Lindenberg, bei den Technischen Hochschulen sowie beim Materialprüfungsamt in Berlin-Dahlem.
Oberformer beim Kunstgewerbemuseum in Berlin.
Technische Amtsgehilfen (bisher Glasbläser, Modelltischler, Schlosser, Gärtner, Oberheizer, Phototechniker) bei den Technischen Hochschulen und den Universitäten.
Unterförster (bisher Waldwärter) beim Münsterschen Studienfonds.
Oberwärter und Oberwärterinnen bei den Psychiatrischen Universitätskliniken

in Breslau, Greifswald, Halle, Kiel, Königsberg und Marburg.
Röhrenmeister bei der Hochschule für Musik in Charlottenburg.
Bühnenmaschinisten, Theaterwarte, Beleuchter, Garderobiers, Garderobieren, Magazinaufseher, Requisiteure, Statisten bei den Staatstheatern.

Ministerium für Volkswohlfahrt.

Ministerial-Amtsgehilfen (bisher Geh. Kanzleidiener) beim Ministerium.
Aufseherinnen bei den staatlichen Erziehungsanstalten.
Laboratoriumsgehilfen (bisher Laboratoriumsdiener) beim Institut für Infektionskrankheiten und bei der Landesanstalt für Wasserhygiene, Laboratoriumsgehilfen bei dem hygienischen Institut in Beuthen sowie den Medizinaluntersuchungsämtern.

[1]) Die am 31. März 1920 im Amte befindlich gewesenen Inhaber der Stellen erhalten für ihre Person die Bezüge der Gruppe 4.

[2]) Ein durch den Haushaltplan zu bestimmender Teil der Stellen ist demnächst wegfallend und für den Fall der Erledigung in Stellen für Justizunterwachtmeister in Gruppe 2 umzuwandeln.

Gruppe 4.

12800—13400—14000—14500—15000—15500—16000—16500—17000
Mark monatlich.

Domänenverwaltung.

Fischmeister, Grabenmeister, Wiesenverwalter, Erster Brunnen- oder Erster Bademeister, Obergärtner.

Forstverwaltung.

Torf-, Wege- und Flöß- usw. Meister.

Lotterieverwaltung.

Kanzleiassistenten (bisher Kanzlisten) [1]).
Oberzähler.

Münzverwaltung.

Münzmechaniker, Münzwerkmeister.
Oberzähler.

Berg-, Hütten- und Salinenverwaltung.

Kanzleiassistenten (bisher Kanzlisten) [1]) bei den Bergwerksdirektionen, den Oberbergämtern, der Geologischen Landesanstalt, den Bergrevieren und Werken.
Obermaschinist (bisher Maschinist) bei der Geologischen Landesanstalt.
Aufseher (Produkten-, Materialien- usw.).
Telegraphisten (bisher untere Werksbeamte).
Oberkohlenmesser (bisher Kohlenmesser).
Salzsteuerwart.

Staatsschuldenverwaltung.

Amtsgehilfen (bisher Geh. Kanzleidiener) ■).
Geldzähler (bisher Zähler).

Staatsministerium.

Ministerial-Hausinspektor, Ministerial-Botenmeister.
Ministerial-Amtsgehilfen (bisher Geh. Kanzleidiener, Pförtner und Maschinisten) ■).
Botenmeister beim ehemaligen Geh. Zivilkabinett — die Stelle wird nach Abgang des jetzigen Inhabers in Gruppe 3 eingereiht —.

Archivverwaltung.

Amtsgehilfe (bisher Archivdiener) ■) beim Geh. Staatsarchiv in Berlin.

Oberrechnungskammer.

Hausinspektor (bisher Kastellan), Botenmeister.
Amtsgehilfen (bisher Geh. Kanzleidiener usw.) ■).

Landeswasseramt.

Amtsgehilfe (bisher Geh. Kanzleidiener) ■).

Ansiedlungskommission.

Kanzleiassistenten (bisher Kanzlisten) [1]).

Finanzministerium.

Ministerial-Hausinspektor, Ministerial-Botenmeister, Botenmeister bei besonders großen Behörden.

Oberzähler (bisher Geh. Kanzleidiener) ■), Ministerial-Amtsgehilfen (bisher Geh. Kanzleidiener usw.) ■) beim Ministerium.

Kanzleiassistenten (bisher Kanzlisten)[1]) bei den Oberpräsidien u. Regierungen, einschließlich der Preußischen Bau- und Finanzdirektion in Berlin, und bei den Rentenbanken.

Gartenmeister (bisher Gärtner) und Obergärtner bei der Tiergartenverwaltung in Berlin.

Vollziehungsbeamte bei den Kreiskassen.

Handels- und Gewerbeverwaltung.

Ministerial-Hausinspektor, Ministerial-Botenmeister.

Ministerial-Amtsgehilfen (bisher Geh. Kanzleidiener usw.) ■) beim Ministerium.

Kanzleiassistenten (bisher Kanzlisten)[1]).

Schiffahrtspolizeioberwachtmeister (bisher Schiffahrtspolizeiwachtmeister)[2]).

Lokomotivheizer, Rangieraufseher (bisher Rangierführer), Rottenaufseher (bisher Rottenführer), Oberweichenwärter (bisher Weichensteller 1. Klasse), Schiffsführer, Baggerführer, Hafenpolizeioberwachtmeister (bisher Hafenpolizeiwachtmeister)[2]), Brückengelderheber, Magazinverwalter.

Obermaschinisten, Leitungsprüfer bei der Elektrizitätsverwaltung.

Justizverwaltung.

Ministerial-Hausinspektor (bisher Kastellan, Hausverwalter), Ministerial-Botenmeister.

Ministerial-Amtsgehilfen (bisher Geh. Kanzleidiener und andere Unterbeamte) ■) beim Ministerium und bei der Justizprüfungskommission.

Justizoberwachtmeister (bisher Erste Gerichtsdiener) als Botenmeister bei großen Behörden.

Kanzleiassistenten (bisher Kanzlisten)[1]).

Obermaschinisten.

Strafanstaltsoberwachtmeister (bisher Gerichtsdiener und zugleich Gefangenaufseher bei Gefängnissen mit mehrköpfiger Belegung, Gefangenaufseher, Küchenmeister, Wasch- und Bademeister, Strafanstaltsaufseher).

Strafanstaltsoberwachtmeisterinnen (bisher Gefangenoberaufseherinnen, Strafanstaltsoberaufseherinnen, Hausmütter, Werkmeisterinnen).

Kanzleiassistenten bei den Strafvollzugsämtern *).

Verwaltung des Innern.

Ministerial-Hausinspektor, Ministerial-Botenmeister, Botenmeister bei besonders großen Behörden.

Ministerial-Amtsgehilfen (bisher Geh. Kanzleidiener) ■).

Hausinspektor, Botenmeister beim Oberverwaltungsgericht.

Amtsgehilfen (bisher Kanzleidiener) ■) beim Oberverwaltungsgericht und Staatsrat.

Kanzleiassistenten (bisher Kanzlisten)[1]) beim Statistischen Landesamt.

Polizeikanzleiassistenten (bisher Polizeikanzlisten)[1]).

Vollziehungsbeamte.

Polizei- und Kriminal-Betriebsassistenten (bisher Polizei- und Kriminalwachtmeister)[2]).

Polizeioberwachtmeister (bisher teilweise Oberwachtmeister in der Sicherheitspolizei).

Polizeigefängnisoberwachtmeister (bisher Polizeigefängnisaufseher), Polizeigefängnisoberwachtmeisterinnen.

Landjäger (bisher Gendarmeriewachtmeister)[3]).

Schichtmeister, Oberlagermeister bei den Polizeiverwaltungen.

Landwirtschaftliche Verwaltung.

Ministerial-Hausinspektor, Ministerial-Botenmeister, Botenmeister bei besonders großen Behörden.

Ministerial-Amtsgehilfen (bisher Geh. Kanzleidiener) ■).

---

*) Endgültige Amtsbezeichnung vorbehalten.

Hausinspektor bei der Landwirtschaftlichen Hochschule in Berlin.
Kanzleiassistenten (bisher Kanzlisten)[1] bei den Landeskulturämtern.
Obergärtner (bisher Gartenmeister) bei den landwirtschaftlichen Lehranstalten.
Rebobergärtner (bisher Rebgärtner).
Obermaschinisten (bisher Maschinisten) bei den Tierärztlichen Hochschulen.
Obermaschinist (bisher Maschinist) bei der Fischereiverwaltung.
Kanalaufseher bei der Meliorationsbauverwaltung.
Laboranten bei den landwirtschaftlichen Lehranstalten und bei den Tierärztlichen Hochschulen.
Schleusenverwalter.
Magazinverwalter.
Schiffsführer.
Obermaschinisten.
Baggerführer.
Dünenaufseher.
Fährmeister.
Polizeioberwachtmeister.

Gestütverwaltung.

Stut-, Sattel- und Futtermeister.

Ministerium für Wissenschaft, Kunst und Volksbildung.

Ministerial-Hausinspektor, Ministerial-Botenmeister, Botenmeister bei besonders großen Behörden.
Ministerial-Amtsgehilfen (bisher Geh. Kanzleidiener)■).
Hausinspektor, Botenmeister beim Evangelischen Oberkirchenrat.
Amtsgehilfen (bisher Geh. Kanzleidiener)■) beim Evangelischen Oberkirchenrat.
Oberpedelle bei den Universitäten.
Hausinspektoren (bisher Hausverwalter) bei größeren Universitätsanstalten.
Kanzleiassistenten (bisher Kanzlisten)[1].
Küster bei dem Charitékrankenhaus in Berlin.
Obermaschinisten, Obermechaniker, Laboranten im Bereiche der Verwaltung des Ministeriums.
Aquarienverwalter (bisher Aquarienwärter) bei der Biologischen Anstalt auf Helgoland.
Schloßbauwart bei der Schloßverwaltung in Marienburg.
Gruppenleiter bei den Staatstheatern.
Notenkopist und Statistenführer bei den Staatstheatern in Berlin.
Laboratoriumswerkmeister bei den Technischen Hochschulen.
Laboranten bei Universitäts-Instituten.

Ministerium für Volkswohlfahrt.

Ministerial-Hausinspektor, Ministerial-Botenmeister, Botenmeister bei besonders großen Behörden.
Ministerial-Amtsgehilfen (bisher Geh. Kanzleidiener)■).
Aufseher und Oberaufseherinnen bei den staatlichen Erziehungsanstalten.
Laboranten (bisher Laboratoriumsdiener) im Bereiche der Verwaltung des Ministeriums.
Kanzleiassistenten[1]) bei der staatlichen Nahrungsmitteluntersuchungsanstalt in Berlin und beim Siedlungsverbande Ruhrkohlenbezirk.

---

[1]) Die am 31. März 1920 im Amte befindlich gewesenen Inhaber der Stellen erhalten für ihre Person die Bezüge der Gruppe 5, die am 31. März 1920 vorhanden gewesenen Anwärter auf Stellen für Kanzleiassistenten und die am 31. März 1920 vorhanden gewesenen Justizkanzleigehilfen gelten bei Bemessung ihrer Dienstbezüge als Stellenanwärter der Gruppe 5.

[2]) Die am 31. März 1920 im Amte befindlich gewesenen Inhaber der Stellen erhalten für ihre Person, soweit sie 16 Dienstjahre vollendet hatten, die Bezüge der Gruppe 5.

[3]) Die am 31. März 1920 im Amte befindlich gewesenen Inhaber der Stellen erhalten für ihre Person, sobald sie 16 Dienstjahre vollendet haben, die Bezüge der Gruppe 5.

Gruppe 5.

14 100—14 700—15 300—15 900—16 500—17 100—17 700—18 200—18 700
Mark monatlich.

Domänenverwaltung.

Maschinenmeister (bisher Maschinisten), Fischmeister in Sonderstellungen.

Lotterieverwaltung.

Kanzleisekretäre (bisher Kanzlisten).

Münzverwaltung.

Münzobermechaniker, Münzwerkmeister.

Berg-, Hütten- und Salinenverwaltung.

Kanzleisekretäre (bisher Kanzlisten).

Oberpräparator, Bohrmeister, Modelleur und Modellmeister bei der Bergakademie in Clausthal und bei der Geologischen Landesanstalt.

Staatsschuldenverwaltung.

Kanzleiassistenten.

Obergeldzähler*).

Staatsministerium.

Kanzleisekretäre (bisher Kanzlisten) bei dem Fürsorgeamt für Beamte aus den Grenzgebieten — künftig wegfallend —.

Archivverwaltung.

Büroassistenten.

Ansiedlungskommission.

Kanzleisekretäre (bisher Kanzlisten und Kanzleisekretäre).

Finanzministerium.

Büroassistentinnen in den Ministerien.

Kanzleisekretäre (bisher Kanzlisten) bei den Oberpräsidien und Regierungen, einschließlich der Preußischen Bau- und Finanzdirektion in Berlin, und bei den Rentenbanken sowie beim Fürsorgeamt für Beamte aus den Grenzgebieten.

Maschinenmeister bei der Tiergartenverwaltung in Berlin.

Obervollziehungsbeamter bei einer Kreiskasse.

Handels- und Gewerbeverwaltung.

Kanzleisekretäre beim Ministerium.

Schiffahrtspolizeiassistenten (bisher Schiffahrtspolizeioberwachtmeister)[1]).

Kanzleisekretäre (bisher Kanzlisten).

Eisenbahnassistenten (bisher Eisenbahnunterassistenten), Reservelokomotivführer (bisher Lokomotivheizer), Rangiermeister, Wagenmeister, Rottenmeister (bisher Rottenführer), Stellwerksmeister (bisher Weichensteller 1. Klasse), Werkführer, Strommeister, Kippmeister, Kapitäne (bisher Schiffsführer), Hafenpolizeiassistenten (bisher Hafenpolizeiwachtmeister).

Maschinenmeister, Lokomotivoberheizer.

Justizverwaltung.

Kanzleisekretäre (bisher Kanzlisten und Kanzleisekretäre).

Registraturassistenten.

Gerichtskostenerheber (bisher Hilfsgerichtsvollzieher) bei größeren Kassen.

Maschinenmeister.

Strafanstaltshauptwachtmeister (bisher Oberaufseher, Hausväter, Werkmeister).

Kanzleisekretär bei einem Strafvollzugsamt*).

Registraturassistenten bei den Strafvollzugsämtern*).

Verwaltung des Innern.

Kanzleisekretär (bisher Kanzlist) beim Statistischen Landesamt.

Polizeikanzleisekretäre (bisher Polizeikanzlisten und Kanzleisekretäre) sowie Kanzleisekretäre bei den Polizeiverwaltungen.

Polizei- und Kriminalassistenten (bisher Polizei- und Kriminaloberwachtmeister)[1])

Obervollziehungsbeamte, Polizeigefängnishauptwachtmeister.

---

*) Endgültige Amtsbezeichnung vorbehalten.

Polizeiassistenten (bisher Polizeigefängnisoberwachtmeister und Hausvater).

Vorsteherin des Polizeigewahrsams in Berlin.

Polizeileutnants (bisher teilweise Leutnants in der Sicherheitspolizei) während der ersten vier Dienstjahre als solche.

Polizei-Hauptwachtmeister (bisher teilweise Zug- und Hauptwachtmeister in der Sicherheitspolizei).

Polizei-Werkführer (bisher Werkstättenleiter in der Sicherheitspolizei).

Oberlandjäger (bisher Gendarmeriewachtmeister).

Backmeister bei der Polizeiverwaltung.

Oberbeschlagmeister bei den Polizeiverwaltungen.

Landwirtschaftliche Verwaltung.

Kanzleisekretäre (bisher Kanzlisten und Kanzleisekretäre) beim Oberlandeskulturamt und den Landeskulturämtern.

Materialienverwalter bei den landwirtschaftlichen Lehranstalten.

Fischmeister.

Strommeister bei der Meliorationsbauverwaltung.

Maschinenmeister (bisher Maschinisten) bei den Tierärztlichen Hochschulen.

Oberpräparatoren bei den Landwirtschaftlichen Hochschulen und bei der Tierärztlichen Hochschule in Berlin.

Schleusenassistenten, Kapitäne, Maschinenmeister, Strommeister, Hafenbauaufseher, Magazinmeister, Dünenoberaufseher.

Gestütverwaltung.

Oberstut-, Obersattel- und Oberfuttermeister (bisher Stut-, Sattel- und Futtermeister).

Ministerium für Wissenschaft, Kunst und Volksbildung.

Kanzleisekretäre (bisher Kanzlisten und Kanzleisekretäre, Hausinspektor und Kanzlist) im Bereiche der Verwaltung des Ministeriums.

Alumnatsassistenten bei den Staatlichen Bildungsanstalten.

Bibliothekexpedienten bei den Universitätsbibliotheken und der Preußischen Staatsbibliothek.

Gartenmeister (bisher Gärtner) beim Botanischen Garten in Berlin-Dahlem.

Fischereisachverständiger (bisher Fischmeister) bei der Biologischen Anstalt auf Helgoland.

Oberpräparatoren (bisher Präparatoren).

Hilfsrestauratoren bei den Kunstmuseen, dem Kunstgewerbemuseum in Berlin und dem Landesmuseum in Cassel.

Maschinenmeister (teilweise bisher Maschinisten) im Bereiche der Verwaltung des Ministeriums.

Theatermeister, Chorinspizient, Obergarderobiers, Garderobenmeister, Garderobenmeisterin, Oberrequisiteure, Oberbeleuchter, Maschinenmeister, Werkmeister, Oberfriseure bei den Staatstheatern in Berlin.

Beleuchtungsinspektoren, Theatermeister,[1] Hausinspektoren, technischer Assistent, Kanzleisekretär, Beleuchtungsaufseher, Dekorationsmaler, Maschinenmeister, Werkmeister, Obergarderobiers, Obergarderobieren, Magazinmeister, Requisitenverwalter, Zuschneider bei den Staatstheatern in Cassel und Wiesbaden.

Erste Laboranten bei den Technischen Hochschulen.

Ministerium für Volkswohlfahrt.

Kanzleisekretäre bei der staatlichen Nahrungsmitteluntersuchungsanstalt in Berlin und beim Siedlungsverbande Ruhrkohlenbezirk.

Hausväter und Oberaufseher bei den staatlichen Erziehungsanstalten.

---

[1]) Die am 31. März 1920 im Amte befindlich gewesenen Inhaber der Stellen erhalten für ihre Person die Bezüge der Gruppe 6.

Gruppe 6.

15400—16100—16800—17500—18100—18700—19300—19900—20500
Mark monatlich.

Domänenverwaltung.

Kulturbausekretäre [1]) (bisher Meliorationsbausekretäre).
Moorvögte [1]) (bisher teilweise Moorverwalter).
Weinbergsverwalter, Kellerverwalter.
Verwalter (bisher Administrator) der Dimmernwiesen.
Grabensteiger.
Erster Maschinenmeister (bisher Maschinist) in Bad Ems.

Forstverwaltung.

Forstakademiesekretäre (bisher Büroassistenten).
Förster (einschließlich Forstsekretäre).
Akademischer Gartenverwalter (bisher akademischer Gärtner).

Berg-, Hütten- und Salinenverwaltung.

Kanzleiinspektoren als Kanzleivorsteher.
Bergsekretäre [1]) (bisher Bergreviersekretäre, Bergrevierbüroassistenten, Werksbüroassistenten und Büroassistenten).
Zeichner bei den Oberbergämtern [1]).
Mittlere Werksbeamte ohne abgeschlossene Fachschulbildung [1]).
Förster.

Staatsschuldenverwaltung.

Kanzleisekretäre (bisher Geh. Kanzleisekretäre).

Staatsministerium.

Ministerial-Kanzleisekretäre (bisher Geh. Kanzleisekretäre).

Archivverwaltung.

Archivsekretäre [1]) (bisher Büroassistenten).

Oberrechnungskammer.

Kanzleisekretäre (bisher Geh. Kanzleisekretäre).

Landeswasseramt.

Kanzleisekretäre (bisher Geh. Kanzleisekretäre).

Ansiedlungskommission.

Vermessungssekretäre [1]) (bisher Vermessungsassistenten).

Finanzministerium.

Ministerial-Kanzleisekretäre (bisher Geh. Kanzleisekretäre).
Büroassistentinnen in den Ministerien ■).
Kanzleiinspektoren als Kanzleivorsteher bei den Oberpräsidien, den Regierungen und der Preußischen Bau- und Finanzdirektion in Berlin, sowie Kanzleivorsteher beim Fürsorgeamt für Beamte aus den Grenzgebieten.
Katastersekretäre [1]) (bisher Katasterassistenten).
Regierungssekretäre bei den Oberpräsidien und Regierungen, einschließlich der Preußischen Bau- und Finanzdirektion, sowie beim Fürsorgeamt für Beamte aus den Grenzgebieten [1]).
Regierungsbausekretäre.

Handels- und Gewerbeverwaltung.

Ministerial-Kanzleisekretäre (bisher Geh. Kanzleisekretäre).
Eichmeister [1]), Eichungssekretäre [1]) (bisher Eichamtssekretäre).
Sekretäre und Rechnungsführer bei gewerblichen Fachschulen [1]).
Werkmeister bei Maschinenbauschulen [1]), bei der Elektrizitätsverwaltung, sowie Erste Maschinenmeister.
Hafenpolizeisekretäre [1]) (bisher Hafenpolizeibüroassistenten).
Beschußmeister (bisher Beschußmeisterassistent).
Gewerbepflegerinnen [1]) (bisher Gewerbeinspektionsassistentinnen).
Materialienverwalter bei der Porzellanmanufaktur.
Lokomotivführer, Wasserbausekretäre [1]) (bisher Wasserbauwarte), Regierungsbausekretäre [1]) bisher Bausekretäre und Bauassistenten), Hafensekretäre [1]) (bisher Hafenkassenassistenten), Eisenbahnsekretäre [1]) (bisher Eisenbahn-

assistenten und Materialienverwalter) und Werkmeister [1]).

Justizverwaltung.

Ministerial-Kanzleisekretäre (bisher Geh. Kanzleisekretäre) beim Ministerium und beim ehemaligen Heroldsamt.

Justizsekretäre [1]) (bisher Assistenten).

Kanzleiinspektoren als Kanzleivorsteher.

Erste Werkmeister (bisher Werkmeister).

Gerichtsvollzieher [1]).

Strafanstaltssekretäre [1]) (bisher Inspektionsassistenten) und Strafanstaltssekretärinnen [1]) (bisher Buchhalterinnen).

Erste Maschinenmeister (bisher Maschinenmeister).

Kanzleiinspektor bei einem Strafvollzugsamt *).

Strafanstaltssekretäre.

Verwaltung des Innern.

Ministerial-Kanzleisekretäre (bisher Geh. Kanzleisekretäre).

Kanzleisekretäre beim Oberverwaltungsgericht und beim Staatsrat.

Kreisamtssekretäre [1]) (bisher Kreisassistenten).

Kanzleiinspektoren als Kanzleivorsteher bei den Polizeiverwaltungen.

Polizei- und Kriminalsekretäre [1]) (bisher teilweise Polizeibezirksoberwachtmeister).

Polizeisekretäre [1]) (bisher Polizeibüroassistenten).

Polizeisekretäre bei den Einwohnermeldeämtern [1]) (bisher Polizeiassistenten).

Polizeitelegraphensekretäre [1]) (bisher Polizeitelegraphenassistenten).

Polizeileutnants (bisher teilweise Leutnants in der Sicherheitspolizei) mit mehr als vier Dienstjahren als solche.

Polizeiwerkmeister [1]) (bisher Werkstättenleiter in der Sicherheitspolizei).

Erster Maschinenmeister (bisher Maschinenmeister) beim Polizeipräsidium in Berlin.

Landjägermeister [1]) (bisher Gendarmerieoberwachtmeister).

Technische Polizeisekretäre [1]).

Landwirtschaftliche Verwaltung.

Ministerial-Kanzleisekretäre (bisher Geh. Kanzleisekretäre).

Kanzleiinspektoren als Kanzleivorsteher.

Kultursekretäre [1]) (bisher Spezialkommissionssekretäre), Vermessungssekretäre [1]) (bisher Vermessungsassistenten), Kulturbausekretäre [1]) (bisher Meliorationsbausekretäre), Moorvögte [1]) und Deichvögte [1]).

Fischmeister in Sonderstellungen.

Regierungsbausekretäre [1]).

Schleusenvorsteher.

Abgabenrevisoren.

Bauhofsvorsteher [1]).

Schiffskapitäne.

Erste Maschinenmeister.

Schleppbetriebsleiter.

Wasserbausekretäre [1]).

Werkmeister [1]).

Schiffbrückenmeister.

Gestütverwaltung.

Gestütsekretäre [1]) (bisher Sekretäre), Gestütbausekretäre [1]) (bisher Meliorationsbausekretäre), Gestütaufseher (bisher Gestüthofaufseher).

Ministerium für Wissenschaft, Kunst und Volksbildung.

Ministerial-Kanzleisekretäre (bisher Geh. Kanzleisekretäre).

Kanzleisekretäre (bisher Geh. Kanzleisekretäre) beim Evangelischen Oberkirchenrat.

Kanzleiinspektoren als Kanzleivorsteher.

Regierungsbausekretäre (bisher teilweise Bauassistenten) bei den Universitäten und Kunstmuseen [1]).

Verwaltungssekretäre (bisher Büroassistenten, teilweise auch Hausinspektoren und Büroassistenten) im Bereiche der Verwaltung des Ministeriums [1]).

Bibliotheksexpedienten bei den Universitätsbibliotheken und der Preußischen

*) Endgültige Amtsbezeichnung vorbehalten.

Staatsbibliothek in Stellen von besonderer Bedeutung.
Rendant bei den Erziehungs- und Bildungsanstalten in Droyssig, Rendant und Sekretär (bisher Rendant und Bürobeamter) bei der Landesturnanstalt in Spandau.
Rendant bei der Blindenanstalt in Steglitz.
Obergartenmeister (bisher Obergärtner) beim Botanischen Garten in Berlin-Dahlem.
Erste Maschinenmeister im Bereiche der Verwaltung des Ministeriums.
Förster im Bereiche der Verwaltung des Ministeriums.
Ständige Techniker beim Materialprüfungsamt in Berlin-Dahlem [1]).
Zeichner bei der Universität in Göttingen.
Werkmeister bei der Blindenanstalt in Steglitz.
Restauratoren und Technische Inspektoren bei den Kunstmuseen, dem Kunstgewerbemuseum und der Nationalgalerie in Berlin, [1]) Restaurator (bisher Waffenmeister) beim Zeughaus in Berlin [1]).
Kunstformer und Gießer bei der Kunstakademie in Düsseldorf.
Sekretäre bei der Staatlichen Bildungsanstalt in Berlin-Lichterfelde.
Inspektoren bei den Staatlichen Bildungsanstalten [1]).
Alumnatssekretäre (bisher Alumnatsassistenten) bei den Staatlichen Bildungsanstalten.
Beleuchtungsinspektoren bei den Staatstheatern in Berlin [1]).
Theatersekretäre bei den Staatstheatern in Cassel und Wiesbaden [1]).
Maschinериesekretär bei den Staatstheatern in Berlin.
Kassensekretäre bei den Staatstheatern in Berlin.

Ministerium für Volkswohlfahrt.

Ministerial-Kanzleisekretäre (bisher Geh. Kanzleisekretäre).
Regierungsbausekretäre (bisher Bausekretäre und Bauassistenten) beim Wohnungs- und Siedlungswesen [1]).
Bürosekretäre (bisher Büroassistenten) beim Institut für Infektionskrankheiten, bei der Landesanstalt für Wasserhygiene und bei der staatlichen Nahrungsmitteluntersuchungsanstalt.
Verwaltungssekretäre (bisher Inspektionsassistenten) bei den staatlichen Erziehungsanstalten [1]).

[1]) Die am 31. März 1920 im Amte befindlich gewesenen Inhaber von planmäßigen Stellen der ehemaligen Assistentenklasse erhalten im Rahmen der im Staatshaushaltsplane vorgesehenen Stellenzahl und nach näherer Maßgabe der vom Staatsministerium entsprechend dem Schiedsspruch des Reichsschiedsgerichts zu treffenden Anordnungen die Bezüge der Gruppe 7.

Gruppe 7 [1]).

17300—18100—18800—19500—20200—20900—21600—22300—23000
Mark monatlich.

Domänenverwaltung.

Technischer Regierungsobersekretär, Regierungsobersekretär.

Forstverwaltung.

Verwaltende Revierförster, Revierförster, Forstobersekretäre (bisher Forstgeometer).
Lehrer an den Forstschulen.
Forstakademiesekretäre ■).
Förster ■) (einschl. Forstsekretäre).

Lotterieverwaltung.

Lotterieobersekretäre (bisher Sekretäre).

Münzverwaltung.

Münzobersekretäre (bisher Münzsekretäre).

Berg-, Hütten- und Salinenverwaltung.

Bergobersekretäre (bisher Faktoren, Schichtmeister, Bergwerksdirektions- und Oberbergamtssekretäre und Zeichner bei der Bergschule in Saarbrücken).
Bergobersekretäre (bisher Sekretäre), Kartographen (bisher Zeichner) und Bibliotheksekretärin bei der Geologischen Landesanstalt.
Mittlere Werksbeamte mit abgeschlossener Fachschulbildung.

Staatsschuldenverwaltung.

Kassenobersekretäre (bisher Kassensekretäre).
Kanzleiinspektor.
Kanzleisekretäre (bisher Geh. Kanzleisekretäre) ■).

Staatsministerium.

Ministerial-Kanzleiinspektor.
Ministerial-Kanzleisekretäre (bisher Geh. Kanzleisekretäre) ■).

Archivverwaltung.

Obersekretäre (bisher Registrator) beim Geheimen Staatsarchiv in Berlin.

Oberrechnungskammer.

Kanzleiinspektor.
Kanzleisekretäre (bisher Geh. Kanzleisekretäre) ■).

Landeswasseramt.

Kanzleisekretär (bisher Geh. Kanzleisekretär) ■).

Reichs- und Staatsanzeiger.

Obersekretäre (bisher expedierende Sekretäre und Kalkulatoren).

Ansiedlungskommission.

Kassenobersekretäre (bisher Buchhalter) und Obersekretäre (bisher Sekretäre).

Finanzministerium.

Ministerial-Kanzleiinspektor.
Ministerial-Kanzleisekretäre (bisher Geh. Kanzleisekretäre) ■).
Kassenobersekretäre (bisher Kassensekretäre) beim Ministerium.
Regierungsobersekretäre (bisher Regierungssekretäre) und Kassenobersekretäre (bisher Buchhalter) bei den Oberpräsidien und Regierungen, einschließlich der Preußischen Bau- und Finanzdirektion in Berlin, sowie beim Fürsorgeamt für Beamte aus den Grenzgebieten, Obersekretäre (bisher Sekretäre) bei den Rentenbanken.
Garteninspektoren (bisher Obergärtner) bei der Verwaltung des Tiergartens in Berlin.
Plankammerverwalter.
Technische Regierungsobersekretäre (bisher Regierungsbausekretäre).

Handels- und Gewerbeverwaltung.

Obersekretäre im Ministerium.
Ministerial-Kanzleiinspektor.
Ministerial-Kanzleisekretäre (bisher Geh. Kanzleisekretäre) ■).
Obersekretär (bisher Sekretär) beim Staatskommissar bei der Berliner Börse.
Eichungsobersekretäre (bisher Eichungssekretäre).
Obereichmeister (bisher Eichmeister).
Oberbeschußmeister (bisher Beschußmeister).
Hafenpolizeiobersekretäre (bisher Hafenpolizeisekretäre), Obersekretäre.
Buchhalter (Formereibuchhalter) und Magazinverwalter bei der Porzellanmanufaktur.
See- und Binnenlotsen.
Hafenmeister.
Scheibenmodelleur bei der Keramischen Fachschule in Bunzlau.
Fachlehrer (bisher Meister und Werkmeister) bei den Keramischen Fachschulen, den Fachschulen für Metallindustrie sowie bei den Wanderkursen für Heizer und Maschinisten.
Hafenpolizeiobersekretär (bisher Hafenpolizeisekretär), Technische Regierungsobersekretäre (bisher Regierungsbausekretäre), Oberkippmeister, Oberbahnhofsvorsteher (bisher Bahnhofsvorsteher), Oberbahnmeister (bisher Bahnmeister 1. Klasse) und Hafenmeister.

Justizverwaltung.

Ministerial-Kanzleiinspektoren.
Ministerial-Kanzleisekretäre (bisher Geh. Kanzleisekretäre) ■) beim Ministerium und beim ehemaligen Heroldsamte.
Justizobersekretäre (bisher Gerichtsschreiber, Amtsgerichts-, Landgerichts-, Staatsanwaltschafts- und Oberlandesgerichtssekretäre).
Dolmetscherobersekretäre (bisher Gerichtssekretäre mit Dolmetscherprüfung).
Strafanstaltsinspektoren (bisher Gefängnisinspektoren oder Strafanstaltsinspektoren oder -rendanten), Ingenieure bei den Strafanstalten (bisher Ingenieur und Technischer Inspektionsassistent), Strafanstaltsoberinnen.
Obersekretäre und Sekretäre bei den Strafvollzugsämtern *).
Strafanstaltssekretäre ■).

Verwaltung des Innern.

Ministerial-Kanzleiinspektor.
Ministerial-Kanzleisekretäre (bisher Geh. Kanzleisekretäre) ■).
Kanzleiinspektor beim Oberverwaltungsgerichte.
Kanzleisekretäre ■) beim Oberverwaltungsgerichte.
Obersekretäre (bisher Bürobeamte) beim Statistischen Landesamte.
Kreissekretäre und Oberamtssekretäre.
Kreisversicherungsobersekretäre (bisher Kreisversicherungssekretäre).
Polizeiobersekretäre (bisher Polizeisekretäre, ferner Verwaltungsobersekretäre und Hauptzahlmeister in der Sicherheitspolizei).
Polizeikassenobersekretäre (bisher Buchhalter).
Polizeitelegraphenobersekretäre (bisher Polizeitelegraphensekretäre).
Polizeigefängnisvorsteher (darunter ein Polizeigefängnisinspektor).
Polizeioberleutnants (bisher ein Teil der Polizeileutnants und Polizeikommissare sowie der Oberleutnants und Waffeninspizienten der Sicherheitspolizei) während der ersten vier Dienstjahre als solche.
Landjägerobersekretäre (bisher Zahlmeister und Bürobeamte bei der Landgendarmerie).

Landwirtschaftliche Verwaltung.

Ministerial-Kanzleiinspektor.
Ministerial-Kanzleisekretäre (bisher Geh. Kanzleisekretäre) ■).
Kulturobersekretäre (bisher Generalkommissionssekretäre und Bürovorsteher).
Obersekretäre (bisher Büro- und Kassenbeamte) bei den Landwirtschaftlichen Hochschulen und Lehranstalten.
Garteninspektoren (bisher Obergärtner).
Obersekretäre (bisher Kassen- und Verwaltungsbeamte, Sekretäre), Oekonomieinspektoren bei den Tierärztlichen Hochschulen.
Kulturoberbausekretäre (bisher geprüfte Meliorationsbausekretäre).
Regierungsoberbausekretäre (bisher Regierungsbausekretäre).
Saatzuchtleiter.
Technische Regierungsobersekretäre.
Wasserbauobersekretäre.
Maschinenbetriebsleiter.
Seekapitäne.
Dünenmeister.

Gestütverwaltung.

Gestütrendanten (bisher Rechnungsführer und Rendanten der Hauptgestüte), Lehrer (bisher Schullehrer).
Oberverwaltungssekretär, Betriebsleiter.

Ministerium für Wissenschaft, Kunst und Volksbildung.

Ministerial-Kanzleiinspektor.
Ministerial-Kanzleisekretäre (bisher Geh. Kanzleisekretäre) ■).
Kanzleiinspektor beim Evangelischen Oberkirchenrat.
Kanzleisekretär (bisher Geh. Kanzleisekretär) ■) beim Evangelischen Oberkirchenrat.
Obersekretäre (bisher Sekretäre, Büro- und Kassenbeamte) bei den Konsi-

---

*) Endgültige Amtsbezeichnung vorbehalten.

storien, bei den Provinzialschulkollegien, bei den Staatlichen Bildungsanstalten, bei der Preußischen Staatsbibliothek, beim Geodätischen Institut, beim Meteorologischen Institut in Berlin nebst Observatorien bei Potsdam, beim Aeronautischen Observatorium bei Lindenberg, bei den Technischen Hochschulen, beim Materialprüfungsamt in Berlin-Dahlem sowie bei der Biologischen Anstalt auf Helgoland.

Obersekretäre (bisher Bürobeamte, Kalkulatoren und Registratoren) bei den Kunstmuseen, beim Kunstgewerbemuseum, bei der Nationalgalerie, bei dem Zeughaus und bei der Akademie der Künste in Berlin, bei der Hochschule für die bildenden Künste und bei der Hochschule für Musik in Charlottenburg.

Maschineninspektor bei den Staatstheatern in Berlin.

Theaterobersekretäre bei den Staatstheatern.

Bibliotheksobersekretäre bei den Universitätsbibliotheken und der Preußischen Staatsbibliothek.

Bibliotheksobersekretärinnen bei den Universitätsbibliotheken und der Preußischen Staatsbibliothek.

Bibliothekssekretär bei der Technischen Hochschule in Berlin.

Technische Regierungsobersekretäre (bisher Regierungsbausekretäre) bei Universitäten.

Obersekretäre, Administratoren, Garteninspektoren (bisher Büro-, Kassen- und Inspektionsbeamte, Garteninspektoren, Stationsbeamte, Rechnungsführer) bei den Universitäten und dem Charitékrankenhaus in Berlin.

Technischer Obersekretär (bisher Betriebstechnischer Inspektionsbeamter) bei dem Charitékrankenhaus in Berlin.

Bibliotheksverwalter bei dem Kunstgewerbemuseum in Berlin.

Verwalter der Stoffsammlung beim Kunstgewerbemuseum in Berlin.

Rendant bei der Waisen- und Schulanstalt in Bunzlau.

Rendanten bei den Staatlichen Bildungsanstalten.

Revierförster beim Charitéamt Prieborn, bei dem Stift Neuzelle und Verwaltender Revierförster bei der Kloster-Bergischen Stiftung und dem Kloster Unser-Lieben-Frauen in Magdeburg.

Universitäts-, Kassen- und Quästurkontrolleure.

Oberpräparatoren beim Zoologischen Universitätsmuseum in Berlin.

Förster■) im Bereich der Verwaltung des Ministeriums.

Ministerium für Volkswohlfahrt.

Ministerial-Kanzleiinspektor.

Ministerial-Kanzleisekretäre (bisher Geh. Kanzleisekretäre)■).

Verwaltungsobersekretäre beim Ministerium (bisher Verwaltungssekretäre, Sekretäre) bei der Landesanstalt für Wasserhygiene und bei den Hygienischen Instituten in Beuthen und Landsberg a./W.

Technische Regierungsobersekretäre (bisher Regierungsbausekretäre) beim Wohnungs- und Siedlungswesen und beim Siedlungsverband Ruhrkohlenbezirk.

Technischer Regierungsobersekretär (bisher technischer Sekretär) bei der Landesanstalt für Wasserhygiene.

Regierungsobersekretäre beim Siedlungsverband Ruhrkohlenbezirk.

---

[1]) Diejenigen in der Besoldungsgruppe 7 aufgeführten Beamten, die am 31. März 1920 in einer Stelle der Gehaltsklassen 21 bis 23 und 54 Nr. 6 (Legationskanzlisten) des Gesetzes, betreffend die Bereitstellung von Mitteln zu Diensteinkommensverbesserungen, vom 26. Mai 1909 (GS. S. 85) planmäßig angestellt waren, erhalten, sobald sie in den Gehaltsklassen 14 bis 23 und 54 Nr. 6 jenes Gesetzes nach einer für die erwähnten Gehaltsklassen 21 bis 23 und 54 Nr. 6 abgelegten Prüfung oder in einer Eingangsstelle der Besoldungs-

gruppe 7 dieses Gesetzes eine Dienstzeit von insgesamt 10 Jahren zurückgelegt haben, für ihre Person im Wege der Aufrückung die Bezüge der Besoldungsgruppe 8.

Gruppe 8.

19600—20500—21400—22300—23200—24100—25000—25900 Mark monatlich.

Domänenverwaltung.

Oberfischmeister, Badeinspektoren und Gartenoberinspektor (bisher Garteninspektor).

Forstverwaltung.

Forstrentmeister (bisher Forstkassenrendanten).
Lehrer an den Forstschulen ■).

Lotterieverwaltung.

Lotterieobersekretäre (bisher Sekretäre bei der Generallotteriedirektion) ■).
Lotterieinspektoren.

Münzverwaltung.

Medailleure, Kassierer und Materialienverwalter.
Münzobersekretäre (bisher Münzsekretäre) ■).

Berg-, Hütten- und Salinenverwaltung.

Bergobersekretäre (bisher Sekretäre, auch Technische oder Schichtmeister) als Bürovorsteher.
Bergobersekretäre (bisher Sekretäre, auch Technische oder Schichtmeister) ■).
Kassierer der Berghauptkassen.
Rendanten kleinerer Berg-, Hüttenwerke und Salinen.
Bergobersekretär (bisher Sekretär) bei der Bergakademie in Clausthal.
Bergobersekretäre als Vorsteher der Materialien- und Produktenverwaltung und der Inspektionsbüros auf den größeren Berg- und Hüttenwerken und Salinen.
Bergobersekretäre als Vorsteher der Lohnbüros und Oberbuchhalter auf großen Steinkohlenbergwerken.
Vorsteher der Zeichenbüros [1]) und Topograph der Geologischen Landesanstalt.
Einfahrer.
Obere Werksbeamte 2. Klasse.
Mittlere Werksbeamte mit abgeschlossener Fachschulbildung ■).
Konrektoren (bisher Hauptlehrer) an den Vorschulen der Bergschule in Saarbrücken.

Staatsschuldenverwaltung.

Kassenobersekretäre (bisher Kassensekretäre) ■).

Reichs- und Staatsanzeiger.

Obersekretäre (bisher expedierende Sekretäre und Kalkulatoren) ■).

Ansiedlungskommission.

Obersekretäre (bisher Sekretäre) als Bürovorsteher.
Obersekretäre (bisher Sekretäre) ■).

Finanzministerium.

Kassenobersekretäre ■) beim Ministerium.
Kassierer bei den Regierungshauptkassen und der Kasse der Preußischen Bau- und Finanzdirektion in Berlin.
Rentmeister der Kreiskassen.
Regierungsobersekretäre und Kassenobersekretäre (bisher Regierungssekretäre und Buchhalter) als Bürovorsteher bei den Oberpräsidien und Regierungen, einschließlich der Preußischen Bau- und Finanzdirektion in Berlin, sowie beim Fürsorgeamte für Beamte aus den Grenzgebieten.
Regierungsobersekretäre und Kassenobersekretäre (bisher Regierungssekretäre und Buchhalter) ■) bei den Oberpräsidien und Regierungen, einschließlich der Preußischen Bau- und Finanzdirektion in Berlin, sowie beim Fürsorgeamte für Beamte aus den Grenzgebieten.
Obersekretäre (bisher Sekretäre) ■) bei den Rentenbanken.
Gartenoberinspektor bei der Verwaltung des Tiergartens in Berlin.

Technische Regierungsobersekretäre (bisher Regierungsbausekretäre) als Bürovorsteher.
Technische Regierungsobersekretäre (bisher Regierungsbausekretäre) ■).

Handels- und Gewerbeverwaltung.

Maschinenbetriebsinspektoren.
Verkaufsbeamte bei der Porzellanmanufaktur.
Obereichmeister (bisher Eichmeister) ■).
Eichungsobersekretäre (bisher Eichungssekretäre) ■).
Hafenpolizeiobersekretäre (bisher Hafenpolizeisekretäre) ■), Obersekretäre ■).
Seeoberlotsen (einschließlich der bisherigen Lotsenamtsassistenten) und Binnenoberlotsen.
Oberbeschußmeister.
Hafenobersekretär, Hafenbetriebsinspektor, Eisenbahninspektor, Eisenbahningenieur.
Gewerbelehrerinnen, Pensionatsvorsteherinnen.

Justizverwaltung.

Justizobersekretäre (bisher Heroldsamtssekretär und Heroldsamtsregistrator) im Ministerium.
Justizinspektoren (bisher Justizsekretäre) und Dolmetscherinspektoren (bisher Dolmetscher-Justizsekretäre).
Justizobersekretäre (bisher Gerichtsschreiber, Amtsgerichts-, Landgerichts-, Staatsanwaltschafts- und Oberlandesgerichtssekretäre) ■).
Dolmetscherobersekretäre (bisher Gerichtssekretäre mit Dolmetscherprüfung) ■).
Kassierer bei den Justizhauptkassen.
Rendanten bei Gerichtskassen am Sitze der Landgerichte sowie bei Amtsgerichten mit drei und mehr Richtern — soweit nicht in Gruppe 9 aufgeführt —.
Amtsgerichtskalkulatoren.
Strafanstaltsinspektoren (bisher Gefängnisinspektoren oder Strafanstaltsinspektoren oder -rendanten) ■).
Strafanstaltsoberinnen ■).
Strafanstaltskassenrendanten bei den Strafanstalten in Plötzensee und Berlin-Tegel sowie beim Untersuchungsgefängnis Berlin-Moabit.
Strafanstaltslehrer und †) Strafanstaltslehrerinnen.
Inspektoren bei den Strafvollzugsämtern. *)

Verwaltung des Innern.

Obersekretäre (bisher Sekretäre) ■) beim Statistischen Landesamt.
Kreissekretäre ■) u. Oberamtssekretäre ■).
Kreisversicherungsobersekretäre (bisher Kreisversicherungssekretäre) ■).
Polizeikommissare (bisher Polizeikommissare und Polizeileutnants).
Kriminalkommissare.
Polizeiobersekretäre (bisher Polizeisekretäre und Verwaltungsdirektoren in der Sicherheitspolizei) als Bürovorsteher bei den Polizeiverwaltungen.
Polizeiobersekretäre (bisher Polizeisekretäre und Verwaltungsdirektoren in der Sicherheitspolizei) ■) bei den Polizeiverwaltungen.
Polizeikassenobersekretäre (bisher Buchhalter) ■).
Polizeitelegraphenobersekretäre (bisher Polizeitelegraphensekretäre) ■).
Kassierer bei der Polizeihauptkasse in Berlin und Polizeikassenrendanten (bisher Polizeisekretäre) bei den Polizeiverwaltungen, soweit nicht in Gruppe 9 aufgeführt.
Polizeioberleutnants (bisher ein Teil der Polizeileutnants und Polizeikommissare sowie der Oberleutnants und Waffeninspizienten der Sicherheitspolizei) mit mehr als vier Dienstjahren als solche.
Landjägerobersekretäre als Bürovorsteher (bisher Zahlmeister und Bürobeamte der Landgendarmerie).
Grenzkommissare.

Landwirtschaftliche Verwaltung.

Kulturobersekretäre (bisher Generalkommissionssekretäre und Bürovor-

*) Endgültige Amtsbezeichnung vorbehalten.

steher), Kulturoberbausekretäre (bisher geprüfte Meliorationsbausekretäre) u. Regierungsoberbausekretäre (bisher Regierungsbausekretäre) als Bürovorsteher.

Obersekretäre (bisher Büro- u. Kassenbeamte) ■) bei den Landwirtschaftlichen Hochschulen und Lehranstalten.

Kulturobersekretäre (bisher Generalkommissionssekretäre), Kulturoberbausekretäre (bisher geprüfte Meliorationsbausekretäre) und Regierungsoberbausekretäre (bisher Regierungsbausekretäre) ■).

Rendanten bei den landwirtschaftlichen Lehranstalten, Gartenoberinspektor.

Oberfischmeister für die Küstengewässer.

Lehrer bei der Versuchs- u. Forschungsanstalt für Milchwirtschaft in Kiel.

Technischer Regierungsobersekretär ■), Regierungsobersekretär ■), Technische Regierungsobersekretäre, Wasserbauobersekretäre als Bürovorsteher, Wasserbauobersekretäre ■), Oberbauhofsvorsteher, Erste Seekapitäne, Maschinenbetriebsinspektoren, Schleppbetriebsinspektoren.

Gestütverwaltung.

Lehrer (bisher Schullehrer) ■).

Gestütrendanten (bisher Rechnungsführer und Rendanten der Hauptgestüte) ■).

Ministerium für Wissenschaft, Kunst- und Volksbildung.

Obersekretäre (bisher Sekretäre, Büro- und Kassenbeamte usw.) ■) bei den Konsistorien, bei den Provinzialschulkollegien, beim Geodätischen Institut, beim Meteorologischen Institut in Berlin nebst Observatorien bei Potsdam, beim Aeronautischen Observatorium bei Lindenberg, bei den Technischen Hochschulen und dem Materialprüfungsamt in Berlin-Dahlem.

Obersekretäre (bisher Bürobeamte usw.) ■) bei den Kunstmuseen, der Nationalgalerie, dem Zeughaus, der Akademie der Künste in Berlin, den Hochschulen für die bildenden Künste und für Musik in Charlottenburg, Obersekretäre ■), Bibliothekverwalter ■), Verwalter der Stoffsammlung ■) beim Kunstgewerbemuseum in Berlin.

Obersekretäre ■), Administratoren ■), Garteninspektoren ■) bei den Universitäten und dem Charitékrankenhaus zu Berlin.

Universitätskassen- und Quästurkontrolleure ■).

Bürovorsteher beim Geodätischen Institut bei Potsdam, bei der Nationalgalerie und dem Zeughaus in Berlin.

Bibliotheksobersekretäre und -obersekretärinnen (bisher Bibliotheksekretäre und -sekretärinnen) ■) bei der Preußischen Staatsbibliothek, den Universitätsbibliotheken und der Technischen Hochschule in Berlin.

Geschäftsführender Sekretär der Vereinigung für staatswissenschaftliche Fortbildung in Berlin.

Rendant und Erste Ständige Techniker bei dem Materialprüfungsamt in Berlin-Dahlem.

Rendant bei den Kunstmuseen in Berlin.

Technische Regierungsobersekretäre (bisher Regierungsbausekretäre) ■) bei Universitäten.

Rendanten und Obersekretäre (bisher Büro- und Kassenbeamte) bei den Technischen Hochschulen in Aachen, Breslau und Hannover.

Rentmeister bei dem Stift Neuzelle, bei der Kloster-Bergischen Stiftung, beim Münsterschen Studienfonds, beim Haus Bürenschen Fonds, bei dem Kirchen- und Schulfonds in Erfurt und beim Bergischen Schulfonds in Düsseldorf.

Rendant bei der Staatlichen Bildungsanstalt in Berlin-Lichterfelde.

Obersekretär bei der Preußischen Staatsbibliothek.

Bibliothekverwalter, Verwalter der Stoffsammlung bei dem Kunstgewerbemuseum.

Bürobeamter bei der Universität Berlin.

Obersekretär bei dem Kuratorium der Universität in Göttingen.

Verwaltungsinspektoren bei der Kunstakademie in Düsseldorf und Cassel, der Kunstschule in Berlin und der

Akademie für Kunst und Kunstgewerbe in Breslau.
Obersekretäre ■) und Rendanten ■) bei den Staatlichen Bildungsanstalten.
Bürovorsteher (bisher Inspektoren) bei Universitätskliniken, Bürovorsteher (bisher Universitätssekretäre, Bürovorsteher) bei den Universitäten, Rendant bei dem Charitékrankenhaus in Berlin.
Bürovorsteher (bisher Inspektoren) bei der Akademie der Künste in Berlin, bei der Hochschule für die bildenden Künste in Charlottenburg, bei der Hochschule für Musik in Charlottenburg, bei der Kunstakademie in Düsseldorf und bei der Kunstschule in Berlin.
Bibliothekar (bisher Bibliothekverwalter) bei der Hochschule für Musik in Charlottenburg.
Theaterrentmeister bei den Staatstheatern.
Theaterobersekretäre ■) bei den Staatstheatern.
Chordirektor (künftig wegfallend), Garderobenoberinspektor (künftig wegfallend) bei den Staatstheatern in Cassel und Wiesbaden.
Präparandenlehrer.
Gymnasiallehrer usw. (bisher Mittelschullehrer), Zeichenlehrer — einschließlich des Rendanten am Pädagogium in Putbus —, Gesanglehrer, Turnlehrer an den höheren Lehranstalten für die männliche Jugend.
Lehrer einschließlich Vorschullehrer, †) Lehrerinnen bei den höheren Lehranstalten [3]).
Gymnasial-, Zeichen-, Gesang- u. Turnlehrer an den Staatlichen Bildungsanstalten.
Ordentliche Lehrer [2]) und †) Ordentliche Lehrerinnen, Zeichenlehrer, †) Zeichenlehrerinnen, Gesanglehrer, †) Gesanglehrerinnen, †) Jugendleiterinnen, Turnlehrerinnen an den höheren Lehranstalten für die weibliche Jugend.
Nicht akademisch gebildete Oberinnen an den mit den Oberlyzeen verbundenen Frauenschulen.
†) Lehrerin für weibliche Handarbeiten und Hausmutter bei der Blindenanstalt in Steglitz und †) Lehrerin für weibliche Handarbeiten an der Taubstummenanstalt in Neukölln.
†) Technische Lehrerin bei der Taubstummenanstalt in Neukölln.
Gewerbelehrerinnen.

Ministerium für Volkswohlfahrt.

Regierungs-Obersekretäre, Verwaltungsobersekretäre als Bürovorsteher und Rendant im Bereiche der Verwaltung des Ministeriums.
Verwaltungs-Obersekretäre (bisher Sekretäre) ■) im Bereiche der Verwaltung des Ministeriums.
Rendant bei der Landesanstalt für Wasserhygiene.
Technische Regierungsobersekretäre (bisher Regierungsbausekretäre) als Bürovorsteher beim Wohnungs- und Siedlungswesen und beim Siedlungsverbande Ruhrkohlenbezirk.
Technische Regierungsobersekretäre (bisher Regierungsbausekretäre) ■) beim Wohnungs- und Siedlungswesen.
Verwaltungsinspektoren bei den staatlichen Erziehungsanstalten.
Lehrer und †) Lehrerinnen bei den staatlichen Erziehungsanstalten.
Bürovorsteher bei der staatlichen Nahrungsmitteluntersuchungsanstalt.

---

[1]) Einer der am 31. März 1920 im Amte befindlich gewesenen Inhaber der Stelle erhält für seine Person die Bezüge der Gruppe 10.

[2]) Diejenigen ordentlichen Lehrer an den höheren Lehranstalten für die weibliche Jugend, die am 31. März 1920 das Gehalt der ordentlichen Seminarlehrer (Gehaltsklasse 24b des Gesetzes, betreffend die Bereitstellung von Mitteln zu Diensteinkommensverbesserungen, vom 26. Mai 1909, GS. S. 85) bezogen, erhalten für ihre Person die Bezüge der ordentlichen Lehrer an den Lehrerseminaren.

[3]) Lehrer und Lehrerinnen an den höheren Lehranstalten (Hauptanstalten), die am 1. April 1922 planmäßig angestellt waren, erhalten für ihre Person die Bezüge der Gruppe 8 und steigen nach Gruppe 9 in derselben Weise auf wie die Gymnasiallehrer, die in Gruppe 8 eingestuft sind.

Gruppe 9.

21500—22600—23700—24800—25900—27000—28100—29100 Mark monatlich.

Domänenverwaltung.

Kurdirektor (bisher Badeinspektor).
Domänenrentmeister (bisher Domänenrentbeamte).
Oberrentmeister (bisher Rendant).
Domänenrent- und Bauinspektoren (bisher Domänenrentbeamte).
Regierungslandmesser (bisher Landmesser).
Domänenrent- und Oberfischmeister.

Forstverwaltung.

Regierungslandmesser (bisher Vermessungsbeamte der Forsteinrichtungsanstalten).
Forstrentmeister bei den großen Forstkassen.

Lotterieverwaltung.

Rendant.
Kontrolleur.
Lotterieoberinspektoren.
Buchhaltereivorsteher.

Münzverwaltung.

Rendant der Münzkasse, Buchhalter u. Kontrolleur, zweiter Münzingenieur.

Berg-, Hütten- und Salinenverwaltung.

Hauptrendanten bei den besonders großen Steinkohlenbergwerken.
Oberbuchhalter der Berghauptkassen.
Rendanten der Oberbergämter, der Geologischen Landesanstalt sowie größerer Berg-, Hüttenwerke und Salinen.
Rechnungsrevisoren der Oberbergämter, Bergwerksdirektionen, der Oberharzer Werke und der Geologischen Landesanstalt.
Rendant, Hauptbuchhaltereivorsteher, Lagerverwalter der Bernsteinwerke und Vorsteher der Zweiggeschäftsstelle.
Obere Werksbeamte 1. Klasse.
Betriebsführer des Gruben- und des Maschinenbetriebs auf großen Steinkohlen-, Kali- und Erzbergwerken.
Der Erste Bürovorsteher an Oberbergämtern und am Knappschaftsversicherungsamte Dortmund.
Vorsteher des Revisionsbüros und des Handelsbüros der Bergwerksdirektionen.
Der Erste Bürovorsteher der Bernstein-, der Ober-, der Unterharzer Berg- und Hüttenwerke.
Markscheider.
Konrektor (bisher Hauptlehrer) ■) an den Vorschulen der Bergschule in Saarbrücken.
Obereinfahrer.

Staatsschuldenverwaltung.

Kassenobersekretäre in Sonderstellungen.

Staatsministerium.

Regierungsobersekretär in Sonderstellung.

Reichs- und Staatsanzeiger.

Rendant.
Obersekretäre in Sonderstellungen.

Ansiedlungskommission.

Oberbuchhalter.
Rechnungsrevisoren.

Finanzministerium.

Kassenobersekretär in Sonderstellung beim Ministerium.
Katasterkontrolleure.
Regierungslandmesser.
Präsidialsekretäre (bisher Regierungssekretäre) bei den Oberpräsidien und Regierungen, einschließlich der Preußischen Bau- und Finanzdirektion in Berlin, sowie beim Fürsorgeamte für Beamte aus den Grenzgebieten.

Oberbuchhalter bei den Regierungshauptkassen und der Kasse der Preußischen Bau- und Finanzdirektion in Berlin.
Rentmeister bei den großen Kreiskassen sowie beim Fürsorgeamte für Beamte aus den Grenzgebieten.
Rendanten bei den Rentenbanken.
Rentenbankobersekretäre (bisher Buchhalter) bei den Rentenbanken und Kontrolleur bei der Rentenbank in Berlin.
Rechnungsrevisoren (bisher Regierungssekretäre) bei den Regierungen.
Direktor des Tiergartens in Berlin.
Regierungsobersekretäre und Kassenobersekretäre in Sonderstellungen.
Technische Regierungsobersekretäre in Sonderstellungen.

Handels- und Gewerbeverwaltung.

Vorsteher des Revisionsbüros (bisher Rechnungsrevisor), Vorsteher des Direktionsbüros, Hauptkassierer (bisher Kassierer und Hauptbuchhalter) bei der Porzellanmanufaktur.
Eichungsinspektoren (bisher Obereichmeister).
Eichungsrentmeister (bisher Eichamtsrendanten).
Hafeninspektoren, Hafenpolizeiobersekretär und Obersekretär in Sonderstellung.
Lotsenkommandeure
Regierungslandmesser, Hafenrentmeister, Eisenbahnoberinspektor.
Seefahrtlehrer.
Seefahrtvorschullehrer ■).
Lehrer bei den Baugewerk- und Maschinenbauschulen und sonstigen Fachschulen für Metallindustrie sowie bei den Schiffsingenieur- und Seemaschinistenschulen.
†) Handelslehrerinnen.
Gewerbelehrerinnen ■).
Pensionatsvorsteherin ■).

Justizverwaltung.

Justizoberinspektoren.
Rechnungsrevisoren bei den Oberlandesgerichten und dem Amtsgerichte Berlin-Mitte.
Oberbuchhalter bei den Justizhauptkassen und bei der Gerichtskasse Berlin-Mitte.
Justizoberrentmeister (bisher Hauptkassenrendanten und Rendanten bei großen Gerichtskassen).
Dolmetscheroberinspektoren (bisher Dolmetscher-Justizsekretäre).
Hauptkassenkontrolleure bei den besonders organisierten Gerichtskassen.
Kassenoberinspektor als Vorsteher des Einziehungsamts bei der Gerichtskasse Berlin-Mitte.
Zwangsverwaltungsinspektor.
Amtsanwälte.
Gerichtsvollzieher-Inspektor beim Amtsgerichte Berlin-Mitte.
Bezirksrevisoren bei den Landgerichten und bei dem Amtsgerichte Berlin-Mitte.
Gerichtskassenkuratoren.
Strafanstaltsvorsteher (bisher Strafanstaltsinspektoren oder -oberinspektoren), Strafanstaltsvorsteherin beim Frauengefängnis in Berlin, Abteilungsvorsteher (bisher Strafanstaltsinspektoren oder -oberinspektoren) bei den Strafanstalten in Plötzensee und Berlin-Tegel sowie bei dem Untersuchungsgefängnisse Berlin-Moabit.
Oberingenieur (bisher Inspektor) beim Untersuchungsgefängnisse Berlin-Moabit.
Strafanstaltslehrer, Strafanstaltslehrerin in Sonderstellungen.
Vorsteher bei einem Strafvollzugsamte.*)

Verwaltung des Innern.

Obersekretäre als Bürovorsteher beim Statistischen Landesamt.
Polizeiräte (teilweise bisher — künftig wegfallend — Polizeiassessoren).
Kreissekretäre in Sonderstellungen.
Polizeiinspektoren (bisher ein Teil der Polizeiinspektoren sowie Rechnungsdirektoren in der Sicherheitspolizei).
Kriminalinspektoren.

*) Endgültige Amtsbezeichnung vorbehalten.

Zentralbürovorsteher, Kalkulaturvorsteher, Oberbuchhalter (bisher Polizeisekretäre) bei großen Polizeiverwaltungen.
Rechnungsrevisoren (bisher Polizeisekretäre) beim Polizeipräsidium in Berlin.
Telegrapheningenieur beim Polizeipräsidium in Berlin.
Polizeigefängnisdirektor in Berlin.
Polizeidistriktskommissare — zum Teil künftig wegfallend —.
Polizeihauptleute während der ersten 2 Dienstjahre als solche (bisher ein Teil der Polizeihauptleute, Polizeiinspektoren, Polizeileutnants und Polizeikommissare sowie Hauptleute in der Sicherheitspolizei).
Polizeiapotheker.
Landjägerräte (bisher Distriktsoffiziere und Adjutanten bei der Landgendarmerie).
Polizeiobersekretäre in Sonderstellungen und Polizeikassenrendanten.
Landjägerobersekretäre in Sonderstellungen.

Landwirtschaftliche Verwaltung.

Obersekretäre (bisher Sekretäre) beim Oberlandeskulturamt und beim Landesschätzungsamt.
Rendanten und Zentralbürovorsteher bei den Landwirtschaftlichen und Tierärztlichen Hochschulen.
Administrator bei der Tierärztlichen Hochschule in Berlin.
Präsidialsekretäre (bisher Sekretäre) bei den Landeskulturämtern.
Regierungslandmesser (bisher Vermessungsbeamte).
Fachlehrer an landwirtschaftlichen Lehranstalten.
Rechnungsrevisoren und Kulturobersekretäre sowie Regierungsoberbausekretäre in Sonderstellungen.
Obersekretär in Sonderstellung bei der Tierärztlichen Hochschule in Hannover.
Ständiger Hilfsarbeiter (Assistent).
Kulturoberbausekretäre, Wasserbauobersekretäre und technische Regierungsobersekretäre in Sonderstellungen.

Gestütverwaltung.

Hauptlehrer (in Trakehnen), Administrator.
Gestüttierärzte (als Assistenten).

Ministerium für Wissenschaft, Kunst und Volksbildung.

Zentralbürovorsteher (bisher Bürovorsteher) bei der Universität Berlin, den Technischen Hochschulen, der Preußischen Staatsbibliothek, den staatlichen Museen in Berlin und den Provinzialschulkollegien, dem Charitékrankenhaus in Berlin, den Konsistorien, dem Materialprüfungsamt in Berlin-Dahlem, dem Meteorologischen Institut in Berlin nebst Observatorien bei Potsdam, beim Geodätischen Institut bei Potsdam und bei der Akademie der Wissenschaften.
Universitätskassenrendanten und Quästoren in Bonn, Breslau, Greifswald, Halle, Kiel, Königsberg, Marburg, Münster und Göttingen.
Universitätskassen- und Quästurkontrolleur in Berlin.
Rendant bei der Technischen Hochschule in Berlin.
Kuratorialbürovorsteher (bisher Universitätskuratorialsekretäre).
Ständige Hilfsarbeiter (bisher Ständige Assistenten) beim Materialprüfungsamt in Berlin-Dahlem.
Oberinspektor beim Botanischen Garten in Berlin-Dahlem.
Chordirektor — künftig wegfallend — bei den Staatstheatern in Berlin.
Maschineriedirektor bei den Staatstheatern in Cassel und Wiesbaden.
Ordentliche Lehrer an den Lehrer- und Lehrerinnenseminaren.
Ordentliche Lehrer an der Blindenanstalt in Steglitz, an der Taubstummenanstalt in Neukölln und an der Waisen- und Schulanstalt in Bunzlau.
Bürovorsteher bei den staatlichen Museen.
Obersekretäre in Sonderstellungen.
Verwaltungsoberinspektoren bei der Akademie der Künste, der Hochschule für bildende Künste und der Hochschule für Musik.

Bibliotheksobersekretäre und =obersekretärinnen in Sonderstellung bei der Preußischen Staatsbibliothek und den Universitätsbibliotheken.

†) Lehrerinnen an den Lehrerinnenseminaren.

Gewerbelehrerinnen ■).

†) Ordentliche Lehrerinnen an der Blindenanstalt in Steglitz und an der Taubstummenanstalt in Neukölln.

Konrektoren an den mit den Oberlyzeen verbundenen Uebungsschulen.

Präparandenlehrer ■).

Gymnasiallehrer usw. (bisher Mittelschullehrer) ■), Zeichenlehrer ■) — einschließlich des Rendanten am Pädagogium in Putbus —, Gesanglehrer ■), Turnlehrer ■) an den höheren Lehranstalten für die männliche Jugend.

Lehrer einschließlich Vorschullehrer ■), †) Lehrerinnen bei den höheren Lehranstalten ■) [1]).

Gymnasial=, Zeichen=, Gesang= und Turnlehrer an den Staatlichen Bildungsanstalten ■).

Ordentliche Lehrer ■) und †) Ordentliche Lehrerinnen ■), Zeichenlehrer ■), †) Zeichenlehrerinnen ■), Gesanglehrer ■), †) Gesanglehrerinnen ■), †) Jugendleiterinnen ■), †) Turnlehrerinnen an den höheren Lehranstalten für die weibliche Jugend ■).

Nicht akademisch gebildete Oberinnen an den mit den Oberlyzeen verbundenen Frauenschulen ■).

Güterdirektor bei dem Friedrich=Wilhelms=Gymnasium in Trier.

Ministerium für Volkswohlfahrt.

Verwaltungsoberinspektor, Lehrer als Hauptlehrer sowie Oberinnen als Vorsteherinnen an den staatlichen Erziehungsanstalten.

Bürovorsteher beim Institut für Infektionskrankheiten und bei der Landesanstalt für Wasserhygiene.

Technische Regierungsobersekretäre in Sonderstellungen bei dem Wohnungs= und Siedlungswesen.

---

[1]) Lehrer und Lehrerinnen an den höheren Lehranstalten (Hauptanstalten), die am 1. April 1922 planmäßig angestellt waren, erhalten für ihre Person die Bezüge der Gruppe 8 und steigen nach Gruppe 9 in derselben Weise auf wie die Gymnasiallehrer, die in Gruppe 8 eingestuft sind.

Gruppe 10.

24400—25800—27200—28600—30000—41400—32700—34000 Mark monatlich.

Domänen= und Forstverwaltung.

Oberförster.

Regierungslandmesser (bisher Vermessungsbeamte der Forsteinrichtungsanstalten und Landmesser) ■).

Münzverwaltung.

Münzwardein, Münzbetriebsinspektor, Erster Münzingenieur.

Berg=, Hütten= und Salinenverwaltung.

Ministerialsekretäre (bisher Geh. expedierende Sekretäre usw.).

Bergräte (bisher Betriebsinspektoren u. Berginspektoren).

Bergräte als Bergrevierbeamte.

Chemiker, Kustoden (bisher Sammlungskustoden) und Bergräte (bisher Bezirksgeologen) bei der Geologischen Landesanstalt.

Oberlehrer bei der Bergschule in Saarbrücken.

Regierungs= und Bauräte (bisher Regierungsbaumeister).

Oberbergamts= und Revidierende Markscheider.

Markscheider ■).

Berghauptkassenrendanten.

Bergamtmänner, Technische Bergamtmänner.

Staatsschuldenverwaltung.

Finanzobersekretäre (bisher Geh. expedierende Sekretäre, Kalkulatoren, Buchhalter), Hauptkassierer, Kassierer und Kanzleidirektor (bisher Kanzleivorsteher).

Staatsministerium.

Ministerialsekretäre (bisher Geh. expedierende Sekretäre usw.) und Kanzleidirektor beim Ministerium.

Legationssekretär, Kanzler — wird beim Freiwerden in eine Stelle der Gruppe A 9 umgewandelt —.

Archivverwaltung.

Staatsarchivare (bisher Archivare).

Bürobeamte beim Direktorium der Staatsarchive.

Oberrechnungskammer.

Revisoren, Registratoren und Kanzleidirektor.

Landeswasseramt.

Bürobeamte.

Reichs- und Staatsanzeiger.

Vorsteher der Expedition.

Ansiedlungskommission.

Regierungsräte, Regierungs- und Bauräte (bisher Regierungsbaumeister), Regierungs- und Vermessungsrat (bisher Vermessungsinspektor).

Finanzministerium.

Ministerialsekretäre, Ministerial-Bibliothekare (bisher Geh. expedierende Sekretäre usw.) und Kanzleidirektor beim Ministerium.

Lektor.

Katasterkontrolleure■) und Regierungslandmesser■).

Regierungs- und Steuerräte (bisher Katasterinspektoren).

Regierungsräte bei den Regierungen, einschließlich der Preußischen Bau- und Finanzdirektion in Berlin, sowie beim Fürsorgeamt für Beamte aus den Grenzgebieten.

Regierungsräte als Hilfsarbeiter bei den Oberpräsidien.

Landrentmeister (bisher Rendanten bei den Regierungshauptkassen).

Provinzialrentmeister bei den Rentenbanken.

Kassentechnische Regierungsräte.

Regierungsamtmänner.

Technische Ministerialsekretäre (bisher Geh. Revisoren).

Regierungs- und Bauräte (bisher planmäßige Regierungsbaumeister) beim Ministerium.

Regierungs- und Bauräte (bisher Regierungsbaumeister als Amtsvorstände und sonstige planmäßige Regierungsbaumeister).

Technischer Regierungsamtmann.

Handels- und Gewerbeverwaltung.

Ministerialsekretäre, Ministerial-Bibliothekar (bisher Geh. expedierende Sekretäre usw.) und Kanzleidirektor beim Ministerium.

Chemiker, Verkaufsvorsteher und Malereivorsteher bei der Porzellanmanufaktur.

Gewerberäte (bisher Gewerbeinspektoren).

Regierungsräte, Regierungs- und Bauräte.

Eichungsdirektoren (bisher Eichungsinspektoren).

Studienräte (bisher Oberlehrer) bei den Baugewerk-, Maschinenbau- und sonstigen Fachschulen für Metallindustrie sowie den Schiffsingenieur- und Seemaschinistenschulen.

Oberlehrer (bisher Lehrer) an den Kunstgewerbe-, Handwerker- und ähnlichen Fachschulen, Vorsteherinnen.

Regierungsoberingenieur (bisher Lehrer) bei den Wanderkursen für Heizer und Maschinisten.

†) Handelslehrerinnen■).

Seefahrtlehrer■).

Lehrer■) bei den Baugewerk- und Maschinenbauschulen und sonstigen Fachschulen für Metallindustrie sowie bei den Schiffsingenieur- und Seemaschinistenschulen.

Eichungsamtmann.

Direktor der Beschußanstalt in Suhl.

Justizverwaltung.

Ministerialsekretäre, Ministerial-Bibliothekar (bisher Geh. expedierende Sekretäre usw.) und Kanzleidirektor beim Ministerium und bei der Justizprüfungskommission.
Amtsgerichtsräte, Landgerichtsräte, Staatsanwaltschaftsräte (bisher Amtsrichter, Landrichter, Staatsanwälte).
Amtsanwälte ■).
Rechnungsdirektoren bei den Oberlandesgerichten, Verwaltungsreferent beim Kammergerichte.
Kassendirektoren.
Justizlandrentmeister (bisher Justizhauptkassenrendanten).
Rechnungsoberrevisoren (bisher Vertreter des Rechnungsdirektors).
Strafanstaltsdirektoren und Strafanstaltspfarrer (bisher Strafanstaltsgeistliche), Strafanstaltsärzte.
Justizamtmänner.

Verwaltung des Innern.

Ministerialsekretäre, Ministerial-Bibliothekare (bisher Geh. expedierende Sekretäre usw.) und Kanzleidirektor beim Ministerium.
Oberverwaltungsgerichtssekretäre einschließlich Bibliothekar (bisher Bürobeamte) und Kanzleidirektor beim Oberverwaltungsgericht.
Landräte und Oberamtmänner.
Landrätliche Hilfsbeamte.
Bibliothekar und Verwaltungsamtmann beim Statistischen Landesamte.
Versicherungsrevisoren.
Regierungsräte bei den Polizeiverwaltungen.
Polizeiräte ■).
Polizeidirektoren (bisher Polizeimajore).
Kriminaldirektoren.
Telegraphendirektor (bisher Telegrapheningenieur) beim Polizeipräsidium in Berlin.
Landrentmeister als Rendant der Polizeihauptkasse in Berlin.
Polizeihauptleute mit mehr als 2 Dienstjahren als solche (bisher ein Teil der Polizeihauptleute, Polizeiinspektoren, Polizeileutnants und Polizeikommissare sowie Hauptleute in der Sicherheitspolizei).
Polizeiärzte (bisher Hauptärzte in der Sicherheitspolizei).
Polizeitierärzte.
Polizeioberapotheker.
Landjägerräte (bisher Distriktsoffiziere und Adjutanten bei der Landgendarmerie) ■).
Leiter (bisher Kommandeure) und Lehrer der Landjägerschulen.
Lektoren beim Literarischen Büro.
Bürobeamter beim Staatsrat.
Regierungs- und Baurat, Schulrat bei der Polizeiverwaltung.
Polizeiamtmänner.
Distriktskommissar ■).

Landwirtschaftliche Verwaltung.

Ministerialsekretäre, Ministerial-Bibliothekar (bisher Geh. expedierende Sekretäre usw.) und Kanzleidirektor beim Ministerium.
Regierungs- und Kulturräte (bisher Spezialkommissare) als Vorsteher von Kulturämtern.
Regierungs- und Bauräte (bisher Regierungsbaumeister).
Regierungsoberlandmesser als leitende Vermessungsbeamte.
Regierungslandmesser ■).
Regierungs- und Vermessungsräte (bisher Vermessungsinspektoren) bei den Landeskulturämtern.
Studienräte (bisher wissenschaftliche Lehrer) bei den landwirtschaftlichen Lehranstalten.
Direktoren (bisher Vorsteher) der chemischen Untersuchungsanstalten bei den Auslandsfleischbeschaustellen.
Oberfischmeister für die Binnengewässer (bisher Provinzialoberfischmeister), Chemiker an der Landesanstalt für Fischerei.
Zentralbürovorsteher beim Oberlandeskulturamte.
Fachlehrer an landwirtschaftlichen Lehranstalten ■), Bibliothekar bei der Landwirtschaftlichen Hochschule in Berlin.
Nichtvollbesoldete Kreistierärzte [1]).

Kulturamtmänner, Kulturbauamtmann, Technische Amtmänner.

Ministerialsekretäre, ständige Hilfsarbeiter im Büro für die Hauptnivellements, Regierungs- und Bauräte, Regierungs- und Vermessungsräte.

Gestütverwaltung.

Gestütdirektoren (bisher Dirigenten) der Landgestüte.

Gestütveterinärräte (bisher Gestüt- und Veterinärräte).

Ministerium für Wissenschaft, Kunst und Volksbildung.

Ministerialsekretäre, Ministerial-Bibliothekar (bisher Geh. expedierende Sekretäre usw.) und Kanzleidirektor beim Ministerium.

Verwaltungsobersekretäre (bisher Geh. expedierende Sekretäre und Kalkulatoren usw.) beim Evangelischen Oberkirchenrat.

Universitätskassenrendant und Quästor in Berlin.

Bibliothekare bei der Preußischen Staatsbibliothek, den Universitätsbibliotheken, dem Seminar für Orientalische Sprachen, der Hochschule für die bildenden Künste in Charlottenburg und bei den Technischen Hochschulen.

Chemiker beim Landwirtschaftlichen Institut in Halle.

Kreisschulräte (bisher Kreisschulinspektoren).

Pfarrer beim Charitékrankenhaus in Berlin.

Oberapotheker beim Charitékrankenhaus in Berlin.

Kustoden (bisher teilweise Direktorialassistenten, Bibliothekar, Chemiker, Erster Restaurator) bei den Kunstmuseen.

Kustoden (bisher teilweise Direktorialassistenten) beim Kunstgewerbemuseum, bei der Nationalgalerie und beim Zeughaus in Berlin, beim Landesmuseum in Cassel und bei der Hochschule für die bildenden Künste in Charlottenburg.

Kustoden an Zoologischen Universitäts-Instituten, bei den Naturwissenschaftlichen Instituten der Universität Berlin, bei der Biologischen Anstalt auf Helgoland und beim Museum für vaterländische Altertümer in Kiel.

Observatoren bei den Universitätssternwarten und bei dem Astronomischen Recheninstitut in Berlin, beim Geodätischen Institut in Potsdam, beim Meteorologischen Institut in Berlin nebst Observatorien bei Potsdam, beim Astrophysikalischen Observatorium bei Potsdam und beim Aeronautischen Observatorium bei Lindenberg.

Lehrer der Tierheilkunde bei der Universität in Göttingen.

Prosektor beim Anatomischen Universitätsinstitut in Halle (künftig wegfallend).

Ständige Mitglieder (bisher Ständige Mitarbeiter) beim Materialprüfungsamt in Berlin-Dahlem.

Ständige Hilfsarbeiter (bisher Ständige Assistenten) ■) beim Materialprüfungsamt in Berlin-Dahlem.

Amtmänner.

Regierungsräte (bisher Verwaltungsräte und Justitiare) bei den Provinzialschulkollegien.

Weltliche Konsistorialräte.

Wissenschaftlicher Beamter (Bibliothekar) beim Akademischen Auskunftsamte der Universität in Berlin.

Zweiter und Dritter Sekretär beim Historischen Institut in Rom.

Studienräte (bisher Beamte) bei der Auskunftsstelle für Schulwesen und der Hauptstelle für naturwissenschaftlichen Unterricht in Berlin.

Studienräte (bisher Schultechnische Mitarbeiter) bei den Provinzialschulkollegien.

Studienräte bei den Staatlichen Bildungsanstalten.

Studienräte, männliche und †) weibliche (bisher Oberlehrer und Oberlehrerinnen) bei den höheren Lehranstalten für die männliche und weibliche Jugend.

Akademisch gebildete Studienrätinnen als Oberinnen an den mit Lyzeen

und Oberlyzeen verbundenen Frauenschulen.
Oberzeichenlehrer, Obermusiklehrer, †) Oberzeichenlehrerinnen, †) Obermusiklehrerinnen an den höheren Lehranstalten für die männliche und weibliche Jugend.
Prorektoren an den Seminaren.
Oberlehrer an den Lehrer- und Lehrerinnenseminaren.
†) Oberlehrerinnen an den Lehrerinnenseminaren.
Oberlehrer an der Blindenanstalt in Steglitz, an der Waisen- und Schulanstalt in Bunzlau.
Ordentliche Lehrer ■) an den Lehrer- und Lehrerinnenseminaren.
†) Lehrerinnen ■) an den Lehrerinnenseminaren.
Ordentliche Lehrer ■) an der Blindenanstalt in Steglitz, an der Taubstummenanstalt in Neukölln und an der Waisen- und Schulanstalt in Bunzlau.
†) Ordentliche Lehrerinnen ■) an der Blindenanstalt in Steglitz und an der Taubstummenanstalt in Neukölln.
Konrektoren ■) an den mit den Oberlyzeen verbundenen Uebungsschulen.
Turnräte, männliche und †) weibliche (bisher Oberlehrer und Oberlehrerin), und Medizinalrat (bisher Oberlehrer und Arzt) bei der Landesturnanstalt in Spandau
Lehrer am Seminar für Orientalische Sprachen in Berlin.
Lehrer an der Kunstschule in Berlin.
Vorsteher der staatlichen Präparandenanstalten.
Theateroberrentmeister, Theateroberinspektoren (bisher Geh. expedierende Sekretäre) bei den Staatstheatern in Berlin.
Verwaltungsdirektor (bisher Bürovorsteher) bei dem Staatstheater in Cassel.

Ministerium für Volkswohlfahrt.

Ministerialsekretäre, Ministerial-Bibliothekar (bisher Geh. expedierende Sekretäre usw.) und Kanzleidirektor beim Ministerium.
Vollbesoldete Kreismedizinalräte.
Nichtvollbesoldete Kreismedizinalräte [1]).
Direktoren der Medizinaluntersuchungsämter (bisher vollbesoldete Kreisärzte als Vorsteher bei den Medizinaluntersuchungsämtern).
Wissenschaftliche Mitglieder (bisher Assistenten) bei der staatlichen Nahrungsmitteluntersuchungsanstalt.
Wissenschaftliche Mitglieder der Landesanstalt für Wasserhygiene.
Bankinspektoren.
Direktoren bei den staatlichen Erziehungsanstalten.
Regierungs- und Bauräte (bisher Regierungsbaumeister) bei dem Wohnungs- und Siedlungswesen.
Regierungsräte beim Siedlungsverband Ruhrkohlenbezirk.

---

[1]) Die nichtvollbesoldeten Kreismedizinalräte und die nichtvollbesoldeten Kreistierärzte erhalten 75 v. H. der Grundgehaltssätze der vollbesoldeten Kreismedizinalräte und der vollbesoldeten Kreistierärzte.

Gruppe 11.

27 500—29 300—31 100—32 800—34 500—36 200—37 900—39 600 Mark monatlich.

Domänenverwaltung.

Weinbaudirektoren.

Forstverwaltung.

Regierungs- und Forsträte, Oberförster als Leiter und Lehrer bei den Forstlehrlingsschulen, Oberförster als forsttechnischer Beirat beim Regierungspräsidenten in Sigmaringen.
Oberförster ■).

Lotterieverwaltung.

Direktoren bei der Generallotteriedirektion.

Münzverwaltung.

Obermünzmeister und Obermünzwardein (bisher Münzmeister und Münzwardein).

Berg-, Hütten- und Salinenverwaltung.

Regierungsräte und Oberbergräte im Ministerium.
Ministerial-Bürovorsteher (bisher Bürovorsteher).
Ministerialsekretäre (bisher Geh. expedierende Sekretäre usw.) ■).
Oberbergräte als Mitglieder der Bergwerksdirektionen.
Regierungs- und Bauräte (bisher Regierungsbaumeister) ■).
Oberbergräte als Mitglieder der Oberbergämter.
Bergräte als Bergrevierbeamte ■).
Oberbergräte als Direktoren kleiner Werke.
Landesgeologen.
Chemiker ■) bei der Geologischen Landesanstalt.
Kustoden (bisher Sammlungskustoden) bei der Geologischen Landesanstalt ■).
Direktor der Bergschule in Saarbrücken.
Oberlehrer ■) bei der Bergschule in Saarbrücken.
Oberbergamts- und Revidierende Markscheider ■).
Bergräte in Sonderstellungen.
Regierungs- und Bauräte.

Staatsschuldenverwaltung.

Rendanten der Staatsschuldentilgungskasse und des Staatsschuldbuchbüros, stellvertretende Vorsteher der Kontrolle der Staatspapiere und des Staatsschuldbuchbüros und Oberbuchhalter.
Finanzräte als ständige Mitarbeiter.
Finanzobersekretäre (bisher Geh. expedierende Sekretäre, Kalkulatoren, Buchhalter) ■), Hauptkassierer ■), Kassierer ■).

Staatsministerium.

Regierungsräte.
Ministerial-Bürovorsteher (bisher Bürovorsteher beim Ministerium).
Ministerialsekretäre (bisher Geh. expedierende Sekretäre usw.) ■).

Archivverwaltung.

Bürovorsteher beim Direktorium der Staatsarchive.
Erster Staatsarchivar (bisher Staatsarchivar).
Staatsarchivare (bisher Archivare) ■).

Oberrechnungskammer.

Revisoren ■), Registratoren ■).

Landeswasseramt.

Bürovorsteher.

Reichs- und Staatsanzeiger.

Direktor und Redakteur beim Reichs- und Staatsanzeiger.

Ansiedlungskommission.

Regierungsräte ■).

Finanzministerium.

Finanzräte und Regierungs- und Bauräte im Ministerium.
Ministerial-Bürovorsteher (bisher Bürovorsteher beim Ministerium).
Ministerialsekretäre und Ministerial-Bibliothekare (bisher Geh expedierende Sekretäre usw.) ■).
Oberbuchhalter und Kassierer der Generalstaatskasse.
Regierungsräte ■) bei den Regierungen, einschließlich der Preußischen Bau- und Finanzdirektion in Berlin, sowie beim Fürsorgeamte für Beamte aus den Grenzgebieten.
Regierungsräte ■) als Hilfsarbeiter bei den Oberpräsidien.
Regierungs- und Steuerräte (bisher Katasterinspektoren) ■).
Kassentechnische Regierungsräte ■).
Technische Ministerialsekretäre (bisher Geh. Revisoren) ■).
Regierungs- und Bauräte (bisher Ständige Hilfsarbeiter) im Ministerium, bei den Provinzialbehörden in sonstigen Beförderungsstellen.
Regierungs- und Bauräte (bisher Regierungsbaumeister) ■).

Handels- und Gewerbeverwaltung.

Regierungsräte im Ministerium.
Ministerial-Bürovorsteher (bisher Bürovorsteher beim Ministerium).
Ministerialsekretäre und Ministerial-Bibliothekar (bisher Geh. expedierende Sekretäre usw.) ■).
Regierungs- und Bauräte ■) bei der Elektrizitätsverwaltung.
Obereichungsdirektoren (bisher Eichungsinspektoren), Eichungsdirektoren ■).
Regierungs- und Gewerberäte.
Gewerberäte (bisher Gewerbeinspektoren) ■).
Regierungs- und Gewerbeschulräte.
Direktoren bei Fachschulen für Metallindustrie.
Direktoren bei Keramischen Fachschulen.
Seefahrtschuldirektoren.
Chemiker ■) bei der Porzellanmanufaktur.
Direktorinnen (bisher Vorsteherinnen) der Handels- und Gewerbeschulen für Mädchen und Lehrerinnenbildungsanstalten.
Studienräte (bisher Oberlehrer) ■) bei den Baugewerk-, Maschinenbau- und sonstigen Fachschulen für Metallindustrie sowie bei den Schiffsingenieur- und Seemaschinistenschulen.
Oberlehrer (bisher Lehrer) ■) an den Kunstgewerbe-, Handwerker- und ähnlichen Fachschulen.

Justizverwaltung.

Justizräte im Ministerium.
Rechnungsdirektoren ■).
Ministerial-Bürovorsteher (bisher Bürovorsteher beim Ministerium).
Ministerialsekretäre und Ministerial-Bibliothekar (bisher Geh. expedierende Sekretäre usw.) ■).
Amtsgerichts- und Landgerichtsräte (bisher Amtsrichter und Landrichter) als Vorsitzende der Kammern für Handelssachen, der auswärtigen Strafkammern und als aufsichtführende Richter bei Amtsgerichten mit 5 und mehr Richtern, soweit nicht in Gruppe 12.
Erste Staatsanwälte als Leiter großer Amtsanwaltschaften, als Abteilungsvorsteher bei großen Staatsanwaltschaften, als Abteilungsvorsteher bei der Amtsanwaltschaft Berlin-Mitte sowie als ständige Vertreter von Oberstaatsanwälten.
Amtsgerichtsräte ■), Landgerichtsräte ■) und Staatsanwaltschaftsräte ■) (bisher Amtsrichter, Landrichter und Staatsanwälte).
Strafanstaltsdirektoren ■).
Strafanstaltspfarrer ■), Strafanstaltsarzt ■).
Justizräte bei den Strafvollzugsämtern*).

Verwaltung des Innern.

Regierungsräte im Ministerium.
Ministerial-Bürovorsteher (bisher Bürovorsteher beim Ministerium).
Ministerialsekretäre und Ministerial-Bibliothekare (bisher Geh. expedierende Sekretäre usw.) ■).
Bürovorsteher beim Oberverwaltungsgericht.
Oberverwaltungsgerichtssekretäre einschließlich Bibliothekar (bisher Bürobeamte) ■).
Regierungs- und Volkswirtschaftsräte (Mitglieder des Statistischen Landesamts).
Versicherungsrevisoren ■).
Landräte ■).
Polizeitechnischer Hilfsarbeiter, Kriminaltechnischer Hilfsarbeiter und Landjägerrat als Hilfsarbeiter im Ministerium, Polizeiarzt, Polizeitierarzt, Polizeioberapotheker als Ständige Hilfsarbeiter im Ministerium.
Regierungsräte bei den Polizeiverwaltungen ■).
Regierungsräte (bisher Kasseninspektor) beim Polizeipräsidium in Berlin und bei der Schutzpolizei.
Polizeimajore (bisher ein Teil der Polizeimajore, Polizeihauptleute, Polizeiinspektoren, Polizeileutnants und

*) Endgültige Amtsbezeichnung vorbehalten.

Polizeikommissare sowie Majore in der Sicherheitspolizei).
Polizeiärzte (bisher leitende Hauptärzte und Gruppenhauptärzte in der Sicherheitspolizei) ■).
Polizeitierärzte ■).
Bürobeamter beim Staatsrat.
Regierungs- und Baurat bei der Polizeiverwaltung.

Landwirtschaftliche Verwaltung.

Regierungsräte im Ministerium.
Ministerial-Bürovorsteher (bisher Bürovorsteher beim Ministerium).
Ministerialsekretäre und Ministerial-Bibliothekar (bisher Geh. expedierende Sekretäre usw.) ■).
Regierungs- und Forstrat, Regierungs- und Baurat, Regierungs- und Veterinärrat, ferner Regierungs- und Landesökonomieräte (bisher Ständige landwirtschaftlich-technische Hilfsarbeiter) beim Ministerium.
Regierungs- und Landeskulturräte bei den Landeskulturämtern, Regierungs- und Bauräte bei den Provinzialbehörden.
Regierungs- und Vermessungsräte (bisher Vermessungsinspektoren) ■) bei den Landeskulturämtern.
Regierungs- und Kulturräte (bisher Spezialkommissare) ■) als Kulturamtsvorsteher.
Regierungs- und Bauräte (bisher Regierungsbaumeister) ■) als Vorstände von Kulturbauämtern.
Studienräte (bisher Wissenschaftliche Lehrer) ■) bei den landwirtschaftlichen Lehranstalten.
Regierungs- und Veterinärräte.
Vollbesoldete Kreistierärzte ■).
Direktoren ■) als Vorsteher der chemischen Untersuchungsanstalt bei den Auslandsfleischbeschaustellen.
Regierungs- und Baurat als Vorsteher des Büros für die Hauptnivellements.
Regierungs- und Bauräte ■).
Regierungs- und Vermessungsräte ■).
Regierungs- und Bauräte bei der Landesanstalt für Gewässerkunde.
Regierungs- und Bauräte bei den Provinzialbehörden und in sonstigen Beförderungsstellen.
Regierungsrat.
Ständige wissenschaftliche Mitarbeiter bei der Landesanstalt für Gewässerkunde.

Gestütverwaltung.

Gestütsdirektoren (bisher Dirigenten) der Landgestüte ■).
Landstallmeister als Dirigenten der kleinen Hauptgestüte.
Gestütveterinärräte (bisher Gestüt- und Veterinärräte) ■).

Ministerium für Wissenschaft, Kunst und Volksbildung.

Regierungsräte im Ministerium.
Ministerial-Bürovorsteher (bisher Bürovorsteher).
Ministerialsekretäre, Ministerial-Bibliothekar (bisher Geh. expedierende Sekretäre usw.) ■).
Bürovorsteher beim Evangelischen Oberkirchenrat.
Verwaltungsobersekretäre (bisher Geh. expedierende Sekretäre und Kalkulatoren usw.) ■) beim Evangelischen Oberkirchenrat.
Verwaltungsrat (bisher Kontrollbeamter) für die wirtschaftlichen Angelegenheiten der Universitätskliniken und des Charitékrankenhauses.
Pfarrer ■) beim Charitékrankenhaus.
Regierungs- und Baurat (bisher Akademischer Baumeister) und Akademischer Oberförster bei der Universität in Greifswald.
Regierungs- und Schulräte.
Kreisschulräte (bisher Kreisschulinspektoren) ■).
Weltliche Konsistorialräte ■).
Geistliche Konsistorialräte.
Regierungsräte (bisher Verwaltungsräte und Justitiare) ■) bei den Provinzialschulkollegien.
Oberförster bei dem Stift Neuzelle.
Studienräte (bisher Schultechnische Mitarbeiter) ■) bei den Provinzialschulkollegien.
Direktor der Blindenanstalt in Steglitz

und der Taubstummenanstalt in Neukölln.
Zweiter Direktor (bisher Unterdirektor) des Botanischen Gartens und Museums in Berlin-Dahlem.
Vorsteher der staatlichen Bildstelle in Berlin.
Turnrat beziehungsweise Medizinalrat ■).
Vorsteher der staatlichen Präparandenanstalten.
Zweiter Direktor des Zoologischen Universitätsmuseums in Berlin.
Direktor des Saalburgmuseums.
Direktor des Museums vaterländischer Altertümer in Kiel.
Ständige Mitglieder (bisher Ständige Mitarbeiter) ■) beim Materialprüfungsamt in Berlin-Dahlem.
Regierungs- und Baurat (bisher Regierungsbaumeister) bei den Kunstmuseen in Berlin.
Kustoden ■) im Bereiche der Verwaltung des Ministeriums.
Observatoren ■) im Bereiche der Verwaltung des Ministeriums.
Wissenschaftliche Mitglieder beim Institut für experimentelle Therapie in Frankfurt a. M.
Studiendirektoren (bisher Direktoren) der Nichtvollanstalten mit weniger als 12 Klassen und an höheren Lehranstalten für die männliche und weibliche Jugend.
Direktor (bisher Leiter) des Akademischen Auskunftsamts an der Universität in Berlin.
Oberbibliothekare (bisher Bibliothekare) als stellvertretende Direktoren und als Abteilungsdirigenten im Bereiche der Verwaltung des Ministeriums.
Bibliothekare ■) im Bereiche der Verwaltung des Ministeriums.
Ständige Sekretäre bei der Akademie der Künste in Berlin.
Lehrer ■) am Seminar für Orientalische Sprachen in Berlin.
Lehrer ■) an der Kunstschule in Berlin.
Studienräte, männliche und †) weibliche (bisher Oberlehrer und Oberlehrerinnen) ■) an den höheren Lehranstalten für die männliche und weibliche Jugend, einschließlich der Studienräte (bisher Beamte) ■) bei der Auskunftsstelle für Schulwesen und der Hauptstelle für naturwissenschaftlichen Unterricht in Berlin.
Akademisch gebildete Studienrätinnen als Oberinnen an den mit Lyzeen und Oberlyzeen verbundenen Frauenschulen ■).
Studienräte ■) bei den Staatlichen Bildungsanstalten.
Verwaltungsdirektor bei der Staatlichen Bildungsanstalt in Berlin-Lichterfelde.
Seminardirektoren und -direktorinnen.
Prorektoren ■) an den Seminaren.
Oberlehrer an den Lehrer- und Lehrerinnenseminaren ■).
†) Oberlehrerinnen an den Lehrerinnenseminaren ■).
Oberlehrer an der Blindenanstalt in Steglitz und an der Waisen- und Schulanstalt in Bunzlau ■).
Oberturnrat (bisher Oberlehrer) als stellvertretender Direktor der Landesturnanstalt in Spandau.
Regierungsrat (bisher Verwaltungsrat und Justitiar) bei den Kunstmuseen in Berlin.
Betriebsdirektoren (bisher Bürovorsteher) bei den Staatstheatern in Berlin (künftig wegfallend).
Verwaltungsdirektor bei dem Staatstheater in Wiesbaden.

Ministerium für Volkswohlfahrt.

Regierungsräte im Ministerium.
Ministerial-Bürovorsteher (bisher Bürovorsteher beim Ministerium).
Ministerialsekretäre und Ministerial-Bibliothekare (bisher Geh. expedierende Sekretäre usw.) ■).
Regierungs- und Bauräte (bisher Regierungs- und Bauräte) beim Wohnungs- und Siedlungswesen und beim Siedlungsverband Ruhrkohlenbezirk.
Regierungs- und Medizinalräte.
Vollbesoldete Kreismedizinalräte ■).
Bankinspektoren ■).
Direktoren der Medizinaluntersuchungs-

ämter (bisher vollbesoldete Kreisärzte) ■).
Abteilungsleiter (bisher Wissenschaftliche Mitglieder) bei dem Institut für Infektionskrankheiten.
Abteilungsleiter (bisher Wissenschaftliche Mitglieder) bei der Landesanstalt für Wasserhygiene.
Abteilungsleiter bei der staatlichen Nahrungsmitteluntersuchungsanstalt.
Wissenschaftliche Mitglieder (bisher Assistenten) ■) bei der staatlichen Nahrungsmitteluntersuchungsanstalt.
Abteilungsvorsteher (bisher Wissenschaftliche Mitglieder und Chemiker) ■) bei den Hygienischen Instituten in Beuthen und Landsberg a. W.
Direktoren ■) bei den staatlichen Erziehungsanstalten.
Vollbesoldete Kreismedizinalräte als Gewerbemedizinalräte und als Hilfsarbeiter bei Regierungen ■).

Gruppe 12.

32500—35000—37500—40000—42500—45000—47500 Mark monatlich.

Forstverwaltung.

Oberforstmeister.
Regierungs- und Forsträte in Sonderstellungen.

Lotterieverwaltung.

Erster Direktor.

Münzverwaltung.

Obermünzmeister, Obermünzwardein als Vertreter des Münzdirektors.

Berg-, Hütten- und Salinenverwaltung.

Oberbergräte als Vertreter der Berghauptleute und der Präsidenten der Bergwerksdirektionen.
Oberbergräte als Direktoren der Knappschaftsoberversicherungsämter.
Abteilungsdirektoren (bisher Abteilungsdirigenten, teilweise Landesgeologen) und Vorsteher der chemischen Abteilung (bisher Landesgeologe) bei der Geologischen Landesanstalt.
Oberbergräte als leitende Beamte bei den Oberbergämtern.
Oberbergräte als Leiter der Handesbüros bei den Bergwerksdirektionen.
Oberbergräte als Direktoren der größeren Berg- und Hüttenwerke und Salinen.
Bergräte in Sonderstellungen.

Staatsschuldenverwaltung.

Bürodirektor (bisher Vorsteher des Hauptbüros), Vorsteher der Kontrolle der Staatspapiere, der Staatsschuldentilgungskasse und des Staatsschuldbuchbüros sowie der Hauptbuchhalterei.
Oberfinanzräte als ständige Mitarbeiter.

Staatsministerium.

Ministerial-Bürodirektor.

Archivverwaltung.

Direktoren von Staatsarchiven (bisher Archivdirektoren in den Provinzen).

Oberrechnungskammer.

Ministerial-Bürodirektor.

Ansiedlungskommission.

Oberregierungsrat.

Finanzministerium.

Ministerial-Bürodirektor.
Vorsteher der Hauptbuchhalterei des Finanzministeriums.
Rendant der Generalstaatskasse.
Oberfinanzräte im Ministerium.
Oberregierungsräte und Verwaltungsgerichtsdirektoren bei den Regierungen, einschließlich der Preußischen Bau- und Finanzdirektion in Berlin.
Oberregierungsräte bei den Oberpräsidien sowie als Vertreter des Leiters des Fürsorgeamts für Beamte aus den Grenzgebieten.
Direktoren der Oberversicherungsämter.
Regierungsräte in Sonderstellungen.
Oberbauräte (bisher Regierungs- und Bauräte).
Oberbauräte (bisher Regierungs- und Bauräte) als Dombaumeister in Köln

und als Baumeister der Marienburg.

Regierungs- und Bauräte in Sonderstellungen.

Handels- und Gewerbeverwaltung.

Ministerial-Bürodirektor.

Oberregierungs- usw. Räte beim Ministerium.

Direktor (bisher Vorsteher) der Technischen Abteilung bei der Porzellanmanufaktur.

Oberregierungs- und Gewerberäte (bisher Regierungs- und Gewerberäte).

Regierungs- und Gewerberäte in Sonderstellungen, Regierungs- und Baurat in Sonderstellung, Oberbaurat.

Regierungs- und Gewerbeschulräte in Sonderstellungen.

Direktoren der Baugewerkschulen, Maschinenbauschulen, Schiffsingenieur- und Seemaschinistenschulen, Kunstgewerbe- und Handwerkerschulen, Oberstudienräte.

Direktor der Seefahrtschule in Altona.

Gewerberäte in Sonderstellungen.

Obereichungsdirektor in Sonderstellung.

Oberregierungsrat als Leiter der Abteilung für das Fach- und Fortbildungsschulwesen bei dem Provinzialschulkollegium in Berlin, Oberschulräte.

Justizverwaltung.

Ministerial-Bürodirektor.

Oberjustizräte (darunter künftig wegfallend 1 Regierungsrat aus dem Heroldsamt) im Ministerium.

Oberlandesgerichtsräte.

Landgerichtsdirektoren.

Aufsichtführende Richter (bisher Amtsrichter) bei Amtsgerichten mit 10 und mehr Richtern, soweit mehrere vorhanden sind, der erste aufsichtführende Richter, beim Amtsgericht Berlin-Mitte die beiden Vertreter des Amtsgerichtspräsidenten.

Oberstaatsanwälte (bisher Erste Staatsanwälte als Vertreter der Oberstaatsanwälte — künftig Generalstaatsanwälte —, Erste Staatsanwälte als Leiter von Staatsanwaltschaften bei den Landgerichten und als Erster Amtsanwalt beim Amtsgericht Berlin-Mitte sowie als Abteilungsvorsteher bei der Staatsanwaltschaft des Landgerichts I Berlin).

Oberstrafanstaltsdirektoren (bisher Strafanstaltsdirektoren) bei den Strafgefängnissen in Plötzensee und Berlin-Tegel sowie dem Untersuchungsgefängnisse Berlin-Moabit.

Strafanstaltspfarrer in Sonderstellungen.

Oberjustizräte bei den Strafvollzugsämtern*).

Verwaltung des Innern.

Ministerial-Bürodirektor.

Bürodirektoren beim Oberverwaltungsgericht und Staatsrat.

Oberregierungsräte im Ministerium und beim Statistischen Landesamt.

Landräte bei großen Landratsämtern.

Polizeipräsidenten (bisher Polizeipräsidenten und Polizeidirektoren) — soweit nicht in Gruppe 13 oder Gruppe II der Einzelgehälter aufgeführt —.

Oberregierungsräte bei den Polizeiverwaltungen.

Polizei-Oberstwachtmeister als Kommandeure der uniformierten Polizei und im Ministerium.

Direktor des Polizeikrankenhauses in Berlin.

Brigadiers der Landjägerei (bisher Brigadiers der Landgendarmerie) — künftig wegfallend —.

Polizeiärzte und Polizeitierärzte in Sonderstellungen.

Landwirtschaftliche Verwaltung.

Oberbaurat als Vertreter des Leiters der Landesanstalt für Gewässerkunde.

Ministerial-Bürodirektor.

Oberregierungsräte im Ministerium.

Oberregierungsräte bei den Landeskulturämtern, Kulturgerichtsdirektoren (Vorsitzende der Spruchkammern bei den Landeskulturämtern).

*) Endgültige Amtsbezeichnung vorbehalten.

Regierungs- und Bauräte in Sonderstellungen, Oberbauräte.
Regierungs- und Veterinärräte in Sonderstellungen.
Direktoren der höheren Landwirtschaftlichen Lehranstalten in Proskau und Geisenheim.
Institutsvorsteher bei den Versuchs- und Forschungsanstalten in Landsberg a. W. und in Kiel.
Regierungs- und Landeskulturräte in Sonderstellungen.

Gestütverwaltung.

Landstallmeister (bisher Dirigenten der Hauptgestüte).

Ministerium für Wissenschaft, Kunst und Volksbildung.

Ministerial-Bürodirektor.
Oberregierungsräte im Ministerium.
Weltliche Oberkonsistorialräte.
Geistliche Oberkonsistorialräte.
Oberschulräte (bisher Provinzialschulräte).
Oberregierungsräte und Oberregierungs- und Schulrat bei den Provinzialschulkollegien.
Universitätsrichter an der Universität in Berlin.
Wissenschaftliche Beamte (bisher wissenschaftliche Beamte, Bibliothekare und Archivare) bei der Akademie der Wissenschaften.
Aerztlicher Direktor und Verwaltungsdirektor beim Charitékrankenhaus in Berlin.
Abteilungsvorsteher beim Geodätischen Institut bei Potsdam und beim Meteorologischen Institut in Berlin nebst Observatorien bei Potsdam.
Abteilungsvorsteher beim Materialprüfungsamt in Berlin-Dahlem.
Direktor der Biologischen Anstalt auf Helgoland.
Abteilungsdirektoren bei der Preußischen Staatsbibliothek in Berlin.
Direktoren der Universitätsbibliotheken.
Direktoren beim Landesmuseum und bei der Gemäldegalerie in Cassel.
Direktor bei dem Zeughaus in Berlin.
Hauptobservatoren beim Astrophysikalischen Observatorium bei Potsdam, bei der Universitäts-Sternwarte in Babelsberg und beim Aeronautischen Observatorium bei Lindenberg.
Wissenschaftliches Mitglied beim Institut für experimentelle Therapie in Frankfurt a. M.
Direktor (bisher Leiter) der staatlichen Stelle für Naturdenkmalpflege in Preußen.
Oberstudiendirektoren (bisher Direktoren) bei den höheren Lehranstalten (großen Doppelanstalten) für die männliche und weibliche Jugend und bei Anstalten mit großen Alumnaten, Studiendirektoren der Vollanstalten.
Oberstudiendirektoren (bisher Direktoren) bei den Staatlichen Bildungsanstalten.
Studiendirektoren der Nichtvollanstalten mit wenigstens 12 Klassen.
Oberstudienräte (bisher Oberlehrer und Oberlehrerinnen) an den höheren Lehranstalten für die männliche und weibliche Jugend und den Staatlichen Bildungsanstalten.
Studiendirektoren der Nichtvollanstalten mit weniger als 12 Klassen ■).
Kustoden im Bereiche der Verwaltung des Ministeriums.
Direktoren bei der Auskunftsstelle für Schulwesen und der Hauptstelle für den naturwissenschaftlichen Unterricht in Berlin.
Regierungs- und Schulräte in Sonderstellungen.
Oberturndirektor (bisher Direktor) der Landesturnanstalt in Spandau.
Erster Sekretär beim Historischen Institut in Rom.
Oberregierungs- und Schulräte bei den größeren Regierungen.
Seminardirektoren und -direktorinnen ■) einschließlich der Direktoren der Blindenanstalt in Steglitz und der Taubstummenanstalt in Neukölln.

Ministerium für Volkswohlfahrt.

Ministerial-Bürodirektor.
Oberregierungsräte im Ministerium.
Oberregierungsrat beim Verbands-

präsidium des Siedlungsverbandes Ruhrkohlenbezirk.
Abteilungsdirektoren (bisher Abteilungsvorsteher) bei dem Institut für Infektionskrankheiten und bei der Landesanstalt für Wasserhygiene.
Direktoren bei den Hygienischen Instituten in Beuthen und Landsberg a. W. sowie Direktor in Sonderstellung bei einem Medizinaluntersuchungsamte.
Regierungs- und Medizinalräte in Sonderstellungen.
Oberbauräte (bisher Regierungs- und Bauräte) beim Wohnungs- und Siedlungswesen.

Gruppe 13.

42000—47000—52000—57000—62000 Mark monatlich.

Münzverwaltung.

Münzdirektor.

Berg-, Hütten- und Salinenverwaltung.

Ministerialräte (bisher Vortragende Räte im Ministerium).
Direktoren der Bernsteinwerke, der Oberharzer und der Unterharzer Berg- und Hüttenwerke.
Leiter des Grubensicherheitsamts.

Staatsschuldenverwaltung.

Mitglieder.

Staatsministerium.

Ministerialräte (bisher Vortragende Räte im Ministerium).
Bevollmächtigter.

Archivverwaltung.

Zweiter Direktor des Geheimen Staatsarchivs in Berlin.

Oberrechnungskammer.

Ministerialräte (bisher Vortragende Räte) bei der Oberrechnungskammer.

Landeswasseramt.

Landeswasseramtsräte (bisher Ständige Mitglieder des Landeswasseramts).

Ansiedlungskommission.

Oberregierungsrat als erster Vertreter des Präsidenten.

Finanzministerium.

Ministerialräte (bisher Vortragende Räte im Ministerium).
Oberpräsidialräte.
Oberregierungsräte bei den Regierungen als erste Vertreter der Regierungspräsidenten und der Direktor des Oberversicherungsamts Groß-Berlin.
Erster Vertreter des Präsidenten der Preußischen Bau- und Finanzdirektion in Berlin.
Oberregierungsrat als Leiter des Fürsorgeamts für Beamte aus den Grenzgebieten.

Handels- und Gewerbeverwaltung.

Ministerialräte (bisher Vortragende Räte im Ministerium).
Staatskommissar bei der Preußischen Landesauftragsstelle (Ministerialrat).

Justizverwaltung.

Ministerialräte (bisher Vortragende Räte im Ministerium).
Senatspräsidenten bei den Oberlandesgerichten.
Landgerichtspräsidenten, soweit nicht in Gruppe I der Einzelgehälter aufgeführt.
Oberstaatsanwalt (bisher Erster Staatsanwalt) als erster Vertreter des Generalstaatsanwalts beim Kammergericht.
Präsidenten bei den Strafvollzugsämtern *).

Verwaltung des Innern.

Ministerialräte (bisher Vortragende Räte im Ministerium).
Oberverwaltungsgerichtsräte.

*) Endgültige Amtsbezeichnung vorbehalten.

Oberregierungsrat als Vertreter des Präsidenten des Statistischen Landesamts.

Polizeipräsidenten der großen Polizeipräsidien.

Oberregierungsrat als erster Vertreter des Polizeipräsidenten in Berlin.

Polizeiobersten als Kommandeure der uniformierten Polizei und im Ministerium.

Obersten der Landjägerei (bisher Brigadiers der Landgendarmerie) — künftig wegfallend —

Landwirtschaftliche Verwaltung.

Ministerialräte (bisher Vortragende Räte im Ministerium).

Landforstmeister.

Oberlandeskulturräte (bisher Räte) beim Oberlandeskulturamt.

Landesschätzungsräte (bisher Räte) beim Landesschätzungsamt.

Wasserbaudirektoren und Strombaudirektoren.

Ministerium für Wissenschaft, Kunst und Volksbildung.

Ministerialräte (bisher Vortragende Räte im Ministerium).

Räte beim Evangelischen Oberkirchenrat.

Direktoren der Provinzialschulkollegien.

Abteilungsdirigenten bei den Provinzialschulkollegien in Berlin, Breslau und Coblenz.

Generalsuperintendenten bei den Konsistorien in Cassel, Wiesbaden und Aurich.

Direktoren bei den Kunstmuseen, dem Kunstgewerbemuseum und der Nationalgalerie in Berlin.

Universitätskuratoren in Greifswald, Halle, Göttingen, Marburg, Bonn, Königsberg.

Verwaltungsdirektor bei den staatlichen Museen in Berlin.

Direktor des Materialprüfungsamts in Berlin-Dahlem.

Erster Direktor der Preußischen Staatsbibliothek in Berlin.

Direktor des Instituts für experimentelle Therapie in Frankfurt a. M.

Direktor der Generalverwaltung der Staatstheater in Berlin.

Ministerium für Volkswohlfahrt.

Ministerialräte (bisher Vortragende Räte im Ministerium).

B. Gehälter mit Mindestgrundgehaltssätzen.

1. Mindestgrundgehaltssätze monatlich:

Anfangsgehalt Mark	Nach 2 Jahren Mark	Nach 4 Jahren Mark	Nach 6 Jahren Mark	Nach 8 Jahren Mark	Nach 10 Jahren Mark	Nach 12 Jahren Mark	Nach 14 Jahren Mark
15 200	15 900	16 600	17 300	18 000	18 700	19 400	20 000

Konzertmeister, Kammermusiker und Oberinspektoren bei den Staatstheatern in Cassel und Wiesbaden. Sämtliche Stellen sind künftig wegfallend.

2. Mindestgrundgehaltssätze monatlich.

Anfangsgehalt Mark	Nach 2 Jahren Mark	Nach 4 Jahren Mark	Nach 6 Jahren Mark	Nach 8 Jahren Mark	Nach 10 Jahren Mark	Nach 12 Jahren Mark	Nach 14 Jahren Mark
17 000	17 800	18 500	19 200	19 900	20 600	21 300	22 000

Konzertmeister, Kammermusiker und der Orchesterinspektor bei den Staatstheatern in Berlin. Sämtliche Stellen sind künftig wegfallend.

Zu 1 und 2:

Zu den Mindestgrundgehaltssätzen kann ein ausgleichszuschlagfähiger Ergänzungsbetrag von durchschnittlich monatlich 3000 Mark für jede Stelle mit der Maßgabe gewährt werden, daß das Gesamtgrundgehalt des einzelnen Stelleninhabers bei 1 : 23000 Mark, bei 2 : 25000 Mark monatlich nicht übersteigen darf.

3. 43000 Mark monatlich im Durchschnitt. Mindestgrundgehaltssätze monatlich:

Anfangsgehalt Mark	Nach 2 Jahren Mark	Nach 4 Jahren Mark	Nach 6 Jahren Mark	Nach 8 Jahren Mark	Nach 10 Jahren Mark	Nach 12 Jahren Mark	Nach 14 Jahren Mark
31 000	33 000	35 000	37 000	39 000	41 000	43 000	45 000

in besonderen Einzelfällen bis zu 56000 Mark.

Außerordentliche Professoren sowie Abteilungsvorsteher bei den wissenschaftlichen Hochschulen.

Professoren bei der Akademischen Hochschule für die bildenden Künste und der Akademischen Hochschule für Musik in Charlottenburg, der Unterrichtsanstalt beim Kunstgewerbemuseum in Berlin, den Kunstakademien in Cassel, Düsseldorf und Königsberg und der Akademie für Kunst und Kunstgewerbe in Breslau und an der Akademie für Kirchen- und Schulmusik in Charlottenburg je zu einem Drittel.

4. 54000 Mark monatlich im Durchschnitt. Mindestgrundgehaltssätze monatlich:

Anfangsgehalt Mark	Nach 2 Jahren Mark	Nach 4 Jahren Mark	Nach 6 Jahren Mark	Nach 8 Jahren Mark	Nach 10 Jahren Mark	Nach 12 Jahren Mark	Nach 14 Jahren Mark
39 000	42 000	45 000	48 000	50 000	52 000	54 000	56 000

in besonderen Einzelfällen bis 62000 Mark.

Ordentliche Professoren bei den wissenschaftlichen Hochschulen.

Professoren bei der Akademischen Hochschule für die bildenden Künste und der Akademischen Hochschule für Musik in Charlottenburg, der Unterrichtsanstalt des Kunstgewerbemuseums in Berlin, bei den Kunstakademien in Cassel, Düsseldorf und Königsberg, der Akademie für Kunst und Kunstgewerbe in Breslau sowie der Akademie für Kirchen- und Schulmusik in Charlottenburg je zu zwei Dritteln.

Vorsteher der Akademischen Meisterateliers für die bildenden Künste und der Akademischen Meisterschulen für musikalische Komposition in Charlottenburg.

Abteilungsvorsteher bei der Hochschule für Musik, der Direktor der Akademie für Kirchen- und Schulmusik in Charlottenburg und der Leiter der staatlichen Zeichenlehrerkurse in Düsseldorf.

Zu 3 und 4:
Von dem weiteren Aufrücken im Grundgehalte sind diejenigen Professoren bei den wissenschaftlichen Hochschulen ausgenommen, die mit ihrem Einverständnis oder kraft Gesetzes vom Halten von Vorlesungen entbunden sind oder bei denen nach Entscheidung des zuständigen Ministers die Voraussetzungen vorliegen, unter denen nichtrichterliche Beamte in den Ruhestand versetzt werden können.

5. 57000 Mark monatlich im Durchschnitt. Mindestgrundgehaltssätze monatlich:

Anfangsgehalt Mark	Nach 2 Jahren Mark	Nach 4 Jahren Mark	Nach 6 Jahren Mark	Nach 8 Jahren Mark	Nach 10 Jahren Mark	Nach 12 Jahren Mark
42 500	46 000	49 500	53 000	56 000	59 000	62 000

in besonderen Einzelfällen bis zu 64000 Mark.

Direktoren der forstlichen Hochschulen, Direktor des Forstlichen Versuchswesens — Oberforstmeister —.

Direktoren der Akademischen Hochschule für die bildenden Künste und der Akademischen Hochschule für Musik in Charlottenburg, der Kunstschule in Berlin sowie der Kunstakademien in Cassel, Düsseldorf und Königsberg und der Akademie für Kunst und Kunstgewerbe in Breslau.

II. Einzelgehälter.

Gruppe I.

62000 Mark monatlich.

Berg-, Hütten- und Salinenverwaltung.

Präsidenten (bisher Vorsitzende) der Bergwerksdirektionen.

Handels- und Gewerbeverwaltung.

Direktor und künstlerischer Direktor der Porzellanmanufaktur.

Justizverwaltung.

Vizepräsidenten der Oberlandesgerichte als ständige Vertreter der Oberlandesgerichtspräsidenten bei Oberlandesgerichten mit mehreren Senatspräsidenten — mit Ausnahme des Kammergerichts —.

Generalstaatsanwälte (bisher Oberstaatsanwälte) bei den Oberlandesgerichten.

Generalstaatsanwalt bei dem Landgericht I in Berlin.

Präsidenten großer Landgerichte sowie Amtsgerichtspräsident Berlin-Mitte.

Präsident bei den Strafvollzugsämtern*).

Ministerium des Innern.

Kommandeure der uniformierten Polizei in Sonderstellungen.

*) Endgültige Amtsbezeichnung vorbehalten.

Landwirtschaftliche Verwaltung.

Direktor des Instituts für Gärungsgewerbe und Stärkefabrikation in Berlin.

Ministerium für Wissenschaft, Kunst und Volksbildung.

Vizepräsidenten der Provinzialschulkollegien in Breslau und Coblenz.

Generalsuperintendenten mit Ausnahme derjenigen in Wiesbaden, Cassel und Aurich.

Präsidenten der Konsistorien mit Ausnahme von Berlin.

Direktor des Astrophysikalischen Observatoriums.

Direktor des Aeronautischen Observatoriums bei Lindenberg.

Gruppe II.

70000 Mark monatlich.

Staatsministerium.

Gesandter.

Lotterieverwaltung.

Präsident.

Berg-, Hütten- und Salinenverwaltung.

Berghauptleute.

Präsident (bisher Direktor) der Geologischen Landesanstalt.

Ministerial-Dirigenten (bisher Vortragende Räte im Ministerium).

Staatsschuldenverwaltung.

Vizepräsident.

Dirigent.

Archivverwaltung.

Generaldirektor der Staatsarchive, zugleich erster Direktor des Geh. Staatsarchivs in Berlin.

Oberrechnungskammer.

Direktoren bei der Oberrechnungskammer.

Landeswasseramt.

Senatspräsident beim Landeswasseramt.

Finanzministerium.

Ministerial-Dirigenten (bisher Vortragende Räte im Ministerium).

Regierungspräsidenten.

Präsident des Bezirksausschusses gleichzeitig der Preußischen Bau- und Finanzdirektion in Berlin.

Handels- und Gewerbeverwaltung.

Ministerial-Dirigenten (bisher Vortragende Räte im Ministerium).

Staatskommissar bei der Berliner Börse.

Justizverwaltung.

Ministerial-Dirigenten (bisher Vortragende Räte im Ministerium).

Vizepräsident der Justizprüfungskommission.

Vizepräsident des Kammergerichts als ständiger Vertreter des Kammergerichtspräsidenten.

Generalstaatsanwalt beim Kammergericht.

Ministerium des Innern.

Ministerial-Dirigenten (bisher Vortragende Räte im Ministerium).

Senatspräsidenten, darunter 1 Vizepräsident, beim Oberverwaltungsgericht.

Polizeipräsident in Berlin.

Präsident des Statistischen Landesamts.

Chef der Landjägerei — künftig wegfallend —.

Landwirtschaftliche Verwaltung.

Ministerial-Dirigenten (bisher Vortragende Räte im Ministerium).

Präsidenten der Landeskulturämter.

Ministerium für Wissenschaft, Kunst und Volksbildung.

Ministerial-Dirigenten (bisher Vortragende Räte im Ministerium).

Weltlicher Vertreter des Präsidenten des Evangelischen Oberkirchenrats.

Präsident des Landeskonsistoriums in Hannover.

Präsident des Konsistoriums in Berlin.

Vizepräsident des Provinzialschulkollegiums in Berlin.

Zweiter Direktor beim Kaiser-Wilhelm-Institut für Biologie in Berlin-Dahlem.

Direktoren der Kaiser-Wilhelm-Institute in Berlin-Dahlem und Düsseldorf.
Generaldirektor der Preußischen Staatsbibliothek.
Generaldirektor der staatlichen Museen in Berlin.

Ministerium für Volkswohlfahrt.
Direktor des Instituts für Infektionskrankheiten.
Direktor der Landesanstalt für Wasserhygiene.
Verbandspräsident des Siedlungsverbandes Ruhrkohlenbezirk.

Gruppe III.

81 400 Mark monatlich.

Berg-, Hütten- und Salinenverwaltung.
Oberberghauptmann.

Staatsschuldenverwaltung.
Präsident der Hauptverwaltung der Staatsschulden.

Staatsministerium.
Ministerialdirektor.

Landeswasseramt.
Präsident des Landeswasseramts.

Finanzministerium.
Ministerialdirektoren.
Oberpräsidenten.

Handels- und Gewerbeverwaltung.
Ministerialdirektoren.

Justizverwaltung.
Ministerialdirektoren.
Präsident der Justizprüfungskommission.
Kammergerichtspräsident.
Oberlandesgerichtspräsidenten.

Ministerium des Innern.
Ministerialdirektoren.
Präsident des Oberverwaltungsgerichts.

Landwirtschaftliche Verwaltung.
Präsident des Oberlandeskulturamts.
Ministerialdirektoren, Oberlandforstmeister, Oberlandstallmeister.

Ministerium für Wissenschaft, Kunst und Volksbildung.
Ministerialdirektoren.
Präsident des Evangelischen Oberkirchenrats.

Ministerium für Volkswohlfahrt.
Ministerialdirektoren.

Gruppe IV.

108 500 Mark monatlich.

Staatsministerium.
Staatssekretär (bisher Unterstaatssekretär).

Oberrechnungskammer.
Chefpräsident.

Finanzministerium.
Staatssekretär (bisher Unterstaatssekretär).

Handels- und Gewerbeverwaltung.
Staatssekretär (bisher Unterstaatssekretär).

Justizverwaltung.
Staatssekretär (bisher Unterstaatssekretär).

Ministerium des Innern.
Staatssekretär (bisher Unterstaatssekretär).

Ministerium für Landwirtschaft, Domänen und Forsten.
Staatssekretär (bisher Unterstaatssekretär).

Ministerium für Wissenschaft, Kunst und Volksbildung.
Staatssekretär (bisher Unterstaatssekretär).

Ministerium für Volkswohlfahrt.
Staatssekretär (bisher Unterstaatssekretär).

Gruppe V.

140000 Mark monatlich.

Staatsministerium.
Ministerpräsident.

Finanzministerium.
Minister.

Ministerium für Handel und Gewerbe.
Minister.

Justizministerium.
Minister.

Ministerium des Innern.
Minister.

Ministerium für Landwirtschaft, Domänen und Forsten.
Minister.

Ministerium für Wissenschaft, Kunst und Volksbildung.
Minister.

Ministerium für Volkswohlfahrt.
Minister.

Abschnitt II.

Gehälter für die Beamten des Landtags.

Gruppe 3.

11700—12200—12700—13200—13700—14200—14700—15100—15500 Mark monatlich.

Amtsgehilfen (bisher Kanzleidiener und Pförtner).

Gruppe 4.

12800—13400—14000—14500—15000—15500—16000—16500—17000 Mark monatlich.

Amtsgehilfen (bisher Kanzleidiener und Pförtner) ■).

Gruppe 5.

14100—14700—15300—15900—16500—17100—17700—18200—18700 Mark monatlich.

Maschinenmeister (zweiter Maschinenmeister).
Verwaltungsassistenten.

Gruppe 6.

15400—16100—16800—17500—18100—18700—19300—19900—20500 Mark monatlich.

Maschinenmeister ■).

Gruppe 7.

17300—18100—18800—19500—20200—20900—21600—22300—23000 Mark monatlich.

Bibliothekssekretärinnen.
Verwaltungsobersekretäre (bisher Kanzleisekretäre und Botenmeister).
Maschinenbetriebsleiter (erster Maschinenmeister).
Bürosekretäre.

Gruppe 8.

19600—20500—21400—22300—23200—24100—25000—25900 Mark monatlich.

Bibliothekssekretärinnen ■).

Gruppe 9.

21500—22600—23700—24800—25900—27000—28100—29100 Mark monatlich.

Landtagssekretäre, Leihstellenvorsteherin der Landtagsbücherei.

Gruppe 10.

24400—25800—27200—28600—30000—31400—32700—34000 Mark monatlich.

Landtagsobersekretär.

Gruppe 11.

27500—29300—31100—32800—34500—36200—37900—39600 Mark monatlich.

Kalkulatoren einschließlich Rendant, Beamte des stenographischen Büros.

Gruppe 12.

32500—35000—37500—40000—42500—45000—47500 Mark monatlich.

Direktor der Landtagsbücherei, Direktor der Bücherei des ehemaligen Herrenhauses. Direktor des stenographischen Büros.

Gruppe 13.

42000—47000—52000—57000—62000 Mark monatlich.

Direktor beim Landtage.

Abschnitt III.

Gehälter für die Hofbeamten.

[zum Teil künftig wegfallend].

1. Aufsteigende Gehälter.

Gruppe 1.

9700—10100—10500—10900—11300—11700—12100—12500—12800 Mark monatlich.

Schloßaufseherinnen (bisher Schloßdienerinnen).

Gruppe 2.

10600—11100—11600—12100—12500—12900—13300—13700—14100 Mark monatlich.

Amtsgehilfen bei der Kronverwaltung (bisher Amts-, Kanzlei-, Kassen- und Bibliotheksdiener, Bauboten, Geh. Kanzleidiener beim Oberhofmarschallamt).
Wachtmänner (bisher Wächter).
Pförtner[1]).
Ueberfahrer.
Schloßaufseher (bisher teilweise Schloßdiener)[2]).
Oktogonaufseher in Wilhelmshöhe.
Mausoleumsaufseher[3]).

[1]) Die am 1. April 1920 im Amte befindlich gewesenen Pförtner, soweit sie Portiers 1. Klasse waren, erhalten für ihre Person die Bezüge der Gruppe 4.

²) Die am 1. April 1920 im Amte befindlich gewesenen Schloßaufseher erhalten für ihre Person die Bezüge der Gruppe 3.

³) Die am 1. April 1920 im Amte befindlich gewesenen Mausoleumsaufseher in Charlottenburg erhalten für ihre Person die Bezüge der Gruppe 3.

Gruppe 3.

11 700—12 200—12 700—13 200—13 700—14 200—14 700—15 100—15 500 Mark monatlich.

Schloßaufseher (bisher Schloßdiener) [redacted]).
Parkaufseher.
Parkaufseher und Brunnenwärter in Wilhelmshöhe.
Maschinisten.
Fähraufseher.
Fontänenwärter.
Schirrmeister in Babelsberg.
Monteure.
Amtsgehilfen bei der Kronverwaltung (bisher Amts-, Kanzlei-, Kassen- und Bibliotheksdiener, Bauboten, Geh. Kanzleidiener beim Oberhofmarschallamt) [redacted]).

Gruppe 4.

12 800—13 400—14 000—14 500—15 000—15 500—16 000—16 500—17 000 Mark monatlich.

Schloßvögte (bisher Schloßaufseher in Kastellanstellen).
Kanzleiassistent.
Erste Monteure.
Gartenobergehilfen.
Weißzeugaufseherinnen.

Gruppe 5.

14 100—14 700—15 300—15 900—16 500—17 100—17 700—18 200—18 700 Mark monatlich.

Schloßverwalter¹) (bisher Schloßkastellane).
Schloß- und Gartenverwalter in Niederschönhausen.
Obergärtner ohne Revier.
Maschinenmeister.
Bauleitende Monteure (bisher erste Monteure).
Bauwarte (bisher Schloßpolier, Baupolier).
Materialienverwalter bei der Schloßbaukommission.
Inspektor beim Hohenzollernmuseum.

---

¹) Die am 1. April 1920 im Amte befindlich gewesenen Schloßverwalter (bisher Oberkastellane, ein Schloßkastellan) des vormals Königlichen Palais Unter den Linden, der Schlösser Wilhelmshöhe, Babelsberg, Sanssouci, der Stadtschlösser Charlottenburg und Hannover erhalten für ihre Person die Bezüge der Gruppe 6.

Gruppe 6.

15 400—16 100—16 800—17 500—18 100—18 700—19 300—19 900—20 500 Mark monatlich.

Kanzleisekretäre bei der Kronverwaltung (bisher Geh. Kanzleisekretäre beim Oberhofmarschallamt).

Schloßinspektoren (bisher Oberkastellane) beim Alten Schloß in Berlin und Neuen Palais in Potsdam.
Oberbauwarte (bisher Schloßpoliere) in Berlin und Wilhelmshöhe.
Obergärtner mit Revier.
Oberschirrmeister bei der Gartenintendantur.

Gruppe 7.

17300—18100—18800—19500—20200—20900—21600—22300—23000 Mark monatlich.

Oberhofmarschallamtssekretäre [1]).
Bauobersekretäre [1]) (bisher Technische Sekretäre).
Obermaschinenmeister.
Kanzleisekretäre bei der Kronverwaltung (bisher Geh. Kanzleisekretäre beim Oberhofmarschallamt) ■).

---

[1]) Die am 31. März 1920 im Amte befindlich gewesenen Inhaber der Stellen erhalten für ihre Person die Bezüge der Gruppe 8, sobald sie in ihrer Stelle oder in Gruppe 7 eine Dienstzeit von insgesamt 10 Jahren zurückgelegt haben.

Gruppe 8.

19600—20500—21400—22300—23200—24100—25000—25900 Mark monatlich.

Garteninspektoren (bisher Hofgärtner).
Oberhofmarschallamtssekretäre ■).
Bauobersekretäre (bisher Technische Sekretäre) ■).

Gruppe 9.

21500—22600—23700—24800—25900—27000—28100—29100 Mark monatlich.

Gartenoberinspektoren (bisher Hofgärtner und Oberhofgärtner mit großem Revier).

Gruppe 10.

24400—25800—27200—28600—30000—31400—32700—34000 Mark monatlich.

Hofstaatssekretäre bei der Kronverwaltung (bisher beim Oberhofmarschallamt und bei der Gartenintendantur).
Hofapotheker.
Bibliothekar [1]).

---

[1]) Der am 1. April 1920 im Amte befindlich gewesene Inhaber der Stelle erhält für seine Person die Bezüge der Gruppe 11.

Gruppe 11.

27500—29300—31100—32800—34500—36200—37900—39600 Mark monatlich.

Bauräte (darunter bisher ein Bauinspektor).
Hofstaatssekretäre ■) bei der Kronverwaltung (bisher beim Oberhofmarschallamt und bei der Gartenintendantur).

Gruppe 12.

32 500—35 000—37 500—40 000—42 500—45 000—47 500 Mark monatlich.

Direktor des Hohenzollernmuseums [1]).
Hausarchivar.
Oberbaurat (bisher Baurat).

---

[1]) Der am 31. März 1920 im Amte befindlich gewesene Inhaber der Stelle erhält für seine Person die Bezüge der Gruppe 13.

Schlußbemerkungen.

A. Aufwandsentschädigungen.

1. Die gesandtschaftlichen Beamten erhalten folgende nichtruhegehaltsfähigen Aufwandsentschädigungen:

bei den Vertretungen Preußens in	der Gesandte bzw. Bevollmächtigte ℳ	Legationssekretär ℳ	Kanzler ℳ	Regierungsobersekretär in Sonderstellung ℳ
Dresden . . .	12 000	1 500	1 500	—
München . . .	18 000	—	—	1 200

jährlich.

2. Es erhalten als nichtruhegehaltsfähige Aufwandsentschädigung:
   a) die Landräte je 1000 Mark, 1500 oder 2000 Mark jährlich, nach Maßgabe des Staatshaushaltsplans;
   b) die Regierungspräsidenten sowie der Polizeipräsident von Berlin je 2000, 3000 oder 4000 Mark jährlich, nach Maßgabe des Staatshaushaltsplans;
   c) der Präsident der Preußischen Zentral-Genossenschaftskasse 5000 Mark jährlich;
   d) die Oberpräsidenten, der Präsident des Oberverwaltungsgerichts, der Präsident des Kammergerichts, der Präsident der Preußischen Staatsbank und der Präsident des Evangelischen Oberkirchenrats je 7000 Mark jährlich;
   e) der Ministerpräsident 18 000 Mark und die Staatsminister je 14 000 Mark jährlich.

   Ist ein Staatsminister zugleich der Ministerpräsident, so erhält er neben der Aufwandsentschädigung des Staatsministers auch die Aufwandsentschädigung des Ministerpräsidenten.

3. Das Staatsministerium kann die vorstehend festgesetzten Aufwandsentschädigungen entsprechend den jeweiligen wirtschaftlichen Verhältnissen ändern.

4. Im übrigen dürfen Aufwandsentschädigungen (z. B. für Nachtdienst) nur insoweit gezahlt oder bewilligt werden, als der Staatshaushaltsplan dies bestimmt oder besondere Mittel dazu zur Verfügung stellt.

B. Sondervergütungen.

1. Den nichtvollbesoldeten Kreisärzten und Kreistierärzten können zu ihren Dienstbezügen Zuschüsse aus den dafür im Haushalte vorgesehenen Mitteln gewährt werden. Diese Zuschüsse gelten nicht als Grundgehalt.

2. Den in einem Ministerium beschäftigten Beamten können nach näherer Bestimmung des Staatsministeriums Sondervergütungen (Ministerialzulagen) aus den dafür im Staatshaushaltsplane vorgesehenen Mitteln gewährt werden. Das Staatsministerium bestimmt, welche anderen Behörden im Sinne dieser Vorschrift einem Ministerium gleichzuerachten sind.

3. Den Professoren und sonstigen Lehrkräften an den wissenschaftlichen Hochschulen und den damit zusammenhängenden Anstalten und Instituten, den Leitern und Lehrkräften an den Akademischen Hochschulen für die bildenden Künste und für Musik in Charlottenburg, der Unterrichtsanstalt des Kunstgewerbemuseums und der Kunstschule in Berlin, dem Akademischen Institute für Kirchenmusik in Charlottenburg, den Kunstakademien in Königsberg, Cassel und Düsseldorf, der Akademie für Kunst und Kunstgewerbe in Breslau, den Vorstehern der Meisterateliers für bildende Künste und der Meisterschulen für musikalische Komposition in Charlottenburg, den Leitern und Lehrkräften an gewerblichen Unterrichtsanstalten können zur Ergänzung des Grundgehalts oder der Grundvergütung auch fernerhin aus den für die Heranziehung und Erhaltung ausgezeichneter Leiter und Lehrkräfte an den genannten Hochschulen und Anstalten im Haushaltsplane vorgesehenen Mitteln besondere ruhegehaltsfähige oder nichtruhegehaltsfähige Zuschüsse gewährt werden.

4. Zur Gewährung von ruhegehaltsfähigen und nichtruhegehaltsfähigen Vergütungen für Konzertmeister und Erste Stimmen bei den Staatstheatern werden besondere Mittel durch den Staatshaushalt zur Verfügung gestellt.

C. Nebenbezüge.

1. Bei der Preußischen Staatsbank und der Preußischen Zentral-Genossenschaftskasse können Beamte — für das Rechnungsjahr 1920 nach näherer Bestimmung des Finanzministers — demnächst im Rahmen der dafür im Staatshaushaltsplane vorgesehenen Mittel nichtruhegehaltsfähige Zuwendungen aus dem Geschäftsgewinn erhalten.

2. Bei der Berg-, Hütten- und Salinenverwaltung können nach Maßgabe besonderer Bestimmungen aus Mitteln des Haushalts erhalten:

a) aus Kapitel 14 Titel 8 und Kapitel 18 Gewinnanteile:
die Bergräte (bisher Betriebsinspektoren) und Oberbergräte als Direktoren kleiner Werke, als Leiter der Handelsbüros und als Direktoren größerer Werke, die Direktoren der Bernsteinwerke, der Ober- und Unterharzer Berg- und Hüttenwerke sowie die Präsidenten (bisher Vorsitzenden) der Bergwerksdirektionen;

b) aus Kapitel 14 Titel 7 und Kapitel 18 Außerordentliche Zuwendungen:
die mittleren Werksbeamten ohne und mit abgeschlossener Fachschulbildung, die oberen Werksbeamten 2. und 1. Klasse, die Betriebsführer des Gruben- und Maschinenbetriebs auf großen Steinkohlen-, Kali- und Erzbergwerken, die Markscheider, die Bergräte (bisher Betriebsinspektoren), die Oberbergräte als Direktoren kleiner und größerer Werke sowie als Mitglieder, als Leiter der Handelsbüros und als Vertreter der Präsidenten der Bergwerksdirektionen;

c) aus Kapitel 14 Titel 9 und Kapitel 18 Belohnungen:
die mittleren Werksbeamten ohne und mit abgeschlossener Fachschulbildung, die oberen Werksbeamten 2. und 1. Klasse und die Betriebsführer des Gruben- und Maschinenbetriebs auf großen Steinkohlen-, Kali- und Erzbergwerken.

3. Bei der Ruhrschiffahrtsverwaltung erhalten die Lokomotivführer, Reservelokomotivführer und Lokomotivheizer Nebenbezüge nach Maßgabe des Staatshaushaltsplans.

4. Bei der Porzellanmanufaktur können nach Maßgabe des Staatshaushaltsplans Beamte nichtruhegehaltsfähige Gewinnanteile erhalten.

5. Bei der Justizverwaltung erhalten:

a) die als hauptamtliche Mitglieder der Prüfungskommission beschäftigten Oberlandesgerichtsräte einen nichtruhegehaltsfähigen Anteil an den Prüfungsgebühren;

b) die Kalkulatoren einen Anteil an den von ihnen aufgebrachten und eingezogenen Rechnungsgebühren nach Maßgabe des Haushaltsplans, für das Rechnungsjahr 1920: 15 vom Hundert, jedoch ruhegehaltsfähig nicht mehr als 10 vom Hundert Anteil bis zum Höchstbetrage von 38400 Mark jährlich;

c) die Gerichtsvollzieher einen Anteil an den Gerichtsvollziehergebühren nach Maßgabe der Gerichtsvollzieherordnung und des Haushaltsplans, — zum Teil, und zwar für das Rechnungsjahr 1920 mit 15 vom Hundert ruhegehaltsfähig bis höchstens 34800 Mark jährlich;

6. Bei der landwirtschaftlichen Verwaltung verbleiben:

a) den nichtvollbesoldeten Kreistierärzten wie bisher die Gebühren aus amtlicher Tätigkeit, jedoch mit der Maßgabe, daß das hiernach erwachsende Gesamtdiensteinkommen die Bezüge eines Beamten der Gruppe 10 vom gleichen Besoldungsdienstalter nicht übersteigen darf;

b) dem jetzigen Direktor der Lehranstalt für Obst- und Gartenbau in Proskau 2 vom Hundert Gewinnanteil (künftig wegfallend) von dem Erlöse der im laufenden Betriebe zum Verkaufe kommenden Erzeugnisse der Anstalt;

c) dem Materialienverwalter bei der Lehranstalt für Wein-, Obst- und Gartenbau in Geisenheim 2 vom Hundert Gewinnanteil von dem Erlös aus den Gartenerzeugnissen.

7. Bei der Verwaltung des Ministeriums für Wissenschaft, Kunst und Volksbildung werden folgende nichtruhegehaltsfähige Nebenbezüge gewährt:

Die Universitätskassenrendanten und Quästoren erhalten wie bisher einen Anteil an den gestundeten Honoraren nach den bisherigen Sätzen in voller Höhe, jedoch mit der Maßgabe, daß der Anteil des Quästors in Göttingen von 15 vom Hundert und derjenige des Quästors in Bonn von 20 vom Hundert auf je 10 vom Hundert herabgesetzt wird, und daß die den Universitätskassenrendanten und Quästoren hieraus zufließende Reineinnahme den Betrag von 3600 Mark jährlich nicht übersteigen darf.

Die Universitätskassenrendanten und Quästoren erhalten ferner wie bisher einen Anteil an den laufenden Honoraren nach den bisherigen Sätzen, jedoch mit der Maßgabe, daß die ihnen hieraus zufließende Gesamteinnahme den Betrag von 2400 Mark jährlich nicht übersteigen darf.

Die Universitätskassen- und Quästurkontrolleure sowie der Buchhalter der Universitätskasse und Quästur in Greifswald erhalten ebenfalls wie bisher einen Anteil an den gestundeten und laufenden Honoraren nach den bisherigen Sätzen, jedoch mit der Maßgabe, daß die ihnen zufließende Gesamteinnahme den Betrag von 1800 Mark jährlich nicht übersteigen darf.

Alle sonstigen den Universitätskassenrendanten und Quästoren und den Universitätskassen- und Quästurkontrolleuren aus diesen Aemtern bisher zufließende Nebeneinnahmen erhalten diese Beamten in Zukunft nicht mehr.

Die durch die vorstehende Neuregelung freiwerdenden Beträge an Gebühren und Nebeneinnahmen fließen der Universitätskasse (Titel Insgemein des Universitätshaushaltsplans) zu. Anderseits sind die sämtlichen von den vorgenannten Beamten bisher getragenen Beiträge zu Gehältern und sonstigen Dienstbezügen des Kassenpersonals sowie die von ihnen bisher getragenen Unkosten von der Universitätskasse zu übernehmen.

8. Bei der Verwaltung des Ministeriums für Wissenschaft, Kunst und Volksbildung, bei der Berg-, Hütten- und Salinenverwaltung, bei der Landwirtschaftlichen Verwaltung und bei der Forstverwaltung erhalten die Professoren und Abteilungsvorsteher an den wissenschaftlichen Hochschulen sowie die Direktoren der Forstakademien einen Anteil an den für ihre Vorlesungen eingehenden Unterrichtshonoraren. Die Höhe dieses Anteils sowie die den Professoren und den Abteilungsvorstehern zu gewährleistende Mindesteinnahme an Unterrichtshonorar, ferner die Höhe der den Rektoren der wissenschaftlichen Hochschulen und dem Rektor der Akademie in Braunsberg zu gewährenden Amtsvergütung wird durch die Fachminister im Einvernehmen mit dem Finanzminister festgesetzt. Diese Festsetzung kann den jeweiligen wirtschaftlichen Verhältnissen entsprechend jederzeit geändert werden.

9. Bei der Verwaltung des Ministeriums für Volkswohlfahrt verbleiben den nichtvollbesoldeten Kreisärzten wie bisher die Gebühren aus amtlicher Tätigkeit, jedoch mit der Maßgabe, daß das hiernach erwachsende Gesamtdiensteinkommen die Bezüge eines Beamten der Gruppe 10 vom gleichen Besoldungsdienstalter nicht übersteigen darf.

10. Die Reviervorsteher der ehemaligen Hofgartenreviere erhalten einen auf 5 vom Hundert herabgesetzten Gewinnanteil von dem Erlöse der im laufenden Betriebe zum Verkaufe kommenden Erzeugnisse ihrer Reviere.

11. Bei der Generallotteriedirektion können die mit der Wahrnehmung des Ziehungsgeschäfts beauftragten Beamten nach Maßgabe besonderer Bestimmungen aus Mitteln des Haushalts außerordentliche nichtruhegehaltsfähige Zuwendungen erhalten.

Anlage 2
(§ 4).

Ortszuschlag.

Der Ortszuschlag beträgt für planmäßige Beamte:

in Orten der Ortsklasse	bei einem Grundgehalte von monatlich						
	bis 11600	über 11600 bis 12900	über 12900 bis 15400	über 15400 bis 17500	über 17500 bis 22600	über 22600 bis 32800	über 32800
	monatlich						
	M	M	M	M	M	M	M
A	2400	3000	3600	4200	4800	5400	6000
B	1800	2300	2700	3200	3600	4100	4500
C	1500	1900	2300	2600	3000	3400	3800
D	1200	1500	1800	2100	2400	2700	3000
E	900	1100	1400	1600	1800	2000	2300

Anlage 3
(§ 11).

Dienstbezüge

der nichtplanmäßigen unmittelbaren Staatsbeamten.

1. Es betragen die Grundvergütungssätze vom Beginn des

	1.	2.	3.	4.	5.
	Anwärterdienstjahrs ab				
für Zivilanwärter . .	70 v. H.	80 v. H.	85 v. H.	90 v. H.	95 v. H.
für Militäranwärter .	80 v. H.	85 v. H.	90 v. H.	95 v. H.	—
	des Anfangsgrundgehalts derjenigen Gruppe, in der der Stellenanwärter beim regelmäßigen Verlaufe seiner Dienstlaufbahn zuerst planmäßig angestellt wird.				

2. Stellenanwärtern, die bereits eine planmäßige Stelle bekleidet haben, kann zur Vermeidung von Härten das zuletzt bezogene Diensteinkommen ihrer planmäßigen Stelle (Grundgehalt und Ortszuschlag, letzterer jedoch nach dem Satze des neuen dienstlichen Wohnsitzes berechnet) bis zum Aufsteigen in der Grundvergütung nach Maßgabe des Abs. 1 oder bis zur planmäßigen Anstellung in der neuen Stelle als Grundvergütung und Ortszuschlag gewährt werden.

3. Die Anwärter auf Stellen für Unterwachtmeister der Gruppe 2 bei der der Verwaltung des Innern unterstehenden uniformierten und bewaffneten Schutzpolizei erhalten bis zu ihrer planmäßigen Anstellung eine Grundvergütung von 10070 Mark monatlich; die Anwärter auf Stellen von Polizeileutnants erhalten die für Militäranwärter geltenden Grundvergütungssätze der Gruppe 5.

4. Die wissenschaftlichen Assistenten mit planmäßiger Vergütung an den wissenschaftlichen Hochschulen erhalten die Grundvergütung der Stellenanwärter nach Gruppe 10 und von Vollendung des fünften Dienstjahrs an eine Grundvergütung, die in ihrer Höhe den Grundgehaltssätzen der planmäßigen Beamten in Gruppe 10 entspricht.

Den wissenschaftlichen Assistenten mit planmäßiger Vergütung bei den wissenschaftlichen Hochschulen werden gleichgestellt:

im Bereiche der Bergverwaltung

die Assistenten bei der Geologischen Landesanstalt in Berlin;

im Bereiche der Landwirtschaftlichen Verwaltung

die Assistenten bei den Landwirtschaftlichen höheren Lehranstalten (Lehranstalt für Obst- und Gartenbau in Proskau und Lehranstalt für Wein-, Obst- und Gartenbau in Geisenheim),

die Prosektoren, Apotheker und Oberassistenten an den Tierärztlichen Hochschulen in Berlin und Hannover,

die wissenschaftlich-technischen Hilfslehrer und die wissenschaftlich-technischen Hilfskräfte bei den Landwirtschaftlichen Versuchs- und Forschungsanstalten in Landsberg a. W. (bisher bei dem Kaiser-Wilhelm-Institut für Landwirtschaft in Bromberg),

die Assistenten am Institut für Binnenfischerei am Müggelsee;

im Bereiche der Verwaltung des Ministeriums für Wissenschaft, Kunst und Volksbildung

die außerplanmäßigen außerordentlichen Professoren (künftig wegfallend),

die Lektoren für Sprachen und Künste mit planmäßiger Vergütung bei den Universitäten,

die Konstruktions-, Betriebs- und Oberingenieure bei den Technischen Hochschulen,

die Apotheker bei den Klinischen Anstalten in Breslau und dem Charitékrankenhaus in Berlin,

die wissenschaftlichen Mitglieder und Assistenten beim Institut für experimentelle Therapie in Frankfurt a. M.,

der Assistent an der Biologischen Anstalt auf Helgoland;

im Bereiche der Verwaltung des Ministeriums für Volkswohlfahrt

die Assistenten beim Institut für Infektionskrankheiten „Robert Koch" in Berlin und bei den Hygienischen Instituten in Beuthen und Landsberg a. W. und den Medizinaluntersuchungsämtern,

die wissenschaftlichen Hilfsarbeiter bei der Landesanstalt für Wasserhygiene in Berlin-Dahlem.

5. Anwärterinnen auf Stellen, die in der Besoldungsordnung mit einem † bezeichnet sind, erhalten die Grundvergütung um 10 vom Hundert gekürzt. Auf die Berechnung des Ortszuschlags ist die Kürzung der Grundvergütung ohne Einfluß.

6. Beim Uebertritt eines Stellenanwärters aus einer Gruppe in eine andere ist § 3 Abs. 5 des Gesetzes sinngemäß anzuwenden.

Schlußbemerkungen.

1. Die am 1. April 1920 im Dienste befindlichen Landjägeranwärter und Hilfspolizeiwachtmeister bei der Schutzmannschaft erhalten, soweit es ihnen in den bisherigen Anstellungsbedingungen ausdrücklich zugesagt ist, die Bezüge der planmäßigen Beamten.

2. Die Sätze für Militäranwärter gelten auch für die Anwärter in der Landjägerei und für die Hilfspolizeiwachtmeister in der Schutzmannschaft, soweit sie mindestens vier Jahre beim Militär gedient haben.

3. Die nichtplanmäßigen Gerichtsvollzieher erhalten einen Anteil an den Gerichtsvollziehergebühren nach Maßgabe der Gerichtsvollzieherordnung und des Haushaltsplans.

4. Die nichtplanmäßigen Amtsgerichtskalkulatoren erhalten einen Anteil an den von ihnen aufgebrachten und eingezogenen Rechnungsgebühren nach Maßgabe des Haushaltsplans, für das Rechnungsjahr 1920: 15 vom Hundert.

5. Die Konstruktions-, Betriebs- und Oberingenieure bei den Technischen Hochschulen beziehen neben ihrer Grundvergütung einen Anteil bis zur Höhe von jährlich 4500 Mark an den Unterrichtsgebühren des Professors, dem sie zugewiesen sind, insoweit der Gesamtbetrag dieser Gebühren zur Deckung der Ausgabe außer dem Gebührenanteile des Professors ausreicht.

6. Den außerplanmäßigen außerordentlichen Professoren und den gegen planmäßige Vergütung angestellten Lektoren für Sprache und Künste bei den Universitäten verbleiben die zu C 8 der Schlußbemerkungen zur Besoldungsordnung genannten Bezüge unverkürzt.

B.

Gesetz

über die Versorgungsbezüge der zum 1. April 1920 oder zu einem früheren Zeitpunkt in den Ruhestand versetzten unmittelbaren Staatsbeamten, ihrer Hinterbliebenen und der Hinterbliebenen der vor dem 1. April 1920 verstorbenen Beamten (Beamten-Altruhegehaltsgesetz).

Vom 17. Dezember 1920.

(Gesetzsammlung 1921. Seite 214.)

In der Fassung der Gesetze vom 24. November 1921 (GS. S. 563), 19. April 1922 (GS. S. 83) und 21. November 1922 (GS. S. 431).

Vorbemerkungen.

1. Das mit Wirkung vom 1. April 1920 an die Stelle des Gesetzes vom 7. Mai 1920 (GS. S. 260) getretene Beamten-Altruhegehaltsgesetz (BARG.) vom 17. Dezember 1920 dehnt die Verbesserung in den Versorgungsbezügen (Wartegeld, Ruhegehalt, Witwen- und Waisengeld), welche den nach dem 31. März 1920 einstweilen oder dauernd in den Ruhestand versetzten Beamten, ihren Hinterbliebenen und den Hinterbliebenen der seit Beginn des 1. April 1920 im Amt verstorbenen Beamten durch das Beamten-Diensteinkommensgesetz vom 17. Dezember 1920 zuteil geworden ist, auch auf die vor Inkrafttreten dieses Gesetzes einstweilen oder dauernd in den Ruhestand versetzten Beamten, die Hinterbliebenen dieser Ruhestandsbeamten und die Hinterbliebenen der vor dem 1. April 1920 im Amt verstorbenen Beamten aus. In gleicher Weise ist in den Gesetzen vom 24. November 1921 (GS. S. 563), 19. April 1922 (GS. S. 83) und 21. November 1922 (GS. S. 431), welche die Grundgehaltsgesetze des BDEG. dem gesunkenen Geldwert angepaßt haben, bestimmt, daß mit Wirkung von den Tagen des Inkrafttretens dieser Gesetze an die Bezüge aller — also auch der vor diesen Zeitpunkten — einstweilen oder dauernd in den Ruhestand versetzten Beamten und der Hinterbliebenen der im Amt verstorbenen Beamten nach ihren Vorschriften neu zu regeln sind, wobei das BARG. vom 17. Dezember 1920 mit der Maßgabe Anwendung finden soll, daß an Stelle des 1. April 1920 der Tag des Inkrafttretens der oben genannten Gesetze (1. Oktober 1921, 1. April 1922, 1. Oktober 1922) tritt.

Die im allgemeinen Sprachgebrauch — nicht auch im Gesetz — als **Altwartegeldempfänger, Altruhegehaltsempfänger** und **Althinterbliebene** (Altwitwen, Altwaisen), zusammen auch kurz als **„Altversorgungsberechtigte“** oder **„Altpensionäre“** bezeichneten Personen haben an sich keinen Anspruch auf Teilnahme an den Verbesserungen, die das BDEG. vom 17. Dezember 1920 und die Gesetze vom 24. November 1921, 19. April 1922 und 21. November 1922 den im Dienst befindlichen Beamten gebracht haben, weil sie durch die einmal erfolgte Festsetzung ihrer Versorgungsbezüge auf Grund des tatsächlich bezogenen letzten Beamten-Diensteinkommens mit ihren Ansprüchen gegen den Staat als ein für alle Mal abgefunden zu gelten haben. Nach diesem Grundsatz ist früher in Preußen bei allen Besoldungsaufbesserungen, zuletzt noch 1909, verfahren worden. Etwaige Härten, die bei Durchführung dieses Grundsatzes hervortraten, wurden dadurch gemildert, daß im Verwaltungswege bestimmte Grundsätze aufgestellt wurden, wonach den Altruhestandsbeamten und Althinterbliebenen auf Antrag im Falle des Bedürfnisses sogenannte „Ausgleichszuwendungen“ zuteil werden konnten (Runderlaß des FinMin. v. 16. Juli 1912 — I 10408¹, II 8835, III 11473 betr. Zuwendungen an Altpensionäre und Althinterbliebene —). Einen Rechtsanspruch auf Ausgleich erhielten sie aber nicht.

Das BARG. bricht grundsätzlich mit dem bisherigen Verfahren angesichts der unverkennbaren schweren Notlage, in der sich mehr oder minder alle Altruhestandsbeamten und Althinterbliebenen infolge der besonders gearteten Verhältnisse befinden, die durch die zurzeit allgemein herrschende Geldentwertung eingetreten sind, indem es in großzügiger Weise **alle Altruhegehaltsempfänger, Altwartegeldempfänger und Althinterbliebenen den Neu-Versorgungsberechtigten vollkommen gleichstellt** und die Gesetze vom 24. November 1921, 19. April 1922 und 21. November 1922 folgen ihm hierin, da sie lediglich Berichtigungen der Grundgehaltssätze bringen. Die Versorgungsbezüge aller dieser Personen sind also mit Wirkung vom 1. Oktober 1922 so neu festzusetzen, als wenn der Beamte, nach dessen letztem ruhegehaltsfähigen Diensteinkommen diese Bezüge berechnet werden, nach dem BDEG. in der Fassung des Gesetzes vom 21. November 1922 besoldet gewesen und nach den am 1. Oktober 1922 geltenden Ruhegehaltsvorschriften in den Ruhestand versetzt worden wäre (§§ 1 und 2 BARG.). Für die Altversorgungsberechtigten aus der Zeit vor dem 1. Oktober 1922 30. September 1921 nach dem BDEG. vom 17. Dezember 1920 und den am 1. April 1920 geltenden Ruhegehaltsvorschriften, für die Zeit vom 1. Oktober 1921 bis zum 31. März 1922 nach dem Art. II des Ges. vom 24. November 1921 (GS. S. 553), für die Zeit vom 1. April 1922 bis zum 30. September 1922 nach dem Art. II § 1 des Ges. vom 19. April 1922 (GS. S. 83) und für die Zeit vom 1. Oktober 1922 bis zum 31. März 1923 nach dem Art. VI des Ges. vom 21. November 1922 (GS. S. 431).

2. **Versorgungszuschlag.** Die Altversorgungsberechtigten erhalten nach denselben Grundsätzen und in derselben Höhe wie die Neuversorgungsberechtigten an Stelle des Ausgleichszuschlags den Versorgungszuschlag des § 23 BDEG. (§ 3 BARG.).

3. **Kinderbeihilfen.** Alle Altversorgungsberechtigten erhalten die Kinderbeihilfen mit dem Ausgleichszuschlag des § 18 BDEG. in derselben Höhe und unter denselben Voraussetzungen wie die Neuversorgungsberechtigten (§ 4 BARG.).

4. Allen Beamten, die nach ihrer Versetzung in den Ruhestand in der Zeit vom 1. August 1914 bis 31. Dezember 1918 im unmittelbaren Staatsdienst wieder verwendet worden sind, wird die Zeit der Wiederverwendung zu ihrer ruhegehaltsfähigen Dienstzeit hinzugerechnet (§ 5 BARG.).

5. **Ausführungsbestimmungen.** Die zum BARG. erforderlichen Ausführungsbestimmungen (vgl. § 12 BARG.) enthält im wesentlichen der FinMinErl. vom 21. Januar 1921 — B 1626 — im Abschnitt II: Versorgungsgebührnisse der Wartegeldempfänger, Ruhegehaltsempfänger und Hinterbliebenen (unten S. 323 ff.).

6. In den zu den einzelnen Paragraphen angegebenen Beispielen sind stets die Grundgehälter des BDEG. vom 17. Dezember 1920 zugrunde gelegt, eine Übersicht über dieselben s. Tafel 1.

Die verfassunggebende Preußische Landesversammlung hat folgendes Gesetz beschlossen, das hiermit verkündet wird:

§ 1.

Ruhegehalt und Wartegeld.

Das Ruhegehalt und das Wartegeld[1] der zum 1. April 1920 [1. Oktober 1922][2, 3] oder zu einem früheren Zeitpunkt in den Ruhestand versetzten unmittelbaren Staatsbeamten ist für die Zeit vom 1. April 1920 [1. Oktober 1922][2] ab auf den Betrag festzusetzen, der sich ergeben hätte, wenn der Beamte bei seinem Ausscheiden aus der zuletzt von ihm bekleideten Stelle[4] nach den am 1. April 1920 [1. Oktober 1922][2] geltenden[5] oder mit Wirkung von diesem Zeitpunkt an in Kraft tretenden[6] Vorschriften besoldet gewesen und in den Ruhestand versetzt worden[7] wäre.[8]

1. § 1 gilt für die dauernd und für die einstweilen in den Ruhestand versetzten Staatsbeamten. Zu den Altruhegehaltsempfängern gehören auch die auf Grund des § 13 der WartegeldVO. vom 26. Februar 1919 (GS. S. 33) ausgeschiedenen Beamten, zu den Altwartegeldempfängern auch die nach § 32 Abs. 2 des Gesetzes über Landeskulturbehörden vom 3. Juni 1919 (GS. S. 101) einstweilen in den Ruhestand versetzten Beamten. Wegen der Hofbeamten s. § 8 BARG.

2. Wegen des [ ] eingeklammerten Datums s. Vorbemerkung Ziff. 1 Abs. 3.

3. Der zum 1. April 1920 [oder zum 1. Oktober 1922] in den Ruhestand versetzte Beamte ist mit Ablauf des 31. März 1920 [30. September 1922] aus dem Dienst geschieden und hat als aktiver Beamter an den Diensteinkommensverbesserungen des BDEG. [in der Fassung des Ges. vom 21. November 1922] nicht mehr teilgenommen.

Wegen des Zeitpunktes, in dem die Versetzung in den Ruhestand wirksam wird s. § 24 ZRGG. Die Versetzung in den einstweiligen Ruhestand tritt mit Beginn des Tages ein, der in der Verfügung als Beginn des einstweiligen Ruhestandes bezeichnet ist, in Ermangelung einer solchen Bezeichnung mit der Zustellung der Verfügung.

4. Bewertung der zuletzt bekleideten Stelle. Für die Frage, welcher der jetzt in der Besoldungsordnung aufgeführten Stellen die von dem Beamten zuletzt bekleidete Stelle gleich zu achten ist, wird im allgemeinen die frühere Amtsbezeichnung und das frühere Normalgehalt (s. GV. Nr. 31), verglichen mit den etwa an die Stelle getretenen neuen Amtsbezeichnungen und dem Beamten mit diesen neuen Amtsbezeichnungen gewährten Grundgehalt einen ausreichenden Anhalt bieten. In Zweifelsfällen ist die ministerielle Entscheidung einzuholen (§ 9 BARG.).

In die mit dem Zeichen ■) versehenen Aufrückungsstellen (vgl. Anm. 6 zu § 1 BDEG.) können Altruhegehalts- und Altwartegeldempfänger und vor dem 1. April 1920 verstorbene Beamte nicht eingereiht werden, weil ihnen solche tatsächlich niemals verliehen worden sind. Ebensowenig sind die Bestimmungen der bei einzelnen Besoldungsgruppen vorhandenen Fußnoten, insbesondere die Bestimmungen der Fußnote 1 zur Gruppe 7, für Altversorgungsberechtigte von Bedeutung, weil diese Fußnoten sich nur auf die beim Inkrafttreten des BDEG. im Dienst befindlichen Angehörigen der betreffenden Besoldungsgruppe beziehen.

Soweit Beamte derselben Beamtengattung jetzt in mehreren Besoldungsgruppen erscheinen, sind Altversorgungsberechtigte der untersten Besoldungsgruppe zuzuweisen (z. B. Kreissekretäre, die in Gruppe 7, 8, 9 vorkommen, der Gruppe 7, Landräte — in Gruppe 10, 11, 12 — der Gruppe 10). Gehört die zuletzt bekleidete Stelle aber zu denen, die wegen einer früher gewährten ruhegehaltsfähigen Zulage in der BO. durch Einreihung in eine höhere Besoldungsgruppe höher bewertet worden sind — gehobene Stellen im Sinne der BO. vom 7. Mai 1920 (vgl. Anm. 6c zu § 1 BDEG.) — so sind auch die Altversorgungsbezüge nach der entsprechenden höheren Besoldungsgruppe zu bemessen (z. B. Regierungs-Botenmeister nach Gruppe 3, Kanzleiinspektor nach Gruppe 6, Präsidialsekretär nach Gruppe 9), wenn der betreffende Beamte bei seinem Ausscheiden die Zulage bezogen hat.

Vgl. FinMinErl. vom 21. Januar 1921 — B 1626 — II f (unten S. 329).

5. Gemeint ist das Zivilruhegehaltsgesetz vom 27. 3. 72/27. 5. 07 mit den ergänzenden Vorschriften, soweit sie am 1. April 1920 [1. Oktober 1922] galten und die WartegeldVO. vom 26. Februar 1919.

6. Gemeint sind die Vorschriften des BDEG. — Auch das neue Ruhegehalt der vor dem 1. April 1920 gemäß § 4 ZRGG. alter Fassung nach den für die Offiziere des Reichsheeres geltenden Vorschriften in den Ruhestand versetzten Offiziere der Landgendarmerie ist nach den Vorschriften des BDEG. und ZRGG. zu bemessen.

7. Berechnung des neuen Ruhegehalts und des neuen Wartegeldes. Für die Berechnung des neuen Ruhegehalts bleibt grundsätzlich die bei der Zuruhesetzung des Beamten festgestellte ruhegehaltsfähige Dienstzeit maßgebend. Jedoch muß das Gesetz über die erhöhte Anrechnung der Dienstzeit während des Krieges vom 23. November 1920 (GS. 1921 S. 89) — abgedruckt Anhang S. 234 — (vgl. dazu FinMinErl. vom 21. Januar 1921 — B 1626 — II b — unten S. 323) auch auf Altversorgungsberechtigte nachträglich angewendet werden, außerdem ist § 5 BARG. zu beachten. Für die Höhe des Ruhegehalts gelten im übrigen §§ 8 bis 10 des ZRGG. (beachte dabei die neue Fassung des § 10

ZRGG. nach § 21 Ziff. 3 BDEG.), und zwar auch bei den vor dem 1. April 1907 verstorbenen Beamten und bei den zu oder vor dem 1. April 1907 in den Ruhestand versetzten Beamten.

War das bisherige Ruhegehalt auf Grund des § 2 Abs. 2 ZRGG. (Kann-Bewilligung) festgesetzt, so muß auch bei Festsetzung des neuen Ruhegehalts das im Einzelfall vorhandene Bedürfnis neu geprüft und die Höhe des Ruhegehalts entsprechend bemessen werden.

Für die Berechnung des neuen Wartegeldes gelten §§ 1 und 3 der WartegeldVO. vom 26. Februar 1919 (GS. S. 33) (beachte dabei die neue Fassung des § 3 Abs. 2 Satz 1 nach § 19 Ziff. 2 BDEG.). Daneben auch § 32 Abs. 2 des Gesetzes über Landeskulturbehörden vom 3. Juni 1919 (GS. S. 101). Zu beachten sind dabei die Art. III des Ges. vom 19. April 1922 (GS. S. 83) und Art. VII des Ges. vom 21. November 1922 (GS. S. 431), wonach die neuen Sätze der Grundgehälter und Ortszuschläge der Berechnung der Wartegelder nur mit der Maßgabe zugrunde gelegt werden dürfen, daß sich keine höheren Wartegelder ergeben, als sie die in den einstweiligen Ruhestand versetzten Reichsbeamten bei gleichem ruhegehaltsfähigen Diensteinkommen und gleicher ruhegehaltsfähiger Dienstzeit erhalten. Diese Vorschrift mußte auf Grund des Reichsgesetzes zur Sicherung einer einheitlichen Regelung der Beamtenbesoldung und einer entsprechenden Bestimmung der 4. Ergänzung des Reichsbesoldungsgesetzes aufgenommen werden (vgl. Ziff. 5 des Erlasses vom 20. Dezember 1921 — I D 1. 3462 — unten S. 334).

Wegen weiterer **Besonderheiten**, die bei der Umrechnung der Versorgungsgebührnisse zu beachten sind, s. FinMinErl. vom 21. Januar 1921 — B 1626 — II e, Ziff. 1—7 — unten S. 326 ff.

8. **Wegfall der Kriegsbeihilfen.** Die Kriegsbeihilfen an Ruhestandsbeamte und Hinterbliebene sind mit Beginn des 1. April 1920 weggefallen. Etwa später noch gezahlte derartige Beihilfen müssen auf die erhöhten Versorgungsbezüge angerechnet werden.

Wegfall von ruhegehalts- usw. ähnlichen Zuwendungen und Unterstützungen. Die bisher gezahlten Zuwendungen und laufenden Unterstützungen aus Kap. 58a Tit. 9, Kap. 62 Tit. 6, Kap. 62 Tit. 9 und Kap. 63 Tit. 1 des Staatshaushaltsplanes fallen vom 1. April 1920 an in allen Fällen weg, in welchen die neuen Versorgungsgebührnisse höher sind als die bisher gezahlten Versorgungsgebührnisse samt den Zuwendungen oder Unterstützungen aus Kap. 58a Tit. 9, Kap. 62 Tit. 6, Kap. 62 Tit. 9 und Kap. 63 Tit. 1.

Sind die neuen Versorgungsgebührnisse geringer als die bisher gezahlten Versorgungsgebührnisse ohne die Zuwendungen oder Unterstützungen aus Kap. 58a Tit. 9, Kap. 62 Tit. 6, Kap. 62 Tit. 9 und Kap. 63 Tit. 1, so sind die Zuwendungen oder Unterstützungen in solcher Höhe (auf volle 10 Mark nach oben abgerundet) weiter zu zahlen, daß die bisherigen Gesamtbezüge erreicht werden.

(FinMinErl. vom 21. Januar 1921 — B 1626 — II 1 — unten S. 333).

§ 2.

Witwen- und Waisengeld.

Das Witwen- und Waisengeld [1] der Hinterbliebenen der im § 1 dieses Gesetzes genannten und der vor dem 1. April 1920

[1. Oktober 1922][2] im Amte verstorbenen Beamten ist für die Zeit vom 1. April 1920 [1. Oktober 1922][2] an auf den Betrag festzusetzen, der sich ergeben hätte, wenn der Beamte bei seinem Ausscheiden aus der zuletzt von ihm bekleideten Stelle[3] nach den am 1. April 1920 [1. Oktober 1922][2] geltenden[4] oder mit Wirkung von dem Zeitpunkt an in Kraft tretenden[5] Vorschriften besoldet gewesen und in den Ruhestand versetzt worden[6] wäre.[7]

1. § 2 bezieht sich nur auf solche Beamtenwitwen, die das Witwengeld aus der Staatskasse erhalten. Den Witwen, die ihr Witwengeld aus der Allgemeinen Witwen-Verpflegungsanstalt (Kap. 60 des Haushalts des Finanzministeriums) beziehen, verbleiben bis zum 30. September 1921 die bisherigen Teuerungsbeihilfen, die im Falle des sachlichen Bedürfnisses im Rahmen der bisherigen Vorschriften über Teuerungsbeihilfen erhöht werden können, jedoch nicht über die Bezüge hinaus, die nach dem BAKG. an Witwengeld und Versorgungszuschlag zu geben wären. (FinMinErl. vom 21. Januar 1921 — B 1626 — II e Ziff. 7 — unten S. 329). Seit dem 1. Oktober 1921 können diese Witwen, sofern sie auch nach den jetzigen Bestimmungen witwengeldberechtigt sind, Witwengeld und Versorgungszuschlag nach Maßgabe der neuen Sätze erhalten (vgl. Ziff. 10 des Erlasses vom 20. Dezember 1921 unten S. 336).

Wegen der Hinterbliebenen der **Hofbeamten** s. § 8 BAKG.

2. Wegen des [ ] eingeklammerten Datums s. Vorbemerkung Ziff. 1 Abs. 3.

3. Vgl. Anm. 3 zu § 1 BAKG.

4. Vgl. Anm. 4 zu § 1 BAKG.

5. Vgl. Anm. 5 zu § 1 BAKG.

6. **Berechnung des neuen Witwen- und Waisengeldes.** Für die Berechnung der neuen Hinterbliebenenbezüge bleibt grundsätzlich die bei der Zurruhesetzung oder beim Ableben des Beamten festgestellte ruhegehaltsfähige Dienstzeit maßgebend (vgl. aber Anm. 6 zu § 1 BAKG.). Im übrigen gelten §§ 8 ff. des Hinterbliebenenfürsorgegesetzes (beachte dabei die neue Fassung des § 8 Abs. 2 nach § 22 Ziff. 1 BDEG.). Waren die bisherigen Versorgungsbezüge auf Grund des Art. VI des Ges. vom 27. Mai 1907 (GS. S. 99) (Kann-Bewilligung) festgesetzt, so wird auch die Höhe der neuen Versorgungsbezüge nur unter Berücksichtigung des im Einzelfall vorhandenen Bedürfnisses zu bemessen sein.

7. Vgl. im übrigen Anm. 7 und 8 zu § 1 BAKG. und das Beispiel in Anm. 26 zu § 5 BAKG.

§ 3.

Versorgungszuschlag.

(1) Der im § 23 des Beamten-Diensteinkommensgesetzes vorgesehene Versorgungszuschlag[1] tritt in gleicher Weise[2] zu den auf Grund dieses Gesetzes gewährten Ruhegehältern, Wartegeldern und Witwengeldern hinzu.

(2) Maßgebend ist für die Berechnung dieses Versorgungszuschlags dasjenige Wartegeld, Ruhegehalt oder ruhegehaltsfähige Diensteinkommen, soweit es aus Grundgehalt oder Grundvergütung und Ortszuschlagdurchschnitt [dem Ortszuschlag nach dem Satze der Ortsklasse B][4] besteht, das sich ergeben hätte, wenn der Beamte bei seinem Ausscheiden aus der zuletzt von ihm bekleideten Stelle nach den am 1. April 1920 [1. Oktober 1922][3] oder mit Wirkung von diesem Zeitpunkt an in Kraft tretenden Vorschriften besoldet gewesen und in den Ruhestand versetzt worden wäre.[5]

1. Vgl. Anm. 1 zu § 23 BDEG.
2. Vgl. Anm. 2 bis 6 zu § 23 BDEG.
3. Wegen des [ ] eingeklammerten Datums s. Vorb. Ziff. 1 Abs. 3.
4. Die mit Wirkung vom 1. Oktober 1922 an eingetretene Anrechnung des Ortszuschlages nach dem Satze der Ortsklasse B entspricht der durch das Ges. vom 21. November 1922 (GS. S. 431) eingetretenen Änderung des Zivilruhegehaltsgesetzes.

5. **Berechnung des Versorgungszuschlages** bei Altruhegehaltempfängern, Altwartegeldempfängern und Altwitwen.

Beispiel: Ein Katasterassistent (jetzt Katastersekretär, Besoldungsgruppe 6) in einem Orte der Ortsklasse A, der nach einer ruhegehaltsfähigen Dienstzeit von 30 Jahren und mit einem BDA. vom 15. März 1908 am 1. April 1918 in den Ruhestand versetzt worden ist, erhielt bisher als Ruhegehalt: $^{40}/_{60}$ von $(2600 + 546)$ ℳ $= 2097{,}33$ ℳ, aufgerundet auf 3000 ℳ, dazu Teuerungsbeihilfe.

Sein letztes ruhegehaltsfähiges Diensteinkommen würde nach dem BDEG. vom 17. Dezember 1920 betragen haben $(8100 + 2430)$ ℳ $= 10\,530$ ℳ (vgl. Vorbemerkung Ziff. 6). Davon beträgt das neue Ruhegehalt $^{40}/_{60} \times 10\,530 = 7020$ ℳ und der Versorgungszuschlag vom 1. April bis 31. Dezember 1920 bei 50 v. H. AZ. $(^{50}/_{100} \times 7020) = 3510$ ℳ, vom 1. Januar 1921 bei 70 v. H. AZ.: $^{70}/_{100} \times 7020 = 4914$ ℳ.

Seine Witwe erhält ein Neu-Witwengeld von 2808 ℳ und einen Versorgungszuschlag von $^1/_2\ (10\,530 \times {}^{70}/_{100}) = 3685{,}50$ ℳ, vor dem 1. Januar 1921: $^1/_2\ (10\,530 \times {}^{50}/_{100}) = 2632{,}50$ ℳ.

Weitere Beispiele s. in Anm. 5 und 6 zu § 5 BARG.

§ 4.

Kinderbeihilfen.

(1) Die im § 17 des Beamten-Diensteinkommensgesetzes vorgesehene Kinderbeihilfe[1] einschließlich Ausgleichszuschlag wird für die Zeit vom 1. April 1920 [1. Oktober 1922][2] an in der gleichen Weise[3] unter den dort genannten Voraussetzungen[4] auch den im § 1 dieses Gesetzes bezeichneten Beamten sowie für die Kinder der vor dem 1. April 1920 [1. Oktober 1922][2] im Amte oder im Ruhestande verstorbenen Beamten gewährt.

(2) § 24 Abs. 2 und 3 des Beamten-Diensteinkommensgesetzes finden entsprechende Anwendung.[5]

1. Vgl. Anm. 1 bis 4 zu § 17 BDEG.

2. Wegen des [ ] eingeklammerten Datums s. Vorb. Ziff. 1 Abs. 3.

3. Vgl. Anm. 1 zu § 24 BDEG. und das Beispiel in Anm. 6 a. E. zu § 5 BARG.

4. Vgl. Anm. 2 zu § 24 BDEG.

5. Vgl. Anm. 4 und 5 zu § 24 BDEG.

§ 5.

Anrechnung der nach Versetzung in den Ruhestand geleisteten Staatsdienstzeit.[1]

Beamten, die nach ihrer Versetzung in den Ruhestand in der Zeit vom 1. August 1914 bis 31. Dezember 1918 als Beamte im unmittelbaren Staatsdienste verwendet[2] worden sind, ist der Zeitraum ihrer Verwendung zu ihrer ruhegehaltsfähigen Dienstzeit hinzuzurechnen.[3] Hat die Verwendung ununterbrochen mindestens 60 Tage gedauert,[4] so wird die ruhegehaltsfähige Dienstzeit auch dann um ein Jahr erhöht, wenn durch die Zeit der Verwendung ein weiteres Dienstjahr nicht vollendet ist.[5] Das Ruhegehalt dieser Beamten sowie das Witwen- und Waisengeld ihrer Hinterbliebenen ist mit Wirkung für die Zeit vom 1. April 1920 ab neu festzusetzen, mit der Maßgabe, daß eine Steigerung über die bei 40 Jahren ruhegehaltsfähiger Dienstzeit zu gewährenden Bezüge hinaus nicht stattfindet.[6]

1. **Anrechnung der nach Versetzung in den Ruhestand geleisteten Staatsdienstzeit.** § 5 BARG. beseitigt eine während des Krieges dringend fühlbar gewordene Lücke im Zivilruhegehaltsgesetz. Bisher war es nach dem Zivilruhegehaltsgesetz nicht möglich, solchen Beamten, die nach ihrer Zuruhesetzung aushilfsweise ohne Wiederanstellung Staatsdienst abgeleistet hatten, ein der verlängerten Dienstzeit entsprechend erhöhtes Ruhegehalt zu gewähren. Die Vorschrift ist eine Ausnahmebestimmung für die während der Kriegszeit vom 1. August 1914 bis 31. Dezember 1918 im Staatsdienst wieder beschäftigt gewesenen Ruhestandsbeamten und gewährt ihnen die Anrechnung dieser Aushilfsdienstzeit auf das ruhegehaltsfähige Dienstalter. Die Aushilfsdienstzeit ist nach Maßgabe des Gesetzes vom 23. November 1920 (GS. 1921 S. 89 — abgedruckt Anhang S. 234 —) anderhalbfach anzurechnen.

Da § 5 BARG. erst mit Wirkung vom 1. April 1920 in Kraft getreten ist, kommt eine Nachzahlung von Versorgungsbezügen für die Zeit vorher nicht in Frage.

2. **Art der Verwendung im Staatsdienst.** Jede Art der Verwendung als Beamter im Staatsdienst ist anrechnungsfähig. Eine

Anstellung als Beamter oder gar eine Anstellung in einer zu Ruhegehalt berechtigenden Stelle, wie sie im § 28 ZRGG. erfordert wird, ist nicht notwendig. Hilfsleistung im mittelbaren Staatsdienst berechtigt nicht zur Anrechnung, ebensowenig im Reichsdienst oder Militärdienst.

3. Beispiel: Ein Katasterassistent (jetzt Katastersekretär, Besoldungsgruppe 6), der eine ruhegehaltsfähige Dienstzeit von 30 Jahren 182 Tagen zurückgelegt hatte, ist zum 1. April 1914 in den Ruhestand getreten und vom 1. September 1916 bis zum 16. November 1918 als Beamter im unmittelbaren Staatsdienst wieder verwendet worden. Das alte Ruhegehalt von $^{40}/_{60}$ von (3600 + 546 =) 4146 ℳ = 2766 ℳ ist vom 1. April 1920 (s. Vorbemerkung Ziff. 6) an nach den neuen Grundsätzen auf $^{83}/_{120}$ von (8700 + 2760 =) 11 460 ℳ = 7926,50 ℳ, rund 7929 ℳ festzusetzen. Dazu tritt der Versorgungszuschlag (s. § 3 BARG.), der z. B. bei 70 v. H. Ausgleichszuschlag ($^{70}/_{100}$ × 7929 =) 5550,30 ℳ betragen würde.

4. Die Bestimmung, daß, sofern die Verwendung nur 60 Tage gedauert hat, zu der ruhegehaltsfähigen Dienstzeit ein Jahr hinzugerechnet wird, auch dann, wenn durch die Zeit der Verwendung ein weiteres Dienstjahr nicht vollendet ist, entspricht dem § 8 Abs. 2 des Offizier-Pensionsgesetzes vom 31. Mai 1906 (RGBl. S. 465).

5. Beispiel: Ein Regierungsobersekretär, der eine ruhegehaltsfähige Dienstzeit von 35 Jahren 182 Tagen zurückgelegt hatte, ist zum 1. April 1912 in den Ruhestand getreten und vom 1. Juli bis zum 30. September 1917 = 92 Tage als Beamter im unmittelbaren Staatsdienst wiederbeschäftigt worden. Die ruhegehaltsfähige Dienstzeit ist um 1 Jahr, also auf 36 Jahre 182 Tage zu erhöhen, trotzdem die Verwendung ununterbrochen nur 92 Tage gedauert hat.

Das alte Ruhegehalt von $^{85}/_{120}$ von (4500 + 546 =) 5046 ℳ = 3576 ℳ ist vom 1. April 1920 (s. Vorbemerkung Ziff. 6) an nach den neuen Grundsätzen auf $^{86}/_{120}$ von (9300 + 2760 =) 12 060 = 8643 ℳ festzusetzen. Dazu tritt der Versorgungszuschlag (s. § 3 BARG.), der z. B. bei 60 v. H. Ausgleichszuschlag ($^{60}/_{100}$ × 8643 =) 5185,80 ℳ betragen würde.

6. Beispiel: Ein Kanzleiassistent (Besoldungsgruppe 4) in einem Orte der Ortsklasse C, der eine ruhegehaltsfähige Dienstzeit von 38 Jahren 243 Tagen zurückgelegt hatte, ist zum 1. Oktober 1913 in den Ruhestand getreten und vom 1. Oktober 1914 bis zum 30. September 1918 als Beamter im unmittelbaren Staatsdienst wieder verwendet worden. Sein altes Ruhegehalt von $^{88}/_{120}$ von (3000 + 546 =) 3546 ℳ = 2600,40, rund 2601 ℳ ist vom 1. April 1920 an nach den neuen Grundsätzen auf $^{90}/_{120}$ von (7500 + 2430 =) 7447,50 = rund 7449 ℳ festzusetzen. Dazu tritt der Versorgungszuschlag (vgl. Anm. 5 zu § 3 BARG.), der vom 1. April 1920 bis 31. Dezember 1920 ($^{50}/_{100}$ × 7449 =) 3724,50 ℳ und vom 1. Januar 1921 an z. B. bei 65 v. H. Ausgleichszuschlag ($^{65}/_{100}$ × 7449 =) 4841,85 ℳ betragen würde.

Wäre der Ruhegehaltsempfänger inzwischen gestorben, so würden seiner Witwe, vorausgesetzt, daß die Ehe vor dem 1. Oktober 1913 geschlossen ist, vom 1. April 1920 an zustehen:

a) Witwengeld (40 v. H. von 7449 ℳ) 2979,60 ℳ.

b) Versorgungszuschlag in der Zeit vom 1. April 1920 bis 31. Dezember 1920: $^1/_2$ [$^{50}/_{100}$ × (7500 + 2430)] = 2482,50 ℳ, vom 1. Januar 1921 an: bei 65 v. H. AZ.: $^1/_2$ [$^{65}/_{100}$ × (7500 + 2430)] = 3227,25 ℳ.

Wäre auch die Witwe inzwischen gestorben und wären zwei Kinder im Alter von 10 und 15 Jahren hinterblieben, so würde für diese vom 1. April 1920 an zu zahlen sein:

a) Waisengeld je ($^1/_3$ von 2979,60 =) 993,20 × 2 = 1986,40.
Kein Versorgungszuschlag!

b) Kinderbeihilfen jährlich (somit Ausgleichszuschlag und Notzuschlag):
in der Zeit vom 1. April 1920 bis 30. September 1920: (1080 + 900) = 1980 *M*,
vom 1. Oktober 1920 an (bei 100 v. H. AZ.): (1200 + 1440) = 2640 *M*.

§ 6.

Ergänzung der Vorschriften über das Ruhen der Versorgungsbezüge.[1]

Bei den zum 1. April 1920 [1. Oktober 1922] oder zu einem früheren Zeitpunkt in den Ruhestand[2] versetzten, danach jedoch im Sinne des § 27 Abs. 2 des Zivilruhegehaltsgesetzes vom 27. März 1872 (GS. S. 268) in der Fassung des Gesetzes vom 27. Mai 1907 (GS. S. 95)[3] wiederangestellten oder -beschäftigten Beamten gilt als früheres Diensteinkommen im Sinne der Vorschriften über das Ruhen der Versorgungsbezüge[4] dasjenige Einkommen, das ausschließlich Ausgleichszuschlag sich ergeben hätte, wenn der Beamte in der zur Zeit seiner früheren Zurruhesetzung bekleideten Stelle nach dem Beamten-Diensteinkommensgesetze besoldet gewesen wäre.[5]

1. Die in § 6 enthaltenen **ergänzenden Vorschriften über das Ruhen der Versorgungsbezüge** von Altruhestandsbeamten bei Wiederanstellung oder Wiederbeschäftigung im Reichs-, Staats-, Gemeindedienst usw. waren im BARG. vom 7. Mai 1920 noch nicht vorhanden. Sie haben sich als notwendig erwiesen, weil bei ihrem Nichtvorhandensein die wiederangestellten Beamten trotz der Neuregelung ihrer Ruhegehalts- und Wartegeldbezüge vielfach keinen oder nur einen unbedeutenden Vorteil haben würden.

2. **Einstweilen** oder **dauernd** in den Ruhestand versetzten.

3. S. Anhang S. 208 ff.

4. § 27 ZRGG., § 10 WartegeldVO., § 16 HofbVO.

5. **Beispiele** s. FinMinErl. vom 21. Januar 1921 — B 1626 — IIk, Ziff. 3 u. 4 (unten S. 331).

§ 7.

Lehrer an den wissenschaftlichen Hochschulen und ihre Hinterbliebenen.

(1) Die zum 1. April 1920 [1. Oktober 1922][1] oder zu einem früheren Zeitpunkte von ihren amtlichen Verpflichtungen entbundenen[2] oder in den Ruhestand versetzten[3] Lehrer an den wissen-

schaftlichen Hochschulen[4] erhalten für die Zeit vom 1. April 1920 [1. Oktober 1922][1] an dasjenige Diensteinkommen, das sich ergeben hätte, wenn sie im Zeitpunkt ihrer Entbindung von ihren amtlichen Verpflichtungen oder ihrer Versetzung in den Ruhestand nach den am 1. April 1920 [1. Oktober 1922][1] geltenden oder mit Wirkung von diesem Zeitpunkt an in Kraft tretenden Vorschriften besoldet gewesen und von ihren amtlichen Verpflichtungen entbunden worden wären.[5]

(2) Auf die Witwen und Waisen der zum 1. April 1920 [1. Oktober 1922][1] oder zu einem früheren Zeitpunkte von ihren amtlichen Verpflichtungen entbundenen, in den Ruhestand versetzten oder vor dem 1. April 1920 [1. Oktober 1922][1] im Amte verstorbenen Lehrer an den wissenschaftlichen Hochschulen finden die Vorschriften des § 22a des Hinterbliebenenfürsorgegesetzes[6] mit der Maßgabe Anwendung, daß die Hinterbliebenenbezüge für die Zeit vom 1. April 1920 [1. Oktober 1922][1] an so zu berechnen sind, als ob der Hochschullehrer im Zeitpunkte seiner Entbindung von den amtlichen Verpflichtungen, seiner Versetzung in den Ruhestand oder seines Todes nach den am 1. April 1920 [1. Oktober 1922][1] geltenden oder mit Wirkung von diesem Zeitpunkt an in Kraft tretenden Vorschriften besoldet gewesen wäre.

(3) Die zum 1. April 1920 [1. Oktober 1922][1] oder einem früheren Zeitpunkt von ihren amtlichen Verpflichtungen entbundenen oder in den Ruhestand versetzten Lehrer an den wissenschaftlichen Hochschulen erhalten denjenigen Ausgleichszuschlag[7] nach § 18 des Beamten-Diensteinkommensgesetzes, der ihnen zustehen würde, wenn sie im Zeitpunkt ihrer Entbindung von den amtlichen Verpflichtungen oder ihrer Versetzung in den Ruhestand nach den am 1. April 1920 [1. Oktober 1922][1] geltenden oder mit Wirkung von diesem Zeitpunkt an in Kraft tretenden Vorschriften besoldet gewesen und von ihren amtlichen Verpflichtungen entbunden worden wären.

(4) Die Witwen der im Abs. 1 bezeichneten und der vor dem 1. April 1920 [1. Oktober 1922][1] verstorbenen Lehrer an den wissenschaftlichen Hochschulen erhalten den Versorgungszuschlag,[8] der ihnen zustehen würde, wenn der Hochschullehrer im Zeitpunkte seiner Entbindung von den amtlichen Verpflichtungen, seiner Versetzung in den Ruhestand oder seines Todes nach den am 1. April 1920 [1. Oktober 1922][1] geltenden oder mit Wirkung von diesem Zeitpunkt an in Kraft tretenden Vorschriften besoldet gewesen wäre.

1. Wegen der [ ] eingeklammerten Daten s. Vorb. Ziff. 1 Abs. 3.

2. Vgl. Anm. 3 zu § 21 BDEG.

3. In den Ruhestand versetzt, nicht emeritiert, wurden vor dem 1. April 1920 die Lehrer an den technischen, landwirtschaftlichen, tierärztlichen Hochschulen, Berg- und Forstakademien; s. Anm. 3 zu § 21 BDEG.

4. S. Anm. 5 zu § 11 BDEG.

5. § 7 Abs. 1 bestimmt, daß die vor dem 1. April 1920 [1. Oktober 1922] aus ihrem Amt — sei es durch Zurruhesetzung, sei es durch Emeritierung — ausgeschiedenen Hochschullehrer so behandelt werden sollen, als seien sie mit den nach dem BDEG. [in der Fassung des Ges. vom 21. November 1922] zuständigen Dienstbezügen emeritiert worden. Ein Aufsteigen in dem neuen Grundgehalt findet nicht mehr statt (s. Anm. 15 zu § 2 BDEG.).

6. Vgl. Anm. 3 zu § 22 BDEG.

7. Die altversorgten Hochschullehrer erhalten nicht den Versorgungszuschlag des § 23 BDEG., sondern den Ausgleichszuschlag des § 18 BDEG. (vgl. Anm. 3 zu § 18 BDEG.).

8. S. Anm. 1, 5 und 6 zu § 23 BDEG.

§ 8.

Hofbeamte und ihre Hinterbliebenen.

(1) Die Vorschriften dieses Gesetzes finden auch auf die zum 1. April 1920 [1. Oktober 1922] [1] oder zu einem früheren Zeitpunkte dauernd oder einstweilen in den Ruhestand versetzten Hofbeamten, [2] deren Hinterbliebene sowie auf die Hinterbliebenen der vor dem 1. April 1920 [1. Oktober 1922] [1] verstorbenen Hofbeamten entsprechende Anwendung, sofern ihnen oder ihren Hinterbliebenen nach Maßgabe der für Staatsbeamte geltenden Vorschriften Versorgung bewilligt worden wäre. [3]

(2) Hofbeamte im Sinne dieser Vorschrift sind diejenigen, auf welche die Verordnung über die Versorgung der Hofbeamten und ihrer Hinterbliebenen vom 10. März 1919 (GS. S. 45) Anwendung findet. [4]

(3) § 20 des Beamten-Diensteinkommensgesetzes [5] findet auch auf die im Abs. 1 genannten Hofbeamten und Hinterbliebenen Anwendung.

1. Wegen des [ ] eingeklammerten Datums s. Vorb. Ziff. 1 Abs. 3.

2. Vgl. §§ 2, 8ff. HofbVO. vom 10. März 1919 (GS. S. 45).

3. **Beispiel:** Ein Hofbaurat, der eine ruhegehaltsfähige Dienstzeit von 40 Jahren zurückgelegt hatte, ist zum 1. April 1912 in den Ruhestand versetzt worden. Sein altes Ruhegehalt betrug $^{90}/_{120}$ von (8400 + 874 =) 9274 ℳ = rund 6957 ℳ; außerdem erhielt er im Gnadenwege einen Zuschuß zum Ruhegehalt von 1043 ℳ.

Das Ruhegehalt nach den neuen Grundsätzen (s. Vorbemerkung Ziff. 6) würde $^{90}/_{120}$ von (14 500 + 3420 =) 18 920 ℳ = 13 440 ℳ betragen. Dazu tritt der Versorgungszuschlag des § 23 BDEG. — bei 70 v. H. AZ: ($^{70}/_{100} \times 13\,440 =$) 9408 ℳ.

4. S. Anm. 4 zu § 1 BDEG.

5. § 20 BDEG. enthält die Änderungen der HofbVO. vom 10. März 1919 (GS. S. 45).

§ 9.

Bewertung der zuletzt bekleideten Stelle.

Der Finanzminister bestimmt in Gemeinschaft mit dem beteiligten Fachminister in Zweifelsfällen darüber, welchem Amte der neuen Besoldungsordnung die zuletzt von einem Beamten bekleidete Stelle im Sinne der §§ 1, 2 und 3[1] dieses Gesetzes entspricht.[2]

1. Es kommen nicht nur §§ 1, 2 und 3, sondern auch §§ 6, 7 und 8 BARG. in Frage.

2. S. Anm. 4 zu § 1.

§ 10.

Besoldungsdienstalter.

Bei der nach den §§ 1, 2 und 3[1] dieses Gesetzes vorzunehmenden Errechnung des Betrags, der sich ergeben hätte, wenn der Beamte bei seinem Ausscheiden aus der zuletzt von ihm bekleideten Stelle nach den am 1. April 1920 [1. Oktober 1922][2] geltenden oder mit Wirkung von diesem Zeitpunkt an in Kraft tretenden Vorschriften besoldet gewesen wäre, sind die Vorschriften des § 25 Abs. 1 und 5 des Beamten-Diensteinkommensgesetzes mit der Maßgabe sinngemäß anzuwenden, daß an Stelle des 1. April 1920 [1. Oktober 1922][2] der Tag des Ausscheidens aus dem Amte tritt. Über jene Vorschriften hinaus findet in der Regel eine Neufestsetzung des Besoldungsdienstalters nicht statt.[3]

1. S. Anm. 1 zu § 9 BARG.

2. Wegen des [ ] eingeklammerten Datums s. Vorb. Ziff. 1 Abs. 3.

3. **Neufestsetzung des BDA. bei Berechnung der neuen Versorgungsbezüge.** Bei Festsetzung der neuen Versorgungsbezüge müssen die Vorschriften des § 25 Abs. 1 und 5 BDEG. sinngemäß angewendet werden mit der Maßgabe, daß an die Stelle des 1. April 1920 der Tag des Ausscheidens aus dem Amt tritt. Über diese Vorschriften hinaus findet allerdings eine Neufestsetzung des BDA., wie sie bei den aktiven Beamten, insbesondere nach § 13 Abs. 2 Satz 1 in Verbindung mit § 25 Abs. 2 BDEG. notwendig ist, in der Regel nicht statt. S. im übrigen im FinMinErl. vom 21. Januar 1921 — B 1626 — IId, Ziff. 2 bis 5 — (unten S. 325).

§ 11.

Aufhebung des Gesetzes vom 7. Mai 1920.

Das Beamten-Altruhegehaltsgesetz vom 7. Mai 1920 (GS. S. 260) wird aufgehoben.

§ 12.

Ausführungsbestimmungen.

Der Finanzminister wird mit der Ausführung[1] dieses Gesetzes beauftragt.

1. **Ausführungsbestimmungen.** S. Vorb. Ziff. 5.

§ 13.

Inkrafttreten.

Dieses Gesetz tritt mit Wirkung vom 1. April 1920 in Kraft.

Berlin, den 17. Dezember 1920.

Die Preußische Staatsregierung.

Braun. Fischbeck. Haenisch. am Zehnhoff. Oeser.
Stegerwald. Severing. Lüdemann.

C.

Gesetz,
betreffend das Diensteinkommen der Lehrer und Lehrerinnen an den öffentlichen Volksschulen (Volksschullehrer-Diensteinkommensgesetz — VDG. —).

Vom 17. Dezember 1920 (GS. S. 623) in der Fassung der Bekanntmachung vom 1. April 1923 (GS. S. 239).

Vorbemerkungen.

1. Das mit Wirkung vom 1. April 1920 und in der durch die Bekanntmachung vom 1. April 1923 geänderten Fassung mit Wirkung vom 1. April 1923 in Kraft getretene Volksschullehrer-Diensteinkommensgesetz vom 17. Dezember 1920 — gesetzlich VDG. abgekürzt — schließt sich in den §§ 1—34, die sich mit der Regelung der Dienstbezüge der im Amt befindlichen Volksschullehrer und Lehrerinnen und der Versorgungsbezüge der in den Ruhestand versetzten Volksschullehrpersonen, sowie der Volksschullehrer-Hinterbliebenen betreffen, eng an das BDEG. vom 17. Dezember 1920 an:

I. Das **Diensteinkommen** (§§ 1 bis 22 VDG.) besteht
bei den endgültig angestellten Lehrern und Lehrerinnen aus Grundgehalt und Ortszuschlag,
bei den auftragsweise vollbeschäftigten und den einstweilen angestellten Lehrern und Lehrerinnen aus Grundvergütung und Ortszuschlag.

Zu den beiden tritt der Ausgleichszuschlag des § 18 BDEG. (§ 24 VDG.).

Die endgültig angestellten Lehrer und Lehrerinnen erhalten die Grundgehaltssätze und den Ortszuschlag in derselben Höhe wie die unmittelbaren Staatsbeamten der Besoldungsgruppe 7, 8 und 9, wobei den Lehrerinnen die Grundgehaltssätze um 10 v. H. gekürzt werden, solange nicht allgemein für Lehrer und Lehrerinnen das gleiche Arbeitsmaß festgesetzt ist.

Das Diensteinkommen im weiteren Sinne umfaßt außerdem die in §§ 15 bis 17 aufgeführten Sondervergütungen und Vergünstigungen.

Die Volksschullehrpersonen erhalten außer dem Diensteinkommen die Kinderbeihilfen nebst Ausgleichszuschlag und gegebenenfalls die Frauenbeihilfe nach denselben Grundsätzen wie die unmittelbaren Staatsbeamten (§§ 23 u. 24 VDG.).

II. Die Versorgungsbezüge der Ruhestandslehrer und Hinterbliebenen bestehen aus dem **Ruhegehalt**, sowie dem **Witwen**- und **Waisengeld**.

Zum Ruhegehalt und zum Witwengeld tritt der Versorgungszuschlag des § 23 VDEG. Auch die mit Ruhegehalt ausgeschiedenen Lehrpersonen und die Hinterbliebenen erhalten die **Kinderbeihilfen** nebst Ausgleichszuschlag und gegebenenfalls die Frauenbeihilfe nach denselben Grundsätzen, wie sie den Ruhestandsbeamten und den Hinterbliebenen von Beamten gewährt werden (§§ 27 und 28 VDG.).

§§ 35 bis 50 VDG. regeln die Aufbringung der persönlichen Volksschullasten, zu deren Ausgleich alle Schulverbände (Schulgemeinden) zu einer Landesschulkasse (§§ 35 bis 46) vereinigt werden. Die bisherigen Volksschullehrer-Alterszulage-, Ruhegehalts- und Witwen- und Waisenkassen werden aufgelöst. Die Landesschulkasse erhält die erforderlichen Geldmittel durch Staatsbeiträge (Besoldungsbeiträge), Schulverbands- (Schulgemeinde-) Beiträge und eigene Einnahmen. Der Staatsbeitrag umfaßt ein Viertel der im vorangegangenen Rechnungsjahre tatsächlich gezahlten Lehrer-Diensteinkommen, Lehrer-Ruhegehalts- und Lehrer-Hinterbliebenenbezüge (für das Rechnungsjahr 1920 vgl. § 41 Abs. 4). Zur Aufbringung des durch den Staatsbeitrag und die eigenen Einnahmen nicht gedeckten Bedarfs der Landesschulkasse sind die Schulverbände (Schulgemeinden) verpflichtet. Der Staat zahlt ferner an jeden Schulverband und an jeden Unterhaltsträger öffentlicher mittlerer Schulen für jedes am 1. Mai des Vorjahres die Volksschule bzw. eine öffentliche mittlere Schule besuchende schulpflichtige Kind Beschulungsgeld (§§ 47 bis 49), dessen Höhe alljährlich vom Unterrichtsminister in Gemeinschaft mit dem Finanzminister festgesetzt wird.

Nach dem die Lehreranstellung regelnden § 51 VDG. werden die Lehrer (Lehrerinnen) von der Schulaufsichtsbehörde unter Ausfertigung der Ernennungsurkunde für den Schulverband angestellt. In Schulverbänden mit mehr als 25 Schulstellen wird ein Drittel der Stellen unmittelbar durch die Schulaufsichtsbehörde neu besetzt; für zwei Drittel steht dem Schulverband das Wahlrecht zu. Freie Stellen werden in entsprechender Folge von der Schulaufsichtsbehörde und von dem Schulverbande besetzt.

2. **Ausführungsbestimmungen.** Zum VDG. ist vom Minister für Wissenschaft, Kunst und Volksbildung in Verbindung mit dem Finanzminister und dem Minister des Innern Ausführungsanweisung erlassen worden, deren I. Teil vom 18. März 1921, umfassend die Erläuterungen zu den §§ 1 bis 34, 51, 52, 54 bis 57, im Zentralblatt für die gesamte Unterrichtsverwaltung 1921, Sonderbeilage zu Heft 7 und deren II. Teil vom 3. Juni 1921, der im wesentlichen das Abrechnungsverfahren mit der Landesschulkasse regelt, ebenda, Sonderbeilage zu Heft 12 abgedruckt ist. Vgl. außerdem die Ausführungsbestimmungen des Unterrichtsministers über die Neuregelung der Versorgungsbezüge der Lehrer im Ruhestand und der Hinterbliebenen von Lehrern v. 30. März 1921 — U III D 300 U III EA III — (abgedruckt in der Sonderbeilage zu Heft 8 des Zentralblatts für die gesamte Unterrichtsverwaltung).

I. Diensteinkommen.

A. Endgültig angestellte Lehrer und Lehrerinnen.

§ 1.

Grundgehalt.

(1) Es erhalten als Grundgehalt:

Gruppe 1:

17300—18100—18800—19500—20200—20900—21600—22300—23000 ℳ monatlich

die endgültig angestellten Lehrer einschließlich der endgültig angestellten technischen Lehrer.

Gruppe 2:

19600—20500—21400—22300—23200—24100—25000—25900 ℳ monatlich

die lebenslänglich angestellten Leiter von Schulen mit drei oder mehr Lehrkräften und weniger als sechs aufsteigenden Klassen,

die an mit einer Volksschule verbundenen gehobenen Klassen (Klassen mit erweitertem Lehrziel) angestellten vollbeschäftigten Lehrer,

die Lehrer, die an besonderen Veranstaltungen der Volksschulen für körperlich oder geistig nicht normal veranlagte Kinder vollbeschäftigt sind,

die Lehrer, denen nach ihrem Dienstalter oder nach ihrer Amtsstellung eine planmäßige Aufrückungsstelle verliehen wird.

Gruppe 3:

21500—22600—23700—24800—25900—27000—28100—29100 ℳ monatlich

die lebenslänglich angestellten Leiter und Konrektoren von Schulen mit sechs oder mehr aufsteigenden Klassen und die lebenslänglich angestellten Leiter der Volksschulen für körperlich oder geistig nicht normal veranlagte Kinder mit vier oder mehr aufsteigenden Klassen,

die in den Abschnitten 1, 2 und 3 der Gruppe 2 genannten Lehrer, die eine planmäßige Aufrückungsstelle in Gruppe 3 erhalten.

An Schulen mit sechs oder mehr aufsteigenden Klassen sind eine oder mehrere Stellen für Konrektoren (Konrektorinnen) zu schaffen. Diese Stellen werden nach Anhörung des beteiligten Lehrkörpers besetzt.

Den ersten Lehrern an Schulen, für die ein Leiter (Leiterin) nicht oestellt ist, und den alleinstehenden Lehrern kann, bevor sie nach ihrem Dienstalter in eine planmäßige Aufrückungsstelle der Gruppe 2 eintreten, eine solche verliehen werden, aber nicht vor Vollendung einer zehnjährigen ununterbrochenen Dienstzeit in der Stellung eines ersten oder alleinstehenden Lehrers. Bei Versetzung auf eine andere Stelle, die nicht zu den in den Abschnitten 1, 2 und 3 der Gruppe 2 gedachten Stellen gehört, tritt der Lehrer in die Gruppe 1 solange zurück, bis ihm nach seinem Dienstalter eine Aufrückungsstelle der Gruppe 2 verliehen wird.

(2) Die Gesamtzahl der Aufrückungs- und Beförderungsstellen in den Gruppen 2 und 3 ist alljährlich im Staatshaushaltsplane festzusetzen mit der Maßgabe, daß die Gesamtzahl der Lehrpersonen, die die Bezüge der Gruppen 2 und 3 erhalten, der Gesamtzahl der planmäßigen, der Regel nach mit endgültig angestellten Lehrern besetzten Stellen der Gruppe 1 entspricht.

(3) Ob ein Lehrer (Lehrerin) lebenslänglich angestellter Schulleiter (Schulleiterin) sowie ob eine Schule als Schule mit sechs oder mehr aufsteigenden Klassen anzusehen ist, entscheidet endgültig die Schulaufsichtsbehörde. Bei den gemäß dem Gesetze vom 26. Mai 1887 (GS. S. 175) zu stellenden Anforderungen darf von den Beschlußbehörden die Notwendigkeit der Bestellung eines Schulleiters (Schulleiterin) nicht mit Rücksicht auf das Bedürfnis der Schule oder die Leistungsfähigkeit des Verpflichteten verneint werden.

(4) Die endgültig angestellten Lehrerinnen (Leiterinnen, Konrektorinnen) einschließlich der endgültig angestellten technischen Lehrerinnen erhalten, solange nicht allgemein für Lehrer und Lehrerinnen das gleiche Arbeitsmaß festgesetzt ist, die Grundgehaltssätze um 10 v. H. gekürzt. Auf die Berechnung des Ortszuschlags ist die Kürzung des Grundgehalts ohne Einfluß.

(5) Unter diese Vorschriften fallen nicht Lehrer (Lehrerinnen), deren Zeit und Kräfte durch die ihnen übertragenen Geschäfte nur nebenbei in Anspruch genommen sind; ob die Beschäftigung nur nebenbei stattfindet, entscheidet lediglich die Schulaufsichtsbehörde.

(6) Als Volksschullehrer (-lehrerinnen) im gegenwärtigen Staatsgebiete gelten auch die im preußischen Dienste in abgetretenen Landesteilen im Amte gewesenen und nach der Abtretung im preußischen Dienste verbliebenen Lehrer und Lehrerinnen für die Zeit vor der Abtretung.

§ 2.

Dienstaltersstufen.

(1) Das Grundgehalt der endgültig angestellten Lehrer (Lehrerinnen) steigt nach Dienstaltersstufen mit zweijähriger Aufrückungsfrist bis zur Erreichung des Höchstgehalts. Die höheren Grundgehaltssätze werden jeweils vom Ersten des Kalendermonats an gezahlt, in den der Eintritt in die neue Dienstaltersstufe fällt.

(2) Auf das Aufrücken im Grundgehalte haben die endgültig angestellten Lehrer (Lehrerinnen) einen Rechtsanspruch. Der Anspruch ruht, solange ein förmliches Disziplinarverfahren oder wegen eines Verbrechens oder Vergehens ein Hauptverfahren oder eine Voruntersuchung schwebt. Führt das Verfahren zum Verlust des Amtes, so findet eine Nachzahlung des zurückgehaltenen Mehrgehalts nicht statt.

§ 3.

Besoldungsdienstalter.

(1) Das Besoldungsdienstalter der endgültig angestellten Lehrer (Lehrerinnen) beginnt mit dem Tage der endgültigen Anstellung im öffentlichen Volksschuldienste, die nicht vor Zurücklegung einer anrechnungsfähigen Dienstzeit von sieben Jahren erfolgen darf. Von diesem Zeitpunkt an sind die Zeitabschnitte für das Verbleiben im Anfangsgrundgehalt und für das Aufsteigen in die höheren Gehaltsstufen zu rechnen. Bei den bisher endgültig angestellten Lehrern (Lehrerinnen) rechnet das Besoldungsdienstalter von dem Ersten des Monats ab, in dem sie eine anrechnungsfähige Dienstzeit von sieben Jahren vollendet haben. Bis zu diesem Zeitpunkte beziehen sie die Grundvergütung der einstweilig angestellten Lehrer (Lehrerinnen).

(2) Auf welchen Tag bei Lehrern (Lehrerinnen), die die Prüfungen für das höhere Schulamt oder das Pfarramt bestanden haben, das Besoldungs-

dienstalter festzusetzen ist, bestimmt der Unterrichtsminister in Gemeinschaft mit dem Finanzminister.

§ 4.

Einrücken in eine neue Besoldungsgruppe.

(1) Der Lehrer (Lehrerin) erhält beim Aufrücken aus einer Besoldungsgruppe in eine andere in der neuen Besoldungsgruppe stets den gegenüber dem bisherigen Grundgehaltssatze nächsthöheren Satz und behält diesen die volle Zeit, die für das Weiteraufsteigen in die folgende Stufe vorgeschrieben ist. Wäre er (sie) jedoch in der früheren Besoldungsgruppe bereits vor Ablauf dieser Zeit in die nächsthöhere Stufe aufgestiegen und damit zu einem Grundgehaltssatze gelangt, der über den ihm (ihr) in der neuen Besoldungsgruppe gewährten hinausgeht oder ihm gleichkommt, so steigt er (sie) auch in der neuen Besoldungsgruppe zu derselben Zeit in die folgende Stufe. Das Besoldungsdienstalter darf bei einem Übertritt in die nächsthöhere Besoldungsgruppe nicht um mehr als vier Jahre verkürzt werden.

(2) Beim Übertritt aus einer Stelle der Besoldungsgruppe 1 in eine solche der Besoldungsgruppe 3 ist das Besoldungsdienstalter so festzulegen, wie wenn der Lehrer (Lehrerin) zunächst in die Besoldungsgruppe 2 eingetreten wäre.

(3) Tritt ein Lehrer (Lehrerin) in eine niedrigere Besoldungsgruppe über, so setzt der Unterrichtsminister in Gemeinschaft mit dem Finanzminister das neue Besoldungsdienstalter fest.

(4) Ist ein Lehrer (Lehrerin) aus dem Reichsdienst oder dem preußischen Staatsdienst oder aus einem anderen öffentlichen Schuldienst in den Volksschuldienst übergetreten, so wird er (sie) zunächst in die Gruppe 1 des Volksschuldienstes mit der nach den §§ 3, 5, 6, 7 und 18 anrechnungsfähigen Dienstzeit eingereiht. Ergeben sich bei der Festsetzung des Besoldungsdienstalters im einzelnen Falle unverschuldete Härten, so setzt der Unterrichtsminister in Gemeinschaft mit dem Finanzminister das Besoldungsdienstalter fest. Es kann nur für die Besoldungsgruppe festgesetzt werden, zu der die Stelle gehört, in der der Lehrer (Lehrerin) endgültig angestellt wird.

§ 5.

Anrechnung von Dienstzeit im öffentlichen Schuldienste sowie von Militär- und Marinedienst auf das Besoldungsdienstalter.

(1) Bei der Feststellung des Besoldungsdienstalters ist von der Zeit, die ein Lehrer (Lehrerin) im öffentlichen Schuldienste von dem Eintritt in diesen, frühestens aber von dem Beginne des 21. Lebensjahres ab, bis zur endgültigen Anstellung selbständig in voller Beschäftigung verbracht hat, die über sieben Jahre hinausgehende Dienstzeit auf das Besoldungsdienstalter anzurechnen, soweit die endgültige Anstellung durch den Mangel an offenen Stellen oder durch sonstige von dem Zutun des Lehrers (Lehrerin) unabhängige Gründe verzögert worden ist. Ist die endgültige Anstellung wegen unzureichender Befähigung oder aus anderen in der Person des Lehrers (Lehrerin) liegenden Gründen ausgesetzt worden, oder wird eine Verzögerung von dem Lehrer (Lehrerin) selbst, insbesondere durch die Ablehnung einer angebotenen Stelle, herbeigeführt, so bleibt die Zeit dieser Verzögerung von der Anrechnung ausgeschlossen.

(2) Der Unterrichtsminister kann die Beschäftigung der Schulamtsbewerber (-bewerberinnen) von der vorherigen Eintragung in eine Anwärterliste abhängig machen und die Zahl der in die Liste aufzunehmenden Anwärter (Anwärterinnen) beschränken. Die Bestimmung findet jedoch auf diejenigen Bewerber (Bewerberinnen), die am 15. September 1920 in den staatlichen Lehrer- (Lehrerinnen-) Bildungsanstalten sich befanden, keine Anwendung. Die Grundsätze, nach denen auf Grund der Anwärterliste die Beschäftigung erfolgt, sind der Landesversammlung zur Kenntnisnahme vorzulegen.

(3) Unterbrechungen des öffentlichen Schuldienstes werden nicht angerechnet. Ausgeschlossen bleibt auch die Anrechnung der Dienstzeit, während der die Kräfte eines Lehrers (Lehrerin) durch die ihm (ihr) übertragenen Geschäfte nach der Entscheidung der Schulaufsichtsbehörde nur nebenbei in Anspruch genommen gewesen sind (§ 1 Abs. 5).

(4) Privatschuldienstzeit gilt unter den Voraussetzungen und Bedingungen, unter denen sie sonst auf das Besoldungsdienstalter angerechnet werden kann, als öffentlicher Schuldienst.

(5) Bei der Feststellung der Dienstzeit gilt die Zeit des Militär- und Marinedienstes, soweit sie nach den jeweils geltenden Bestimmungen auf das Besoldungsdienstalter anzurechnen sein würde, als öffentlicher Schuldienst.

§ 6.

Anrechnung von Dienstzeiten.

(1) Über die Anrechnung der Dienstzeit an preußischen Privatschulen, in denen der allgemeinen Schulpflicht unterliegende Kinder in den Lehrgegenständen der öffentlichen Volksschule unterrichtet werden, beschließt die Schulaufsichtsbehörde. Wieweit in einzelnen Fällen die an deutschen Auslandsschulen oder sonst im außerpreußischen öffentlichen oder privaten Schuldienst zugebrachte oder als Auslandsschuldienst im Einzelfalle anerkannte Zeit auf die Dienstzeit im öffentlichen preußischen Schuldienst angerechnet werden kann, wird von dem Unterrichtsminister in Gemeinschaft mit dem Finanzminister bestimmt. Ausgeschlossen von der Anrechnung bleibt die Zeit, die vor dem Beginne des 21. Lebensjahres oder vor die erlangte Befähigung zur Anstellung im öffentlichen Volksschuldienste fällt; doch sollen die früher als Schulvikar beschäftigten Lehrer, welchen nach Regierungsverfügung vom 29. Juli 1892 diejenige Zeit vor der ersten Prüfung angerechnet worden ist, welche auf das vollendete 20. Lebensjahr der betreffenden Lehrperson folgte, nicht geschädigt werden.

(2) Im Falle der Anrechnung privaten Schuldienstes hat der Lehrer für jedes Jahr eine Einzahlung von 80 000 Mark, die Lehrerin für jedes Jahr eine solche von 72 000 Mark an die Landesschulkasse zu leisten. Lehrern (Lehrerinnen), die aus nicht in ihrer Person liegenden Gründen (Stellenmangel) Beschäftigung an einer Privatschule genommen haben, kann die Einzahlung ermäßigt werden. Ein Verzicht auf diese Einzahlungen ist unzulässig. Wird die Nachzahlung nicht sofort in ganzer Summe, sondern allmählich geleistet, so kann immer nur der Teil der Privatschuldienstzeit angerechnet werden, der durch den bis dahin gezahlten Betrag gedeckt ist.

(3) Die hiernach anzurechnende Zeit im außerpreußischen öffentlichen oder privaten Schuldienste darf in der Regel acht Jahre nicht übersteigen. Für die im Auslandsschuldienste zugebrachte Zeit gilt diese Beschränkung nicht.

(4) Die nach den bisherigen Bestimmungen bereits erfolgte Anrechnung von Privatschuldienstzeit wird hierdurch nicht berührt. Soweit noch in der Zeit vom 1. Januar bis zum 15. Februar 1923 Einzahlungen nach den vom 16. November 1922 ab geltenden Sätzen geleistet sind oder werden, findet die Anrechnung der Privatschuldienstzeit nach den bisherigen Bestimmungen statt.

(5) Als öffentlicher Schuldienst ist auch die Zeit zu rechnen, während der:

1. ein Lehrer (Lehrerin) an einer Anstalt tätig gewesen ist, die vertragsmäßig die Vorbereitung von Zöglingen für die staatlichen Lehrerbildungsanstalten übernommen hat;
2. ein Lehrer (Lehrerin) als Erzieher (Erzieherin) an einer öffentlichen Taubstummen-, Blinden-, Idioten-, Waisen-, Rettungs- oder ähnlichen Anstalt oder an gleichartigen privaten Anstalten in voller Beschäftigung sich befunden hat, welche nach Anerkennung durch die Schulaufsichtsbehörde ausschließlich gemeinnützigen Zwecken dienen und für ihre Unterhaltung auf die öffentliche Wohltätigkeit oder auf öffentliche Mittel überwiegend angewiesen sind;
3. ein Lehrer (Lehrerin) an einer privaten Volksschule tätig war, die vom Staat als den öffentlichen Volksschulen gleichberechtigt anerkannt ist;
4. ein Lehrer (Lehrerin) an einer von einer Synagogengemeinde unterhaltenen jüdischen Religionsschule beschäftigt gewesen ist;
5. ein Lehrer (Lehrerin) in Jugendfürsorge und Jugendpflege hauptamtlich gegen Entgelt vollbeschäftigt gewesen ist;
6. ein Lehrer (Lehrerin) an einer öffentlichen oder an einer öffentlichen gleichzuachtenden privaten Volkshochschule vollbeschäftigt war.

(6) Ist ein Lehrer (Lehrerin), sei es als Lehrer (Lehrerin), sei es als Erzieher (Erzieherin), an einer nicht unter die Nummer 2 im Abs. 5 fallenden privaten Taubstummen-, Blinden-, Idioten-, Waisen-, Rettungs- oder ähnlichen Anstalt vollbeschäftigt gewesen, so steht diese Beschäftigung der an einer Privatschule gleich.

§ 7.

Festsetzung des Besoldungsdienstalters bei Unterbrechung der endgültigen Anstellung.

(1) Ist ein Lehrer (Lehrerin) aus einer ihm (ihr) endgültig übertragenen Stelle des öffentlichen Volksschuldienstes freiwillig ausgeschieden, ohne in eine andere Stelle des öffentlichen Schuldienstes oder des an sich anrechnungsfähigen Privatschuldienstes übergetreten zu sein, oder ist sein (ihr) (früheres) Anstellungsverhältnis durch Dienstentlassung gelöst worden, so wird im Falle seiner (ihrer) Wiederanstellung bei der Festsetzung des Besoldungsdienstalters und des Diensteinkommens der neuen Stelle auf das frühere Besoldungsdienstalter und das frühere Diensteinkommen des Lehrers (Lehrerin) keine Rücksicht genommen. Lehrer (Lehrerinnen), die ihre Stelle freiwillig aufgeben, sind hierauf ausdrücklich hinzuweisen. Soll von dieser Regelung im Einzelfall abgewichen werden, so entscheidet hierüber der Unterrichtsminister in Gemeinschaft mit dem Finanzminister.

(2) Falls eine Lehrerin infolge ihrer Verheiratung aus dem Schuldienst ausgeschieden ist, werden ihr beim späteren Wiedereintritt in den Schuldienst aus besonderen Gründen die früheren Dienstjahre angerechnet.

(3) Lehrern (Lehrerinnen), welche wegen eines in Ausübung des Dienstes erlittenen Unfalls in den Ruhestand versetzt worden sind, muß im Falle ihrer späteren Wiederanstellung die frühere Dienstzeit auf das Besoldungsdienstalter angerechnet werden.

(4) Die auf Grund der Bestimmungen des § 6 Abs. 1 bis 6 erfolgte Anrechnung von außerpreußischer oder Privatschuldienstzeit ist auch für den Anspruch auf Ruhegehalt maßgebend.

§ 8.

Festsetzung des Besoldungsdienstalters.

(1) Die Lehrer (Lehrerinnen) sind von der Festsetzung des Dienstalters schriftlich zu benachrichtigen.

(2) Die Entscheidung der Schulaufsichtsbehörde über die Festsetzung des Besoldungsdienstalters ist für die Beurteilung der vor den Gerichten geltend gemachten vermögensrechtlichen Diensteinkommensansprüche maßgebend.

§ 9.

Ortszuschlag.

(1) Zum Grundgehalt tritt als weiterer Bestandteil des Diensteinkommens ein Ortszuschlag.

(2) Für die Bemessung des Ortszuschlags finden die Vorschriften des Beamten-Diensteinkommensgesetzes Anwendung.

(3) Die Kürzung des Grundgehalts der endgültig angestellten Lehrerinnen (Leiterinnen) einschließlich der endgültig angestellten technischen Lehrerinnen (§ 1 Abs. 4) bleibt auf die Berechnung des Ortszuschlags ohne Einfluß.

(4) Die bei der Verkündung des Gesetzes endgültig angestellten Lehrer (Lehrerinnen), die eine anrechnungsfähige Dienstzeit von sieben Jahren noch nicht vollendet haben (§ 3 Abs. 1), beziehen bis zum Ersten des Monats, in dem diese Dienstzeit vollendet ist, den Ortszuschlag der einstweilig angestellten Lehrer (Lehrerinnen).

(5) Eine verheiratete Lehrerin erhält den Ortszuschlag nur zur Hälfte, wenn sie mit ihrem Ehemann einen gemeinsamen Haushalt führt. Sie erhält aber den vollen Ortszuschlag, wenn der Unterhalt der Familie überwiegend von ihr bestritten wird.

§ 10.

Ortsklassenverzeichnis.

(1) Die Stellung der Orte in den verschiedenen Ortsklassen bestimmt sich nach dem Ortsklassenverzeichnisse, wie es nach reichsgesetzlicher Regelung für die Gewährung von Ortszuschlägen an die Reichsbeamten jeweilig maßgebend ist.

(2) Welcher Ortsklasse ein außerhalb Deutschlands gelegener, in diesem Ortsklassenverzeichnisse nicht enthaltener Ort, an dem preußische Lehrer (Lehrerinnen) ihren dienstlichen Wohnsitz haben, zuzuweisen ist, wird von dem Unterrichtsminister in Gemeinschaft mit dem Finanzminister bestimmt.

§ 11.

Ortszuschlagssatz.

(1) Für die Höhe des Ortszuschlags ist der dienstliche Wohnsitz maßgebend.

(2) In Gesamtschulverbänden, zu denen Orte verschiedener Ortsklassen gehören, gilt als dienstlicher Wohnsitz der Ort, in dem sich die Schule befindet. Sind mehrere Schulen in dem Verband an verschiedenen Orten vorhanden, so bestimmt die Schulaufsichtsbehörde den Ort, dessen Klasse für die Gewährung des Ortszuschlags an alle in dem Verband angestellten Lehrer (Lehrerinnen) maßgebend zu sein hat.

(3) Bei einer Versetzung erlischt der Anspruch auf den dem bisherigen Wohnsitz entsprechenden Satz des Ortszuschlags mit dem Zeitpunkte, zu dem der Bezug des Grundgehalts der bisherigen Dienststelle aufhört.

(4) Die bei der Versetzung an den Ort einer niedrigeren Ortsklasse eintretende Verminderung des Ortszuschlags wird als eine Verkürzung des Diensteinkommens im Sinne des § 87 des Gesetzes, betreffend die Dienstvergehen der nichtrichterlichen Beamten, vom 21. Juli 1852 (GS. S. 465) nicht angesehen.

§ 12.

Dienstwohnung.

(1) Wird einem Lehrer (Lehrerin) eine Dienstwohnung zugewiesen, so wird ihm (ihr) dafür auf den ihm (ihr) zustehenden Ortszuschlag einschließlich Ausgleichszuschlag (§ 24) ein angemessener Betrag angerechnet. Dieser Betrag soll dem am Wohnorte des Lehrers (Lehrerin) für Wohnungen derselben Art zu zahlenden Mietpreis entsprechen. Die Festsetzung geschieht durch die Schulaufsichtsbehörde unter Mitwirkung der Lehrervertretung. Bei dieser Festsetzung ist außer dem wirklichen Werte der Wohnung auch der Wert zu berücksichtigen, den die Wohnung für den Lehrer (Lehrerin) hat.

(2) Gibt der Inhaber einer Dienstwohnung unter Zustimmung der Schulaufsichtsbehörde Räume anderweit ab, die bei der letzten Wertfestsetzung berücksichtigt sind, so ist der anzurechnende Wert der Wohnung neu festzusetzen. Der Erlös für die abgegebenen Räume fällt dem Schulverbande zu.

§ 13.

(1) Wo seither Lehrern (Lehrerinnen) eine Dienstwohnung gewährt wurde, ist die Einziehung der Dienstwohnung nur mit Genehmigung der Schulaufsichtsbehörde zulässig.

(2) Die Genehmigung kann nur erteilt werden, wenn genügende Mietwohnungen zu angemessenen Preisen in dem Schulverbande vorhanden sind.

(3) Auf dem Lande sollen erste Lehrer und alleinstehende Lehrer in der Regel, bei vorhandenem Bedürfnis auch andere Lehrer (Lehrerinnen) eine Dienstwohnung erhalten.

(4) Bei der Anlage und Veränderung von Dienstwohnungen sind die örtlichen Verhältnisse und die Amtsstellung des Wohnungsinhabers zu berücksichtigen.

(5) Die von der Dienstwohnung zu entrichtenden öffentlichen Lasten und Abgaben werden von den Schulunterhaltungspflichtigen getragen. Diesen liegt auch, unbeschadet der Verpflichtung Dritter aus besonderen Rechtstiteln, die bauliche Unterhaltung der Dienstwohnung ob, soweit sie nicht nach den für die unmittelbaren Staatsbeamten geltenden Bestimmungen dem Wohnungsinhaber zur Last fallen. Von dem an den Schulverband zurückgezahlten Anrechnungssatze der Dienstwohnung sollen 25 v. H. zu einer Rücklage für Bau- und Ausbesserungsarbeiten angesammelt werden.

§ 14.

(1) Wo auf dem Lande eine Dienstwohnung gegeben wird, ist als Zubehör unter Anrechnung*) auf das Grundgehalt, sofern es nach den örtlichen Verhältnissen tunlich ist, ein Hausgarten zu gewähren.

(2) Wo die örtlichen Verhältnisse es tunlich erscheinen lassen und wo ein Bedürfnis dazu vorliegt, soll auf dem Lande für einen alleinstehenden oder einen ersten Lehrer in Anrechnung auf das Grundgehalt eine Landnutzung gewährt werden, welche dem durchschnittlichen Wirtschaftsbedürfnis einer Lehrerfamilie entspricht.

(3) Zur Bewirtschaftung des Landes sind erforderlichenfalls Wirtschaftsgebäude herzustellen.

(4) Die von dem Schullande zu entrichtenden öffentlichen Lasten und Abgaben werden von den Schulunterhaltungspflichtigen getragen.

(5) Wo mit einer Stelle bisher eine größere Landnutzung oder sonstige Berechtigungen verbunden gewesen sind, behält es dabei sein Bewenden. Eine Ablösung der Landnutzung bedarf der Zustimmung der Beteiligten und der Genehmigung der Schulaufsichtsbehörde.

§ 15.

Sondervergütungen.

Für Leistungen im Schulamte, die über das festgesetzte oder übliche Arbeitsmaß hinausgehen, dürfen besondere Vergütungen nicht gewährt werden. Außerordentliche Bewilligungen an einzelne Lehrer (Lehrerinnen) aus besonderen Gründen sind hierdurch nicht ausgeschlossen.

§ 16.

Verbindung von Schul- und Kirchenamt.

(1) Die organische Verbindung zwischen Kirchen- und Schulamt ist zu lösen. Jedem Lehrer (Lehrerin) ist es gestattet, das Kantoren- und Organistenamt freiwillig zu übernehmen. Eine Anrechnung des durch die Verwaltung eines solchen kirchlichen Amtes erzielten Nebeneinkommens auf das Stellengehalt darf nicht stattfinden. Bis zur erfolgten Lösung der organischen Verbindung bleibt es bei den bestehenden Bestimmungen, indem zu dem Grundgehalt eine Stellenzulage hinzutritt.

(2) Falls das kirchliche Amt gegen den Willen des Stelleninhabers vom Schulamte getrennt wird, hat der Lehrer, welcher zum Bezuge des mit dem vereinigten Amte verbundenen Diensteinkommens berechtigt gewesen ist, Anspruch auf die fernere Gewährung eines Diensteinkommens im gleichen Betrage, sofern er das vereinigte Amt mindestens fünfzehn Jahre ununterbrochen verwaltet hat.

(3) Die Vorschriften (Abs. 1 und 2) finden bei dauernder Verbindung eines Schulamts mit einem jüdischen Kultusamte sinngemäß Anwendung.

§ 17.

Sonstige Vergünstigungen.

(1) Wo bisher mit einer Schulstelle Naturalleistungen, wie die Nutzung eines Schullandes, die Lieferung von Brennstoffen nebst Anfuhr und Zer-

*) Im Ges. vom 17. Dezember 1920 hieß es „ohne Anrechnung". Die Änderung mußte auf Grund des von dem Reichsfinanzminister erhobenen Einspruchs erfolgen.

kleinerung, die Gewährung von Deputatgetreide und sonstige Leistungen, verbunden waren, behält es dabei bis zu ihrer Ablösung oder bis zur Aufhebung des bisherigen Gebrauchs sein Bewenden. Die Ablösung oder Aufhebung bedarf der Zustimmung der Beteiligten und der Genehmigung der Schulaufsichtsbehörde.

(2) Wo eine Wohnung auf einem Dienstgrundstücke gegeben wird, und wo es bisher üblich war, kann die Schulaufsichtsbehörde die Beschaffung des dem Bedarf entsprechenden Brennstoffs für die Lehrer und Lehrerinnen verlangen. Im übrigen wird an bestehenden Verpflichtungen zur Beschaffung, Anfuhr und Zerkleinerung von Brennstoffen für die Schule oder die Schulstelle nichts geändert.

(3) Der Wert der Naturalleistungen ist mit einem angemessenen Betrag auf das Diensteinkommen anzurechnen.

(4) Über die Anrechnung der Diensteinkünfte an Geld und Naturalleistungen mit Ausschluß der Dienstwohnung beschließt bei amtlicher Festsetzung des Diensteinkommens auf Anrufen von Beteiligten der Kreisausschuß und, sofern es sich um Stadtschulen handelt, der Bezirksausschuß unter Anhörung des Kreis- bzw. Bezirkslehrerrats. Vor Festsetzung der Anrechnung ist der beteiligte Lehrer (Lehrerin) zu hören. Der Beschluß des Bezirksausschusses in erster oder zweiter Instanz ist endgültig.

(5) Eine anderweite Festsetzung ist bei erheblicher Änderung der ihr zugrunde liegenden tatsächlichen Verhältnisse zulässig.

(6) Für die Festsetzung des Ruhegehalts kommt das Diensteinkommen als solches, nicht der Anrechnungswert seiner einzelnen Bestandteile, in Betracht.

B. Auftragsweise vollbeschäftigte und einstweilig angestellte Lehrer und Lehrerinnen.

§ 18.

Grundvergütung.

(1) Die auftragsweise in freien planmäßigen Schulstellen vollbeschäftigten und die einstweilig angestellten Lehrer (Lehrerinnen) erhalten bis zur Vollendung des siebenten Dienstjahres eine Grundvergütung und bis zur anderweiten Regelung durch den Staatshaushaltsplan oder durch besonderes Gesetz zur Grundvergütung nebst Ausgleichszuschlägen einen Notzuschlag in der Höhe, daß Grundvergütung, Ausgleichszuschläge und Notzuschlag (ohne Frauenbeihilfe) zusammen betragen: 95—95—98—100—100—100—100 v. H. des Anfangsgrundgehaltes nebst Ausgleichszuschlägen (ohne Frauenbeihilfe) der Gruppe 1. Lehrerinnen erhalten die Bezüge um 10 v. H. gekürzt. Auf die Berechnung des Ortszuschlags ist die Kürzung der Grundvergütung ohne Einfluß. Ist bis zum Ablaufe des siebenten Dienstjahrs die endgültige Anstellung aus Gründen, die nicht in der Person des Lehrers (Lehrerin) liegen, nicht erfolgt, so bezieht der Lehrer (Lehrerin) eine Grundvergütung in Höhe der Grundgehaltssätze des endgültig angestellten Lehrers (Lehrerin). **Die nicht in freien Stellen auftragsweise beschäftigten Lehrer (Lehrerinnen), die eine Schulstelle während der Erkrankung oder sonstigen Behinderung des Stelleninhabers (Stelleninhaberin) mit den diesem (dieser) obliegenden Pflichten vertretungsweise verwalten, erhalten in der Regel die gleiche Grundvergütung wie die übrigen auftragsweise vollbeschäftigten Lehrer (Lehrerinnen). In besonderen Fällen können auch Abweichungen von der Regel durch die Schulaufsichtsbehörde festgesetzt werden.**

(2) Die Leiter (Leiterinnen) von Schulen mit sechs oder mehr aufsteigenden Klassen sowie die Lehrkräfte, die die Prüfungen für das höhere Schulamt oder das Pfarramt bestanden haben, erhalten auch bei einstweiliger Anstellung das Anfangsgrundgehalt oder, wenn sie vor dem Übertritt in den Volksschuldienst schon an einem anderen Orte im öffentlichen Schuldienst endgültig angestellt waren, das ihrem Dienstalter als Lehrer (Lehrerin) entsprechende Grundgehalt.

(3) Die Vorschriften in den §§ 5 und 6 über die Anrechnung von Dienstzeiten finden auch auf die auftragsweise vollbeschäftigten und einstweilig angestellten Lehrer (Lehrerinnen) entsprechende Anwendung.

§ 19.

Dienstaltersstufen.

(1) Die höheren Grundvergütungssätze werden jeweils vom Ersten des Kalendermonats an gezahlt, in den der Eintritt in die neue Dienstaltersstufe fällt.

(2) Das Aufrücken in der Grundvergütung kann versagt werden, wenn gegen das dienstliche oder außerdienstliche Verhalten des Lehrers (Lehrerin) eine erhebliche Ausstellung vorliegt.

(3) Vor der Verfügung ist dem Lehrer (Lehrerin) Gelegenheit zu geben, sich über die Gründe der beabsichtigten Maßregel zu äußern. Wird die Versagung verfügt, so sind dem Lehrer (Lehrerin) die Gründe hierfür schriftlich zu eröffnen.

(4) Gegen die Verfügung steht dem Lehrer (Lehrerin), sofern sie nicht von dem Unterrichtsminister erlassen ist, die Beschwerde an diesen zu.

(5) Nach Behebung der Anstände ist der vorläufig versagte Grundvergütungssatz zu gewähren, und zwar vom ersten Tage des Kalendermonats ab, in dem die Bewilligungsverfügung ergeht. Nur aus besonderen Gründen ist die Gewährung von einem früheren Zeitpunkt ab zulässig. Eine Nachgewährung für rückliegende Rechnungsjahre bedarf der Genehmigung des Unterrichtsministers und des Finanzministers.

(6) Die einstweilige Versagung des Aufrückens hat für sich allein nicht die Wirkung, daß dadurch der Zeitpunkt für das Aufsteigen in die nächstfolgende Vergütungsstufe hinausgeschoben wird.

§ 20.

Ortszuschlag.

(1) Zur Grundvergütung tritt für die in freien planmäßigen Schulstellen auftragsweise vollbeschäftigten und einstweilig angestellten Lehrer (Lehrerinnen) als weiterer Bestandteil des Diensteinkommens ein Ortszuschlag in Höhe des Ortszuschlages, den sie als endgültig angestellte Lehrer (Lehrerinnen) in der ersten Gehaltsstufe der Besoldungsgruppe 1 beziehen würden. Den gleichen Ortszuschlag erhalten in der Regel die nicht in freien Stellen auftragsweise beschäftigten Lehrer (Lehrerinnen) (§ 18 Abs. 1).

(2) § 9 Abs. 5 gilt sinngemäß.

§ 21.

Dienstwohnung.

Wird den auftragsweise vollbeschäftigten und einstweilig angestellten Lehrern (Lehrerinnen) eine Dienstwohnung zugewiesen, so gelten die §§ 12, 13 und 14 sinngemäß.

§ 22.

Sondervergütungen, Nebenbezüge und sonstige Vergütungen.

Für die auftragsweise vollbeschäftigten und einstweilig angestellten Lehrer (Lehrerinnen) finden die §§ 15, 16 und 17 sinngemäß Anwendung.

II. Kinderbeihilfen.

§ 23.

Die Kinderbeihilfen werden nach den gleichen Grundsätzen gewährt wie im Beamten-Diensteinkommensgesetz.

III. Ausgleichszuschlag.

§ 24.

Zur Anpassung an die Veränderungen in der allgemeinen Wirtschaftslage wird zum Grundgehalte, zur Grundvergütung und zum Ortszuschlage sowie zu den Kinderbeihilfen ein veränderlicher Ausgleichszuschlag gewährt. Die für die unmittelbaren Staatsbeamten nach dem Beamten-Diensteinkommensgesetze jeweils geltenden Bestimmungen über Art und Höhe des Ausgleichszuschlagsatzes gelten auch für die Lehrer (Lehrerinnen). Ebenso finden die für die unmittelbaren Staatsbeamten jeweils geltenden Bestimmungen über die Gewährung eines weiteren Ausgleichszuschlages und eines besonderen Ausgleichszuschlages (Frauenbeihilfe) Anwendung.

IV. Ruhegehalt und Hinterbliebenenbezüge.

§ 25.

Änderung des Lehrerruhegehaltsgesetzes.

Das Gesetz, betreffend die Pensionierung der Lehrer und Lehrerinnen an den öffentlichen Volksschulen, vom 6. Juli 1885 (GS. S. 298) in der Fassung des Gesetzes vom 10. Juni 1907 (GS. S. 133) wird wie folgt geändert:

1. An Stelle des Artikel I § 4 treten für die zu einem späteren Zeitpunkt als dem 1. April 1920 in den Ruhestand versetzten Lehrer (Lehrerinnen) folgende Vorschriften:

(1) Der Berechnung des Ruhegehalts wird das von dem Lehrer (Lehrerin) auf Grund des Volksschullehrer-Diensteinkommensgesetzes zuletzt bezogene Diensteinkommen — Grundgehalt oder Grundvergütung und Ortszuschlag — zugrunde gelegt. Dabei wird der Ortszuschlag mit dem ungekürzten Satze der Ortsklasse B — auch bei den verheirateten Lehrerinnen — angerechnet. Dieser Satz gilt auch für diejenigen Lehrer (Lehrerinnen), denen eine Dienstwohnung gewährt war. Anrechnungsbeträge auf Grund der §§ 12 und 17 des Volksschullehrer-Diensteinkommensgesetzes werden dem tatsächlich bezogenen Diensteinkommen hinzugerechnet.

(2) Ruhegehaltsfähig ist ferner die zuletzt bezogene Stellenzulage des § 16. Andere Beträge und Nebenbezüge, insbesondere auch Dienstaufwandsentschädigungen, die Kinderbeihilfen und der Ausgleichszuschlag sind nicht ruhegehaltsfähig.

2. Artikel I § 6 erhält folgenden Abs. 3:
(3) Bei Berechnung der Dienstzeit kommt ferner die Zeit in Anrechnung, die einem Lehrer (Lehrerin) auf Grund des § 6 Abs. 1 bis 6 des Volksschullehrer-Diensteinkommensgesetzes auf das Besoldungsdienstalter angerechnet ist.
3. Artikel I § 11 erhält folgende Fassung:
Mit Genehmigung des Unterrichtsministers kann bei der Versetzung in den Ruhestand nach Maßgabe der Bestimmungen in den §§ 5 bis 9 auch die Zeit angerechnet werden, während der ein Lehrer (Lehrerin)
a) an deutschen Auslandsschulen oder sonst im außerpreußischen öffentlichen Schuldienste gestanden hat;
b) an einer Anstalt tätig gewesen ist, die vertragsmäßig die Vorbereitung von Zöglingen für die staatlichen Lehrerbildungsanstalten übernommen hat;
c) als Lehrer oder Erzieher (Lehrerin oder Erzieherin) an einer öffentlichen Taubstummen-, Blinden-, Idioten-, Waisen-, Rettungs- oder ähnlichen Anstalt oder an einer gleichartigen privaten Anstalt sich befunden hat, die nach Anerkennung durch die Schulaufsichtsbehörde ausschließlich gemeinnützigen Zwecken dient und für ihre Unterhaltung auf die öffentliche Wohltätigkeit oder auf öffentliche Mittel überwiegend angewiesen ist;
d) an einer privaten Volksschule tätig war, die vom Staat als den öffentlichen Volksschulen gleichberechtigt anerkannt ist;
e) an einer von einer Synagogengemeinde unterhaltenen jüdischen Religionsschule tätig war;
f) in der Jugendfürsorge und Jugendpflege hauptamtlich gegen Entgelt vollbeschäftigt gewesen ist;
g) als Lehrer (Lehrerin) an einer öffentlichen oder an einer öffentlichen gleichzuachtenden privaten Volkshochschule vollbeschäftigt war.
3a. In den Fällen des Artikels I § 15 entscheidet an Stelle des Unterrichtsministers der Oberpräsident.
4. Artikel I § 17 erhält folgende Fassung:
Das Ruhegehalt wird für jedes Vierteljahr im voraus in einer Summe durch die Landesschulkasse an die Bezugsberechtigten unmittelbar gezahlt (§ 36 Abs. 4 des Volksschullehrer-Diensteinkommensgesetzes).
5. Artikel I § 20 erhält folgende Fassung:
(1) Ein Ruhegehaltsempfänger (Ruhegehaltsempfängerin), der (die) in eine an sich zu Ruhegehalt berechtigte Stellung im öffentlichen Volksschuldienste wieder eingetreten ist (§ 19 Ziff. 2), erwirbt für den Fall des Zurücktretens in den Ruhestand den Anspruch auf Gewährung eines neuen Ruhegehalts, das nach Maßgabe seiner (ihrer) nunmehrigen verlängerten Gesamtdienstzeit und des in der neuen Stellung bezogenen Diensteinkommens zu berechnen sein würde, nur dann, wenn die neue Dienstzeit wenigstens ein Jahr betragen hat.
(2) Neben einem hiernach neu berechneten Ruhegehalt ist das alte Ruhegehalt nur bis zur Erreichung desjenigen Ruhegehaltsbetrags zu zahlen, der sich für die Gesamtdienstzeit aus dem der Festsetzung des alten Ruhegehalts zugrunde gelegten Diensteinkommen ergibt.
(3) Dasselbe gilt, wenn ein Ruhegehaltsempfänger außerhalb des öffentlichen Volksschuldienstes im Reichs- oder Staatsdienst im Sinne der Vorschrift im § 19 Ziff. 2 ein Ruhegehalt erdient.

6. Artikel I § 26 fällt weg mit der Maßgabe, daß die auf besonderen Rechtstiteln beruhenden Verpflichtungen Dritter zugunsten der Landesschulkasse bestehen bleiben.
7. Artikel II fällt weg.

V. Änderung des Hinterbliebenenfürsorgegesetzes.

§ 26.

Das Gesetz, betreffend die Fürsorge für die Witwen und Waisen der Lehrer an den öffentlichen Volksschulen, vom 4. Dezember 1899 (GS. S. 587) in der Fassung des Gesetzes vom 10. Juni 1907 (GS. S. 137) wird wie folgt geändert:

1. Im § 3 Abs. 1 ist an Stelle „vierzig v. H." zu setzen: „sechzig v. H.". § 3 Abs. 2 erhält folgende Fassung:

   (2) Das Witwengeld soll jedoch, vorbehaltlich der im § 5 verordneten **Beschränkung, mindestens 3000 Mark monatlich betragen.**
2. In § 7a tritt an die Stelle des angezogenen Artikel I § 20 Abs. 4 des Gesetzes vom 6. Juli 1885 in der Fassung des Gesetzes vom 10. Juni 1907 „Artikel I § 20 Abs. 4 des Gesetzes vom 6. Juli 1885 in der Fassung des § 25 Nr. 5 Abs. 3 des Volksschullehrer-Diensteinkommensgesetzes".
3. § 10 Abs. 2 erhält folgende Fassung:

   Das Witwen- und Waisengeld wird monatlich im voraus durch die Landesschulkasse an die Bezugsberechtigten unmittelbar gezahlt (§ 36 Abs. 4 des Volksschullehrer-Diensteinkommensgesetzes). An wen die Zahlung gültig zu leisten ist, bestimmt die Schulaufsichtsbehörde.
4. § 14 fällt weg.
5. § 15 fällt weg.

§ 27.

Versorgungszuschlag.

Der Versorgungszuschlag wird nach den gleichen Grundsätzen wie im Beamten-Diensteinkommensgesetze gewährt. Dies gilt auch für den besonderen Versorgungszuschlag (Frauenbeihilfe).

§ 28.

Kinderbeihilfen an Ruhegehaltsempfänger und Hinterbliebene.

(1) Die im § 23 vorgesehene Kinderbeihilfe einschließlich Ausgleichszuschlag wird unter den dort genannten Voraussetzungen auch den zu einem späteren Zeitpunkt als dem 1. April 1920 in den Ruhestand versetzten Lehrern (Lehrerinnen) sowie den Witwen und Waisen der am 1. April 1920 oder später im Amte verstorbenen Lehrer (Lehrerinnen) und der nach jenem Zeitpunkt in den Ruhestand versetzten Lehrer (Lehrerinnen) gewährt.

(2) Verheirateten Ruhegehaltsempfängerinnen wird die Kinderbeihilfe für gemeinsame Kinder nur gewährt, wenn der Ehemann bei Berücksichtigung seiner sonstigen Verpflichtungen außerstande ist, ohne Gefährdung des standesgemäßen Unterhalts der Familie diese zu unterhalten.

(3) Die Kinderbeihilfe fällt weg nach Maßgabe des Beamten-Diensteinkommensgesetzes.

VI. Sonstige Vorschriften.

§ 29.

Gnadenbezüge.

(1) Hinsichtlich der Gewährung von Gnadenbezügen an die Hinterbliebenen eines an einer öffentlichen Volksschule angestellten Lehrers finden die für die unmittelbaren Staatsbeamten bestehenden Bestimmungen entsprechend Anwendung. Auch den ehelichen Nachkommen einer Lehrerin steht der Anspruch auf Gnadenbezüge zu.

(2) An wen die Gnadenbezüge zu leisten sind, bestimmt die Ortsschulbehörde.

§ 30.

(1) Im Genusse der Dienstwohnung ist die hinterbliebene Familie, welche mit dem Verstorbenen die Wohnung geteilt hat, nach Ablauf des Sterbemonats noch drei fernere Monate zu belassen. Hinterbleibt eine solche Familie nicht, so ist denen, auf die der Nachlaß übergeht, eine vom Todestag an zu rechnende 30 tägige Frist zur Räumung der Dienstwohnung zu gewähren.

(2) In jedem Falle muß auf Erfordern der Schulaufsichtsbehörde demjenigen, welcher mit der Verwaltung der Stelle beauftragt ist, ohne Anspruch auf Entschädigung in der Dienstwohnung ein Unterkommen gewährt werden.

§ 31.

Zahlungsweise des Diensteinkommens.

Die endgültig angestellten Lehrer (Lehrerinnen) erhalten ihre Dienstbezüge, soweit sie ihnen in festen Barbezügen zustehen, monatlich, bei Überweisung auf ein Konto vierteljährlich im voraus. Die einstweilig angestellten oder auftragsweise beschäftigten Lehrkräfte erhalten ihre baren Dienstbezüge monatlich im voraus.

§ 32.

Umzugskosten.

(1) Angestellte Lehrer (Lehrerinnen) an öffentlichen Volksschulen erhalten bei Versetzungen aus der Landesschulkasse (§§ 35 flg.) eine Vergütung für Umzugskosten. Die näheren Bestimmungen über die Höhe der Vergütung werden von dem Unterrichtsminister in Gemeinschaft mit dem Finanzminister getroffen. Erfolgt die Versetzung auf Wunsch oder Antrag oder unter sonstiger Mitwirkung des Schulverbandes, so hat der Schulverband die Kosten des Umzugs zu tragen.

(2) Die bestehenden Vorschriften über die Gewährung von Anzugs- und Herbeiholungskosten werden aufgehoben. Bei Versetzungen gilt der Verlust einer Dienstwohnung nebst Hausgarten oder die Verringerung des Ortszuschlags (§§ 9 und 20) nicht als Verringerung des Diensteinkommens.

§ 33.

Rechtsweg.

Auf die Lehrer (Lehrerinnen) an den öffentlichen Volksschulen finden die Bestimmungen des ersten Abschnittes des Gesetzes, betreffend die Erweiterung des Rechtswegs, vom 24. Mai 1861 (GS. S. 241) mit folgender Maßgabe Anwendung:

1. Die Klage ist gegen die Landesschulkasse, vertreten durch den Kassenanwalt, und, soweit es sich um Leistungen handelt, für die die Schulunterhaltungspflichtigen einzutreten haben, gegen diese zu richten.
2. Im Falle des § 2 a. a. O. tritt an die Stelle des Verwaltungschefs der Oberpräsident, in den Hohenzollernschen Landen der Unterrichtsminister.
3. Bei der richterlichen Beurteilung sind die auf Grund dieses Gesetzes erfolgten Festsetzungen über das Diensteinkommen der Stelle, insbesondere über die Höhe des Grundgehalts und der Grundvergütung, des Ortszuschlags, der Kinderbeihilfe und des Ausgleichszuschlags, über Dienstwohnung, Dienstland, Sachleistungen sowie über die Anrechnung von Dienstbezügen auf Grundgehalt zugrunde zu legen.

§ 34.

Auseinandersetzung zwischen dem abgehenden und dem anziehenden Lehrer (Lehrerin).

(1) Bei Streitigkeiten zwischen dem abgehenden Lehrer (Lehrerin) oder den Erben des verstorbenen Lehrers (Lehrerin) und dem anziehenden Lehrer (Lehrerin) oder dem Schulverband über die Auseinandersetzung wegen der Landnutzung, der Naturalleistungen, der Dienstwohnung einschließlich des Hausgartens oder des baren Diensteinkommens trifft die Schulaufsichtsbehörde, vorbehaltlich des Rechtswegs, eine im Verwaltungswege vollstreckbare einstweilige Entscheidung. Bei Versetzungen kann sie anordnen, daß die von dem Lehrer (Lehrerin) zuviel erhobenen Beträge für seine Rechnung den Schulunterhaltungspflichtigen unmittelbar aus den Bezügen erstattet werden, welche der Lehrer (Lehrerin) in der neuen Schulordnung zu empfangen hat.

(2) Die Schulaufsichtsbehörde ist befugt, die Entscheidung allgemein den ihr nachgeordneten Behörden zu übertragen.

VII. Aufbringung der persönlichen Volksschullasten.

§ 35.

Landesschulkasse.

(1) Alle Schulverbände (Schulgemeinden) werden zum Ausgleiche der persönlichen Volksschullasten zu einer Landesschulkasse vereinigt. Die bisherigen Volksschullehrer-Alterszulage-, Ruhegehalts- und Witwen- und Waisenkassen werden aufgelöst. Ihr Vermögen als Ganzes, ihre Verbindlichkeiten sowie etwaige Forderungen, Überschüsse oder Fehlbeträge der Kassen am Schlusse des Rechnungsjahres 1919 gehen auf die Landesschulkasse als Rechtsnachfolgerin über.

(2) Die Landesschulkasse erhält die erforderlichen Geldmittel:
a) durch Staatsbeiträge (Besoldungsbeiträge) — §§ 41, 42, 43 und 44 —;
b) durch Schulverbands (Schulgemeinde-) Beiträge — §§ 45 und 46;
c) durch etwaige eigene Einnahmen.

§ 36.

(1) Die Landesschulkasse besitzt die Rechte der Körperschaften des öffentlichen Rechtes. Sie wird verwaltet und nach außen vertreten von dem Unterrichtsminister und dem Finanzminister, soweit die Vertretung nicht dem Kassenanwalt oder anderen Behörden (§ 37 Abs. 3) zusteht.

(2) Die Kassengeschäfte werden durch die Generalstaatskasse und die ihr unterstellten Kassen unentgeltlich geführt.

(3) Das Diensteinkommen der Lehrer (Lehrerinnen) wird von der Landesschulkasse an die Bezugsberechtigten gezahlt. Die Schulaufsichtsbehörde kann für einzelne Schulverbände (Schulgemeinden) und auch für einzelne Lehrer (Lehrerinnen) Zahlung durch Vermittlung der Schulkassen oder der Gemeindekasse erfolgen lassen, ohne daß dafür eine Entschädigung gezahlt wird. Die vorbezeichneten Kassen haben auch auf Grund einer allgemeinen Anweisung des Unterrichtsministers oder der Schulaufsichtsbehörde Zahlungslisten aufzustellen und danach zu zahlen. Das Zahlungsgeschäft umfaßt auch die Rechnungslegung, die Arbeit für den reichsgesetzlichen Steuerabzug und die sonstigen mit dem Zahlungsgeschäft verbundenen Arbeiten.

(4) Die Ruhegehälter und Hinterbliebenenbezüge werden in der Regel unmittelbar an die Bezugsberechtigten gezahlt.

§ 37.

(1) Für die Bezahlung der Beiträge der einzelnen Schulverbände (Schulgemeinden) wird ein Plan nach Regierungsbezirken und dem Bezirke der Stadt Berlin von der Verwaltung der Landesschulkasse aufgestellt und nach Genehmigung durch den Kassenanwalt in den einzelnen Regierungsamtsblättern, jedoch nur mit dem für den einzelnen Bezirk in Betracht kommenden Teil, veröffentlicht. Für den Bezirk der Stadt Berlin erfolgt die Veröffentlichung im Amtsblatt für die Regierung Potsdam und den Stadtkreis Berlin.

(2) Aus dem Plane muß der Beitrag jedes einzelnen Schulverbandes (Schulgemeinde), und zwar getrennt nach den im § 46 unter 1 bis 6 enthaltenen Bestimmungen berechnet, zu ersehen sein.

(3) Gegen die Höhe des auf den einzelnen Schulverband (Schulgemeinde) ausgeschriebenen Beitrags steht den Schulverbänden (Schulgemeinden) für ihren Beitrag binnen vier Wochen vom Tage der Ausgabe des Regierungsamtsblatts an der Einspruch bei der Schulaufsichtsbehörde und gegen deren Bescheid binnen zwei Wochen die Klage im Verwaltungsstreitverfahren beim Bezirksausschuß offen, in der die Landesschulkasse durch den Kassenanwalt oder dessen Beauftragten vertreten wird.

(4) Der Einspruch und die Klage können nur darauf gestützt werden, daß die Berechnung des Beitrags nicht richtig oder eine Verpflichtung zur Beitragszahlung überhaupt nicht gegeben sei. Eine Anfechtung der Berechnung des Kassenbedarfs ist nicht zulässig.

§ 38.

(1) Zur Wahrnehmung der Rechte der Schulverbände (Schulgemeinden) bei der Verwaltung der Kasse werden von dem Unterrichtsminister in Gemeinschaft mit dem Finanzminister ein Kassenanwalt und ein oder mehrere Stellvertreter ernannt. Das Diensteinkommen des Kassenanwalts, seiner Stellvertreter sowie der ihm etwa beigegebenen Beamten und Hilfskräfte setzen der Unterrichtsminister und der Finanzminister fest.

(2) Der Kassenanwalt hat den Verteilungsplan (§ 37) vor seiner Veröffentlichung zu prüfen und zu genehmigen und ist berechtigt, dagegen Einwendungen zu erheben.

(3) Der Kassenanwalt hat die Aufgabe, sich davon zu überzeugen, daß die Verwaltung der Landesschulkasse ordnungsmäßig geführt wird. Er ist befugt, die Unterlagen zu prüfen, welche der Aufstellung des Verteilungsplans zugrunde gelegt werden. Er ist auch berechtigt, Einsicht in die Ver-

waltungen der Schulverbände zu nehmen, soweit die Verwaltung der Landesschulkasse damit in Zusammenhang steht. Verträge, welche die Landesschulkasse abschließt, bedürfen seiner Zustimmung. In Zivilprozessen und im Verwaltungsstreitverfahren vertritt er die Landesschulkasse vor Gericht.

(4) Der Kassenanwalt hat je nach Bedarf bei den Bezirksregierungen und dem Provinzialschulkollegium in Berlin einen Beauftragten zu bestellen, der nach Weisung des Kassenanwalts befugt ist, die Obliegenheiten des Kassenanwalts gegenüber den Bezirks-, Kreis- und Ortsbehörden wahrzunehmen. Von jeder Festsetzung von Ruhegehalt und Witwen- und Waisengeld ist dem Kassenanwalt oder, wo ein Beauftragter bestellt ist, diesem Kenntnis zu geben. Auf das Verlangen des Kassenanwalts oder des Beauftragten ist ihm behufs Prüfung der Festsetzung Einsicht in die der letzteren zugrunde gelegten Rechnungsgrundlagen zu gewähren. Gegen die Festsetzung des Ruhegehalts oder der Witwen- und Waisengelder steht dem Kassenanwalt oder seinem Beauftragten innerhalb eines Monats nach Mitteilung der Festsetzung die Beschwerde an den Oberpräsidenten und gegen dessen Bescheid binnen sechs Wochen an den Unterrichtsminister und den Finanzminister zu. Die Beschwerde hat keine aufschiebende Wirkung.

§ 39.

Die Landesschulkasse übernimmt:

a) die Zahlung des baren Diensteinkommens und der Kinderbeihilfen einschließlich des Ausgleichszuschlags an die Lehrer (Lehrerinnen), soweit sie in planmäßigen Stellen angestellt oder in freien planmäßigen Stellen vollbeschäftigt werden, sowie der Gnadenbezüge;

b) die Erstattung des Wertes der den Stelleninhabern (Stelleninhaberinnen) auf ihr Diensteinkommen angerechneten Naturalleistungen und anderen Dienstbezüge oder einer Dienstwohnung an die Schulverbände (Schulgemeinden);

c) die Zahlung der Ruhegehälter und Hinterbliebenenbezüge einschließlich der Gnadengelder, auch für die bereits bei Inkrafttreten dieses Gesetzes aus den bisherigen Volksschullehrer-Ruhegehalts- und Witwen- und Waisenkassen Bezugsberechtigten, sowie der Hinterbliebenenbezüge, zu deren Zahlung die Stadt Berlin und die nach § 15 des Gesetzes vom 4. Dezember 1899, betreffend die Fürsorge für die Witwen und Waisen der Lehrer an öffentlichen Volksschulen (GS. S. 587), einer Volksschullehrer-Witwen- und Waisenkasse nicht angeschlossenen Schulverbände verpflichtet sind;

d) die Vergütung der Umzugskosten (§ 32).

§ 40.

(1) Für jedes mit dem 1. April beginnende Rechnungsjahr wird der Bedarf der Kasse nach dem Stande des Diensteinkommens aller Schulstellen vom 1. Mai des vorhergehenden Rechnungsjahrs unter Berücksichtigung der voraussichtlichen Steigerung oder Verminderung des Diensteinkommens (§ 41 Abs. 1) und unter Hinzurechnung der voraussichtlichen Verwaltungskosten, zu denen das Diensteinkommen des Kassenanwalts, seiner Stellvertreter und der sonstigen Beamten und Hilfskräfte sowie eine angemessene Betriebsrücklage gehören, berechnet. Ersparnisse oder Fehlbeträge eines Rechnungsjahrs sind in der Bedarfsberechnung für das dem Kassenabschlusse folgende Rechnungsjahr abzusetzen oder zuzusetzen.

(2) Erstmalig wird der Bedarf der Landesschulkasse nach dem Stande des Diensteinkommens (§ 41 Abs. 1), wie es auf Grund dieses Gesetzes am 1. April 1920 zu zahlen war, unter Hinzurechnung der mutmaßlichen Verwaltungskosten und unter Berücksichtigung der Ersparnisse oder Fehlbeträge der bisher für die einzelnen Bezirke bestehenden Volksschullehrer-Alterszulage-, Ruhegehalts- und Witwen- und Waisenkassen ermittelt.

§ 41.

(1) Der Staat zahlt an die Landesschulkasse:

a) ein Viertel des den endgültig und einstweilen angestellten Lehrern (Lehrerinnen) sowie den in freien planmäßigen Schulstellen auftragsweise vollbeschäftigten Lehrern (Lehrerinnen) zustehenden und im vorangegangenen Rechnungsjahre tatsächlich gezahlten Betrags an Grundgehalt oder Grundvergütung (§§ 1 und 18), Ortszuschlag (§§ 9 und 20), Kinderbeihilfe (§ 23) und Ausgleichszuschlag (§ 24) sowie an weiterem Ausgleichszuschlag und an besonderem Ausgleichszuschlag (Frauenbeihilfe) einschließlich des Wertes, mit dem Naturalleistungen oder andere Dienstbezüge sowie eine Dienstwohnung dem einzelnen Stelleninhaber (Stelleninhaberin) auf sein (ihr) gesamtes Diensteinkommen angerechnet werden;

b) ein Viertel der auf Grund dieses Gesetzes festgesetzten und im vorangegangenen Rechnungsjahre tatsächlich gezahlten Ruhegehälter, Witwen- und Waisenbezüge (einschließlich des Versorgungszuschlags und der Kinderbeihilfe) und der Gnadenbezüge.

Das Viertel zu a wird nicht gezahlt:

aa) von den besonderen Stellenzulagen (§ 16 des Gesetzes);

bb) von einem Betrage von 25 000 Mark jährlich und dem auf diesen Betrag entfallenden Ausgleichszuschlage des Diensteinkommens der Leiter (Leiterinnen) von Schulen mit drei oder mehr Lehrkräften und weniger als sechs aufsteigenden Klassen, ausschließlich der Volksschulen für körperlich oder geistig nicht normal veranlagte Kinder;

cc) von dem gleichen Betrage (wie unter bb) des Diensteinkommens der Lehrer (Lehrerinnen), die an gehobenen Klassen (Klassen mit erweitertem Lehrziele), die mit einer Volksschule verbunden sind, angestellt und vollbeschäftigt sind;

dd) von dem gleichen Betrage (wie unter bb) des Diensteinkommens der Lehrer (Lehrerinnen), die an besonderen Veranstaltungen der Volksschulen für körperlich oder geistig nicht normal veranlagte Kinder vollbeschäftigt sind;

ee) von einem um 8400 Mark jährlich gekürzten Unterschiedsbetrage zwischen der tatsächlichen Besoldung der Leiter (Leiterinnen) und der Konrektoren (Konrektorinnen) von Schulen mit sechs und mehr aufsteigenden Klassen und einer Besoldung als Lehrer (Lehrerin) in Gruppe 1 nebst dem auf diesen Betrag entfallenden Ausgleichszuschlag unter Berücksichtigung der Vorschriften der §§ 42 und 43 des Gesetzes;

ff) von dem gleichen Betrage (wie unter ee) des Diensteinkommens der Leiter (Leiterinnen) von Volksschulen für körperlich oder geistig nicht normal veranlagte Kinder mit vier oder mehr aufsteigenden Klassen;

c) die Ruhegehälter und Hinterbliebenenbezüge, deren Anfangstermin vor dem 1. April 1920 liegt.

(2) Außer Betracht bleiben neu errichtete Stellen, bis diese durch eine besondere Lehrkraft versehen werden.

(3) Für das Rechnungsjahr 1920 zahlt der Staat an die Landesschulkasse:

a) ein Viertel des den endgültig und einstweilig angestellten Lehrern (Lehrerinnen) nach dem Stande vom 1. April 1920 zustehenden Betrags an Grundgehalt oder Grundvergütung, Ortszuschlag, Kinderbeihilfen und Ausgleichszuschlag einschließlich des im Abs. 1 unter a angegebenen Anrechnungswerts;

b) ein Viertel der auf Grund dieses Gesetzes festgesetzten Ruhegehälter, Witwen- und Waisenbezüge (einschließlich des Versorgungszuschlags und der Kinderbeihilfen) und der Gnadenbezüge, soweit sie im Rechnungsjahre 1920 zu zahlen sind.

Das Viertel zu a wird nicht gezahlt von den im Abs. 1 unter aa bis ff angegebenen Beträgen;

c) die Ruhegehälter und Hinterbliebenenbezüge, deren Anfangstermin vor dem 1. April 1920 liegt.

§ 42.

(1) Bestehen in einem Schulverband (einer Schulgemeinde) mehr Schulstellen, als für je 60 Kinder erforderlich sind, so berechnet sich der Staatsbeitrag nach dem Diensteinkommen (§ 41 Abs. 1) der für je 60 Kinder erforderlichen Stellen. Ist die Zahl der Schulkinder durch 60 nicht teilbar, so wird bei den Schulverbänden (Schulgemeinden) mit nicht mehr als sieben Schulstellen angenommen, daß die nächsthöhere durch 60 teilbare Zahl von Schulkindern vorhanden wäre. Die Höhe des Staatsbeitrags berechnet sich in den Schulverbänden (Schulgemeinden), in denen mehr Schulstellen vorhanden sind, dergestalt, daß das gesamte Diensteinkommen aller Stelleninhaber (Stelleninhaberinnen) und der in freien planmäßigen Schulstellen auftragsweise vollbeschäftigten Lehrer (Lehrerinnen) zusammengezählt wird unter Abzug:

a) der besonderen Stellenzulagen;

b) eines Betrags von 25 000 Mark jährlich von dem Diensteinkommen der Leiter (Leiterinnen) von Schulen mit drei oder mehr Lehrkräften und weniger als sechs aufsteigenden Klassen ausschließlich der Volksschulen für körperlich oder geistig nicht normal veranlagte Kinder;

c) des gleichen Betrags (wie unter b) von dem Diensteinkommen der Lehrer (Lehrerinnen), die an gehobenen Klassen (Klassen mit erweitertem Lehrziele), die mit einer Volksschule verbunden sind, angestellt und vollbeschäftigt sind;

d) des gleichen Betrags (wie unter b) von dem Diensteinkommen der Lehrer (Lehrerinnen), die an besonderen Veranstaltungen der Volksschulen für körperlich oder geistig nicht normal veranlagte Kinder vollbeschäftigt sind;

e) des um 8400 Mark jährlich gekürzten Unterschiedsbetrags zwischen der tatsächlichen Besoldung der Leiter (Leiterinnen) und der Konrektoren (Konrektorinnen) von Schulen mit sechs oder mehr aufsteigenden Klassen und einer Besoldung als Lehrer (Lehrerin) in Gruppe 1;

f) des gleichen Betrags (wie unter e) von dem Diensteinkommen der Leiter

(Leiterinnen) von Volksschulen für körperlich oder geistig nicht normal veranlagte Kinder mit vier oder mehr aufsteigenden Klassen.

Nach Abzug der unter a bis f genannten Beträge wird das gesamte Diensteinkommen aller Stelleninhaber (Stelleninhaberinnen) und der in freien planmäßigen Schulstellen auftragsweise vollbeschäftigten Lehrer (Lehrerinnen) nach dem Verhältnisse der insgesamt für je 60 Schulkinder erforderlichen und der darüber hinaus vorhandenen Schulstellen geteilt und von dem ersten Betrag ein Viertel als Staatsbeitrag gezahlt.

(2) Sind in einem Schulverbande auf Grund gesetzlicher Vorschrift Volksschulen verschiedener Bekenntnisse vorhanden, so ist der Betrag, von dem der Staat ein Viertel zur Landesschulkasse zu zahlen hat, für die Volksschulen der verschiedenen Bekenntnisse ohne Rücksicht auf die anderen Schularten besonders festzustellen.

§ 43.

(1) In Schulverbänden (Schulgemeinden), in denen am 15. September 1920 mehr Schulstellen vorhanden waren, als für je 60, aber nicht weniger als für je 40 Schulkinder erforderlich sind, wird das Diensteinkommen sämtlicher am 15. September 1920 vorhandenen Schulstellen der Berechnung des Staatsbeitrags zugrunde gelegt.

(2) Waren am 15. September 1920 mehr Schulstellen vorhanden, als für je 40 Schulkinder erforderlich sind, so wird für die Berechnung des Staatsbeitrags nur das Einkommen von so viel Stellen berücksichtigt, als erforderlich wären, wenn für je 40 Kinder eine Stelle vorhanden wäre.

(3) Tritt in solchen Schulverbänden (Schulgemeinden) nach dem 15. September 1920 eine Vermehrung der Schulstellen ein, ohne daß die Schulkinderzahl zugenommen hat, so wird nur das Diensteinkommen der am 15. September 1920 vorhandenen Schulstellen bei Berechnung des Staatsbeitrags berücksichtigt. Das danach zu berücksichtigende Diensteinkommen berechnet sich dann dergestalt, daß das gesamte Diensteinkommen aller Stelleninhaber ausschließlich der besonderen Stellenzulagen zusammengezählt und im Verhältnisse der am 15. September 1920 vorhanden gewesenen und der später vorhandenen Schulstellen geteilt wird und von dem ersteren Betrag ein Viertel als Staatsbeitrag zu zahlen ist.

(4) Tritt eine Verminderung der Schulkinderzahl ein, so daß weniger als 40 Schulkinder im Durchschnitt auf eine Schulstelle entfallen, so wird für die Berechnung des Staatsbeitrags nur das Einkommen von so viel Stellen berücksichtigt, als erforderlich wären, wenn für je 40 Kinder eine Stelle vorhanden wäre. Tritt dagegen eine Verminderung der Schulstellenzahl ein, so werden bei späterer Neuerrichtung von Schulstellen für die Berechnung des Staatsbeitrages nur so viele neue Schulstellen berücksichtigt, als dem Schülerzuwachs seit dem der letzten Stellenverminderung folgenden 1. Mai bei Zugrundelegung von je 60 Kindern entspricht. Sobald die Schulstellenzahl vom 15. September 1920 wieder erreicht ist und die durchschnittlich auf eine Schulstelle entfallende Schülerzahl der damaligen Durchschnittsschülerzahl gleichkommt oder weniger als diese beträgt, lebt das dem Schulverbande (Schulgemeinde) nach dem Stande vom 15. September 1920 zugestandene Vorrecht (Abs. 1 und 2) in vollem Umfange wieder auf.

(5) Hat sich die Schulstellenzahl und zugleich die Schulkinderzahl vermehrt, so ist festzustellen, wieviel Schulkinder gegenüber dem Stande vom 15. September 1920 mehr vorhanden sind, und wieviel Schulstellen auf die vermehrte Zahl bei Zugrundelegung von je 60 Kindern erforderlich wären.

Bis zu dieser Zahl sind die neuen Schulstellen mit ihrem Diensteinkommen bei Berechnung des Staatsbeitrags zu berücksichtigen. Die Vorschrift im Abs. 1 ist bei der Berechnung sinngemäß anzuwenden.

§ 44.

(1) Im Falle der Veränderung von Schulverbänden durch Abänderung von Gemeindegrenzen gilt für die Berechnung des Staatsbeitrags folgendes:

I. Gehört weder der Schulverband (die Schulgemeinde), von dessen Bezirk eine Abtrennung stattfand, noch der, dessen Bezirk sich durch die Eingemeindung vergrößert, zu den im § 43 bevorrechteten, so erfolgt die Berechnung des Staatsbeitrags lediglich nach den Bestimmungen des § 42.

II. Gehört der verkleinerte Schulverband (Schulgemeinde) zu den im § 43 bevorrechteten, so wird die Zahl der am 15. September 1920 vorhandenen Schulstellen, für die bisher der Staatsbeitrag zu zahlen war, soweit sie noch bestehen, im Verhältnisse der Zahl der Schulkinder, die in dem bisherigen Verbande verbleiben und die infolge der Eingemeindung in einen anderen Verband übertreten, geteilt, und in diesem Teilungsverhältnisse wird das Recht auf den Staatsbeitrag gemäß § 43 auf die in Betracht kommenden Schulverbände verteilt.

III. Geht ein gemäß § 43 bevorrechteter Schulverband (Schulgemeinde) ganz in einen andern Schulverband infolge der Eingemeindung auf, so geht das Recht auf den Staatsbeitrag in vollem Umfang auf den vergrößerten Schulverband über.

IV. Gehört nur der durch die Eingemeindung vergrößerte Schulverband (Schulgemeinde) zu den gemäß § 43 bevorrechteten, so ist bei einer durch die Eingemeindung eintretenden Vermehrung der Schulstellen und der Kinderzahl für die Berechnung des Staatsbeitrags nach den Bestimmungen im § 43 Abs. 5 zu verfahren.

(2) Ob und inwieweit bei Eingemeindungen, an denen gemäß § 43 bevorrechtete Schulverbände (Schulgemeinden) beteiligt sind, ein Übergang des Rechtes auf den Staatsbeitrag gemäß § 43 auf die beteiligten Schulverbände (Schulgemeinden) zu erfolgen hat, beschließt die Schulaufsichtsbehörde nach Anhörung des Kassenanwalts durch einen mit Gründen versehenen Bescheid. Gegen den Bescheid der Schulaufsichtsbehörde steht sowohl den beteiligten Schulverbänden (Schulgemeinden) wie dem Kassenanwalte binnen einem Monate vom Tage der Zustellung des Bescheids das Rechtsmittel der Beschwerde an den Provinzialrat, für Berlin an den Oberpräsidenten, für die Hohenzollernschen Lande an den Bezirksausschuß zu. Der Beschluß des Provinzialrats bzw. des Oberpräsidenten bzw. des Bezirksausschusses ist endgültig.

(3) Tritt in den Fällen der Nr. II und III später eine Veränderung in der Zahl der Schulstellen oder der Schulkinder ein, so gilt für die Berechnung des Staatsbeitrags folgendes:

a) Bei einer Vermehrung der Schulkinder und der Zahl der Schulstellen ist für das auf den vergrößerten Schulverband übergegangene Sonderrecht für eine Anzahl von Schulstellen aus § 43 eine Schulkinderzahl zugrunde zu legen, wie sie am 15. September 1920 in dem verkleinerten oder aufgehobenen Schulverbande (Schulgemeinde) auf die gleiche Zahl von Schulstellen entfiel.

b) Bei einer Vermehrung der Schulstellen ohne Vermehrung der Schulkinderzahl ist im Falle von Nr. II und III die gesamte am 15. September 1920 in dem aufgehobenen Schulverbande vorhanden gewesene Zahl von Schulstellen, soweit sie sich nicht bis zur Eingemeindung etwa vermindert hat, mit in Rücksicht zu ziehen.

c) Tritt später nach der Eingemeindung eine Verminderung der Schulkinderzahl ein, welche für die nach § 43 bevorrechteten Schulstellen in Betracht kommt, so vermindert sich die bevorrechtete Schulstellenzahl auf die Stellenzahl, die erforderlich wäre, wenn für je 40 Kinder eine Stelle vorhanden wäre.

§ 45.

Zur Aufbringung des durch den Staatsbeitrag und die eigenen Einnahmen nicht gedeckten Bedarfs der Landesschulkasse sind die Schulverbände (Schulgemeinden) verpflichtet.

§ 46.

(1) Der Bedarf ist auf die Schulverbände (Schulgemeinden) wie folgt zu verteilen:

1. Von den Schulverbänden (Schulgemeinden), in denen Schulstellen vorhanden sind, für die ein Staatsbeitrag nicht gezahlt wird, ist für jede dieser Stellen als Beitrag einzuziehen:
   a) der nach §§ 42, 43 und 44 errechnete Betrag des Lehrerdiensteinkommens einschließlich der Kinderbeihilfen und des Ausgleichszuschlags;
   b) ein Zuschlag von 20 v. H. zu dem nach a errechneten Diensteinkommen.
2. Schulverbände (Schulgemeinden), in denen Stellenzulagen (§ 16) gewährt werden, haben an die Landesschulkasse zu zahlen:
   a) den Betrag der im Laufe des Rechnungsjahres in ihnen zu zahlenden Stellenzulagen;
   b) einen Zuschlag von 20 v. H. zu dem nach a errechneten Betrage.
3. Schulverbände (Schulgemeinden), in denen Stellen vorhanden sind für lebenslänglich angestellte Leiter (Leiterinnen) von Schulen mit drei oder mehr Lehrkräften und weniger als sechs aufsteigenden Klassen, ausschließlich der Volksschulen für körperlich oder geistig nicht normal veranlagte Kinder, oder Stellen für vollbeschäftigte Lehrer (Lehrerinnen) zum Unterricht an mit einer Volksschule verbundenen gehobenen Klassen (Klassen mit erweitertem Lehrziele) oder Stellen für Lehrer (Lehrerinnen), die an besonderen Veranstaltungen der Volksschule für körperlich oder geistig nicht normal veranlagte Kinder vollbeschäftigt sind, haben für jede dieser Stellen an die Landesschulkasse jährlich zu zahlen:
   a) einen Betrag von 25 000 Mark jährlich mit dem einen solchen Gehaltsbetrage entsprechenden Ausgleichszuschlage;
   b) einen Zuschlag von 20 v. H. zu dem nach a errechneten Betrage.
4. Schulverbände (Schulgemeinden), in denen Stellen für lebenslänglich angestellte Leiter (Leiterinnen) bzw. Konrektoren (Konrektorinnen) von Schulen mit sechs oder mehr aufsteigenden Klassen und Stellen für Leiter (Leiterinnen) von Volksschulen für körperlich oder geistig nicht normal veranlagte Kinder mit vier oder mehr aufsteigenden Klassen vorhanden sind, haben an die Landesschulkasse zu zahlen:
   a) den Unterschiedsbetrag, welchen der Stelleninhaber (die Stelleninhaberin) gegenüber einer Besoldung als Lehrer (Lehrerin) in

Gruppe 1 mehr erhält, vermindert um einen Betrag von 8400 Mark jährlich mit dem auf diese danach sich ergebende Summe entfallenden Ausgleichszuschlag;

b) einen Zuschlag von 20 v. H. zu dem nach a errechneten Betrage.

5. Schulverbände, deren Lehrer (Lehrerinnen) einen höheren Ortszuschlag als den der niedrigsten Ortsklasse erhalten, haben für jede Stelle, die nicht zu denen unter 1 gehört, einen besonderen Beitrag nebst einem Zuschlag in Höhe des Ausgleichszuschlags an die Landesschulkasse zu zahlen. Der besondere Beitrag hat drei Viertel des Unterschieds zwischen dem Ortszuschlage der niedrigsten Ortsklasse und dem Ortszuschlage, der für den Schulverband (Schulgemeinde) maßgebend ist, zu betragen.

6. Der nach Abzug der unter 1 bis 5 genannten Vorausleistungen und des Staatsbeitrages sowie etwaiger sonstiger Einnahmen verbleibende Bedarf ist, soweit er nicht durch die nach dem Ausführungsgesetze zum Landessteuergesetze bereitgestellten Mittel gedeckt wird, gleichmäßig auf die übrigen Schulstellen zu verteilen und von den Schulverbänden (Schulgemeinden) nach der Zahl ihrer Lehrer- und Lehrerinnenstellen unter Fortlassung der unter 1 berücksichtigten Schulstellen zu entrichten. Bei der Verteilung auf die Schulstellen sind die Lehrerinnenstellen nur mit je neun Zehntel in Ansatz zu bringen.

(2) Außer Betracht bleiben neu errichtete Stellen, bis diese durch eine besondere Lehrkraft versehen werden.

§ 47.

(1) Der Staat zahlt an jeden Schulverband und an jeden Unterhaltsträger öffentlicher mittlerer Schulen für jedes am 1. Mai des Vorjahres die Volksschule bzw. eine öffentliche mittlere Schule besuchende schulpflichtige Kind einen auf volle Mark nach unten abgerundeten, durch hundert ohne Rest teilbaren Betrag (Beschulungsgeld), dessen Höhe alljährlich von dem Unterrichtsminister in Gemeinschaft mit dem Finanzminister festzusetzen ist. Bestehen jedoch in einem Schulverbande (einer Schulgemeinde) weniger Schulstellen, als für je 60 Kinder erforderlich sind, so wird das Beschulungsgeld nur bis zur Höchstzahl von 60 Schulkindern für je eine Schulstelle gezahlt. Der für die überschießende Schulkinderzahl nicht zur Auszahlung gelangende Betrag an Beschulungsgeld tritt dem in diesem Paragraphen Abs. 3 vorgesehenen besonderen Ergänzungszuschußfonds von 6 Milliarden Mark hinzu.

(2) Schulkinder, welche aus einem Schulverbande gastweise der Schule eines anderen Schulverbandes für alle Unterrichtsfächer zugewiesen sind (§ 5 des Volksschulunterhaltungsgesetzes vom 28. Juli 1906 — GS. S. 335), sind dem Schulverbande anzurechnen, zu dem sie an sich gehören.

(3) Der Gesamtbetrag des Beschulungsgeldes einschließlich des im § 49 Abs. 1 vorgesehenen besonderen Ergänzungszuschußfonds von 3 Milliarden Mark und einschließlich des nach § 43 zu zahlenden besonderen Staatsbeitrages für die am 15. September 1920 mehr vorhandenen Schulstellen soll zuzüglich der sonstigen für persönliche und sächliche Volksschulzwecke zur Verfügung zu stellenden Ergänzungszuschüsse von 6 Milliarden Mark in den einzelnen Jahren die Hälfte des tatsächlichen Lehrerdiensteinkommens, zu dem der Staat einen Beitrag zahlt (§ 41), erreichen, aber nicht übersteigen. Dem Ergänzungszuschußfonds von 6 Milliarden Mark tritt ferner der Be-

trag hinzu, der infolge der Abrundung des Beschulungsgeldes auf eine durch hundert ohne Rest teilbare Zahl nicht zur Verteilung gelangt.

(4) Dem Landtage ist jährlich eine Übersicht über die Verteilung der Ergänzungszuschüsse vorzulegen.

§ 48.

(1) In Gesamtschulverbänden ist der für die Schulkinder des Verbandes gezahlte Betrag den einzelnen zum Gesamtschulverbande gehörigen Gemeinden (Gutsbezirken) unter Anrechnung auf ihre an den Verband zu leistenden Zahlungen zu überweisen.

(2) Findet in den Gutsbezirken eine Unterverteilung auf Grund eines Statuts gemäß § 8 des Volksschulunterhaltungsgesetzes statt, so gelten die Leistungen der Beitragspflichtigen als Leistungen des Gutsbezirkes, mit denen aufzurechnen ist.

(3) In Schulgemeinden wird die Art und Weise der Anrechnung der Schulleistungen der Beitragspflichtigen auf die den Gemeinden (Gutsbezirken) durch Vermittlung der Schulgemeindekasse zu überweisenden staatlichen Beschulungsgelder durch den Unterrichtsminister und den Finanzminister geregelt. Diese Befugnis kann im Einzelfalle den Schulaufsichtsbehörden übertragen werden. In Natur geleistete Dienste (Hand- und Spanndienste und ähnliche) sind nur insoweit gegenzurechnen, als an ihre Stelle Barleistungen getreten sind.

(4) Werden einem Gesamtschulverbande Ergänzungszuschüsse zugunsten einzelner der ihm angehörenden Gemeinden (Gutsbezirke) gewährt, so hat die Anrechnung der vom Staate für die einzelnen Kinder gezahlten Beträge auf den Betrag zu erfolgen, den die einzelnen Gemeinden (Gutsbezirke) ohne Rücksicht auf den zu ihren Gunsten bewilligten Ergänzungszuschuß zu zahlen haben.

§ 49.

(1) Sind in einem Schulverbande mit eigener Schule weniger als 60 Schulkinder vorhanden, oder ist die Zahl der Schulkinder nicht ohne Rest durch 60 teilbar, und sind in ihm mehr Schulstellen vorhanden, als nötig wären, wenn der bei Teilung durch 60 übrigbleibende Rest nicht vorhanden wäre, so wird zwar ein Beschulungsgeld für die Zahl der Schulkinder, die an 60 oder der nächsthöheren durch 60 teilbaren Zahl fehlt, nicht gezahlt; der Staat stellt indessen zur Gewährung von Ergänzungszuschüssen einen Betrag in Höhe des Beschulungsgeldes zur Verfügung. Die Gesamtsumme der auf Grund dieser Bestimmungen zur Verfügung zu stellenden Ergänzungszuschüsse darf die Summe von drei Milliarden Mark nicht übersteigen.

(2) Sind in einem Schulverbande Schulen verschiedener Bekenntnisse auf Grund gesetzlicher Bestimmung vorhanden, so erfolgt die Feststellung der für die Höhe des Ergänzungszuschusses maßgebenden Zahl besonders für die Schulen der verschiedenen Bekenntnisse.

§ 50.

(1) Die nach den §§ 41, 42, 43, 44, 46 und 47 fälligen Beträge sind vierteljährlich im voraus zu zahlen. Soweit die Beiträge der Schulverbände (Schulgemeinden) bis zum Fälligkeitstermine nicht eingezahlt sind, sind sie von diesem Tage ab mit 5 v. H. zu verzinsen. Die Zinsen sind zugleich mit den Beiträgen zu entrichten.

(2) Solange der Verteilungsplan der Landesschulkasse für die Zahlung der Beiträge der einzelnen Schulverbände (Schulgemeinden) noch nicht ge-

nehmigt und nicht veröffentlicht ist, sind vorbehaltlich der endgültigen Regelung nach Veröffentlichung des Verteilungsplanes die Beiträge nach den Sätzen des vorhergehenden Jahres an die Landesschulkasse zu zahlen.

VIII. Lehreranstellung.

§ 51.

Anstellung der Lehrer und Lehrerinnen.

(1) Die Lehrer (Lehrerinnen) an den öffentlichen Volksschulen werden von der Schulaufsichtsbehörde aus der Zahl der Befähigten unter Ausfertigung der Ernennungsurkunde für den Schulverband angestellt.

(2) In Schulverbänden mit mehr als 25 Schulstellen wird ein Drittel der Stellen unmittelbar durch die Schulaufsichtsbehörde neu besetzt; für zwei Drittel steht dem Schulverband das Wahlrecht zu. Freie Schulstellen sind in entsprechender Folge von der Schulaufsichtsbehörde und dem Schulverbande zu besetzen.

(3) Das Wahlrecht wird ausgeübt:

1. in Gemeinden, die einen eigenen Schulverband bilden, durch den Gemeindevorstand nach Anhörung der Schuldeputation oder des Schulvorstandes und der etwa vorhandenen Schulkommission, beim Vorhandensein mehrerer Schulkommissionen nach Anhörung derjenigen, für deren Schule die Anstellung zunächst erfolgen soll. In den Orten, wo ein kollegialer Gemeindevorstand nicht besteht, wird das Wahlrecht durch die Schuldeputation (Schulvorstand) ausgeübt;
2. in solchen Gutsbezirken und Gesamtschulverbänden, auf welche die Bestimmungen der §§ 8 Abs. 1 und 50 Abs. 9 des Volksschulunterhaltungsgesetzes zutreffen, durch den Gutsbesitzer nach Anhörung des Schulvorstandes;
3. in den übrigen Schulverbänden durch den Schulvorstand (Schuldeputation, § 57 des Volksschulunterhaltungsgesetzes).

(4) Die Gewählten bedürfen der Bestätigung durch die Schulaufsichtsbehörde und werden von ihr unter Ausfertigung der Ernennungsurkunde für den Schulverband angestellt. Die Bestätigung darf nur aus erheblichen Gründen versagt werden.

(5) Versagt die Schulaufsichtsbehörde die Bestätigung, so fordert sie zu einer neuen Wahl auf und bestimmt eine Frist dafür.

(6) Das Wahlrecht erlischt, wenn die Frist nicht innegehalten wird, oder wenn die Schulaufsichtsbehörde zum zweiten Male die Bestätigung versagt. Die Schulaufsichtsbehörde nimmt dann die Anstellung für den Schulverband vor.

(7) In den Schulverbänden mit 8 bis 25 Schulstellen bleibt es für zwei Drittel der Schulstellen bei dem in den §§ 58 bis 61 des Volksschulunterhaltungsgesetzes bestimmten Verfahren.

(8) Wenn die Anstellung der Lehrer (Lehrerinnen) unmittelbar durch die Schulaufsichtsbehörde erfolgt, so ist vor der Anstellung in Schulverbänden, in denen eine Schuldeputation besteht, der Schuldeputation, in den übrigen Schulverbänden dem Schulvorstande Gelegenheit zu einer Äußerung zu geben. Bestehen Schulkommissionen, so ist auch die Schulkommission zu hören, für deren Schule die Anstellung zunächst erfolgen soll. Soll im Einzelfalle eine von der Äußerung der örtlichen Schulbehörde abweichende Besetzung er-

folgen, so ist dem Schulverbande ein mit Gründen versehener Bescheid mitzuteilen.

(9) Erfolgt die Anstellung durch Versetzung, so fällt die Anhörung der Schuldeputationen, Schulvorstände und Schulkommissionen weg. Die Anstellung erfolgt jedoch unter Anrechnung auf die sonst der Schulaufsichtsbehörde zufallenden Stellenbesetzungen. Bei Versetzung aus einem Schulverband in einen anderen wird eine Vergütung für Umzugskosten aus der Landesschulkasse gewährt (§ 32).

(10) Wo nach den gesetzlichen Bestimmungen mit dem Schulamte ein kirchliches Amt noch vereinigt ist, wird an dem bestehenden Rechte hinsichtlich der Berufung zu dem kirchlichen Amte nichts geändert.

(11) Das Verfahren bei Verwendung nicht voll- oder auftragsweise beschäftigter Lehrkräfte ordnet eine Anweisung des Unterrichtsministers.

IX. Schluß- und Übergangsvorschriften.

§ 52.

Wo in Gesetzen, Verordnungen oder sonstigen Vorschriften auf die Bestimmungen des Gesetzes über das Diensteinkommen der Lehrer (Lehrerinnen) an den öffentlichen Volksschulen vom 26. Mai 1909 (GS. S. 93) verwiesen ist, treten an ihre Stelle die Bestimmungen dieses Gesetzes.

§ 53.

(1) Aufgehoben werden die Verpflichtungen des Fiskus, Schulunterhaltungskosten auf Grund besonderer Rechtstitel oder besonderer gesetzlicher Vorschrift oder Ortsbestimmung (Ortsverfassung, Observanz, Gewohnheitsrecht, Herkommen) zu tragen und Schulstellen mit Land auszustatten. Ausgenommen davon sind die Verpflichtungen zum Bau und zur Unterhaltung von Gebäuden für Schulzwecke und die Verpflichtungen, die der Fiskus in seiner Eigenschaft als kirchlich Beteiligter für unmittelbar miteinander verbundene Kirchen- und Schulstellen hat.

(2) Die Verpflichtungen sonstiger Dritter auf Grund besonderer Rechtstitel bleiben unberührt.

§ 54.

(1) Dieses Gesetz hat rückwirkende Kraft vom 1. April 1920 ab.

(2) Die Gehaltsregulative, Ordnungen und Festsetzungen sind bei Bedarf nach diesem Gesetz neu zu gestalten.

(3) Das Besoldungsdienstalter ist nach den §§ 3 ff. neu festzusetzen. Die Festsetzung ist den Lehrern (Lehrerinnen) schriftlich mitzuteilen.

§ 55.

Die am 1. April 1920 im Dienste befindlichen endgültig angestellten Lehrer (Lehrerinnen) mit einer anrechnungsfähigen Dienstzeit von mehr als sieben Jahren werden in die Besoldungsgruppen mit derjenigen Gehaltsstufe eingereiht, die ihrem nach den §§ 3 ff. dieses Gesetzes festgesetzten Besoldungsdienstalter in der Stelle entspricht, die sie am 1. April 1920 bekleiden. Für Lehrer (Lehrerinnen), die zum 1. April 1920 in eine Stelle der Gruppe 2 oder der Gruppe 3 aufrücken, wird das Besoldungsdienstalter unter Berücksichtigung des § 4 so festgesetzt, als wenn sie erst im Laufe des 1. April 1920 in die neue Stelle eingerückt wären.

§ 56.

Alle diesem Gesetze entgegenstehenden Bestimmungen, namentlich das Gesetz über das Diensteinkommen der Lehrer (Lehrerinnen) an den öffentlichen Volksschulen, vom 26. Mai 1909 (GS. S. 93), das Gesetz, betreffend die Ruhegehaltsklassen für die Lehrer und Lehrerinnen an den öffentlichen Volksschulen, vom 23. Juli 1893 (GS. S. 194) und die §§ 19, 20, 21 und 23 des Volksschulunterhaltungsgesetzes, ebenso die § 49 Abs. 3 und 4, §§ 50 und 51 des Gesetzes über die Bildung einer neuen Stadtgemeinde Berlin vom 27. April 1920 (GS. S. 123) treten außer Kraft. Ebenso wird das vorläufige Volksschullehrer-Diensteinkommensgesetz (Notgesetz) vom 7. Mai 1920 (GS. S. 264) aufgehoben.

§ 57.

Der § 14 Abs. 1 des Volksschulunterhaltungsgesetzes wird dahin abgeändert, daß die von den Schulverbänden mit 25 oder weniger Schulstellen alljährlich anzusammelnden Baubeiträge auf 2500 Mark für jede planmäßige Lehrerstelle des Schulverbandes erhöht werden.

§ 58.

(1) Vom 1. Januar 1921 ab haben die Schulverbände (Schulgemeinden) in Anrechnung auf die von ihnen nach dem Verteilungsplan der Landesschulkasse für das Rechnungsjahr 1920 zu leistenden Zahlungen einen Betrag von 300 Mark für die planmäßige Lehrerstelle und von 270 Mark für die planmäßige Lehrerinstelle für das Vierteljahr Januar bis März 1921 zu leisten. Soweit die Leistung nicht bis zum 1. Februar 1921 erfolgt, ist sie von diesem Tage ab mit 5 v. H. zu verzinsen. Die Zinsen sind zugleich mit den Beiträgen zu entrichten. Die bisher angewiesenen Staatsbeiträge, Staatszuschüsse, laufenden Ergänzungszuschüsse und die Leistungen des Fiskus für das Schulamt auf Grund besonderen Rechtstitels kommen ebenso wie die bisherigen Beiträge der Schulverbände (Schulgemeinden) zu den Grundgehältern (Besoldungen) der Lehrer (Lehrerinnen) und zu den Volksschullehrer-Alterszulage-, Ruhegehalts- und Witwen- und Waisenkassen in Wegfall.

(2) Sofern es erforderlich ist, können bis zur erstmaligen Feststellung eines Verteilungsplanes der Landesschulkasse der Unterrichtsminister und der Finanzminister unter Zustimmung des Kassenanwalts Beitragssätze bestimmen, die als Sätze des vorhergehenden Jahres im Sinne der Vorschrift des § 50 Abs. 2 des Gesetzes zu gelten haben.

(3) Die im § 46 Ziff. 3 bezeichneten Schulverbände (Schulgemeinden) haben auf die Zeit vom 1. Januar 1923 bis 31. März 1924 für jede dort genannte Schulstelle einen Beitrag von jährlich 100000 Mark nebst einem Zuschlag von 20 v. H. und die in Ziff. 4 bezeichneten Schulverbände (Schulgemeinden) für jede daselbst genannten Schulstelle auf den gleichen Zeitraum einen Beitrag von jährlich 120000 Mark nebst einem Zuschlag von 20 v. H. an die Landesschulkasse an Stelle der gesetzlichen Vorausleistung zu zahlen.

§ 59.

Mit der Ausführung dieses Gesetzes werden der Unterrichtsminister, der Finanzminister und der Minister des Innern beauftragt.

D.

Gesetz

über die Versorgungsbezüge der zum 1. April 1920 oder zu einem früheren Zeitpunkt in den Ruhestand versetzten Lehrer und Lehrerinnen an öffentlichen Volksschulen, ihrer Hinterbliebenen und der Hinterbliebenen der vor dem 1. April 1920 verstorbenen Lehrer u. Lehrerinnen an öffentlichen Volksschulen.

(Volksschullehrer-Altruhegehaltsgesetz.)

Vom 17. Dezember 1920 (GS. S. 655) in der Fassung des Gesetzes vom 9. November 1921 (GS. S. 416).

---

1. Das mit Wirkung vom 1. April 1920 an die Stelle des Gesetzes vom 7. Mai 1920 (GS. S. 269) getretene Volksschullehrer-Altruhegehaltsgesetz (VARG.) vom 17. Dezember 1920 lehnt sich eng an das Beamten-Altruhegehaltsgesetz (BARG.) und regelt die Versorgungsbezüge der Altruhegehaltsempfänger und Althinterbliebenen in gleicher Weise, wie dort. Die Erläuterungen zu jenem Gesetz treffen daher auch hier überall zu. Soweit Abweichungen bestehen, sind sie bedingt durch die verschieden gearteten Verhältnisse der Stellung des Lehrers und der des unmittelbaren Staatsbeamten.

2. **Ausführungsbestimmungen.** Eingehende Bestimmungen über die Ausführung des VARG. finden sich in dem Erlaß des Ministers für Wissenschaft, Kunst und Volksbildung über die Neuregelung der Versorgungsbezüge der Lehrer (Lehrerinnen) im Ruhestande und der Hinterbliebenen von Lehrern vom 30. März 1921 (Zentralblatt für die gesamte Unterrichtsverwaltung 1921, Sonderbeilage zu Heft 8).

3. Wegen der [ ] eingeklammerten Daten s. Vorbemerkung 1 Abs. 3 zum BARG.

Die verfassunggebende Preußische Landesversammlung hat folgendes Gesetz beschlossen, das hiermit verkündet wird:

§ 1.

Ruhegehalt.

Das Ruhegehalt der zum 1. April 1920 [1. Oktober 1922] oder zu einem früheren Zeitpunkt in den Ruhestand versetzten Lehrer und Lehrerinnen an öffentlichen Volksschulen ist für die Zeit vom 1. April 1920 [1. Oktober 1922] an auf den Betrag festzusetzen, der sich ergeben hätte, wenn der Lehrer (die Lehrerin) beim Ausscheiden aus der zuletzt bekleideten Stelle nach den am 1. April 1920 [1. Oktober 1922] geltenden oder mit Wirkung von diesem Zeitpunkt an in Kraft tretenden Vorschriften besoldet gewesen und in den Ruhestand versetzt worden wäre.

§ 2.

Witwen- und Waisengeld.

Das Witwen- und Waisengeld der Hinterbliebenen der im § 1 dieses Gesetzes genannten und der vor dem 1. April 1920 [1. Oktober 1922] im Amte verstorbenen Lehrer und Lehrerinnen ist für die Zeit vom 1. April 1920 [1. Oktober 1922] an auf den Betrag festzusetzen, der sich ergeben hätte, wenn der Lehrer (die Lehrerin) beim Ausscheiden aus der zuletzt bekleideten Stelle nach den am 1. April 1920 [1. Oktober 1922] geltenden oder mit Wirkung von diesem Zeitpunkt an in Kraft tretenden Vorschriften besoldet gewesen und in den Ruhestand versetzt worden wäre.

§ 3.

Versorgungszuschlag.

(1) Der im § 27 des Volksschullehrer-Diensteinkommensgesetzes vorgesehene Versorgungszuschlag tritt in gleicher Weise zu den auf Grund dieses Gesetzes gewährten Ruhegehältern und Witwengeldern hinzu.

(2) Maßgebend ist für die Berechnung dieses Versorgungszuschlags dasjenige Ruhegehalt oder ruhegehaltsfähige Diensteinkommen, soweit es aus Grundgehalt oder Grundvergütung und Ortszuschlag-Durchschnitt [dem Ortszuschlag nach dem Satze der Ortsklasse B] besteht, das sich ergeben hätte, wenn der Lehrer (die Lehrerin) beim Ausscheiden aus der zuletzt bekleideten Stelle nach den am 1. April 1920 [1. Oktober 1922] geltenden oder mit Wirkung von diesem Zeitpunkt an in Kraft tretenden Vorschriften besoldet gewesen und in den Ruhestand versetzt worden wäre.

§ 4.

Kinderbeihilfen.

Die im § 28 des Volksschullehrer-Diensteinkommensgesetzes vorgesehene Kinderbeihilfe einschließlich Ausgleichszuschlag wird für die Zeit vom 1. April 1920 [1. Oktober 1922] an nach den Grundsätzen, die für die unmittelbaren Staatsbeamten gelten, auch den im § 1 dieses Gesetzes bezeichneten Lehrer und Lehrerinnen sowie für die Kinder der vor dem 1. April 1920 [1. Oktober 1922] im Amte oder im Ruhestande verstorbenen Lehrer und Lehrerinnen gewährt.

§ 5.

Anrechnung der nach der Versetzung in den Ruhestand geleisteten Dienstzeit.

(1) Lehrern (Lehrerinnen), die nach ihrer Versetzung in den Ruhestand in der Zeit vom 1. August 1914 bis 31. Dezember 1918 im öffentlichen Schuldienst in Preußen voll wiederbeschäftigt oder als Beamte im unmittelbaren Staatsdienst verwendet worden sind, ist der Zeitraum ihrer Verwendung zu ihrer ruhegehaltsfähigen Dienstzeit hinzuzurechnen. Hat die Verwendung ununterbrochen mindestens 60 Tage gedauert, so wird die ruhegehaltsfähige Dienstzeit auch dann um ein Jahr erhöht, wenn durch die Zeit der Verwen-

dung ein weiteres Dienstjahr nicht vollendet ist. Das Ruhegehalt dieser Lehrer und Lehrerinnen sowie das Witwen- und Waisengeld ihrer Hinterbliebenen ist mit Wirkung vom 1. April 1920 [1. Oktober 1922] ab neu festzusetzen, mit der Maßgabe, daß eine Steigerung über die bei 40 Jahren ruhegehaltsfähiger Dienstzeit zu gewährenden Bezüge hinaus nicht stattfindet.

(2) Mit Genehmigung des Unterrichtsministers kann in gleicher Weise auch diejenige Zeit angerechnet werden, während der ein Lehrer (Lehrerin) im Ruhestand in der Zeit vom 1. August 1914 bis 31. Dezember 1918 vollbeschäftigt:

a) an den deutschen Auslandsschulen oder sonst im außerpreußischen öffentlichen Schuldienst oder im In- oder Ausland im Kirchendienst gestanden hat;

b) an einer Anstalt tätig gewesen ist, die vertragsmäßig die Vorbereitung von Zöglingen für die staatlichen Lehrerbildungsanstalten übernommen hat;

c) als Erzieher an einer öffentlichen Taubstummen-, Blinden-, Idioten-, Waisen-, Rettungs- oder ähnlichen Anstalt sich befunden hat, die nach Anerkennung durch die Schulaufsichtsbehörde ausschließlich gemeinnützigen Zwecken dient und für ihre Unterhaltung auf die öffentiche Wohltätigkeit oder auf öffentliche Mittel angewiesen ist.

§ 6.

Ergänzung der Vorschriften über das Ruhen der Versorgungsbezüge.

Bei den zum 1. April 1920 [1. Oktober 1922] oder zu einem früheren Zeitpunkt in den Ruhestand versetzten, darnach jedoch im Sinne des § 19 Abs. 2 des Lehrerruhegehaltsgesetzes vom 6. Juli 1885 (GS. S. 298) in der Fassung des Gesetzes vom 10. Juni 1907 (GS. S. 133) wiederangestellten oder -beschäftigten Lehrer oder Lehrerinnen gilt als früheres Diensteinkommen im Sinne der Vorschriften über das Ruhen der Versorgungsbezüge dasjenige Einkommen, das ausschließlich Ausgleichszuschlag sich ergeben hätte, wenn der Lehrer (Lehrerin) in der zur Zeit der früheren Zurruhesetzung bekleideten Stelle nach dem Volksschullehrer-Diensteinkommensgesetze besoldet gewesen wäre.

§ 7.

Zahlung.

(1) Die Zahlung der nach diesem Gesetze zu gewährenden Bezüge erfolgt aus der Landesschulkasse unmittelbar an die Bezugsberechtigten, und soweit diese die nach den bisherigen Gesetzen ihnen zustehenden Ruhegehälter und Hinterbliebenenbezüge aus dieser Kasse beziehen, zusammen mit diesen.

(2) Bis zum Beginne der Leistungen der Landesschulkasse werden die gegenüber den bisherigen gesetzlichen Bezügen aus diesem Gesetze sich ergebenden Mehrbeträge vorbehaltlich der Rückerstattung durch die Landesschulkasse aus der Staatskasse gezahlt.

§ 8.

Besoldungsdienstalter.

Bei der nach den §§ 1, 2 und 3 dieses Gesetzes vorzunehmenden Errechnung des Betrags, der sich ergeben hätte, wenn der Lehrer (Lehrerin) beim Ausscheiden aus der zuletzt bekleideten Stelle nach den am 1. April 1920

[1. Oktober 1922] geltenden oder mit Wirkung von diesem Zeitpunkt an in Kraft tretenden Vorschriften besoldet gewesen wäre, sind die Vorschriften des § 55 des Volksschullehrer-Diensteinkommensgesetzes mit der Maßgabe sinngemäß anzuwenden, daß an Stelle des 1. April 1920 der Tag des Ausscheidens aus dem Amte tritt. Über jene Vorschriften hinaus findet eine Neufestsetzung des Besoldungsdienstalters nicht statt.

§ 9.

Bewertung der zuletzt bekleideten Stelle.

Der Unterrichtsminister bestimmt in Zweifelsfällen darüber, in welche Besoldungsgruppe des Volksschullehrer-Diensteinkommensgesetzes die von dem Lehrer (der Lehrerin) zuletzt bekleidete Stelle einzureihen ist.

§ 10.

Aufhebung des Gesetzes vom 7. Mai 1920.

Das Volksschullehrer-Altruhegehaltsgesetz vom 7. Mai 1920 (GS. S. 269) wird aufgehoben.

§ 11.

Ausführungsbestimmungen.

Der Unterrichtsminister wird mit der Ausführung dieses Gesetzes beauftragt.

§ 12.

Inkrafttreten.

Dieses Gesetz tritt mit Wirkung vom 1. April 1920 [1. Oktober 1922] in Kraft.

Berlin, den 17. Dezember 1920.

Die Preußische Staatsregierung.

Braun. Fischbeck. Haenisch. Oeser. Lüdemann.

E.

Gesetz
über die Bereitstellung von Mitteln zur Aufbesserung des Diensteinkommens der Geistlichen der evangelischen Landeskirchen.

Vom 17. Dezember 1920 (GS. 1921 S. 104) in der Fassung des Gesetzes vom 7. August 1922 (GS. S. 243).

Die verfassunggebende Preußische Landesversammlung hat folgendes Gesetz beschlossen, das hiermit verkündet wird:

Artikel 1.

(1) Um die evangelischen Landeskirchen in die Lage zu setzen, die Besoldungs-, Ruhegehalts- und Hinterbliebenenbezüge ihrer preußischen Pfarrer den veränderten Verhältnissen entsprechend zu erhöhen, wird vom 1. April 1920 ab seitens des Staates der Landeskirche der älteren Provinzen eine Rente von jährlich 72 700 000 Mark, den Landeskirchen der neuen Provinzen eine Rente von jährlich 27 500 000 Mark überwiesen.

(2) Zu diesen Renten tritt vom 1. Oktober 1921 an bis zur endgültigen gesetzlichen Regelung ein Zuschlag von 200 v. H. Für denselben Zeitraum wird der Landeskirche der älteren Provinzen ein nicht rückzahlbarer Zuschuß von jährlich 13 100 000 Mark und den Landeskirchen der neuen Provinzen ein nicht rückzahlbarer Zuschuß von jährlich 4 900 000 Mark gewährt, um einem Teile der Pfarrer die Aufrückung in die Gruppe 11 zu ermöglichen.

Artikel 2.

Soweit die eigene Leistungsfähigkeit der Landeskirchen und Kirchengemeinden nicht ausreicht, die Besoldungs-, Ruhegehalts- und Hinterbliebenenbezüge ihrer preußischen Geistlichen (einschließlich Kinderbeihilfen) den Dienst- und Versorgungsbezügen derjenigen unmittelbaren Staatsbeamten anzupassen, die ihre erste planmäßige Anstellung in einer Stelle der Besoldungsgruppe 10 der staatlichen Besoldungsordnung finden, werden vom 1. April 1920 ab bis zum 31. März 1925 seitens des Staates diejenigen Mittel vorschußweise zur Verfügung gestellt, die über die im Artikel 1 bezeichneten Renten hinaus alljährlich erforderlich werden, um die Bezüge der Geistlichen auf die erwähnte Höhe zu bringen.

Artikel 3.

Diese Vorschüsse werden zinslos gewährt und sind spätestens vom 1. April 1928 ab mit 5 v. H. jährlich zu tilgen.

Artikel 4.

Bis zum 30. September 1924 ist endgültig festzustellen, wieweit die eigene Leistungsfähigkeit der Landeskirchen und Kirchengemeinden zur Deckung des für die Ausführung des im Artikel 2 bezeichneten Bedarfs ausreicht.

Artikel 5.

Nach endgültiger Feststellung der Leistungsfähigkeit der Landeskirchen und Kirchengemeinden ist über eine einem etwaigen Mehrbedarf entsprechende Erhöhung der Renten und die Verrechnung oder Erstattung der vorschußweise gezahlten Beträge vor Ablauf des Rechnungsjahres 1924 eine gesetzliche Bestimmung zu treffen. Eine Erhöhung der Rente hat rückwirkende Kraft vom 1. April 1920 ab.

Artikel 6.

Die Entscheidung über die Leistungsfähigkeit der Landeskirchen und Kirchengemeinden steht der Staatsregierung nach Benehmen mit den zuständigen Kirchenbehörden zu.

Artikel 7.

Die Unterverteilung der den Landeskirchen der neuen Provinzen überwiesenen Staatsrente auf die einzelnen Landeskirchen erfolgt durch den Minister für Wissenschaft, Kunst und Volksbildung und den Finanzminister.

Artikel 8.

(1) Die für die Aufbesserung des Diensteinkommens der Geistlichen der evangelischen Landeskirchen und der Bezüge ihrer Ruhestandsgeistlichen und der Pfarrwitwen und -Waisen zu erhebenden allgemeinen kirchlichen Umlagen kommen auf den staatsgesetzlich für die allgemeinen Umlagen in den Landeskirchen festgesetzten Höchstbetrag nicht zur Anrechnung.

(2) Die Umlagen bedürfen der Bestätigung des Staatsministeriums.

Artikel 9.

Der Minister für Wissenschaft, Kunst und Volksbildung und der Finanzminister werden mit der Ausführung des Gesetzes beauftragt.

Artikel 10.

Das Gesetz, betreffend die Bereitstellung von Mitteln zur Aufbesserung des Diensteinkommens der Geistlichen der evangelischen Landeskirchen, vom 7. Mai 1920 (GS. S. 272) wird aufgehoben.

Artikel 11.

Dieses Gesetz tritt mit Wirkung vom 1. April 1920 in Kraft.

Berlin, den 17. Dezember 1920.

Die Preußische Staatsregierung.

Braun. Fischbeck. Haenisch. am Zehnhoff. Oeser.
Stegerwald. Severing. Lüdemann.

F.

Gesetz

über die Bereitstellung von Mitteln zur Aufbesserung des Diensteinkommens der katholischen Pfarrer.

Vom 17. Dezember 1920 (GS. 1921 S. 106) in der Fassung der Gesetze vom 14. März und 7. August 1922 (GS. S. 75 und S. 279.)

Die verfassunggebende Preußische Landesversammlung hat folgendes Gesetz beschlossen, das hiermit verkündet wird:

Artikel 1.

(1) Um die bischöflichen Behörden in die Lage zu setzen, die Besoldungs- und Ruhegehaltsbezüge ihrer preußischen Pfarrer den veränderten Verhältnissen entsprechend zu erhöhen, wird vom 1. April 1920 ab seitens des Staates den bischöflichen Behörden ein Betrag von jährlich 41 500 000 Mark überwiesen.

(2) Zu dieser Rente tritt vom 1. Oktober 1921 an bis zur endgültigen gesetzlichen Regelung ein Zuschlag von 200 v. H. Für denselben Zeitraum wird ein nicht rückzahlbarer Zuschuß von jährlich 9 000 000 Mark den bischöflichen Behörden gewährt, um einem Teil der Pfarrer die Aufrückung in die Gruppe 11 zu ermöglichen.

Artikel 1 a.

Die Pfarrgemeinden sind verpflichtet, die Bezüge ihrer Pfarrer nach Maßgabe der staatlich bestätigten kirchlichen Besoldungsordnung aufzubessern.

Artikel 2.

Soweit die eigene Leistungsfähigkeit der Diözesen und Kirchengemeinden nicht ausreicht, die Besoldungs- und Ruhegehaltsbezüge ihrer preußischen Pfarrer den Dienst- und Versorgungsbezügen derjenigen unmittelbaren Staatsbeamten anzupassen, die ihre erste planmäßige Anstellung in einer Stelle der Besoldungsgruppe 10 der staatlichen Besoldungsordnung finden, werden vom 1. April 1920 ab bis zum 31. März 1925 seitens des Staates diejenigen Mittel vorschußweise zur Verfügung gestellt, die über den im Artikel 1 bezeichneten Betrag hinaus alljährlich erforderlich werden, um die Bezüge der Pfarrer auf die erwähnte Höhe zu bringen.

Artikel 3.

Diese Vorschüsse werden zinslos gewährt und sind spätestens vom 1. April 1928 ab mit 5 v. H. jährlich zu tilgen.

Artikel 4.

Bis zum 30. September 1924 ist endgültig festzustellen, wieweit die eigene Leistungsfähigkeit der Diözesen und Kirchengemeinden zur Deckung des für die Ausführung des im Artikel 2 bezeichneten Bedarfs ausreicht.

Artikel 4a.

Die Pfarrgemeinden sind verpflichtet, die von der bischöflichen Behörde mit staatlicher Genehmigung gemäß Art. 2 erhaltenen Vorschüsse auf Erfordern zurückzuzahlen.

Artikel 5.

Nach endgültiger Feststellung der Leistungsfähigkeit der Diözesen und Kirchengemeinden ist über eine einem etwaigen Mehrbedarfe entsprechende Erhöhung der Renten und die Verrechnung oder Erstattung der vorschußweise gezahlten Beträge vor Ablauf des Rechnungsjahres 1924 eine gesetzliche Bestimmung zu treffen. Eine Erhöhung der Rente hat rückwirkende Kraft vom 1. April 1920 ab.

Artikel 6.

Die Entscheidung über die Leistungsfähigkeit der Diözesen und Kirchengemeinden steht der Staatsregierung nach Benehmen mit den bischöflichen Behörden zu.

Artikel 7.

Auf die Bewilligung der Bezüge finden die Artikel 7, 8, 10 des Gesetzes, betreffend das Diensteinkommen der katholischen Pfarrer, vom 26. Mai 1909 (GS. S. 343) entsprechende Anwendung.

Artikel 8.

(1) Die zur Aufbesserung des Diensteinkommens der katholischen Pfarrer erforderlichen Diözesanumlagen kommen auf den nach Artikel 1 des Gesetzes, betreffend die Erhebung von Abgaben für kirchliche Bedürfnisse der Diözesen der katholischen Kirche in Preußen, vom 21. März 1906 (GS. S. 105) festgesetzten Höchstsatz von 5 v. H. der von den katholischen Gemeindemitgliedern zu zahlenden Staatseinkommensteuer nicht zur Anrechnung.

(2) Die Umlagen bedürfen der Bestätigung durch das Staatsministerium.

Artikel 9.

Mit der Ausführung dieses Gesetzes werden der Minister für Wissenschaft, Kunst und Volksbildung und der Finanzminister beauftragt.

Artikel 10.

Das Gesetz, betreffend die Bereitstellung von Mitteln zur Aufbesserung des Diensteinkommens der katholischen Pfarrer, vom 7. Mai 1920 (GS. S. 273) wird aufgehoben.

Artikel 11.

Dieses Gesetz tritt mit Wirkung vom 1. April 1920 in Kraft.

Berlin, den 17. Dezember 1920.

Die Preußische Staatsregierung.

Braun. Fischbeck. Haenisch. am Zehnhoff. Oeser.
Stegerwald. Severing. Lüdemann.

G.

Gesetz
über das Diensteinkommen der Leiter und Lehrer an nichtstaatlichen höheren Lehranstalten.

Vom 17. Dezember 1920.

(GS. 1921 S. 323.)

Die verfassunggebende Preußische Landesversammlung hat folgendes Gesetz beschlossen, das hiermit verkündet wird:

§ 1.

Die für die Leiter und Lehrer (Leiterinnen und Lehrerinnen) einschließlich der Hilfslehrer (Hilfslehrerinnen) an den staatlichen höheren Lehranstalten geltenden Bestimmungen der Gesetze:

1. über das Diensteinkommen der unmittelbaren Staatsbeamten (Beamtendiensteinkommensgesetz) und
2. über die Versorgungsbezüge der zum 1. April 1920 oder zu einem früheren Zeitpunkt in den Ruhestand versetzten unmittelbaren Staatsbeamten, ihrer Hinterbliebenen und der Hinterbliebenen der vor dem 1. April 1920 verstorbenen Beamten (Beamten-Altruhegehaltsgesetz)

finden auch Anwendung auf die Leiter und Lehrer (Leiterinnen und Lehrerinnen) einschließlich der Hilfslehrer (Hilfslehrerinnen) an denjenigen öffentlichen höheren Lehranstalten, die von einer bürgerlichen Gemeinde oder einem Gemeindeverband unterhalten werden, auf die zum 1. April 1920 oder zu einem früheren Zeitpunkt in den Ruhestand versetzten Leiter und Lehrer (Leiterinnen und Lehrerinnen), ihre Hinterbliebenen und die Hinterbliebenen der vor dem 1. April 1920 im Amte verstorbenen Lehrkräfte dieser Anstalten.

§ 2.

Die bürgerliche Gemeinde oder der Gemeindeverband ist verpflichtet, die zur Erfüllung der Bestimmungen des § 1 erforderlichen Mittel bereitzustellen, soweit diese nicht aus den eigenen Einnahmen der Anstalt oder aus anderen dazu bestimmten Fonds gedeckt werden.

§ 3.

Die Vorschriften der §§ 1 und 2 finden auch auf diejenigen öffentlichen höheren Lehranstalten Anwendung, die von anderen juristischen Personen oder aus eigenem Vermögen oder aus anderen dazu bestimmten Fonds zu unterhalten sind.

§ 4.

Höhere Lehranstalten im Sinne dieses Gesetzes sind die vom Ministerium für Wissenschaft, Kunst und Volksbildung als solche anerkannten Unterrichtsanstalten.

§ 5.

(1) Wandelt eine Gemeinde usw. eine höhere Lehranstalt in eine solche mit veränderten Berechtigungen um, so erlangen die Leiter und Lehrer der Anstalt hierdurch nicht die Befugnis, aus dem von ihnen bekleideten Amte auszuscheiden. Jedoch ist ihnen dasjenige Diensteinkommen zu gewähren, welches ihnen zustehen würde, wenn die Umwandlung nicht erfolgt wäre.

(2) Unter Aufrechterhaltung gleicher Besoldungsansprüche müssen sich die Lehrer (Lehrerinnen) an solchen von Gemeinden usw. unterhaltenen höheren Lehranstalten, die aufgehoben oder deren Klassenbestand oder Lehrkräfte verringert werden, die Versetzung an eine von derselben Gemeinde usw. unterhaltenen Lehranstalt gefallen lassen, soweit an dieser Lehranstalt nach deren Unterrichtsplan für ihre Beschäftigung Raum ist; doch bedarf jede derartige Versetzung der Genehmigung der staatlichen Schulaufsichtsbehörde.

§ 6.

Das Gesetz, betreffend das Diensteinkommen der Lehrer an nichtstaatlichen Anstalten, vom 25. Juli 1892 (GS. S. 219) wird aufgehoben.

§ 7.

Das Gesetz, betreffend das Diensteinkommen der Leiter und Lehrer an nichtstaatlichen höheren Lehranstalten, vom 7. Mai 1920 (GS. S. 275) wird aufgehoben.

§ 8.

Dieses Gesetz tritt mit Wirkung vom 1. April 1920 in Kraft.

Berlin, den 17. Dezember 1920.

Die Preußische Staatsregierung.

Braun. Fischbeck. Haenisch. am Zehnhoff. Oeser.
Stegerwald. Severing. Lüdemann.

H.

Gesetz über die Besoldung der Lehrer und Lehrerinnen an den öffentlichen mittleren Schulen (Mittelschullehrer-Diensteinkommensgesetz — MDG.—).

Vom 14. Januar 1921 (GS. S. 325) in der Fassung des Gesetzes vom 8. Februar 1923 (GS. S. 18).

Vorbemerkungen.

1. Die endgültig angestellten Mittelschullehrer und -Lehrerinnen erhalten nach dem MDG. die Grundgehaltssätze und den Ortszuschlag in derselben Höhe wie die unmittelbaren Staatsbeamten der Besoldungsgruppen 8, 9 und 10, wobei den Lehrerinnen die Grundgehaltssätze um 10 v. H. gekürzt werden, solange nicht allgemein für Lehrer und Lehrerinnen das gleiche Arbeitsmaß festgesetzt ist.

2. **Ausführungsbestimmungen** zur Regelung der Versorgungsbezüge der Ruhegehaltsempfänger und Hinterbliebenen von Mittelschullehrern finden sich im Erlaß des Unterrichtsministers vom 30. März 1921 — U III D 300 U III E. A III — Abschnitt B — abgedruckt im Zentralblatt für die gesamte Unterrichtsverwaltung 1921, Sonderbeilage zu Heft 8.

3. Gegen die ursprüngliche Fassung des MDG. vom 14. Januar 1921 hatte der Reichsfinanzminister auf Grund des Sperrgesetzes (Anlage XI) Einspruch erhoben. Infolgedessen mußte der Abs. 3 des § 1 geändert werden und erhielt die nachstehende Fassung. Auch diese ist noch nicht endgültig, es ist in nächster Zeit mit einer weiteren Abänderung und alsdann mit einer neuen Publikation des Gesetzes zu rechnen. Die Ermächtigung hierzu ist dem Unterrichtsminister bereits durch Art. IV des Gesetzes vom 17. November 1922 (GS. S. 421) erteilt.

Die verfassunggebende Preußische Landesversammlung hat folgendes Gesetz beschlossen, das hiermit verkündet wird:

I. Diensteinkommen.

A. Endgültig angestellte Lehrer und Lehrerinnen.

§ 1.

Grundgehalt.

(1) Die endgültig angestellten Lehrer und Lehrerinnen an öffentlichen, nichtstaatlichen mittleren Schulen erhalten als Grundgehalt:

a) in Gruppe 1: 19600 — 20500 — 21400 — 22300 — 23200 — 24100 — 25000 — 25900 Mark monatlich;
b) in Gruppe 2: 21500 — 22600 — 23700 — 24800 — 25900 — 27000 — 28100 — 29100 Mark monatlich;
c) in Gruppe 3: 24400 — 25800 — 27200 — 28600 — 30000 — 31400 — 32700 — 34000 Mark monatlich.

(2) Zur Gruppe 1 gehören alle Lehrer und Lehrerinnen, die nicht zur Gruppe 2 oder 3 gehören.

(3) Zur Gruppe 2 gehören die nicht als Leiter oder Leiterin von Schulen mit mindestens vier hauptamtlichen Lehrkräften angestellten Lehrer und Lehrerinnen, denen von der Schulaufsichtsbehörde eine Beförderungsstelle verliehen ist. Die Beförderungsstelle darf nicht vor Erreichung eines Besoldungsdienstalters von neunzehn Jahren und nicht vor Ablauf von zwei Jahren nach Erreichung des Höchstgehalts der Gruppe 1 verliehen werden.

(4) Zur Gruppe 3 gehören alle lebenslänglich angestellten Leiter und Leiterinnen öffentlicher mittlerer Schulen mit mindestens 4 hauptamtlichen Lehrkräften. Ob ein Lehrer (eine Lehrerin) lebenslänglich angestellter Schulleiter (Schulleiterin) einer öffentlichen mittleren Schule ist sowie ob eine Schule als Schule mit mindestens 4 hauptamtlichen Lehrkräften anzusehen ist, entscheidet endgültig die Schulaufsichtsbehörde.

(5) Die endgültig angestellten Lehrerinnen, einschließlich der endgültig angestellten technischen Lehrerinnen, erhalten die Grundgehaltssätze um 10 v. H. gekürzt, solange nicht allgemein für Lehrer und Lehrerinnen das gleiche Arbeitsmaß festgesetzt ist.

(6) Auf Lehrer und Lehrerinnen, deren Zeit und Kräfte durch die ihnen übertragenen Geschäfte nur nebenbei in Anspruch genommen sind, finden diese Vorschriften keine Anwendung. Die Entscheidung darüber, ob ein Lehrer oder eine Lehrerin nur nebenbei beschäftigt ist, steht lediglich der Schulaufsichtsbehörde zu.

(7) Welche Schulen als öffentliche mittlere Schulen anzusehen sind, bestimmt endgültig die Schulaufsichtsbehörde.

§ 2.

Zuschüsse.

(1) Die Schulunterhaltungsträger können mit Genehmigung der Schulaufsichtsbehörde für Schulstellen, für deren Inhaber (Inhaberinnen) besondere Anforderungen vorgeschrieben sind, ruhegehaltsfähige Zuschüsse zu dem im § 1 bestimmten Gehalte festsetzen. Die Zuschüsse können für die einzelnen Dienstaltersstufen verschiedenartig bemessen werden oder ganz wegfallen.

(2) Diese Zuschüsse gelten nicht als Grundgehalt.

§ 3.

Dienstaltersstufen.

(1) Das Grundgehalt der endgültig angestellten Lehrer (Lehrerinnen) steigt nach Dienstaltersstufen mit zweijähriger Aufrückungsfrist bis zur Erreichung des Höchstgehaltes. Die höheren Grundgehaltssätze werden jeweils vom Ersten des Kalendermonats an gezahlt, in den der Eintritt in die neue Dienstaltersstufe fällt.

(2) Auf das Aufrücken im Grundgehalt haben die endgültig angestellten Lehrer (Lehrerinnen) einen Rechtsanspruch. Der Anspruch ruht, solange ein förmliches Disziplinarverfahren oder wegen eines Verbrechens oder Ver-

gehens ein Hauptverfahren oder eine Voruntersuchung schwebt. Führt das Verfahren zum Verlust des Amtes, so findet eine Nachzahlung des zurückgehaltenen Mehrgehalts nicht statt.

§ 4.

Besoldungsdienstalter.

(1) Das Besoldungsdienstalter der endgültig angestellten Lehrer und Lehrerinnen beginnt mit dem Zeitpunkte der endgültigen Anstellung im öffentlichen mittleren Schuldienste. Tritt ein Lehrer oder eine Lehrerin indessen unmittelbar aus dem öffentlichen Schuldienste in den Dienst an einer öffentlichen mittleren Schule, so wird der Zeitabschnitt auf das Besoldungsdienstalter angerechnet, der im Falle der endgültigen Anstellung im Volksschuldienste angerechnet werden müßte.

(2) Die §§ 3 bis 8 des Volksschullehrer-Diensteinkommensgesetzes finden hierbei mit der Maßgabe entsprechende Anwendung, daß die Einzahlungen für Anrechnung von Privatschuldienstzeit anstatt an die Landesschulkasse an die Landesmittelschulkasse zu leisten sind. Die etwa an die Landesschulkasse für Anrechnung von Privatschuldienstzeit geleisteten Einzahlungen sind insoweit der Landesmittelschulkasse zu überweisen, als bereits auf das Volksschullehrer-Besoldungsdienstalter angerechnete Dienstzeiten auch auf das Besoldungsdienstalter im öffentlichen mittleren Schuldienste angerechnet werden müssen. Treten Lehrer oder Lehrerinnen aus dem öffentlichen mittleren Schuldienste in den Volksschuldienst, so sind die Einzahlungen, welche für Anrechnung auf das Besoldungsdienstalter im öffentlichen mittleren Schuldienste der Landesmittelschulkasse zugeflossen sind, der Landesschulkasse zu überweisen.

(3) Lehrer (Lehrerinnen), die die Prüfung für das höhere Schulamt oder das Pfarramt bestanden haben, sowie Lehrer (Lehrerinnen), die die Reife einer anerkannten höheren Lehranstalt erreicht und nach einem Hochschulstudium von wenigstens 3 Jahren die Prüfung für die Anstellung als Mittelschullehrer abgelegt haben, können auch vor Zurücklegung einer anrechnungsfähigen Schuldienstzeit von sieben Jahren endgültig als Mittelschullehrer angestellt werden, wenn sie das 27. Lebensjahr vollendet haben. Bei der Feststellung des Besoldungsdienstalters dieser Lehrer (Lehrerinnen) findet der § 3 Abs. 2 Volksschullehrer-Diensteinkommensgesetz sinngemäß Anwendung.

§ 5.

Ortszuschlag.

(1) Zum Grundgehalt tritt als weiterer Bestandteil des Diensteinkommens ein Ortszuschlag.

(2) Für die Bemessung der Höhe des Ortszuschlages finden die Vorschriften des Beamten-Diensteinkommensgesetzes Anwendung.

(3) Werden von einem Unterhaltungsträger mehrere öffentliche mittlere Schulen in Ortschaften verschiedener Ortsklassen unterhalten, so findet die Vorschrift des § 11 Abs. 2 des Volksschullehrer-Diensteinkommensgesetzes sinngemäß Anwendung.

(4) Werden zu dem im § 1 festgesetzten Grundgehalte besondere Zuschüsse (§ 2) gewährt, so bleiben diese Zuschüsse bei Bemessung der Höhe des Ortszuschlages unberücksichtigt.

(5) Die Kürzung des Grundgehalts nach § 1 Abs. 5 bleibt auf die Berechnung des Ortszuschlages ohne Einfluß.

§ 6.

Dienstwohnungen.

Wird dem Lehrer (Lehrerin) eine Dienstwohnung zugewiesen, so wird ihm (ihr) auf den ihm (ihr) zustehenden Ortszuschlag, einschließlich Ausgleichszuschlag, ein angemessener Betrag angerechnet. Die Vorschriften des § 12 des Volksschullehrer-Diensteinkommensgesetzes finden entsprechend Anwendung.

§ 7.

Sondervergütungen.

Für Leistungen im Schulamte, die über das festgesetzte oder übliche Arbeitsmaß hinausgehen, dürfen besondere Vergütungen nicht gewährt werden. Außerordentliche Bewilligungen an einzelne Lehrer oder Lehrerinnen aus besonderen Gründen sind hierdurch nicht ausgeschlossen.

B. Auftragsweise vollbeschäftigte und einstweilig angestellte Lehrer und Lehrerinnen.

§ 8.

(1) Einstweilig angestellte oder auftragsweise vollbeschäftigte Lehrer und Lehrerinnen an öffentlichen mittleren Schulen erhalten eine Grundvergütung in Höhe von 80 v. H. des Grundgehalts, das sie erhalten würden, wenn sie als Lehrer bezw. Lehrerin an der öffentlichen mittleren Schule endgültig angestellt wären. Das Gleiche gilt für etwaige gemäß § 2 mit der Stelle verbundene Zuschüsse. Daneben erhalten diese Lehrer und Lehrerinnen einen Notzuschlag in der Höhe, daß Grundvergütung, Ausgleichszuschläge und Notzuschlag (ohne Frauenbeihilfe) zusammen betragen im ersten und zweiten Dienstjahre 95, im dritten Dienstjahre 98 und vom vierten Dienstjahre ab 100 v. H. des in Satz 1 gedachten Grundgehalts und des Ausgleichszuschlags. Außerdem erhalten diese Lehrer (Lehrerinnen) den vollen Ortszuschlag, den sie bei der endgültigen Anstellung erhalten würden. Auf die gemäß § 2 mit der Stelle verbundenen Zuschüsse finden die Vorschriften in Satz 3 sinngemäße Anwendung.

(2) In besonderem Falle ist eine Abweichung hiervon mit Genehmigung der Schulaufsichtsbehörde zulässig.

II. Kinderbeihilfen.

§ 9.

Außer dem Diensteinkommen erhalten die Lehrer (Lehrerinnen) Kinderbeihilfen. Das Recht zum Bezuge der Kinderbeihilfen und ihre Höhe richtet sich nach den im Volksschullehrer-Diensteinkommensgesetz gegebenen Vorschriften.

III. Ausgleichszuschlag.

§ 10.

(1) Zur Anpassung an die Veränderungen in der allgemeinen Wirtschaftslage wird zum Grundgehalt, ausschließlich der besonderen Zuschüsse (§ 2), zur Grundvergütung und zum Ortszuschlag sowie zu den Kinderbeihilfen ein veränderlicher Ausgleichszuschlag gewährt.

(2) Die für die unmittelbaren Staatsbeamten nach dem Beamten-Diensteinkommensgesetze jeweils geltenden Bestimmungen über Art und Höhe des

Ausgleichszuschlagssatzes gelten auch für die Lehrer (Lehrerinnen) an öffentlichen mittleren Schulen. Ebenso finden die für die unmittelbaren Staatsbeamten jeweils geltenden Bestimmungen über die Gewährung eines weiteren Ausgleichszuschlags und eines besonderen Ausgleichszuschlags (Frauenbeihilfe) Anwendung.

IV. Sonstige Vorschriften.

§ 11.

Gnadenbezüge.

(1) Hinsichtlich der Gewährung von Gnadenbezügen an die Hinterbliebenen eines an einer öffentlichen nichtstaatlichen mittleren Schule angestellten Lehrers finden die für die unmittelbaren Staatsbeamten bestehenden Bestimmungen entsprechende Anwendung. Auch den ehelichen Nachkommen einer Lehrerin steht der Anspruch auf Gnadenbezüge zu.

(2) An wen die Gnadenbezüge zu leisten sind, bestimmt die Schulaufsichtsbehörde.

§ 12.

(1) Im Genusse der Dienstwohnung ist die Hinterbliebenenfamilie, welche mit dem Verstorbenen die Wohnung geteilt hat, nach Ablauf des Sterbemonats noch drei fernere Monate zu belassen. Hinterbleibt eine solche Familie nicht, so ist denen, auf die der Nachlaß übergeht, eine vom Todestage an zu rechnende dreißigtägige Frist zur Räumung der Dienstwohnung zu gewähren.

(2) In jedem Falle muß auf Erfordern der Schulaufsichtsbehörde demjenigen, welcher mit der Verwaltung der Stelle beauftragt ist, ohne Anspruch auf Entschädigung in der Dienstwohnung ein Unterkommen gewährt werden.

§ 13.

Zahlungsweise des Diensteinkommens.

Die endgültig angestellten Lehrer und Lehrerinnen erhalten ihre Dienstbezüge, soweit sie ihnen in festen Barbezügen zustehen, monatlich, bei Überweisung auf ein Konto vierteljährlich im voraus. Die einstweilig angestellten oder auftragsweise beschäftigten Lehrkräfte erhalten ihre baren Dienstbezüge monatlich im voraus, doch kann auch eine vierteljährliche Zahlung bei Überweisung auf ein Konto zugelassen werden.

§ 14.

Umzugskosten.

(1) Angestellte Lehrer und Lehrerinnen an öffentlichen mittleren Schulen erhalten bei Versetzungen im Interesse des Dienstes eine Vergütung für Umzugskosten aus der Landesmittelschulkasse. Die Höhe der Vergütung richtet sich nach den für die Volksschullehrer und -lehrerinnen geltenden Vorschriften.

(2) Ob eine Versetzung im Interesse des Dienstes erfolgt ist, entscheidet die Schulaufsichtsbehörde endgültig.

(3) Inwieweit in sonstigen Fällen den Lehrern und Lehrerinnen an öffentlichen mittleren Schulen Umzugskosten zu gewähren sind, richtet sich nach den Gehaltsbestimmungen für die Stellen, in die der Lehrer (die Lehrerin) eintritt.

§ 15.

Rechtsweg.

(1) Über die Gehaltsansprüche der Lehrer und Lehrerinnen an den öffentlichen mittleren Schulen findet der Rechtsweg statt. Die Klage auf Zahlung des Diensteinkommens ist gegen die Landesmittelschulkasse und, sofern es sich um unmittelbare Leistungen des Schullastenträgers handelt, gegen diesen zu richten.

(2) Bei der richterlichen Beurteilung sind die auf Grund dieses Gesetzes erfolgten Festsetzungen über das Diensteinkommen der Stelle, insbesondere über die Höhe des Grundgehalts (der Grundvergütung), des Ortszuschlags, der Kinderbeihilfe und des Ausgleichszuschlags, über Dienstwohnung, über Naturalleistungen sowie über die sonstige Anrechnung von Dienstbezügen auf das Grundgehalt zugrunde zu legen.

V. Aufbringung des Diensteinkommens.

§ 16.

Landesmittelschulkasse.

(1) Alle Unterhaltungsträger öffentlicher mittlerer Schulen werden zwecks gemeinsamer Aufbringung des Diensteinkommens der Lehrer und Lehrerinnen an den öffentlichen mittleren Schulen, der Ruhegehälter und der Witwen- und Waisenbezüge sowie der Umzugskosten bei Versetzungen im Interesse des Dienstes zu einer Landesmittelschulkasse vereinigt.

(2) Auf die Verwaltung der Landesmittelschulkasse, die Bestellung und die Befugnisse eines Kassenanwalts und seiner Stellvertreter finden die für die Landesschulkasse im Volksschullehrer-Diensteinkommensgesetz gegebenen Bestimmungen Anwendung, soweit nicht in diesem Gesetz anderweite Vorschriften enthalten sind.

(3) Die Landesmittelschulkasse übernimmt die Zahlung:

a) des baren Diensteinkommens und der Kinderbeihilfen samt Ausgleichszuschlag an die Lehrer und Lehrerinnen, soweit sie in planmäßigen Schulstellen angestellt oder in freien planmäßigen Schulstellen vollbeschäftigt werden,
b) der Zuschüsse nach § 2,
c) der Umzugskosten bei Versetzungen im Interesse des Dienstes (§ 14 Abs. 1),
d) der Ruhegehälter einschließlich der Gnadengelder für die nach dem Inkrafttreten dieses Gesetzes bezugsberechtigt Gewordenen,
e) der Bezüge der Hinterbliebenen von Lehrern und Lehrerinnen, die nach dem Inkrafttreten dieses Gesetzes bis zu ihrem Ausscheiden aus dem Dienste an einer öffentlichen mittleren Schule angestellt gewesen sind,
f) der Wertserstattung für die den Stelleninhabern auf ihr Diensteinkommen angerechneten Natural- und anderen Dienstbezüge sowie für eine Dienstwohnung an die Unterhaltungsträger.

§ 17.

Freiwilliger Anschluß an die Landesmittelschulkasse.

(1) In besonderen Fällen können auch preußische Schulen, die nicht mittlere Schulen sind, und außerpreußische Schulen, auch wenn sie nicht zu den mittleren Schulen gehören, auf Antrag der Landesmittelschulkasse ange-

schlossen werden, sofern die Besoldungen für die hauptamtlichen Lehrkräfte den Bestimmungen dieses Gesetzes angepaßt sind.

(2) Im Falle des Anschlusses übernimmt die Landesmittelschulkasse für die an diesen Schulen angestellten Lehrer (Lehrerinnen), die nach dem Anschlusse in den Ruhestand getretenen Lehrer und Lehrerinnen und die Hinterbliebenen von den nach dem Anschlusse bis zum Ausscheiden aus dem Dienste im Amt befindlich gewesenen Lehrern und Lehrerinnen vom Tage des Anschlusses ab dieselben Leistungen, als wenn diese Schulen öffentliche mittlere Schulen in Preußen wären, aber nur so lange, als diese Schulen der Landesmittelschulkasse angeschlossen sind und sofern für sie die vorgeschriebenen Beiträge zur Landesmittelschulkasse gezahlt werden. Mit dem Ausscheiden der Schule aus der Landesmittelschulkasse oder dem Wegfall der Beitragszahlungen hören die Leistungen der Landesmittelschulkasse auf, auch an die etwa im Ruhestand befindlichen Lehrer (Lehrerinnen) und Hinterbliebenen von ehemaligen Lehrern (Lehrerinnen) dieser Schulen.

(3) Mit dem Anschlusse solcher Schulen an die Landesmittelschulkasse geht das Recht zur Anstellung, Versetzung und Entlassung der Lehrer (Lehrerinnen) an diesen angeschlossenen Schulen, zur Versetzung in den Ruhestand, Festsetzung des Dienstalters und die schulaufsichtlichen Disziplinarbefugnisse, sofern diese Rechte und Befugnisse nicht bereits einer preußischen Staatsbehörde zustehen oder nur unter Aufsicht und Mitwirkung einer preußischen Staatsbehörde ausgeübt werden, auf die Landesmittelschulkasse über und werden von dem Kassenanwalt wahrgenommen. Der Kassenanwalt ist befugt, die Dienstaufsicht über diese Lehrer (Lehrerinnen) anderen preußischen Behörden oder Behörden des Reichs oder der Länder zu übertragen, sofern die vorgesetzte Zentralinstanz dieser Behörden der Übertragung zustimmt. Diese Dienstaufsicht umfaßt zugleich das Recht zur Verhängung von Disziplinarstrafen, mit Ausnahme des Rechts zur Einleitung eines förmlichen Disziplinarverfahrens. Über die Einleitung eines förmlichen Disziplinarverfahrens beschließt der Kassenanwalt. In diesem Beschlusse ist zugleich diejenige preußische Provinzialbehörde zu bestimmen, die das Disziplinarverfahren zu führen hat. Über die Wahrnehmung der in diesem Absatze dem Kassenanwalte übertragenen Befugnisse führt der Unterrichtsminister die Aufsicht.

§ 18.

(1) Für jedes mit dem 1. April beginnende Rechnungsjahr wird der Bedarf der Landesmittelschulkasse nach dem Stande des Diensteinkommens aller Schulstellen am 1. Mai des Vorjahres unter Berücksichtigung der voraussichtlichen Steigerung oder Verminderung des Diensteinkommens und unter Hinzurechnung der voraussichtlichen Verwaltungskosten, zu denen die Vergütung des Kassenanwalts, seines Stellvertreters und der sonstigen Beamten und Hilfskräfte sowie ein angemessener Betriebsfonds gehören, berechnet. Ersparnisse oder Fehlbeträge eines Rechnungsjahres sind in der Bedarfsberechnung für das dem Kassenabschluß folgende Rechnungsjahr abzusetzen oder zuzusetzen.

(2) Erstmalig wird der Bedarf der Kasse nach dem Stande des Diensteinkommens, wie es auf Grund dieses Gesetzes am 1. April 1920 zu zahlen war, unter Hinzurechnung der mutmaßlichen sonstigen Ausgaben und Verwaltungskosten ermittelt.

§ 19.

Zur Aufbringung des durch die eigenen Einnahmen nicht gedeckten Bedarfs der Landesmittelschulkasse sind die Unterhaltungsträger der öffentlichen mittleren Schulen verpflichtet. Für die Schulstellen, die nach Aufstellung des Verteilungsplans im Laufe des Rechnungsjahres neu errichtet werden, ist der Beitrag zur Landesmittelschulkasse, einschließlich der im § 20 Abs. 1 unter a bis c gedachten Vorausleistungen von dem Tage an zu zahlen, von dem ab die Stelle durch eine besondere Lehrkraft versehen wird.

§ 20.

(1) Der nicht gedeckte Bedarf ist auf die Unterhaltungsträger folgendermaßen zu verteilen:

a) Unterhaltungsträger, welche zu dem im § 1 bestimmten Gehalte noch besondere Zuschüsse (§ 2) gewähren, haben den Jahresbeitrag dieser Zuschüsse, wie er nach dem Stande am 1. Mai des Vorjahres in ihnen zu zahlen war, mit einem Zuschlage von 20 v. H. zur Landesmittelschulkasse zu zahlen.

b) Die Unterhaltungsträger haben für jede von ihnen unterhaltene zur Gruppe 3 gehörige Schulstelle einen Betrag von jährlich 100 000 Mark nebst dem diesem Betrage entsprechenden Ausgleichszuschlag und einen Zuschlag von 20 v. H. zur Landesmittelschulkasse zu zahlen.

c) Die Unterhaltungsträger haben den Jahresbetrag des Ortszuschlags, wie er nach dem Stande am 1. Mai des Vorjahres in ihnen zu zahlen war, nebst einem Zuschlag in Höhe des für den Ausgleichszuschlag maßgebenden Satzes zu zahlen.

d) Der nach Abzug der unter a, b und c genannten Vorausleistungen und etwaiger sonstiger Einnahmen sich ergebende Bedarf ist gleichmäßig auf die übrigen Schulstellen zu verteilen, wobei die Lehrerinnenstellen nur mit je neun Zehnteln in Ansatz zu bringen sind.

e) Stellt sich der für die Lehrer und Lehrerinnen einschließlich der Ruhegehaltsempfänger und der Hinterbliebenen von Lehrern eines Unterhaltungsträgers aus der Landesmittelschulkasse in einem Rechnungsjahr gemäß § 16 gezahlte Betrag höher als der sich nach a, b, c und d ergebende Betrag, so hat der Unterhaltungsträger 15 v. H. dieses Mehrbetrages als besonderen Beitrag zur Landesmittelschulkasse zu zahlen. Die Gesamtsumme dieser besonderen Beiträge ist am Schlusse des Rechnungsjahres zur Ermäßigung der Beiträge derjenigen Unterhaltungsträger zu verwenden, deren Beiträge höher gewesen sind als die für sie gemäß § 16 aus der Landesmittelschulkasse erfolgten Zahlungen. Die Ermäßigungen sind anteilsmäßig auf die Höhe der nach d errechneten Beiträge zu gewähren.

(2) Alle Beiträge der Unterhaltungsträger an die Landesmittelschulkasse sind im Verwaltungszwangsverfahren beitreibbar. Soweit die Beiträge der Schulunterhaltungsträger bis zum Fälligkeitstermine nicht eingezahlt sind, sind sie von diesem Tage ab mit 5 v. H. zu verzinsen. Die Zinsen sind zugleich mit den Beiträgen zu entrichten.

§ 21.

(1) Für die Zahlung der Beiträge der einzelnen Unterhaltungsträger wird ein Plan aufgestellt, und zwar für die nach § 16 Abs. 1 der Kasse angehörenden nach Regierungsbezirken und dem Bezirke der Stadt Berlin, für die nach § 17 angeschlossenen in einem besonderen Abschnitte, und nach Genehmigung durch den Kassenanwalt in den einzelnen Regierungsamtsblättern, jedoch nur mit dem für den einzelnen Regierungsbezirk in Betracht kommenden Teil, veröffentlicht. Für den Bezirk der Stadt Berlin erfolgt die

Veröffentlichung im Amtsblatte für die Regierung in Potsdam und den Stadtkreis Berlin. Eine Veröffentlichung des besonderen Abschnitts für die nach § 17 angeschlossenen Schulen findet nicht statt.

(2) Aus dem Plan muß der Beitrag eines jeden Unterhaltungsträgers, und zwar getrennt nach den im § 20 unter a, b, c und d enthaltenen Bestimmungen berechnet, zu ersehen sein. Ein besonderer Plan ist für die Ermäßigungen gemäß § 20 unter e aufzustellen und zu veröffentlichen. Von dem Abschnitt für die freiwillig angeschlossenen Schulen unterbleibt die Veröffentlichung.

(3) Gegen die Höhe des auf den einzelnen Unterhaltungsträger ausgeschriebenen Beitrags steht den Unterhaltungsträgern für ihren Beitrag binnen 4 Wochen vom Tage der Ausgabe des Regierungsamtsblattes bezw. für die Beiträge der nach § 17 angeschlossenen Schulen vom Tage der Zustellung der Mitteilung über den Beitragssatz an den Unterhaltungsträger der Einspruch bei der Schulaufsichtsbehörde, für die gemäß § 17 angeschlossenen Schulen bei der Regierung in Potsdam und gegen deren Bescheid binnen zwei Wochen die Klage im Verwaltungsstreitverfahren beim Bezirksausschuß offen.

(4) Der Einspruch und die Klage können nur darauf gestützt werden, daß die Berechnung des Beitrages nicht richtig oder eine Verpflichtung zur Beitragszahlung überhaupt nicht gegeben ist. Eine Anfechtung der Berechnung des Kassenbedarfs oder der auf Grund des § 20 unter e gewährten Ermäßigungen ist nicht zulässig.

(5) Die Bestimmungen des § 48 des Volksschullehrer-Diensteinkommensgesetzes gelten sinngemäß.

(6) Bis zur endgültigen Feststellung des Verteilungsplans für das Rechnungsjahr 1920 haben die Unterhaltungsträger öffentlicher mittlerer Schulen für jede planmäßige Stelle vorbehaltlich späterer Verrechnung einen vorläufigen Beitrag von 18 000 Mark zu zahlen.

(7) Die im Rechnungsjahre 1920 bereits gezahlten Gehälter sind auf diesen vorläufigen Beitrag anzurechnen. Die bis zum 31. Januar 1921 nicht gezahlten Beiträge sind der Landesmittelschulkasse mit 5 v. H. zu verzinsen.

VI. Schluß- und Übergangsbestimmungen.

§ 22.

(1) Sind Schulstellen öffentlicher mittlerer Schulen bereits an andere Kasseneinrichtungen für die Gewährung von Ruhegehältern und Hinterbliebenenbezügen angeschlossen, so steht es den Unterhaltungsträgern frei, entweder aus diesen Kassen auszuscheiden oder die Mitgliedschaft so lange fortzusetzen, als die Inhaber beim Inkrafttreten dieses Gesetzes noch die angeschlossene Stelle innehaben. Die etwa auf Grund des Anschlusses zu gewährenden Ruhegehälter und Hinterbliebenenbezüge sind an den Unterhaltungsträger zu zahlen, soweit die Landesmittelschulkasse auf Grund der Bestimmungen dieses Gesetzes für diese Schulstellen Ruhegehälter und Hinterbliebenenbezüge zu zahlen hat. Eine Fortsetzung des Anschlusses an die bisherigen Volksschullehrer-Alterszulagekassen und -Ruhegehaltskassen findet nicht mehr statt.

(2) Die Ruhegehälter und Hinterbliebenenbezüge, deren Zahlungsbeginn vor dem 1. April 1920 liegt, sind von denjenigen zu zahlen, welche bis zum 1. April 1920 zur Übernahme dieser Bezüge verpflichtet waren. An die

Stelle der Volksschullehrer-Ruhegehaltskassen tritt für diese Fälle die Landesschulkasse als Rechtsnachfolgerin der Volksschullehrer-Ruhegehaltskassen.

(3) Die nach § 10 Abs. 1 bis 3 und § 13 Abs. 4 des Gesetzes über die Unterbringung von mittelbaren Staatsbeamten und Lehrpersonen (Unterbringungsgesetz) vom 30. März 1920 (GS. S. 63 ff.) den Körperschaften auferlegten Verpflichtungen sind für die Lehrer (Lehrerinnen) an öffentlichen mittleren Schulen und für deren Hinterbliebene von der Landesmittelschulkasse zu erfüllen. Die dem Staate nach diesen Bestimmungen zu den Ruhegehältern und Hinterbliebenenbezügen obliegenden Leistungen sind an die Landesmittelschulkasse zu leisten.

§ 23.

(1) Die für die Zeit vom 1. April 1920 ab von den Unterhaltungsträgern öffentlicher mittlerer Schulen gezahlten Gehälter einschließlich der Gnadenbezüge und die für die Zeit vom 1. April 1920 ab von den bisherigen Volksschullehrer-Ruhegehaltskassen gezahlten Ruhegehälter und Gnadenbezüge, welche nicht nach dem 1. April 1920 der Landesschulkasse zur Last fallen (§ 22 Abs. 2 Satz 2), sind auf die Verpflichtungen der Landesmittelschulkasse anzurechnen. Die für Gehälter und Gnadenbezüge von Gehältern angerechneten Beträge sind den Schullastenträgern aus der Landesmittelschulkasse zu erstatten.

(2) Ebenso sind die Ruhegehälter einschließlich der Gnadenbezüge für diejenigen Lehrer und Lehrerinnen öffentlicher mittlerer Schulen, die nach dem 1. April 1920 in den Ruhestand getreten sind, den Unterhaltungsträgern bezw. der Landesschulkasse für die Volksschullehrer-Ruhegehaltskassen zu erstatten. Die bereits gezahlten Beträge sind den Bezugsberechtigten auf ihre Ansprüche gegen die Landesmittelschulkasse anzurechnen.

(3) Das Gleiche gilt für die Bezüge von Hinterbliebenen derjenigen Lehrer, die noch nach dem 1. April 1920 im Amte gewesen sind.

§ 24.

(1) Alle Besoldungsordnungen für die Lehrer und Lehrerinnen an öffentlichen mittleren Schulen sind bis zum 1. April 1922 entsprechend umzugestalten.

(2) Kommt eine Umgestaltung bis zu diesem Zeitpunkte nicht zustande, so ist den Lehrern und Lehrerinnen das im § 1 festgesetzte Gehalt zu zahlen. Für die Inhaber besonders gearteter Schulstellen ist die Schulaufsichtsbehörde befugt, vorläufig festzusetzen, welche Zuschüsse den Stelleninhabern zu dem Gehalt zu zahlen sind.

(3) Enthalten die bei Verkündung dieses Gesetzes gültigen Besoldungsordnungen für einzelne Lehrer (Lehrerinnen) an öffentlichen mittleren Schulen günstigere Bestimmungen, als nach diesem Gesetze zulässig sind, so können für die Inhaber, auch wenn die Voraussetzungen des § 2 Abs. 1 nicht vorliegen, entsprechende Zuschüsse zu dem Grundgehalte gewährt werden. Auf solche Zuschüsse finden dann alle Vorschriften dieses Gesetzes Anwendung, die für die zum § 2 des Gesetzes zugelassenen Zuschüsse gegeben sind.

§ 25.

(1) Das Gesetz tritt mit Wirkung vom 1. April 1920 ab in Kraft.

(2) Der Unterrichtsminister, der Finanzminister und der Minister des Innern werden mit der Ausführung dieses Gesetzes beauftragt.

J.

Gesetz

über das Diensteinkommen der Gewerbe- und Handelslehrer und -lehrerinnen an den gewerblichen, kaufmännischen und hauswirtschaftlichen Berufsschulen (Pflichtfortbildungsschulen)

(Gewerbe- u. Handelslehrer-Diensteinkommensgesetz — GDG. —).

In der Fassung der Bekanntmachung vom 17. Oktober 1922 (GS. S. 319).

Vorbemerkung.

Nach dem GDG. vom 14. Januar 1921 sollten die Gewerbe- und Handelslehrer (Lehrerinnen) die Grundgehaltssätze und den Ortszuschlag in derselben Höhe wie die unmittelbaren Staatsbeamten der Besoldungsgruppen 9, 10 und 11 erhalten, wobei den Lehrerinnen bei geringerer Pflichtstundenzahl die Grundgehaltssätze um 10 v. H. gekürzt werden. Gegen diese Eingruppierung hatte der Reichsminister der Finanzen auf Grund des Reichsgesetzes zur Sicherung einer einheitlichen Regelung der Beamtenbesoldung v. 21. Dezember 1920 (Sperrgesetz) (s. Anhang Nr. XI) formell Einspruch erhoben. Auf Grund des von dem Reichsschiedsgericht gefällten Spruches ist das Gesetz geändert und in der nachstehenden Fassung neu veröffentlicht worden.

Zu dem Ges. in der neuen Fassung ist vom Handelsminister in Gemeinschaft mit dem Finanzminister eine Ausführungsanweisung erlassen worden, die im Min.-Bl. für die Handels- und Gewerbeverwaltung 1923 S. 29 abgedruckt ist.

I. Diensteinkommen.

A. Planmäßig angestellte Lehrkräfte.

§ 1.

Grundgehalt.

(1) Die an nichtstaatlichen öffentlichen und durch den Handelsminister ihnen gleichgestellten Berufsschulen (gewerblichen, kaufmännischen und hauswirtschaftlichen Pflichtfortbildungsschulen) planmäßig angestellten Lehrkräfte erhalten als Grundgehalt:

vom 1. April 1920 bis 30. September 1921:

a) in Gruppe 1: 6800—7400—8000—8600—9100-9600—9900—10200,

b) in Gruppe 2: 7600—8300—9000—9600—10200—10800—11100—11400,
c) in Gruppe 3: 8400—9200—10000—10800—11300—11800—12300—12600,
d) in Gruppe 4: 9700—10700—11700—12500—13300—13700—14100—14500 Mark jährlich;

vom 1. Oktober 1921 bis 31. März 1922:

a) in Gruppe 1: 18000—19200—20400—21600—22800—24000—25000—26000,
b) in Gruppe 2: 21000—22500—24000—25500—27000—28500—30000—31000,
c) in Gruppe 3: 25000—26800—28600—30400—32200—33800—35400—37000,
d) in Gruppe 4: 30000—32000—34000—36000—38000—40000—42000—44000 Mark jährlich;

vom 1. April 1922 ab:*)

a) in Gruppe 1: 22000—23500—25000—26200—27400—28600—29800—31000,
b) in Gruppe 2: 25000—26600—28200—29800—31400—33000—34500—36000,
c) in Gruppe 3: 28000—30000—32000—34000—36000—38000—40000—42000,
d) in Gruppe 4: 32000—34500—37000—39500—42000—44000—46000—48000 Mark jährlich.

(2) Zu Gruppe 1 gehören alle planmäßig angestellten Gewerbelehrerinnen, soweit sie nicht zu Gruppe 2 gehören.

(3) Zu Gruppe 2 gehören:

a) alle planmäßig angestellten Gewerbelehrerinnen, denen von der Schulaufsichtsbehörde eine Aufrückungsstelle verliehen ist. Die Gesamtzahl der Aufrückungsstellen darf ein Drittel der Gesamtzahl der vorhandenen planmäßigen Stellen für Gewerbelehrerinnen an Berufsschulen nicht überschreiten;
b) alle planmäßig angestellten Gewerbelehrer, Handelslehrer und Handelslehrerinnen und die hauptamtlichen planmäßig angestellten Schulleiter (Schulleiterinnen) von Schulen mit weniger als 4 hauptamtlichen Lehrkräften.

(4) Zu Gruppe 3 gehören

---

*) Gemäß Art. III f des Gesetzes über Änderungen des Beamtendiensteinkommensgesetzes und des Gewerbe- und Handelslehrerdiensteinkommensgesetzes vom 17. April 1923 (GS. S. 99) beträgt das Grundgehalt:

vom 1. Oktober 1922 ab:

a) in Gruppe 1: 19600—20500—21400—22300—23200—24100—25000—25900,
b) in Gruppe 2: 21500—22600—23700—24800—25900—27000—28100—29100,
c) in Gruppe 3: 24400—25800—27200—28600—30000—31400—32700—34000,
d) in Gruppe 4: 27500—29300—31100—32800—34500—36200—37900—39600 Mark monatlich.

a) die hauptamtlichen, planmäßig angestellten Schulleiter (Schulleiterinnen) von Schulen mit mindestens 4 hauptamtlichen Lehrkräften, soweit sie nicht zu Gruppe 4 gehören,

b) die Stellvertreter der zur Gruppe 4 gehörenden Schulleiter (Schulleiterinnen) und die Fachvorsteher.

(5) Die Schulträger können mit Genehmigung der Schulaufsichtsbehörde die hauptamtlichen, planmäßig angestellten Schulleiter (Schulleiterinnen) von Schulen mit weniger als 4 hauptamtlichen Lehrkräften in Gruppe 3 einreihen, wenn an der betreffenden Schule außer dem Leiter (der Leiterin) mindestens eine zweite hauptamtliche, planmäßig angestellte Lehrkraft vorhanden ist und die Schule wenigstens zwei Abteilungen für verschiedene Berufsgruppen umfaßt.

(6) Zu Gruppe 4 gehören die hauptamtlichen, planmäßig angestellten Schulleiter (Schulleiterinnen) der beruflich ausgebauten oder besonders großen Schulsysteme, die vom Handelsminister nach den mit dem Finanzminister zu vereinbarenden Grundsätzen ausdrücklich als solche anerkannt sind.

(7) Ob ein Lehrer (eine Lehrerin) planmäßig angestellter Schulleiter (-leiterin) einer öffentlichen Berufsschule ist, sowie ob eine Schule als Schule mit mindestens 4 hauptamtlichen Lehrkräften anzusehen ist, entscheidet endgültig die Schulaufsichtsbehörde.

(8) Die hauptamtlichen, planmäßig angestellten Lehrerinnen erhalten, wenn das für sie festgesetzte Arbeitsmaß dem der Lehrer entspricht, die unverkürzten Gehaltssätze. Bei geringerer Pflichtstundenzahl werden die Grundgehaltssätze um 10 v. H. gekürzt. Dies gilt nicht für die unter Abs. 1 Ziff. a fallenden Gewerbelehrerinnen.

(9) Auf Lehrer und Lehrerinnen, deren Zeit und Kräfte durch die ihnen übertragenen Geschäfte nicht voll in Anspruch genommen sind, finden diese Vorschriften keine Anwendung. Die Entscheidung darüber, ob ein Lehrer oder eine Lehrerin nicht voll beschäftigt ist, steht lediglich der Schulaufsichtsbehörde zu.

(10) Welche Schulen als öffentliche Berufsschulen anzusehen sind, bestimmt endgültig die Schulaufsichtsbehörde.

§ 2.

Dienstaltersstufen.

(1) Das Grundgehalt der endgültig angestellten Lehrer (Lehrerinnen) steigt nach Dienstaltersstufen mit zweijähriger Aufrückungsfrist bis zur Erreichung des Höchstgehalts. Die höheren Grundgehaltssätze werden jeweils vom Ersten des Kalendermonats an gezahlt, in den der Eintritt in die neue Dienstaltersstufe fällt.

(2) Auf das Aufrücken im Grundgehalt haben die endgültig angestellten Lehrer (Lehrerinnen) einen Rechtsanspruch. Der Anspruch ruht, solange ein förmliches Disziplinarverfahren oder wegen eines Verbrechens oder Vergehens ein Hauptverfahren oder eine Voruntersuchung schwebt. Führt das Verfahren zum Verlust des Amtes, so findet eine Nachzahlung des zurückgehaltenen Mehrgehalts nicht statt.

§ 3.

Besoldungsdienstalter.

(1) Das Besoldungsdienstalter der planmäßig angestellten Lehrer und Lehrerinnen beginnt mit dem Zeitpunkt der planmäßigen Anstellung im öffent-

lichen Berufsschuldienst, jedoch nicht vor der Vollendung des 27. Lebensjahres. Von diesem Zeitpunkt an sind die Zeitabschnitte für das Verbleiben im Anfangsgrundgehalt und für das Aufsteigen in die höheren Gehaltsstufen zu rechnen. Bei der Festsetzung des Besoldungsdienstalters ist von der Zeit, die ein Lehrer (eine Lehrerin) im öffentlichen Berufsschuldienste von dem Zeitpunkt des Eintritts in diesen bis zur endgültigen Anstellung selbständig in voller Beschäftigung verbracht hat, die über die Vollendung des 27. Lebensjahres hinausgehende Dienstzeit auf das Besoldungsdienstalter anzurechnen, soweit die planmäßige Anstellung durch den Mangel an offenen Stellen oder durch sonstige von dem Zutun des Lehrers (der Lehrerin) unabhängige Gründe verzögert worden ist.

(2) Tritt ein Gewerbe- oder Handelslehrer (eine Gewerbe- oder Handelslehrerin) unmittelbar aus dem Dienst des Reiches, eines der Länder, einer Gemeinde oder einer Körperschaft des öffentlichen Rechts in den Dienst an einer öffentlichen Berufsschule, so wird ihm (ihr) die in der bisherigen Stellung nach Vollendung des 27. Lebensjahres zurückgelegte Dienstzeit auf das Besoldungsdienstalter angerechnet. Dem unmittelbaren Übertritt ist gleichzuachten, wenn die Zeit zwischen dem Austritt aus dem früheren Amt und dem Eintritt in den Dienst an einer öffentlichen Berufsschule nachweislich ungekürzt dem Erwerbe der Anstellungsfähigkeit als Gewerbe- oder Handelslehrer (-lehrerin) gewidmet war.

(3) Das Besoldungsdienstalter der aus der Praxis übertretenden Lehrer (Techniker, Handwerker, Kaufleute usw.) ist auf den Tag der planmäßigen Anstellung, jedoch nicht vor die Vollendung des 27. Lebensjahres festzusetzen. Es kann mit Zustimmung der Schulaufsichtsbehörde verlängert werden, jedoch nicht um mehr als die Hälfte der Gesamtaufrückzeit in der Besoldungsgruppe. Die auf das Besoldungsdienstalter angerechnete Zeit kann auf die Ruhegehaltszeit angerechnet werden.

(4) Wie weit die an deutschen Auslandsschulen oder an anderen Schulen zugebrachte Dienstzeit auf das Besoldungsdienstalter angerechnet werden kann, wird in jedem Einzelfalle von dem Handelsminister bestimmt.

(5) Die §§ 4, 5 Abs. 2 und 4, §§ 7 und 8 des Volksschullehrer-Diensteinkommensgesetzes finden mit der Maßgabe Anwendung, daß an die Stelle des Unterrichtsministers der Handelsminister tritt. Jedoch tritt an die Stelle des § 4 Abs. 2 des Volksschullehrer-Diensteinkommensgesetzes folgende Bestimmung: Werden bei einer Beförderung Besoldungsgruppen übersprungen, so ist das Besoldungsdienstalter so festzusetzen, wie wenn der Lehrer (die Lehrerin) zunächst in die dazwischen liegenden Gruppen eingetreten wäre.

§ 4.

Ortszuschlag.

(1) Zum Grundgehalt tritt als weiterer Bestandteil des Diensteinkommens ein Ortszuschlag.

(2) Für die Bemessung der Höhe des Ortszuschlages finden die Vorschriften des Beamten-Diensteinkommensgesetzes Anwendung.

(3) Werden von einem Schulträger mehrere öffentliche Berufsschulen in Ortschaften verschiedener Ortsklassen unterhalten, so findet die Vorschrift des § 11 Abs. 2 des Volksschullehrer-Diensteinkommensgesetzes sinngemäß Anwendung.

(4) Die Kürzung des Grundgehalts nach § 1 Abs. 8 bleibt auf die Berechnung des Ortszuschlags ohne Einfluß.

§ 5.

Dienstwohnung.

(1) Bei Gewährung einer Dienstwohnung hat der Wohnungsinhaber dem Wohnungssteller eine Vergütung in Höhe desjenigen Betrags zu zahlen, der den Staatsbeamten für die Benutzung von Dienstwohnungen auf den Ortszuschlag angerechnet wird.

(2) Ein Verzicht auf die Vergütung seitens des Wohnungsstellers ist unzulässig.

(3) Erscheint die nach den staatlichen Grundsätzen getroffene Regelung im Einzelfalle unbillig, so kann der Wohnungssteller die zu zahlende Vergütung mit Zustimmung des Handelsministers anderweit feststellen.

(4) Die von der Dienstwohnung zu entrichtenden öffentlichen Lasten und Abgaben werden von dem Schulträger getragen. Diesem liegt auch unbeschadet der Verpflichtung Dritter aus besonderen Rechtstiteln die bauliche Unterhaltung der Dienstwohnung ob, soweit sie nicht nach den für die unmittelbaren Staatsbeamten geltenden Bestimmungen dem Wohnungsinhaber zur Last fällt.

§ 6.

Sondervergütungen.

Für Leistungen im Schulamte, die über das festgesetzte oder übliche Arbeitsmaß hinausgehen, dürfen besondere Vergütungen nicht gewährt werden. Außerordentliche Bewilligungen an einzelne Lehrer oder Lehrerinnen aus besonderen Gründen sind hierdurch nicht ausgeschlossen.

B. Auftragsweise vollbeschäftigte Lehrer und Lehrerinnen.

§ 7.

(1) Lehrpersonen, welche die Anstellungsfähigkeit als Gewerbelehrer, Handelslehrer oder Handelslehrerin erworben haben, erhalten während der Zeit, in der sie voll beschäftigt, aber noch nicht planmäßig angestellt sind, bis zur Vollendung des 5. Dienstjahrs folgende Grundvergütungssätze:

vom 1. April 1920 bis 30. September 1921 = 5320 - 6080—6460—6840—7220 ℳ;

vom 1. Oktober 1921 bis 31. März 1922 = 14700—16800 — 17850—18900—19950 ℳ;

vom 1. April 1922 ab = 17500—20000—21250—22500—23750 ℳ;

Handelslehrerinnen erhalten die Sätze der Grundvergütungen um 10 v. H. gekürzt, solange nicht für Handelslehrer und Handelslehrerinnen dasselbe Arbeitsmaß festgesetzt ist. Lehrerinnen, welche die Anstellungsfähigkeit als Gewerbelehrerin erworben haben, erhalten während der Zeit, in der sie voll beschäftigt aber noch nicht planmäßig angestellt sind, bis zur Vollendung des 5. Dienstjahrs folgende Grundvergütungssätze:

vom 1. April 1920 bis 30. September 1921 = 4760—5440—5780—6120—6460 ℳ;

1. Oktober 1921 bis 31. März 1922 = 12600—14400—15300—16200—17100 ℳ;

vom 1. April 1922 ab = 15400—17600—18700—19800—20900 ℳ.

Auf die Berechnung des Ortszuschlags (§ 8) ist die Kürzung der Grundvergütung ohne Einfluß. Ist bis zum Ablauf des fünften Dienstjahres die planmäßige Anstellung aus Gründen, die nicht in der Person des Lehrers (der Lehrerin) liegen, nicht erfolgt, so bezieht der Lehrer (die Lehrerin) eine Grundvergütung in Höhe der Grundgehaltssätze des endgültig angestellten Lehrers (Lehrerin).

(2) Auftragsweise vollbeschäftigte Lehrer und Lehrerinnen an öffentlichen Berufsschulen, auf welche die Voraussetzung des Abs. 1 nicht zutrifft, erhalten eine Grundvergütung in Höhe von 80 v. H. des Grundgehaltes, das sie erhalten würden, wenn sie als Gewerbe- oder Handelslehrer (-lehrerinnen) an öffentlichen Berufsschulen planmäßig angestellt wären. Im besonderen Falle ist eine Abweichung hiervon mit Genehmigung der Schulaufsichtsbehörde zulässig.

§ 8.

(1) Zur Grundvergütung tritt als weiterer Bestandteil des Diensteinkommens ein Ortszuschlag.

(2) Hinsichtlich der Höhe des Ortszuschlags, der den im § 7 Abs. 1 genannten Lehrpersonen gewährt wird, finden die für die Staatsbeamten jeweils geltenden Vorschriften sinngemäß Anwendung. Die im § 7 Abs. 2 genannten Lehrer (Lehrerinnen) erhalten einen Ortszuschlag, dessen Höhe sich nach dem Betrage der jeweiligen Grundvergütung richtet. Für seine Bemessung sind die Vorschriften des Beamten-Diensteinkommensgesetzes maßgebend.

II. Kinderbeihilfen.

§ 9.

Außer dem Diensteinkommen erhalten die Leiter (Leiterinnen) und Lehrer (Lehrerinnen) Kinderbeihilfen nach den Bestimmungen des Beamten-Diensteinkommensgesetzes.

III. Ausgleichszuschlag.

§ 10.

(1) Zur Anpassung an die Veränderungen in der allgemeinen Wirtschaftslage wird zum Grundgehalte, zur Grundvergütung und zum Ortszuschlage sowie zu den Kinderbeihilfen ein veränderlicher Ausgleichszuschlag gewährt.

(2) Die für die unmittelbaren Staatsbeamten nach dem Beamten-Diensteinkommensgesetz jeweils geltenden Bestimmungen über Art und Höhe des Ausgleichszuschlagssatzes gelten auch für die Leiter (Leiterinnen) und Lehrer (Lehrerinnen) an öffentlichen Berufsschulen. Ebenso finden die für die unmittelbaren Staatsbeamten jeweils geltenden Bestimmungen über die Gewährung eines weiteren Ausgleichszuschlags und eines besonderen Ausgleichszuschlags (Frauenbeihilfe) sinngemäße Anwendung.

IV. Ruhegehalt, Hinterbliebenenversorgung, Gnadenbezüge.

§ 11.

(1) Die Gewährung von Ruhegehalt und Hinterbliebenenversorgung erfolgt nach den für die Volksschullehrer geltenden Grundsätzen.

(2) Die Schulträger haben diese Bezüge sicherzustellen. Der Handelsminister bestimmt im Einvernehmen mit dem Finanzminister, unter welchen Voraussetzungen die Sicherstellung als genügend anzusehen ist.

§ 12.

Für die Gewährung von Gnadenbezügen finden die Bestimmungen der §§ 29 und 30 des Volksschullehrer-Diensteinkommensgesetzes sinngemäß Anwendung.

V. Zahlung des Diensteinkommens und Rechtsweg.

§ 13.

Die planmäßig angestellten Leiter (Leiterinnen) und Lehrer (Lehrerinnen) erhalten ihre Dienstbezüge, soweit sie ihnen in festen Barbezügen zustehen, monatlich, bei Überweisung auf ein Konto vierteljährlich im voraus. Die einstweilig angestellten oder auftragsweise beschäftigten Lehrkräfte erhalten ihre baren Dienstbezüge monatlich im voraus, doch kann auch eine vierteljährliche Zahlung bei Überweisung auf ein Konto zugelassen werden.

§ 14.

Über die Gehaltsansprüche der Leiter (Leiterinnen) und Lehrer (Lehrerinnen) an den öffentlichen Berufsschulen findet der Rechtsweg mit folgender Maßgabe Anwendung:

1. Die Klage ist gegen den Schulträger zu richten.
2. Bei der richterlichen Beurteilung sind die von der Schulaufsichtsbehörde auf Grund dieses Gesetzes erfolgten Festsetzungen über das Diensteinkommen der Stelle, insbesondere über die Höhe des Grundgehalts, des Ortszuschlags, der Kinderbeihilfe und des Ausgleichszuschlags, über Dienstwohnung, über etwaige Sachleistungen und über die Anrechnung von Dienstbezügen auf das Grundgehalt zugrunde zulegen.

VI. Aufbringung der Kosten.

§ 15.

Pflichten der Schulträger.

Die Schulträger sind verpflichtet, die persönlichen und sächlichen Kosten der von ihnen errichteten Schulen aufzubringen.

§ 16.

Schulbeiträge.

(1) Zur Deckung der Schulunterhaltungskosten haben die Gemeinden oder weiteren Kommunalverbände

a) von den Arbeitgebern der zum Besuche der Schule verpflichteten Schüler und Schülerinnen Schulbeiträge zu erheben und
b) sämtliche Gewerbebetriebe des Bezirks, die in der Regel mindestens 5 Arbeiter beschäftigen, zur Leistung von Schulbeiträgen heranzuziehen.

(2) Für jeden Schüler und jede Schülerin, die bei gewerbesteuerfrei veranlagten Gewerbetreibenden oder bei Gewerbetreibenden der Gewerbesteuerklasse IV beschäftigt sind, ist ein Schulbeitrag von 30 Mark, für die übrigen Schüler — Schülerinnen — ein Schulbeitrag von mindestens 50 Mark jährlich zu erheben. Es ist zulässig, für einzelne Gruppen der Schüler und Schülerinnen verschieden hohe Beiträge festzusetzen.

(3) Für Schulen, deren Träger Gemeinden oder Gemeindeverbände sind, ist die Höhe der Schulbeiträge durch Ortssatzung festzusetzen. Ist die

Schulpflicht durch statutarische Bestimmung eines weiteren Kommunalverbandes eingeführt, so ist dieser im Benehmen mit den Schulgemeinden berechtigt, die Höhe der Schulbeiträge festzusetzen. Diese Schulbeiträge sind Kommunalabgaben im Sinne des Gesetzes vom 14. Juli 1893 (GS. S. 152).

(4) Für Schulen, deren Träger Handelskammern oder andere Körperschaften öffentlichen Rechts sind, ist die Höhe der Schulbeiträge durch Beschluß des Schulträgers festzusetzen. Dieser Beschluß unterliegt der Genehmigung der Schulaufsichtsbehörde.

(5) Gewerbebetriebe, die in der Regel mindestens 5 Arbeiter beschäftigen, haben für jedes angefangene Zehnt der Arbeiter an den Träger der Pflichtberufsschule des Ortes den Schulbeitrag für einen Berufsschüler zu entrichten, soweit die Zahl der beschäftigten Jugendlichen unter 18 Jahren weniger als 10 v. H. der Arbeiter beträgt.

(6) Gewerbebetriebe, die für ihre jugendlichen Arbeiter eigene, staatlich anerkannte Werkschulen eingerichtet haben, haben die Schulbeiträge nur insoweit zu entrichten, als die Zahl der die Werkschule besuchenden Jugendlichen unter 10 v. H. der beschäftigten Arbeiter bleibt.

(7) Von den an dem Unterrichte freiwillig teilnehmenden Schülern und Schülerinnen ist ein Schulgeld zu erheben, dessen Höhe, nach Stunden berechnet, im Verhältnisse mindestens dem an der Schule zur Erhebung gelangenden Schulbeitrage entspricht.

§ 17.

Staatszuschüsse.

(1) Für jeden am 1. Juni des Jahres vorhandenen schulpflichtigen Schüler und jede schulpflichtige Schülerin zahlt der Staat dem Schulträger eine Beihilfe von 10 Mark.

(2) Zur Gewährung dieser Beihilfen und von Ergänzungszuschüssen werden für jeden am 1. Juni des Vorjahres vorhandenen schulpflichtigen Schüler und jede schulpflichtige Schülerin 40 Mark durch den Staatshaushalt bereitgestellt.

(3) Über die Verwendung dieser Mittel entscheidet der Handelsminister im Einvernehmen mit dem Finanzminister. Die Grundsätze für die Verwendung der Mittel werden von den beteiligten Ministern nach Anhörung der Vertretungen der beteiligten Gemeinden festgesetzt.

(4) Voraussetzung für die Gewährung von Staatszuschüssen ist, daß die Einrichtungen und die Lehrpläne der Schulen den Bestimmungen des Handelsministers entsprechen.

VII. Anstellung und Versetzung.

§ 18.

(1) Die Schulleiter (Schulleiterinnen) und Lehrer (Lehrerinnen) an den öffentlichen Berufsschulen werden von den Schulträgern unter Ausfertigung einer Ernennungsurkunde für den Berufsschuldienst ihrer Bezirke angestellt. Wo bisher schon Körperschaften mit der Verwaltung von Berufsschulen im ganzen Bezirke betraut waren, kann ihnen auch fernerhin die Anstellung von Lehrpersonen durch den Handelsminister übertragen werden.

(2) Die Anstellung der Lehrer (Lehrerinnen) bedarf der Bestätigung der Schulaufsichtsbehörde, die der Schulleiter (Schulleiterinnen) der des Handelsministers.

(3) Für das Disziplinarverfahren finden die für die unmittelbaren Staatsbeamten geltenden Bestimmungen Anwendung.

(4) Sind an den Schulen eines Schulträgers vier und mehr Schulstellen vorhanden, so hat die Schulaufsichtsbehörde das Recht, für jede vierte freiwerdende Stelle nach Anhörung des Schulträgers einen Bewerber zu benennen; dieser ist von dem Schulträger spätestens zum nächsten Vierteljahresersten anzustellen. Macht die Schulaufsichtsbehörde von ihrem Rechte innerhalb von vier Wochen, nachdem ihr vom Schulträger das Freiwerden der Stelle mitgeteilt ist, keinen Gebrauch, so wird die Stelle von dem Schulträger besetzt.

(5) Planmäßig angestellte Schulleiter (Schulleiterinnen) und Lehrer (Lehrerinnen) können an eine andere Schule berufen werden, nachdem die für den neuen Schulort zuständige Schulaufsichtsbehörde ihre Zustimmung dazu gegeben hat. Die Umzugskosten sind von dem berufenden Schulträger nach den für die Volksschullehrer (Volksschullehrerinnen) geltenden Vorschriften zu erstatten.

§ 19.

(1) Schulleiter (Schulleiterinnen) und Lehrer (Lehrerinnen), deren Versetzung der Handelsminister aus dienstlichen Gründen für notwendig erklärt, können von ihm an eine andere Schule versetzt werden, nachdem der Schulträger seine Zustimmung gegeben hat, bei dem der zu Versetzende bisher beschäftigt war.

(2) Bei solchen Versetzungen an einen anderen Ort wird eine Vergütung für Umzugskosten nach den für die Volksschullehrer (Volksschullehrerinnen) geltenden Grundsätzen gewährt.

(3) Erfolgt die Versetzung auf Wunsch oder Antrag oder unter sonstiger Mitwirkung des Schulträgers, so hat dieser die Kosten des Umzugs allein zu tragen. In allen anderen Fällen tragen der Staat und der den Lehrer abgebende Schulträger je die Hälfte. Der Staat leistet seinen Beitrag aus den für Zuschüsse (§ 17) bereitgestellten Mitteln.

VIII. Übergangs- und Schlußbestimmungen.

§ 20.

(1) Die Gehaltsordnungen sind nach den Vorschriften dieses Gesetzes neu aufzustellen.

(2) Lehrer und Lehrerinnen, die zur Zeit der Verkündung dieses Gesetzes bereits planmäßig angestellt sind und ein vor der Vollendung des 27. Lebensjahrs liegendes Besoldungsdienstalter haben, sind unter Feststellung ihres Besoldungsdienstalters auf die Vollendung des 27. Lebensjahrs in die entsprechenden Gehaltsstufen einzureihen.

(3) Das Besoldungsdienstalter der Schulleiter (Schulleiterinnen) und Lehrer (Lehrerinnen) ist nach den Vorschriften des § 3 neu festzusetzen.

§ 21.

Vom 1. April 1923 ab erhalten die Gewerbelehrerinnen die gleichen Dienstbezüge wie die Handelslehrerinnen; die entgegenstehenden Bestimmungen dieses Gesetzes treten mit diesem Zeitpunkt außer Kraft.

§ 22.

Im übrigen finden die Bestimmungen der Gesetze vom 24. November 1921 über eine Änderung der Dienst- und Versorgungsbezüge der unmittelbaren Staatsbeamten (GS. S. 553) und vom 19. April 1922 über Änderungen in der Beamtenbesoldung (GS. S. 83) sinngemäß Anwendung.

§ 23.

Die Gesetze vom 4. Mai 1886 (GS. S. 143), 24. Februar 1897 (GS. S. 41), 1. August 1909 (GS. S. 733) und 29. Juli 1916 (GS. S. 115) werden aufgehoben.

§ 24.

Die Vorschriften der Abschnitte I bis IV dieses Gesetzes treten rückwirkend vom 1. April 1920 in Kraft; im übrigen tritt das Gesetz am 1. April 1921 in Kraft mit der Maßgabe, daß Schulbeiträge gemäß § 16 für die Zeit vom 1. Januar 1921 ab zu erheben sind.

§ 25.

Mit der Ausführung dieses Gesetzes werden der Handelsminister und der Finanzminister beauftragt.

K.

Gesetz

über die Gehaltsverhältnisse der Beamten der Preußischen Staatsbank (Seehandlung) und der Preußischen Zentralgenossenschaftskasse.

Vom 31. Juli 1922 (GS. S. 219).

Der Landtag hat folgendes Gesetz beschlossen:

Einziger Paragraph.

Die Gehaltsverhältnisse der Beamten der Preuß. Staatsbank (Seehandlung) und der Preuß. Zentralgenossenschaftskasse werden durch das Preuß. Staatsministerium nach den besonderen Erfordernissen des Bankbetriebes in Anlehnung an die Gehaltsverhältnisse der Reichsbank geregelt*).

Das vorstehende vom Landtage beschlossene Gesetz wird hiermit verkündet. Die verfassungsmäßigen Rechte des Staatsrats sind gewahrt.

Berlin, den 31. Juli 1922.

Das Preußische Staatsministerium.

Braun. v. Richter.

---

*) Die Regelung ist erfolgt durch die Verordnungen des Staatsministeriums vom 22. September 1922 und 15. November 1922 (FinMinBl. 1922 S. 568; 1923 S. 61).

L.

Gesetz
über die Gewährung von örtlichen Sonderzuschlägen an unmittelbare Staatsbeamte und Lehrpersonen.

Vom 18. März 1922 (GS. S. 63) in der Fassung des Gesetzes vom 21. November 1922 (GS. S. 431).

Der Landtag hat folgendes Gesetz beschlossen:

§ 1.

Der Finanzminister wird ermächtigt, an Orten mit besonders schwierigen wirtschaftlichen Verhältnissen, an welchen Reichsbeamte auf Grund des § 3 des Gesetzes, betr. die Feststellung eines 5. Nachtrags zum Reichshaushaltsplane für das Rechnungsjahr 1921, örtliche Sonderzuschläge erhalten, entsprechende örtliche Sonderzuschläge mit Wirkung vom 1. Oktober 1922 ab für die unmittelbaren Staatsbeamten und die Lehrpersonen festzusetzen.

§ 2.

Die örtlichen Sonderzuschläge für die Lehrer und Lehrerinnen an den öffentlichen Volks- und mittleren Schulen werden aus der Landesschulkasse bezw. der Landesmittelschulkasse gezahlt; sie sind aber von den betreffenden Schulverbänden und den Unterhaltungsträgern öffentlicher mittlerer Schulen in sinngemäßer Anwendung des § 46 Ziff. 5 des Volksschullehrerdiensteinkommensgesetzes und des § 20 Abs. 1 c des Mittelschullehrerdiensteinkommensgesetzes als Vorausleistung der Landesschulkasse und der Landesmittelschulkasse zu erstatten.

Das vorstehende, vom Landtage beschlossene Gesetz wird hiermit verkündet. Die verfassungsmäßigen Rechte des Staatsrats sind gewahrt.

Das Preußische Staatsministerium.

Braun. v. Richter.

Anhang.

I. Verordnung, betreffend die einstweilige Versetzung der unmittelbaren Staatsbeamten in den Ruhestand.

Vom 26. Februar 1919. (GS. S. 33).

In der Fassung des Beamten-Diensteinkommensgesetzes vom 17. Dezember 1920 (GS. 1921 S. 135) und des Gesetzes vom 31. Dezember 1922 (GS. 1923 S. 1).

Die Preußische Regierung verordnet mit Gesetzeskraft, was folgt:

§ 1.

Unmittelbare Staatsbeamte, die in der Staatsverwaltung nicht weiter verwendet werden können, weil das von ihnen verwaltete Amt infolge einer Umbildung der Staatsbehörden aufhört, können unter Bewilligung des gesetzlichen Wartegeldes einstweilen in den Ruhestand versetzt werden.

Sie erhalten als Wartegeld während eines Zeitraums von fünf Jahren den vollen Betrag[1]), nach Ablauf des fünfjährigen Zeitraums aber drei Viertel ihres ruhegehaltsfähigen Diensteinkommens.

§ 2.

Die unter dem Vorbehalte des Widerrufs oder der Kündigung angestellten Beamten haben im Falle ihrer einstweiligen Versetzung in den Ruhestand einen Anspruch auf Wartegeld nur bis zu dem Zeitpunkte, für den der Widerruf oder die Kündigung frühestens zulässig wäre. Für die spätere Zeit kann ihnen ein Wartegeld bis auf die Höhe des gesetzmäßigen Ruhegehaltsbetrags bewilligt werden.

§ 3.

Außer dem Falle des § 1 können jederzeit einstweilig in den Ruhestand versetzt werden:

Unterstaatssekretäre;
Ministerialdirektoren;
Oberpräsidenten;
Regierungspräsidenten sowie der Vorsitzende der Ansiedelungskommission für Westpreußen und Posen;

---

[1]) Der volle Betrag des ruhegehaltsfähigen Diensteinkommens kann als Wartegeld nicht mehr bewilligt werden (vgl. hierzu Ziff. 5 des Erlasses vom 20. Dezember 1921 — I D 1. 3462 — unten S. 334).

Beamte der Staatsanwaltschaft bei den Gerichten;
Vorsteher staatlicher Polizeibehörden;
Landräte;
Gesandte und andere diplomatische Agenten.

Im Interesse der Festigung der verfassungsmäßigen republikanischen Staatsform können ferner jederzeit einstweilen in den Ruhestand versetzt werden:

Ministerialdirigenten;
Oberpräsidialräte;
Oberregierungsräte als erste Vertreter der Regierungspräsidenten;
Oberregierungsrat als erster Vertreter des Polizeipräsidenten in Berlin.

Dabei ist es unerheblich, ob die betreffenden Beamten vor oder nach dem Inkrafttreten der Reichsverfassung angestellt worden sind.

Das Wartegeld dieser Beamten beträgt, sofern nicht die Voraussetzungen des § 1 vorliegen, stets drei Viertel des ruhegehaltsfähigen Diensteinkommens und höchstens 46500 Mark monatlich. Hat der Beamte jedoch zur Zeit seiner einstweiligen Versetzung in den Ruhestand bereits ein höheres Ruhegehalt erdient, so erhält er ein Wartegeld in der Höhe des zu diesem Zeitpunkt erdienten Ruhegehalts.

§ 4.

Der Monatsbeitrag des Wartegeldes ist auf volle Mark nach oben abzurunden.

§ 5.

Die Zahlung des Wartegeldes erfolgt im voraus in derselben Weise, in der bis dahin das Gehalt gezahlt worden ist. Die Gehaltszahlung hört auf und die Zahlung des Wartegeldes beginnt mit dem Ablaufe des Vierteljahrs, das auf den Monat folgt, in dem dem Beamten die Entscheidung über seine einstweilige Versetzung in den Ruhestand, deren Zeitpunkt und die Höhe des Wartegeldes bekannt gemacht worden sind. Vom Zeitpunkte der einstweiligen Versetzung in den Ruhestand bis zum Beginne der Zahlung des Wartegeldes stehen dem Beamten die zur Bestreitung von Dienstaufwandskosten gewährten Einkünfte nicht zu und von den zur Bestreitung von Repräsentationskosten gewährten kommen 20 v. H. in Abzug.

§ 6.

Die einstweilen in den Ruhestand versetzten Beamten, die sich vorher in einer planmäßigen Stelle befunden haben, sind bei Verlust des Wartegeldes zur Annahme eines ihnen übertragenen Amtes im unmittelbaren Staatsdienste verpflichtet, das ihrer Berufsbildung entspricht und mit mindestens gleichem Range und gleichem planmäßigen Diensteinkommen wie das vorher von ihnen bekleidete verbunden ist. Beamte, die sich vor der einstweiligen Versetzung in den Ruhestand in einer außerplanmäßigen Stelle befunden haben, sind bei Verlust des Wartegeldes unter denselben Voraussetzungen zur Annahme eines ihnen übertragenen Amtes im unmittelbaren Staatsdienste verpflichtet, auch wenn das Amt nur mit einem außerplanmäßigen Diensteinkommen verbunden ist.

Bei der Vergleichung des früheren und des neuen Diensteinkommens sind der Wohnungsgeldzuschuß oder der Ortszuschlag sowie eine etwa gewährte freie Dienstwohnung oder Mietsentschädigung unberücksichtigt zu lassen. Das neue Diensteinkommen ist nicht deswegen als geringer anzusehen, weil die Gelegenheit zur Verwaltung von Nebenämtern nicht wieder gewährt wird oder weil die für Dienstunkosten besonders ausgesetzten Einnahmen mit diesen Unkosten selbst fortfallen.

Wartegeldempfänger sollen bei der Wiederbesetzung erledigter Stellen, für die sie sich eignen, vorzugsweise berücksichtigt werden.

§ 7.

Die einstweilen in den Ruhestand versetzten Beamten haben sich bei Verlust des Wartegeldes nach Anordnung des Verwaltungschefs auch der zeitweiligen Wahrnehmung solcher Ämter im unmittelbaren Staatsdienste zu unterziehen, die ihren Fähigkeiten und bisherigen Verhältnissen entsprechen. Während der Dauer dieser Beschäftigung erhalten sie den vollen Betrag ihres ruhegehaltsfähigen Diensteinkommens. Erfolgt die Beschäftigung außerhalb ihres Wohnorts, so erhalten sie, wenn sie vorher planmäßig angestellt waren, eine Vergütung nach § 12 des Gesetzes, betreffend die Reisekosten der Staatsbeamten, vom 3. Januar 1923 (GS. S. 3), wenn dies nicht der Fall war, nach § 12 Abs. 2 daselbst und die gesetzlichen Fahrkosten, beides nach den Sätzen, die ihnen zustehen würden, wenn sie sich noch in dem zuletzt von ihnen bekleideten Amte befänden.

§ 8.

Die einstweilen in den Ruhestand versetzten Beamten sind bei Verlust des Wartegeldes auch zur Annahme oder zeitweiligen Wahrnehmung eines Amtes im Reichsdienst unter denselben Voraussetzungen verpflichtet, unter denen sie ein Amt im unmittelbaren Staatsdienste nach § 6 übernehmen oder nach § 7 zeitweilig wahrnehmen müssen. Zur zeitweiligen Wahrnehmung eines solchen Amtes sind sie jedoch nur dann verpflichtet, wenn ihnen die im § 7 Satz 2 und 3 genannten Bezüge gewährleistet werden.

Durch Beschluß der Preußischen Regierung (Staatsministerium) kann für bestimmte Beamtengruppen angeordnet werden, daß die Vorschrift in Abs. 1 auch für den Dienst in einem preußischen Kommunalverbande gilt.

§ 9.

Das Recht auf den Bezug des Wartegeldes hört auf:

1. wenn der Beamte mit einem dem früher von ihm bezogenen Diensteinkommen mindestens gleichen Diensteinkommen (§ 6 Abs. 2) in einem Amte wieder angestellt wird, zu dessen Übernahme er nach § 6 oder § 8 verpflichtet ist;
2. wenn der Beamte die preußische Staatsangehörigkeit verliert;
3. wenn der Beamte ohne Genehmigung der Preußischen Regierung (Staatsministerium) seinen Wohnsitz außerhalb des Deutschen Reichs nimmt;
4. wenn der Beamte aus dem Staatsdienst ausscheidet;
5. wenn der Beamte gemäß §§ 6, 7 oder 8 des Wartegeldes für verlustig erklärt wird.

§ 10.

Das Recht auf den Bezug des Wartegeldes ruht, wenn und solange der einstweilen in den Ruhestand versetzte Beamte infolge einer Wiederanstellung oder Beschäftigung im Reichs= oder Staatsdienst im Sinne des § 27 Abs. 2 des Zivilruhegehaltsgesetzes vom 27. März 1872 (GS. S. 268) in der Fassung vom 27. Mai 1907 (GS. S. 91) ein Dienst=

einkommen bezieht, insoweit als der Betrag dieses neuen Diensteinkommens unter Hinzurechnung des Wartegeldes den Betrag des von dem Beamten vor der einstweiligen Versetzung in den Ruhestand bezogenen Diensteinkommens übersteigt. Hinsichtlich der Berechnung des früheren und des neuen Diensteinkommens findet § 27 Abs. 3 des Zivilruhegehaltsgesetzes entsprechende Anwendung.

§ 11.

Die Einziehung, Kürzung oder Wiedergewährung des Wartegeldes auf Grund der Bestimmungen in den §§ 9 und 10 tritt, sofern die Veranlassung dazu nicht in einer Wiederanstellung oder Wiederbeschäftigung des Beamten liegt, zu deren Übernahme er verpflichtet ist, erst mit dem Beginne desjenigen Monats ein, der auf das eine solche Veränderung nach sich ziehende Ereignis folgt.

Wird der Beamte im Reichs- oder Staatsdienste gegen Tagegelder oder eine anderweite Entschädigung vorübergehend beschäftigt, ohne zur Übernahme dieser Beschäftigung verpflichtet zu sein, so wird das Wartegeld für die ersten sechs Monate unverkürzt, dagegen vom siebenten Monat ab nur zu dem sich aus § 10 ergebenden Betrage gewährt.

§ 12.

Die einstweilige Versetzung in den Ruhestand erfolgt in den Fällen des § 1 durch den Verwaltungschef, in den Fällen des § 3 durch die Preußische Regierung (Staatsministerium).

In den Fällen des § 2 wird das Wartegeld vom Verwaltungschef in Gemeinschaft mit dem Finanzminister bewilligt.

Der Verlust des Wartegeldes nach §§ 6 bis 8 wird durch den Verwaltungschef ausgesprochen.

§ 13.

Unmittelbare Staatsbeamte, die nach Vollendung des zehnten Dienstjahrs bis zum 31. Dezember 1920 infolge der Umgestaltung des Staatswesens ihre Versetzung in den Ruhestand nachsuchen, sind in den Ruhestand zu versetzen, ohne daß eingetretene Dienstunfähigkeit oder die Vollendung des fünfundsechzigsten Lebensjahrs Vorbedingung des Anspruchs auf Ruhegehalt ist.

Auf die unter dem Vorbehalte des Widerrufs oder der Kündigung angestellten Beamten, die eine planmäßige Stelle nicht bekleiden, findet diese Vorschrift keine Anwendung.

§ 14.

Dieses Gesetz findet auch auf die Beamten der Landjägerei Anwendung; dagegen findet es keine Anwendung auf die bewaffneten und uniformierten Beamten der der Verwaltung des Innern unterstehenden Schutzpolizei.

Es findet, abgesehen von § 13, keine Anwendung auf diejenigen Beamten, die unter das Gesetz, betreffend die Dienstvergehen der Richter und die unfreiwillige Versetzung derselben auf eine andere Stelle oder in den Ruhestand, vom 7. Mai 1851 (GS. S. 218) fallen.

§ 15.

Die Königlichen Erlasse vom 14. Juni 1848, betreffend die Bewilligung von Wartegeldern an disponible Beamte (GS. S. 153) und vom 24. Oktober 1848 wegen einer Modifikation der Verordnung vom 14. Juni

1848, betreffend die Bewilligung von Wartegeldern an disponible Beamte (GS. S. 338), werden aufgehoben. Wo in gesetzlichen oder anderen Vorschriften auf die hiernach aufgehobenen Bestimmungen Bezug genommen ist, treten die Bestimmungen dieses Gesetzes an ihre Stelle.

§ 87 Ziff. 2 des Gesetzes, betreffend die Dienstvergehen der nichtrichterlichen Beamten usw., vom 21. Juni 1852 (GS. S. 465) erhält folgende Fassung:

2. Einstweilige Versetzung in den Ruhestand.

§ 16.

Dieses Gesetz tritt mit seiner Verkündung in Kraft.

Die bereits einstweilig in den Ruhestand versetzten Beamten unterliegen für die Zeit nach Inkrafttreten des Gesetzes seinen Bestimmungen ebenfalls. Vorher festgesetzte Wartegelder sind neu festzusetzen.

Berlin, den 26. Februar 1919.

Die Preußische Regierung.

Hirsch. Braun. Eugen Ernst. Fischbeck. Haenisch.
Südekum. Heine.

II. Verordnung
über die Versorgung der Hofbeamten und ihrer Hinterbliebenen.

Vom 10. März 1919 (GS. S. 45).

In der Fassung des Beamten-Diensteinkommensgesetzes vom 17. Dezember 1920 (GS. 1921 S. 135) und der zu diesem Gesetz ergangenen Novellen.

Die Preußische Regierung verordnet mit Gesetzeskraft, was folgt:

§ 1.

Hofbeamte im Sinne dieser Verordnung sind die bei ihrem Inkrafttreten im Dienste des vormaligen Königlichen Hauses oder eines seiner Mitglieder stehenden Beamten, soweit sie Staatsbeamte im weiteren Sinne sind und Gehälter beziehen, die nach dem Haushaltsplane der bisherigen Kronkasse dieser zur Last fallen.

Nicht unter diese Verordnung fallen:

1. die Beamten im Dienste derjenigen Nebenlinien, die sich im Besitze des Königlich-Prinzlichen Familienfideikommisses befinden;
2. Beamte, die nach einer dem Finanzminister von dem Minister des Königlichen Hauses vor dem 1. April 1919 abzugebenden schriftlichen Erklärung mit ihrer Zustimmung in ihrem bisherigen Dienstverhältnisse behalten werden.

§ 2.

Auf die Versetzung der Hofbeamten in den Ruhestand und die Versorgung ihrer Hinterbliebenen finden fortan die für die unmittelbaren Staatsbeamten jeweils geltenden gesetzlichen Vorschriften mit den aus den §§ 3 bis 6 sich ergebenden Abweichungen entsprechende Anwendung.

§ 3.

Entscheidungen und Erklärungen, die nach den für die unmittelbaren Staatsbeamten geltenden Vorschriften der vorgesetzten Dienstbehörde zugewiesen sind, sowie die dem Verwaltungschef oder dem Verwaltungschef in Gemeinschaft mit dem Finanzminister zugewiesenen Entscheidungen trifft der Finanzminister.

§ 4 (weggefallen).

§ 5.

Bei Berechnung der Dienstzeit kommt auch die Zeit zur Anrechnung, während der ein Beamter nach Maßgabe der bisher für ihn geltenden Bestimmungen oder der Vorschriften dieser Verordnung sich unter Bezug von Wartegeld im einstweiligen Ruhestande befunden hat.

§ 6.

Der Dienst im vormaligen Königlichen Hause oder bei einem seiner Mitglieder wird dem Reichs- oder Staatsdienst im Sinne des § 27 Ziff. 2 des Zivilruhegehaltsgesetzes vom 27. März 1872 (GS. S. 268) in der Fassung vom 27. Mai 1907 (GS. S. 95) gleichgeachtet.

§ 7.

Für die Lösung des Dienstverhältnisses bei den unter dem Vorbehalte des Widerrufs oder der Kündigung angestellten Hofbeamten ist der Finanzminister zuständig.

§ 8.

Diejenigen Hofbeamten, die infolge der Umgestaltung der Haus- und Hofverwaltungen aus dem Hofdienst ausscheiden und in der Staatsverwaltung nicht verwendet werden, können vom Finanzminister unter Bewilligung des gesetzlichen Wartegeldes einstweilen in den Ruhestand versetzt werden.

Sie erhalten als Wartegeld während eines Zeitraums von fünf Jahren den vollen Betrag [1]), nach Ablauf des fünfjährigen Zeitraums aber drei Viertel ihres ruhegehaltsfähigen Diensteinkommens.

§ 9.

Die unter dem Vorbehalte des Widerrufs oder der Kündigung angestellten Hofbeamten haben im Falle ihrer einstweiligen Versetzung in den Ruhestand einen Anspruch auf Wartegeld nur bis zu dem Zeitpunkte, für den der Widerruf oder die Kündigung frühestens zulässig wäre. Für die spätere Zeit kann ihnen vom Finanzminister ein Wartegeld bis auf die Höhe des im § 8 Abs. 2 vorgesehenen Betrags bewilligt werden.

§ 10.

Der Monatsbetrag des Wartegeldes ist auf volle Mark nach oben abzurunden.

§ 11.

Die Zahlung des Wartegeldes erfolgt im voraus in derselben Weise, in der bis dahin das Gehalt gezahlt worden ist. Die Gehaltszahlung hört auf und die Zahlung des Wartegeldes beginnt mit dem Ablaufe des Vierteljahrs, das auf den Monat folgt, in dem dem Hofbeamten die Entscheidung über seine einstweilige Versetzung in den Ruhestand, deren Zeitpunkt und die Höhe des Wartegeldes bekannt gemacht worden sind. Vom Zeitpunkte der einstweiligen Versetzung in den Ruhestand bis zum Beginne der Zahlung des Wartegeldes stehen dem Hofbeamten die zur Bestreitung von Dienstaufwandskosten gewährten Einkünfte nicht zu und von den zur Bestreitung von Repräsentationskosten gewährten kommen zwanzig v. H. in Abzug.

§ 12.

Die einstweilen in den Ruhestand versetzten Hofbeamten sind bei Verlust des Wartegeldes zur Annahme eines ihnen übertragenen Amtes im unmittelbaren Staatsdienste verpflichtet, das ihrer Berufsbildung entspricht

---

[1]) Der volle Betrag des ruhegehaltsfähigen Diensteinkommens kann nicht mehr bewilligt werden (vgl. Ziff. 5 des Erlasses vom 20. Dezember 1921 unten S. 334).

und mit mindestens gleichem Range und gleichem Diensteinkommen wie das vorher von ihnen bekleidete verbunden ist.

Bei der Vergleichung des früheren und des neuen Diensteinkommens sind der Wohnungsgeldzuschuß oder der Ortszuschlag sowie eine etwa gewährte freie Dienstwohnung oder Mietsentschädigung außer Betracht zu lassen. Das neue Diensteinkommen ist nicht deswegen als geringer anzusehen, weil die Gelegenheit zur Verwaltung von Nebenämtern nicht wiedergewährt wird oder weil die für Dienstunkosten besonders ausgesetzten Einnahmen mit diesen Unkosten selbst fortfallen.

Wartegeldempfänger sollen bei der Wiederbesetzung erledigter Stellen, für die sie sich eignen, vorzugsweise berücksichtigt werden.

§ 13.

Die einstweilen in den Ruhestand versetzten Hofbeamten haben sich bei Verlust des Wartegeldes nach Anordnung des Finanzministers auch der zeitweiligen Wahrnehmung solcher Ämter im unmittelbaren Staatsdienste zu unterziehen, die ihren Fähigkeiten und bisherigen Verhältnissen entsprechen. Während der Dauer dieser Beschäftigung erhalten sie den vollen Betrag ihres ruhegehaltsfähigen Diensteinkommens. Erfolgt die Beschäftigung außerhalb ihres Wohnorts, so erhalten sie, wenn sie vorher planmäßig angestellt waren, eine Vergütung nach § 12 des Gesetzes, betreffend die Reisekosten der Staatsbeamten, vom 3. Januar 1923 (GS. S. 3), wenn dies nicht der Fall war, nach § 12 Abs. 2 daselbst und die gesetzlichen Fahrkosten, beides nach den Sätzen, die ihnen zustehen würden, wenn sie sich noch in dem zuletzt von ihnen bekleideten Amte befänden.

§ 14.

Die einstweilen in den Ruhestand versetzten Hofbeamten sind bei Verlust des Wartegeldes auch zur Annahme oder zeitweiligen Wahrnehmung eines Amtes im Reichsdienst unter denselben Voraussetzungen verpflichtet, unter denen sie ein Amt im unmittelbaren Staatsdienste nach § 12 übernehmen oder nach § 13 zeitweilig wahrnehmen müssen. Zur zeitweiligen Wahrnehmung eines solchen Amtes sind sie jedoch nur dann verpflichtet, wenn ihnen die im § 13 Satz 2 und 3 genannten Bezüge gewährleistet werden.

Durch Beschluß der Preußischen Regierung kann für bestimmte Hofbeamtengruppen angeordnet werden, daß die Vorschrift im Abs. 1 auch für den Dienst in einem preußischen Kommunalverbande gilt.

§ 15.

Das Recht auf den Bezug des Wartegeldes hört auf:

1. wenn der Hofbeamte mit einem dem früher von ihm bezogenen Diensteinkommen mindestens gleichen Diensteinkommen (§ 12 Abs. 2) in einem Amte wieder angestellt wird, zu dessen Übernahme er nach § 12 oder § 14 verpflichtet ist, oder wenn der Hofbeamte ohne Genehmigung des Finanzministers im Dienste des vormaligen Königlichen Hauses oder eines seiner Mitglieder beschäftigt wird;
2. wenn der Hofbeamte die preußische Staatsangehörigkeit verliert;
3. wenn der Hofbeamte ohne Genehmigung der Preußischen Regierung (Staatsministerium) seinen Wohnsitz außerhalb des Deutschen Reiches nimmt;
4. wenn der Hofbeamte aus dem Staatsdienst ausscheidet;
5. wenn der Hofbeamte gemäß §§ 12, 13 oder 14 durch den Finanzminister des Wartegeldes für verlustig erklärt wird.

§ 16.

Das Recht auf den Bezug des Wartegeldes ruht, wenn und solange der einstweilen in den Ruhestand versetzte Hofbeamte infolge einer Wiederanstellung im Reichs- oder Staatsdienst im Sinne des § 27 Abs. 2 des Zivilruhegehaltsgesetzes ein Diensteinkommen bezieht insoweit, als der Betrag des neuen Einkommens unter Hinzurechnung des Wartegeldes den Betrag des von dem Beamten vor der einstweiligen Versetzung in den Ruhestand bezogenen Diensteinkommens übersteigt. Hinsichtlich der Berechnung des früheren und des neuen Einkommens findet § 27 Abs. 3 des Zivilruhegehaltsgesetzes entsprechende Anwendung.

Das Recht auf den Bezug des Wartegeldes ruht ferner, wenn und solange der einstweilen in den Ruhestand versetzte Hofbeamte im Dienste des vormaligen Königlichen Hauses oder eines seiner Mitglieder beschäftigt wird.

§ 17.

Die Einziehung, Kürzung oder Wiedergewährung des Wartegeldes auf Grund der Bestimmungen in den §§ 15 und 16 tritt, sofern die Veranlassung dazu nicht in einer Wiederanstellung oder Wiederbeschäftigung des Hofbeamten liegt, zu deren Übernahme er verpflichtet ist, erst mit dem Beginne desjenigen Monats ein, der auf das eine solche Veränderung nach sich ziehende Ereignis folgt.

Wird der Hofbeamte im Reichs- oder Staatsdienst gegen Tagegelder oder eine anderweite Entschädigung vorübergehend beschäftigt ohne zur Übernahme dieser Beschäftigung verpflichtet zu sein, so wird das Wartegeld für die ersten sechs Monate unverkürzt, dagegen vom siebenten Monat ab nur zu dem sich aus § 16 ergebenden Betrage gewährt. Wird der Hofbeamte im Dienste des vormaligen Königlichen Hauses oder eines seiner Mitglieder beschäftigt, so tritt die Einziehung, Kürzung oder Wiedergewährung des Wartegeldes mit dem Beginn desjenigen Monats ein, der auf das eine solche Veränderung nach sich ziehende Ereignis folgt.

§ 18.

Das Staatsministerium ist ermächtigt, in besonders gearteten Fällen bei Bewilligungen auf Grund dieser Verordnung über die in ihr vorgesehenen Sätze hinauszugehen.

§ 19.

Mit der Gewährung einer Versorgung nach Maßgabe dieser Verordnung erlöschen die den Hofbeamten und ihren Hinterbliebenen gegenüber dem vormaligen Königlichen Hause oder einem seiner Mitglieder zustehenden Gehalts- und Versorgungsansprüche, soweit sie nicht vorher fällig geworden sind.

§ 20.

Die Zahlungen auf Grund dieser Verordnung sind aus der Staatskasse zu leisten. Die Verrechnung zwischen der Staatskasse und der bisherigen Kronkasse bleibt der endgültigen Auseinandersetzung vorbehalten.

§ 21.

Diese Verordnung tritt mit ihrer Verkündung in Kraft.

Berlin, den 10. März 1919.

Die Preußische Regierung.

Hirsch. Braun. Eugen Ernst. Fischbeck. Haenisch.
Südekum. Heine. Reinhardt.

III. Gesetz,

betreffend die Pensionierung der unmittelbaren Staatsbeamten, sowie der Lehrer und Beamten an den höheren Unterrichts-anstalten mit Ausschluß der Universitäten.

Vom 27. März 1872 (GS. S. 268)

unter Berücksichtigung der Abänderungen in den Gesetzen

vom 31. März 1882 (GS. S. 133), 30. April 1884 (GS. S. 126), 20. März 1890 (GS. S. 43), 25. April 1896 (GS. S. 87), 31. März 1905 (GS. S. 177) und 27. Mai 1907 (GS. S. 95).

In der Fassung des Beamten-Diensteinkommensgesetzes vom 17. Dezember 1920 (GS. 1921 S. 135) und der zu diesem Gesetz ergangenen Novelle vom 21. November 1922 (GS. S. 431).

Wir Wilhelm, von Gottes Gnaden König von Preußen usw., verordnen, mit Zustimmung beider Häuser des Landtags Unserer Monarchie, was folgt:

§ 1.

Jeder unmittelbare Staatsbeamte, welcher sein Diensteinkommen aus der Staatskasse bezieht, erhält aus derselben eine lebenslängliche Pension, wenn er nach einer Dienstzeit von wenigstens 10 Jahren infolge eines körperlichen Gebrechens oder wegen Schwäche seiner körperlichen oder geistigen Kräfte zu der Erfüllung seiner Amtspflichten dauernd unfähig ist, und deshalb in den Ruhestand versetzt wird.

Ist die Dienstunfähigkeit die Folge einer Krankheit, Verwundung oder sonstigen Beschädigung, welche der Beamte bei Ausübung des Dienstes oder aus Veranlassung desselben ohne eigene Verschuldung sich zugezogen hat, so tritt die Pensionsberechtigung auch bei kürzerer als zehnjähriger Dienstzeit ein.

Bei Staatsministern, welche aus dem Staatsdienste ausscheiden, ist eingetretene Dienstunfähigkeit nicht Vorbedingung des Anspruchs auf Pension. Diese Bestimmung findet gleichfalls Anwendung auf diejenigen Beamten, welche das fünfundsechzigste Lebensjahr vollendet haben.

§ 2.

Die unter dem Vorbehalte des Widerrufs oder der Kündigung angestellten Beamten haben einen Anspruch auf Pension nach Maßgabe dieses Gesetzes nur dann, wenn sie eine in den Besoldungsetats aufgeführte Stelle bekleiden.

Es kann ihnen jedoch, wenn sie eine solche Stelle nicht bekleiden, bei ihrer Versetzung in den Ruhestand eine Pension bis auf Höhe der durch dieses Gesetz bestimmten Sätze bewilligt werden.

§ 3.

Die bei den Auseinandersetzungsbehörden beschäftigten Ökonomiekommissarien und Feldmesser, sowie die bei Landesmeliorationen beschäftigten Wiesenbautechniker und Wiesenbaumeister haben nur insoweit einen Anspruch auf Pension, als ihnen ein solcher durch den Departementschef besonders beigelegt worden ist.

Wie vielen dieser Beamten und nach welchen Diensteinkommensätzen die Pensionsberechtigung beigelegt werden darf, wird durch den Staatshaushaltsetat bestimmt. Für jetzt bewendet es bei den hierüber durch Königliche Erlasse gegebenen Vorschriften.

§ 4.

Das gegenwärtige Gesetz findet auch auf die Beamten der Landjägerei Anwendung.

§ 5.

Beamte, deren Zeit und Kräfte durch die ihnen übertragenen Geschäfte nur nebenbei in Anspruch genommen, oder welche ausdrücklich nur auf eine bestimmte Zeit oder für ein seiner Natur nach vorübergehendes Geschäft angenommen werden, erwerben keinen Anspruch auf Pension nach den Bestimmungen dieses Gesetzes.

Darüber, ob eine Dienststellung eine solche ist, daß sie die Zeit und Kräfte eines Beamten nur nebenbei in Anspruch nimmt, entscheidet mit Ausschluß des Rechtsweges die dem Beamten vorgesetzte Dienstbehörde.

§ 6.

Auf die Lehrer an den wissenschaftlichen Hochschulen ist dies Gesetz nicht anwendbar.

Dagegen sind die Bestimmungen desselben anzuwenden auf alle Lehrer und Beamten an Gymnasien, Progymnasien, Realschulen, Schullehrerseminarien, Taubstummen- und Blindenanstalten, Kunst- und höheren Bürgerschulen [1]). Wegen Aufbringung der Pension für die Lehrer und Beamten an denjenigen vorbezeichneten Schulen, welche nicht vom Staate allein zu unterhalten sind, bleiben die bestehenden Vorschriften, insbesondere die §§ 4 bis 9 und 16 bis 18 der Verordnung vom 28. Mai 1846 (GS. S. 214), mit der aus dem Wegfall der Pensionsbeiträge der unmittelbaren Staatsbeamten sich ergebenden Maßgabe in Kraft. Desgleichen finden die Vorschriften des § 13 der Verordnung auf die zur Zeit des Inkrafttretens des gegenwärtigen Gesetzes [2]) an den vom Staate allein zu unterhaltenden Unterrichtsanstalten angestellten Lehrer und Beamten auch ferner Anwendung. Im übrigen treten die Bestimmungen der Verordnung mit der Maßgabe außer Kraft, daß Zusicherungen einer Anrechnung von Dienstzeiten, soweit sie für die Betreffenden günstiger sind, in Geltung bleiben.

§ 7.

Wird außer dem im zweiten Abs. des § 1 bezeichneten Falle ein Beamter vor Vollendung des zehnten Dienstjahres dienstunfähig und deshalb

---

[1]) Für die Lehrer und Beamten dieser Anstalten, welche nicht vom Staate allein zu unterhalten sind, gelten die im Anhang unter Nr. 2 abgedruckten besonderen Vorschriften.

[2]) D. i. Gesetz vom 25. April 1896.

in den Ruhestand versetzt, so kann demselben bei vorhandener Bedürftigkeit mit Königlicher Genehmigung eine Pension entweder auf bestimmte Zeit oder lebenslänglich bewilligt werden.

§ 8.

Die Pension beträgt, wenn die Versetzung in den Ruhestand nach vollendetem zehnten, jedoch vor vollendetem elften Dienstjahre, eintritt, $^{20}/_{60}$ und steigt mit jedem weiter zurückgelegten Dienstjahre bis zum vollendeten dreißigsten Dienstjahre um $^{1}/_{60}$ und von da ab um $^{1}/_{120}$ des in den §§ 10 bis 12 bestimmten Diensteinkommens.

Über den Betrag von $^{45}/_{60}$ dieses Einkommens hinaus findet eine Steigerung nicht statt.

In dem im § 1 Abs. 2 erwähnten Falle beträgt die Pension $^{20}/_{60}$, in dem Falle des § 7 höchstens $^{20}/_{60}$ des vorbezeichneten Diensteinkommens.

§ 9.

Der Monatsbetrag des Ruhegehalts ist auf volle Mark nach oben abzurunden.

§ 10.

Der Berechnung des Ruhegehalts wird das auf Grund des Beamten-Diensteinkommensgesetzes zuletzt bezogene Diensteinkommen (Grundgehalt oder Grundvergütung und Ortszuschlag) zugrunde gelegt. Dabei wird der Ortszuschlag mit dem in Anlage 2 des Beamten-Diensteinkommensgesetzes vermerkten — auch bei den verheirateten Beamtinnen, den nichtplanmäßigen Beamten, sowie den im § 14 Abs. 2 genannten Beamten nicht gekürzten — Durchschnittssatz angerechnet. Dieser Satz gilt als ruhegehaltsfähiger Durchschnittssatz auch für diejenigen Beamten, denen eine Dienstwohnung gewährt war. Bei den im § 4 Abs. 3 genannten Beamten wird der Ortszuschlagdurchschnitt in demselben Verhältnis gekürzt, wie der Ortszuschlag. Anrechnungsbeträge auf Grund der §§ 10 und 16 des bezeichneten Gesetzes werden dem tatsächlich bezogenen Diensteinkommen hinzugerechnet.

Ruhegehaltsfähig sind ferner die in der Besoldungsordnung oder im Staatshaushaltsplan ausdrücklich als ruhegehaltsfähig bezeichneten Beträge und Nebenbezüge, sowie die mit Nebenämtern oder Nebengeschäften verbundenen Vergütungen, wenn eine planmäßige Stelle als Nebenamt bleibend verliehen war. Andere Beträge und Nebenbezüge, insbesondere auch Dienstaufwandsentschädigungen, die Kinderbeihilfen und der Ausgleichszuschlag (§ 18 des Beamten-Diensteinkommensgesetzes) sind nicht ruhegehaltsfähig.

Dienstbezüge, die ihrer Natur nach steigend und fallend sind, werden nach dem festgesetzten und in Ermangelung einer besonderen Festsetzung nach dem Durchschnitt der letzten drei Rechnungsjahre vor der Zurruhesetzung angerechnet.

§ 11.

Ein Beamter, welcher früher ein mit einem höheren Diensteinkommen verbundenes Amt bekleidet und dieses Einkommen wenigstens ein Jahr lang bezogen hat, erhält, sofern der Eintritt oder die Versetzung in ein Amt von geringerem Diensteinkommen nicht lediglich auf seinen im eigenen Interesse gestellten Antrag erfolgt oder als Strafe auf Grund des § 16 des Gesetzes, betreffend die Dienstvergehen der nicht richterlichen Beamten usw., vom 21. Juli 1852 (GS. S. 465), oder des § 1 des Gesetzes, betreffend einige Abänderungen des Gesetzes über die Dienstvergehen der Richter vom 7. Mai 1851 usw., vom 26. März 1856 (GS. S. 201), gegen ihn verhängt ist, bei seiner Versetzung in den Ruhestand eine nach Maßgabe des früheren höheren Diensteinkommens unter Berücksichtigung der gesamten Dienstzeit berechnete Pension; jedoch soll die gesamte Pension das letzte pensionsberechtigte Diensteinkommen nicht übersteigen.

§ 12 (weggefallen).

§ 13.

Die Dienstzeit wird vom Tage der Ableistung des Diensteides gerechnet. Kann jedoch ein Beamter nachweisen, daß seine Vereidigung erst nach dem Zeitpunkte seines Eintritts in den Staatsdienst stattgefunden hat, so wird die Dienstzeit von diesem Zeitpunkt an gerechnet.

§ 14.

Bei Berechnung der Dienstzeit kommt auch die Zeit in Anrechnung, während welcher ein Beamter:

1. unter Bezug von Wartegeld im einstweiligen Ruhestande nach Maßgabe der Vorschriften [1]) des Gesetzes vom 21. Juli 1852 § 87 Nr. 2 (GS. S. 465), der Erlasse vom 14. Juni 1848 (GS. S. 153) und 24. Oktober 1848 (GS. S. 338) und der Verordnung vom 23. September 1867 § 1 Nr. 4 (GS. S. 1619), oder
2. im Dienste des Norddeutschen Bundes oder des Deutschen Reiches sich befunden hat, oder
3. als anstellungsberechtigte ehemalige Militärperson nur vorläufig oder auf Probe im Zivildienste des Staates, des Norddeutschen Bundes oder des Deutschen Reichs beschäftigt worden ist, oder
4. eine praktische Beschäftigung außerhalb des Staatsdienstes ausübte, insofern und insoweit diese Beschäftigung vor Erlangung der Anstellung in einem unmittelbaren Staatsamte behufs der technischen Ausbildung in den Prüfungsvorschriften ausdrücklich angeordnet ist, oder
5. als Lehrer (§ 6 Abs. 2) der vorgeschriebenen praktischen Ausbildung sich unterzogen hat. Dabei wird ein vorschriftsmäßig zurückgelegtes Ausbildungsjahr stets zu 12 vollen Monaten gerechnet.

§ 15.

Der Zivildienstzeit wird die Zeit des aktiven Militärdienstes hinzugerechnet.

§ 16.

Die Dienstzeit, welche vor dem Beginn des achtzehnten Lebensjahres liegt, bleibt außer Berechnung.

Nur im Kriegsfalle wird die Militärdienstzeit vom Beginne des Krieges, beim Eintritt in den Militärdienst während des Krieges vom Tage des Eintritts ab gerechnet.

Als Kriegszeit gilt in dieser Beziehung die Zeit vom Tage einer angeordneten Mobilmachung, auf welche ein Krieg folgt, bis zum Tage der Demobilmachung.

§ 17.

Für jeden Krieg, an welchem ein Beamter im preußischen oder im Reichsheer oder in der preußischen oder Kaiserlichen Marine oder bei den

[1]) Jetzt nach Maßgabe der Vorschriften der Verordnung, betreffend die einstweilige Versetzung der unmittelbaren Staatsbeamten in den Ruhestand vom 26. Februar 1919 (GS. S. 33).

Kaiserlichen Schutztruppen teilgenommen hat, wird demselben zu der wirklichen Dauer der Dienstzeit ein Jahr zugerechnet; jedoch ist für mehrere in ein Kalenderjahr fallende Kriege die Anrechnung nur eines Kriegsjahrs zulässig.

Wer als Teilnehmer an einem Krieg anzusehen ist, unter welchen Voraussetzungen bei Kriegen von längerer Dauer mehrere Kriegsjahre anzurechnen sind, welche militärische Unternehmung als ein Krieg im Sinne dieses Gesetzes anzusehen und welche Zeit als Kriegszeit zu rechnen ist, wenn keine Mobilmachung oder Demobilmachung stattgefunden hat, dafür ist die nach § 17 und § 7 der Reichsgesetze vom 31. Mai 1906 (Reichs-Gesetzbl. S. 565 und 593) in jedem Fall ergehende Bestimmung des Kaisers maßgebend.

Für die Vergangenheit bewendet es bei den hierüber durch Königliche oder Kaiserliche Erlasse gegebenen Bestimmungen.

§ 18.

Die Zeit

a) eines Festungarrestes von einjähriger und längerer Dauer, sowie

b) der Kriegsgefangenschaft

kann nur unter besonderen Umständen mit Königlicher Genehmigung angerechnet werden.

§ 19.

Mit Königlicher Genehmigung kann zukünftig nach Maßgabe der Bestimmungen in den §§ 13 bis 18 angerechnet werden:

1. die Zeit, während welcher ein Beamter
   a) sei es im In- oder Auslande als Sachwalter oder Notar fungiert, im Gemeinde-, Kirchen- oder Schuldienste, im ständischen Dienste, oder im Dienste einer landesherrlichen Haus- oder Hofverwaltung sich befunden, oder
   b) im Dienste eines fremden Staates gestanden hat;
2. die Zeit praktischer Beschäftigung außerhalb des Staatsdienstes, insofern und insoweit diese Beschäftigung vor Erlangung der Anstellung in einem unmittelbaren Staatsamte herkömmlich war;
3. die Zeit, während welcher ein Beamter vor seiner Anstellung ununterbrochen im privatrechtlichen Vertragsverhältnis eines Dienstverpflichteten dem Staate gegen unmittelbare Bezahlung aus der Staatskasse Dienste geleistet hat, insofern er mit Aussicht auf dauernde Verwendung ständig und hauptsächlich mit den Dienstverrichtungen eines Beamten betraut gewesen ist und diese Beschäftigung zu seiner Anstellung geführt hat.

Die Anrechnung der unter 1 erwähnten Beschäftigung muß erfolgen bei denjenigen Beamten, welche mit den im Jahre 1866 erworbenen Landesteilen in den unmittelbaren Staatsdienst übernommen worden sind, sofern dieselben auf diese Anrechnung nach den bis dahin für sie maßgebenden Pensionsvorschriften einen Rechtsanspruch hatten.

§ 19 a.

Bei der Berechnung der Dienstzeit eines in den Ruhestand zu versetzenden Lehrers an einer im § 6 Abs. 2 bezeichneten Unterrichtsanstalt oder einer staatlichen Präparandenanstalt muß mit der in dem § 29 a bestimmten Maßgabe die gesamte Zeit angerechnet werden, während welcher der Lehrer innerhalb Preußens oder eines von Preußen erworbenen Landesteils im öffentlichen Schuldienst gestanden hat.

Den in Ruhestand tretenden Schulaufsichtsbeamten im Hauptamte ist nach Maßgabe dieses Gesetzes die gesamte Zeit als Dienstzeit anzurechnen, während welcher sie innerhalb Preußens oder eines von Preußen erworbenen Landesteils im öffentlichen Schuldienste oder im Dienste als Pfarrer einer evangelischen Landeskirche oder der katholischen Kirche gestanden haben.

§ 20.

Zum Erweise der Dienstunfähigkeit eines seine Versetzung in den Ruhestand nachsuchenden Beamten ist die Erklärung der demselben unmittelbar vorgesetzten Dienstbehörde erforderlich, daß sie nach pflichtmäßigem Ermessen den Beamten für unfähig halte, seine Amtspflichten ferner zu erfüllen.

Inwieweit noch andere Beweismittel zu erfordern, oder der Erklärung der unmittelbar vorgesetzten Behörde entgegen für ausreichend zu erachten sind, hängt von dem Ermessen der über die Versetzung in den Ruhestand entscheidenden Behörde ab.

§ 21.

Die Bestimmung darüber, ob und zu welchem Zeitpunkte dem Antrage eines Beamten auf Versetzung in den Ruhestand stattzugeben ist, erfolgt durch den Departementschef.

Bei denjenigen Beamten, welche durch den König zu ihren Ämtern ernannt worden sind, ist die Genehmigung des Königs zur Versetzung in den Ruhestand erforderlich.

Für die Beamten derjenigen Kategorien, deren Anstellung durch eine dem Departementschef nachgeordnete Behörde erfolgt, kann der Departementschef letzterer oder der ihr vorgesetzten Behörde die Bestimmung über den Antrag auf Versetzung in den Ruhestand übertragen.

§ 22.

Die Entscheidung darüber, ob und welche Pension einem Beamten bei seiner Versetzung in den Ruhestand zusteht, erfolgt durch den Departementschef in Gemeinschaft mit dem Finanzminister.

Dieselben können die Befugnis zu dieser Entscheidung derjenigen dem Departementschef nachgeordneten Behörde übertragen, welcher die Bestimmung über die Versetzung des Beamten in den Ruhestand zusteht (§ 21 Abs. 3).

§ 23.

Die Beschreitung des Rechtsweges gegen die Entscheidung darüber, ob und welche Pension einem Beamten bei seiner Versetzung in den Ruhestand zu gewähren ist, steht dem Beamten offen, doch muß die Entscheidung des Departementschefs und des Finanzministers der Klage vorhergehen, und letztere sodann bei Verlust des Klagerechts innerhalb sechs Monaten, nachdem dem Beamten diese Entscheidung bekannt gemacht ist, erhoben werden. Der Verlust des Klagerechts tritt auch dann ein, wenn nicht von dem Beamten, über dessen Anspruch auf Pension die dem Departementschef nachgeordnete Behörde Entscheidung getroffen hat (§ 22 Abs. 2), gegen diese Entscheidung binnen gleicher Frist die Beschwerde an den Departementschef und den Finanzminister erhoben ist.

§ 24.

Die Versetzung in den Ruhestand tritt, sofern nicht auf den Antrag oder mit ausdrücklicher Zustimmung des Beamten ein früherer Zeitpunkt festgesetzt wird, mit dem Ablauf des Vierteljahres ein, welches auf den Monat folgt, in welchem dem Beamten die Entscheidung über seine Versetzung in den Ruhestand und die Höhe der ihm etwa zustehenden Pension (§ 22) bekannt gemacht worden ist.

§ 25.

Die Pensionen werden für jedes Kalendervierteljahr im voraus in einer Summe gezahlt.

§ 26.

Das Recht auf den Bezug der Pension kann weder abgetreten noch verpfändet werden.

In Ansehung der Beschlagnahme der Pensionen bleiben die bestehenden Bestimmungen in Kraft.

§ 27.

Das Recht auf den Bezug der Pension ruht:

1. wenn ein Pensionär das Deutsche Indigenat verliert, bis zu etwaiger Wiedererlangung desselben;
2. wenn und so lange ein Pensionär im Reichs- oder Staatsdienste ein Diensteinkommen bezieht, insoweit als der Betrag dieses neuen Diensteinkommens unter Hinzurechnung der Pension den Betrag des von dem Beamten vor der Pensionierung bezogenen Diensteinkommens übersteigt.

Als Reichs- oder Staatsdienst im Sinne dieser Vorschrift gilt außer dem Militär- und Gendarmeriedienste jede Anstellung oder Beschäftigung als Beamter oder in der Eigenschaft eines Beamten im Dienste des Deutschen Reichs, eines Bundesstaats, eines deutschen Kommunalverbandes, der Versicherungsanstalten für die Invalidenversicherung und ständischer oder solcher Institute, welche ganz oder zum Teil aus Mitteln des Reichs, eines Bundesstaats oder eines deutschen Kommunalverbandes unterhalten werden.

Bei Berechnung des früheren und des neuen Diensteinkommens sind diejenigen Beträge, welche für die Bestreitung von Repräsentations- oder Dienstaufwandskosten sowie zur Entschädigung für außergewöhnliche Teuerungsverhältnisse gewährt werden, und die Ortszulagen der Auslandsbeamten nicht in Ansatz zu bringen; die Dienstwohnung ist mit dem pensionsfähigen oder sonst hierfür festgesetzten Werte, der Wohnungsgeldzuschuß oder eine dementsprechende Zulage mit dem pensionsfähigen Betrage oder, sofern er nicht pensionsfähig ist, mit dem Durchschnittssatz anzurechnen. Ist jedoch bei dem neuen Diensteinkommen der wirkliche Betrag des Wohnungsgeldzuschusses oder der Zulage geringer, so ist nur dieser anzurechnen.

§ 28.

Ein Pensionär, welcher in eine an sich zur Pension berechtigende Stellung des unmittelbaren Staatsdienstes wieder eingetreten ist (§ 27 Nr. 2), erwirbt für den Fall des Zurücktretens in den Ruhestand den Anspruch auf Gewährung einer nach Maßgabe seiner nunmehrigen verlängerten Dienstzeit und des in der neuen Stellung bezogenen Diensteinkommens berechneten Pension nur dann, wenn die neu hinzutretende Dienstzeit wenigstens ein Jahr betragen hat.

Neben einer hiernach neu berechneten Pension ist die alte Pension nur bis zur Erreichung desjenigen Pensionsbetrages zu zahlen, welcher sich für die Gesamtdienstzeit aus dem der Festsetzung der alten Pension zugrunde gelegten Diensteinkommen ergibt.

Dasselbe gilt, wenn ein Pensionär außerhalb des unmittelbaren preußischen Staatsdienstes im Reichs- oder Staatsdienst im Sinne der Vorschrift im § 27 Abs. 2 eine Pension erdient.

§ 29.

Die Einziehung, Kürzung oder Wiedergewährung der Pension auf Grund der Bestimmungen in den §§ 27 und 28 tritt mit dem Beginn desjenigen Monats ein, welcher auf das, eine solche Veränderung nach sich ziehende Ereignis folgt.

Im Falle vorübergehender Beschäftigung im Reichs- oder im Staatsdienste gegen Tagegelder oder eine anderweite Entschädigung wird die Pension für die ersten sechs Monate dieser Beschäftigung unverkürzt, dagegen vom siebenten Monate ab nur zu dem nach den vorstehenden Bestimmungen zulässigen Betrage gewährt.

§ 29 a.

Die in dem § 27 Nr. 2 sowie in den §§ 28 und 29 für den Fall des Wiedereintritts eines Pensionärs in den Reichs- oder Staatsdienst getroffenen Vorschriften finden auf diejenigen unter die Vorschriften des § 6 fallenden pensionierten Lehrer und Beamten, deren Pension nicht aus der Staatskasse zu zahlen ist, nur dann sinngemäße Anwendung, wenn sie im Dienste der zur Aufbringung ihrer Pension ganz oder teilweise verpflichteten Gemeinde oder Stiftung oder des betreffenden Kommunalverbandes wieder angestellt oder beschäftigt werden.

Ist ein unter die Vorschriften des § 6 fallender Pensionär, dessen Pension nicht aus der Staatskasse zu zahlen ist, in ein zur Pension berechtigendes Amt des unmittelbaren Staatsdienstes oder an einer der im § 6 Abs. 2 bezeichneten Unterrichtsanstalten, deren Unterhaltung anderen, als den zur Aufbringung seiner Pension Verpflichteten obliegt, wieder eingetreten, so bleibt für den Fall des Zurücktretens in den Ruhestand bei der Entscheidung über eine ihm zu gewährende neue Pension die Dienstzeit vor seiner früheren Versetzung in den Ruhestand außer Anrechnung.

Diese Bestimmung findet auf diejenigen Pensionäre, deren Pension aus der Staatskasse zu zahlen ist, alsdann gleichfalls Anwendung, wenn sie in ein zu Pension berechtigendes Amt an einer der im § 6 Abs. 2 bezeichneten Unterrichtsanstalten, welche nicht vom Staate allein zu unterhalten sind, wieder eingetreten sind.

§ 30.

Sucht ein nicht richterlicher Beamter, welcher das fünfundsechzigste Lebensjahr vollendet hat, seine Versetzung in den Ruhestand nicht nach, so kann diese nach Anhörung des Beamten unter Beobachtung der Vorschriften der §§ 20 ff. dieses Gesetzes in der nämlichen Weise verfügt werden, wie wenn der Beamte seine Pensionierung selbst beantragt hätte.

Im übrigen behält es in Ansehung der unfreiwilligen Versetzung in den Ruhestand und des dabei stattfindenden Verfahrens bei den Bestimmungen in den §§ 56 bis 64 des Gesetzes, betreffend die Dienstvergehen der Richter und die unfreiwillige Versetzung derselben auf eine andere Stelle oder in den Ruhestand, vom 7. Mai 1851 (GS. S. 218) und in den §§ 88 bis 93 des Gesetzes, betreffend die Dienstvergehen der nichtrichterlichen Beamten, die Versetzung derselben auf eine andere Stelle oder in den Ruhestand, vom 21. Juli 1852 (GS. S. 465) sein Bewenden.

Wird hiernach gemäß § 90 des letzterwähnten Gesetzes von dem Rechtsmittel des Rekurses an das Staatsministerium Gebrauch gemacht, so läuft die sechsmonatliche Frist zur Anstellung der Klage wegen unrichtiger Festsetzung des Pensionsbetrages (§ 2 des Gesetzes, betreffend die Erweiterung des Rechtsweges, vom 24. Mai 1861 (GS. S. 241) erst von dem Tage an, an welchem dem Beamten die Entscheidung des Staatsministeriums bekannt gemacht ist.

Die Bestimmungen der §§ 88 bis 93 des Gesetzes vom 21. Juli 1852 (GS. S. 465) finden auch auf die Lehrer und Beamten derjenigen im § 6 Abs. 2 genannten Anstalten Anwendung, welche nicht vom Staate allein zu unterhalten sind.

§ 31.

Hinterläßt ein Pensionär eine Witwe oder eheliche oder legitimierte Nachkommen, so wird die Pension noch für die auf den Sterbemonat folgenden drei Monate (Gnadenvierteljahr) unter Anrechnung des vor dem Tode des Pensionärs fällig gewordenen Betrages gezahlt. Die Zahlung erfolgt im voraus in einer Summe.

An wen die Zahlung erfolgt, bestimmt die Provinzialbehörde, auf deren Etat die Pension übernommen war.

Die Zahlung kann auf Verfügung dieser Behörde auch dann stattfinden, wenn der Verstorbene Verwandte der aufsteigenden Linie, Geschwister, Geschwisterkinder oder Pflegekinder, deren Ernährer er ganz oder überwiegend gewesen ist, in Bedürftigkeit hinterläßt, oder wenn und soweit der Nachlaß nicht ausreicht, um die Kosten der letzten Krankheit und der Beerdigung zu decken.

§ 32.

Ist die nach Maßgabe dieses Gesetzes bemessene Pension geringer als die Pension, welche dem Beamten hätte gewährt werden müssen, wenn er am 31. März 1872 [1]) nach den bis dahin für ihn geltenden Bestimmungen pensioniert worden wäre, so wird diese letztere Pension an Stelle der ersteren bewilligt.

§ 33.

Den infolge der Aufhebung der Patrimonialgerichtsbarkeit aus dem Privatgerichtsdienst in den unmittelbaren Staatsdienst übernommenen oder bereits vor dieser Aufhebung in den unmittelbaren Staatsdienst übergegangenen Beamten wird die Zeit des Privatgerichtsdienstes nach Maßgabe der Bestimmungen des gegenwärtigen Gesetzes angerechnet.

Den vormals Schleswig-Holsteinischen Beamten wird die Zeit, welche sie als beeidigte Sekretäre oder Volontäre bei den Oberbeamten zugebracht haben, bei Feststellung ihrer Dienstzeit mit angerechnet.

§ 34.

Die Zeit, während welcher ein Beamter in den neu erworbenen Landesteilen oder ein mit einem solchen Landesteile übernommener Beamter auch

---

[1]) Die Novelle vom 31. März 1882 bestimmt dasselbe (in Art. II) mit Termin vom 31. März 1882, desgl. die Novelle vom 25. April 1896 (in Art. VII) mit Termin vom 1. April 1896.

Bezüglich der Novelle vom 27. Mai 1907 vgl. Anhang unter Nr. 1 Abs. 4.

in einem anderen Teile des Landes, welchem seine Heimat vor der Vereinigung mit Preußen angehört hat, im unmittelbaren Dienste der damaligen Landesherrschaft gestanden hat, wird in allen Fällen bei der Pensionierung nach Maßgabe des gegenwärtigen Gesetzes in Anrechnung gebracht.

§ 35.

Hinsichtlich der Hohenzollernschen, in den preußischen Staatsdienst übernommenen Beamten bleiben die Bestimmungen unter Nr. 2 und 3 des Erlasses vom 26. August 1854 (GS. 1855 S. 33) in Kraft.

§ 36.

Zusicherungen, welche in bezug auf dereinstige Bewilligung von Pensionen an einzelne Beamte oder Kategorien von Beamten durch den König oder einen Minister gemacht worden sind, bleiben in Kraft.

Doch finden auf Beamte, hinsichtlich deren durch Staatsverträge die Bewilligung von Pensionen nach den Grundsätzen fremdländischer Pensionsbestimmungen zugesichert worden ist, die Vorschriften des gegenwärtigen Gesetzes insoweit Anwendung, als sie für die Beamten günstiger sind.

§ 37.

Die im § 79 des Gesetzes, betreffend die Verfassung und Verwaltung der Städte und Flecken in der Provinz Schleswig-Holstein, vom 14. April 1869 (GS. S. 589) festgestellte Verpflichtung der Staatskasse zur anteiligen Übernahme der Pensionen städtischer Beamten wird durch das gegenwärtige Gesetz nicht berührt.

§ 38.

Das gegenwärtige Gesetz tritt mit dem 1. April 1872 in Kraft. Mit diesem Zeitpunkte treten, soweit nicht durch § 32 Ausnahmen bedingt werden, alle den Vorschriften dieses Gesetzes entgegenstehenden Bestimmungen, insbesondere das Pensionsreglement für die Zivil-Staatsdiener vom 30. April 1825 und die dasselbe ergänzenden, erläuternden und abändernden Bestimmungen außer Kraft. Wo in den bestehenden Gesetzen und Verordnungen auf dieselben Bezug genommen wird, kommen die Bestimmungen des gegenwärtigen Gesetzes zur Anwendung.

Urkundlich usw.

Anhang.

1. Artikel XI des Gesetzes vom 27. Mai 1907 (GS. S. 95) lautet:

Dieses Gesetz tritt mit Wirkung vom 1. April 1907 in Kraft.

Die auf gesetzlichem Anspruche beruhenden Pensionen der bereits zu oder vor diesem Zeitpunkt in den Ruhestand getretenen Beamten sind, sofern diese an einem der von deutschen Staaten vor 1871 oder von dem Deutschen Reiche geführten Kriege teilgenommen haben, auf Grund des Artikels II [1]) mit Wirkung vom 1. April 1907 anderweitig festzusetzen. Unter der gleichen Voraussetzung und in der gleichen Weise können die auf Grund des § 2 Abs. 2 oder des § 7 des Gesetzes vom 27. März 1872 bewilligten Pensionen erhöht werden.

Die Vorschriften des § 27 des Gesetzes vom 27. März 1872 in der Fassung des Artikels VIII finden auch auf die zu oder vor dem 1. April 1907 in den Ruhestand getretenen Beamten Anwendung; desgleichen die Vor-

---

[1]) Betrifft § 8.

schriften des § 28 jenes Gesetzes in der Fassung des Artikels IX, wenn die Beamten nach dem Inkrafttreten dieses Gesetzes aus den neuen Stellen ausscheiden.

Der auf Grund dieses Gesetzes den bereits pensionierten Beamten zu zahlende Pensionsbetrag darf nicht hinter demjenigen zurückbleiben, welcher ihnen nach den bisherigen Vorschriften zusteht.

Die Vorschriften des Artikels X [1]) finden auf die Hinterbliebenen aller Pensionäre Anwendung, deren Tod am 1. April 1907 oder später eintritt.

Die Vorschrift des Artikels VII [2]) gilt für alle nach dem Inkrafttreten dieses Gesetzes zahlbaren Pensionen.

2. Artikel IV des Gesetzes vom 25. April 1896 (GS. S. 87) lautet:

Auf die Lehrer und Beamten solcher im § 6 Abs. 2 des Gesetzes vom 27. März 1872 bezeichneten Unterrichtsanstalten, welche nicht vom Staate allein zu unterhalten sind, finden nachstehende besondere Vorschriften Anwendung:

§ 1.

Bei der Entscheidung über das Recht auf Pension und bei der Übertragung der Befugnis zu dieser Entscheidung an eine nachgeordnete Behörde (§§ 22 und 23 des Gesetzes vom 27. März 1872 und des Gesetzes vom 30. April 1884 — GS. S. 126 —) findet eine Mitwirkung des Finanzministers nicht statt.

Die Beschwerde über die Entscheidung und die Klage gegen dieselbe steht auch den zur Zahlung der Pension Verpflichteten innerhalb der für die Beamten (Lehrer) bestimmten Fristen offen. Die Klage ist von den Lehrern und Beamten gegen die zur Zahlung der Pension Verpflichteten, von letzteren gegen erstere zu erheben.

Bis zur endgültigen Erledigung der Beschwerde oder Klage gegen die getroffene Entscheidung über die zu gewährende Pension wird dieselbe nach Maßgabe dieser Entscheidung vorschußweise an den Bezugsberechtigten gezahlt.

§ 2.

Von dem in dem § 20 des Gesetzes vom 27. März 1872 vorgeschriebenen Nachweise der Dienstunfähigkeit kann im Einverständnisse mit dem Unterhaltungspflichtigen abgesehen werden.

§ 3.

Die Bewilligung einer Pension auf Grund des § 2 Abs. 2 und des § 7 des Gesetzes vom 27. März 1872 sowie die Anrechnung von Dienstzeiten, auf welche den Lehrern oder Beamten ein Rechtsanspruch nicht zusteht, erfolgt mit Zustimmung der zur Aufbringung der Pension Verpflichteten durch die für die Entscheidung über den Rechtsanspruch des Lehrers oder Beamten zuständige Behörde (§ 22 des Gesetzes vom 27. März 1872 und des Gesetzes vom 30. April 1884 — GS. S. 126 —).

§ 4.

Den Lehrern und Beamten steht ein Anspruch auf Anrechnung einer im Reichs- oder Staatsdienst zurückgelegten Zivildienstzeit, abgesehen von dem Falle des § 19 a, nicht zu. Dagegen ist denselben die gesamte Zeit anzurechnen, während welcher sie in einem Amte der zur Aufbringung ihrer Pension ganz oder teilweise verpflichteten Gemeinde oder Stiftung oder des betreffenden größeren Kommunalverbandes gestanden haben.

[1]) Betrifft § 31. [2]) Betrifft § 25.

IV. Gesetz,

betreffend die Fürsorge für die Witwen und Waisen der unmittelbaren Staatsbeamten.

Vom 20. Mai 1882 (GS. S. 298)

unter Berücksichtigung der Abänderungen in den Gesetzen

vom 1. Juni 1897 (GS. S. 169), 27. Mai 1907 (GS. S. 99) und 26. Mai 1909 (GS. S. 85).

In der Fassung des Beamten-Diensteinkommensgesetzes vom 17. Dezember 1920 (GS. 1921 S. 135) und der zu diesem Gesetz ergangenen Novellen.

Wir Wilhelm, von Gottes Gnaden König von Preußen usw., verordnen, mit Zustimmung beider Häuser des Landtags der Monarchie, was folgt:

§ 1.

Unmittelbare Staatsbeamte, welche Diensteinkommen oder Wartegeld aus der Staatskasse beziehen und welchen beim Eintritt der Voraussetzungen der Versetzung in den Ruhestand nach Erfüllung der erforderlichen Dienstzeit Pension aus der Staatskasse gebühren würde, sowie in den Ruhestand versetzte unmittelbare Staatsbeamte, welche kraft gesetzlichen Anspruchs oder auf Grund des § 7 des Pensionsgesetzes vom 27. März 1872 (GS. S. 268) lebenslängliche Pension aus der Staatskasse beziehen, sind verpflichtet, Witwen- und Waisengeldbeiträge zur Staatskasse zu entrichten [1]).

Diese Verpflichtung erstreckt sich nicht auf

1. Beamte, denen ein Pensionsanspruch nur auf Grund der Vorschrift in dem zweiten Absatze des § 3 der Verordnung vom 6. Mai 1867 (GS. S. 713) zusteht;
2. Beamte, welche nur nebenamtlich im Staatsdienst angestellt sind;
3. diejenigen Beamten, welche nur auf Grund des § 79 des Gesetzes, betreffend die Verfassung und Verwaltung der Städte und Flecken in der Provinz Schleswig-Holstein, vom 14. April 1869 (GS. S. 589) ein Einkommen aus der Staatskasse beziehen;

---

[1]) Vgl. Art. I des Gesetzes, betr. den Erlaß der Witwen- und Waisengeldbeiträge der unmittelbaren Staatsbeamten, vom 28. März 1888 (GS. S. 48).

Artikel I lautet:

Die Witwen- und Waisengeldbeiträge, welche auf Grund des Gesetzes, betreffend die Fürsorge für die Witwen und Waisen der unmittelbaren Staatsbeamten, vom 20. Mai 1882 (GS. S. 298) zu entrichten sind, werden, unbeschadet des an diese Verpflichtung geknüpften Anspruchs auf Witwen- und Waisengeld, vom 1. April 1888 ab nicht erhoben.

4. die mit Bewilligung von Wartegeld oder Pension aus einer der unter Ziff. 1 bis 3 bezeichneten Stellungen ausgeschiedenen, sowie diejenigen Beamten, welche nur auf Grund einer nach dem ersten Absatz des § 36 des Pensionsgesetzes vom 27. März 1872 in Kraft gebliebenen Zusicherung eine Pension aus der Staatskasse beziehen.

§§ 2–6[1]).

§ 7.

Die Witwe und die hinterbliebenen ehelichen oder legitimierten Kinder eines zur Zeit seines Todes zur Entrichtung von Witwen- und Waisengeldbeiträgen verpflichteten Beamten erhalten aus der Staatskasse Witwen- und Waisengeld nach Maßgabe der nachfolgenden Bestimmungen.

§ 8.

Das Witwengeld besteht in sechzig v. H. derjenigen Pension, zu welcher der Verstorbene berechtigt gewesen ist oder berechtigt gewesen sein würde, wenn er am Todestage in den Ruhestand versetzt wäre.

Das Witwengeld soll jedoch, vorbehaltlich der im § 10 verordneten Beschränkung mindestens dreitausend Mark und höchstens fünfundzwanzigtausend Mark monatlich betragen.

Der Monatsbetrag des Witwengeldes ist auf volle Mark nach oben abzurunden.

§ 9.

Das Waisengeld beträgt:

1. für Kinder, deren Mutter lebt und zur Zeit des Todes des Beamten zum Bezuge von Witwengeld berechtigt war, ein Fünftel des Witwengeldes für jedes Kind;
2. für Kinder, deren Mutter nicht mehr lebt oder zur Zeit des Todes des Beamten zum Bezuge von Witwengeld nicht berechtigt war, ein Drittel des Witwengeldes für jedes Kind.

Der Monatsbetrag des Waisengeldes ist auf volle Mark nach oben abzurunden.

§ 10.

Witwen- und Waisengeld dürfen weder einzeln noch zusammen den Betrag der Pension übersteigen, zu welcher der Verstorbene berechtigt gewesen ist oder berechtigt gewesen sein würde, wenn er am Todestage in den Ruhestand versetzt wäre.

Bei Anwendung dieser Beschränkung werden das Witwen- und das Waisengeld verhältnismäßig gekürzt.

§ 11.

Bei dem Ausscheiden eines Witwen- und Waisengeldberechtigten erhöht sich das Witwen- oder Waisengeld der verbleibenden Berechtigten von dem nächstfolgenden Monat an insoweit, als sie sich noch nicht im vollen Genuß der ihnen nach den §§ 8 bis 10 gebührenden Beträge befinden.

§ 12.

War die Witwe mehr als 15 Jahre jünger als der Verstorbene, so wird das nach Maßgabe der §§ 8 und 10 berechnete Witwengeld für jedes an-

[1]) Diese §§ sind infolge Aufhebung der Witwen- und Waisengeldbeiträge gegenstandslos geworden.

gefangene Jahr des Altersunterschiedes über 15 bis einschließlich 25 Jahre um 1/20 gekürzt.

Auf den nach § 9 zu berechnenden Betrag des Waisengeldes sind diese Kürzungen des Witwengeldes ohne Einfluß.

Nach fünfjähriger Dauer der Ehe wird für jedes angefangene Jahr ihrer weiteren Dauer dem gekürzten Betrage 1/20 des nach Maßgabe der §§ 8 und 10 zu berechnenden Witwengeldes so lange hinzugesetzt, bis der volle Betrag wieder erreicht ist.

§ 12a.

Ist der Verstorbene als Pensionär im unmittelbaren preußischen Staatsdienste wiederangestellt gewesen, so ist bei der Berechnung des Witwen- und Waisengeldes neben der aus der neuen Stellung zuständigen Pension die alte Pension bis zur Erreichung des in § 28 Abs. 2 des Pensionsgesetzes vom 27. März 1872 gedachten Pensionsbetrages zu berücksichtigen.

In den übrigen Fällen der Wiederanstellung eines Pensionärs im Reichs- oder Staatsdienst im Sinne der §§ 27 und 28 jenes Gesetzes ist das Witwen- und Waisengeld nach der aus Anlaß des Ausscheidens des Verstorbenen aus dem unmittelbaren preußischen Staatsdienste festgesetzten Pension zu berechnen; jedoch sind auf die so ermittelten Beträge die den Hinterbliebenen aus der neuen Stellung des Verstorbenen zustehenden Versorgungsansprüche anzurechnen, insoweit die Hinterbliebenen ohne diese Anrechnung mehr beziehen würden, als ihnen nach den Bestimmungen dieses Gesetzes bei Zugrundelegung des im Abs. 1 gedachten Pensionsbetrages zustehen würde.

§ 13.

Keinen Anspruch auf Witwengeld hat die Witwe, wenn die Ehe mit dem verstorbenen Beamten innerhalb dreier Monate vor seinem Ableben geschlossen und die Eheschließung zu dem Zwecke erfolgt ist, um der Witwe den Bezug des Witwengeldes zu verschaffen.

Keinen Anspruch auf Witwen- und Waisengeld haben die Witwe und die hinterbliebenen Kinder eines pensionierten Beamten aus solcher Ehe, welche erst nach der Versetzung des Beamten in den Ruhestand geschlossen ist.

§ 14.

Stirbt ein zur Entrichtung von Witwen- und Waisengeldbeiträgen verpflichteter Beamter, welchem, wenn er am Todestage in den Ruhestand versetzt wäre, auf Grund des § 7 des Pensionsgesetzes vom 27. März 1872 eine Pension hätte bewilligt werden können, so kann der Witwe und den Waisen desselben von dem Departementschef in Gemeinschaft mit dem Finanzminister Witwen- und Waisengeld bewilligt werden.

Stirbt ein zur Entrichtung von Witwen- und Waisengeldbeiträgen verpflichteter Beamter, welchem nach den §§ 18 und 19 des Pensionsgesetzes vom 27. März 1872 im Falle seiner Versetzung in den Ruhestand die Anrechnung gewisser Zeiten auf die in Betracht kommende Dienstzeit hätte bewilligt werden können, so ist der Departementschef in Gemeinschaft mit dem Finanzminister befugt, eine solche Anrechnung auch bei Festsetzung des Witwen- und Waisengeldes zuzulassen.

§ 15.

Die Zahlung des Witwen- und Waisengeldes beginnt mit dem Ablauf des Gnadenquartals.

§ 16.

Das Witwen- und Waisengeld wird monatlich im voraus gezahlt. An wen die Zahlung gültig zu leisten ist, bestimmt der Departementschef, welcher die Befugnis zu solcher Bestimmung auf die Provinzialbehörde übertragen kann.

Nicht abgehobene Teilbeträge des Witwen- und Waisengeldes verjähren binnen vier Jahren, vom Tage ihrer Fälligkeit an gerechnet, zum Vorteil der Staatskasse[1]).

§ 17.

Das Witwen- und Waisengeld kann mit rechtlicher Wirkung weder abgetreten noch verpfändet oder sonst übertragen werden.

§ 18.

Das Recht auf den Bezug des Witwen- und Waisengeldes erlischt:

1. für jeden Berechtigten mit Ablauf des Monats, in welchem er sich verheiratet oder stirbt;
2. für jede Waise außerdem mit dem Ablauf des Monats, in welchem sie das 18. Lebensjahr vollendet.

§ 19.

Das Recht auf den Bezug des Witwen- und Waisengeldes ruht, wenn der Berechtigte das deutsche Indigenat verliert, bis zur etwaigen Wiedererlangung desselben.

§ 20.

Mit den aus § 14 sich ergebenden Maßgaben erfolgt die Bestimmung darüber, ob und welches Witwen- und Waisengeld der Witwe und den Waisen eines Beamten zusteht, durch den Departementschef, welcher die Befugnis zu solcher Bestimmung auf die Provinzialbehörde übertragen kann.

Die Beschreitung des Rechtsweges steht den Beteiligten offen, doch muß die Entscheidung des Departementschefs der Klage vorhergehen und letztere sodann bei Verlust des Klagerechts innerhalb sechs Monaten, nachdem den Beteiligten die Entscheidung des Departementschefs bekannt gemacht worden, erhoben werden. Der Verlust des Klagerechts tritt auch dann ein, wenn nicht von den Beteiligten, über deren Anspruch die Provinzialbehörde Entscheidung getroffen hat, gegen diese Entscheidung binnen gleicher Frist die Beschwerde an den Departementschef erhoben ist.

§ 21.

Die Vorschriften

1. der §§ 10 und 12 des Dänischen Pensionsgesetzes vom 24. Februar 1858,
2. des dritten Teils des Kurhessischen Staatsdienstgesetzes vom 8. März 1831,
3. der §§ 28 ff. des Staatsdieneredikts für das Fürstentum Hohenzollern-Sigmaringen vom 20. August 1831 und der §§ 26 ff. der Dienstpragmatik für das Fürstentum Hohenzollern-Hechingen vom 11. Oktober 1843

treten für die Hinterbliebenen derjenigen Beamten, welche auf Grund des § 23 Abs. 1 dieses Gesetzes aus der Landesanstalt, der sie seither angehör-

---

1) Zu vgl. §§ 197 und 201 BGB.

ten, ausscheiden, mit der Maßgabe außer Kraft, daß das denselben zu bewilligende Witwen- oder Waisengeld nicht hinter demjenigen Betrage zurückbleiben darf, welcher ihnen nach den vorstehend unter Ziff. 1 bis 3 bezeichneten Vorschriften aus der Staatskasse hätte bewilligt werden müssen.

§ 22.

Der Beitritt zu der allgemeinen Witwenverpflegungsanstalt ist den nach § 1 zur Entrichtung von Witwen- und Waisengeldbeiträgen verpflichteten Beamten, sowie den Beamten des Deutschen Reichs nicht ferner gestattet.

§ 22 a.

Dieses Gesetz findet Anwendung auch auf die Hinterbliebenen der am 1. April 1920 oder später verstorbenen planmäßigen Professoren an den wissenschaftlichen Hochschulen.

Für die Berechnung des Witwen- und Waisengeldes und die im § 10 Abs. 1 genannte Höchstgrenze gilt als Ruhegehalt des Verstorbenen derjenige Betrag, den der Verstorbene als Ruhegehalt erdient hätte, wenn er am Todestage oder, falls er vorher von seinen amtlichen Verpflichtungen entbunden war, am Tage der Entbindung von den amtlichen Verpflichtungen nach Maßgabe des Zivilruhegehaltsgesetzes vom 27. März 1872/27. Mai 1907 (GS. S. 268 und 95) in den Ruhestand versetzt worden wäre.

Die den Professoren an Unterrichtshonorar und sonstige aus ihrem akademischen Lehramt nach der jeweils geltenden Besoldungsordnung gewährleistete jährliche Mindesteinnahme wird dem Diensteinkommen im Sinne des § 10 des Zivilruhegehaltsgesetzes hinzugerechnet.

Die für die Berechnung des Ruhegehalts maßgebende Dienstzeit wird vom Tage der Habilitation an gerechnet, sofern nicht nach den Bestimmungen der §§ 13 ff. des Zivilruhegehaltsgesetzes eine für den Verstorbenen günstigere Berechnung Platz greift.

§ 22 b.

Die bei den Universitäten bestehenden Professoren-, Witwen- und Waisenversorgungsanstalten werden aufgehoben. Ihre Verpflichtungen werden auf die Staatskasse übernommen. Ihr Vermögen fällt an den Staat.

§ 23 [1]).

Diejenigen nach § 1 zur Entrichtung von Witwen- und Waisengeldbeiträgen verpflichteten Beamten, welche Mitglieder einer Militär- oder Staatsbeamtenwitwenkasse oder einer sonstigen Veranstaltung des Staats zur Versorgung der Hinterbliebenen von Beamten und derselben nicht erst nach der Verkündigung dieses Gesetzes beigetreten sind, bleiben, wenn sie binnen

---

[1]) Vgl. Art. II, § 1 des Gesetzes, betr. den Erlaß der Witwen- und Waisengeldbeiträge der unmittelbaren Staatsbeamten, vom 28. März 1888 (GS. S. 48).

Art. II, § 1 lautet:

Verzichte auf Witwen- und Waisengeld, welche auf Grund des § 23 des Gesetzes vom 20. Mai 1882 erklärt sind, dürfen bis zum 30. Juni 1888 einschließlich widerrufen werden. Auf Rechtsnachfolger geht diese Befugnis nicht über.

Die Frist kann, soweit die dienstlichen Verhältnisse der Beteiligten es erfordern, von dem Departementschef in Gemeinschaft mit dem Finanzminister angemessen verlängert werden.

drei Monaten nach dem Inkrafttreten dieses Gesetzes durch eine schriftliche Erklärung für ihre etwaigen künftigen Hinterbliebenen auf das in den §§ 7 ff. bestimmte Witwen- und Waisengeld verzichten, von Entrichtung der im § 3 bestimmten Witwen- und Waisengeldbeiträge befreit. Andernfalls sind sie berechtigt, aus der Landesanstalt auszuscheiden.

Diese Bestimmungen finden sinngemäße Anwendung auf die Mitglieder der Beamtenpensionskassen bei den vom Staate erworbenen Privateisenbahnen einschließlich der Unterstützungskasse der Angestellten der Cöln-Mindener Eisenbahn, ferner der Berliner allgemeinen Witwenpensions- und Unterstützungskasse, sowie auf diejenigen Beamten, welche wegen ihrer Angehörigkeit zu einer anderen Privatversicherungsgesellschaft von der ihnen sonst obliegenden Verpflichtung zur Teilnahme an einer der im ersten Absatz bezeichneten Anstalten entbunden oder nach Anordnung ihrer vorgesetzten Behörde zum Zwecke der Versorgung ihrer Ehefrau für den Fall ihres Todes einer Privatversicherungsgesellschaft beigetreten und noch zur Zeit des Inkrafttretens dieses Gesetzes Mitglieder der Gesellschaft sind.

§ 24.

Dieses Gesetz tritt am 1. Juli 1882 in Kraft[1]).

Urkundlich usw.

Anhang.

Artikel VI und VII des Gesetzes vom 27. Mai 1907 (GS. S. 99) lauten:

Artikel VI.

Der Witwe und den Waisen eines Beamten, welcher unter dem Vorbehalte des Widerrufs oder der Kündigung angestellt gewesen ist, ohne eine in den Besoldungsetats aufgeführte Stelle bekleidet zu haben, kann von dem Departementschef in Gemeinschaft mit dem Finanzminister Witwen- und Waisengeld bis auf Höhe derjenigen Beträge bewilligt werden, welche ihnen zustehen würden, wenn der Beamte eine in den Besoldungsetats aufgeführte Stelle bekleidet hätte; der Witwe und den Waisen eines solchen in den Ruhestand versetzten Beamten jedoch nur dann, wenn diesem auf Grund des § 2 Abs. 2 des Pensionsgesetzes vom 27. März 1872 eine lebenslängliche Pension bewilligt worden war.

Artikel VII.

Dieses Gesetz tritt mit Wirkung vom 1. April 1907 in Kraft.

---

[1]) Das Gesetz vom 1. Juni 1897 ist nach Art. III mit dem 1. April 1897 in Kraft getreten. Bezüglich der Novelle vom 27. Mai 1907 vgl. Anhang, Artikel VII.

V. Gesetz,

betreffend die Pensionierung der Lehrer und Lehrerinnen an den öffentlichen Volksschulen.

Vom 6. Juli 1885 (GS. S. 298)

unter Berücksichtigung der Abänderung in dem Gesetz

vom 10. Juni 1907 (GS. S. 133).

In der Fassung des Volksschullehrer-Diensteinkommensgesetzes vom 17. Dezember 1920 (GS. S. 623) und der zu diesem Gesetze ergangenen Abänderungsgesetze.

Artikel I.

Bis zum Erlasse eines Gesetzes über die Unterhaltung der öffentlichen Volksschulen gelten für die Pensionierung der Lehrer und Lehrerinnen an denselben folgende Bestimmungen:

§ 1.

Jeder an einer zur Erfüllung der allgemeinen Schulpflicht dienenden öffentlichen Schule (öffentlichen Volksschule) definitiv angestellte Lehrer erhält eine lebenslängliche Pension, wenn er nach einer Dienstzeit von wenigstens zehn Jahren infolge körperlichen Gebrechens oder wegen Schwäche seiner körperlichen oder geistigen Kräfte zur Erfüllung seiner Amtspflichten dauernd unfähig ist und deshalb in den Ruhestand versetzt wird.

Ist die Dienstunfähigkeit die Folge einer Krankheit, Verwundung oder sonstigen Beschädigung, welche der Lehrer bei Ausübung des Dienstes oder aus Veranlassung desselben ohne eigene Verschuldung sich zugezogen hat, so tritt die Pensionsberechtigung auch bei kürzerer als zehnjähriger Dienstzeit ein.

Bei Lehrern, welche das fünfundsechzigste Lebensjahr vollendet haben, ist eingetretene Dienstunfähigkeit nicht Vorbedingung des Anspruchs auf Pension.

Lehrern, welche, abgesehen von dem Falle des Absatzes 2, vor Vollendung des zehnten Dienstjahres dienstunfähig und deshalb in Ruhestand versetzt werden, kann bei vorhandener Bedürftigkeit von dem Unterrichtsminister eine Pension entweder auf bestimmte Zeit oder lebenslänglich bewilligt werden.

§ 2.

Die Pension beträgt, wenn die Versetzung in den Ruhestand nach vollendetem zehnten, jedoch vor vollendetem elften Dienstjahr eintritt, $^{20}/_{60}$ und steigt mit jedem weiter zurückgelegten Dienstjahre bis zum vollendeten dreißigsten Dienstjahr um $^{1}/_{60}$ und von da ab um $^{1}/_{120}$ des im § 4 bestimmten Diensteinkommens. Über den Betrag von $^{45}/_{60}$ dieses Einkommens hinaus findet eine Steigerung nicht statt.

In dem im § 1 Abs. 2 erwähnten Falle beträgt die Pension $^{20}/_{60}$, in dem Falle des § 1 Abs. 4 höchstens $^{20}/_{60}$ des vorbezeichneten Diensteinkommens.

§ 3.

Der Monatsbetrag des Ruhegehalts ist auf volle Mark nach oben abzurunden.

§ 4.

Der Berechnung des Ruhegehalts wird das von dem Lehrer (Lehrerin) auf Grund des Volksschullehrer-Diensteinkommensgesetzes zuletzt bezogene Diensteinkommen — Grundgehalt oder Grundvergütung und Ortszuschlag — zugrunde gelegt. Dabei wird der Ortszuschlag mit dem ungekürzten Satze der Ortsklasse B auch bei den verheirateten Lehrerinnen — angerechnet. Dieser Satz gilt auch für diejenigen Lehrer (Lehrerinnen), denen eine Dienstwohnung gewährt war. Anrechnungsbeträge auf Grund der §§ 12 und 17 des Volksschullehrer-Diensteinkommensgesetzes werden dem tatsächlich bezogenen Diensteinkommen zugerechnet.

Ruhegehaltsfähig ist ferner die zuletzt bezogene Stellenzulage des § 16. Andere Beträge und Nebenbezüge, insbesondere auch Dienstaufwandsentschädigungen, die Kinderbeihilfen und der Ausgleichszuschlag sind nicht ruhegehaltsfähig.

§ 5.

Bei Berechnung der Dienstzeit kommt die gesamte Zeit in Anrechnung, während welcher ein Lehrer im öffentlichen Schuldienste in Preußen sich befunden hat.

Die Dienstzeit wird vom Tage der ersten eidlichen Verpflichtung für den öffentlichen Schuldienst an gerechnet.

Kann jedoch ein Lehrer nachweisen, daß seine Vereidigung erst nach seinem Eintritte in den öffentlichen Schuldienst stattgefunden hat, so wird die Dienstzeit von letzterem Zeitpunkte an gerechnet.

§ 6.

Bei Berechnung der Dienstzeit kommt auch die Zeit in Anrechnung, während welcher ein Lehrer

1. im Dienste des Preußischen Staates, des Norddeutschen Bundes oder des Deutschen Reiches sich befunden hat, oder
2. als anstellungsberechtigte ehemalige Militärperson nur vorläufig oder auf Probe im Zivildienste des Preußischen Staates, des Norddeutschen Bundes oder des Deutschen Reiches beschäftigt worden ist, oder
3. in den von Preußen neu erworbenen Landesteilen im öffentlichen Schuldienste oder im unmittelbaren Dienste der damaligen Landesherrschaft sich befunden hat.

Ausgeschlossen bleibt die Anrechnung derjenigen Dienstzeit, während welcher die Zeit und Kräfte eines Lehrers durch die ihm übertragenen Geschäfte nur nebenbei in Anspruch genommen gewesen sind.

Bei Berechnung der Dienstzeit kommt ferner die Zeit in Anrechnung, die einem Lehrer (Lehrerin) auf Grund des § 6 Abs. 1 bis 6 des Volksschullehrer-Diensteinkommensgesetzes auf das Besoldungsdienstalter angerechnet ist.

§ 7.

Der Dienstzeit im Schulamte wird die Zeit des aktiven Militärdienstes hinzugerechnet.

§ 8.

Die Dienstzeit, welche vor Beginn des achtzehnten Lebensjahrs liegt, bleibt außer Berechnung.

Im Kriegsfalle wird die Militärdienstzeit vom Beginne des Krieges, beim Eintritt in den Militärdienst während des Krieges vom Tage des Eintritts ab gerechnet.

§ 9.

Für jeden Krieg, an welchem ein Lehrer im preußischen oder im Reichsheer oder in der preußischen oder Kaiserlichen Marine oder bei den Kaiserlichen Schutztruppen teilgenommen hat, wird demselben zu der wirklichen Dauer der Dienstzeit ein Jahr zugerechnet; jedoch ist für mehrere in ein Kalenderjahr fallende Kriege die Anrechnung nur eines Kriegsjahrs zulässig.

Wer als Teilnehmer an einem Kriege anzusehen ist, unter welchen Voraussetzungen bei Kriegen von längerer Dauer mehrere Kriegsjahre anzurechnen sind, welche militärische Unternehmung als ein Krieg im Sinne dieses Gesetzes anzusehen und welche Zeit als Kriegszeit zu rechnen ist, wenn keine Mobilmachung oder Demobilmachung stattgefunden hat, dafür ist die nach § 17 und § 7 der Reichsgesetze vom 31. Mai 1906 (RGBl. S. 565 und 593) in jedem Falle ergehende Bestimmung des Kaisers maßgebend.

Für die Vergangenheit bewendet es bei den hierüber durch Königliche oder Kaiserliche Erlasse gegebenen Bestimmungen.

§ 10.

Die Zeit

a) eines Festungsarrestes von einjähriger und längerer Dauer

b) der Kriegsgefangenschaft

kann nur unter besonderen Umständen mit Königlicher Genehmigung angerechnet werden.

§ 11.

Mit Genehmigung des Unterrichtsministers kann bei der Versetzung in den Ruhestand nach Maßgabe der Bestimmungen in den §§ 5 bis 9 auch die Zeit angerechnet werden, während der ein Lehrer (Lehrerin):

a) an deutschen Auslandsschulen oder sonst im außerpreußischen öffentlichen Schuldienste gestanden hat;

b) an einer Anstalt tätig gewesen ist, die vertragsmäßig die Vorbereitung von Zöglingen für die staatlichen Lehrerbildungsanstalten übernommen hat;

c) als Lehrer oder Erzieher (Lehrerin oder Erzieherin) an einer öffentlichen Taubstummen-, Blinden-, Idioten-, Waisen-, Rettungs- oder ähnlichen Anstalt oder an einer gleichartigen privaten Anstalt sich befunden hat, die nach Anerkennung durch die Schulaufsichtsbehörde ausschließlich gemeinnützigen Zwecken dient und für ihre Unterhaltung auf die öffentliche Wohltätigkeit oder auf öffentliche Mittel überwiegend angewiesen ist;

d) an einer privaten Volksschule tätig war, die vom Staat als den öffentlichen Volksschulen gleichberechtigt anerkannt ist;

e) an einer von einer Synagogengemeinde unterhaltenen jüdischen Religionsschule tätig war;

f) in der Jugendfürsorge und Jugendpflege hauptamtlich gegen Entgelt vollbeschäftigt gewesen ist;

g) als Lehrer (Lehrerin) an einer öffentlichen oder an einer öffentlichen gleichzuachtenden privaten Volkshochschule vollbeschäftigt war.

§ 12.

Hat der Inhaber eines vereinigten Kirchen- und Schulamtes bei der Versetzung in den Ruhestand eine Pension aus kirchlichen Mitteln zu beanspruchen, so wird der Betrag derselben auf die nach den Vorschriften dieses Gesetzes zu gewährende Pension angerechnet.

§ 13.

Die Bestimmung darüber, ob und zu welchem Zeitpunkte dem Antrage eines Lehrers auf Versetzung in den Ruhestand stattzugeben ist, erfolgt durch die Schulaufsichtsbehörde.

§ 14.

Die Entscheidung darüber, ob und welche Pension einem Lehrer bei seiner Versetzung in den Ruhestand zusteht, erfolgt durch die Schulaufsichtsbehörde.

§ 15.

Die Beschreitung des Rechtsweges gegen diese Entscheidung (§ 14) steht dem Lehrer, sowie den zur Unterhaltung der Schule Verpflichteten offen; doch muß die Entscheidung des Oberpräsidenten der Klage vorangehen und letztere sodann, bei Verlust des Klagerechts, innerhalb sechs Monaten, nachdem diese Entscheidung den Beschwerdeführern bekannt gemacht worden ist, erhoben werden. Der Verlust des Klagerechts tritt auch dann ein, wenn von den Beteiligten gegen die Entscheidung der Schulaufsichtsbehörde über den Anspruch auf Pension nicht binnen gleicher Frist die Beschwerde an den Oberpräsidenten erhoben ist.

§ 16.

Die Versetzung in den Ruhestand tritt, sofern nicht auf den Antrag oder mit ausdrücklicher Zustimmung des Lehrers ein früherer Zeitpunkt festgesetzt wird, mit dem Ablaufe desjenigen Vierteljahrs ein, welches auf den Monat folgt, in welchem der Lehrer die Entscheidung der Schulaufsichtsbehörde über seine Versetzung in den Ruhestand und die Höhe der ihm etwa zustehenden Pension bekannt gemacht worden ist.

§ 17.

Das Ruhegehalt wird für jedes Vierteljahr im voraus in einer Summe durch die Landesschulkasse an die Bezugsberechtigten unmittelbar gezahlt (§ 36 Abs. 4 des Volksschullehrer-Diensteinkommensgesetzes).

§ 18.

Das Recht auf den Bezug der Pension kann weder abgetreten noch verpfändet werden.

§ 19.

Das Recht auf den Bezug der Pension ruht:

1. wenn ein Pensionär das deutsche Indigenat verliert, bis zur etwaigen Wiedererlangung desselben;
2. wenn und solange ein Pensionär im Reichs- oder Staatsdienst, im Dienste einer Gemeinde oder eines sonstigen kommunalen Verbandes, im öffentlichen Schuldienst oder im Kirchendienst ein Diensteinkommen bezieht, insoweit der Betrag dieses neuen Diensteinkommens unter Hinzurechnung der Pension den Betrag des von dem Lehrer vor der Pensionierung bezogenen pensionsfähigen Diensteinkommens übersteigt.

Als Reichs- oder Staatsdienst sowie als Dienst einer Gemeinde oder eines sonstigen kommunalen Verbandes im Sinne dieser Vorschrift gilt außer dem Militär- und Gendarmeriedienste jede Anstellung oder Beschäftigung als Beamter oder in der Eigenschaft eines Beamten im Dienste des Deutschen Reichs, eines Bundesstaats, eines deutschen Kommunalverbandes, der Versicherungsanstalten für die Invalidenversicherung und ständischer oder solcher Institute, welche ganz oder zum Teil aus Mitteln des Reichs, eines Bundesstaats oder eines deutschen Kommunalverbandes unterhalten werden.

Bei Berechnung des neuen Diensteinkommens sind diejenigen Beträge, welche für die Bestreitung von Repräsentations- oder Dienstaufwandskosten sowie zur Entschädigung für außergewöhnliche Teuerungsverhältnisse gewährt werden und die Ortszulagen der Auslandsbeamten nicht in Ansatz zu bringen; die Dienstwohnung ist mit dem pensionsfähigen oder sonst hierfür festgesetzten Werte, der Wohnungsgeldzuschuß oder eine entsprechende Zulage mit dem pensionsfähigen Betrag oder, sofern er nicht pensionsfähig ist, mit dem Durchschnittssatz anzurechnen. Ist jedoch der wirkliche Betrag des Wohnungsgeldzuschusses oder der Zulage geringer, so ist nur dieser anzurechnen.

§ 20.

Ein Ruhegehaltsempfänger (Ruhegehaltsempfängerin), der (die) in eine an sich zu Ruhegehalt berechtigende Stellung im öffentlichen Volksschuldienste wieder eingetreten ist (§ 19 Ziff. 2), erwirbt für den Fall des Zurücktretens in den Ruhestand den Anspruch auf Gewährung eines neuen Ruhegehalts, das nach Maßgabe seiner (ihrer) nunmehrigen verlängerten Gesamtdienstzeit und des in der neuen Stellung bezogenen Diensteinkommens zu berechnen sein würde, nur dann, wenn die neue Dienstzeit wenigstens ein Jahr betragen hat.

Neben einem hiernach neu berechneten Ruhegehalt ist das alte Ruhegehalt nur bis zur Erreichung desjenigen Ruhegehaltsbetrags zu zahlen, der sich für die Gesamtdienstzeit aus dem der Festsetzung des alten Ruhegehalts zugrunde gelegten Diensteinkommen ergibt.

Dasselbe gilt, wenn ein Ruhegehaltsempfänger außerhalb des öffentlichen Volksschuldienstes im Reichs- oder Staatsdienst im Sinne der Vorschrift in § 19 Ziff. 2 ein Ruhegehalt erdient.

§ 21.

Die Einziehung, Kürzung oder Wiedergewährung der Pension auf Grund der Bestimmungen in den §§ 19 und 20 tritt mit dem Beginn des Monats ein, welcher auf das eine solche Veränderung nach sich ziehende Ereignis folgt.

Im Falle vorübergehender Beschäftigung im Reichs- oder Staatsdienste, im Dienste einer Gemeinde oder eines sonstigen kommunalen Verbandes, im öffentlichen Schuldienste oder im Kirchendienste gegen Tagegelder oder eine anderweitige Entschädigung wird die Pension für die ersten sechs Monate dieser Beschäftigung unverkürzt, dagegen vom siebenten Monat ab nur zu dem nach den vorstehenden Bestimmungen zulässigen Betrage gewährt.

§ 22.

Ist die nach Maßgabe dieses Gesetzes bemessene Pension geringer als die Pension, welche dem Lehrer hätte gewährt werden müssen, wenn er am 31. März 1886 nach den bis dahin für ihn geltenden Bestimmungen pensioniert worden wäre, so wird diese Pension an Stelle der ersteren bewilligt.

Eine Pension nach Maßgabe der bis zum 31. März 1886 für ihn geltenden Bestimmungen ist dem Lehrer auch dann zu gewähren, wenn demselben zur Zeit der Versetzung in den Ruhestand nach den früheren Bestimmungen ein Anspruch auf Pension zugestanden haben würde, nach den Bestimmungen des gegenwärtigen Gesetzes jedoch nicht.

Die zur Zeit des Inkrafttretens dieses Gesetzes im Gebiete des vormaligen Herzogtums Nassau, der vormaligen freien Stadt Frankfurt und in Hohenzollern-Hechingen angestellten Lehrer sind berechtigt, zu verlangen, nach den bis dahin für sie geltenden Bestimmungen pensioniert zu werden.

§ 23.

Zusicherungen, welche in bezug auf dereinstige Bewilligung von Pensionen an einzelne Lehrer oder Kategorien von Lehrern durch den König oder einen der Minister, oder durch eine Provinzialbehörde, oder mit deren Genehmigung gemacht worden sind, bleiben in Kraft.

§ 24.

Die vorstehenden Bestimmungen finden auch auf die an den in § 1 bezeichneten Schulen definitiv angestellten Lehrerinnen Anwendung.

§ 25.

Hinterläßt ein pensionierter Lehrer eine Witwe oder eheliche oder legitimierte Nachkommen, so wird die Pension noch für die auf den Sterbemonat folgenden drei Monate (Gnadenvierteljahr) unter Anrechnung des vor dem Tode des Pensionärs fällig gewordenen Betrags gezahlt. Die Zahlung erfolgt im voraus in einer Summe.

Der gleiche Anspruch steht den ehelichen Nachkommen einer im Witwenstande verstorbenen pensionierten Lehrerin zu.

An wen die Zahlung erfolgt, bestimmt die Schulaufsichtsbehörde.

Die Zahlung kann auf Verfügung dieser Behörde auch dann stattfinden, wenn der Verstorbene Verwandte der aufsteigenden Linie, Geschwister, Geschwisterkinder oder Pflegekinder, deren Ernährer er ganz oder überwiegend gewesen ist, in Bedürftigkeit hinterläßt, oder wenn und soweit der Nachlaß nicht ausreicht, um die Kosten der letzten Krankheit und der Beerdigung zu decken.

§ 26.

(Weggefallen mit der Maßgabe, daß die auf besonderen Rechtstiteln beruhenden Verpflichtungen Dritter zugunsten der Landesschulkasse bestehen bleiben).

Artikel II (weggefallen).

Urkundlich usw.

VI. Gesetz,
betreffend die Fürsorge für die Witwen und Waisen der Lehrer an öffentlichen Volksschulen.

Vom 4. Dezember 1899 (GS. S. 587)

unter Berücksichtigung der Abänderung in dem Gesetz

vom 10. Juni 1907 (GS. S. 137).

In der Fassung des Volksschullehrer-Diensteinkommensgesetzes vom 17. Dez. 1920 (GS. S. 623) und der zu diesem Gesetz ergangenen Abänderungsgesetze.

§ 1.

Die Witwe und die hinterbliebenen ehelichen oder legitimierten Kinder eines Lehrers, welcher zur Zeit seines nach dem Inkrafttreten dieses Gesetzes erfolgten Tod entweder an einer öffentlichen Volksschule angestellt war und Anspruch auf lebenslängliches Ruhegehalt im Falle der Versetzung in den Ruhestand erworben hatte, oder aus dem Dienste an einer öffentlichen Volksschule mit lebenslänglichem Ruhegehalt in den Ruhestand versetzt war, erhalten Witwen- und Waisengeld.

§ 2.

Keinen Anspruch auf Witwen- und Waisengeld auf Grund dieses Gesetzes haben:

1. diejenigen Witwen und Waisen, welchen ein Anspruch auf Witwen- und Waisengeld auf Grund des Gesetzes vom 20. Mai 1882, betreffend die Fürsorge für die Witwen und Waisen der unmittelbaren Staatsbeamten (GS. S. 298), zusteht;
2. die Witwen und Waisen derjenigen Lehrer, welche zur Zeit ihres Todes oder ihrer Versetzung in den Ruhestand nur nebenamtlich im öffentlichen Volksschuldienst angestellt waren;
3. die Witwe und die hinterbliebenen Kinder aus der Ehe eines in den Ruhestand getretenen Lehrers, welche erst nach seiner Versetzung in den Ruhestand geschlossen ist;
4. die Witwe und die Kinder eines mit Belassung eines Teiles des gesetzlichen Ruhegehalts aus dem Dienste entlassenen Lehrers.

§ 3.

Das Witwengeld besteht in sechzig v. H. desjenigen Ruhegehalts, zu welchem der Verstorbene berechtigt gewesen ist oder berechtigt gewesen sein würde, wenn er am Todestag in den Ruhestand versetzt worden wäre.

Das Witwengeld soll jedoch, vorbehaltlich der im § 5 verordneten Beschränkung, mindestens dreitausend Mark monatlich betragen.

Der Monatsbetrag des Witwengeldes ist auf volle Mark nach oben abzurunden.

§ 4.

Das Waisengeld beträgt:

1. für Kinder, deren Mutter lebt und zur Zeit des Todes des Lehrers zum Bezuge von Witwengeld berechtigt war, ein Fünftel des Witwengeldes für jedes Kind;

2. für Kinder, deren Mutter nicht mehr lebt oder zur Zeit des Todes des Lehrers zum Bezuge von Witwengeld nicht berechtigt war, ein Drittel des Witwengeldes für jedes Kind.

Der Monatsbetrag des Waisengeldes ist auf volle Mark nach oben abzurunden.

§ 5.

Witwen- und Waisengeld dürfen weder einzeln noch zusammen den Betrag des Ruhegehalts übersteigen, zu welchem der Verstorbene berechtigt gewesen ist oder berechtigt gewesen sein würde, wenn er am Todestag in den Ruhestand versetzt wäre.

Bei Anwendung dieser Beschränkung werden das Witwen- und das Waisengeld verhältnismäßig gekürzt.

§ 6.

Bei dem Ausscheiden eines Witwen- oder Waisengeldberechtigten erhöht sich das Witwen- und Waisengeld der verbleibenden Berechtigten von dem nächstfolgenden Monat an insoweit, als sie sich noch nicht im vollen Genusse der ihnen nach den §§ 3 bis 5 gebührenden Bezüge befinden.

§ 7.

War die Witwe mehr als 15 Jahre jünger als der Verstorbene, so wird das nach Maßgabe der §§ 3 und 5 berechnete Witwengeld für jedes angefangene Jahr des Altersunterschieds über 15 bis einschließlich 25 Jahre um $^1/_{20}$ gekürzt.

Auf den nach § 4 zu berechnenden Betrag des Waisengeldes sind diese Kürzungen des Witwengeldes ohne Einfluß.

Nach fünfjähriger Dauer der Ehe wird für jedes angefangene Jahr ihrer weiteren Dauer dem gekürzten Betrag $^1/_{20}$ des nach Maßgabe der §§ 3 und 5 zu berechnenden Witwengeldes so lange hinzugesetzt, bis der volle Betrag wieder erreicht ist.

§ 7 a.

Ist der Verstorbene nach seiner Pensionierung als Lehrer außerhalb des öffentlichen Volksschuldienstes in einem der im Artikel I § 19 Nr. 2 des Gesetzes vom 6. Juli 1885 (GS. S. 298) in der Fassung des Gesetzes vom 10. Juni 1907 genannten Dienste wiederangestellt gewesen, so sind auf das Lehrer-Witwen- und Waisengeld die den Hinterbliebenen aus der neuen Stellung des Verstorbenen zustehenden Versorgungsansprüche anzurechnen, insoweit die Hinterbliebenen ohne diese Anrechnung mehr beziehen würden, als ihnen nach den Bestimmungen dieses Gesetzes bei Zugrundelegung des im Artikel I § 20 Abs. 4 des Gesetzes vom 6. Juli 1885 in der Fassung des § 25 Nr. 5 Abs. 3 des Volksschullehrer-Diensteinkommensgesetzes gedachten Pensionsbetrags zustehen würde.

§ 8.

Keinen Anspruch auf Witwengeld hat die Witwe, wenn die Ehe mit dem verstorbenen Lehrer innerhalb dreier Monate vor seinem Ableben geschlossen und die Eheschließung zu dem Zwecke erfolgt ist, um der Witwe den Bezug des Witwengeldes zu verschaffen.

§ 9.

Stirbt einer der im § 1 bezeichneten Lehrer, welchem, wenn er am Todestag in den Ruhestand versetzt wäre, auf Grund des Artikel I § 1 Abs. 4 des Gesetzes, betreffend die Pensionierung der Lehrer und Lehrerinnen an den öffentlichen Volksschulen, vom 6. Juli 1885 (GS. S. 298) ein Ruhegehalt hätte bewilligt werden können, so kann der Witwe und den Waisen desselben vom Unterrichtsminister in Gemeinschaft mit dem Finanzminister Witwen- und Waisengeld bewilligt werden.

Stirbt einer der im § 1 bezeichneten Lehrer, welchem nach Artikel I §§ 10 und 11 des Gesetzes, betreffend die Pensionierung der Lehrer und Lehrerinnen an den öffentlichen Volksschulen, vom 6. Juli 1885 (GS. S. 298, GS. 1890 S. 89) im Falle seiner Versetzung in den Ruhestand die Anrechnung gewisser Zeiten auf die in Betracht kommende Dienstzeit hätte bewilligt werden können, so ist der Unterrichtsminister befugt, eine solche Anrechnung auch bei Festsetzung des Witwen- und Waisengeldes anzuordnen.

§ 10.

Die Zahlung des Witwen- und Waisengeldes beginnt mit dem Ablaufe der Gnadenzeit, die Zahlung des in dem § 4 Ziff. 2 bestimmten Waisengeldes nicht vor dem Beginne desjenigen Monats, welcher auf den Zeitpunkt des Eintritts der dort bezeichneten Voraussetzung folgt.

Das Witwen- und Waisengeld wird monatlich im voraus durch die Landesschulkasse an die Bezugsberechtigten unmittelbar gezahlt (§ 36 Abs. 4 des Volksschullehrer-Diensteinkommensgesetzes). An wen die Zahlung gültig zu leisten ist, bestimmt die Schulaufsichtsbehörde.

§ 11.

Der Anspruch auf Witwen- und Waisengeld kann mit rechtlicher Wirkung weder abgetreten noch verpfändet oder sonst übertragen werden.

§ 12.

Das Recht auf den Bezug des Witwen- und Waisengeldes erlischt:

1. für jeden Berechtigten mit Ablauf des Monats, in welchem er sich verheiratet oder stirbt;
2. für jede Waise außerdem mit Ablauf des Monats, in welchem sie das achtzehnte Lebensjahr vollendet.

Das Recht auf den Bezug des Witwen- und Waisengeldes ruht, wenn der Berechtigte die Deutsche Staatsangehörigkeit verliert, bis zur etwaigen Wiedererlangung derselben.

§ 13.

Die Entscheidung darüber, ob und welches Witwen- und Waisengeld den Witwen und Waisen eines Lehrers zusteht, erfolgt durch die Schulaufsichtsbehörde. Gegen die Entscheidung der Schulaufsichtsbehörde findet die Beschwerde an den Oberpräsidenten statt, welcher endgültig entscheidet.

Die Beschreitung des Rechtswegs gegen diese Entscheidung steht den Beteiligten offen, doch muß die Entscheidung des Oberpräsidenten der Klage vorhergehen und letztere sodann bei Verlust des Klagerechts innerhalb sechs Monaten, nachdem den Beteiligten die Entscheidung des Oberpräsidenten bekannt gemacht worden, erhoben werden.

Der Verlust des Klagerechts tritt auch dann ein, wenn von den Beteiligten gegen die Entscheidung der Schulaufsichtsbehörde über den Anspruch auf Witwen- und Waisengeld nicht binnen gleicher Frist die Beschwerde an den Oberpräsidenten erhoben ist.

Für die Hohenzollernschen Lande entscheidet an Stelle des Oberpräsidenten der Unterrichtsminister.

§ 14 (weggefallen).

§ 15 (weggefallen).

§§ 16 bis 19 (veraltet).

Urkundlich usw.

VII. Gesetz über eine erhöhte Anrechnung der von den Staatsbeamten und Volksschullehrpersonen während des Krieges zurückgelegten Dienstzeit.

Vom 23. November 1920 (GS. 1921 S. 89).

Die verfassunggebende Preußische Landesversammlung hat folgendes Gesetz beschlossen, das hiermit verkündet wird:

§ 1.

Bei Berechnung der ruhegehaltsfähigen Dienstzeit nach dem Zivilruhegehaltsgesetze vom 27. März 1872 (GS. S. 268) und dem Volksschullehrerruhegehaltsgesetze vom 6. Juli 1885 (GS. S. 298) wird den Staatsbeamten und Volksschullehrpersonen, die während des Zeitraums vom 1. August 1914 bis 31. Dezember 1918 im Reichs-, aktiven Militär- oder unmittelbaren Staatsdienste, den Volksschullehrpersonen auch die während desselben Zeitraums in Preußen im öffentlichen Schuldienste verbrachte Zeit, sofern sie mindestens sechs Monate beträgt, anderthalbfach angerechnet. Unter den gleichen Voraussetzungen kann mit Genehmigung der Staatsregierung bei Staatsbeamten, die im Dienste eines der übrigen deutschen Länder sowie im Kommunal-, Kirchen- oder Schuldienste verbrachte Zeit, mit Genehmigung des Unterrichtsministers bei Volksschullehrpersonen auch die nach § 11 des Volksschullehrerruhegehaltsgesetzes anrechenbare Zeit anderthalbfach angerechnet werden, jedoch nur, sofern die anderthalbfache Anrechnung auch bei Verbleiben in diesem Dienste hätte gewährt werden müssen oder können. Die erhöhte Anrechnung von Reichs- und aktivem Militärdienst findet nur statt, sofern eine entsprechende Anrechnung auch für Reichsbeamte durch Reichsgesetz angeordnet ist.

§ 2.

Die erhöhte Anrechnung erstreckt sich nicht auf sonstige Zeiträume, die nach den §§ 14, 18 und 19 des Zivilruhegehaltsgesetzes und den §§ 6 und 10 des Volksschullehrerruhegehaltsgesetzes als ruhegehaltsfähige Dienstzeit angerechnet werden. Sie erstreckt sich ferner nicht auf die in solche Kalenderjahre fallende Dienstzeit, in denen der Beamte oder Lehrer als Kriegsteilnehmer die Bedingungen erfüllt hat, die für ihn die besondere Anrechnung eines Kriegsjahrs zur Folge haben. Sie erstreckt sich auch nicht auf Zeiträume, die auf Grund anderer gesetzlicher Bestimmungen doppelt anzurechnen sind.

Halbe Tage, die sich bei der Berechnung der Gesamtdienstzeit ergeben, werden nicht mitgezählt.

§ 3.

Dieses Gesetz tritt mit Wirkung vom 1. August 1914 in Kraft.

Berlin, den 23. November 1920.

Die Preußische Staatsregierung.

Braun. Fischbeck. Haenisch. am Zehnhoff. Oeser.
Stegerwald. Severing. Lüdemann.

VIII. Gesetz, betreffend die Errichtung eines Landesschiedsgerichts.

Vom 24. März 1922.

Der Landtag hat folgendes Gesetz beschlossen:

§ 1.

Zur Entscheidung der im Reichsgesetze zur Sicherung einer einheitlichen Regelung der Beamtenbesoldung vom 21. Dezember 1920 (RGBl. S. 2117) dem Landesschiedsgerichte zugewiesenen Streitigkeiten wird ein Landesschiedsgericht gebildet, welches in der Besetzung mit einem Vorsitzenden und 6 Beisitzern entscheidet.

Vorsitzender des Landesschiedsgerichtes ist der Präsident des Oberverwaltungsgerichtes oder ein von ihm bestelltes Mitglied dieses Gerichts.

Zwei ständige Beisitzer und ihre Stellvertreter werden von dem Präsidenten des Oberverwaltungsgerichts ernannt. Sie müssen zum Richteramt oder zum höheren Verwaltungsdienst befähigt sein. Von den übrigen Beisitzern werden je einer durch die Finanzminister und den für die beteiligte Gemeinde oder sonstige öffentliche Körperschaft zuständigen Minister, die beiden anderen durch die beteiligte Gemeinde oder sonstige öffentliche Körperschaft von Fall zu Fall berufen.

Die Gemeinde oder sonstige öffentliche Körperschaft ernennt einen der beiden von ihr zu berufenden Beisitzer aus dem Stande der beteiligten Beamten auf Vorschlag der Beamtenvertretung oder, wo eine solche nicht besteht, nach Anhörung der beteiligten Beamtenorganisationen.

Beruft die Gemeinde oder sonstige öffentliche Körperschaft binnen einer Frist von wenigstens 4 Wochen nach Aufforderung durch den Vorsitzenden des Landesschiedsgerichts die Beisitzer nicht, so werden diese von dem Vorsitzenden des Landesschiedsgerichts unter Beobachtung der Vorschrift in Abs. 4 berufen.

§ 2.

Die örtliche Zuständigkeit des Landesschiedsgerichts erstreckt sich auf das gesamte preußische Staatsgebiet; sie kann auf den Antrag der Regierung eines anderen deutschen Landes auf dessen Gebiet durch Beschluß des preußischen Staatsministeriums ausgedehnt werden.

§ 3.

Die Frist für die Anrufung des Landesschiedsgerichts beträgt 4 Wochen von dem Tage ab, an dem der Gemeinde oder sonstigen öffentlichen Körperschaft der Bescheid eröffnet ist, gegen den die Anrufung sich richtet. Der Lauf der Frist beginnt jedoch in keinem Falle vor dem Tage, an dem die Bildung des Landesschiedsgerichts durch seinen Vorsitzenden öffentlich bekannt gemacht ist [1]).

§ 4.

Die Vorschriften über das Verfahren vor dem Landesschiedsgericht erläßt der Vorsitzende des Landesschiedsgerichts [2]).

§ 5.

Durch Verordnung des Staatsministeriums können im Falle des Bedarfs Kammern des Landesschiedsgerichts eingerichtet werden, deren Zusammensetzung den Vorschriften des § 1 entsprechen muß.

§ 6.

Die zur Ausführung dieses Gesetzes sonst erforderlichen näheren Bestimmungen, soweit sie das Staatsministerium nicht trifft, erläßt im Einvernehmen mit dem Finanzminister der zuständige Minister.

§ 7.

Dieses Gesetz tritt mit seiner Verkündung in Kraft.

Das vorstehende vom Landtage beschlossene Gesetz wird hiermit verkündet. Die verfassungsmäßigen Rechte des Staatsrats sind gewahrt.

Berlin, den 24. März 1922.

Das Preußische Staatsministerium.
Braun. Severing.

---

[1]) Die Bekanntmachung ist inzwischen erfolgt, vgl. Anhang XIII Nr. 6 S. 362.

[2]) Inzwischen veröffentlicht. Vgl. Anhang XIII Nr. 7 S. 363.

IX. Gesetz,
betreffend vorläufige Regelung verschiedener Punkte des Gemeindebeamtenrechts.

Vom 8. Juli 1920 (GS. S. 383).

Die verfassunggebende Preußische Landesversammlung hat folgendes Gesetz beschlossen, das hiermit verkündet wird:

§ 1.

(1) Gemeinden und Gemeindeverbände im Sinne des Kommunalbeamtengesetzes vom 30. Juli 1899 (GS. S. 171) sind verpflichtet, die Besoldung ihrer hauptamtlich angestellten Beamten mit Rückwirkung vom 1. April 1920 ab dergestalt neu zu regeln, daß die Bezüge den Grundsätzen des Gesetzes, betreffend das Beamten-Diensteinkommensgesetz und Beamten-Altruhegehaltsgesetz, vom 7. Mai 1920 (GS. S. 191 und 260) entsprechen.

(2) Hinsichtlich der Gewährung der Kinderbeihilfe, der Berechnung des Ausgleichszuschlags und des Zuschusses an Altruhegehaltsempfänger und Althinterbliebene (§ 4 des Beamten-Altruhegehaltsgesetzes), der Gleichstellung des Ruhegehalts und der Hinterbliebenenbezüge der in der Zeit vom 1. April 1919 bis einschließlich 1. April 1920 mit den Bezügen der nach dem 1. April 1920 in den Ruhestand versetzten oder im Amte verstorbenen Beamten und deren Hinterbliebenen sowie hinsichtlich des Höchstsatzes des Ruhegehalts und des Witwengeldes sind die für die unmittelbaren Staatsbeamten geltenden Vorschriften maßgebend. Der Höchstsatz des Ruhegehalts und des Witwengeldes kann durch Satzung erhöht werden.

(3) Im übrigen sind die Bezüge als angemessen anzusehen, wenn sie den für die Festsetzung der Bezüge der unmittelbaren Staatsbeamten maßgebenden Gesichtspunkten unter Berücksichtigung der örtlichen Verhältnisse entsprechen.

(4) Diese Bestimmungen finden mit Ausnahme des Ruhegehalts und des Witwen- und Waisengeldes auf die nach Gemeindebeschluß (Beschluß des Gemeindeverbandes) den Beamten gleich zu achtenden ständig Angestellten und Anwärter Anwendung.

(5) Die Festsetzung der Bezüge hat nach Anhörung der Beamtenvertretung und erforderlichenfalls der beteiligten Beamtenorganisationen zu erfolgen.

§ 2.

(1) Die Gemeinden und Gemeindeverbände haben die Bezüge der Beamten und deren Hinterbliebenen und der den Beamten gleich zu achtenden ständig Angestellten und Anwärter sowie der Ruhegehaltsempfänger längstens

innerhalb 3 Monaten nach Inkrafttreten dieses Gesetzes mit Wirkung vom 1. April 1920 ab nach Maßgabe des § 1 neu zu regeln.

(2) Die hiernach zu erlassenden erstmaligen Besoldungsvorschriften sind der Aufsichtsbehörde vorzulegen. Die Aufsichtsbehörde ist berechtigt, binnen 4 Wochen nach Vorlage Einspruch zu erheben, wenn sie die Besoldungsvorschriften als mit den Bestimmungen des § 1 in Widerspruch stehend erachtet. Über den Einspruch entscheidet die Beschlußbehörde.

(3) Die Besoldungsvorschriften treten in Kraft, wenn nach erfolgter Vorlage die Aufsichtsbehörde erklärt hat, keinen Einspruch erheben zu wollen, oder die Frist zur Einspruchserhebung abgelaufen oder der Einspruch zurückgewiesen ist.

(4) Beschlußbehörde ist für Beamte der Landgemeinden und Amtsbezirke (Ämter, Landbürgermeistereien) der Kreisausschuß, im übrigen der Bezirksausschuß.

§ 3.

(1) Die Aufsichtsbehörden können in Fällen erheblicher Verletzung der im § 1 enthaltenen Bestimmungen verlangen, daß für die besoldeten Beamten, ständig Angestellten und Anwärter (§ 1) und die Empfänger von Ruhegehalt und Hinterbliebenenbezügen den Voraussetzungen des § 1 entsprechende Bezüge festgesetzt werden.

(2) In Fällen des Widerspruchs der Gemeinde oder des Gemeindeverbandes erfolgt die Festsetzung der Bezüge durch Beschluß der im § 2 Abs. 4 genannten Behörden.

§ 4.

(1) Den Militäranwärtern wird vom 1. April 1920 ab bei der ersten planmäßigen Anstellung im Dienst einer Gemeinde oder eines Gemeindeverbandes, einer Versicherungsanstalt für die Invalidenversicherung sowie eines ständischen oder solchen Instituts, das ganz oder zum Teil aus Mitteln des Reichs, des Staates oder der Gemeinden unterhalten wird, wenn sie im Heere oder in der Marine

a) 9 Jahre oder weniger gedient haben, die tatsächlich abgeleistete Dienstzeit bis zu einem Jahre,
b) über 9 Jahre gedient haben, außerdem die Militär- oder Marinedienstzeit, soweit sie und die nachfolgende Zivildienstzeit 9 Jahre übersteigt, mit der darüber hinausgehenden Zeit, höchstens aber mit weiteren 4 Jahren auf das Besoldungsdienstalter angerechnet.

(2) Die vor dem vollendeten 17. Lebensjahre liegende Militär- oder Marinedienstzeit bleibt außer Betracht, soweit es sich nicht um eine tatsächlich geleistete Kriegsdienstzeit handelt.

(3) Die Bestimmungen der Abs. 1 und 2 gelten für die Zeit vom 1. April 1920 auch für Militäranwärter, die bereits vor dem 1. April 1920 planmäßig angestellt sind, soweit sie am 1. April 1920 noch nicht in den Ruhestand versetzt oder verstorben sind.

§ 5.

Den Beamten, ständig Angestellten und Anwärtern (§ 1) wird für die Zeit vom 1. April 1914 ab die Kriegszeit nach Maßgabe der für die unmittelbaren Staatsbeamten jeweils geltenden Vorschriften auf das Diätarien-, Besoldungs- und Ruhegehaltsdienstalter angerechnet.

§ 6.

Die diesem Gesetz entgegenstehenden Bestimmungen treten außer Kraft.

§ 7.

Der Minister des Innern erläßt die zur Ausführung des Gesetzes erforderlichen Anordnungen.

§ 8.

Das Gesetz tritt mit seiner Verkündung in Kraft.

Berlin, den 8. Juli 1920.

Die Preußische Staatsregierung.

Braun. Haenisch. am Zehnhoff. Oeser. Severing.
Zugleich für den Finanzminister.

X. Gesetz,

betreffend die Fürsorge für Beamte infolge von Betriebsunfällen.

Vom 2. Juni 1902 (GS. S. 153), in der Fassung des Gesetzes vom 21. November 1922 (GS. S. 431).

Wir Wilhelm,

von Gottes Gnaden König von Preußen

verordnen mit Zustimmung der beiden Häuser des Landtags Unserer Monarchie, für den Umfang derselben, was folgt:

Artikel 1.

Das Gesetz, betreffend die Fürsorge für Beamte infolge von Betriebsunfällen, vom 18. Juni 1887 (GS. S. 282) erhält die nachstehende Fassung:

§ 1.

Unmittelbare Staatsbeamte, welche in reichsgesetzlich der Unfallversicherung unterliegenden Betrieben beschäftigt sind, erhalten, wenn sie infolge eines im Dienste erlittenen Betriebsunfalls dauernd dienstunfähig werden, als Pension sechsundsechzigzweidrittel Prozent ihres jährlichen Diensteinkommens.

Personen der vorbezeichneten Art erhalten, wenn sie infolge eines im Dienste erlittenen Betriebsunfalls nicht dauernd dienstunfähig geworden, aber in ihrer Erwerbsfähigkeit beeinträchtigt worden sind, bei ihrer Entlassung aus dem Dienste als Pension:

1. im Falle völliger Erwerbsunfähigkeit für die Dauer derselben den im ersten Absatze bezeichneten Betrag;
2. im Falle teilweiser Erwerbsunfähigkeit für die Dauer derselben denjenigen Teil der vorstehend bezeichneten Pension, welcher dem Maße der durch den Unfall herbeigeführten Einbuße an Erwerbsfähigkeit entspricht.

Ist der Verletzte infolge des Unfalls nicht nur völlig dienst- oder erwerbsunfähig, sondern auch derart hilflos geworden, daß er ohne fremde Wartung und Pflege nicht bestehen kann, so ist für die Dauer dieser Hilflosigkeit die Pension bis zu hundert Prozent des Diensteinkommens zu erhöhen.

Solange der Verletzte aus Anlaß des Unfalls tatsächlich und unverschuldet arbeitslos ist, kann in den Fällen des Abs. 2 Ziff. 2 die Pension bis zum vollen Betrage des Abs. 1 vorübergehend erhöht werden.

Steht dem Verletzten nach anderweiter gesetzlicher Vorschrift ein höherer Betrag zu, so erhält er diesen.

Nach dem Wegfalle des Diensteinkommens sind dem Verletzten außerdem die noch erwachsenden Kosten des Heilverfahrens (§ 9 Abs. 1 Nr. 1 des Gewerbe-Unfallversicherungsgesetzes, RGBl. 1900 S. 585) zu ersetzen.

§ 2.

Die Hinterbliebenen solcher im § 1 bezeichneten Personen, welche infolge eines im Dienste erlittenen Betriebsunfalls gestorben sind, erhalten:

1. als Sterbegeld, sofern ihnen nicht nach anderweiter Bestimmung Anspruch auf Gnadenquartal oder Gnadenmonat zusteht, den Betrag des einmonatigen Diensteinkommens oder der einmonatigen Pension des Verstorbenen;
2. eine Rente. Diese beträgt:
   a) für die Witwe bis zu deren Tode oder Wiederverheiratung, ebenso für jedes Kind bis zum Ablaufe des Monats, in welchem das achtzehnte Lebensjahr vollendet wird, oder bis zur etwaigen früheren Verheiratung zwanzig Prozent des jährlichen Diensteinkommens des Verstorbenen, jedoch für die Witwe nicht unter dreitausend Mark und nicht mehr als fünfundzwanzigtausend Mark monatlich, für jedes Kind nicht unter tausend Mark und nicht mehr als zehntausend Mark monatlich;
   b) für Verwandte der aufsteigenden Linie, wenn ihr Lebensunterhalt ganz oder überwiegend durch den Verstorbenen bestritten worden war, bis zum Wegfalle der Bedürftigkeit insgesamt zwanzig Prozent des Diensteinkommens des Verstorbenen, jedoch nicht unter einhundertundsechzig Mark und nicht mehr als eintausendsechshundert Mark; sind mehrere Berechtigte dieser Art vorhanden, so wird die Rente den Eltern vor den Großeltern gewährt;
   c) für elternlose Enkel, falls ihr Lebensunterhalt ganz oder überwiegend durch den Verstorbenen bestritten worden war, im Falle der Bedürftigkeit bis zum Ablaufe des Monats, in welchem das achtzehnte Lebensjahr vollendet wird, oder bis zur etwaigen früheren Verheiratung insgesamt zwanzig Prozent des Diensteinkommens des Verstorbenen, jedoch nicht unter einhundertundsechzig Mark und nicht mehr als eintausendsechshundert Mark.

Die Renten dürfen zusammen sechzig Prozent des Diensteinkommens nicht übersteigen. Ergibt sich ein höherer Betrag, so haben die Verwandten der aufsteigenden Linie nur insoweit einen Anspruch, als durch die Renten der Witwe und der Kinder der Höchstbetrag der Renten nicht erreicht wird, die Enkel nur soweit, als der Höchstbetrag der Renten nicht für Ehegatten, Kinder oder Verwandte der aufsteigenden Linie in Anspruch genommen wird. Soweit die Renten der Witwe und der Kinder den zulässigen Höchstbetrag überschreiten, werden die einzelnen Renten in gleichem Verhältnisse gekürzt.

Steht nach anderweiter gesetzlicher Vorschrift einem von den Hinterbliebenen ein höherer Betrag zu, so erhält er diesen.

Der Anspruch der Witwe ist ausgeschlossen, wenn die Ehe erst nach dem Unfalle geschlossen worden ist.

§ 3.

Die Fürsorge erstreckt sich auf die Folgen von Unfällen bei häuslichen und anderen Diensten, zu denen Personen der im § 1 bezeichneten Art neben der Beschäftigung im Betriebe, von ihren Vorgesetzten herangezogen werden.

§ 4.

Erreicht das jährliche Diensteinkommen nicht den dreihundertfachen Betrag des für den Beschäftigungsort festgesetzten ortsüblichen Tagelohns gewöhnlicher erwachsener Tagearbeiter (§ 8 des Krankenversicherungsgesetzes, RGBl. 1892 S. 417), so ist dieser Betrag der Berechnung zugrunde zu legen.

Bleibt der nach Abs. 1 zugrunde zu legende Betrag hinter dem Jahresarbeitsverdienste zurück, welchen während des letzten Jahres vor dem Unfalle Personen bezogen haben, welche mit Arbeiten derselben Art in demselben Betrieb oder in benachbarten gleichartigen Betrieben beschäftigt waren, so ist dieser Jahresarbeitsverdienst der Berechnung der Rente zugrunde zu legen.

Die Vorschriften der Reichsversicherungsordnung, wonach bei Bemessung der Unfallrente der Jahresarbeitsverdienst nur zu einem Teil angerechnet wird, gelten entsprechend.

Bleibt bei den nicht mit Pensionsberechtigung angestellten Beamten (§ 1) die nach vorstehenden Bestimmungen der Berechnung zugrunde zu legende Summe unter dem niedrigsten Diensteinkommen derjenigen Stellen, in welchen solche Beamte nach den bestehenden Grundsätzen zuerst mit Pensionsberechtigung angestellt werden können, so ist der letztere Betrag der Berechnung zugrunde zu legen.

§ 5.

Ist das der Berechnung der Hinterbliebenenrente zugrunde zu legende Diensteinkommen infolge eines früher erlittenen, nach den gesetzlichen Bestimmungen über Unfallversicherung oder Unfallfürsorge entschädigten Unfalls geringer, als der vor diesem Unfalle bezogene Lohn oder das vor diesem Unfalle bezogene Diensteinkommen, so ist die aus Anlaß des früheren Unfalls bei Lebzeiten bezogene Rente oder Pension dem Diensteinkommen bis zur Höhe des der früheren Entschädigung zugrunde gelegten Jahresarbeitsverdienstes oder Diensteinkommens hinzuzurechnen.

§ 6.

Der Bezug der Pension beginnt mit dem Wegfalle des Diensteinkommens, der Bezug der Hinterbliebenenrente mit dem Ablaufe des Gnadenquartals oder Gnadenmonats, oder, soweit solche nicht gewährt werden, mit dem Ablaufe derjenigen Zeit, für welche nach § 2 Abs. 1 Ziff. 1 das Diensteinkommen oder die Pension weiter bezogen ist.

Gehört der Verletzte auf Grund gesetzlicher oder statutarischer Verpflichtung einer Krankenkasse oder der Gemeinde-Krankenversicherung an, so wird bis zum Ablaufe der dreizehnten Woche nach dem Eintritte des Unfalls die Pension und der Ersatz der Kosten des Heilverfahrens um den Betrag der von der Krankenkasse oder der Gemeinde-Krankenversicherung geleisteten Krankenunterstützung gekürzt. Der Anspruch auf das Sterbegeld und vom Beginne der vierzehnten Woche ab auch der Anspruch auf die Pension sowie auf den Ersatz der Kosten des Heilverfahrens geht bis zum Betrage des von der Krankenkasse gezahlten Sterbegeldes bzw. bis zum Betrage der von dieser gewährten weiteren Krankenunterstützung auf die Krankenkasse über. Als Wert der freien ärztlichen Behandlung, der Arznei und der Heilmittel (§ 6 Abs. 1 Ziff. 1 des Krankenversicherungsgesetzes) gilt die Hälfte des gesetzlichen Mindestbetrags des Krankengeldes.

Fällt das Recht auf den Pensions- oder Rentenbezug im Laufe des Monats, für welchen die Pension oder Rente gezahlt war, fort, so ist von einer Rückforderung abzusehen. Wenn für einen Teil des Monats die Pension für den Verletzten mit der Rente für die Hinterbliebenen zusammentrifft, so haben die Hinterbliebenen den höheren Betrag zu beanspruchen.

§ 7.

Ein Anspruch auf die in den §§ 1 bis 3 bezeichneten Bezüge besteht nicht, wenn der Verletzte den Unfall vorsätzlich oder durch ein Verschulden herbeigeführt hat, wegen dessen auf Dienstentlassung oder auf Verlust des Titels und Pensionsanspruchs gegen ihn erkannt oder wegen dessen ihm die Fähigkeit zur Beschäftigung in einem öffentlichen Dienstzweig aberkannt worden ist.

Der Anspruch kann, auch ohne daß ein Urteil der bezeichneten Art ergangen ist, ganz oder teilweise abgelehnt werden, falls das Verfahren wegen des Todes oder der Abwesenheit des Betreffenden oder aus einem anderen in seiner Person liegenden Grunde nicht durchgeführt werden kann.

§ 8.

Ansprüche auf Grund dieses Gesetzes sind, soweit deren Feststellung nicht von Amts wegen erfolgt, bei Vermeidung des Ausschlusses vor Ablauf von zwei Jahren nach dem Eintritte des Unfalls bei der dem Verletzten unmittelbar vorgesetzten Dienstbehörde anzumelden. Die Frist gilt auch dann als gewahrt, wenn die Anmeldung bei der für den Wohnort des Entschädigungsberechtigten zuständigen unteren Verwaltungsbehörde erfolgt ist. In solchem Falle ist die Anmeldung unverzüglich an die zuständige Stelle abzugeben und der Beteiligte davon zu benachrichtigen.

Nach Ablauf dieser Frist ist der Anmeldung nur dann Folge zu geben, wenn zugleich glaubhaft bescheinigt wird, daß eine den Anspruch begründende Folge des Unfalls erst später bemerkbar geworden oder daß der Berechtigte von der Verfolgung seines Anspruchs durch außerhalb seines Willens liegende Verhältnisse abgehalten worden ist, und wenn die Anmeldung innerhalb dreier Monate, nachdem eine Unfallfolge bemerkbar geworden oder das Hindernis für die Anmeldung weggefallen, erfolgt ist.

Jeder Unfall, welcher von Amts wegen oder durch Anmeldung der Beteiligten einer vorgesetzten Dienstbehörde bekannt wird, ist sofort zu untersuchen. Den Beteiligten ist Gelegenheit zu geben, selbst oder durch Vertreter ihre Interessen bei der Untersuchung zu wahren.

§ 9.

Soweit vorstehend nichts anderes bestimmt ist, finden auf die nach §§ 1 bis 3 zu gewährenden Bezüge die für die Beteiligten geltenden Bestimmungen über die Pension und über die Fürsorge für Witwen und Waisen Anwendung. Auf die Bezüge von Verwandten der aufsteigenden Linie und von Enkeln finden diese Bestimmungen entsprechende Anwendung.

Die nach §§ 1 bis 3 dieses Gesetzes zu gewährenden Bezüge treten an die Stelle derjenigen Pension oder derjenigen Witwen- und Waisengelder, welche den Beteiligten auf Grund anderweiter gesetzlicher Vorschrift zustehen, soweit nicht die letzteren Beträge die nach Maßgabe dieses Gesetzes zu gewährenden Bezüge übersteigen (§ 1 Abs. 5 und § 2 Abs. 3).

§ 10.

Auf die Ansprüche, welche den in den §§ 1 und 2 bezeichneten Personen wegen eines im Dienste erlittenen Betriebsunfalls aus Preußischen Landesgesetzen zustehen, finden die für reichsgesetzliche Ansprüche geltenden Vorschriften der §§ 10 und 11 des Reichs-Unfallfürsorgegesetzes für Beamte und Personen des Soldatenstandes vom 18. Juni 1901 (RGBl. S. 211) entsprechende Anwendung.

Das gleiche gilt hinsichtlich der Ansprüche der Kommunalbeamten und ihrer Hinterbliebenen, für welche durch statutarische Festsetzung gegen die Folgen eines im Dienste erlittenen Betriebsunfalls eine den Vorschriften der §§ 1 bis 7 des genannten Reichsgesetzes mindestens gleichkommende Fürsorge getroffen ist.

§ 11.

Wenn gemäß den Bestimmungen der §§ 10 und 11 des genannten Reichsgesetzes ein Schadensersatzanspruch gegen Betriebsleiter, Bevollmächtigte oder Repräsentanten, Betriebs- oder Arbeiteraufseher zulässig ist, geht der Anspruch in Höhe der den Entschädigungsberechtigten auf Grund des gegenwärtigen Gesetzes oder anderweiter gesetzlicher Vorschriften (§§ 1 und 2) vom Staate zu zahlenden Beträge auf letzteren über.

Auf die Ansprüche der im § 10 Abs. 2 bezeichneten Personen findet diese Bestimmung entsprechende Anwendung.

§ 12.

Gegen das Reich stehen den in den §§ 1, 2 und 10 Abs. 2 bezeichneten Personen aus Preußischen Landesgesetzen weitergehende Ansprüche als auf die gedachten Bezüge nicht zu.

Derselben Beschränkung unterliegen die Ansprüche dieser Personen gegen andere Bundesstaaten und gegen Kommunalverbände, sofern für deren Beamte durch die Landesgesetzgebung bzw. statutarische Festsetzung gegen die Folgen eines im Dienste erlittenen Betriebsunfalls eine den Vorschriften der §§ 1 bis 7 mindestens gleichkommende Fürsorge getroffen ist und durch die Gesetzgebung des bezüglichen Bundesstaats weitergehende Ansprüche der Beamten und ihrer Hinterbliebenen aus den Landesgesetzen gegenüber dem Reiche sowie den Bundesstaaten und Kommunalverbänden ausgeschlossen sind.

§ 13.

Die in den §§ 1 und 2 des Reichs-Unfallfürsorgegesetzes vom 18. Juni 1901 aufgeführten Personen, desgleichen die Beamten anderer Bundesstaaten und der deutschen Kommunalverbände sowie deren Hinterbliebenen, für welche durch die Landesgesetzgebung bzw. durch statutarische Festsetzung gegen die Folgen eines im Dienste erlittenen Betriebsunfalls eine den Vorschriften der §§ 1 bis 7 mindestens gleichkommende Fürsorge getroffen ist, haben wegen eines Unfalls (§ 1) aus Preußischen Landesgesetzen einen Anspruch auf Ersatz des durch den Unfall erlittenen Schadens nur in Höhe der ihnen danach zukommenden Bezüge sowohl gegen das Reich und den Preußischen Staat, wie gegen diejenigen Preußischen Kommunalverbände, welche für die Beamten die Unfallfürsorge in dem vorgedachten Umfange getroffen haben. Derselben Beschränkung unterliegen die Ansprüche dieser Personen gegen andere Bundesstaaten außer Preußen und die nichtpreußischen Kommunalverbände unter der Voraussetzung, daß nach den Landesgesetzen des betreffenden Bundesstaats den durch entsprechende Unfallfürsorge sichergestellten Reichs-, Staats- und Kommunalbeamten sowie deren Hinterbliebenen weitergehende Ansprüche gegen das Reich, die Bundesstaaten und Kommunalverbände nicht zustehen.

Artikel 2.

Dieses Gesetz tritt mit dem Tage der Verkündung in Kraft.

Urkundlich usw.

XI. Reichsgesetz
zur Sicherung einer einheitlichen Regelung der Beamtenbesoldung.

Vom 21. Dezember 1920 (RGBl. S. 2117).
In der Fassung des Gesetzes vom 22. März 1923 (RGBl. I. S. 215).

Vorbemerkung.

Das sogenannte Besoldungssperrgesetz sollte nach der ursprünglichen Fassung am 1. April 1923 außer Kraft treten. Im März 1923 brachte die Reichsregierung eine Vorlage ein, die neben der Verlängerung der Geltungsdauer um drei Jahre eine wesentliche Verschärfung der Einschränkung der Besoldungsgesetzgebung der Länder vorsah. Der Reichstag hat jedoch zunächst nur eine Verlängerung um drei Monate beschlossen, um in der Zwischenzeit die weiteren Änderungen eingehend zu beraten. Mit einer nochmaligen Verlängerung der Geltungsdauer ist zu rechnen, ob jedoch auch die stärkere Einschränkung der Gesetzgebungsrechte der Länder und Gemeinden erfolgen wird, ist noch nicht zu übersehen.

Der Reichstag hat das folgende Gesetz beschlossen, das mit Zustimmung des Reichsrats hiermit verkündet wird:

§ 1.

Das Reichsbesoldungsgesetz vom 30. April 1920 und seine späteren Abänderungen und Ergänzungen sowie die Ausführungsbestimmungen hierzu sind für die Regelung der Beamtenbesoldung in den Ländern, Gemeinden und sonstigen öffentlichen Körperschaften in dem Sinne bindend, daß die Dienstbezüge ihrer hauptamtlichen Beamten und Lehrer nicht günstiger geregelt werden dürfen als die gleichzubewertender Reichsbeamten. Bei dieser Regelung sind alle Umstände zu berücksichtigen, die für die Bewertung der Eigenart des betreffenden Beamtenberufs im allgemeinen und der zu beurteilenden Stellen im besonderen in Betracht kommen.

Eine günstigere Regelung ist nur beim Vorliegen besonderer Verhältnisse und aus besonderen Gründen zulässig.

§ 2.

Eine günstigere Regelung im Sinne des § 1 liegt insbesondere vor bei einer Festsetzung höherer Grundgehälter, Ortszuschläge, Kinderzuschläge oder Teuerungszuschläge, bei einer Eingliederung in höhere Besoldungsgruppen oder Dienstaltersstufen, bei einer Bewilligung höherer Zulagen, Nebenbezüge, einmaliger Teuerungszulagen. Beschaffungsbeihilfen oder ähnlicher Bezüge, bei Einstellung einer größeren Zahl von Beförderungsstellen in den Fällen, in denen die planmäßigen Stellen einer Dienstlaufbahn sich auf verschiedene Besoldungsgruppen verteilen und das Reich der Bemessung der Zahl der Stellen in den höheren Besoldungsgruppen ein bestimmtes Verhältnis zugrunde gelegt hat, oder bei sonstigen Abweichungen von den für Reichsbeamte geltenden Besoldungsgrundsätzen zugunsten der Beamten und Lehrer der Länder, Gemeinden oder sonstigen öffentlichen Körperschaften.

Nicht betroffen werden außerordentliche Bewilligungen an einzelne Beamte und Lehrer aus besonderen Gründen sowie Gewinn- und Umsatzanteile für Beamte in werbenden Betrieben.

§ 3.

Die Länder, Gemeinden und sonstigen öffentlichen Körperschaften haben die zur Zeit der Verkündung dieses Gesetzes geltenden, nach dem 31. März 1920 erlassenen oder in Kraft getretenen Vorschriften über Dienstbezüge ihrer Beamten und Lehrer innerhalb dreier Monate nach der Verkündung dieses Gesetzes nach diesen Vorschriften mit Wirkung vom 1. April 1920 ab neu zu regeln, soweit jene Vorschriften günstiger sind, als nach diesem Gesetze zulässig ist. Beamte und Lehrer, die vor der Neuregelung einen Rechtsanspruch auf höhere Dienstbezüge erworben hatten, als sie ihnen nach der Neuregelung zustehen würden, behalten ihre wohlerworbenen Rechte.

Die Frist von drei Monaten kann aus besonderen Gründen im einzelnen Falle vom Reichsrat oder der von ihm bestimmten Behörde bis zur Dauer von sechs Monaten verlängert werden.

§ 4.

Neue Vorschriften der Länder über Dienstbezüge ihrer Beamten und Lehrer einschließlich der nach § 3 erfolgten Neuregelungen sowie der Fälle, in denen die zuständigen Landesbehörden oder ein Landesschiedsgericht für Beamte und Lehrer der Gemeinden und sonstigen öffentlichen Körperschaften einer günstigeren Regelung zugestimmt haben (§ 1 Abs. 2, § 9 Abs. 1, 3) sind von den zuständigen Landesbehörden dem Reichsminister der Finanzen mitzuteilen. Hierbei ist anzugeben, ob und inwiefern diese Vorschriften günstigere Regelungen im Sinne des § 1 Abs. 2 enthalten.

Hält ein Land eine Neuregelung (§ 3) einer nach dem 31. März 1920 erlassenen oder in Kraft getretenen Vorschrift über Dienstbezüge von Beamten oder Lehrern nicht für geboten, so ist diese Vorschrift gleichfalls gemäß Abs. 1 dem Reichsminister der Finanzen mitzuteilen.

§ 5.

Der Reichsminister der Finanzen kann gegen Vorschriften der Länder über Dienstbezüge ihrer Beamten und Lehrer, wenn und soweit diese Vorschriften nach seiner Auffassung eine günstigere Regelung vorsehen, als nach diesem Gesetze zulässig ist, binnen vier Wochen nach der gemäß § 4 an ihn erfolgten Mitteilung Einspruch bei der Regierung des beteiligten Landes erheben.

In gleicher Weise kann er gegen die Zustimmung der zuständigen Landesbehörden oder eines Landesschiedsgerichts zu einer günstigeren Regelung einer Gemeinde oder einer sonstigen öffentlichen Körperschaft Einspruch erheben.

§ 6.

Hat der Reichsminister der Finanzen Einspruch erhoben, so können die Regierung des beteiligten Landes, die Gemeinden oder die sonstigen öffentlichen Körperschaften über die Frage, ob und inwieweit die durch den Einspruch betroffenen Vorschriften nach diesem Gesetze zulässig sind, binnen vier Wochen nach Einlegung des Einspruchs die Entscheidung des Reichsverwaltungsgerichts anrufen.

Dasselbe Recht steht binnen einer Frist von sechs Wochen dem Reichsminister der Finanzen zu.

§ 7.

Bis zur Errichtung des Reichsverwaltungsgerichts tritt an seine Stelle ein Reichsschiedsgericht.

Das Reichsschiedsgericht entscheidet in der Besetzung von einem Vorsitzenden und sechs Beisitzern.

Vorsitzender des Reichsschiedsgerichts ist der Präsident des Reichsgerichts oder ein von ihm bestelltes Mitglied dieses Gerichts.

Zwei ständige Beisitzer und ihre Stellvertreter werden von dem Präsidenten des Reichsgerichts ernannt; sie müssen zum Richteramt oder höheren Verwaltungsdienste befähigt sein. Von den übrigen Beisitzern werden je zwei von dem Reichsminister der Finanzen und dem beteiligten Lande von Fall zu Fall berufen. Das Land ernennt einen der beiden von ihm zu berufenden Beisitzer aus der Zahl der beteiligten Beamten nach Anhörung der Beamtenorganisationen.

Ernennt das Land binnen einer Frist von wenigstens vier Wochen nach Aufforderung durch den Vorsitzenden des Reichsschiedsgerichts die Beisitzer nicht, so werden sie von dem Vorsitzenden des Reichsschiedsgerichts unter Beobachtung der vorstehenden Bestimmungen ernannt.

Die Vorschriften über das Verfahren vor dem Reichsschiedsgericht erläßt der Vorsitzende des Reichsschiedsgerichts.

§ 8.

Ändert das Land — im Falle des § 5 Abs. 2 das Land, die Gemeinde oder die sonstige öffentliche Körperschaft — nach dem Ergehen einer Entscheidung des Reichsverwaltungsgerichts oder des Reichsschiedsgerichts die Vorschriften, gegen die Einspruch erhoben ist, ab, so sind die abgeänderten Vorschriften gemäß § 4 dem Reichsminister der Finanzen mitzuteilen.

Der Reichsminister der Finanzen kann binnen vierzehn Tagen nach dieser Mitteilung wiederum Einspruch erheben, wenn und soweit nach seiner Auffassung die abgeänderten Vorschriften eine günstigere Regelung vorsehen, als nach der Entscheidung des Reichsverwaltungsgerichts oder des Reichsschiedsgerichts zulässig ist.

§§ 6, 7 gelten sinngemäß; an Stelle der im § 6 Abs. 1 genannten Frist von vier Wochen tritt eine solche von vierzehn Tagen, an Stelle der im § 6 Abs. 2 genannten Frist von sechs Wochen eine solche von vier Wochen.

§ 9.

Neue Vorschriften der Gemeinden oder sonstigen öffentlichen Körperschaften über Dienstbezüge ihrer Beamten und Lehrer einschließlich der nach § 3 erfolgten Neuregelungen und der nach Ergehen einer Entscheidung des Reichsverwaltungsgerichts (§ 6), des Reichsschiedsgerichts (§ 7) oder eines Landesschiedsgerichts (§ 9 Abs. 3) vorgenommenen Abänderungen dürfen nicht in Kraft gesetzt werden, bevor sie durch die obersten Landesbehörden, die für die Aufsicht über die Gemeinde oder sonstige öffentliche Körperschaft und für das Beamtenbesoldungswesen zuständig sind, oder durch die von ihnen bestimmten Behörden genehmigt sind.

Die nach Abs. 1 zuständigen Landesbehörden sind berechtigt und verpflichtet, die nach dem 31. März 1920 erlassenen oder in Kraft getretenen Vorschriften der Gemeinden und sonstigen öffentlichen Körperschaften über Dienstbezüge ihrer Beamten und Lehrer, soweit sie günstiger sind, als nach diesem Gesetz zulässig ist, mit Wirkung vom 1. April 1920 ab zu ändern, falls die Gemeinde oder sonstige öffentliche Körperschaft der ihr durch § 3 auferlegten Verpflichtung nicht innerhalb der dort bezeichneten Frist nachgekommen ist. § 3 Abs. 1 Satz 2 findet Anwendung.

Versagt eine zuständige Landesbehörde die nach Abs. 1 erforderliche Genehmigung oder ändert sie eine Vorschrift nach Abs. 2 ab, so kann die Gemeinde oder sonstige öffentliche Körperschaft über die Frage, ob und inwieweit die von ihr erlassenen Vorschriften nach diesem Gesetze zulässig sind, die Entscheidung eines Landesschiedsgerichts anrufen. Die örtliche Zuständigkeit eines Landesschiedsgerichts kann sich auf Teile eines Landesgebiets beschränken, sie kann sich auch über Gebiete mehrerer Länder erstrecken.

Die zur Durchführung vorstehender Anordnungen erforderlichen gesetzlichen Maßnahmen werden von den Ländern getroffen. Die Vorschriften über die Landesschiedsgerichte sind den §§ 6 bis 8 dieses Gesetzes anzupassen.

Bei öffentlichen Körperschaften, die der Aufsicht von Reichsbehörden unterstehen, treten an Stelle der zuständigen Landesbehörden die für die oberste Aufsicht zuständige Reichsbehörde und der Reichsminister der Finanzen.

§ 10.

Neue Vorschriften der Länder über Dienstbezüge ihrer Beamten und Lehrer einschließlich der nach § 3 erfolgten Neuregelungen und der nach Ergehen einer Entscheidung des Reichsverwaltungsgerichts oder des Reichsschiedsgerichts vorgenommenen Abänderungen dürfen nicht in Kraft gesetzt werden, bevor sie von den zuständigen Landesbehörden dem Reichsminister der Finanzen gemäß § 4 mitgeteilt sind und bevor

a) entweder seit der ersten Mitteilung (§ 4 Abs. 1) vier Wochen oder seit der wiederholten Mitteilung (§ 8 Abs. 1) vierzehn Tage verstrichen sind, ohne daß der Reichsminister der Finanzen Einspruch erhoben hat, oder

b) das Reichsverwaltungsgericht oder das Reichsschiedsgericht die Vorschriften für zulässig erklärt hat.

Abs. 1 gilt entsprechend, wenn die zuständigen Landesbehörden oder ein Landesschiedsgericht einer günstigeren Regelung einer Gemeinde oder sonstigen öffentlichen Körperschaft zugestimmt haben (§ 1 Abs. 2, § 9 Abs. 1, 3).

§ 11.

Die im § 10 bezeichneten Vorschriften können mit Zustimmung des Reichsministers der Finanzen früher, als im § 10 vorgesehen ist, in Kraft gesetzt werden.

Soweit die hiernach in Kraft getretenen Vorschriften nach Entscheidung des Reichsverwaltungsgerichts oder des Reichsschiedsgerichts nicht zulässig sind, sind die Länder, Gemeinden und sonstigen öffentlichen Körperschaften verpflichtet, die Vorschriften mit rückwirkender Kraft nach Maßgabe der Entscheidung zu ändern. § 8 findet Anwendung.

Abs. 2 gilt sinngemäß, wenn der Reichsminister der Finanzen gegen eine ihm nach § 4 Abs. 2 mitgeteilte Vorschrift Einspruch erhoben und das Reichsverwaltungsgericht oder das Reichsschiedsgericht entschieden hat.

§ 12.

Werden Beamte oder Lehrer durch Anwendung dieses Gesetzes in ihren Dienstbezügen rückwirkend schlechter gestellt, so sind die zuviel erhaltenen Beträge nicht zurückzuzahlen.

§ 12 a.

Soweit Vorschriften der Länder, Gemeinden und sonstigen öffentlichen Körperschaften, die vor dem 1. April 1923 erlassen worden sind oder noch erlassen werden, erst nach dem 31. März 1923 in Kraft treten, beginnen die Fristen der §§ 5, 6, 8 nicht vor dem 1. April 1923 zu laufen.

§ 13.

Dieses Gesetz gilt sinngemäß auch für Wartegelder, Pensionen und Hinterbliebenenbezüge.

§ 14.

Dieses Gesetz tritt mit Ausnahme des § 13 mit Wirkung vom 1. April 1920 in Kraft. Den Zeitpunkt des Inkrafttretens des § 13 bestimmt der Reichsminister der Finanzen. *)

§ 15.

Dieses Gesetz tritt mit dem 1. Juli 1923 außer Kraft.

Berlin, den 21. Dezember 1920.

Der Reichspräsident
Ebert.

Der Reichsminister der Finanzen
Dr. Wirth.

*) Gemäß der Verordnung des Reichsministers der Finanzen vom 1. März 1921 (RGBl. S. 208) ist der § 13 mit Rückwirkung vom 1. April 1920 an in Kraft getreten.

XII. Gesetz
zur Änderung der Vorschriften über die Pfändbarkeit von Gehaltsansprüchen.

Vom 26. Oktober 1922.

(Reichsgesetzblatt Teil I S. 805.)

Der Reichstag hat das folgende Gesetz beschlossen, das mit Zustimmung des Reichsrats hiermit verkündet wird:

Artikel I.

§ 850 der Zivilprozeßordnung in der Fassung des Gesetzes, betreffend die Pfändbarkeit von Gehaltsansprüchen, vom 23. Dezember 1921 (RGBl. S. 1658) wird dahin geändert:

Der Abs. 2 erhält folgende Fassung:

> Übersteigen in den Fällen von Nr. 7 bis 9 das Diensteinkommen, die Pension oder die sonstigen Bezüge die Summe von einhundertundzwanzigtausend Mark [1]) für das Jahr, so ist der dritte Teil des Mehrbetrages der Pfändung unterworfen. Die Beihilfen und Zulagen, die den im Abs. 1 Nr. 7 bis 9 bezeichneten Personen mit Rücksicht auf das Vorhandensein unterhaltsberechtigter Angehöriger gewährt werden, sind weder der Pfändung unterworfen noch der Ermittlung, ob und zu welchem Betrag ein Bezug der Pfändung unterliegt, zu berechnen. Das Gleiche gilt für die Einkünfte, die zur Bestreitung eines Dienstaufwandes bestimmt sind.

Der Abs. 4 Satz 1 erhält folgende Fassung:

> Das Diensteinkommen, die Pension und die sonstigen Bezüge der im Abs. 1 Nr. 7 bis 9 genannten Personen, einschließlich der im Abs. 2 Satz 2 bezeichneten Beihilfen und Zulagen, sowie die im Abs. 3 bezeichneten Geldrenten sind unbeschränkt pfändbar, wenn die Pfändung wegen der den Verwandten, dem Ehegatten und dem früheren Ehegatten für die Zeit nach Erhebung der Klage und für das diesem Zeitpunkt vorausgehende letzte Vierteljahr kraft Gesetzes zu entrichtenden Unterhaltsbeiträge beantragt wird.

Artikel II.

In den Fällen einer wesentlichen Änderung der wirtschaftlichen Verhältnisse kann die Reichsregierung nach Anhörung des zuständigen Ausschusses des Reichstages mit Zustimmung des Reichsrats die im § 850 Abs. 2 der Zivilprozeßordnung bestimmte Wertgrenze anderweitig festsetzen.

Artikel III.

Das Gesetz tritt mit der Verkündung in Kraft.

Eine vor dem Inkrafttreten dieses Gesetzes erfolgte Pfändung verliert insoweit ihre Wirkung, als sie nach diesem Zeitpunkt unzulässig sein würde.

Das Gesetz findet auf die Bezüge der im § 850 Abs. 1 Nr. 7 bis 9 der Zivilprozeßordnung bezeichneten Art, die auf die Zeit seit dem 1. Oktober 1922 entfallen, mit der Maßgabe Anwendung, daß Zahlungen, die der Drittschuldner auf Grund der bisherigen Vorschriften geleistet hat, wirksam bleiben.

Die Vorschriften der Abs. 2 und 3 finden auf die Aufrechnung, Abtretung und Verpfändung entsprechende Anwendung.

Berlin, den 26. Oktober 1922.

Der Reichspräsident
Ebert.

Der Reichsminister der Justiz
Dr. Radbruch.

---

1) Diese Grenze ist gemäß der Ermächtigung des Artikels II durch die Verordnung vom 23. Februar 1923 (RGBl. I S. 153) mit Wirkung vom 1. März 1923 auf 600000 Mark erhöht worden.

XIII. Ministerial-Erlasse.

Die Preußischen Besoldungsvorschriften.

Vorbemerkung.

Die Preußischen Besoldungsvorschriften vom 8. Juli 1921 (FinMinBl. Nr. 14) sind im Anschluß an die Neufassung des Beamtendiensteinkommensgesetzes vom 1. April 1923 ebenfalls in neuer Fassung herausgegeben worden. Der Aufbau ist derselbe geblieben. Doch sind ganze Gebiete wie die Vorschriften über die Anrechnungsbeträge für Dienstwohnungen und über die Kinder- und Frauenbeihilfe vollkommen umgestaltet und auch im einzelnen viele Abänderungen und Ergänzungen vorgenommen worden. Auf die wichtigsten verweist der nachstehend vorweg abgedruckte Begleiterlaß des Finanzministers.

Da das Besoldungsrecht schon vor einer etwaigen allgemeinen Neuregelung wie bisher von Zeit zu Zeit in Einzelpunkten gewisse Abänderungen erfahren wird, werden auch weiter Ergänzungen der Preußischen Besoldungsvorschriften notwendig werden. Immerhin sind diese zu einem gewissen Abschluß gekommen. Es ist daher zu erwarten, daß sie auf längere Zeit für die mit Besoldungssachen beschäftigten Behörden und Beamten praktischen Wert behalten werden.

Verfügung des Finanzministers vom 19. Mai 1923, betr. Ausführungsbestimmungen zum Beamten-Diensteinkommensgesetz (Preußische Besoldungsvorschriften) — PBV. — (Bes. 1479/23. III. 6. 150. M. d. J. Ia. I. 7387. II).

(FinMinBl. Nr. 11.)

Infolge der Änderungen, die das Beamten-Diensteinkommensgesetz vom 17. Dezember 1920 durch das Gesetz vom 17. April 1923 (GS. S. 99) erfahren hat, ist zugleich eine Abänderung der Ausführungsbestimmungen dazu — der Preußischen Besoldungsvorschriften (PBV.) — notwendig geworden. Dabei sind auch die Entscheidungen des Reichsschiedsgerichts auf die Einsprüche des Reichsministers der Finanzen auf Grund des Besoldungssperrgesetzes sowie die Ergänzungen der Reichsbesoldungsvorschriften und die Sondererlasse zu einzelnen Vorschriften der PBV. berücksichtigt worden.

Auf folgende Änderungen weise ich besonders hin:

1. Ziff. 27 Abs. 1 Satz 1 und 2: Betr. die Anrechnung der Militär- und Marinedienstzeit sowie der Anwärterdienstzeit der Militäranwärter auf das BDA.

2. Ziff. 29: Wiedereinfügung des durch den Ersten Nachtrag vom 8. März 1922 gestrichenen Absatzes 3.

3. Ziff. 50 und 51: Die unter Anmerkung 2 und 3 zur Besoldungsgruppe 4 fallenden Beamten behalten — ebenso wie bishe schon die Kanzleiassistenten (Anmerkung 1 zur Besoldungsgruppe 4) — in der Gruppe 5 das unverkürzte BDA. der Gruppe 4.

4. Ziff. 80: Betr. das BDA. der Landjägereibeamten sowie der Polizei- und Kriminalbetriebsassistenten.

5. Ziff. 97 bis 102: Betr. Anrechnungsbetrag für Dienstwohnungen.

6. Abschn. II (Ziff. 107 bis 122 d), betr. Kinderbeihilfen.

7. Abschn. III (Ziff. 124 a), betr. Frauenbeihilfe.

Es wird ersucht, künftig nach den Vorschriften der PBV. in der beiliegenden neuen Fassung zu verfahren und insbesondere die Neufestsetzung des BDA. auf Grund der Ziff. 27 Abs. 1, 50, 51 und 80 sowie die gegebenenfalls notwendig werdenden Änderungen in der Zahlung der Kinder- und Frauenbeihilfe sofort vorzunehmen. Soweit bei der Neufestsetzung des BDA. eine Kürzung der bisherigen Bezüge notwendig wird, genehmige ich, daß die überzahlten Beträge in Ausgabe belassen bleiben und die gekürzten Beträge erst vom 1. Juli 1923 an gezahlt werden. Wo sich eine Verbesserung ergibt, sind die Mehrbeträge mit Wirkung vom 1. April 1922 an nachzuzahlen.

Zugleich im Namen des Ministers des Innern.

Der Finanzminister.

J. V.: Weber.

1. Ausführungsbestimmungen zum Beamten-Diensteinkommensgesetz (BDEG.) vom $\frac{\text{17. Dezember 1920 \quad GS. 1921 S. 135}}{\text{1. April 1923 \quad GS. 1923 S. 167}}$ (Preußische Besoldungsvorschriften — PBV.).

Inhaltsübersicht.

	Ziffer
Erster Teil. Dienstbezüge	1—175 a
Erster Abschnitt. Planmäßige Beamte	1—124 a
I. Grundgehalt und Ortszuschlag	2—106
1. Grundgehalt	2—85 d
A. Allgemeines	2—5
B. a) Dienstaltersstufen	6—9
b) Gnadenvierteljahr	9 a
C. Besoldungsdienstalter (BDA.)	10—85 d
a) Allgemeines	10—19
b) Anrechnung von nichtplanmäßiger Dienstzeit auf das BDA.	20—24
c) Anrechnung von Zeit praktischer Beschäftigung auf das BDA.	25—26
d) Anrechnung von Militär- und Marinedienstzeit der Militäranwärter auf das BDA.	27—35

	Ziffer
e) Bemessung des BDA. beim Übertritt ehemaliger aktiver Offiziere des Heeres und der Marine sowie der Schutztruppen in preußische Beamtenstellen .	36
f) Bemessung des BDA. beim Eintritt in eine neue Besoldungsgruppe	37—43
g) Bemessung des BDA. bei den am 1. April 1920 im Dienst befindlichen Beamten	44—54
h) Bemessung des BDA. beim Wiedereintritt ausgeschiedener Beamten in den Staatsdienst . .	55—57
i) Bemessung des BDA. beim Übertritt aus dem Reichsdienst oder dem Dienst eines der Länder .	58—61
k) Bemessung des BDA. in besonderen Fällen .	62—85 d
Bemessung des BDA. bei Versetzung auf Grund eines Disziplinarurteils	62
Erste planmäßige Anstellung in einer Beförderungsgruppe	63
Berücksichtigung von Ausbildungszeit auf einer Fachschule	64
Berücksichtigung von Kriegsdienstzeit	65—72
Berücksichtigung der Erfüllung der gesetzlichen Dienstpflicht vor dem Kriege	73
Anstellung von Geistlichen im unmittelbaren Staatsdienst	74
Anstellung seminarisch gebildeter Lehrer im staatlichen Schul- oder Schulaufsichtsdienst . . .	75
Anstellung akademisch gebildeter Lehrer, die aus dem Volksschuldienst hervorgegangen sind, im staatlichen Schuldienst	75 a
Berücksichtigung sonstiger Lehrerdienstzeit . . .	76
Übertritt von Lehrpersonen an Fach- und Fortbildungsschulen aus dem nichtstaatlichen in den Staatsdienst	77—78
Anstellung nicht vollbesoldeter Kreisärzte und Kreistierärzte als vollbesoldete Kreisärzte und Kreistierärzte und als Regierungs- und Medizinalräte und Regierungs- und Veterinärräte .	79
Bemessung des BDA. der Beamten der Landjägerei	80
Bemessung des BDA. der Beamten der Schutzpolizei	81
Anrechnung der Bibliotheksdienstzeit für Bibliothekssekretäre und Bibliothekssekretärinnen . .	82
Günstigste Berechnung des BDA.	83
Schlußvorschriften	84—85 d
2. Ortszuschlag	86—102
A. Allgemeines	86—89
B. Ortszuschlaggruppen	90—92
C. Ortsklassen	93—96
D. Dienstwohnung	97—102
3. Sondervergütungen, Nebenbezüge und sonstige Vergünstigungen	103—106

	Ziffer
II. Kinderbeihilfen	107—122 d
A. Zu berücksichtigende Kinder und Höhe der Kinderbeihilfen	107—120
B. Beginn, Änderung und Wegfall der Kinderbeihilfen	121—122 d
III. Ausgleichszuschlag	123—124 a
Zweiter Abschnitt. Nichtplanmäßige Beamte	125—175 a
I. Grundvergütung und Ortszuschlag	126—173
1. Grundvergütung	126—166
A. Allgemeines	126—130
B. Dienstaltersstufen	131—136
C. Anwärterdienstalter (AnwDA.) und Anwärterdienstzeit (AnwDZ.)	137—162
I. Allgemeines	137—139
II. Berechnung des AnwDA. und der AnwDZ.	140—162
a) Beginn	140—146
b) Verlauf	147—149
c) Anrechnung von Militär- u. Marinedienstzeit	150
d) Anrechnung einer der Übernahme ins Anwärterverhältnis unmittelbar voraufgegangenen Dienstzeit als Angestellter oder Hilfsbeamter	151—158
e) Berücksichtigung von Ausbildungszeit auf einer wissenschaftlichen Hochschule	159
f) Anrechnung sonstiger Beschäftigungszeiten	160—161
g) Kürzung des AnwDA. und der AnwDZ.	162
D. Besondere Fälle	163—167
2. Ortszuschlag und Dienstwohnung	167—172
3. Sondervergütungen, Nebenbezüge und sonstige Vergünstigungen	173
II. Kinderbeihilfen	174
III. Ausgleichszuschlag	175 u. 175 a
Zweiter Teil. Zahlungsvorschriften	176—177
Dritter Teil. Schlußvorschriften	178—182

Anlagen:

1. Gehaltstafel.
2. Ortszuschlagtafel.
3. Nachweisung der Dienstbezüge für die nichtplanmäßigen unmittelbaren Staatsbeamten.
4. Beispiele.

Zur Ausführung des Beamten-Diensteinkommensgesetzes vom $\frac{\text{17. Dez. 1920}}{\text{1. April 1923}}$ — $\frac{\text{GS. 1921 S. 135}}{\text{GS. 1923 S. 167}}$ — werden unter Beseitigung aller bisher erlassenen entgegenstehenden Ausführungsbestimmungen mit Zustimmung des Staatsministeriums nach Anhörung des Staatsrats folgende Preußische Besoldungsvorschriften (PBV.) erlassen:

Erster Teil: **Dienstbezüge.**

Erster Abschnitt: **Planmäßige Beamte.**

1. Die planmäßigen Beamten erhalten:

I. Grundgehalt und Ortszuschlag (§§ 1 bis 7 BDEG.) sowie in besonderen Fällen:

Sondervergütungen, Nebenbezüge und sonstige Vergünstigungen (§§ 8 bis 10 BDEG.).

II. Kinderbeihilfen (§ 17 BDEG.).

III. Ausgleichszuschlag (§ 18 BDEG.).

I.

1. Grundgehalt.

A. Allgemeines.

2. (1) Das Grundgehalt bemißt sich nach der Besoldungsordnung (BO.) Anl. 1 des BDEG. Eine Zusammenstellung der Grundgehaltssätze enthält die diesen Besoldungsvorschriften beigegebene Gehaltstafel.

(2) Die Zahlung des Grundgehalts beginnt mit dem Tage der planmäßigen Anstellung (vergl. Ziff. 12 und 13).

3. Beamten, die gleichzeitig mehrere in der BO. vorgesehene Stellen bekleiden, wird das Grundgehalt nur einmal gewährt, und zwar für diejenige Stelle, für die das höhere Grundgehalt vorgesehen ist (§ 1 Abs. 3 BDEG.).

4. Beamte, die infolge der Umbildung der Staatsbehörden oder infolge Abtretung von Gebieten oder Staatswerken aus dienstlichen Rücksichten in Stellen einer Besoldungsgruppe mit geringeren Grundgehaltssätzen verwendet werden, erhalten während der Dauer dieser Verwendung das Grundgehalt, das sie in ihrer früheren Stelle nach den Vorschriften des BDEG. bezogen hätten (§ 25 Abs. 4 BDEG.).

5. Weibliche Beamte in den in der BO. mit einem † bezeichneten Stellen erhalten die Grundgehaltssätze um 10 v. H. gekürzt. Auf die Berechnung des Ortszuschlags ist die Kürzung des Grundgehalts ohne Einfluß.

B.

a) **Dienstaltersstufen.**

6. (1) Das Grundgehalt, soweit es nicht ein Einzelgehalt ist, steigt nach Dienstaltersstufen von zwei zu zwei Jahren bis zur Erreichung des Höchstgehalts (§ 2 Abs. 1 BDEG.). Ob bei längerer Beurlaubung ohne Gehalt das Besoldungsdienstalter um die Zeit des Urlaubs zu kürzen ist, entscheidet der Fachminister vor Erteilung des Urlaubs. Wird das BDA. gekürzt, so bleibt die Zeit des Urlaubs bei Berechnung der zweijährigen Zeiträume außer Betracht.

(2) Die höheren Grundgehaltssätze werden jeweils vom Ersten des Kalendermonats an gezahlt, in den der Eintritt in die neue Dienstaltersstufe fällt. Sie sind schon vom Tage der ersten planmäßigen Anstellung ab (Ziff. 12 und 13) zu gewähren, wenn der Beamte auf Grund der Anrechnung früherer Dienstzeit oder Beschäftigung eine höhere Gehaltsstufe bereits erreicht hat oder spätestens im Laufe des Anstellungsmonats erreichen würde.

7. (1) Auf das Aufrücken im Grundgehalt haben die planmäßigen Beamten einen Rechtsanspruch. Der Anspruch ruht, solange ein förmliches Disziplinarverfahren oder wegen eines Verbrechens oder Vergehens ein Hauptverfahren oder eine Voruntersuchung schwebt. Führt das Verfahren zum Verluste des Amtes, so findet eine Nachzahlung des zurückbehaltenen Mehrgehalts nicht statt (§ 2 Abs. 2 BDEG.). Andernfalls sind die vorenthaltenen Beträge nachzuzahlen.

(2) Führt ein strafgerichtliches Verfahren zur Verurteilung wegen eines Verbrechens oder Vergehens und wird binnen eines Monats nach Abschluß des strafgerichtlichen Verfahrens wegen der nämlichen Tatsache ein förmliches Disziplinarverfahren eingeleitet, so ruht der Anspruch auf Gewährung von Dienstalterszulage auch während der Zwischenzeit.

8. Ist der höhere Grundgehaltssatz (und Ortszuschlag) nicht rechtzeitig angewiesen, so sind die Beträge nachzuzahlen, die der Beamte bei rechtzeitiger Anweisung mehr erhalten hätte.

9. Die vor dem Ausscheiden oder vor dem Ableben eines Beamten fällig gewordenen Mehrbeträge an Grundgehalt (und Ortszuschlag) sind, soweit sie nicht rechtzeitig angewiesen sind, dem Beamten oder den Erben in Höhe desjenigen Betrags nachzuzahlen, den der Beamte bei rechtzeitiger Anweisung mehr erhalten hätte.

b) Gnadenvierteljahr.

9 a. (1) Soweit den Hinterbliebenen nach dem 1. April 1922 verstorbener Beamten Gnadenbezüge zustehen, sind bei ihrer Bemessung Änderungen zu berücksichtigen, die sich in der Zeit zwischen dem Tode des Beamten und dem Ablauf des Gnadenvierteljahres durch Änderung der Grundgehälter, Ortszuschläge, Kinderbeihilfen, der Ausgleichszuschläge einschließlich der Frauenbeihilfe, durch Änderung der Zahl der für die Gewährung von Kinderbeihilfen zu berücksichtigenden Kinder und durch Änderung der sonstigen für die Gewährung und die Höhe von Kinderbeihilfen bestehenden Voraussetzungen ergeben. Alle sonstigen Änderungen bleiben außer Betracht. Die Frauenbeihilfe wird aus einem anderen Grunde als dem der allgemeinen Neufestsetzung nicht geändert.

(2) Eine nachträgliche Herabsetzung der Gnadenbezüge findet nicht statt.

C. Besoldungsdienstalter (BDA.).

a) Allgemeines.

10. Der Tag, auf den das BDA. eines planmäßigen Beamten mit aufsteigendem Gehalte festgesetzt wird, bezeichnet den Zeitpunkt, welcher der Berechnung der dem Beamten in seiner Besoldungsgruppe zukommenden Gehaltsstufe zugrunde gelegt wird. Von diesem Zeitpunkt an sind die Zeitabschnitte für das Verbleiben im Anfangsgrundgehalt und für das Aufsteigen in die höheren Gehaltsstufen zu rechnen. Das BDA. kommt — soweit nicht ein anderes bestimmt ist — nur für die Regelung der Gehaltsbezüge in Betracht, insbesondere ist es für die Berechnung der ruhegehaltsfähigen Dienstzeit ohne Bedeutung.

Beginn des BDB.

11. (1) Das BDA. beginnt mit dem Tage der Anstellung in der jeweiligen planmäßigen Stelle, soweit nicht im BDEG. oder in diesen BV. etwas Abweichendes bestimmt oder zugelassen ist (§ 3 Abs. 1 BDEG.).

(2) Ein Beamter, der von einer Verwaltung zur anderen oder innerhalb derselben Verwaltung von einem Dienstzweig in den anderen übertritt, aber in derselben Besoldungsgruppe verbleibt, behält in seiner neuen Dienststelle im allgemeinen das BDA., das er in der alten Stelle gehabt hat. Erfolgt der Übertritt auf Wunsch des betreffenden Beamten, so kann der Übertritt davon abhängig gemacht werden, daß der Beamte in der neuen Dienststelle kein günstigeres BDA. erhält, als es die Beamten der regelmäßigen Laufbahn mit gleich langer Gesamtdienstzeit besitzen (vergl. Ziff. 23 Abs. 1).

12. Als Zeitpunkt der planmäßigen Anstellung gilt der Tag, von dem an der Beamte bei Verleihung der planmäßigen Stelle — sei es unwiderruflich, sei es auf Widerruf oder Kündigung — das damit verbundene Stelleneinkommen erhält. Die Übertragung der Verwaltung einer planmäßigen Stelle auf Probe oder Widerruf bleibt außer Betracht, und zwar auch dann, wenn der Beamte während dieser Zeit das volle Stelleneinkommen bezogen hat. Jedoch gilt für den mit Vorbehalt einer Probezeit angestellten Beamten der erste Tag des Monats seiner Bestätigung in der Stelle als Tag der planmäßigen Anstellung.

13. (1) Eine durch den Haushaltsplan neu geschaffene Stelle kann mit Rückwirkung bis zum Beginne des Rechnungsjahrs, eine andere freie Stelle mit Rückwirkung von höchstens 3 Monaten verliehen werden, wenn und solange der betreffende Beamte die Obliegenheiten der ihm übertragenen oder einer gleichwertigen Stelle tatsächlich wahrgenommen hat.

(2) Auch ohne diese Voraussetzung kann eine freie Stelle mit Wirkung vom ersten oder einem sonstigen Tage des Kalendermonats an rückwirkend verliehen werden, in dem die Verleihung verfügt wird.

(3) Eine Stelle, die dadurch rückwirkend frei wird, daß ihr Inhaber eine andere Stelle rückwirkend übertragen erhält, kann mit Rückwirkung von höchstens 3 Monaten verliehen werden.

(4) Eine Verleihung mit rückwirkender Kraft darf hiernach grundsätzlich nur für eine Zeit erfolgen, in der das Stelleneinkommen frei war. Eine solche Verleihung soll, soweit es sich nicht um neu geschaffene Haushaltsstellen handelt, nur in Ausnahmefällen zur Vermeidung besonderer Unbilligkeiten erfolgen. Sie soll nur mit Zustimmung des Beamten ausgesprochen werden, wenn er sich durch die Anstellung, z. B. infolge Verminderung des Ortszuschlags, in seinen Bezügen verschlechtert.

(5) Die Rückwirkung sichert dem Beamten insbesondere den früheren Bezug des Stelleneinkommens und gegebenenfalls ein günstigeres BDA. Sie hat dagegen beispielsweise nicht die Bedeutung, daß bei einer Anstellung außerhalb des bisherigen Beschäftigungsortes eine Mehraufwandsentschädigung für den Zeitraum der Rückwirkung zu gewähren wäre oder die nach der Dienststellung abgestuften Tagegelder, Mehraufwandsentschädigungen und ähnlichen Bezüge nachträglich anders festzusetzen wären.

Festsetzung des BDA.

14. Das BDA. wird — abgesehen von den Fällen, in denen nach diesen BV. die Festsetzung durch den Fachminister allein oder im Einverständnis mit dem Finanzminister erfolgt — von den in den einzelnen Verwaltungen dazu bestimmten Stellen festgesetzt.

15. (1) Der Beginn des BDA. ist stets genau auf den Kalendertag, nicht etwa auf den ersten Tag des laufenden Monats oder des nächstfolgenden Monats oder den Vierteljahrsersten festzusetzen.

(2) Ist eine Zeit auf das BDA. anzurechnen, so wird dessen Beginn entsprechend vorgerückt. Wird eine Zeit von der Anrechnung auf das BDA. ausgeschlossen, so wird dessen Beginn auf einen entsprechend späteren Tag festgesetzt.

(3) Dienstzeiten, die nicht volle Jahre umfassen, sind nach Tagen einschließlich der 31. Monatstage zu berechnen. Mehrere getrennte Dienstzeiten sind rechnungsmäßig besonders zu behandeln. Bei der Zusammenrechnung werden je 365 Tage als 1 Jahr angesetzt, und zwar auch dann, wenn bei den einzelnen Dienstzeiten Schalttage angerechnet sind. Wenn dagegen eine anzurechnende Dienstzeit überschießende Tage umfaßt, die nicht aus einem Schaltjahr herrühren, oder die zwar aus einem Schaltjahr herrühren, den Schalttag aber nicht enthalten, so ist bei der Zurückrechnung der überschießenden Tage zur Berechnung des Besoldungsdienstalters ein unter den zurückgerechneten Tagen etwa befindlicher Schalttag außer Betracht zu lassen.

16. Der Beamte ist von jeder Festsetzung seines BDA. unter Hinweis auf Ziff. 18 schriftlich zu benachrichtigen (§ 3 Abs. 9 BDEG.). Der Benachrichtigung über das BDA. ist eine genaue Aufstellung über die Berechnung desselben beizufügen.

17. Die Entscheidung der Verwaltungsbehörden über die Festsetzung des BDA. ist für die Beurteilung der vor den Gerichten geltend gemachten vermögensrechtlichen Ansprüche maßgebend (§ 3 Abs. 10 BDEG.).

18. Sind einem Beamten z. B. infolge unrichtiger Eingruppierung, unrichtiger Festsetzung des BDA. oder aus anderen Gründen Beträge angewiesen worden, die ihm nicht zukamen, so sind nach Berichtigung des Versehens die zuviel gezahlten Beträge wieder einzuziehen, soweit dies nach den Vorschriften des bürgerlichen Rechts zulässig ist (vergl. insbesondere §§ 818 bis 822 BGB.). Überhobene Diensteinkommensbezüge sind demgemäß grundsätzlich für die Wiedereinziehung zum Soll zu stellen. Werden zuviel gezahlte Beträge ganz oder teilweise wieder eingezogen, so ist der Beamte vor der Einziehung zur Vermeidung von Härten mit seinen Einwendungen zu hören und bei der Festsetzung der Zahlungsraten angemessene Rücksicht auf die wirtschaftlichen Bedürfnisse des Beamten zu nehmen.

Soweit eine Wiedereinziehung zuviel gezahlter Beträge zulässig und möglich ist, kann davon mit Genehmigung des Fachministers abgesehen werden.

19. Sind nachträglich Umstände bekannt geworden, die — abgesehen von Billigkeitsgründen — eine Vorrückung des BDA. zur Folge haben, so sind die Beträge nachzuzahlen, die der Beamte mehr erhalten hätte, wenn das BDA. von Anfang an richtig festgesetzt worden wäre, jedoch nicht für eine vor dem 1. April 1920 liegende und nach Ausführung des BDEG. nicht für eine über ein Jahr — gerechnet von dem Zeitpunkte, an dem die Vorrückung an zuständiger Stelle angeregt worden ist — zurückliegende Zeit. Bei Verbesserungen des BDA. aus Billigkeitsgründen gilt Ziff. 84 Satz 2.

b) Anrechnung von nichtplanmäßiger Dienstzeit auf das BDA.

20. (1) Bei der Festsetzung des BDA. der nach dem 31. März 1920 planmäßig angestellten Beamten ist von der Zeit, die bei dem gleichen Dienstzweig zwischen dem Beginne des Anwärterdienstalters (Ziff. 140 ff.) und der ersten planmäßigen Anstellung verbracht worden ist, der Teil, der 5 Jahre, bei Militäranwärtern, die nach dem 31. März 1925 planmäßig angestellt werden, der Teil, der 4 Jahre übersteigt, auf das BDA. anzurechnen (§ 13

Abs. 2 Satz 1, § 25 Abs. 2 und § 37 BDEG.), bei Militäranwärtern jedoch nur insoweit, als dieselbe Anwärterzeit nicht bereits zu der nach § 3 Abs. 3 Satz 1 BDEG. vorgesehenen Anrechnung in Anspruch genommen ist.

(2) Als eine bei dem gleichen Dienstzweig verbrachte Dienstzeit ist die bei derselben Verwaltung zurückgelegte Dienstzeit anzusehen. Eine Dienstzeit ist nur insoweit als beim gleichen Dienstzweig verbracht und daher als anrechnungsfähig anzusehen, als sie seit dem Beginn des AnwDA. für diejenige Laufbahn, in der die planmäßige Anstellung erfolgt, verflossen ist. Die bereits nach Ziff. 147 bis 161 auf das AnwDA. angerechneten Zeiträume sind als im gleichen Dienstzweig zugebracht anzusehen und daher auf das BDA. anzurechnen.

(3) Es soll auch regelmäßig die Anwärterdienstzeit bei einem anderen Dienstzweig angerechnet werden, wenn die Beschäftigung eine gleichartige und für den neuen Dienstzweig förderliche gewesen ist (z. B. Kassendienst, Kanzleidienst, Amtsgehilfendienst, Vermessungsdienst bei den einzelnen Verwaltungen). In Zweifelsfällen entscheidet der Fachminister im Einvernehmen mit dem Finanzminister.

21. (1) Eine Anrechnung der nichtplanmäßigen Dienstzeit auf das BDA. ist insoweit ausgeschlossen, als sich die planmäßige Anstellung auf eigenen Wunsch des Beamten, wegen unzureichender Befähigung oder aus einem sonstigen, in der Person des Beamten liegenden Grunde — ausgenommen Krankheit — verzögert hat.

(2) Hat sich die erste planmäßige Anstellung wegen unzureichender Befähigung oder mangelhafter Führung des Beamten verzögert, so kann nach einer Bewährungsfrist von mindestens 2 Jahren — gerechnet vom Tage der planmäßigen Anstellung ab — mit Genehmigung des Fachministers das BDA. so festgesetzt werden, als ob die planmäßige Anstellung rechtzeitig erfolgt wäre. Eine Nachzahlung von Dienstbezügen findet aus diesem Anlaß nicht statt; die nach dem neu errechneten BDA. zustehenden Bezüge sind frühestens vom Ersten des Monats an zu zahlen, in dem die Genehmigung ausgesprochen wird.

(3) Abs. 2 darf beim Vorliegen besonderer Billigkeitsgründe auch angewendet werden, wenn die verzögerte planmäßige Anstellung schon vor dem Inkrafttreten dieser BV. erfolgt ist.

(4) Ist vor dem Inkrafttreten dieser BV. die Zeit einer Verzögerung der planmäßigen Anstellung wegen Krankheit nicht auf das BDA. angerechnet worden, so ist das BDA. auf Antrag unter Berücksichtigung der Krankheitszeit so festzusetzen, als ob die planmäßige Anstellung rechtzeitig erfolgt wäre. Über die Nachzahlung von Dienstbezügen entscheidet der Fachminister.

22. Wieweit die Dienstzeit bei Kommunalbehörden oder Körperschaften des öffentlichen Rechts auf das BDA. angerechnet wird, bestimmt der Fachminister in Gemeinschaft mit dem Finanzminister.

23. (1) Eine Anrechnung im Sinne der Ziff. 20 und 22 darf nicht erfolgen, soweit sich dadurch für den betreffenden Beamten ein günstigeres BDA. ergeben würde, als es ein Beamter der regelmäßigen Laufbahn mit gleich langer Gesamtdienstzeit bei regelrechtem Aufstieg besitzt. Statt der Gesamtdienstzeit kann auch das Prüfungsdienstalter oder das Anwärterdienstalter zum Anhalt genommen werden, wenn es einen sicheren Vergleichsstab abgibt, letzten Endes das Lebensalter.

(2) Die Anrechnung ist ausgeschlossen, soweit schon durch die Anrechnung

derselben Dienstzeit auf das Anwärterdienstalter eine Verbesserung des BDA. nach Ziff. 20 einzutreten hat.

24. Für die nicht unmittelbar aus Stellenanwärtern hervorgegangenen planmäßigen Beamten wird bei der planmäßigen Anstellung zunächst das AnwDA. (§ 13 Abs. 1 BDEG.) festgesetzt, sodann ist zu ermitteln, welche Zeitabschnitte nach Ziff. 140 ff. auf ihr AnwDA. anzurechnen wären, wenn sie als nichtplanmäßige Beamte derselben Besoldungsgruppe oder im Falle der Ziff. 63 der Eingangsgruppe angestellt wären. Nach Maßgabe dieses AnwDA. ist sodann gemäß Ziff. 20 und 63 das BDA. als planmäßiger Beamter festzusetzen.

c) Anrechnung von Zeit praktischer Beschäftigung auf das BDA.

25. Wieweit zur Vermeidung von Härten die Zeit praktischer Beschäftigung außerhalb des Staatsbeamtenverhältnisses auf das BDA. angerechnet werden kann, wird von dem Fachminister in Gemeinschaft mit dem Finanzminister bestimmt. Die hierbei anzurechnende Zeit darf die Hälfte der Gesamtaufrückungszeit der Besoldungsgruppe nicht übersteigen, in der der Beamte planmäßig angestellt wird. Darüber hinaus können die genannten Minister in besonders gearteten Ausnahmefällen eine Vorrückung des BDA. zulassen (§ 3 Abs. 7 BDEG.).

26. (1) Als praktische Beschäftigung im Sinne der Ziff. 25 kommt grundsätzlich nur eine Tätigkeit z. B. in der Eigenschaft eines Arbeiters oder Angestellten im Reichs-, Landes-, Gemeinde-, Kirchen- oder Schuldienst oder in einem freien Berufe in Frage, die der Tätigkeit des Beamten in der Stelle, in der die Anstellung erfolgt, gleichwertig und förderlich gewesen ist.

(2) Von der Ermächtigung in Ziff. 25 Satz 3 soll nur in ganz besonderen Ausnahmefällen Gebrauch gemacht werden.

(3) Ziff. 23 Abs. 1 und 2 gelten sinngemäß.

d) Anrechnung von Militär- und Marinedienstzeit der Militäranwärter auf das BDA.

27. (1) Den Militäranwärtern (Inhabern des Zivilversorgungsscheins) wird bei der ersten planmäßigen Anstellung, wenn sie im Heere oder in der Marine

a) 9 Jahre oder weniger gedient haben, die tatsächlich abgeleistete Militär- und Marinedienstzeit bis zu einem Jahre,

b) über 9 Jahre gedient haben, außerdem die nachfolgende Militär- und Marinedienstzeit und die nachfolgende Zivildienstzeit, wenn die Gesamtdienstzeit 13 Jahre nicht überschritten hat, mit höchstens weiteren 4 Jahren auf das Besoldungsdienstalter angerechnet (§ 3 Abs. 3 BDEG.).

Außerdem wird die 5 Jahre — vom 1. April 1925 ab die 4 Jahre — übersteigende Anwärterdienstzeit (§ 13 Abs. 2 BDEG.) angerechnet, soweit nicht schon eine Anrechnung nach b erfolgt ist. Die vor dem vollendeten 17. Lebensjahre liegende Militär- und Marinedienstzeit bleibt außer Betracht, soweit es sich nicht um tatsächlich geleistete Kriegsdienstzeit handelt (§ 3 Abs. 3 BDEG.). Unter einer tatsächlich geleisteten Kriegsdienstzeit ist die Dienstzeit auf einem Kriegsschauplatze bei einem planmäßigen Truppenteile der Wehrmacht zu verstehen.

(2) Hiernach wird bei der ersten planmäßigen Anstellung auf das BDA. angerechnet:

a) den Militäranwärtern, die nicht mehr als 9 Jahre im Heere oder in der Marine gedient haben, die tatsächlich abgeleistete Militär- oder Marinedienstzeit bis zu einem Jahre;
b) den Militäranwärtern, die mehr als 9 Jahre im Heere oder in der Marine gedient haben, von der tatsächlich abgeleisteten Militär-, Marine- und der nachfolgenden Zivildienstzeit (vergl. Ziff. 29), wenn die Gesamtdienstzeit 13 Jahre nicht überschritten hat, das 1., 10., 11., 12. und 13. Jahr, im günstigsten Falle also eine Zeit von insgesamt 5 Jahren.

Beispiel:

Ein Militäranwärter, der vom 1. Oktober 1907 bis zum 30. September 1917 gedient und vom 1. Oktober 1917 bis zum 31. März 1918 seine Probedienstzeit abgeleistet hat, wird am 1. April 1918 endgültig als Regierungsbürodiätar übernommen und am 1. April 1922 planmäßig angestellt. Sein BDA. ist auf den 1. April 1917 festzusetzen.

(3) Die Kriegsdienstzeit und eine nach dem Kriege 1914 bis 1918 abgeleistete, dem Militärdienst gleichstehende Dienstzeit kann nur denjenigen Kapitulanten als Militärdienstzeit angerechnet werden, die bei Ausbruch des Krieges noch beim Militär dienten, bei denen also der Kriegsdienst und nachfolgende Militär- oder Marinedienst eine Fortsetzung der Kapitulantenzeit ist. Ein Militäranwärter, der bereits aus dem Heeresdienst entlassen war und der zum Kriegsdienst wieder einberufen wurde, hat nur seiner gesetzlichen Dienstpflicht genügt; die Kriegsdienstzeit kann ihm daher nicht als Militärdienstzeit gemäß Abs. 1, 2 auf das BDA. angerechnet werden.

(4) Eine Anrechnung nach Ziff. 27 (§ 3 Abs. 3 BDEG.) findet nur statt, wenn der Militäranwärter in einer der Besoldungsgruppen 1 bis 7 erstmals planmäßig angestellt wird. Erfolgt die erste planmäßige Anstellung in einer höheren Gruppe, so ist das BDA. so zu berechnen, wie wenn der Militäranwärter in Gruppe 7 angestellt und noch am gleichen Tage in seine wirkliche Eingangsgruppe befördert würde. Satz 1 und 2 gilt nicht für die vor dem 1. April 1920 erstmals planmäßig angestellten Militäranwärter.

28. Als Militäranwärter im Sinne des BDEG. und dieser BV. gelten nur die Inhaber des Zivilversorgungsscheins gemäß § 75 des Militärpensionsgesetzes vom 27. Juni 1871 (RGBl. S. 275), § 10 des Ergänzungsgesetzes vom 4. April 1874 (RGBl. S. 25), §§ 15, 16 des Mannschaftsversorgungsgesetzes vom 31. Mai 1906 (RGBl. S. 593), § 30 des Wehrmachtversorgungsgesetzes vom 4. August 1921 (RGBl. S. 993), § 1 Abs. 4, 5, 7, 8 der Anstellungsgrundsätze für den Reichs- und Staatsdienst vom 20. Juni 1907 (Zentralbl. f. d. Deutsche Reich S. 309) — sowie des Zivildienstscheins — gemäß § 10 des Wehrmachtversorgungsgesetzes vom 4. August 1921 — und des Polizeiversorgungsscheins — gemäß § 2 des Reichsgesetzes über die Schutzpolizei der Länder vom 17. Juli 1922 (RGBl. Teil I S. 597). — Vgl. § 1 der Anstellungsgrundsätze vom 26. Juli 1922, Zentralbl. f. d. Deutsche Reich S. 445 —.

Zu ihnen gehören nicht die Inhaber des Anstellungsscheins, des Beamtenscheins, des Zivildienstscheins gemäß § 61 des Wehrmachtversorgungsgesetzes (ehemalige Offiziere) und des Forstversorgungsscheins.

29. (1) Als Zivildienstzeit im Sinne der Ziff. 27 gilt eine nichtplanmäßige Dienstzeit nur dann, wenn der Stellenanwärter nicht zur Befriedigung eines vorübergehenden Bedürfnisses herangezogen, sondern endgültig in den Zivildienst übernommen worden ist.

(2) Ebenso gilt als Zivildienstzeit im Sinne der Ziff. 27 die Zeit einer nach dem Ausscheiden aus dem Heere oder der Marine erfolgten praktischen (informatorischen) Beschäftigung und die Zeit des nach dem Ausscheiden aus dem Heere oder der Marine abgeleisteten Probe- und Vorbereitungsdienstes, auch wenn sie nicht nach Ziff. 141 als Anwärterdienstzeit zu gelten hat. In den Fällen des Abs. 1 ist Voraussetzung, daß die Dienstzeiten in dem gleichen oder einem anderen Dienstzweig (Ziff. 20), in dem die planmäßige Anstellung erfolgt, bis zur Erlangung derselben zurückgelegt sind. Wieweit ausnahmsweise die im Dienst der Gemeinden oder anderer Körperschaften des öffentlichen Rechts oder der Kriegsorganisationen zurückgelegte Dienstzeit als Zivildienstzeit im Sinne der Ziff. 27 berücksichtigt werden kann, bestimmt der Fachminister in Gemeinschaft mit dem Finanzminister.

(3) Außer Betracht bleibt die Zivildienstzeit, während welcher die planmäßige Anstellung auf eigenen Wunsch des Militäranwärters, wegen unzureichender Befähigung oder aus anderen in seiner Person liegenden Ursachen — ausgenommen Krankheit — ausgesetzt worden ist. Ziff. 21 Abs. 2 bis 4 gelten entsprechend.

30. Die nach Ziff. 27 auf das BDA. anzurechnende Militär-, Marine- und nachfolgende Zivildienstzeit wird neben der nach Ziff. 20 anzurechnenden nichtplanmäßigen Dienstzeit angerechnet, soweit jedoch dieselben Zeitabschnitte nach Ziff. 27 und nach Ziff. 20 anzurechnen waren, werden sie nur einmal berücksichtigt. Den Vorrang hat die Anrechnung der Anwärterdienstzeit nach Ziff. 27.

Beispiel:

Ein Militäranwärter, der vom 1. Oktober 1907 bis zum 31. März 1918 gedient und vom 1. April 1918 bis zum 30. September 1918 seine Probedienstzeit abgeleistet hat, wird am 1. Oktober 1918 endgültig als Regierungsbürodiätar übernommen und am 1. April 1924 planmäßig angestellt. Sein BDA. ist auf den 1. April 1918 festzusetzen. Angerechnet sind das 1., 10. und halbe 11. Militärjahr und von der nachfolgenden Zivildienstzeit die Probedienstleistung und die folgenden 2 Jahre der Anwärterzeit (Ziff. 27 Abs. 2 b). Außerdem ist nach Ziff. 20 die 4 Jahre übersteigende Anwärterdienstzeit (als Anwärterdienstzeit gilt die Zeit vom 1. April 1919 bis zum 31. März 1924 — vergl. Ziff. 141 —) mit 1 Jahr anzurechnen.

31. (1) Ergibt sich für einen erstmalig in eine höhere Besoldungsgruppe übertretenden Militäranwärter ein günstigeres BDA., wenn vom Anstellungstage in der neuen Besoldungsgruppe ausgegangen und darauf die nach Ziff. 27 ff. in Betracht kommende Militär- und nachfolgende Zivildienstzeit angerechnet wird, so kann dieser Tag an Stelle des nach Ziff. 37 bis 39 maßgebenden Zeitpunkts der Festsetzung des BDA. in der neuen Gruppe zugrunde gelegt werden; als nachfolgende Zivildienstzeit (Ziff. 27) gilt in diesem Falle auch die planmäßige Dienstzeit in der früheren Besoldungsgruppe.

(2) Werden bei der erstmaligen Beförderung eine oder mehrere Besoldungsgruppe übersprungen, so darf die nach Abs. 1 zulässige Anrechnung nur in der gemäß Ziff. 39 (§ 3 Abs. 5 Satz 3 und 4 BDEG.) zu durchschreitenden nächsthöheren Besoldungsgruppe, nicht aber in der Beförderungsgruppe erfolgen.

(3) Abs. 1 und 2 gilt nicht, wenn der Militäranwärter mit Wirkung vom 1. April 1920 oder einem späteren Tage in eine Stelle einer höheren als der Besoldungsgruppe 7 erstmals befördert wird. Ziff. 27 Abs. 4 gilt sinngemäß.

(4) Die Bewilligung der Anrechnung nach Abs. 1 erfolgt durch die zur Festsetzung des BDA. zuständige Behörde (Ziff. 14).

32. (1) Dem Militärdienst steht gleich:

a) der Dienst bei den Schutztruppen;

b) der Dienst bei den Polizeitruppen sowie als Grenz- und Zollaufsichtsbeamte in den früheren Schutzgebieten;

c) der Dienst bei den vom preußischen Kriegsministerium und vom Reichsmarineamt anerkannten Sicherheitstruppen — Ziff. 3 der Verordnung vom 18./22. November 1918 (AVBl. S. 647/48) und Ziff. II a des Erlasses vom 16. Dezember 1919 (AVBl. S. 743) — einschließlich der Gefangenen-Bewachungs-Kompagnien bis zu ihrer Entlassung aus dem Militärverhältnis;

d) der Dienst bei den auf Grund des Gesetzes zur Bildung einer freiwilligen Volkswehr vom 12. Dezember 1918 (RGBl. S. 1424) nebst Ausführungsanweisung des preußischen Kriegsministeriums vom 13. Dezember 1918 — 1412/12. 18. A 1 — (AVBl. S. 746) aufgestellten Abteilungen der Volkswehr;

e) der Dienst, der auf Grund des Erlasses des preußischen Kriegsministeriums vom 15. Dezember 1918 — Nr. 1070/12. 18. A 1 (AVBl. S. 739) und des Aufrufs der Reichsregierung „Freiwillige vor“ nebst Ausführungsanweisung des preußischen Kriegsministeriums vom 9. Januar 1919 — Nr. 630/31. 19. A 1 — (AVBl. S. 17) zum Grenzschutz aufgestellten Freiwilligen und bei den in der neutralen Zone gebildeten Grenzwehren, soweit sie als Ersatz für das stehende Heer gebildet und vom preußischen Kriegsministerium anerkannt sind;

f) der Dienst bei den Sicherheits-, Bürger-, Orts- und Einwohnerwehren, Sicherheitskompagnien sowie als Zeitfreiwillige usw., wenn und solange sie auf Anordnung einer militärischen Kommandobehörde einem Freiwilligen- oder Truppenverband angegliedert sind und auf Befehl einer solchen Stelle militärische Dienste leisten;

g) der Dienst in der staatlichen Schutzmannschaft, in der Ordnungs- und Schutzpolizei, in der Landjägerei, in der Schiffahrtspolizei und in allen denjenigen Körperschaften, in denen der Zivilversorgungsschein erdient werden kann und erdient worden ist.

(2) Abs. 1 gilt sinngemäß für die vormaligen bayerischen, sächsischen und württembergischen Heereskontingente.

(3) Ausgeschlossen bleibt die Zeit einer verschuldeten Kriegsgefangenschaft oder Internierung.

(4) Ob und wieweit der Dienst in einem verbündeten oder befreundeten Heere der Militär- oder Marinedienstzeit im Sinne der Ziff. 27 bis 31 gleichsteht, bestimmt im einzelnen Falle der Fachminister im Einvernehmen mit dem Finanzminister.

33. Für die Anrechnung nach Ziff. 27 macht es keinen Unterschied, ob die Anstellung des Militäranwärters in einer dieser Klasse vorbehaltenen oder in einer anderen Stelle erfolgt.

34. Eine Anrechnung von Militärdienstzeit findet nicht statt:

a) bei Inhabern des Zivilversorgungsscheins, die schon vor dem Eintritt in das Heer oder die Marine als Zivilanwärter bei einer Behörde beschäftigt waren, nach dem Ausscheiden aus dem Heere oder der Marine wieder in ihr früheres Dienstverhältnis eingetreten sind und auf Grund der auf diesem Wege — vor oder nach der Erlangung des Zivilversorgungsscheins — erworbenen Anwartschaft als Zivilanwärter planmäßig angestellt werden;

b) bei den Inhabern des Zivilversorgungsscheins, die erst nach dem Ausscheiden aus dem Heere oder der Marine, aber bevor sie den Zivilversorgungsschein besaßen, als Zivilanwärter angenommen worden sind und auf Grund der auf diesem Wege — vor oder nach Erlangung des Zivilversorgungsscheins — erworbenen Anwartschaft als Zivilanwärter planmäßig angestellt werden;

c) bei Inhabern des Zivilversorgungsscheins, die erst nach dem Ausscheiden aus dem Heere oder der Marine und nach Erlangung des Zivilversorgungsscheins für eine Laufbahn, deren Stellen zum Teil den Militäranwärtern vorbehalten sind, nicht nach den Anstellungsgrundsätzen für Militäranwärter, sondern auf ihren Wunsch unter den für Zivilanwärter vorgeschriebenen Bedingungen angenommen worden sind und auf Grund dessen auch als Zivilanwärter planmäßig angestellt werden.

35. (1) Die aktive Militärdienstzeit wird auch dann nach Maßgabe der vorstehenden Grundsätze auf das BDA. angerechnet, wenn eine planmäßige Stelle freiwillig ohne Ruhegehalt aufgegeben ist oder der Beamte infolge eines gerichtlichen oder Dienststrafverfahrens seine Stelle verloren hat und später eine andere planmäßige Anstellung auf Grund des Zivilversorgungsscheins erfolgt, ohne daß das BDA. nach Maßgabe des früher bezogenen Gehalts oder des früheren BDA. bestimmt wird.

(2) Abs. 1 ist nicht anzuwenden, wenn der Beamte aus einer planmäßigen Stelle lediglich ausscheidet, um in eine andere planmäßige Stelle überzutreten. In solchen Fällen ist nach Ziff. 11 Abs. 2 und Ziff. 37 ff. zu verfahren. Die Militärdienstzeit ist alsdann gegebenenfalls nur nach Ziff. 31 Abs. 1 zu berücksichtigen.

e) Bemessung des BDA. beim Übertritt von ehemaligen aktiven Offizieren des Heeres und der Marine sowie der Schutztruppen in preußische Beamtenstellen.

36. (1) Den in planmäßige Beamtenstellen des Zivildienstes am 1. April 1920 oder später übergetretenen und weiterhin übertretenden Offizieren und Deckoffizieren — ausschließlich der Sanitäts- und Veterinäroffiziere — kann die 10 Jahre übersteigende Militärdienstzeit auf das BDA. angerechnet werden, wobei zu unterstellen ist, daß der Übertritt

a) bei den Deckoffizieren zunächst in eine Stelle der Besoldungsgruppe 5,

b) bei den Fachoffizieren (z. B. Festungsbau-, Feuerwerks-, Zeug- und Torpederoffizieren) zunächst in eine Stelle der Besoldungsgruppe 6,

c) bei den übrigen Offizieren zunächst in eine Stelle der Besoldungsgruppe 7

erfolgt. Ist dem Offizier sogleich eine Stelle einer höheren Gruppe verliehen, so ist anzunehmen, daß er am Anstellungstage in die höhere Gruppe befördert worden ist (vergl. auch Ziff. 37 Abs. 3). Die Errechnung des BDA. in den höheren Besoldungsgruppen erfolgt demnach nach den Vorschriften des BDEG., insbesondere des § 3 Abs. 5. Wird ein Offizier oder Deckoffizier in eine planmäßige Stelle einer Besoldungsgruppe übernommen, welche niedriger ist als die angeführte Eingangsgruppe, so tritt diese niedrigere Gruppe an die Stelle der Eingangsgruppe. Die Zeit der Verwendung ehemaliger Offiziere in planmäßigen Stellen für pensionierte Offiziere (Bezirkskommandeure usw.) kann als Militärdienstzeit mitberücksichtigt werden.

(2) Hat der Offizier oder Deckoffizier die Beamtenstelle, in der er planmäßig angestellt wird, oder eine völlig gleichwertige und gleichartige Beamtenstelle bereits vor der planmäßigen Anstellung versehen, so kann ihm statt der unter Abs. 1 genannten Zeit die Hälfte dieser vor der planmäßigen Anstellung zugebrachten Beschäftigungszeit auf das BDA. angerechnet werden, wenn dieses für ihn günstiger ist. Soll eine solche Beschäftigungszeit in besonderen Fällen ausnahmsweise in einer höheren Besoldungsgruppe als 10 angerechnet werden, so bedarf es der Zustimmung des Finanzministers im einzelnen Falle.

(3) Auf Ziff. 25 Satz 2 wird besonders hingewiesen, und zwar gelangt diese Vorschrift bei der höheren Besoldungsgruppe, in die der Offizier oder Deckoffizier schließlich eingereiht wird, zur Anwendung, nicht etwa schon bei der zum Zwecke der Errechnung des BDA. angenommenen Eingangsgruppe. Die in Ziff. 25 zugelassenen Ausnahmen können nur mit der in jedem einzelnen Falle einzuholenden Zustimmung des Finanzministers bewilligt werden.

(4) Bei Offizieren und Deckoffizieren mit einer Militärdienstzeit von mindestens zwölf Jahren kann an Stelle der in Abs. 1 bis 3 vorgesehenen Anrechnung folgende Regelung Platz greifen, wenn sie für die Offiziere und Deckoffiziere günstiger ist. Es wird diesen Offizieren und Deckoffizieren die 8 Militärdienstjahre übersteigende Zeit bis zur Höchstgrenze von 5 Jahren auf das BDA. angerechnet, jedoch auch bei Offizieren mit der Unterstellung, daß sie erstmalig in der Gruppe 5 angestellt worden sind (Abs. 1 Satz 2 bis 5 gilt).

(5) Auf die vor dem 1. April 1920 übergetretenen Offiziere und Deckoffiziere ist Abs. 1 bis 3 entsprechend anzuwenden, jedoch mit der Unterstellung, daß der Offizier oder Deckoffizier erst am 1. April 1920 in der planmäßigen Beamtenstelle angestellt worden ist, die er beim Inkrafttreten des neuen BDEG. tatsächlich innehatte. Auch auf die vor dem 1. April 1920 übergetretenen Offiziere und Deckoffiziere ist, wenn es für sie günstiger ist, an Stelle der Abs. 1 bis 3 der Abs. 4 anzuwenden. Hierbei muß zur richtigen Ermittlung des am 1. April 1920 anzurechnenden BDA. festgestellt werden, wie sich das BDA. bei der ersten planmäßigen Anstellung und bei allen etwa inzwischen erfolgten Beförderungen und Versetzungen nach dem jeweils geltenden Recht gestaltet hätte, wenn nach Abs. 4 zu verfahren gewesen wäre. Statt der Annahme einer erstmaligen Anstellung in Gruppe 5 ist jedoch wie folgt zu rechnen:

a) bei einer ersten planmäßigen Anstellung in einer Stelle, die in die jetzige Besoldungsgruppe 5 eingereiht ist, ist den Offizieren und Deckoffizieren die 8 Militärdienstjahre übersteigende Zeit bis zur Höchstgrenze von 5 Jahren auf das BDA. anzurechnen,

b) bei einer ersten planmäßigen Anstellung in einer Stelle, die in die jetzige Gruppe 6 oder 7 eingereiht ist, werden das 9., 10. und 13. Militärdienstjahr, insgesamt also höchstens 3 Jahre, angerechnet,

c) bei einer ersten planmäßigen Anstellung in einer in die jetzige Besoldungsgruppe 8 eingereihten Stelle wird nur das 13. Militärdienstjahr angerechnet,

d) bei einer Anstellung in Stellen höherer Gehaltsklassen wird keine Militärdienstzeit angerechnet.

Beispiele:

a) Ein Offizier mit einer Militärdienstzeit von 20 Jahren ist am 1. Oktober 1919 in einer Stelle der Besoldungsgruppe 9 planmäßig angestellt mit einem BDA. vom 1. Oktober 1919. Die anrechnungsfähige Dienstzeit beträgt 10 Jahre. Vom 1. April 1920 an ist das BDA. anderweit festzusetzen wie folgt:

In Gruppe 7 mit einem BDA. vom 1. April 1910 Grundgehalt am 1. April 1920 = 8500 ℳ, einzureihen in Gruppe 8 mit einem Grundgehalt von 8600 ℳ (BDA. 1. April 1914) und in Gruppe 9 mit einem Grundgehalt von 9000 ℳ, steigend am 1. April 1922 auf 9600 ℳ, mithin BDA 1. April 1916.

b) Ein Offizier mit einer Militärdienstzeit von 12 Jahren 184 Tagen ist am 1. Januar 1919 in einer Stelle der jetzigen Besoldungsgruppe 7 planmäßig angestellt mit einem BDA. vom 1. Januar 1919. Auf das BDA. können nach Abs. 5 b = 2 Jahre 184 Tage angerechnet werden, so daß das BDA. auf den 1. Juli 1916 neu festzusetzen ist.

c) Ein Deckoffizier mit 20 Jahren Marinedienstzeit ist am 1. Juni 1910 in einer Stelle der Besoldungsklasse 13 (jetzige Besoldungsgruppe 6) (1650, 1900, 2150, 2400, 2650, 2900, 3100, 3300 ℳ) planmäßig angestellt und am 1. April 1914 in eine Stelle der Besoldungsklasse 22 (jetzige Besoldungsgruppe 7) (2100, 2500, 2900, 3300, 3600, 3900, 4200, 4500 ℳ) befördert mit einem BDA. vom 1. Juni 1913. Auf das BDA. in der ersten Stelle sind ihm 3 Jahre (das 9., 10. und 13. Marinedienstjahr) anzurechnen, es ist also auf den 1. Juni 1907 festzusetzen. Darnach ergibt sich für den Zeitpunkt der Beförderung in Besoldungsklasse 13 ein Gehalt von 2150 ℳ, steigend am 1. Juni 1916 auf 2400 ℳ, und in Besoldungsklasse 22 ein Gehalt von 2500 ℳ, steigend am 1. April 1917 auf 2900 ℳ, mithin ein BDA. vom 1. April 1911.

(6) Wird der Offizier nicht auf Grund der ihm verliehenen Anstellungsberechtigung, sondern auf Grund einer auf eigene Kosten erworbenen vorschriftsmäßigen Ausbildung von mindestens 3 Jahren, die der der Zivilanwärter entspricht, planmäßig angestellt, so kann ihm, wenn dies für ihn günstiger ist, an Stelle der Anrechnung unter 1 bis 5 die Militärdienstzeit bis zur Hälfte der gesamten Aufrückungszeit der Besoldungsgruppe, in der er planmäßig angestellt wird, angerechnet werden. Der Schlußsatz des Abs. 1 gilt.

(7) Eine Anrechnung nach Ziff. 73 findet neben den Vorschriften der Ziff. 36 nicht statt.

(8) Den in planmäßige Beamtenstellen übertretenden ehemaligen Sanitäts- und Veterinäroffizieren kann die tatsächliche Dienstzeit als Stabsarzt oder Stabsveterinär auf das BDA. angerechnet werden, bei Anstellung in der Gruppe 11 oder 12 mit der Unterstellung, daß der Übertritt zunächst in eine Stelle der Gruppe 10 erfolgt und noch am Tage des Übertritts die Beförderung in die etwa höhere Besoldungsgruppe stattfindet. Die Errechnung des BDA. in den höheren Besoldungsgruppen erfolgt demnach nach den Vorschriften der Ziff. 37 und 39.

f) Bemessung des BDA. beim Eintritt in eine neue Besoldungsgruppe.

37. (1) Beim Übertritt aus einer Besoldungsgruppe in eine höhere erhält der Beamte stets den gegenüber seinem bisherigen Grundgehaltssatz nächsthöheren Satz und behält diesen die volle für das Weiteraufsteigen in die folgende Stufe vorgeschriebene Zeit von zwei Jahren. Wäre er jedoch in der früheren Besoldungsgruppe bereits vor Ablauf dieser Zeit in die nächsthöhere Stufe aufgestiegen und damit zu einem Grundgehaltssatz gelangt, der über den ihm in der neuen Besoldungsgruppe gewährten hinausgeht oder ihm gleichkommt, so steigt er auch in der neuen Besoldungsgruppe zu derselben Zeit in die folgende Stufe (§ 3 Abs. 5 Satz 1 und 2 BDEG.).

(2) Bei der Berechnung des Grundgehalts in der höheren Besoldungsgruppe dürfen Zulagen irgendwelcher Art nicht berücksichtigt werden.

(3) Das BDA. darf bei dem Übertritt in die nächsthöhere Besoldungsgruppe nicht um mehr als vier Jahre, beim Übertritt aus Gruppe 12 in Gruppe 13 nicht um mehr als sechs Jahre verkürzt werden.

38. Beim Übertritt von Beamten mit festen Grundgehaltssätzen (Abschn. I 1 A der Besoldungsordnung) in Stellen mit Mindestgrundgehaltssätzen (I 1 B a. a. O.) und umgekehrt ist — soweit in der neuen oder in der bisherigen Stelle die Mindesteinnahme an Unterrichtshonorar usw. von jährlich 2000 ℳ gewährleistet war (Schlußbemerkung C Ziff. 7 b der BO.) — die Gruppe B 3 der Besoldungsgruppe 11, die Gruppe B 4 der Besoldungsgruppe 12 und B 5 der Besoldungsgruppe 13 gleichzuachten.

39. (1) Werden bei einer Beförderung Besoldungsgruppen übersprungen, so ist das BDA. so festzusetzen, wie wenn der Beamte zunächst in die dazwischenliegenden Gruppen eingetreten wäre (§ 3 Abs. 5 Satz 3 und 4 BDEG.).

(2) Erhält der in eine höhere Gruppe übertretende Beamte bereits für seine Person die Bezüge dieser Gruppe, so wird sein BDA. nicht neu festgesetzt. Überspringt er bei der Beförderung die Besoldungsgruppe, nach der er für seine Person besoldet wird, so ist sein BDA. so festzusetzen, als ob er aus dieser Gruppe befördert worden wäre.

40. (1) Der Übertritt eines Beamten in eine niedrigere Besoldungsgruppe kann immer nur ein freiwilliger sein. Gegen seinen Willen kann der Beamte in eine Besoldungsgruppe mit niedrigerem Gehalt nicht versetzt werden, auch nicht im Wege des Disziplinarverfahrens.

(2) Tritt ein Beamter in eine niedrigere Besoldungsgruppe über, so wird das neue BDA. außer in den Fällen der Abs. 3 und 4 von dem Fachminister in Gemeinschaft mit dem Finanzminister nach der besonderen Lage des Einzelfalles festgesetzt.

(3) Tritt ein Beamter in eine niedrigere Besoldungsgruppe, der er früher bereits angehört hat, über, obwohl er in der höheren Besoldungsgruppe hätte verbleiben können, so erhält er in der niedrigeren Besoldungsgruppe das BDA., das er früher in dieser Besoldungsgruppe hatte.

(4) Hat zu dem Übertritt eines Beamten in eine niedrigere Besoldungsgruppe der Umstand Anlaß gegeben, daß er in der höheren Besoldungsgruppe aus Gründen, die in seiner Person liegen — z. B. wegen körperlicher Unfähigkeit für die Stelle der höheren Besoldungsgruppe —, nicht verbleiben konnte, so ist sein neues BDA. in sinngemäßer Anwendung der Ziff. 37 festzusetzen, jedoch mit der Maßgabe, daß der Beamte zunächst in den gleich hohen Gehaltssatz, wenn ein solcher in der neuen Besoldungs-

gruppe vorhanden ist, übertritt. Hierbei sind dem in der verlassenen höheren Besoldungsgruppe bezogenen Grundgehalt die daneben etwa nach § 26 BDEG. bezogenen ruhegehaltsfähigen Zulagen zuzuzählen. Der Beamte erhält somit in keinem Falle ein höheres Grundgehalt als das Höchstgrundgehalt der Besoldungsgruppe, in die er übertritt.

(5) Tritt ein Beamter, der in eine niedrigere Besoldungsgruppe versetzt worden ist, wieder in die verlassene Besoldungsgruppe zurück, so erhält er wieder das BDA., das er früher in dieser Besoldungsgruppe hatte. Dies gilt sinngemäß, wenn die verlassene höhere Besoldungsgruppe bei einer späteren Beförderung übersprungen wird (Ziff. 39 Satz 1).

41. Sollte in einem Einzelfalle eine Überführung in einen anderen Dienstzweig lediglich auf Antrag des Beamten — ohne daß gleichzeitig dienstliche Rücksichten vorliegen — in Erwägung genommen werden, so ist eine Anrechnung früherer Dienstzeit bei der Bemessung des Gehalts der neuen Stelle nur mit Genehmigung des Fachministers im Einvernehmen mit dem Finanzminister gestattet, die vor der Entscheidung über den Versetzungsantrag einzuholen ist. Wird die Vorrückung des BDA. nicht genehmigt, so darf die Versetzung nur verfügt werden, nachdem der Beamte sich mit der Neufestsetzung des BDA. einverstanden erklärt hat.

42. Bei der Übernahme von Soldaten der Wehrmacht in das Staatsbeamtenverhältnis gelten Ziff. 37 bis 40 nicht. Ihr BDA. wird nach Ziff. 25 bis 36 festgesetzt. Sind sie nicht Militäranwärter, so kann eine Anrechnung von Militär- oder Marinedienstzeit nach Ziff. 25 und 26 erfolgen. Sind sie Militäranwärter, so ist ihnen bei der planmäßigen Anstellung die nach Ziff. 27 bis 32 sich ergebende Zeit auf das BDA. anzurechnen. Die letzte Anrechnung (nach Ziff. 27 bis 32) schließt jede darüber hinausgehende Anrechnung nach Ziff. 25 bis 26 aus.

43. (1) Ziff. 37 Abs. 1 ist auch in den Fällen anzuwenden, daß Polizeileutnants aus der Besoldungsgruppe 5 in die Besoldungsgruppe 6, Polizeioberleutnants aus der Besoldungsgruppe 7 in die Besoldungsgruppe 8 nach vier Dienstjahren als solche, Polizeihauptleute aus der Besoldungsgruppe 9 in die Besoldungsgruppe 10 nach zwei Dienstjahren als solche vorrücken, ohne daß eine Beförderung vorliegt. Diese Beamten rücken in die höhere Besoldungsgruppe erst vor, nachdem sie volle vier und zwei Jahre in der niedrigeren Besoldungsgruppe zugebracht haben, nicht schon, wenn sie in der niedrigeren Besoldungsgruppe ein BDA. von vier oder zwei Jahren erreicht haben. Der Übertritt in die höhere Besoldungsgruppe erfolgt mit dem Ersten des Monats, in dem die bestimmte Zeit vollendet wird.

(2) Ziff. 37 bis 40 gelten insbesondere auch für den Übertritt in eine der in der Besoldungsordnung mit ■) gekennzeichneten Aufrückungsstellen.

g) Bemessung des BDA. bei den am 1. April 1920 in Dienst befindlichen Beamten.

44. (1) Die am 1. April 1920 im Dienst befindlichen planmäßigen Beamten mit aufsteigenden Gehältern werden in die Besoldungsgruppen der BO. mit derjenigen Gehaltsstufe eingereiht, die ihrem bisherigen Besoldungsdienstalter in der Stelle entspricht, die sie am 1. April 1920 bekleiden. Beamte, die zum 1. April 1920 oder mit Wirkung von diesem Tage angestellt sind, zählen im Sinne dieser Vorschrift nicht zu den am 1. April 1920 im Dienst befindlichen planmäßigen Beamten.

(2) Die Bestimmungen in Ziff. 37 bis 43 dürfen nicht angewendet werden, wenn sich der Übertritt in eine andere Gehaltsklasse vor dem 1. April 1920 vollzogen hat, und zwar weder mit Unterstellung der alten noch mit Unterstellung der neuen Gehaltssätze.

45. Hat ein Beamter unmittelbar hintereinander mehrere Stellen bekleidet, die nach den bisherigen Vorschriften verschiedenen Gehaltsklassen angehörten, jetzt aber in einer Besoldungsgruppe vereinigt sind, so ist das BDA. vom 1. April 1920 so zu berechnen, als wenn der Beamte in der ersten Stelle verblieben wäre.

46. Sollte sich für einzelne vor dem 1. April 1920 beförderte oder aus dienstlichen Rücksichten versetzte Beamte ergeben, daß am 1. April 1920 nach den neuen Grundgehaltssätzen ihr Grundgehalt in der jetzigen Stelle hinter dem Satze zurückbleibt, den sie erhalten haben würden, wenn sie in einer früher von ihnen bekleideten Stelle verblieben und erst zum 1. April 1920 befördert worden wären, oder daß sie in der früheren Stelle bei dem nächsten Aufsteigen nach dem 1. April 1920 früher einen höheren oder gleichen Grundgehaltssatz erreicht hätten, als es in der neuen Stelle der Fall sein würde, so ist das BDA. so festzusetzen, als wenn sie erst im Laufe des 1. April 1920 unter Berücksichtigung von § 3 Abs. 5 BDEG. (vergl. Ziff. 37, 39) in die neue Stelle eingerückt wären. Für Beamte, die zum 1. April 1920 in eine Stelle befördert werden, die in einer höheren Besoldungsgruppe als die bisher von den Beamten bekleideten Stelle vorgesehen ist, wird das BDA. unter Berücksichtigung von § 3 Abs. 5 so festgesetzt, als wenn sie erst im Laufe des 1. April 1920 in die neue Stelle eingerückt wären.

47. (1) Sind ganze Gattungen von Beamten in höhere Besoldungsgruppen gehoben, so behalten sie ihr bisheriges BDA., sofern sich für sie bei Anwendung der Bestimmungen in § 25 Abs. 3 BDEG. nicht ein noch günstigeres BDA. ergibt.

(2) Sind dagegen Beamtengattungen, die am 31. März 1920 unter gleicher oder verschiedener Amtsbezeichnung in der gleichen Gehaltsklasse vereinigt waren so getrennt worden, daß ein Teil in einer niedrigeren Besoldungsgruppe zurückgeblieben ist, so sind die in die gehobenen Gruppen eingereihten Beamten so anzusehen, als wenn sie am 1. April 1920 aus der niedrigeren Gruppe in ihre jetzige Stelle befördert worden wären. Ihr BDA. ist deshalb nach Ziff. 46 neu festzusetzen. Soweit Beamte bereits vor dem 1. April 1920 eine entsprechende gehobene Stelle bekleidet haben, für welche in dem Staatshaushaltsplan eine Stellenzulage vorgesehen war, darf das BDA. nach den vorstehenden Vorschriften nicht auf einen späteren Zeitpunkt festgesetzt werden als den, seit welchem der Beamte die Stellenzulage ununterbrochen bezogen hat.

(3) Demnach sind anzusehen, als wenn sie am 1. April 1920 befördert worden wären, z. B.:

a) die Kastellane, Botenmeister, Laboratoriumsgehilfen in Gruppe 3 aus der Gruppe 2;

b) die Hausinspektoren, Botenmeister, Ministerialhausinspektoren, Ministerialbotenmeister, Oberpedelle, Laboranten, Justizoberwachtmeister als Botenmeister bei großen Behörden, Polizeioberwachtmeister, Obergärtner, Obermaschinisten in die Gruppe 4 aus der Gruppe 3;

c) Gerichtskostenerheber bei größeren Kassen (aus der Gruppe 3), Oberlandjäger, Maschinenmeister, Oberstutmeister in Gruppe 5 aus der Gruppe 4;

d) Kanzleiinspektoren als Kanzleivorsteher, erste Maschinenmeister, erste Werkmeister in Gruppe 6 aus der Gruppe 5;
e) Ministerialkanzleiinspektoren, Kulturoberbausekretäre, Gestütrendanten der Landgestüte in Gruppe 7 aus der Gruppe 6;
f) Baderentmeister, Badeinspektoren, Garteninspektoren, Forstrentmeister, Obersekretäre als Bürovorsteher, Kulturobersekretäre, Rendanten, Kulturoberbausekretäre, erste Lehrer in der Gestütverwaltung, Justizinspektoren, Kassierer bei den Justizhauptkassen, Amtsgerichtskalkulatoren, Strafanstaltskassenrendanten bei den Strafanstalten in Plötzensee und Berlin-Tegel sowie beim Untersuchungsgefängnis Berlin-Moabit in Gruppe 8 aus der Gruppe 7;
g) Justizoberinspektoren bei den Oberlandesgerichten und anderen großen Behörden, Hauptkassenkontrolleure bei den besonders organisierten Gerichtskassen, Domänenrentmeister, Präsidialsekretäre, Rechnungsrevisoren, Rendanten, Zentralbürovorsteher bei der Universität in Berlin, den technischen Hochschulen, dem Meteorologischen Institut in Berlin, Rentmeister bei den großen Kreiskassen, Kreissekretäre bei den großen Landratsämtern, Kuratorialbürovorsteher in Gruppe 9 aus der Gruppe 8 oder 7;
h) Rechnungsoberrevisor beim Kammergericht (aus der Gruppe 7), Oberzeichenlehrer, Obermusiklehrer, Oberzeichenlehrerinnen, Obermusiklehrerinnen an den höheren Lehranstalten für die männliche und weibliche Jugend (aus der Gruppe 8), Zentralbürovorsteher beim Oberlandeskulturamt, Oberfischmeister für die Binnengewässer in Gruppe 10 aus der Gruppe 9;
i) Regierungsräte, Regierungs- und Bauräte, Abteilungsleiter bei der Landesanstalt für Wasserhygiene in Berlin-Dahlem und bei der staatlichen Nahrungsmitteluntersuchungsanstalt, Amts- und Landgerichtsräte in der Gruppe 11 aus der Gruppe 10;
k) Oberregierungsräte, Oberbauräte, aufsichtführende Richter an den Amtsgerichten mit 10 und mehr Richtern, Oberregierungs- und Schulräte, Landräte bei großen Landratsämtern in der Gruppe 12 aus der Gruppe 10;
l) Oberstaatsanwalt als erster Vertreter des Generalstaatsanwalts beim Kammergericht, Obersten der Landjägerei in der Gruppe 13 aus der Gruppe 12.

(4) Über die Neufestsetzung des BDA. entscheidet in Zweifelsfällen der Fachminister im Einvernehmen mit dem Finanzminister.

48. (1) Bei planmäßigen Beamten aus der Klasse der ehemaligen Militäranwärter, auch wenn sie sich nicht mehr in ihrer ersten planmäßigen Stelle befinden, wird das BDA. so weit vorgerückt, wie es vorgerückt wäre, wenn Ziff. 27 bis 35 schon zur Zeit ihrer ersten planmäßigen Anstellung und in den nach Ziff. 31 und 35 maßgebenden Zeitpunkten gegolten hätte.

(2) Hiernach muß in jedem Falle, in dem einem Beamten nach Ziff. 27 bis 35 eine längere Zeit auf das BDA. anzurechnen ist, als ihm nach Nr. 14 der bisherigen Gehaltsvorschriften oder nach älteren Vorschriften und der älteren Verwaltungsübung tatsächlich angerechnet worden ist, zur richtigen Ermittlung des ab 1. April 1910 anzunehmenden BDA. festgestellt werden, wie sich das BDA. bei der ersten planmäßigen Anstellung und bei allen etwa inzwischen erfolgten Beförderungen und Versetzungen nach dem jeweils geltenden Rechte gestaltet hätte, wenn Ziff. 27 bis 35 bereits gegolten hätten.

49. Allen planmäßigen Beamten, auch wenn sie sich nicht mehr in ihrer ersten planmäßigen Stelle befinden, wird das BDA. so weit vorgerückt, wie es vorgerückt wäre, wenn Ziff. 20 bis 22 schon zur Zeit ihrer ersten planmäßigen Anstellung gegolten hätten. Hiernach muß in jedem Falle, in dem einem planmäßigen Beamten nach Ziff. 20 bis 22 eine längere nichtplanmäßige Dienstzeit auf das BDA. anzurechnen ist, als ihm nach Nr. 16 der bisherigen Gehaltsvorschriften oder nach den älteren Vorschriften und nach der älteren Verwaltungsübung tatsächlich angerechnet worden ist, zur richtigen Ermittlung des am 1. April 1920 anzunehmenden BDA. festgestellt werden, wie sich das BDA. bei der ersten planmäßigen Anstellung und bei allen etwa inzwischen erfolgten Beförderungen und Versetzungen nach dem jeweils geltenden Rechte gestaltet hätte, wenn Ziff. 20 bis 22 bereits gegolten hätten. Dabei ist die nichtplanmäßige Dienstzeit, von welcher der fünf und vier Jahre übersteigende Teil auf das BDA. anzurechnen ist, so zu berechnen, wie wenn Ziff. 140 ff. bereits gegolten hätten.

50. Die am 31. März 1920 im Amt befindlich gewesenen Beamten, die durch die Anmerkungen 1 zur Besoldungsgruppe 2, 1 zur Besoldungsgruppe 3, 1 bis 3 zur Besoldungsgruppe 4, sowie 1 zur Besoldungsgruppe 5 für ihre Person die Bezüge einer höheren Besoldungsgruppe zu erhalten haben, erhalten in dieser Besoldungsgruppe das volle BDA. ihrer beim Inkrafttreten des BDEG. bekleideten Stelle.

51. (1) (Anm. 2 zur Besoldungsgruppe 4): Die am 31. März 1920 im Amt befindlich gewesenen Inhaber der Stellen erhalten für ihre Person, soweit sie 16 Dienstjahre vollendet hatten, die Bezüge der Gruppe 5.

(2) (Anm. 3 zur Besoldungsgruppe 4): Die am 31. März 1920 im Amt befindlich gewesenen Inhaber der Stellen erhalten für ihre Person, sobald sie 16 Dienstjahre vollendet haben, die Bezüge der Gruppe 5.

(3) Unter „Dienstjahren" im Sinne dieser Anmerkungen ist die gesamte Militär- und Zivildienstzeit zu verstehen.

(4) Während die unter Anm. 3 zur Besoldungsgruppe 4 fallenden Beamten, soweit sie am 31. März 1920 noch keine 16 Dienstjahre vollendet hatten, auch nach dem 1. April 1920, sobald sie 16 Dienstjahre vollendet haben, in die Bezüge der Gruppe 5 einrücken können, können die unter Anm. 2 zur Besoldungsgruppe 4 fallenden Beamten, die nach dem 1. April 1920 16 Dienstjahre vollenden, nicht die Bezüge der Gruppe 5 erhalten, und ebensowenig können die unter Anm. 2 fallenden Beamten, selbst wenn sie am 31. März 1920 16 Dienstjahre vollendet hatten und nunmehr nach dem 1. April 1920 in Stellen befördert werden, die unter Anm. 1 zur Besoldungsgruppe 5 fallen, die Bezüge der Gruppe 6 erhalten.

52. (1) (Anm. 1 zur Besoldungsgruppe 7): Diejenigen in der Besoldungsgruppe 7 aufgeführten Beamten, die am 31. März 1920 in einer Stelle der Gehaltsklassen 21 bis 23 und 54 Nr. 6 des Gesetzes, betr. die Bereitstellung von Mitteln zu Diensteinkommensverbesserungen vom 26. Mai 1909 (GS. S. 85), planmäßig angestellt waren, erhalten, sobald sie in den Gehaltsklassen 14 bis 23 und 54 Nr. 6 jenes Gesetzes nach einer für die erwähnten Gehaltsklassen 21 bis 23 und 54 Nr. 6 abgelegten Prüfung oder in einer Eingangsstelle der Besoldungsgruppe 7 des BDEG. eine Dienstzeit von insgesamt 10 Jahren zurückgelegt haben, für ihre Person im Wege der Aufrückung die Bezüge der Besoldungsgruppe 8.

(2) Das BDA. der auf Grund des Abs. 1 nach Gruppe 8 zu besoldenden Beamten ist so festzusetzen, wie wenn sie am Ersten des Monats, in dem

die verlangten 10 Dienstjahre vollendet werden — frühestens aber am 1. April 1920 — in eine Stelle der Gruppe 8 befördert wären. Derselbe Tag ist für den Beginn der Bezüge aus Gruppe 8 maßgebend.

(3) Die verlangten 10 Dienstjahre beginnen, wenn die in Abs. 1 genannte Prüfung vor Erreichung einer der Gehaltsklassen 14 bis 23 und 54 Nr. 6 abgelegt worden ist, mit dem Tage, von dem an der Beamte erstmals eine Stelle dieser Gehaltsklassen bekleidet hat, wenn jedoch die Prüfung nach Erreichung einer der Gehaltsklassen 14 bis 23 und 54 Nr. 6 abgelegt worden ist, mit dem auf den letzten Tag der Prüfung folgenden Tag, also nicht erst mit dem etwa späteren Tage der Bekanntgabe des Prüfungsergebnisses. Der Lauf der 10 Dienstjahre beginnt jedoch spätestens — auch wenn keine Prüfung abgelegt worden ist — mit dem Eintritt in eine der Gehaltsklassen 21 bis 23 und 54 Nr. 6.

Beispiele:

a) Ein Beamter der jetzigen Besoldungsgruppe 7 ist am 1. Oktober 1892 als Zivilsupernumerar eingetreten und seinerzeit von der Ablegung einer Prüfung entbunden. Er ist am 1. April 1900 in einer Stelle der späteren Gehaltsklasse 22 planmäßig angestellt. Der Lauf der 10 Dienstjahre beginnt mit dem 1. April 1900. Er rückt am 1. April 1920 in die Gruppe 8 mit einem BDA. vom 1. April 1904.

b) Ein Beamter der jetzigen Besoldungsgruppe 7 ist am 1. April 1901 als Zivilsupernumerar eingetreten. Er hat am 15. Mai 1904 die Prüfung für den Büro- und Kassendienst bestanden und ist am 1. April 1912 in einer Stelle der Gehaltsklasse 22 planmäßig angestellt worden. Der Lauf der 10 Dienstjahre beginnt mit dem 1. April 1912. Er rückt also am 1. April 1922 in die Gruppe 8 ein mit einem BDA. vom 1. April 1913 (BDA. in Gruppe 7 = 1. April 1909).

c) Ein aus dem Militäranwärterstande hervorgegangener Beamter der jetzigen Besoldungsgruppe 7 ist am 1. April 1903 als Anwärter für den Büro- und Kassendienst eingetreten, er hat am 26. Mai 1906 die Prüfung für den Büro- und Kassendienst bestanden und ist am 1. November 1909 in einer Stelle der Gehaltsklasse 22 planmäßig angestellt. Der Lauf der 10 Dienstjahre beginnt am 1. November 1909.

d) Ein aus dem Militäranwärterstande hervorgegangener Beamter der jetzigen Besoldungsgruppe 7 ist am 1. April 1907 nach Ablegung einer Prüfung für eine Stelle der Gehaltsklasse 14 in einer Stelle der Gehaltsklasse 14 mit einem BDA. vom 1. April 1906 planmäßig angestellt. Am 15. August 1910 hat er die Prüfung für eine Stelle der Gehaltsklasse 22 bestanden. Am 1. April 1919 ist er in eine Stelle der Gehaltsklasse 22 befördert. Der Lauf der 10 Dienstjahre beginnt mit dem 16. August 1910. Er rückt am 16. August 1920 in die Gruppe 8 ein. Sein BDA. ist wie folgt festzusetzen:

Gruppe 6, 1. April 1906 Gruppe 7, 1. April 1908

Gruppe 8, 1. April 1912.

Für die Beamten der Gehaltsklasse 13 der Besoldungsordnung vom 26. Mai 1909 (mit 1650 ℳ bis 3300 ℳ), die erst durch das Gesetz vom 29. Juni 1914 (GS. S. 21) mit Wirkung vom 1. April 1914 in die Gehaltsklasse 14 (mit 1800 ℳ bis 3600 ℳ) eingereiht worden sind, kann die zehnjährige Dienstzeit in Klasse 14 frühestens am 1. April 1914 zu laufen beginnen, auch wenn sie schon vor diesem Tage die Prüfung für eine Stelle der Klassen 21 ff. abgelegt hatten.

(4) Soweit die Aufrückung der in Betracht kommenden Beamten auf Grund der Verfügung des Finanzministers vom 21. Januar 1921 — B 1626 — bereits verfügt ist und demzufolge unrichtige Bezüge angewiesen sind, sind die betreffenden Verfügungen rückgängig zu machen. Die bis zum Erlasse der Verfügung vom 3. Mai 1921 — B 2066 — bereits gezahlten Bezüge können in Ausgabe verbleiben. Vom nächsten Gehaltszahlungstermin an dürfen jedoch nur die nach dem anderweit festgesetzten BDA. berichtigten Bezüge gezahlt werden.

53. Für diejenigen Beamten, die bisher ein Einzelgehalt bezogen haben und für die durch das BDEG. Dienstaltersstufen eingeführt worden sind, wird das BDA. auf den Tag des Einrückens in ihre Stelle festgesetzt, soweit nicht die Vorschriften der Ziff. 46 oder 54 günstiger sind.

54. Würde ein Beamter, der mit Wirkung von einem früheren Tage als dem 1. April 1920 befördert oder aus dienstlichen Rücksichten versetzt worden ist, bei Anwendung der Bestimmungen in Ziff. 44 bis 53 ein niedrigeres Grundgehalt zu beziehen haben, als wenn er in einer früher bekleideten Stelle verblieben und erst am 1. April 1920 aus dieser in die Besoldungsgruppe, welcher er nach der BO. zuzuteilen ist, befördert worden wäre, oder würde der Beamte in der früheren Stelle bei dem nächsten Aufsteigen nach dem 1. April 1920 früher einen höheren oder gleichen Grundgehaltssatz erreicht haben, als es in der neuen Stelle der Fall sein würde, so ist sein BDA. festzusetzen, wie wenn er erst mit Wirkung vom 1. April 1920 in die Besoldungsgruppe, welcher er nach der BO. zuzuteilen ist, befördert worden wäre. Eine Versetzung aus dienstlichen Rücksichten im Sinne dieser Bestimmungen ist nur dann anzunehmen, wenn für die Versetzungsentscheidung lediglich die dienstliche Notwendigkeit der Versetzung maßgebend gewesen ist.

h) Bemessung des BDA. beim Wiedereintritt ausgeschiedener Beamter in den Staatsdienst.

55. (1) Wird einem einstweilen in den Ruhestand versetzten Beamten wieder eine planmäßige Stelle der Besoldungsgruppen 1 bis 13 übertragen, so gelten für die Berechnung des BDA., wenn die Versetzung in den einstweiligen Ruhestand nach dem 1. April 1920 wirksam geworden ist, die Bestimmungen in Ziff. 11 Abs. 2 und 37 bis 43, wenn sie am oder vor dem 1. April 1920 wirksam geworden ist, die Bestimmungen in Ziff. 44 bis 54 sinngemäß. In letzterem Falle tritt an die Stelle des 1. April 1920 der Tag, mit dem die Wiederanstellung wirksam wird.

(2) Von der Zeit des einstweiligen Ruhestandes ist die Zeit einer etwaigen Beschäftigung als Beamter oder in der Eigenschaft eines Beamten im Reichs- oder Staatsdienst als Dienstzeit in der früheren Stellung anzurechnen. Die übrige Zeit seit der Versetzung in den einstweiligen Ruhestand, insbesondere eine im privatrechtlichen Vertragsverhältnis zurückgelegte Beschäftigungszeit, kann nur in sinngemäßer Anwendung der Ziff. 25 und 26 angerechnet werden.

56. (1) Bei der Wiederanstellung von dauernd zur Ruhe gesetzten Beamten gilt Ziff. 55 sinngemäß. Ist einem solchen Beamten der Wiedereintritt zu einem früheren Zeitpunkt ermöglicht gewesen, und hat er ihn durch eigenes Verschulden oder aus eigener Entschließung erheblich verzögert, so wird die frühere Dienstzeit in der Regel nicht angerechnet; sollten ausnahmsweise Gründe für eine solche Anrechnung geltend zu machen sein, so ist die Entscheidung des Fachministers einzuholen.

(2) Beamten, welche wegen eines in Ausübung des Dienstes erlittenen Unfalls in den Ruhestand versetzt worden sind, muß im Falle ihrer späteren Wiederanstellung die frühere Dienstzeit auf das BDA. angerechnet werden.

(3) Bei Militäranwärtern, die als Beamte der Besoldungsgruppe ihrer ersten planmäßigen Anstellung in den Ruhestand versetzt worden sind und in einer höheren Besoldungsgruppe wieder angestellt werden, kann Ziff. 31 sinngemäß angewandt werden.

57. (1) Ist ein Beamter aus einer planmäßigen Stelle freiwillig ohne Ruhegehalt ausgeschieden oder ist sein früheres Beamtenverhältnis durch Dienstentlassung gelöst worden, so wird im Falle seiner Wiederanstellung bei der Bemessung des BDA. und des Grundgehalts der neuen Stelle — vorbehaltlich der Vorschrift in Ziff. 35 — auf das BDA. und das Grundgehalt der früheren Stelle in der Regel keine Rücksicht genommen. Beamte, die ihre Stelle freiwillig aufgeben wollen, sind hierauf ausdrücklich hinzuweisen.

(2) Beamte, die in der Zeit zwischen ihrem Ausscheiden aus einer planmäßigen Stelle des Staatsdienstes und ihrem Wiedereintritt in denselben ununterbrochen im Reichs-, Landes- oder Schuldienst gestanden haben, werden so behandelt, wie wenn sie ununterbrochen in der zuletzt bekleideten Stelle des Staatsdienstes verblieben wären.

(3) Sollten im Einzelfalle besondere Gründe vorliegen, von den Grundsätzen der Abs. 1, 2 ausnahmsweise abzuweichen, so ist — und zwar in der Regel vor der Wiederanstellung des Beamten — die Entscheidung des Fachministers einzuholen, welche im Einverständnis mit dem Finanzminister ergeht; Ziff. 25 und 26 gelten sinngemäß.

i) Bemessung des BDA. beim Übertritt aus dem Reichsdienst oder dem Dienst eines der Länder.

58. (1) Tritt ein Reichsbeamter oder ein Beamter eines der Länder in den preußischen Staatsdienst über, so wird sein BDA., wenn nicht der Fall der Ziff. 59 vorliegt — vorbehaltlich der Vorschrift in Ziff. 61 Abs. 2 — in sinngemäßer Anwendung der Bestimmungen in Ziff. 44, 45, 46 und 53 festgesetzt. An die Stelle des 1. April 1920 tritt hierbei der Tag des Übertritts.

(2) Welcher Besoldungsgruppe des BDEG. die Gehaltsklasse entspricht, der der Beamte bisher angehört hat, bestimmt der Fachminister im Einvernehmen mit dem Finanzminister. Entspricht die Gehaltsklasse, welcher der Beamte bisher angehört hat, keiner Besoldungsgruppe des BDEG., so setzt der Fachminister im Einvernehmen mit dem Finanzminister das BDA. fest.

59. (1) Entspricht die Gehaltsklasse, welcher der Beamte bisher angehört hat, nicht nur einer Besoldungsgruppe des BDEG., sondern stimmt sie auch mit ihr hinsichtlich der Grundgehaltssätze und der Dienstaltersstufen und im wesentlichen auch hinsichtlich der sonstigen Bestandteile des Diensteinkommens überein, so wird das BDA. so festgesetzt, wie wenn der Beamte aus der entsprechenden Besoldungsgruppe des BDEG. übergetreten wäre.

Können Zweifel bestehen, ob diese Voraussetzungen gegeben sind, so entscheidet hierüber der Fachminister im Einvernehmen mit dem Finanzminister.

(2) Solange die Einreihung der Beamtengattung, welcher der Beamte bisher angehört hat, in die Gruppen der betreffenden Landesbesoldungsordnung noch durch einen Einspruch nach § 5 des Gesetzes zur Sicherung einer einheitlichen Regelung der Beamtenbesoldung (Besoldungssperrgesetz) vom 21. Dezember 1920 (RGBl. S. 2117) angefochten werden kann, ist nicht nach Abs. 1, sondern nach Ziff. 58 zu verfahren.

60. Welcher Besoldungsgruppe des BDEG. eine bestimmte Gehaltsklasse des Reichsbesoldungsgesetzes oder eines Landesbesoldungsgesetzes im Sinne der Ziff. 58 entspricht oder mit welcher sie im Sinne der Ziff. 59 übereinstimmt, bestimmt der Finanzminister.

61. (1) Ziff. 58 bis 60 gelten nur beim unmittelbaren Übertritt aus dem Reichsdienst oder dem Dienst eines der Länder. In den Fällen, in denen ein Beamter, der aus einer planmäßigen Stelle des Reichs- oder Landesdienstes freiwillig ausgeschieden oder dessen früheres Beamtenverhältnis im Reichs- oder Landesdienste durch Dienstentlassung gelöst worden ist, im preußischen Staatsdienst planmäßig angestellt wird, gilt Ziff. 57 sinngemäß.

(2) Ein aus dem Dienste des Reiches oder der Länder übernommener Beamter darf niemals ein höheres BDA. erhalten, als es ein preußischer Beamter in der gleichen Stelle unter Berücksichtigung der verschiedenen Vor- und Ausbildungszeit erhalten würde.

(3) Ziff. 58 bis 61 gelten nicht für frühere preußische Staatsbeamte, bei denen die Ziff. 57 zutrifft.

(4) Der § 3 Abs. 8 BDEG. bleibt unberührt.

k) Bemessung des BDA. in besonderen Fällen.

Bemessung des BDA. bei Versetzung auf Grund eines Disziplinarurteils.

62. (1) Wird ein Beamter auf Grund eines Disziplinarurteils in eine Stelle derselben Besoldungsgruppe versetzt, so ist, wenn auf Strafversetzung ohne Verminderung des Diensteinkommens erkannt ist, dem Beamten sein Grundgehalt und BDA. auch in der neuen Stelle unverkürzt zu belassen.

(2) Ist auf Strafversetzung mit Verminderung des Diensteinkommens erkannt, so ist dem Beamten zwar das BDA. unverkürzt zu lassen, in jeder Dienstaltersstufe aber ist das ihm hiernach zustehende Grundgehalt, wenn auf Kürzung der Dienstbezüge um einen bestimmten Bruchteil erkannt ist, um den Betrag der im Disziplinarurteil festgesetzten Einkommensverminderung zu kürzen (vgl. auch Ziff. 92, 120 Abs. 3, 123 Abs. 3). Ist dagegen im Disziplinarurteil um einen bestimmten zahlenmäßig festgesetzten Betrag erkannt, so wird — ebenfalls unter Belassung des BDA. — das Gesamteinkommen des Beamten um diesen Betrag gekürzt. Die Kürzung ist rechnungsmäßig bei den verschiedenen Diensteinkommensteilen (Grundgehalt, Ortszuschlag usw.) anteilig vorzunehmen.

(3) Wenn in den Fällen einer Strafversetzung mit Einkommensverminderung von der Kürzung des Grundgehalts, insbesondere nach Erreichung der höchsten Dienstaltersstufe, ganz oder zum Teil wieder abgesehen werden soll, so ist hierüber die Entscheidung des Fachministers einzuholen.

Erste planmäßige Anstellung in einer Beförderungsgruppe.

63. Erfolgt die erste planmäßige Anstellung eines Beamten in einer Besoldungsgruppe, die er bei regelmäßig verlaufener Dienstlaufbahn erst im

Wege der Beförderung erreicht hätte, so ist — vorbehaltlich der Vorschrift in Ziff. 11 — für die Berechnung des BDA. zu unterstellen, daß der Beamte in der Besoldungsgruppe, die er bei regelmäßig verlaufener Dienstlaufbahn zuerst erreicht hätte, angestellt und zugleich in die höhere Besoldungsgruppe befördert worden wäre.

Berücksichtigung von Ausbildungszeit auf einer Fachschule.

64. (1) Die Zeit eines durch die Annahme- oder Prüfungsbedingungen vorgeschriebenen Besuchs einer staatlichen oder staatlich anerkannten technischen Fachschule oder eines diesen ersetzenden Hochschulbesuchs wird bis zur Höchstdauer von drei Jahren auf das BDA. angerechnet, soweit dadurch der Beginn des BDA. gegenüber den nicht technisch vorgebildeten Beamten, welche in demselben Dienstzweig (Ziff. 20) und in derselben Besoldungsgruppe im wesentlichen mit gleichen Dienstverrichtungen beschäftigt sind, nachweislich hinausgeschoben wird.

(2) Ziff. 23 Abs. 2 gilt sinngemäß.

(3) Abs. 1 und 2 gilt auch für die beim Inkrafttreten des BDEG. vorhanden gewesenen Beamten.

Berücksichtigung von Kriegsdienstzeit.

65. Die Zeit eines Kriegsdienstes und eines nach Ziff. 32 c—f anzurechnenden Dienstes wird allen — auch den am 31. März 1920 vorhanden gewesenen — Beamten auf das BDA. angerechnet, wenn und soweit dadurch die planmäßige Anstellung im Vergleiche zu anderen Beamten, die dem gleichen Dienstzweig (Ziff. 20), der gleichen Dienstlaufbahn und der gleichen Besoldungsgruppe angehören, nachweislich verzögert worden ist. Hierbei gelten folgende Grundsätze (Ziff. 66 bis 72):

66. (1) Der Nachweis der Verzögerung der planmäßigen Anstellung durch den Kriegsdienst ist im Zweifel als erbracht anzusehen, wenn sich der Anwärter zum Eintritt bei der Verwaltung innerhalb einer nicht verlängerbaren Frist von 3 Monaten nach dem Tage gemeldet hat, an dem er sich nach Beendigung seines Kriegsdienstes frühestens melden konnte.

(2) Hat ein Anwärter es unterlassen, sich vor Beginn seines Kriegsdienstes zum Eintritt bei der Verwaltung zu melden, obwohl es ihm möglich gewesen wäre, so ist im Zweifel nicht anzunehmen, daß eine Verzögerung der planmäßigen Anstellung durch den Kriegsdienst erfolgt ist. Dasselbe gilt, wenn ein Anwärter es unterlassen hat, sich während des Kriegsdienstes zum Eintritt bei der Verwaltung zu melden, obwohl es ihm möglich gewesen wäre und nach Lage der Verhältnisse von ihm erwartet werden konnte.

(3) Die Zeit, um welche die planmäßige Anstellung verzögert ist, ist nach Lage des Einzelfalles zu ermitteln. Dabei ist zu untersuchen, wann der Anwärter sich wahrscheinlich gemeldet haben würde, wenn er nicht Kriegsdienst geleistet hätte.

67. (1) Ist die Ablegung einer Prüfung Vorbedingung für die erste planmäßige Anstellung, oder erfolgt bei einer bestimmten Gattung von Beamten die planmäßige Anstellung nach der Reihenfolge eines Prüfungsergebnisses oder einer Vormerkung, so erhält der Anwärter, der infolge des Kriegsdienstes die Prüfung verspätet abgelegt hat oder nicht in der Reihenfolge des Prüfungsergebnisses oder der Vormerkung planmäßig angestellt worden ist, bei der planmäßigen Anstellung — soweit möglich — dasselbe BDA. wie der bereits angestellte Anwärter, dem er in der Reihenfolge der

Anwartschaft unmittelbar vorangegangen ist oder vorangegangen wäre, wenn er die Prüfung hätte rechtzeitig ablegen können.

(2) Ist die Ablegung einer Prüfung Vorbedingung für den Übertritt in eine höhere Besoldungsgruppe, so erhält der Anwärter, der infolge des Kriegsdienstes die Prüfung verspätet abgelegt hat und deshalb verspätet befördert worden ist, bei der Beförderung — soweit möglich — dasselbe BDA. wie der bereits beförderte Anwärter, dem er in der Reihenfolge der Anwartschaft unmittelbar vorangegangen ist oder vorangegangen wäre, wenn er die Prüfung rechtzeitig hätte ablegen können.

68. Anwärtern, die nach Ableistung des Probe- oder Vorbereitungsdienstes ohne weiteren Befähigungsnachweis planmäßig angestellt werden, wird bei der planmäßigen Anstellung die Zeit auf das BDA. angerechnet, um welche die Anstellung infolge des Kriegsdienstes nachweislich später erfolgt ist.

69. (1) Berücksichtigt wird in allen Fällen nur eine nachgewiesene Verzögerung; Anwartschaften, die sich nur auf Mutmaßungen gründen, bleiben außer Betracht.

(2) Bei der Berechnung der anzurechnenden Zeit werden Vorteile, die durch Notprüfungen, Abkürzung der Vorbereitungszeit usw. erzielt worden sind, gegengerechnet.

(3) Die gleichzeitige Anrechnung derselben Zeiträume nach Ziff. 65 und nach Ziff. 27 und 32 ist unzulässig. Den Vorrang hat die Anrechnung nach Ziff. 65.

70. (1) Dem Kriegsdienst im Sinne der Ziff. 65 ist der vaterländische Hilfsdienst gleichzuachten, der auf Grund einer Überweisung (§ 7 Abs. 3 des Reichsgesetzes vom 5. Dezember 1916 — RGBl. S. 1333 —) oder auf Grund einer von der vorgesetzten Dienstbehörde ausgesprochenen Beurlaubung abgeleistet ist.

(2) Wieweit ein sonst übernommener vaterländischer Hilfsdienst dem Kriegsdienst gleichzuachten ist, bestimmt der Fachminister im Einvernehmen mit dem Finanzminister.

(3) Dem vaterländischen Hilfsdienst steht eine Tätigkeit gleich, die zwar bereits vor dem Inkrafttreten des erwähnten Gesetzes vom 5. Dezember 1916 verrichtet, aber nach dem Gesichtspunkte dieses Gesetzes als vaterländischer Hilfsdienst anzusehen ist.

71. Ob und inwieweit der Dienst in einem verbündeten oder befreundeten Heere als Kriegsdienst im Sinne der Ziff. 65 gilt, bestimmt im einzelnen Falle der Fachminister im Einvernehmen mit dem Finanzminister.

72. Die Anrechnung nach den vorstehenden Ziffern ist ferner ausgeschlossen, soweit schon durch die Anrechnung derselben Dienstzeit auf das Anwärterdienstalter eine Verbesserung des BDA. nach Ziff. 20 einzutreten hat.

Berücksichtigung militärischer Dienstzeit vor dem Kriege.

73. (1) In sinngemäßer Anwendung der Ziff. 65 bis 72 wird allen Beamten, mit Ausnahme der Militäranwärter, die vor dem Kriege 1914 bis 1918 in Erfüllung der gesetzlichen Dienstpflicht zurückgelegte Militär- oder Marinedienstzeit bis zur Dauer eines Jahres auf das BDA. angerechnet, soweit durch die Militärdienstzeit die Einberufung oder die rechtzeitige Ablegung einer Prüfung nachweislich verzögert ist.

(2) Der Fachminister kann im Einvernehmen mit dem Finanzminister die Anrechnung dieses Dienstjahres auch bei solchen Beamten oder Beamten-

gattungen zulassen, bei denen die Zurücklegung dieses Dienstjahres zu den Anstellungsbedingungen gehört.

Anstellung von Geistlichen im unmittelbaren Staatsdienst.

74. (1) Bei der Anstellung von Geistlichen im unmittelbaren Staatsdienst ist die im geistlichen Amt nach der Ordination zugebrachte Dienstzeit, soweit sie fünf Jahre übersteigt, auf das BDA. nach Gruppe 10 anzurechnen. Die Ziff. 159 findet entsprechende Anwendung.

(2) Bei der Anstellung der im Abs. 1 bezeichneten Geistlichen in einer Stelle der Besoldungsgruppe 9 wird das nach Abs. 1 berechnete BDA. um zwei Jahre, bei einer Stelle der Besoldungsgruppe 8 um vier Jahre vorgerückt.

Anstellung seminarisch gebildeter Lehrer im staatlichen Schul- oder Schulaufsichtsdienst.

75. Bei der Anstellung seminarisch gebildeter Lehrer (Lehrerinnen) im staatlichen Schul- oder Schulaufsichtsdienst finden die Ziff. 11 Abs. 2, 37 bis 40 und 59 mit der Maßgabe sinngemäß Anwendung, daß die im öffentlichen Schuldienst in planmäßigen Stellen verbrachte Dienstzeit dem unmittelbaren Staatsdienst gleichgeachtet wird. Bei Übernahme von einstweilig angestellten Lehrern in den staatlichen Schuldienst gelten bis zur planmäßigen Anstellung — die nicht vor dem vollendeten 27. Lebensjahre erfolgen darf — die Bestimmungen des BDG.

Anstellung akademisch gebildeter Lehrer, die aus dem Volksschuldienst hervorgegangen sind, im staatlichen Schuldienst.

75 a. (1) Bei der Anstellung akademisch gebildeter Lehrer (Lehrerinnen), die aus dem Volksschuldienst oder aus einer Stelle der Gruppen 7, 8 und 9 der Besoldungsordnung hervorgegangen sind, in einer Stelle der Gruppe 10 der Besoldungsordnung wird die im öffentlichen Volksschuldienst oder in einer Stelle der Gruppen 7, 8 und 9 der Besoldungsordnung zugebrachte Dienstzeit einschließlich der Zeit des vorgeschriebenen Studiums, der Prüfungszeit, der zweijährigen Vorbereitungszeit und der nachfolgenden Anwärterdienstzeit, soweit sie den Zeitraum von 12 Jahren übersteigt, innerhalb der Grenzen des § 3 Ziff. 7 Satz 2 BDEG. auf das BDA. angerechnet.

(2) Bei der Anstellung der im Abs. 1 bezeichneten Lehrer (Lehrerinnen) in einer Stelle der Gruppe 9 der Besoldungsordnung wird das nach Abs. 1 berechnete BDA. um zwei Jahre, bei einer Stelle der Gruppe 8 der Besoldungsordnung um vier Jahre vorgerückt.

(3) Diese Bestimmung gilt auch für die am 31. März 1920 bereits planmäßig angestellten akademisch gebildeten Lehrer (Lehrerinnen).

Berücksichtigung sonstiger Lehrerdienstzeit.

76. (1) Den akademisch gebildeten Lehrern (Lehrerinnen) an höheren Lehranstalten und an Lehrer- und Lehrerinnenbildungsanstalten kann von dem Minister für Wissenschaft, Kunst und Volksbildung im Einverständnis mit dem Finanzminister die im preußischen oder außerpreußischen Universitätsdienst sowie die im außerpreußischen Schulaufsichts- oder Kirchendienst zugebrachte Zeit, ferner der ausländische Dienst, der, wenn er im Inlande geleistet wäre, zur Anrechnung gelangen würde, und der nach Erlangung der Anstellungsfähigkeit für den höheren Schuldienst geleistete Dienst an deutschen Auslandsschulen und an inländischen öffentlichen nichthöheren Schulen, deren Lehrpläne über die Ziele der Volksschule hinausgehen, sowie an Privatschulen, welche als höhere Lehranstalten anerkannt sind, ganz oder zum Teil im Rahmen des § 3 Abs. 7 BDEG. auf das BDA. angerechnet werden.

(2) Den nicht akademisch gebildeten Lehrern (Lehrerinnen) an höheren Lehranstalten und an Lehrer- und Lehrerinnenbildungsanstalten kann von dem Minister für Wissenschaft, Kunst und Volksbildung im Einverständnis mit dem Finanzminister außer der Dienstzeit an den im Abs. 1 genannten Schulen die im außerpreußischen öffentlichen Schuldienst zugebrachte Zeit ganz oder zum Teil im Rahmen des § 3 Abs. 7 BDEG. auf das BDA. angerechnet werden.

Übertritt von Lehrpersonen an Fach- und Fortbildungsschulen aus dem nichtstaatlichen Dienst in den Staatsdienst.

77. Beim Übertritt von Lehrpersonen an nichtstaatlichen Fach- und Fortbildungsschulen in den Staatsdienst wird die im Volksschul-, Fach- und Fortbildungsschuldienst in planmäßigen Stellen verbrachte Dienstzeit dem unmittelbaren Staatsdienst gleichgeachtet.

78. Ist das BDA. der in Ziff. 74 bis 77 genannten Beamten in der ersten planmäßigen Stelle durch Anrechnung von Dienstzeit gemäß den zwingenden Bestimmungen für Staatsbeamte verbessert worden, so ist diese Verbesserung auch bei Festsetzung des BDA. im Staatsdienst zu berücksichtigen.

Anstellung nichtvollbesoldeter Kreisärzte und Kreistierärzte als vollbesoldete Kreisärzte und Kreistierärzte und als Regierungs- und Medizinalräte und Regierungs- und Veterinärräte.

79. (1) Wird ein nichtvollbesoldeter Kreisarzt oder Kreistierarzt als vollbesoldeter Kreisarzt oder Kreistierarzt angestellt, so wird das BDA. vom Tage der Anstellung als nichtvollbesoldeter Kreisarzt oder Kreistierarzt ab gerechnet.

(2) Wird ein nichtvollbesoldeter Kreisarzt oder Kreistierarzt als Regierungs- und Medizinalrat oder Regierungs- und Veterinärrat angestellt, so wird das Grundgehalt der früheren Stelle nach Abs. 1 festgestellt.

Bemessung des BDA. der Beamten der Landjägerei, der Verwaltungs- und Kriminalpolizei.

80. (1) Die Angehörigen der Landjägerei sind im unmittelbaren Staatsdienst stehende Beamte. Sie erwerben mit dem Zeitpunkt der endgültigen Übertragung einer planmäßigen Stelle in der Landjägerei das Recht auf lebenslängliche Anstellung.

(2) Für Landjäger, die den Zivilversorgungsschein vor ihrer planmäßigen Anstellung in der Landjägerei erworben haben, gelten hinsichtlich des Rechts der Bewerbung um andere Beamtenstellen und des Erlöschens des Zivilversorgungsscheins dieselben Vorschriften wie für andere, im unmittelbaren Staatsdienst angestellte ehemalige Militäranwärter.

(3) Von denjenigen Landjägern, die bei ihrer planmäßigen Anstellung nicht im Besitz des Zivilversorgungsscheins sind, kann durch den Dienst in der Landjägerei der Zivilversorgungsschein nach Maßgabe der Anstellungsgrundsätze vom 26. Juli 1922 nicht mehr erworben werden (Übergangsbestimmung s. Abs. 5).

(4) Der Landjäger beginnt grundsätzlich mit dem Anfangsgehalt seiner Stelle (Besoldungsgruppe 4). Denjenigen Landjägern, die sich zur Zeit

ihrer Anstellung als Landjäger im Besitz des Zivilversorgungsscheins befinden, wird die Militärdienstzeit oder die ihr etwa gesetzlich gleichgeachtete Dienstzeit (vergl. Ziff. 32) nach Maßgabe der gesetzlichen Vorschriften auf das BDA. in der Landjägerei angerechnet.

(5) Den vorhandenen und bis zum 31. März 1922 in den Dienst der Landjägerei eintretenden Beamten, die noch nicht im Besitze des Zivilversorgungsscheins sind, bleibt das Recht gewahrt, bei der Landjägerei den Zivilversorgungsschein zu erdienen.

(6) Den vorhandenen und bis zum 31. März 1922 in den Dienst der Landjägerei eintretenden Beamten, die den Zivilversorgungsschein nach ihrer planmäßigen Anstellung als Landjäger erworben haben und im Dienst der Landjägerei verbleiben, kann auf Antrag ihr BDA. als Landjäger ausnahmsweise nach den für Militäranwärter geltenden Bestimmungen neu festgesetzt werden, und zwar mit der Unterstellung, daß sie erst am Tage der Erwerbung des Zivilversorgungsscheins als planmäßig angestellt gelten. Die vom Eintritt in die Landjägerei bis zum Tage der Erlangung des Zivilversorgungsscheins abgeleistete Dienstzeit ist als Militärdienstzeit anzusehen.

(7) Die Bestimmungen unter Abs. 2 bis 6 finden auf die Polizei- und Kriminalbetriebsassistenten (bisherigen Polizei- und Kriminalwachtmeister) der Verwaltung des Innern entsprechende Anwendung.

Bemessung des BDA. der Beamten der Schutzpolizei.

81. (1) Die Festsetzung des BDA. der in die der Verwaltung des Innern unterstehenden Schutzpolizei und in den Verwaltungsdienst der Schutzpolizei eingestellten ehemaligen Soldaten und Beamten der Wehrmacht und der staatlichen und kommunalen Polizeiverwaltungen wird durch den Minister des Innern im Einvernehmen mit dem Finanzminister geregelt.

(2) Das BDA. der uniformierten und bewaffneten Beamten der Schutzpolizei, die in planmäßige Stellen des sonstigen Zivildienstes übernommen werden, wird nach Maßgabe des Schutzpolizeibeamtengesetzes vom 16. August 1922 (GS. S. 251) bestimmt.

Anrechnung von Bibliotheksdienstzeit für Bibliothekssekretäre und Bibliothekssekretärinnen.

82. (1) Bibliothekssekretären und Bibliothekssekretärinnen wird die nach Ablegung der Diplomprüfung und nach vollendetem 20. Lebensjahre im Bibliotheksdienst des Reichs oder der preußischen Staatsverwaltung abgeleistete Dienstzeit, soweit sie fünf Jahre übersteigt, in den Grenzen des § 3 Abs. 7 BDEG. auf das BDA. angerechnet. Über die Anrechnung von außerhalb des Bibliotheksdienstes des Reichs oder der preußischen Staatsverwaltung abgeleisteter Bibliotheksdienstzeit bestimmt im Einzelfalle der Fachminister im Einvernehmen mit dem Finanzminister.

(2) Für Bibliothekssekretäre und Bibliothekssekretärinnen, die von der Ablegung der Diplomprüfung befreit worden sind, bestimmt über die auf das BDA. anzurechnende Bibliotheksdienstzeit im Reich, in der preußischen Staatsverwaltung oder außerhalb dieser Verwaltung im Einzelfalle der Fachminister im Einvernehmen mit dem Finanzminister.

Günstigste Berechnung des BDA.

83. Würde sich eine Verbesserung des BDA. einerseits mit Rücksicht auf das bisher bezogene Grundgehalt, anderseits mit Rücksicht auf anzurechnende Vordienstzeiten ergeben, so werden nicht beide Berechnungen nacheinander, sondern es wird jede Berechnung für sich vorgenommen. Nach der günstigeren Berechnung wird sodann das BDA. festgesetzt.

Schlußvorschriften über das Grundgehalt.

84. Ergeben sich aus der Regelung des BDA. nach vorstehenden Bestimmungen Härten, so kann der Fachminister im Einvernehmen mit dem Finanzminister ausnahmsweise zum Ausgleich dieser Härten das BDA. unter Abweichung von den erwähnten Bestimmungen festsetzen. Nachzahlungen sollen jedoch in der Regel nicht über den Beginn des Vierteljahres erfolgen, in dem der Ausgleich an zuständiger Stelle angeregt worden ist.

85. Als eine Härte, die eines solchen außerordentlichen Ausgleichs bedarf, ist beispielsweise nicht anzusehen:

a) wenn eine Stelle nicht mit rückwirkender Kraft verliehen worden ist, obwohl es nach Ziff. 13 zulässig gewesen wäre,

b) wenn ein dienstjüngerer Amtsgenosse — auch bei derselben Behörde — ein höheres Grundgehalt bezieht,

c) wenn in einer früher bekleideten Stelle oder in einer verlassenen Dienstlaufbahn eine günstigere Beförderung oder sonstige Vorteile hätten erreicht werden können.

85 a. Durch das Gesetz über eine Änderung der Dienst- und Versorgungsbezüge der unmittelbaren Staatsbeamten vom 24. November 1921 — GS. S. 553 — sind mit Wirkung vom 1. Oktober 1921, durch das Gesetz über Änderungen in der Beamtenbesoldung vom 19. April 1922 — GS. S. 83 — mit Wirkung vom 1. April 1922 ab und durch das Gesetz über Änderungen der Dienst- und Versorgungsbezüge der unmittelbaren Staatsbeamten vom 21. November 1922 — GS. S. 431 — mit Wirkung vom 1. Oktober 1922 ab neue Grundgehaltssätze in Kraft gesetzt worden (Anl. 1).

Das BDA. der planmäßigen Beamten wird durch diese Änderung der Grundgehaltssätze nicht berührt.

85 b. (Vergl. Art. I § 3 Abs. 2 des Gesetzes vom 24. November 1921 — GS. S. 553 —, Art. I § 4 Abs. 2 des Gesetzes vom 19. April 1922 — GS. S. 83 — und Art. I § 2 Abs. 2 des Gesetzes vom 21. November 1922 — GS. S. 431 —.) Ist ein Beamter mit Wirkung vom 1. November 1921 oder einem früheren Tage ab in eine andere Besoldungsgruppe übergetreten, so werden der Berechnung des BDA. in der neuen Besoldungsgruppe die Grundgehaltssätze nach dem Gesetz vom 17. Dezember 1920 (GS. 1921 S. 135) zugrunde gelegt. (Vergl. Buchstabe a der Anl. 1 dieser BV.)

Ist ein Beamter mit Wirkung von einem Tage zwischen dem 1. November 1921 und dem 1. April 1922 in eine andere Besoldungsgruppe übergetreten, so werden der Berechnung des BDA. in der neuen Besoldungsgruppe die Grundgehaltssätze nach dem Gesetz vom 24. November 1921 — GS. S. 553 — (vergl. Anl. 1 dieser BV., Buchstabe b) zugrunde gelegt, soweit es sich um die Feststellung der in der neuen Besoldungsgruppe bis zum 31. März 1922 zustehenden Grundgehälter handelt.

Ist ein Beamter mit Wirkung von einem späteren Tage als dem 1. November 1921 ab bis zum 30. September 1922 einschließlich in eine andere Besoldungsgruppe übergetreten, so werden der Berechnung des BDA. in der neuen Besoldungsgruppe die Grundgehaltssätze nach dem Gesetz vom 19. April 1922 — GS. S. 83 — (vergl. Anl. 1 dieser BV. Buchstabe c) zugrunde gelegt, soweit es sich um die Feststellung der in der neuen Besoldungsgruppe vom 1. April 1922 ab zustehenden Grundgehälter handelt.

Ist ein Beamter mit Wirkung von einem Tage zwischen dem 30. September 1922 und dem 30. November 1922 in eine andere Besoldungsgruppe übergetreten, so erfolgt die Berechnung des BDA. in der neuen Besoldungsgruppe unter Zugrundelegung der Grundgehaltssätze nach dem Gesetz vom 19. April 1922 — GS. S. 83 — (vergl. Anl. 1 dieser BV., Buchstabe c), bei späterem Übertritt unter Zugrundelegung der Grundgehaltssätze nach dem Gesetz vom 21. November 1922 — GS. S. 431 — (vergl. Anl. 1 dieser BV., Buchstabe d).

85 c. Beispiele zu Ziff. 85 a und 85 b:

Ein Beamter der Besoldungsgruppe 6 mit einem BDA. vom 1. August 1917 (Grundgehalt vom 1. August 1921 ab 6800 ℳ) ist in eine Stelle der Besoldungsgruppe 7 befördert worden

1. mit Wirkung vom 1. Oktober 1921 ab; der Beginn des BDA. in Besoldungsgruppe 7 ist nach Ziff. 85 b Abs. 1 auf den 1. August 1917 festzusetzen; Grundgehalt vom 1. Oktober 1921 ab (Gr. 7) 17 700 ℳ, vom 1. April 1922 ab (Gr. 7) 22 000 ℳ;
2. mit Wirkung vom 1. November 1921 ab; der Beginn des BDA. in Besoldungsgruppe 7 ist nach Ziff. 85 b Abs. 1 auf den 1. August 1917 festzusetzen; Grundgehalt vom 1. Oktober 1921 ab (Gr. 6) 15 900 ℳ, vom 1. November 1921 ab (Gr. 7) 17 700 ℳ, vom 1. April 1922 ab (Gr. 7) 22 000 ℳ;
3. mit Wirkung vom 1. Dezember 1921 ab; der Beginn des BDA. ist zunächst nach Ziff. 85 b Abs. 2 auf den 1. August 1921 und sodann mit Wirkung vom 1. April 1922 ab nach Ziff. 85 b Abs. 3 auf den 1. August 1919 festzusetzen; Grundgehalt vom 1. Oktober 1921 ab (Gr. 6) 15 900 ℳ, vom 1. Dezember 1921 ab (Gr. 7) 16 000 ℳ, vom 1. April 1922 ab (Gr. 7) 21 000 ℳ;
4. mit Wirkung vom 1. April 1922 ab; der Beginn des BDA. ist nach Ziff. 85 b Abs. 3 auf den 1. August 1919 festzusetzen; Grundgehalt vom 1. Oktober 1921 ab (Gr. 6) 15 900 ℳ, vom 1. April 1922 ab (Gr. 7) 21 000 ℳ;
5. mit Wirkung vom 1. Juni 1922 ab; der Beginn des BDA. ist nach Ziff. 85 b Abs. 3 auf den 1. August 1919 festzusetzen; Grundgehalt vom 1. Oktober 1921 ab (Gr. 6) 15 900 ℳ, vom 1. April 1922 ab (Gr. 6) 20 500 ℳ, vom 1. Juni 1922 ab (Gr. 7) 21 000 ℳ;
6. mit Wirkung vom 1. November 1922 ab; der Beginn des BDA. ist nach Ziff. 85 b Abs. 4 auf den 1. August 1919 festzusetzen; Grundgehalt vom 1. Oktober 1922 ab (Gr. 6) 16 800 ℳ monatlich; vom 1. November 1922 ab (Gr. 7) 18 100 ℳ;
7. mit Wirkung vom 30. November 1922 ab; der Beginn des BDA. ist nach Ziff. 85 b Abs. 4 auf den 1. August 1921 festzusetzen; Grundgehalt vom 1. Oktober 1922 ab (Gr. 6) 16 800 ℳ monatlich, vom 1. November 1922 ab (Gr. 7) 17 300 ℳ.

85 d. Soweit die Beispiele in diesen BV. Grundgehaltssätze enthalten, sind diese, abgesehen von Ziff. 85 c, den Grundgehaltssätzen des BDEG. vom 17. Dezember 1920 — GS. 1921 S. 135 — entnommen (Anl. 1 dieser BV., Buchstabe a). Diese Beispiele ändern sich sinngemäß bei Anwendung der neuen Grundgehaltssätze (Anl. 1 Buchstabe b und c).

2. Ortszuschlag.

A. Allgemeines.

86. Zum Grundgehalt der planmäßigen Beamten tritt als weiterer Bestandteil des Diensteinkommens ein Ortszuschlag nach Maßgabe der diesen Besoldungsvorschriften als Anl. 2 beigegebenen Ortszuschlagtafel. Der Ortszuschlag ist darnach — je nach der Höhe des Grundgehalts — in sieben Ortszuschlaggruppen (Ziff. 90 bis 92) und außerdem nach fünf Ortsklassen (Ziff. 93 bis 96) abgestuft.

87. Eine verheiratete Beamtin erhält den Ortszuschlag nur zur Hälfte, wenn sie mit ihrem Ehemann einen gemeinsamen Haushalt führt. Hat sie wegen völliger Erwerbsunfähigkeit des Ehemannes oder aus sonstigen Umständen allein oder überwiegend für den Unterhalt der Familie zu sorgen oder ist sie zur ehelichen Gemeinschaft nicht verpflichtet, so kann ihr von dem zuständigen Fachminister der volle Ortszuschlag bewilligt werden.

88. Beamten, die gleichzeitig eine Stelle im Dienste des Reichs oder eines der Länder bekleiden, wird der nach dem höchsten Grundgehalt zu berechnende Ortszuschlag nur in Höhe eines dem aus der Staatskasse gezahlten Grundgehalt entsprechenden Teilbetrages gewährt (§ 4 Abs. 3 BDEG.). Eine Stelle im Dienste einer Körperschaft des öffentlichen Rechts wird einer Stelle im Reichs- oder Staatsdienste gleichgeachtet.

Beispiele:

I. Ein Beamter der Besoldungsgruppe B 3 in einem Orte der Ortsklasse A bezieht an Grundgehalt:

a) aus Mitteln des Staates	10000 ℳ
b) aus Mitteln des Reichs	6000 „

Er erhält an Ortszuschlag:

a) aus Mitteln des Staates $\frac{10000\ ℳ}{16000} \cdot 4000\ ℳ =$	2500 „
b) aus Mitteln des Reichs $\frac{6000\ ℳ}{16000} \cdot 4000\ ℳ =$	1500 „
Zusammen	4000 ℳ.

II. Ein Beamter der Besoldungsgruppe B 4 in einem Orte der Ortsklasse D bezieht an Grundgehalt:

a) aus Mitteln des Staates	15300 ℳ
b) aus Mitteln der Provinzialverwaltung	20000 „

Er erhält an Ortszuschlag:

a) aus Mitteln des Staates $\frac{15300\ ℳ}{35300} \cdot 2700\ ℳ =$	1170 „
b) aus Mitteln der Provinzialverwaltung $\frac{20000\ ℳ}{35300} \cdot 2700\ ℳ =$	1530 „
Zusammen	2700 ℳ.

89. (1) Eine nach Ziff. 87 gebotene Herabsetzung des Ortszuschlags auf die Hälfte wird vom Ersten des Monats an wirksam, welcher auf das für die Herabsetzung maßgebende Ereignis (z. B. die Verheiratung) folgt.

Hat sich das Ereignis am ersten Tage eines Monats zugetragen, so wird die Herabsetzung von diesem Tage an wirksam.

(2) Eine nach derselben Bestimmung gebotene Erhöhung des Ortszuschlags auf den vollen Betrag wird vom Ersten des Monats an wirksam, in den das maßgebende Ereignis (z. B. der Tod des Ehemanns) fällt.

B. Ortszuschlaggruppen.

90. (1) Die Einreihung eines planmäßigen Beamten in eine der sieben Ortszuschlaggruppen richtet sich lediglich nach der Höhe des Grundgehalts. Alle Zuschläge, Zulagen und sonstigen Bezüge bleiben außer Betracht.

(2) Bei den in der Besoldungsordnung mit einem †) bezeichneten weiblichen Beamten ist die Kürzung des Grundgehalts auf die Berechnung des Ortszuschlags ohne Einfluß.

(3) Die nichtvollbesoldeten Kreisärzte und die nichtvollbesoldeten Kreistierärzte erhalten nicht mehr Gehälter mit Mindestgrundgehaltssätzen, sondern 75 v. H. der Grundgehaltssätze der vollbesoldeten Kreisärzte und der vollbesoldeten Kreistierärzte (Gruppe 10), also sind an Stelle der eingeklammerten Sätze der Besoldungsgruppe 10 zu zahlen: (8400) = 6300, (9200) = 6900, (10000) = 7500, (10800) = 8100, (11300) = 8475, (11800) = 8850, (12300) = 9225, (12600) = 9450.*) Nach diesem gekürzten Grundgehalt richtet sich auch die Höhe des Ortszuschlags.

91. Auf die Vorrückung in höhere Ortszuschlaggruppen nach Maßgabe der Ortszuschlagtafel (Anl. 2) haben die planmäßigen Beamten einen Rechtsanspruch. Ziff. 7 bis 9 gelten entsprechend.

92. (1) Vermindert sich das Grundgehalt eines Beamten infolge einer Versetzung in eine niedrigere Besoldungsgruppe (Ziff. 40), so erhält er den dem neuen Grundgehalt entsprechenden Ortszuschlag von dem Zeitpunkt an, mit dem der Bezug des Gehalts der bisherigen Dienststelle aufhört.

(2) Ein Beamter, der auf Grund eines Disziplinarurteils oder infolge einer vorläufigen Dienstenthebung ein vermindertes Diensteinkommen bezieht, wird der Ortszuschlaggruppe zugeteilt, der er jeweils zuzuteilen wäre, wenn er ein *ungekürztes* Grundgehalt beziehen würde. Der sich so ergebende Ortszuschlag wird, wenn auf Kürzung um Bruchteile erkannt ist, in dem gleichen Verhältnis gekürzt wie das Grundgehalt nach Ziff. 62 Abs. 2 Satz 1. Wegen des Verfahrens bei Kürzung des Diensteinkommens um einen bestimmten zahlenmäßig festgelegten Betrag vergl. Ziff. 62 Abs. 2 Satz 2.

C. Ortsklassen.

93. (1) Für die Einreihung eines Beamten in eine der fünf Ortsklassen ist der dienstliche Wohnsitz des Beamten maßgebend (§ 6 Abs. 1 BDEG.).

(2) Unter dem dienstlichen Wohnsitz ist der Amtssitz, d. h. der Sitz der Behörde zu verstehen, bei der der Beamte angestellt ist, also nicht der etwa davon abweichende tatsächliche Wohnort.

(3) Statt dessen kann in Ausnahmefällen der Fachminister einzelnen Beamten oder Beamtengattungen den Ort, welcher den Mittelpunkt ihrer

---

*) Gültig für die Zeit vom 1. April 1920 bis 30. September 1921. Vom 1. Oktober 1922 ab gelten folgende *monatliche* Grundgehaltssätze: (24400) = 18300, (25800) = 19350, (27200) = 20400, (28600) = 21450, (30000) = 22500, (31400) = 23550, (32700) = 24525, (34000) = 25500.

dienstlichen Obliegenheiten bildet, als dienstlichen Wohnsitz im Sinne des Abs. 1 anweisen. Der Fachminister kann diese Befugnis auf andere Behörden übertragen.

(4) Ebenso kann ausnahmsweise der Fachminister bis auf weiteres einem einzelnen Beamten den tatsächlichen Wohnort als dienstlichen Wohnsitz anweisen, sofern er ihn auf Anordnung seiner vorgesetzten Dienststelle innehat.

94. Bei einer Versetzung erlischt der Anspruch auf den dem bisherigen Wohnsitz entsprechenden Satz des Ortszuschlags mit dem Zeitpunkt, mit dem der Bezug des Grundgehalts (Grundvergütung) der bisherigen Dienststelle aufhört.

94 a. (1) Bei Beamten mit eigenem Hausstande, die versetzt sind und ihren Hausstand infolge äußerer Umstände (Wohnungsmangel, Hemmungen im Güterverkehr) an dem Orte, an den sie versetzt sind, nicht innerhalb eines Monats einrichten können, gilt für die Dauer der Fortführung des Hausstandes am bisherigen Wohnorte dieser als dienstlicher Wohnsitz im Sinne der Ziff. 93.

(2) Ein „eigener Hausstand" ist dann anzunehmen, wenn der Beamte eine Wohnung mit eigener oder selbstbeschaffter Geräteausstattung und Kochgelegenheit besitzt (nicht etwa in einem „möblierten" Zimmer wohnt), in seiner Wohnung die zum Lebensunterhalt notwendigen Speisen (wenigstens eine Hauptmahlzeit) durch einen Haushaltsgehilfen — auch Familienangehörigen — für eigene Rechnung herstellen läßt und für dessen Beköstigung auch während seiner Abwesenheit ganz oder teilweise aufzukommen hat.

(3) Als „versetzt" können auch solche Beamte behandelt werden, die in den Dienst der Behörde einer anderen Verwaltung — sei es in gleicher Eigenschaft, unter planmäßiger Anstellung oder unter Beförderung — endgültig übertreten.

(4) Der Grundsatz ist beim Vorliegen der Voraussetzung sinnentsprechend anzuwenden, wenn

a) Beamte erstmalig — auch auf Probe — angestellt,
b) Beamtenanwärter unter Gewährung von Vergütung zur Probedienstleistung oder Vorbereitung einberufen oder während derartiger Dienstleistung einer anderen Behörde überwiesen,
c) Beamte des Reichs, der Länder, Gemeinden und anderer öffentlich-rechtlichen Körperschaften in den Staatsdienst übernommen werden.

(5) Die Bestimmung im Abs. 1 trifft auf die Beamten nicht zu, für die trotz der Versetzung ein Umzug nicht erforderlich wird. Dies ist der Fall, wenn die Lage des bisherigen Wohnorts sowie die dienstlichen Verhältnisse die Erledigung der Amtsgeschäfte vom bisherigen Wohnort aus gestatten und dessen Beibehaltung dem Beamten auf Antrag von der vorgesetzten Dienstbehörde genehmigt wird. Eine derartige Genehmigung mit der Wirkung, daß als dienstlicher Wohnsitz gemäß Ziff. 93 Abs. 2 a. a. O. der Amtssitz der Behörde gilt und daß später ein Anspruch auf Gewährung von Umzugskostenvergütung nicht fällig wird, kann auf Antrag des Beamten ebenso erteilt werden, wie es zulässig ist, daß Beamte, die nicht versetzt sind, statt am dienstlichen Wohnsitz mit Genehmigung ihrer vorgesetzten Dienststelle an einem benachbarten Orte Wohnung nehmen, ohne dadurch den Anspruch auf den Bezug des Ortszuschlags nach dem Satze des dienstlichen Wohnsitzes zu verlieren.

(6) Sofern ein Beamter infolge seiner Versetzung von seinem bisherigen Wohnort fortzieht, aber nicht an seinem neuen dienstlichen Wohnsitz, sondern

nur an einem dritten Ort Wohnung nehmen kann, findet die Ziff. 94 a. a. O. keine Anwendung, da der Hausstand nicht am bisherigen Wohnort fortgeführt wird. Dieser Beamte ist gemäß Ziff. 93 Abs. 2 a. a. O. mit dem Ortszuschlage nach seinem neuen dienstlichen Wohnsitz abzufinden.

(7) Die planmäßigen Bezüge des versetzten Beamten sind aus den Mitteln der Stelle zu bestreiten, in die er versetzt wurde, und zwar das Grundgehalt in Höhe des neuen Stelleneinkommens, der Ortszuschlag zwar in der dem neuen Grundgehalt entsprechenden Höhe, aber nach der alten Ortsklasse (des beibehaltenen dienstlichen Wohnsitzes — bisherigen Wohnorts —), der Ausgleichszuschlag zum Grundgehalt und zum Ortszuschlag nach der alten Ortsklasse.

(8) Diese Bestimmungen sind sowohl bei Versetzungen nach Orten, die einer niedrigeren Ortsklasse als der des bisherigen Wohnorts angehören, wie auch bei Versetzungen nach Orten einer höheren Ortsklasse anzuwenden, also gleichviel, ob die Bestimmungen im einzelnen Falle zugunsten oder zuungunsten des versetzten Beamten wirken.

95. Für die Einteilung der Orte oder von Ortsteilen in Ortsklassen gilt das der 5. Ergänzung des Reichsbesoldungsgesetzes vom 13. Januar 1922 (RGBl. Teil I S. 87) als Anlage beigefügte Ortsklassenverzeichnis, die Bekanntmachung der ersten Nachprüfung des Ortsklassenverzeichnisses vom 3. März 1922 (RGBl. Teil I S. 245) und die Bekanntmachung der endgültigen Festsetzung der Ortsklasse der Forstdienstgehöfte vom 30. März 1922 (RGBl. Teil II S. 2).

96. Welcher Ortsklasse ein außerhalb Deutschlands gelegener, in dem Reichs-Ortsklassenverzeichnisse nicht enthaltener Ort, an dem preußische Beamte ihren dienstlichen Wohnsitz haben, zuzuweisen ist, wird von dem Fachminister in Gemeinschaft mit dem Finanzminister bestimmt (§ 5 Abs. 2 BDEG.).

D. Dienstwohnung.

97. (1) Als Dienstwohnungen im Sinne des BDEG. gelten solche Wohnungen oder einzelne Zimmer, die einem Beamten im Interesse des Dienstes im Zusammenhange mit den Dienstobliegenheiten auf Grund des Staatshaushalts zugewiesen werden.

(2) Räume, die ausschließlich dienstlichen Zwecken dienen oder die vorwiegend dienstlicher Repräsentation gewidmet sind, gelten nicht als Zubehör der Dienstwohnung.

98. (1) Für die Dienstwohnung hat der Beamte eine angemessene Vergütung zu zahlen. Sie wird ihm auf den Ortszuschlag einschließlich Ausgleichszuschlag angerechnet (Anrechnungsbetrag). Der Anrechnungsbetrag soll dem am Wohnorte des Beamten für Wohnungen derselben Art zu zahlenden Mietpreis entsprechen.

(2) Der Anrechnungsbetrag darf bei Beamten

mit festen Grundgehaltssätzen in Gruppe	mit Mindestgrundgehaltssätzen in Gruppe	
1 bis 8	1 und 2	30 v. H.
9 bis 12	3	40 v. H.
13 und Einzelgehälter	4 und 5	50 v. H.

des höchsten Ortszuschlags seiner Besoldungsgruppe einschließlich des Ausgleichszuschlags (§ 18 Abs. 1 BDEG.) nicht übersteigen (höchster Anrechnungsbetrag).

(3) Der Anrechnungsbetrag setzt sich zusammen aus Grundzins und Zuschlägen zum Grundzins.

(4) Den Anrechnungsbetrag setzt die zuständige Behörde unter Mitwirkung der Beamtenvertretung fest. Welche Behörde zuständig ist, bestimmt der Fachminister.

99. Der Grundzins wird im Sinne des § 2 Abs. 1 RMG. vom 24. März 1922 — RGBl. S. 273 — nach den vom Staatsministerium zu bestimmenden Richtlinien festgesetzt.

100. (1) Die Zuschläge zum Grundzins bestehen in
a) einem allgemeinen Hundertsatz des Grundzinses (allgemeiner Zuschlag),
b) einem den örtlichen Verhältnissen angepaßten Hundertsatz des Grundzinses (örtlicher Zuschlag), außerdem in
c) einem Sondersatz für Neuwohnungen (Sondersatz).

(2) Der allgemeine Zuschlag wird vom Finanzminister im Einvernehmen mit dem Minister für Volkswohlfahrt festgesetzt. Er umfaßt die Zuschläge für Steigerung der Zinsen (§ 3 Abs. 1 Ziff. 1 RMG.), für die Verwaltungskosten (Buchstabe a Ziff. 10 AB. vom 12. Juni 1922 — GS. S. 129 — zu § 3 Abs. 1 Ziff. 2 und § 4 RMG.) sowie für alle laufenden und großen Instandsetzungsarbeiten (§ 3 Abs. 1 Ziff. 3 und § 7 RMG.).

(3) Der örtliche Zuschlag umfaßt die Betriebskosten und Nebenleistungen (§ 3 Abs. 1 Ziff. 2 RMG.) mit Ausnahme der Verwaltungskosten und der Kosten für Heizstoffe der Sammelheizung und Warmwasserversorgung. Er hat dem von der Gemeindebehörde (§ 11 RMG.) des Dienstwohnungsortes für die betreffende Einzelleistung festgesetzten Durchschnittshundertsatz zu entsprechen. Soweit solche Zuschläge nicht feststehen, werden sie besonders bestimmt.

(4) Der Sondersatz ist für diejenigen Dienstwohnungen, bei denen die nach dem Gesetz über die Erhebung einer Abgabe zur Förderung des Wohnungsbaues vom 26. Juni 1921 — RGBl. S. 773 — vorgesehenen Abgaben nicht erhoben werden (Neuwohnungen), zu berechnen. Die Höhe dieses Sondersatzes richtet sich nach der Wohnungsbauabgabe für eine gleichartige und gleichwertige Privatwohnung. Auf den Sondersatz findet die Bestimmung der Ziff. 98 Abs. 2 nicht Anwendung.

101. Nutzgärten gelten nicht als Zubehör der Dienstwohnung. Die Vergütung für den Nutzgarten setzt die zuständige Behörde nach Anhörung der zuständigen Beamtenvertretung fest. Die Vergütung soll grundsätzlich dem ortsüblichen Pachtwert unter Berücksichtigung einer nicht fachmännischen Ausnutzung entsprechen. Ziergärten sind Zubehör der Dienstwohnung.

102. Auf Bereitschaftswohnungen der geschlossen untergebrachten Schutzpolizei finden die Vorschriften über Dienstwohnungen und Dienstgärten sinngemäß Anwendung. Für bereitgestellte Bereitschaftswohnräume der geschlossen untergebrachten Schutzpolizei werden Wohnraumabzüge einbehalten. Über ihre Höhe bestimmt der Minister des Innern im Einvernehmen mit dem Finanzminister.

3. Sondervergütungen, Nebenbezüge und sonstige Vergünstigungen.

103. Zulagen aller Art aus dem Hauptamt, die nicht im BDEG. und seinen Anlagen, insbesondere den Schlußbemerkungen zur Besoldungsordnung, vorgesehen sind, dürfen künftig nicht mehr fortgezahlt oder neu bewilligt werden. Damit sind alle bisher bestehenden Gehaltszulagen und Nebenbezüge aus dem Hauptamt vom 1. April 1920 an ohne weiteres abgeschafft, soweit sie dem BDEG. entgegenstehen. Bestehen geblieben sind Bezüge, die sich als Dienstaufwandsentschädigungen darstellen.

104. Für ein Nebenamt oder Nebengeschäft kann dem Beamten eine besondere Vergütung aus der Staatskasse bewilligt werden, wenn es mit dem Hauptamt nicht in unmittelbarem Zusammenhange steht oder den Beamten im besonderen Maße in Anspruch nimmt (§ 9 Abs. 2 BDEG.).

105. (1) Staatsseitig gewährte Nutzung von Wirtschaftsland, Feuerungs- und Beleuchtungsmitteln, Verpflegung, Jagdnutzung u. dergl. werden dem Beamten mit einem angemessenen Betrag auf das Diensteinkommen angerechnet.

(2) Die Höhe des Anrechnungsbetrags wird von der zuständigen Behörde unter Mitwirkung der zuständigen Beamtenvertretung festgelegt, in Zweifelsfällen entscheidet der zuständige Minister in Gemeinschaft mit dem Finanzminister endgültig (§ 10 Abs. 1 BDEG.).

(3) Die allgemeinen Vorschriften über die Bestreitung der von dem Dienstwohnungsinhaber für Wasser-, Gas- und Elektrizitätsbezüge, für Zentralheizung usw. zu entrichtenden Abgaben werden vom Fachminister erlassen.

106. Die Gewährung von Unterkunft, Verpflegung, Bekleidung und ärztlicher Behandlung an die bewaffneten und uniformierten Beamten der der Verwaltung des Innern unterstehenden Schutzpolizei, deren Umfang und die Anrechnung ihres Wertes auf das Diensteinkommen wird durch den Staatshaushaltsplan geregelt (§ 10 Abs. 3 BDEG.).

II.

Kinderbeihilfen.

A. Zu berücksichtigende Kinder und Höhe der Kinderbeihilfen.

107. (1) Die Beamten erhalten für jedes unterhaltsberechtigte Kind eine Kinderbeihilfe.

(2) Unterhaltsberechtigt im Sinne des Abs. 1 sind:

1. eheliche Kinder,
2. für ehelich erklärte Kinder,
3. an Kindes Statt angenommene Kinder,
4. Stiefkinder, die in den Hausstand des Beamten aufgenommen sind,
5. uneheliche Kinder.

(3) Ein Beamter erhält als Erzeuger eines unehelichen Kindes die Kinderbeihilfe nur, wenn seine Vaterschaft durch Urteil festgestellt oder in einer öffentlichen Urkunde anerkannt ist und wenn er das Kind in seinen Hausstand aufgenommen hat oder auf andere Weise nachweislich für seinen vollen Unterhalt aufkommt.

(4) Verheirateten weiblichen Beamten werden die Kinderbeihilfen für gemeinsame Kinder nur gewährt, wenn der Ehemann bei Berücksichtigung seiner

sonstigen Verpflichtungen außerstande ist, ohne Gefährdung des standesmäßigen Unterhalts der Familie diese zu unterhalten. Dasselbe gilt für Stiefkinder, die zugleich unterhaltsberechtigte Kinder des Ehemannes sind.

108. (1) Ob ein Kind unterhaltsberechtigt ist, bestimmt sich ausschließlich nach Ziff. 107 Abs. 2. Hiernach sind nur Kinder der dort aufgeführten Art unterhaltsberechtigt, also z. B. nicht Pflegekinder oder Enkel.

(2) Ist nachgewiesen, daß der Beamte den Unterhalt nicht oder nur teilweise bestreitet, so wird die Kinderbeihilfe nebst Ausgleichszuschlag dem Beamten nicht oder nur bis zur Höhe seiner Aufwendungen gewährt. Ziff. 107 Abs. 3 bleibt hiervon unberührt.

(3) Ein verheiratetes Kind gilt nur dann als unterhaltsberechtigt, wenn weder es selbst noch sein Ehegatte noch seine Kinder imstande sind, es zu unterhalten.

109. Sind beide Eltern eines ehelichen, für ehelich erklärten oder an Kindes Statt angenommenen Kindes Beamte, so erhält nur der Vater die Kinderbeihilfe.

110. Unter an Kindes Statt angenommenen Kindern sind nur solche zu verstehen, die nach § 1741 BGB. oder den entsprechenden älteren Vorschriften angenommen sind, nicht etwa auch Pflegekinder.

110 a. (1) Stiefkinder im Sinne der Ziff. 107 Abs. 2 Nr. 4 sind die ehelichen, für ehelich erklärten und an Kindes Statt angenommenen Kinder des anderen Ehegatten, die nicht zugleich eigene Kinder sind, sowie die unehelichen Kinder der Ehefrau, nicht aber die unehelichen Kinder des Ehemannes.

(2) Die Aufnahme in den Hausstand des Beamten bedeutet nicht notwendig Aufnahme in die Wohnungsgemeinschaft. Sie ist daher auch in den Fällen anzunehmen, in denen der Beamte auf seine Kosten das Kind, für das die Kinderbeihilfe beansprucht wird, zum Zwecke der Erziehung oder Ausbildung in einer Erziehungsanstalt (Internat, Alumnat) oder bei Verwandten oder bei anderen Familien unterbringt, ohne daß der familiäre Zusammenhang mit dem Hausstand des Beamten dauernd aufgehoben sein soll (z. B. bei regelmäßiger Rückkehr des Kindes während der Ferien).

110 b. (1) Ein weiblicher Beamter als Mutter eines unehelichen Kindes erhält die Kinderbeihilfe unter denselben Voraussetzungen, unter denen ein Beamter für ein eheliches Kind die Kinderbeihilfe erhält. Vergl. auch Ziff. 108 Abs. 2.

(2) Die Gewährung des vollen Unterhalts im Sinne der Ziff. 107 Abs. 3 ist anzunehmen, wenn der Leistende für den Unterhalt des Kindes einen Betrag tatsächlich aufwendet, der die Kinderbeihilfe einschl. des Ausgleichzuschlags *) um wenigstens ein Viertel übersteigt; ist die Unterhaltsrente, zu deren Entrichtung der Beamte verpflichtet ist, noch höher, so muß der Beamte mindestens den Betrag der Unterhaltsrente aufwenden. Findet der Beamte das Kind durch eine einmalige Zuwendung oder in ähnlicher Weise ab, so gilt als tatsächliche jährliche Aufwendung des Beamten für das Kind der Wert der Abfindung, geteilt durch die Anzahl der Jahre, für welche die Abfindung erfolgt.

---

*) und eines etwaigen örtlichen Sonderzuschlags (Ges. vom 18. März 1922 — GS. S. 63 — in der Fassung des Gesetzes vom 21. November 1922 — GS. S. 431).

(3) Sind Vater und Mutter eines unehelichen Kindes Beamte, so ist die Beihilfe demjenigen Teil zu zahlen, dem die tatsächliche Fürsorge für das Kind obliegt.

(4) Die vorgesetzte Dienstbehörde kann bestimmen, daß die Kinderbeihilfe für ein uneheliches Kind nicht an den Beamten, sondern an den Vormund des Kindes oder an das Vormundschaftsgericht auszuzahlen ist.

110 c. Für dasselbe Kind darf die Kinderbeihilfe nur einmal gezahlt werden.

110 d. (1) Wäre für ein Kind eine Kinderbeihilfe sowohl nach Ziff. 107 als auch nach § 24 BDEG. oder § 4 des Beamten-Altruhegehaltsgesetzes vom 17. Dezember 1920 (GS. 1921 S. 214) zu zahlen, so wird nur die Kinderbeihilfe nach einer der zuletzt genannten Vorschriften gezahlt.

(2) Die Kinderbeihilfe nach § 24 BDEG. oder § 4 des Beamten-Altruhegehaltsgesetzes wird auch dann gezahlt, wenn für das Kind auf Grund einer der Ziff. 107 entsprechenden Vorschrift des Reichs, eines Landes, einer Gemeinde oder einer sonstigen öffentlichen Körperschaft eine Kinderbeihilfe zu zahlen wäre. Eine Kinderbeihilfe nach Ziff. 107 wird nicht gezahlt, wenn für das Kind eine Kinderbeihilfe aus Mitteln des Reichs, eines Landes, einer Gemeinde oder einer sonstigen öffentlichen Körperschaft auf Grund einer dem § 24 BDEG. oder § 4 des Beamten-Altruhegehaltsgesetzes entsprechenden Vorschrift gezahlt wird oder zu zahlen wäre, wenn dieses Land, diese Gemeinde oder sonstige öffentliche Körperschaft eine dem § 24 BDEG. oder § 4 des Beamten-Altruhegehaltsgesetzes entsprechende Vorschrift erlassen hätte.

(3) Hat z. B. ein Beamter die Witwe eines Reichsbeamten mit Kindern unter 21 Jahren geheiratet, so hat das Reich die Verpflichtung, die Kinderbeihilfen nebst dem Waisengeld weiterzuzahlen, da die Verpflichtung, für die eigenen Kinder des verstorbenen Beamten zu sorgen, die ältere und nähere ist. Die Kinderbeihilfe steht diesen Kindern als Kindern ihres leiblichen Vaters zu.

(4) Die Bestimmungen in Abs. 1 und 2 treten mit Wirkung vom 1. Januar 1922 ab in Kraft. Überzahlungen, die für die Zeit vom 1. April 1920 bis zum 31. Dezember 1921 entgegen der Bestimmung in Abs. 2 Satz 2 gemacht worden sind, sind nicht zurückzuerstatten.

110 e. Wird ein Ruhegehaltsempfänger oder Wartegeldempfänger oder eine Beamtenwitwe im Staatsdienst angestellt, so sind neben den Bezügen aus der neuen Stelle gegebenenfalls die Kinderbeihilfen zu gewähren. Die neben den Versorgungsbezügen an sich zustehenden Kinderbeihilfen ruhen.

111. Auch die Beamten, die ihren dienstlichen Wohnsitz nicht im Deutschen Reiche haben, erhalten Kinderbeihilfen. Beamten kann die Kinderbeihilfe entzogen werden, solange das Kind im Auslande lebt und seine deutsche Erziehung nicht gewährleistet ist.

112.*) Die Kinderbeihilfe beträgt für Kinder bis zum vollendeten sechsten Lebensjahre monatlich 40 M, bis zum vollendeten vierzehnten Lebensjahre monatlich 50 M und bis zum vollendeten einundzwanzigsten Lebensjahre monatlich 60 M.

113.**) (1) Die Kinderbeihilfe wird jedoch für Kinder vom vierzehnten bis zum einundzwanzigsten Lebensjahre nur gewährt, wenn sie

---

*) Die Sätze in Ziff. 112 gelten für die Zeit vom 1. April 1920 bis 30. September 1921. Vom 1. Oktober 1922 ab beträgt die Kinderbeihilfe monatlich 2000 bezw. 2500 bezw. 3000 M.

**) Der anrechnungsfreie Einkommensbetrag von 1500 M jährlich gilt

1. sich in der Schulausbildung oder in der Ausbildung für einen künftig gegen Entgelt auszuübenden Lebensberuf befinden, oder wenn sie wegen körperlicher oder geistiger Gebrechen dauernd erwerbsunfähig sind, und wenn sie
2. nicht eigenes Einkommen von mehr als 1500 ℳ jährlich haben; übersteigt das eigene Einkommen des Kindes den Betrag von 1500 ℳ um weniger als den Betrag der Kinderbeihilfe einschließlich des Ausgleichszuschlages*), so wird die Kinderbeihilfe gewährt, jedoch gekürzt um den Betrag, um den das eigene Einkommen des Kindes den Betrag von 1500 ℳ übersteigt.

(2) Die Kinderbeihilfe kann hiernach nur gewährt werden, wenn eine der drei Voraussetzungen des Abs. 1 Nr. 1 (Schulausbildung, Berufsausbildung, Erwerbsunfähigkeit) und zugleich die Voraussetzung des Abs. 1 Nr. 2 vorliegt.

113 a. (1) Als Schulausbildung (Ziff. 113 Abs. 1 Nr. 1) gilt nicht nur die Ausbildung in öffentlichen Schulen oder anerkannten Privatschulen während der Dauer der Schulpflicht (also der Besuch der Volks- und Mittelschulen), sondern auch die weitere Ausbildung insbesondere an Lehrerbildungsanstalten, höheren Lehranstalten (Realschulen, Gymnasien, Lyzeen), Hochschulen, Fachschulen (Handelsschulen, Baugewerkschulen) und ähnlichen Anstalten. Für Kinder, die eine öffentliche Lehranstalt besuchen, genügt im allgemeinen die Versicherung des Beamten, daß das Kind eine bestimmte Klasse der näher zu bezeichnenden Anstalt besuche. Für Kinder, die nach Verlassen der öffentlichen Lehranstalt eine andere Lehranstalt, z. B. eine Fachschule oder eine Hochschule, besuchen, ist die Angabe des Beamten erforderlich, welchen Beruf das Kind zu ergreifen beabsichtige und seit wann es die Lehranstalt besuche.

(2) Zur Annahme des Vorliegens einer Schulausbildung im Sinne des Abs. 1 ist es nicht erforderlich, daß der Schulbesuch die Ausbildung für einen künftig gegen Entgelt auszuübenden Lebensberuf bezweckt (vergl. dagegen Ziff. 113 b), wohl aber, daß er die Zeit und Arbeitskraft des Kindes ausschließlich oder ganz überwiegend in Anspruch nimmt.

(3) Der Besuch von Handarbeits-, Haushalts-, Schwestern-, Musikschulen (Konservatorien) oder Fortbildungsschulen gilt hiernach in der Regel nicht als Schulausbildung im Sinne des Abs. 1; der Besuch derartiger Schulen kann aber unter Umständen die Gewährung der Kinderbeihilfe begründen, wenn ein Fall der Ziff. 113 b Abs. 1 vorliegt.

113 b. (1) Eine Berufsausbildung im Sinne der Ziff. 113 Abs. 1 Nr. 1 liegt nur dann vor, wenn die Ausbildung für einen später gegen Entgelt auszuübenden Lebensberuf erfolgt und die Arbeitskraft des Kindes ausschließlich oder wenigstens ganz überwiegend in Anspruch nimmt.

(2) Für Kinder, die eine in den Prüfungsvorschriften usw. vorgeschriebene Ausbildung oder praktische Beschäftigung zurücklegen, um die Befähigung für einen künftig gegen Entgelt auszuübenden Lebensberuf zu erlangen, beispielsweise die Beschäftigung als Zögling, Volontär, Zivilsupernumerar,

---

für die Zeit vom 1. April 1920 bis 31. März 1922. Derselbe ist vom 1. Februar 1923 ab auf monatlich 10 000 ℳ erhöht.

*) und eines etwaigen örtlichen Sonderzuschlags (Ges. vom 18. März 1922 — GS. S. 63 — in der Fassung des Gesetzes vom 21. November 1922 — GS. S. 431).

Justizanwärter oder sonstiger Anwärter, ferner die in den Vorschriften für das Hochschul- usw. Studium vorgeschriebene praktische Beschäftigung, ist die Angabe des Beamten erforderlich, welchen Beruf das Kind zu ergreifen beabsichtige, und wieweit es bereits ausgebildet sei.

Zum Nachweis der sonstigen Ausbildung für einen künftig gegen Entgelt auszuübenden Lebensberuf ist in der Regel die Vorlegung des Lehrvertrages zu fordern, und zwar auch für Töchter; für diese aus folgenden Gründen:

a) Die Gewerbeordnung macht — abgesehen von den Arbeiterschutzbestimmungen für Frauen — hinsichtlich der Ausübung des Gewerbebetriebes keinen Unterschied zwischen den männlichen und weiblichen Gewerbetreibenden.

b) Auch die das Handwerk betreffenden Vorschriften der Gewerbeordnung, insbesondere die über das Lehrlingswesen, über die Ablegung der Gesellen- und Meisterprüfung und über die Befugnis zur Anleitung von Lehrlingen, sind auf männliche wie weibliche Gewerbetreibende gleichmäßig anzuwenden.

c) Die von Innungen und Handwerkskammern erlassenen Vorschriften zur Regelung des Lehrlingswesens sind auf alle Handwerkslehrlinge gleichmäßig anzuwenden.

d) Nach § 130 a Abs. 1 der Gewerbeordnung beträgt die Lehrzeit für alle Lehrlinge mindestens drei Jahre; sie darf den Zeitraum von vier Jahren nicht übersteigen. Mit solchen Lehrlingen ist nach § 126 b der Gewerbeordnung ein schriftlicher Lehrvertrag abzuschließen.

(3) Ein Wechsel des Berufs selbst nach erfolgter Ausbildung in dem anfänglich ergriffenen zieht den Verlust des Anspruchs auf die Kinderbeihilfe nicht nach sich.

(4) Regelmäßige Ferien, regelmäßiger Erholungsurlaub, die üblichen Übergangszeiten zwischen Schul- und Berufsausbildung, vorübergehende Erkrankung unterbrechen die Schul- oder Berufsausbildung nicht.

113 c. (1) Die Kinderbeihilfe ist nicht zu gewähren für Kinder im Alter von 14 bis 21 Jahren:

a) die im elterlichen Hause, in der elterlichen Wohnung, in der Wirtschaft von Verwandten usw. tätig sind;

b) die zu ihrer eigenen Vervollkommnung, also nicht zu Berufszwecken, die Hauswirtschaft — wenn auch außerhalb des Hauses, sei es gegen Zahlung eines Pensionspreises, sei es ohne gegenseitige Vergütung — das Kochen, das Nähen, das Sticken, das Plätten usw., sei es in einer Koch- oder Handarbeitsschule, sei es bei einem Handwerksmeister oder einer Handwerksmeisterin, erlernen, in Musik, Singen, Malen usw. unterrichtet werden;

c) die, nachdem sie ihre Schulausbildung beendet haben, deshalb noch nicht für einen künftig gegen Entgelt auszuübenden Lebensberuf ausgebildet werden können, weil sie nicht sogleich eine Stellung finden, oder weil sie sich auf ärztliche Anordnung erst erholen oder kräftigen sollen, oder weil sie vorübergehend erkrankt sind;

d) die zwar für einen künftig gegen Entgelt auszuübenden Lebensberuf ausgebildet sind und bereits beruflich tätig waren, die ihren Beruf aber wegen vorübergehender Erkrankung nicht ausüben können;

e) die zwar persönlich in der Lage und gern gewillt sind, einem Erwerb nachzugehen, die aber aus in den gegenwärtigen Verhältnissen liegenden Gründen keine Stellung erlangen können.

(2) Nicht förmliche Ausbildungen (z. B. die Tätigkeit als Hütejunge, Laufbursche, Dienstmädchen, sowie die Ausbildung für die Tätigkeit als Hausfrau) gelten ebenfalls nicht als Berufsausbildung. Als nicht förmliche Ausbildung ist in der Regel auch anzusehen, wenn die Ausbildung bei einer Person erfolgt, die zur Ausbildung von Lehrlingen in dem betreffenden Fach nicht befugt ist. Eine Tätigkeit, die für die Berufsausbildung zwar wertvoll, aber nicht notwendig und vorgeschrieben ist, kann nicht berücksichtigt werden.

113 d. (1) Unter körperlichen oder geistigen Gebrechen im Sinne der Ziff. 113 Abs. 1 Nr. 1 sind alle angeborenen oder erworbenen körperlichen oder geistigen Fehler und Leiden nicht vorübergehender Natur zu verstehen, durch die dem Kinde die volle Erwerbsfähigkeit genommen wird (z. B. Blindheit, Taubheit, Krüppelhaftigkeit, Lungentuberkulose, Geisteskrankheit).

(2) Beim Vollzuge dieser Bestimmung sind unbillige Härten zu vermeiden, insbesondere wird das Vorliegen einer dauernden Erwerbsunfähigkeit dadurch nicht ausgeschlossen, daß künftig die teilweise Besserung oder vollständige Heilung und damit der Eintritt völliger Erwerbsfähigkeit wahrscheinlich oder möglich ist.

114. (1) Eigenes Einkommen des Kindes ist nicht nur das Einkommen, mit dem das Kind selbständig veranlagt wird, sondern auch das Einkommen, das bei der Veranlagung mit dem eines anderen Steuerpflichtigen zusammengerechnet wird.

(2) Als eigenes Einkommen des Kindes gilt ferner das aus dem Vermögen des Kindes fließende Einkommen, an welchem dem Vater oder der Mutter kraft der elterlichen Gewalt die Nutznießung zusteht.

(3) Wenn der Nießbrauch am Vermögen des Kindes nicht auf Grund gesetzlicher Vorschrift (§§ 1649, 1685, 1686 BGB.) von dem Beamten als Inhaber der elterlichen Gewalt, sondern kraft eigenen Rechts ausgeübt wird, z. B. weil dem Beamten der lebenslängliche Nießbrauch testamentarisch vermacht ist, dann ist das Einkommen daraus nicht als Einkommen des Kindes anzusehen.

(4) Zum eigenen Einkommen des Kindes zählen auch Sachbezüge jeder Art, z. B. die freie Station der Kinder, die bei einem Lehrherrn, im Haushalt von Anverwandten, in der Landwirtschaft, im Geschäft oder in einem Gewerbe tätig sind. Bezieht ein Kind ein Einkommen, das teilweise oder ganz aus Sachbezügen besteht, so sind für die Ermittelung des Gesamteinkommens die Sachbezüge mit den Ortspreisen zu veranschlagen, wie sie von den Finanzämtern im Vollzuge des Einkommensteuergesetzes festgesetzt sind.

(5) Eigenes Einkommen des Kindes ist nicht dessen steuerpflichtiges Einkommen, sondern dasjenige, welches das Kind tatsächlich bezieht, also beispielsweise bei freier Station: der von dem zuständigen Finanzamt oder Landesfinanzamt festgesetzte Wert der freien Station, bei einem Einkommen aus barem Lohn usw.: der Rohbetrag nach Abzug der Kranken-, Invaliden- oder Angestelltenversicherungsbeiträge, bei Einkommen aus Kapitalvermögen: die Zinsen nach Abzug der Kapitalertragssteuer. Andere Ausgaben, die reichsgesetzlich zu den sogenannten Werbungskosten zählen, z. B. die Ausgaben, die einem Kinde durch Fahrten zwischen Wohnung und Arbeitsstätte erwachsen, Sterbekassenbeiträge, Lebensversicherungsbeiträge, Vereinsbeiträge usw., dürfen vom Einkommen nicht abgezogen werden, ebensowenig Beträge für Beschaffung, Reinigung und Instandhaltung der Berufskleidung, Schulgeld usw.

(6) Mildtätige Zuwendungen, die das Kind erhält, gelten nicht als Einkommen. Dagegen fallen darunter Krankengeld und etwaige Verletztenrenten.

115. (1) Wird für ein Kind, für das nach vorstehenden Bestimmungen einem Beamten eine Kinderbeihilfe zusteht, auf Grund eines Beamtenhinterbliebenengesetzes ein Waisengeld oder auf Grund eines sonstigen Versorgungsgesetzes eine Waisenrente — gleichgültig, an wen — aus Mitteln des Reichs, eines Landes oder einer sonstigen öffentlichen Körperschaft, oder wird auf Grund der §§ 30, 87 des Reichsversorgungsgesetzes eine Kinderzulage (nebst Teuerungszuschlag) oder ein Teuerungszuschuß (Gesetz über Teuerungsmaßnahmen für Militärrentner — RGBl. 1922 S. 650 —) gezahlt, so werden diese Bezüge dem sonstigen eigenen Einkommen des Kindes nicht hinzugerechnet. Diese Bestimmung tritt mit Wirkung vom 1. Januar 1922 mit der Maßgabe in Kraft, daß für die Zeit vom 1. April 1920 bis zum 31. Dezember 1921 Rückforderungen und Nachzahlungen unterbleiben.

(2) **Die Vorschriften der Ziff. 110d bleiben unberührt.**

116. Maßgebend ist das Einkommen des Kindes in dem betreffenden Monat. Einnahmen, die, wie Zinsen, Dividenden, Mieten, Pachtbeträge usw., nicht monatlich, sondern für längere Zeiträume errechnet werden, sind auf die einzelnen Monate zu verteilen. Ist das Arbeitseinkommen unregelmäßig oder schwankend, so ist das des Vormonats der Berechnung zugrunde zu legen. Hat das Kind eine laufende Einnahme weniger als 30 Tage bezogen, so wird diese nicht auf die Kinderbeihilfe angerechnet.

117. Nach Ziff. 183 der Reichsbesoldungsvorschriften in der Fassung der vierten Ergänzung vom 6. Oktober 1922 (RGBl. 1922 Teil I S. 777) haben auf amtliches Ersuchen der Kassenbehörden der Länder die Steuerbehörden Auskunft über die Höhe des eigenen Einkommens eines Kindes zu erteilen.

118. (1) Vollendet ein Kind, für das eine Kinderbeihilfe bezogen wird, das vierzehnte Lebensjahr, so ist die Zahlung der Kinderbeihilfe einzustellen, wenn nicht der zum Bezuge berechtigte Beamte schriftlich der zur Anweisung zuständigen Behörde die für den Weiterbezug der Kinderbeihilfe und für dessen Höhe nach Ziff. 113 bis 116 maßgebenden Verhältnisse darlegt und diese Angaben auf Verlangen glaubhaft macht.

(2) **Vor Beginn jedes Rechnungsjahres hat der Beamte eine Erklärung abzugeben, daß die für den Bezug und die Höhe der angewiesenen Kinderbeihilfe maßgebenden Verhältnisse unverändert fortbestehen.**

(3) Er hat aber auch im Laufe des Rechnungsjahres jede Tatsache, welche eine Herabsetzung oder die Einstellung der Zahlung der Kinderbeihilfe zur Folge hat, unverzüglich anzuzeigen. Auf diese Vorschrift ist er bei der erstmaligen Anweisung einer Kinderbeihilfe ausdrücklich hinzuweisen.

(4) Die wirtschaftlichen Verhältnisse des Beamten sind weder für die Gewährung noch für die Höhe von Kinderbeihilfen von Belang.

119. Ist die Kinderbeihilfe einschließlich des Ausgleichszuschlags nach Ziff. 113 Abs. 1 Nr. 2 nur teilweise auszuzahlen, so sind die gezahlten Beträge bis zu der nach Ziff. 112 sich ergebenden Höhe bei den Kinderbeihilfen und nur mit dem etwaigen Mehrbetrag bei den Ausgleichszuschlägen zu verrechnen*).

---

*) Wegen der etwaigen örtlichen Sonderzuschläge siehe Runderlaß vom 19. Dezember 1922 Bes. 4163 (FMBl. 1922 Nr. 25).

120. (1) Beamte, die im Staatsdienst nur ein Nebenamt bekleiden, erhalten keine Kinderbeihilfen.

(2) Bei Beamten, die gleichzeitig auch eine Stelle im Dienste des Reichs oder eines der Länder bekleiden, wird die Kinderbeihilfe in demselben Verhältnis gekürzt wie der Ortszuschlag (vergl. Ziff. 88). Eine Stelle im Dienste einer öffentlichen Körperschaft wird einer Stelle im Reichs- oder Staatsdienst gleichgeachtet.

(3) Beamte, die im Disziplinarverfahren oder aus Anlaß eines Strafverfahrens vorläufig vom Dienst enthoben sind, sowie Beamte, deren Diensteinkommen auf Grund eines Disziplinarurteils zu kürzen ist, erhalten die Kinderbeihilfen in voller Höhe.

B. Beginn, Änderung und Wegfall von Kinderbeihilfen.

121. (1) Die Kinderbeihilfen werden vom Ersten des Monats an gezahlt, in welchem das für die Gewährung maßgebende Ereignis fällt.

(2) Vom gleichen Zeitpunkt an werden Erhöhungen der Kinderbeihilfen wirksam.

(3) Beispiele von Fällen der Neuanweisung einer Kinderbeihilfe: Geburt, Ehelichkeitserklärung, Annahme an Kindes Statt, Wegfall des eigenen Einkommens, Tod des Ehemannes eines weiblichen Beamten, Eintritt der Voraussetzungen in Ziff. 107 Abs. 4.

(4) Beispiele von Fällen der Erhöhung einer Kinderbeihilfe: Vollendung des sechsten oder vierzehnten Lebensjahrs, Verminderung des eigenen Einkommens, Erhöhung des tatsächlichen Aufwandes für ein Kind im Falle der Ziff. 108 Abs. 2.

122. (1) Herabsetzungen der Kinderbeihilfen werden vom Ersten des Monats an wirksam, der auf das maßgebende Ereignis folgt. Hat sich das Ereignis am ersten Tage eines Monats zugetragen, so wird die Herabsetzung von diesem Tage an wirksam.

(2) Beispiele von Fällen der Herabsetzung einer Kinderbeihilfe: Erhöhung des eigenen Einkommens des Kindes, Verminderung des tatsächlichen Aufwandes für ein Kind im Falle der Ziff. 108 Abs. 2.

(3) In gleicher Weise (Abs. 1) ist zu verfahren, wenn in der Person des zum Bezuge der Kinderbeihilfe berechtigten Beamten ein Wechsel eintritt.

(4) Beispiel zu Abs. 3: Ein Beamter erhält als Stiefvater die Kinderbeihilfe für das uneheliche Kind seiner Ehefrau. Der uneheliche Vater, der ebenfalls Beamter ist, nimmt Mitte eines Monats das Kind in seinen Hausstand auf; er erhält vom ersten Tage des folgenden Monats ab die Kinderbeihilfe.

122 a. (1) Die Kinderbeihilfen fallen fort mit dem Ablauf des Vierteljahrs (Kalendervierteljahrs), in dem das für den Wegfall der Beihilfe maßgebende Ereignis sich zugetragen hat.

(2) Auch wenn sich das Ereignis am ersten Tage eines Kalendervierteljahrs zugetragen hat, dauert hiernach der Bezug noch bis zum Ende des Vierteljahrs fort.

(3) Die Kinderbeihilfen fallen vor dem Ablauf des Vierteljahrs fort, wenn das Recht zum Bezuge des Grundgehalts früher aufhört.

(4) Beispiele von Fällen des Wegfalls einer Kinderbeihilfe: Vollendung des einundzwanzigsten (oder vierzehnten) Lebensjahrs, Beendigung der Schul- oder Berufsausbildung, Tod, Verheiratung eines weiblichen Beamten, Ver-

heiratung des Kindes. Dabei ist jedoch zu beachten, daß ein am 1. Oktober geborenes Kind das 21. Lebensjahr bereits mit dem Ablauf des 30. September vollendet (§ 187 Abs. 2 S. 2 BGB.).

122 b. Fällt die Kinderbeihilfe fort, weil das eigene Einkommen des Kindes eine bestimmte Höhe erreicht oder weil der zum Bezuge berechtigte Beamte die in Ziff. 118 Abs. 1 vorgeschriebenen Angaben nicht macht, oder weil die Voraussetzungen für Bewilligung einer Kinderbeihilfe für ein uneheliches Kind (Ziff. 110 b Abs. 2) nicht mehr gegeben sind oder weil die Aufwendungen für ein Kind eingestellt werden (vergl. Ziff. 108 Abs. 2), so ist sinngemäß nach Ziff. 122 Abs. 1 zu verfahren.

122 c. Die dem Beamten als Erzeuger eines unehelichen Kindes gewährte Kinderbeihilfe fällt nach seinem Tode gemäß Ziff. 122 a weg. Sie darf auch dann nicht weiter gewährt werden, wenn der Erzeuger eine Witwe hinterlassen hat, die Witwengeld bezieht, oder wenn eine Vollwaise vorhanden ist, für welche Waisengeld gezahlt wird.

122 d. (1) Das Recht auf den Bezug der Kinderbeihilfe ruht, und zwar auch für Kinder unter 14 Jahren, soweit aus Mitteln des Reichs, des Staats, der Länder, anderer öffentlicher Verbände oder anderer Arbeitgeber eine entsprechende Beihilfe gezahlt wird. Als solche gilt auch die laufende Unterstützung, die einem als Volontär, Zivilsupernumerar, Justizanwärter, Lehrling usw. beschäftigten Kinde während der Dauer seiner Ausbildung gewährt wird.

(2) Der Beihilfe in Abs. 1 sind gleichzuachten:

a) der Beitrag für den Unterhalt eines Kindes aus einer früheren, durch Scheidung gelösten Ehe, den der für schuldig erklärte Ehegatte zu leisten hat,
b) die Unterhaltsrente, die für ein uneheliches Kind der Ehefrau gezahlt wird,
c) die Zinsen aus einer aus demselben Anlaß wie zu a und b gewährten Kapitalabfindung; soweit die Kapitalabfindung inzwischen verbraucht sein sollte, die g e s e t z l i c h e n Zinsen von dem verbrauchten Betrage.

III.

A u s g l e i c h s z u s c h l a g.

123. (1) Zur Anpassung an die Veränderungen in der allgemeinen Wirtschaftslage wird zum Grundgehalt, zum Ortszuschlag und zu den Kinderbeihilfen ein veränderlicher nichtruhegehaltsfähiger Ausgleichszuschlag gewährt.

(2) Zu anderen Zulagen, Sondervergütungen oder Nebenbezügen tritt der Ausgleichszuschlag nicht.

(3) Der Ausgleichszuschlag tritt hiernach zu dem Grundgehalt, dem Ortszuschlag und den Kinderbeihilfen, wie sie tatsächlich bezogen werden. Dies gilt insbesondere auch bei Kürzungen des Diensteinkommens nach Bruchteilen auf Grund eines Disziplinarurteils (vergl. Ziff. 62 Abs. 2 Satz 1). Wegen des Verfahrens bei Kürzungen um einen bestimmten zahlenmäßig festgelegten Betrag vergl. Ziff. 62 Abs. 2 Satz 2.

B e i s p i e l e:

Weiblichen Beamten, die nach Ziff. 87 den Ortszuschlag nur zur Hälfte erhalten, steht der ganze Ausgleichszuschlag aus dem halben

Ortszuschlage zu. Beamte, die nach Ziff. 88 und 120 Abs. 2 Ortszuschlag und Kinderbeihilfen nur zu einem Bruchteil aus Staatsmitteln erhalten, beziehen aus Staatsmitteln den ganzen Ausgleichszuschlag aus diesem Bruchteil. Beamte, deren Diensteinkommen auf Grund eines Disziplinarurteils gekürzt oder wegen vorläufiger Dienstenthebung zum Teil einbehalten ist, erhalten den ganzen Ausgleichszuschlag aus den gekürzten Bezügen.

124. (1) Die Art und Höhe des Ausgleichszuschlagsatzes wird durch den Staatshaushaltsplan bestimmt.

(2) Wird der Ausgleichszuschlagsatz in Anlehnung an die Ortsklasseneinteilung gestaffelt, so tritt die Veränderung im Ausgleichszuschlagsatz mit dem Tage ein, von dem an das Grundgehalt (Grundvergütung) der neuen Dienststelle gewährt wird.

124 a. Frauenbeihilfe.

(1) Als besonderen Ausgleichszuschlag erhalten die verheirateten männlichen planmäßigen unmittelbaren Staatsbeamten für die unterhaltsberechtigte Ehefrau eine Frauenbeihilfe, deren Höhe durch den Staatshaushaltsplan oder durch besonderes Gesetz festgesetzt wird. Die Frauenbeihilfe ist in voller Höhe auch den verheirateten Kreisärzten und Kreistierärzten zu zahlen, welche gekürzte Grundgehälter beziehen, ebenso denjenigen Beamten, deren Diensteinkommen infolge Disziplinarurteils (§ 16 BDG., § 15 des RDG.) gekürzt ist oder die im Disziplinarverfahren oder aus Anlaß eines Strafverfahrens vorläufig vom Dienste enthoben sind.

(2) Die Frauenbeihilfe ist nur für unterhaltsberechtigte Ehefrauen zahlbar. Leben die Eheleute zusammen, so ist die Unterhaltsberechtigung der Ehefrau ohne weiteres als gegeben anzusehen. Leben die Eheleute getrennt, so ist die Frauenbeihilfe dem Beamten zu zahlen, soweit er der getrennt lebenden Ehefrau den Unterhalt gewährt oder mindestens in Höhe der Frauenbeihilfe einen Beitrag dazu leistet. Ist die eheliche Gemeinschaft durch gerichtliches Erkenntnis aufgehoben oder ist die Ehe geschieden, so steht dem Beamten die Frauenbeihilfe nicht zu, und zwar auch dann nicht, wenn er im eigenen Hausstande für den vollen Unterhalt von Kindern aufkommt, für die er nach § 17 BDEG. Kinderbeihilfen bezieht, oder wenn er verpflichtet ist, für den Unterhalt seiner geschiedenen Ehefrau zu sorgen.

(3) Die Frauenbeihilfe wird ferner Witwern gewährt, wenn sie im eigenen Hausstand für den vollen Unterhalt von Kindern aufkommen, für welche sie nach § 17 BDEG. Kinderbeihilfen — wenn auch gekürzt — beziehen. Der Umstand, daß der Beamte eine Kinderzulage (vergl. Erlaß vom 24. August 1922 — FMBl. S. 497 —) erhält, berechtigt demnach nicht zum Bezuge der Frauenbeihilfe. Die Berechtigung des Witwers erlischt nicht etwa durch eine Wiederverheiratung. Er erhält zwar die Frauenbeihilfe dann auch wegen der Ehefrau; fällt aber dieser zweite Grund weg, z. B. weil die zweite Ehe geschieden wird, so erhält der Beamte die Frauenbeihilfe weiter als Witwer wegen der Kinder, falls die Voraussetzungen hierfür (vergl. Satz 1) noch vorliegen. Die Gewährung des vollen Unterhalts ist nicht als erfüllt anzusehen, wenn das Kind ein eigenes Einkommen (einschließlich der Sachbezüge [vergl. Ziff. 114 Abs. 4]) hat, welches die Hälfte des Betrages der Kinderbeihilfe einschließlich des Ausgleichszuschlags*) übersteigt.

---

*) und eines etwaigen örtlichen Sonderzuschlags (Ges. vom 18. März 1922 — GS. S. 63 — in der Fassung des Gesetzes vom 21. November 1922 — GS. S. 431 —).

(4) Die Frauenbeihilfe wird nicht gewährt, wenn die Ehefrau als Beamtin, Angestellte oder Arbeiterin im Dienste des Reichs, eines Landes, einer Gemeinde oder einer sonstigen öffentlichen Körperschaft Gehalt oder Lohn bezieht. Ist jedoch die Ehefrau in diesem Dienstverhältnis nicht voll beschäftigt, oder hat sie ohne Festlegung einer bestimmten Arbeitszeit die Vornahme von Arbeiten (z. B. Reinigung des Dienstgebäudes) gegen eine Pauschalvergütung übernommen, so steht diese Beschäftigung der Gewährung der Frauenbeihilfe nicht entgegen. Bezieht die Ehefrau eines Beamten aus Reichs-, Staats- oder Gemeindemitteln ein Ruhegehalt oder eine ruhegehaltsähnliche laufende Unterstützung, so sind diese Bezüge auf die Frauenbeihilfe anzurechnen.

(5) Die Frauenbeihilfe wird im voraus, und zwar vom Ersten des Monats ab, gezahlt, in welchem das für die Gewährung maßgebende Ereignis fällt. Die Zahlung der Frauenbeihilfe wird vom Ersten des Monats an eingestellt, der auf das für den Fortfall maßgebende Ereignis folgt; hat sich das Ereignis am ersten Tage eines Monats zugetragen, so ist die Zahlung von diesem Tage ab einzustellen.

(6) Stirbt der Beamte, so ist als ein Teil der Gnadenbezüge auch der entsprechende auf das Gnadenvierteljahr entfallende Betrag der Frauenbeihilfe zu zahlen.

(7) Stirbt die Ehefrau, so erhält der Beamte beim Vorliegen der sonstigen Voraussetzungen die Frauenbeihilfe, auch wenn er nicht bereits nach Abs. 3 Satz 1 als Witwer Anspruch darauf hat, noch für den ganzen Sterbemonat sowie für die darauffolgenden drei Monate.

(8) Da die Frauenbeihilfe als besonderer Ausgleichszuschlag gezahlt wird, tritt zu ihr ein weiterer Ausgleichszuschlag nicht hinzu.

(9) Für die Frauenbeihilfe gilt Ziff. 118 Abs. 2 bis 4 entsprechend.

Zweiter Abschnitt: **Nichtplanmäßige Beamte.**

125. Die nichtplanmäßigen Beamten erhalten:

I. Grundvergütung und Ortszuschlag (§ 11 bis 15 BDEG.)
sowie in besonderen Fällen:
Sondervergütungen, Nebenbezüge und sonstige Vergünstigungen (§ 16 BDEG.).

II. Kinderbeihilfen (§ 17 BDEG.).

III. Den Ausgleichszuschlag des § 18 BDEG.

I.

1. Grundvergütung.

A. Allgemeines.

126. (1) Die Grundvergütung der im Staatsdienst als Stellenanwärter vollbeschäftigten nichtplanmäßigen unmittelbaren Staatsbeamten sowie der im § 11 Abs. 1 BDEG. aufgeführten Hilfskräfte an den wissenschaftlichen Hochschulen, Anstalten und Instituten bemißt sich nach der Nachweisung der Dienstbezüge der nichtplanmäßigen Beamten (Anl. 3 des BDEG.).

(2) Hiernach werden diese Dienstbezüge nach einem bestimmten Hundertsatz des Anfangsgrundgehalts derjenigen Besoldungsgruppe berechnet, in der der nichtplanmäßige Beamte beim regelmäßigen Verlauf seiner Dienstlaufbahn zuerst planmäßig angestellt wird, und wenn dies eine Beförderungsstelle ist, nach der Eingangsgruppe.

(3) Bis zur anderweiten Regelung durch den Staatshaushaltsplan oder durch besonderes Gesetz erhalten die nichtplanmäßigen Beamten, die wissenschaftlichen Assistenten mit planmäßiger Vergütung an den wissenschaftlichen Hochschulen und die ihnen gleichgestellten Hilfskräfte der wissenschaftlichen Hochschulen, Anstalten und Institute zur Grundvergütung nebst Ausgleichszuschlägen einen Notzuschlag in der Höhe, daß Grundvergütung, Ausgleichszuschläge und Notzuschlag (ohne Frauenbeihilfe) zusammen betragen, wenn sie Zivilanwärter sind:

im 1. Anwärterdienstjahr	. . . .	95 v. H.,
„ 2. „	. . . .	95 „
„ 3. „	. . . .	98 „
„ 4. „	. . . .	100 „
„ 5. „	. . . .	100 „

wenn sie Militäranwärter sind:

im 1. Anwärterdienstjahr	. . . .	95 v. H.,
„ 2. „	. . . .	98 „
„ 3. „	. . . .	100 „
„ 4. „	. . . .	100 „

des Anfangsgrundgehalts nebst Ausgleichszuschlägen (ohne Frauenbeihilfe) derjenigen Gruppe, in der sie beim regelmäßigen Verlauf ihrer Dienstlaufbahn zuerst planmäßig angestellt werden. Bei Anwärterinnen auf Stellen, die in der Besoldungsordnung mit einem † bezeichnet sind, ist der Berechnung dieses Notzuschlages das um 10 v. H. gekürzte Anfangsgrundgehalt solcher Stellen zugrunde zu legen.

(4) Die Grundvergütungen an sich berechnen sich darnach auch künftig lediglich nach den in der Anl. 3 festgesetzten Hundertsätzen des Anfangsgrundgehalts der betreffenden Besoldungsgruppe. Unter Berücksichtigung des Notzuschlages ist jedoch künftig bei der Anweisung und Buchung davon auszugehen, daß die Grundvergütungen betragen

bei nichtplanmäßigen Staatsbeamten, wenn sie Militäranwärter sind: 95, 98, 100, 100 v. H.,

wenn sie Zivilanwärter sind: 95, 95, 98, 100, 100 v. H.

des Anfangsgrundgehalts der betreffenden Besoldungsgruppe.

(5) In den Fällen der Ziff. 148 Abs. 2 und 3 sind dagegen bei Berechnung des Anwärterdienstalters die in Anl. 3 vorgesehenen Grundvergütungssätze (70, 80, 85, 90, 95 v. H.) zugrunde zu legen.

(6) Militäranwärter sind Stellenanwärter im Sinne des BDEG. und dieser BV. nur, wenn sie nach Ziff. 140 und 141 endgültig in den Zivilstaatsdienst übernommen sind. Ihre Eigenschaft als Stellenanwärter im Sinne der Anstellungsgrundsätze ist für die Bemessung ihrer Bezüge ohne Bedeutung.

(7) Die für Militäranwärter vorgesehenen Sätze gelten nur für die in Ziff. 28 Satz 1 bezeichneten Inhaber des Zivilversorgungsscheins, des Zivildienstscheins und des Polizeiversorgungsscheins. Den Inhabern des Anstellungsscheins, des Beamtenscheins, des Zivildienstscheins gemäß § 61 des Wehrmachtversorgungsgesetzes (ehemalige Offiziere) und des Forstversorgungsscheins werden die Bezüge der Zivilanwärter gewährt.

(8) Die Bezüge der nichtplanmäßigen Beamten, die nicht zu den Stellenanwärtern zählen, werden von dem Fachminister geregelt, sie dürfen aber die Höchstsätze der Dienstbezüge der entsprechenden nichtplanmäßigen Beamten

(Anl. 3 des BDEG.) nicht übersteigen. Diese Bestimmung bezieht sich nicht auf Beamte im Vorbereitungsdienst.

126 a. Durch die in Ziff. 85 a genannten Gesetze sind mit Wirkung vom 1. Oktober 1921, mit Wirkung vom 1. April 1922 und mit Wirkung vom 1. Oktober 1922 ab neue Grundvergütungssätze in Kraft gesetzt worden (Anl. 3, Buchstabe b und c).

Das AnwDA. und die AnwDZ. (vergl. Ziff. 137) werden dadurch nicht berührt. Die Vorschriften in Ziff. 85 b sind sinngemäß anzuwenden.

127. (1) Ist ein Zivilanwärter bis zur Vollendung des fünften Anwärterdienstjahrs, ein Militäranwärter bis zur Vollendung des vierten Anwärterdienstjahrs noch nicht planmäßig angestellt, so erhält bei voller Beschäftigung der Zivilanwärter vom Beginne des sechsten, der Militäranwärter vom Beginne des fünften Anwärterdienstjahrs an nach Dienstaltersstufen mit zweijähriger Aufrückungsfrist steigend eine Grundvergütung in der Höhe der Grundgehaltssätze derjenigen Besoldungsgruppe, in der er beim regelmäßigen Verlauf seiner Dienstlaufbahn zuerst planmäßig angestellt wird.

(2) Die wissenschaftlichen Assistenten mit planmäßiger Vergütung an den wissenschaftlichen Hochschulen und die ihnen nach § 11 Abs. 1 BDEG. gleichgestellten Hilfskräfte der wissenschaftlichen Hochschulen, Anstalten und Institute erhalten die Grundvergütung der Stellenanwärter nach Gruppe 10 und von Vollendung des fünften Dienstjahrs an eine Grundvergütung, die in ihrer Höhe den Grundgehaltssätzen der planmäßigen Beamten in Gruppe 10 entspricht.

128. Anwärter erhalten die in Ziff. 126 vorgesehenen Bezüge auch dann, wenn sie in Stellen einer anderen Besoldungsgruppe verwendet werden. Sie erhalten die Bezüge nur einmal, auch wenn sie gleichzeitig mehrere Stellen versehen.

129. Weibliche Beamte in Stellen, die in der Besoldungsordnung mit einem † bezeichnet sind, erhalten die Grundvergütung um 10 v. H. gekürzt.

130. (1) Planmäßige Beamte, die in einer anderen Dienststelle nichtplanmäßig beschäftigt werden, gelten nicht als nichtplanmäßige Beamte. Sie erhalten neben den Bezügen ihrer planmäßigen Stelle die ihnen etwa gesetz- und verordnungsmäßig zustehenden Tagegelder oder sonstigen Bezüge.

(2) Nichtvollbesoldete Kreisärzte und nichtvollbesoldete Kreistierärzte erhalten bei nichtplanmäßiger Beschäftigung in einer vollbesoldeten Dienststelle (z. B. als Regierungs- und Medizinalrat, Regierungs- und Veterinärrat usw.) die Bezüge der vollbesoldeten Kreisärzte oder Kreistierärzte unter Berücksichtigung der Vorschriften in Ziff. 79 und daneben die ihnen etwa gesetzlich oder verordnungsmäßig zustehenden Tagegelder oder sonstigen Bezüge.

(3) Nichtplanmäßige Beamte, die in einer anderen Dienststelle verwendet werden, erhalten, wenn und solange sie nicht in eine Stelle der sie verwendenden Behörde versetzt werden, die Bezüge ihrer bisherigen nichtplanmäßigen Stelle und daneben die ihnen etwa gesetz- und verordnungsmäßig zustehenden Tagegelder oder sonstigen Bezüge. Werden sie anderswo als bei der sie verwendenden Behörde planmäßig angestellt, so gilt von da an Abs. 1.

(4) Abs. 1 und 3 gelten sinngemäß für planmäßige und nichtplanmäßige Beamte des Reichs oder der Länder, die in einer Stelle des Staatsdienstes nichtplanmäßig verwendet werden. Für planmäßige Beamte oder Anwärter der öffentlichen Körperschaften gilt Abs. 1 und 3 nur dann, wenn ihre bisherigen Bezüge denen gleichwertiger oder gleichartiger Staatsbeamten entsprechen.

B. Dienstaltersstufen.

131. (1) Die Grundvergütung steigt bei nichtplanmäßigen Beamten gemäß Anl. 3 BDEG. bis zum Erreichen des Anfangsgrundgehalts der planmäßigen Beamten und von da an von zwei zu zwei Jahren gemäß Ziff. 6.

(2) Die höheren Grundvergütungssätze werden jeweilig vom Ersten des Kalendermonats an gezahlt, in den der Eintritt in die neue Dienstaltersstufe fällt (§ 12 Abs. 1 BDEG.).

132. Die nichtplanmäßigen Beamten haben auf die Dienstalterszulagen keinen Rechtsanspruch.

133. (1) Eine Dienstalterszulage kann versagt werden, wenn gegen das dienstliche oder außerdienstliche Verhalten des Beamten eine erhebliche Ausstellung vorliegt (§ 12 Abs. 2 BDEG.).

(2) Vor der Versagung ist dem Beamten Gelegenheit zu geben, sich zu den Gründen der beabsichtigten Maßregel zu äußern. Vor dem Versagen ist ferner die örtliche Beamtenvertretung zu hören. Wird das Aufrücken versagt, so sind dem Beamten die Gründe hierfür schriftlich zu eröffnen (§ 12 Abs. 3 BDEG.).

(3) Gegen die Versagung, sofern sie nicht von der obersten Verwaltungsbehörde verfügt ist, steht dem Beamten die Beschwerde an diese zu (§ 12 Abs. 4 BDEG.).

(4) Wird der Beschwerde stattgegeben, so ist die Dienstalterszulage rückwirkend zu gewähren.

(5) Die Versagung einer Dienstalterszulage wird wirksam, sobald dem Beamten die entsprechende schriftliche Verfügung zugeht.

(6) Eine Dienstalterszulage kann nach ihrer Fälligkeit nicht mehr versagt werden.

134. (1) Sind die Ausstellungen, auf Grund deren eine Dienstalterszulage versagt worden ist, wieder behoben, so ist die Dienstalterszulage wieder zu bewilligen, und zwar vom ersten Tage des Kalendermonats an, in dem die Bewilligungsverfügung ergeht.

(2) Aus besonderen Gründen kann die versagte Dienstalterszulage von einem früheren Zeitpunkt an gewährt werden. Eine Anweisung für zurückliegende Rechnungsjahre bedarf der Genehmigung der obersten Verwaltungsbehörde.

135. Die Versagung einer Dienstalterszulage wirkt ohne weiteres nur für e i n Jahr. Nach Vollendung des nächsten Anwärterdienstjahrs erhält der Beamte wieder den seinem vollen Anwärterdienstalter entsprechenden Grundvergütungssatz, wenn nicht neuerdings die Versagung verfügt wird.

136. (1) Die Ziff. 8 und 9 gelten für die nichtplanmäßigen Beamten sinngemäß.

(2) Eine fällig gewordene Dienstalterszulage wird aber nicht berücksichtigt, wenn die Voraussetzungen für die Versagung der Dienstalterszulage am Fälligkeitstage gegeben waren. Das Recht der Beschwerde nach Ziff. 133 Abs. 3 steht in diesem Falle nach dem Ableben des Beamten demjenigen zu, der zum Empfange der Nachzahlung oder der erhöhten Hinterbliebenenbezüge berechtigt wäre.

C. Anwärterdienstalter (AnwDA.) und Anwärterdienstzeit (AnwDZ.).

I. Allgemeines.

137. (1) Der Tag, auf den das AnwDA. eines nichtplanmäßigen Beamten festgesetzt wird, bezeichnet den Zeitpunkt, welcher der Berechnung der dem Beamten in seiner Anwärtergruppe zukommenden Dienstaltersstufe zugrunde gelegt wird. Von diesem Zeitpunkt an sind die Zeitabschnitte für das Verbleiben in den Dienstaltersstufen zu rechnen.

(2) Der Tag, auf den der Beginn der AnwDZ. eines nichtplanmäßigen Beamten festgesetzt wird, bezeichnet den Zeitpunkt, von dem an die im § 13 Abs. 2 Satz 1 BDEG. bezeichnete Frist für die planmäßige Anstellung rechnet.

(3) Hat nach Inkrafttreten des § 13 Abs. 2 Satz 1 BDEG. ein Anwärter die dort bezeichnete Anwärterdienstzeit noch nicht zurückgelegt, wohl aber bereits ein AnwDA. von mehr als fünf (vier) Jahren erreicht, so gilt für ihn auch weiterhin die Bestimmung in Ziff. 127 und 20.

138. (1) Die Vorschriften des BDEG. und dieser BV. über die Berechnung des AnwDA. und der AnwDZ. gelten für alle Beamten, die mit Wirkung vom 1. April 1920 oder einem späteren Zeitpunkt Anwärter geworden oder ohne voraufgegangene Anwärterdienstzeit zur planmäßigen Anstellung gelangt sind (Ziff. 24).

(2) Auf die anderen am 1. April 1920 vorhandenen Anwärter finden diese Vorschriften hinsichtlich der nach dem 31. März 1920 zurückgelegten Dienstzeit in vollem Umfange, für die Vergangenheit dagegen nur dann Anwendung, wenn sich daraus insgesamt eine Verbesserung des AnwDA. oder der AnwDZ. ergibt. Auf planmäßige Beamte, die zugleich Anwärter auf eine andere planmäßige Stelle sind, finden die Bestimmungen erst nach dem Ausscheiden aus ihrer bisherigen Stelle Anwendung.

139. Ziff. 14 bis 19 gelten sinngemäß für die Festsetzung des AnwDA. und der AnwDZ.

II. Berechnung des AnwDA. und der AnwDZ.

a) Beginn.

140. (1) Das AnwDA. und die AnwDZ. beginnen mit dem Tage, mit dem der endgültig in den Staatsdienst übernommene Beamte nach erlangter Befähigung für das Amt die Anwartschaft erhalten hat, in eine entsprechende planmäßige Stelle einzurücken, soweit nicht in diesen BV. etwas Günstigeres bestimmt oder zugelassen ist.

(2) Wenn ein nichtplanmäßiger Beamter den Dienst bei einer Behörde mit dem Beginn eines Monats antreten sollte, ihn aber, weil der Erste des Monats ein Sonntag oder ein allgemeiner Feiertag war, erst am darauffolgenden Werktag angetreten hat, so ist der Beginn des AnwDA. und der AnwDZ. so festzusetzen, als wenn der Dienst am ersten Tage des Monats angetreten wäre.

141. (1) Für alle in regelmäßiger Laufbahn anzustellenden Beamten des nichttechnischen Sekretariats-, Kassen- und Rechnungsdienstes sowie des Registraturdienstes gilt als Zeitpunkt für den Beginn des AnwDA.:

a) bei den aus der Klasse der Zivilsupernumerare oder der Justizanwärter hervorgehenden Beamten der Ablauf dreier Jahre seit Beginn des Vorbereitungsdienstes, soweit nicht der Vorbereitungsdienst auf eigenen Wunsch des Beamten, wegen unzureichender Befähigung oder aus einem sonstigen in der Person des Beamten liegenden Grunde — ausgenommen Krankheit — über drei Jahre hinaus verlängert wird;

b) bei den aus der Klasse der Militäranwärter hervorgehenden Beamten der Tag der endgültigen Übernahme in den Zivilstaatsdienst, frühestens jedoch ein Jahr nach Beginn der Probedienstzeit.

(2) Die Vorschrift des Abs. 1 gilt sinngemäß für die den dort genannten Beamtengattungen gleichartigen Beamtengattungen mit der Maßgabe, daß an Stelle des Zeitraums von drei Jahren der in den Ausbildungsvorschriften etwa vorgesehene kürzere Vorbereitungsdienst, mindestens jedoch der Zeitraum von einem Jahre, tritt.

(3) Für Beamte, für die eine besondere Vorbereitung nicht vorgeschrieben ist, gilt als Beginn des AnwDA. und der AnwDZ. der Tag der endgültigen Übernahme in den Zivilstaatsdienst, auch soweit sie nicht Militäranwärter sind.

142. In den von Ziff. 141 nicht getroffenen Fällen bleiben die besonderen Vorschriften über die Berechnung des AnwDA. und der AnwDZ. der anzustellenden Beamten unberührt, soweit sie nicht durch diese BV. geregelt werden.

143. (1) Als Zeitpunkt für den Beginn des AnwDA. und der AnwDZ. der nach mindestens zweijährigem juristischen Vorbereitungsdienst unmittelbar zu den Anwärtern für eine Stelle der Gruppe 7 übertretenden Gerichtsreferendare gilt der Ablauf des zweiten Jahres nach Beginn des juristischen Vorbereitungsdienstes zuzüglich des vor der Übernahme in das Anwärterverhältnis abgeleisteten Probedienstes. Unterbrechungen des juristischen Vorbereitungsdienstes, die in den zweijährigen Zeitraum fallen und auf den Vorbereitungsdienst nicht angerechnet sind, bleiben außer Betracht.

(2) Als Zeitpunkt für den Beginn des AnwDA. und der AnwDZ. der nicht zu den planmäßigen Beamten zählenden Anwärter für die Amtsanwaltslaufbahn gilt die Ablegung der Amtsanwaltsprüfung oder der frühere Beginn der Dienstzeit als Amtsanwalt im Hauptamt.

144. Von der nach Ziff. 151 ff. angerechneten Zeit, und soweit eine solche nicht vorhanden ist, von dem AnwDA. und der AnwDZ., ist bei den Beamten der Besoldungsgruppen 1 bis 8, die nicht unter Ziff. 141 Abs. 1, 2 fallen, stets ein Jahr — bei Militäranwärtern (Ziff. 28), Inhabern des Anstellungsscheins (§ 17 des Mannschaftsversorgungsgesetzes vom 31. Mai 1906) und Inhabern des Beamtenscheins (§ 33 des Reichsversorgungsgesetzes vom 12. Mai 1920) ein halbes Jahr (183 Tage) — als Vorbereitungszeit abzuziehen. Das gilt auch, wenn die angeordnete oder zugelassene Vorbereitungszeit mehr oder weniger als ein Jahr — bei Militäranwärtern, Inhabern des Anstellungsscheins oder des Beamtenscheins mehr oder weniger als ein halbes Jahr — beträgt.

145. (1) Die vor dem vollendeten 20. Lebensjahre verbrachte Dienstzeit wird weder auf das AnwDA. noch als AnwDZ. angerechnet.

(2) Dies gilt nicht für die Beamten, die bis zum 1. April 1921 als nichtplanmäßige Beamte eingestellt worden sind, hinsichtlich der Zeit, während der sie Tagegelder (Vergütungen) bezogen haben.

146. Die Vorbereitungszeit der nichttechnischen Zivilanwärter ist grundsätzlich unentgeltlich abzuleisten, auch wenn vor derselben eine Beschäftigungszeit liegt, die auf die AnwDZ. angerechnet wird. Werden in besonderen Fällen während der Vorbereitungszeit Vergütungen oder widerrufliche Unterhaltszuschüsse gewährt, so werden, selbst wenn die Zuschüsse die Höhe der Mindestgrundvergütungen (Anl. 3 BDEG.) erreichen, die Fristen für das Aufrücken in den Grundvergütungsstufen der Anwärter nicht in Lauf gesetzt.

b) Verlauf.

147. (1) Ist ein Beamter aus einer nichtplanmäßigen Stelle des Staatsdienstes freiwillig ausgeschieden oder ist sein früheres Beamtenverhältnis durch Dienstentlassung gelöst worden, so darf im Falle seiner Wiedereinstellung als nichtplanmäßiger Beamter bei der Festsetzung des AnwDA. und der AnwDZ. auf die nichtplanmäßige Dienstzeit und auf die Höhe der Dienstbezüge in der früheren Stelle in der Regel keine Rücksicht genommen werden. Nichtplanmäßige Beamte, die ihre Stelle freiwillig aufgeben wollen, sollen hierauf ausdrücklich hingewiesen werden.

(2) Ziff. 57 Abs. 2 und 3 mit Ziff. 31 gilt sinngemäß.

148. (1) Beim Übertritt zu den Anwärtern für andere Stellen derselben Besoldungsgruppe in demselben oder einem anderen Zweige des Staatsdienstes bleibt das AnwDA. und die AnwDZ. grundsätzlich unverändert. Beide oder eines von beiden können jedoch entsprechend gekürzt werden, wenn der Anwärter sich sonst erheblich günstiger stehen würde als der Durchschnitt der gleichaltrigen Anwärter des neuen Dienstes (Ziff. 23 findet Anwendung).

(2) Beim Übertritt zu den Anwärtern einer niedrigeren Besoldungsgruppe findet Ziff. 40 sinngemäß Anwendung.

(3) Erwirbt der Anwärter die Anwartschaft für Stellen einer höheren Besoldungsgruppe in dem gleichen oder einem neuen Zweige des Staatsdienstes, so wird nach seiner Übernahme zu den Anwärtern der höheren Besoldungsgruppe das AnwDA. und die AnwDZ. nach Maßgabe des § 13 Abs. 3 in Verbindung mit § 3 Abs. 5 BDEG. festgesetzt.

(4) Bei nichtplanmäßigen Reichs- und Landesbeamten gilt hierbei Ziff. 58 und 59 sinngemäß.

149. (1) Solange der Anwärter die bisherige Anwartschaft beibehält, bleibt sein AnwDA. und seine AnwDZ. unverändert, auch wenn er in einem anderen Zweige des Staatsdienstes, im Reichsdienst, im Dienste eines der Länder oder im Dienste einer sonstigen öffentlichen Körperschaft beschäftigt wird, jedoch kann eine Kürzung des AnwDA. oder der AnwDZ. oder beider bei der Beurlaubung vorbehalten und mit Zustimmung des Fachministers angeordnet werden.

(2) Inwieweit bei sonstigen Beurlaubungen zu einer Beschäftigung außerhalb des Staatsdienstes die Urlaubszeit auf das AnwDA. und die AnwDZ. oder eine von beiden anzurechnen ist, bestimmt der Fachminister.

c) Anrechnung von Militär- und Marinedienstzeit.

150. (1) Den Zivilanwärtern wird die in Erfüllung der gesetzlichen Dienstpflicht abgeleistete Militär- und Marinedienstzeit bis zur Dauer eines Jahres, allen Anwärtern wird die Zeit des Kriegsdienstes, eines dem Kriegsdienst nach Ziff. 70 und 71 gleichzuachtenden Dienstes sowie eines nach Ziff. 32 c bis f anzurechnenden Dienstes unbeschränkt auf das AnwDA. und die AnwDZ. angerechnet, soweit sie nach dem tatsächlichen Beginn der Anwärterdienstzeit abgeleistet sind.

(2) Sind sie vorher abgeleistet, so erfolgt die Anrechnung insoweit, als durch die Dienstleistung der Beginn des AnwDA. und der AnwDZ. nachweislich verzögert worden ist; Ziff. 65 bis 69 gelten entsprechend.

d) Anrechnung einer der Übernahme ins Anwärterverhältnis unmittelbar voraufgegangenen Dienstzeit als Angestellter oder Hilfsbeamter.

151. Nach Maßgabe der folgenden Bestimmungen wird auf das AnwDA. und die AnwDZ. auch eine Beschäftigung gegen Lohn oder Schreibgebühren angerechnet, die im privatrechtlichen Vertragsverhältnis eines Dienstverpflichteten geleistet ist, sofern der Beamte mit Aussicht auf dauernde Verwendung ständig und hauptsächlich mit den Dienstverrichtungen eines Beamten betraut gewesen ist (vergl. Ziff. 154) und diese Beschäftigung im unmittelbaren Anschluß daran bei dem gleichen Dienstzweig zur Übernahme in das Beamtenverhältnis geführt hat. Dabei bleiben unberücksichtigt:

a) in den den Militäranwärtern ausschließlich oder zum Teil vorbehaltenen Stellen der Besoldungsgruppen 1 bis 6 die vor dem vollendeten 24. Lebensjahre zurückgelegte Dienstzeit,

b) in den übrigen nichttechnischen Dienstzweigen und denjenigen technischen Dienstzweigen, für die ein Supernumerariat vorgeschrieben ist, die vor dem vollendeten 20. Lebensjahre liegende Dienstzeit,

c) bei den in technischen Dienstzweigen beschäftigten Personen, soweit sie nicht bei b genannt sind, die vor Ablegung der für die Anstellung vorgeschriebenen Prüfung liegende Dienstzeit.

152. (1) Inwieweit einem Anwärter eine Aussicht auf dauernde Verwendung eröffnet werden kann, regeln die einzelnen Fachminister im Einvernehmen mit dem Finanzminister. Wird einem Anwärter die Aussicht eröffnet, so ist dies aktenkundig zu machen.

(2) Die Vorschrift des Abs. 1 tritt erst mit Wirkung vom 1. April 1922 in Kraft. Unter welchen Voraussetzungen bei den bis dahin eingestellten Anwärtern angenommen werden kann, daß sie mit Aussicht auf dauernde Verwendung beschäftigt worden sind, bestimmt der Fachminister. Der Fachminister kann im Einvernehmen mit dem Finanzminister von dem Erfordernisse der Aussicht auf dauernde Verwendung absehen.

153. (1) Außer Betracht bleibt — unbeschadet der Vorschriften in Ziff. 155 und 156 — die Zeit, in der die Übernahme in das Beamtenverhältnis auf eigenen Wunsch des Angestellten, wegen unzureichender Befähigung oder aus einem sonstigen in seiner Person liegendem Grunde — ausgenommen Krankheit — unterblieben ist.

(2) Bei denjenigen Angestellten, die ohne die vorgeschriebenen Vorbedingungen und ohne die vorgeschriebene Ausbildungszeit ausnahmsweise in das Beamtenverhältnis übernommen sind, bleibt ferner von der nach dem vollendeten 20. oder 24. Lebensjahr zurückgelegten Dienstzeit ein Zeitraum außer Betracht, der der vorgeschriebenen Ausbildungszeit des Beamten entspricht, in dessen Stelle er angestellt wird, oder, wenn für diesen in der einen Verwaltung eine Ausbildungszeit nicht vorgeschrieben ist, eines gleich zu bewertenden Beamten einer anderen Verwaltung, der eine Ausbildungszeit zurückzulegen hatte.

154. Daß der Anwärter ständig und hauptsächlich mit den Dienstverrichtungen eines Beamten betraut war, ist dann anzunehmen, wenn er voll beschäftigt worden ist, und zwar überwiegend mit Arbeiten, die seiner Ausbildung für die spätere Diensttätigkeit förderlich gewesen sind.

155. (1) Zu der Annahme, daß bei Beschäftigung im unmittelbaren Anschluß bei dem gleichen Dienstzweig zur Übernahme in das — planmäßige oder nichtplanmäßige — Beamtenverhältnis geführt hat, ist es erforderlich, daß die Beschäftigung weder unmittelbar vor der Übernahme in das Beamtenverhältnis noch zu einer früheren Zeit erheblich unterbrochen worden ist.

(2) Die vor einer erheblichen Unterbrechung liegende Beschäftigungszeit gilt nicht als Zeit einer nichtplanmäßigen Beschäftigung. Ausnahmen sind

nur mit Genehmigung des Fachministers im Einverständnis mit dem Finanzminister zulässig.

(3) Als erhebliche Unterbrechung ist hierbei nicht anzusehen:

a) die Zeit eines Militär- oder Marinedienstes, eines Kriegsdienstes (vergl. Ziff. 70 und 71) oder eines nach Ziff. 32 c bis f anzurechnenden Dienstes,
b) die Zeit vor und nach Ableistung eines unter a genannten Dienstes, wenn sie je einen Monat nicht übersteigt,
c) die Zeit einer Krankheit und eine angemessene Erholungszeit nach einer Krankheit,
d) die Zeit eines mit Fortbezug der Entlohnung gewährten Urlaubs,
e) die Zeit eines Urlaubs ohne Entlohnung von nicht mehr als einem Monat,
f) die Zeit einer Unterbrechung ohne Urlaub von nicht mehr als einem Monat aus irgendeinem anderen billigerweise zu berücksichtigenden Grunde,
g) bei den Landtagsstenographen und -amtsgehilfen die Zeit einer Unterbrechung der Parlamentsarbeit infolge Vertagung oder Neuwahl.

156. (1) Von den Zeitabschnitten, die nach Ziff. 155 Abs. 3 nicht als erhebliche Unterbrechung der auf die AnwDZ. anzurechnenden Beschäftigung anzusehen sind, werden angerechnet:

die Zeiten unter a in entsprechender Anwendung der Ziff. 150 Abs. 1,
die Zeiten unter d auf das AnwDA. und die AnwDZ.,
die Zeiten unter c und g, soweit sie 90 Tage nicht überschreiten, auf das AnwDA. und die AnwDZ., darüber hinaus nur auf das AnwDA.,
die Zeiten unter b, e und f weder auf das AnwDA. noch die AnwDZ.

(2) Zwischenzeiten von weniger als einer Woche, die zwischen anzurechnenden Zeitabschnitten liegen, werden mitangerechnet.

(3) Zeitabschnitte der in Abs. 1, 2 bezeichneten Art — ausgenommen eine nach Ziff. 150 Abs. 1 anzurechnende Dienstzeit — dürfen höchstens mit insgesamt 2 Jahren als AnwDZ. angerechnet werden. Diese Einschränkung bezieht sich nicht auf das AnwDA.

157. (1) Auf das AnwDA. und die AnwDZ. wird die zur Erlangung einer Stelle der Besoldungsgruppe 6 oder 7 herkömmlich im Bureau-, Kassen- oder Registraturdienst vor der Einberufung in den Staatsdienst bei einer Behörde der betreffenden Verwaltung oder bei sonstigen Dienststellen des Reichs-, Staats- oder Kommunaldienstes verbrachte Zeit angerechnet, insoweit sie nach Erfüllung der allgemeinen Zulassungsbedingungen für die Laufbahn zurückgelegt und der Ausbildung des Anwärters für die spätere Diensttätigkeit förderlich gewesen ist. Daß die Tätigkeit eine entgeltliche war, ist nicht Voraussetzung für die Anrechnung. Die Altersgrenze Ziff. 151 Satz 2 findet Anwendung.

(2) Abs. 1 gilt auch für die beim Inkrafttreten des BDEG. vorhanden gewesenen Beamten.

158. Die vorstehenden Bestimmungen finden entsprechende Anwendung, wenn der Beamte nicht im vertraglichen Dienstverhältnis, sondern als Hilfsbeamter ohne Anwärtereigenschaft angenommen war.

e) Berücksichtigung von Ausbildungszeit auf einer wissenschaftlichen Hochschule.

159. (1) Den Anwärtern für eine Stelle der Besoldungsgruppen 9 und 10 wird die in den Ausbildungs- und Prüfungsvorschriften vorgesehene Zeit

a) der praktischen Beschäftigung, soweit sie nicht in den Hochschulferien abgeleistet ist,
b) des Hochschulstudiums,
c) der nachfolgenden Vorbereitungszeit,
d) der notwendigen Prüfungszeit,

soweit die Gesamtsumme **der unter a bis d** genannten Zeiten 4 Jahre übersteigt, auf das AnwDA., nicht auch auf die AnwDZ. angerechnet.

(2) Ob und welche Zeit hiernach als Prüfungszeit bei den einzelnen Verwaltungen anzurechnen ist, bestimmt der Fachminister im Einvernehmen mit dem Finanzminister.

(3) Nicht anrechnungsfähig ist

a) die Zeit, die der Beamte länger als vorgeschrieben auf der Hochschule zugebracht hat,
b) die Zeit, die der Beamte dadurch verloren hat, daß er die eine oder die andere Prüfung beim ersten Versuch nicht bestanden hat.

(4) Bestehen für Laufbahnen, die eine abgeschlossene Hochschulbildung voraussetzen, keine bestimmten Vorschriften für die auf das Hochschulstudium folgende Vorbereitungszeit, so wird hierfür höchstens die Zeit angerechnet, die nach einer Vereinbarung zwischen dem Fach- und dem Finanzminister als herkömmlich festgesetzt worden ist.

(5) Diese Bestimmungen gelten auch für die am 31. März 1920 bereits planmäßig angestellten Beamten.

(6) Die im Abs. 1 genannten Personen können erst dann die Grundvergütungssätze der Gruppe 10 erhalten, wenn sie als Beamte im Staatsdienst voll beschäftigt sind, die etwa vorgeschriebene zweite (letzte) Staatsprüfung mit Erfolg abgelegt und den — vor oder nach der zweiten (letzten) Staatsprüfung — vorgeschriebenen Vorbereitungsdienst zurückgelegt haben.

f) Anrechnung sonstiger Beschäftigungszeiten.

160. (1) Ob und inwieweit sonst zum Ausgleich von Härten die Dienstzeit in einem anderen Zweige des Staatsdienstes, im Reichsdienste oder im Dienste eines der Länder, eine außerhalb des Staatsbeamtenverhältnisses zurückgelegte Dienstzeit oder die Zeit einer praktischen Beschäftigung auf das AnwDA. oder die AnwDZ. oder auf beide angerechnet werden kann, bestimmt der Fachminister im Einvernehmen mit dem Finanzminister.

(2) Die Anrechnung soll nicht erfolgen, soweit sich der Beamte dadurch günstiger stehen würde als der Durchschnitt der gleichaltrigen Anwärter, die die regelmäßige Dienstlaufbahn zurückgelegt haben. Ziff. 23 Abs. 2 gilt entsprechend.

161. Wird ein nichtplanmäßiger Beamter des Reichs oder eines der Länder sogleich in eine planmäßige Stelle des Staatsdienstes übernommen, so darf er nicht schlechter gestellt werden, als wenn er zunächst in eine nichtplanmäßige Stelle des Staatsdienstes übernommen worden wäre.

Beispiel:

Ein nichtplanmäßiger Beamter des Reichs (nicht Militäranwärter) wird in eine planmäßige Stelle des Staatsdienstes übernommen; wäre er statt dessen in eine nichtplanmäßige Stelle desselben Dienstzweiges übernommen worden, so hätte er ein AnwDA. von sechs Jahren erhalten. In diesem Falle ist dem Beamten *ein* Jahr auf das BDA. anzurechnen.

g) Kürzung des AnwDA. und der AnwDZ.

162. Verzögert sich die planmäßige Anstellung des Anwärters auf eigenen Wunsch, wegen unzureichender Befähigung oder aus einem sonstigen in seiner Person liegenden Grunde — ausgenommen Krankheit —, so ist das AnwDA. und die AnwDZ. um den Zeitraum der Verzögerung zu kürzen; er rückt also zunächst in seiner Grundvergütung nicht auf (vergl. Ziff. 21 Abs. 2 bis 4).

D. Besondere Fälle.

a) Wissenschaftliche Assistenten in den wissenschaftlichen Hochschulen.

163. (1) Das Vergütungsdienstalter beginnt mit dem Tage der endgültigen Übertragung der Stelle, soweit im folgenden nicht etwas anderes bestimmt oder zugelassen ist. Grundsätzlich kann auf das Vergütungsdienstalter nur eine Dienstzeit angerechnet werden, die abgeleistet ist nach einem auf einer wissenschaftlichen Hochschule zurückgelegten Studium von mindestens sechs Semestern und nach Erlangung der Doktorwürde oder, sofern diese bestimmungsgemäß nicht verlangt wird, nach Bestehen der maßgebenden Staats- oder Hochschulprüfung. Ausnahmen bedürfen der Genehmigung des Fachministers.

(2) Auf das Vergütungsdienstalter kann die nach Erfüllung der Bedingungen zu Abs. 1 Satz 2 ausgeübte Tätigkeit als Volontärassistent (ohne Vergütung) oder außerplanmäßiger Assistent (mit Vergütung) an einer reichsdeutschen wissenschaftlichen Hochschule, soweit sie zwei Jahre übersteigt, mit dem darüber hinausgehenden Beschäftigungszeitraum bis zur Höchstdauer von sieben Jahren angerechnet werden.

(3) Die nach Erfüllung der Bedingungen zu Abs. 1 Satz 2 als wissenschaftlicher Assistent oder in einer gleichwertigen Stellung an einer reichsdeutschen Hochschule, im Dienste des Reichs, des preußischen Staates, eines der Länder und im Kolonialdienst mit Beamteneigenschaft zugebrachte Beschäftigung wird auf das Vergütungsdienstalter angerechnet, und zwar auch dann, wenn diese Dienstzeiten infolge zeitweiligen Ausscheidens aus einer der oben gedachten Stellungen nicht unmittelbar zusammenhängen. Die unter denselben Voraussetzungen im Gemeinde-, Kirchen- und Schuldienst oder im Dienste einer öffentlichen Körperschaft zurückgelegte Dienstzeit kann mit Zustimmung des Finanzministers in derselben Weise angerechnet werden.

(4) Die nach Erfüllung der Bedingungen zu Abs. 1 Satz 2 an wissenschaftlichen Hochschulen, im Dienste des Reiches, des Staates, eines der Länder, im Kolonial-, Gemeinde-, Kirchen- und Schuldienst oder im Dienst einer öffentlichen Körperschaft ohne Beamteneigenschaft ausgeübte Tätigkeit, soweit es sich dabei nicht um eine der unter Abs. 2 gedachten Tätigkeiten handelt, und private Tätigkeit kann, soweit sie zwei Jahre übersteigt, mit dem darüber hinausgehenden Zeitraum bis zur Hälfte, höchstens aber mit sieben Jahren, auf das Vergütungsdienstalter angerechnet werden, wenn die Tätigkeit im Interesse der Vorbereitung für die Annahme als planmäßiger Assistent an einer preußischen Hochschule gelegen hat. Die Anrechnung der an ausländischen Hochschulen zurückgelegten Dienstzeit kann grundsätzlich nur dann in Frage kommen, wenn es sich um Hochschulen mit deutschem Charakter und deutscher Sprache handelt. Die Anrechnung kann nur mit Genehmigung des Fachministers erfolgen.

(5) Die Zeit von zwei Jahren, die nach Abs. 2 und 4 von vornherein nicht zur Berechnung kommt, bleibt, wenn die Voraussetzungen für die Anwendbarkeit beider Absätze vorliegen, nur einmal außer Ansatz.

(6) Soweit in Ausnahmefällen ein von den vorstehenden Grundsätzen abweichendes, für den Assistenten günstigeres Vergütungsdienstalter festgesetzt werden soll, bedarf es der Genehmigung des Fachministers im Einvernehmen mit dem Finanzminister.

b) Den wissenschaftlichen Assistenten gleichgestellte Konstruktions-, Betriebs- und Oberingenieure an den technischen Hochschulen.

164. (1) Die Bestimmungen unter Ziff. 163 Abs. 1 bis 6 finden auf die den wissenschaftlichen Assistenten gleichgestellten Konstruktions-, Betriebs- und Oberingenieure sinngemäß Anwendung mit Ausnahme der Bestimmung unter 4, soweit sie sich auf die Zeit der privaten Tätigkeit erstreckt.

(2) Die nach Erfüllung der Bedingungen unter Ziff. 163 Abs. 1 Satz 2 ausgeübte private Tätigkeit kann, soweit sie zwei Jahre übersteigt, mit dem darüber hinausgehenden Zeitraum bis zur Höchstdauer von sieben Jahren auf das Vergütungsdienstalter angerechnet werden.

165. Zu Ziff. 163 und 164: (1) Für die Anrechnung von Kriegsdienstzeit gelten Ziff. 65—71 entsprechend.

(2) Die Beschäftigung in einer entsprechenden Stellung an den Universitäten Frankfurt a. M. und Köln und an der Technischen Hochschule in Danzig wird derjenigen an den staatlichen preußischen Hochschulen gleichgestellt.

c) Sonstige den wissenschaftlichen Assistenten gleichgestellte Beamte.

166. Die Bestimmungen unter Ziff. 163 und 165 gelten für folgende den wissenschaftlichen Assistenten gleichgestellte Beamten:

a) im Bereiche der Bergverwaltung die Assistenten bei der Geologischen Landesanstalt in Berlin;

b) im Bereiche der landwirtschaftlichen Verwaltung die Assistenten bei den landwirtschaftlichen höheren Lehranstalten (Lehranstalt für Obst- und Gartenbau in Proskau und Lehranstalt für Wein-, Obst- und Gartenbau in Geisenheim), die Prosektoren, Apotheker und Oberassistenten an den tierärztlichen Hochschulen in Berlin und Hannover, die wissenschaftlich-technischen Hilfslehrer und die wissenschaftlich-technischen Hilfskräfte bei den landwirtschaftlichen Versuchs- und Forschungsanstalten in Landsberg a. W. (bisher bei dem Kaiser-Wilhelm-Institut für Landwirtschaft in Bromberg), die Assistenten am Institut für Binnenfischerei am Müggelsee;

c) im Bereiche der Verwaltung des Ministeriums für Wissenschaft, Kunst und Volksbildung die wissenschaftlichen Mitglieder und Assistenten beim Institut für experimentelle Therapie in Frankfurt a. M., den Assistenten an der Biologischen Anstalt auf Helgoland;

d) im Bereiche der Verwaltung des Ministeriums für Volkswohlfahrt die Assistenten beim Institut für Infektionskrankheiten „Robert Koch" in Berlin und bei den hygienischen Instituten in Beuthen, Saarbrücken und dem Ersatzinstitut für Posen und den Medizinaluntersuchungsämtern, die wissenschaftlichen Hilfsarbeiter bei der Landesanstalt für Wasserhygiene in Berlin-Dahlem.

2. Ortszuschlag und Dienstwohnung.

a) Ortszuschlag.

167. Zur Grundvergütung der nichtplanmäßigen Beamten tritt als weiterer Bestandteil des Diensteinkommens ein Ortszuschlag in Höhe des Ortszuschlages, den sie als planmäßige Beamte in der ersten Gehaltsstufe derjenigen Besoldungsgruppe beziehen würden, in der sie bei regelmäßigem Verlauf ihrer Dienstlaufbahn zuerst planmäßig angestellt werden. Für die wissenschaftlichen Assistenten mit planmäßiger Vergütung bei den wissenschaftlichen Hochschulen und die ihnen gleichgestellten Hilfskräfte der wissenschaftlichen Hochschulen, Anstalten und Institute beträgt der Ortszuschlag 100 v. H. des Ortszuschlages, den sie als planmäßige Beamte in der ersten Gehaltsstufe der Besoldungsgruppe 10 beziehen würden, und, sobald die ihnen gewährte Grundvergütung in ihrer Höhe den Grundgehaltssätzen dieser Besoldungsgruppe entspricht, 100 v. H. des Ortszuschlags, den sie als planmäßige Beamte in der von ihnen erreichten Vergütungsstufe beziehen würden.

168 und **169**. Fallen weg.

170. Ziff. 86 bis 96 gelten sinngemäß.

171. Auf die Vorrückung in höhere Ortszuschlaggruppen haben die nichtplanmäßigen Beamten keinen Rechtsanspruch (Ziff. 131 bis 133).

b) Dienstwohnung.

172. Wird den nichtplanmäßigen Beamten einschließlich der wissenschaftlichen Assistenten eine Dienstwohnung zugewiesen, so gelten die Ziff. 97 bis 102 sinngemäß mit der Maßgabe, daß als Besoldungsgruppe des Wohnungsinhabers diejenige gilt, nach der seine Anwärterbezüge berechnet werden, bei den in Ziff. 167 Satz 2 genannten Beamten die Besoldungsgruppe 10.

3. Sondervergütungen, Nebenbezüge und sonstige Vergünstigungen.

173. Ziff. 103 bis 106 gelten sinngemäß für die nichtplanmäßigen Beamten.

II.

Kinderbeihilfen.

174. Ziff. 107 bis 122 d gelten sinngemäß für die nichtplanmäßigen Beamten.

III.

Ausgleichszuschlag.

175. Ziff. 123 bis 124 gelten sinngemäß.
175 a. Ziff. 124 a gilt sinngemäß.

Zweiter Teil: Zahlungsvorschriften.

176. (1) Die unmittelbaren Staatsbeamten, die eine planmäßige Stelle bekleiden, erhalten ihre Dienstbezüge, soweit sie ihnen in festen Barbezügen zustehen, aus der Staatskasse monatlich, bei Überweisung auf ein Konto vierteljährlich im voraus.

(2) Die nichtplanmäßigen Beamten (Stellenanwärter) erhalten ihre Dienstbezüge monatlich im voraus. Diese Bestimmung gilt nur für Beamte, die eine laufende Vergütung erhalten. Stellenanwärter, die nur eine Vergütung für die Dauer eines Beschäftigungsauftrags beziehen, und nichtplanmäßige Beamte, die noch keine Stellenanwärter sind, erhalten die Vergütung monatlich nachträglich gezahlt. Soweit bisher einzelnen noch nicht zu den Stellenanwärtern zählenden Beamten die Vergütung monatlich im voraus gezahlt ist, bleibt es dabei. Den neu einberufenen Beamten ist jedoch, solange sie noch nicht zu den Stellenanwärtern zählen, die Vergütung monatlich nachträglich zu zahlen.

(3) Aus Anlaß der herrschenden Teuerungsverhältnisse wird in Abweichung hiervon bestimmt, daß allen nichtplanmäßigen Beamten, die ihre Dienstbezüge nachträglich erhalten, bis auf weiteres am 15. j. Mts. eine Abschlagszahlung in Höhe der Hälfte ihrer monatlichen Bezüge gezahlt wird.

(4) Die Dienstbezüge der planmäßigen Beamten werden nur dann vierteljährlich gezahlt, wenn der Beamte bei der zuständigen Kasse schriftlich die restlose Überweisung des Grundgehalts, des Ortszuschlags, der Kinderbeihilfen und des Ausgleichszuschlags und etwaiger sonstiger fortlaufender Bezüge auf ein Konto beantragt.

(5) Die Überweisung kann auf ein Bankkonto oder auf ein Postscheckkonto erfolgen. In den Anträgen auf Überweisung von Dienst- oder Versorgungsbezügen darf nur ein Bank- oder Sparkassen- oder Postscheckkonto bezeichnet werden. Anträge auf Überweisung der Bezüge in Teilen auf mehrere Konten sind wegen der damit verbundenen Belastung der Kassen nicht zulässig. Die an den Reichsbankgiroverkehr angeschlossenen Sparkassen und die als scheckfähig bezeichneten Genossenschaften, d. h. bankähnlichen Genossenschaften, die sich nach den für ihren Geschäftsbereich maßgebenden Bestimmungen mit der Annahme von Geld und der Leistung von Zahlungen für fremde Rechnung befassen, sind bei Zahlungen von Dienstbezügen einem Bankhause gleichzuachten.

176 a. Alle Zahlungen sind auf volle Markbeträge nach oben abzurunden.

177. Damit die Beamten unter allen Umständen am Fälligkeitstage (das ist bei im voraus zahlbaren Bezügen der erste Tag des Vierteljahrs oder Monats oder, wenn dieser ein Sonn- oder Feiertag ist, der letzte Werktag vorher) über ihre Dienstbezüge verfügen können, ist folgendes bestimmt:

a) Zahlung im Girowege.

Die laufenden Bezüge sind auf das Reichsbankgirokonto der Bankhäuser oder Sparkassen an dem vierten des dem Fälligkeitstage vorhergehenden Werktage (also in der Regel am 28. März, 27. Juni, 27. September und 27. Dezember jedes Jahres) und, wenn der Fälligkeitstag auf einen Sonntag oder einen Festtag fällt, an dem fünften vorhergehenden Werktage durch roten Scheck zu überweisen.

b) Zahlung im Postscheckverkehr.

(Überweisung auf ein Postscheckkonto.) Die laufenden Bezüge sind auf das Konto der Bezugsberechtigten bei einer nur an den Postscheckverkehr — nicht auch an den Reichsbankgiroverkehr — angeschlossenen Bank- oder Sparkasse am vierten des dem Fälligkeitstage vorhergehenden Werktage zu überweisen.

(Zahlung durch Schecks.) Damit auch bei Zahlungen von Gehältern, Ruhegehalts- und Hinterbliebenenbezügen im Postscheckverkehr die Empfangsberechtigten am Fälligkeitstage in den Besitz ihrer Bezüge gelangen, sind die Zahlungsanweisungen und Sammelschecks am vierten des dem Fälligkeitstage vorhergehenden Werktage an das Postscheckamt abzusenden.

Dritter Teil: **Schlußvorschriften.**

178. Ergänzende Vorschriften für die Festsetzung des AnwDA. und der AnwDZ. der nichtplanmäßigen Forstbetriebsbeamten erläßt der Minister für Landwirtschaft, Domänen und Forsten im Einvernehmen mit dem Finanzminister.

179. (1) Diese BV. treten mit Wirkung vom 1. April 1920 in Kraft, soweit nicht bei den einzelnen Vorschriften bezw. im Nachstehenden etwas anderes bestimmt ist.

(2) Die Ziff. 9a, 28 und 167 treten mit Wirkung vom 1. April 1922, die Ziff. 126 Abs. 3, 4, 5 und 176a mit Wirkung vom 1. Oktober 1922, die Ziff. 176 Abs. 3 mit Wirkung vom 1. Januar 1923, die Ziff. 107 bis 122d, 124a und 175a mit Wirkung vom 1. April 1923 ab in Kraft.

(3) Alle den BV. entgegenstehenden Ausführungsbestimmungen, insbesondere die mit Wirkung vom 1. April 1911 in Kraft getretenen Gehaltsvorschriften vom 17. August 1911 werden mit Wirkung von den in Abs. 1 und 2 bezeichneten Zeitpunkten an aufgehoben.

180. Grundsätzliche Entscheidungen über die Anwendung der BV. sind bei der nächsten Gelegenheit dem Landtage vorzulegen, ebenso die Ergänzungsbestimmungen, die sich nach den BV. aus Sonderregelungen für einzelne Verwaltungszweige ergeben.

181. Soweit im Einzelfall bei Anwendung der BV. über ihre Auslegung Zweifel oder Streitigkeiten entstehen, ist die Beamtenvertretung der in Frage kommenden Behörde zur Mitwirkung hinzuzuziehen. Kommt eine Verständigung nicht zustande, so entscheidet die Zentralbehörde, der die Äußerung der Beamtenvertretung vorzulegen ist.

182. Änderungen des BDEG. vom 17. Dezember 1920 sind bisher — soweit es sich nicht um Erhöhung der Ausgleichszuschläge handelt — erfolgt:

1. Durch das Gesetz über eine Änderung des BDEG. vom 17. Dezember 1920, vom 14. Januar 1921 (GS. S. 220),
2. durch die Verordnung zwecks Berichtigung des BDEG. vom 17. Dezember 1920, vom 8. Februar 1921 (GS. S. 300),
3. durch das Gesetz über eine Änderung der Dienst- und Versorgungsbezüge der unmittelbaren Staatsbeamten vom 24. November 1921 (GS. 553),
4. durch das Gesetz über Änderungen in der Beamtenbesoldung vom 19. April 1922 (GS. S. 83),
5. durch das Gesetz über Änderungen der Dienst- und Versorgungsbezüge der unmittelbaren Staatsbeamten vom 21. November 1922 (GS. S. 431),
6. durch das Gesetz über Änderungen des Beamtendiensteinkommensgesetzes und des Gewerbe- und Handelslehrer-Diensteinkommensgesetzes vom 17. April 1923 (GS. S. 99).

Berlin, den 19. Mai 1923.

Der Finanzminister.

J. V.:
Weber.

Anlage 1 und 2 entsprechen den auf S. 377—384 abgedruckten Tabellen.

Anlage 3.

Nachweisung der Dienstbezüge für die nichtplanmäßigen unmittelbaren Staatsbeamten.

a) Jahresbeträge, gültig für die Zeit vom 1. April 1920 bis 30. September 1921.

Es betragen die Grundvergütungssätze vom Beginn des

	1.	2.	3.	4.	5.
	Anwärterdienstjahres ab				
für Zivilanwärter	70 v. H.	80 v. H.	85 v. H.	90 v. H.	95 v. H.
für Militäranwärter . . .	80 v. H.	85 v. H.	90 v. H.	95 v. H.	—
	des Anfangsgrundgehalts derjenigen Gruppe, in der der Stellenanwärter beim regelmäßigen Verlaufe seiner Dienstlaufbahn zuerst planmäßig angestellt wird				
	ℳ	ℳ	ℳ	ℳ	ℳ
Gruppe 1 Zivilanwärter .	2 800	3 200	3 400	3 600	3 800
Gruppe 1 Militäranwärter .	3 200	3 400	3 600	3 800	—
Gruppe 2 Zivilanwärter .	3 010	3 440	3 655	3 370	4 085
Gruppe 2 Militäranwärter .	3 440	3 655	3 870	4 085	—
Gruppe 3 Zivilanwärter .	3 220	3 680	3 910	4 140	4 370
Gruppe 3 Militäranwärter .	3 680	3 910	4 140	4 370	—
Gruppe 4 Zivilanwärter .	3 500	4 000	4 250	4 500	4 750
Gruppe 4 Militäranwärter .	4 000	4 250	4 500	4 750	—
Gruppe 5 Zivilanwärter .	3 780	4 320	4 590	4 860	5 130
Gruppe 5 Militäranwärter .	4 320	4 590	4 860	5 130	—
Gruppe 6 Zivilanwärter .	4 060	4 640	4 930	5 220	5 510
Gruppe 6 Militäranwärter .	4 640	4 930	5 220	5 510	—
Gruppe 7 Zivilanwärter .	4 340	4 960	5 270	5 580	5 890
Gruppe 7 Militäranwärter .	4 960	5 270	5 580	5 890	—
Gruppe 8	4 760	5 440	5 780	6 120	6 460
Gruppe 9	5 320	6 080	6 460	6 840	7 220
Gruppe 10	5 880	6 720	7 140	7 560	7 980

b) Jahresbeträge, gültig für die Zeit vom 1. Okt. 1921 bis 31. März 1922.

Es betragen die Grundvergütungssätze vom Beginn des

	1.	2.	3.	4.	5.
	Anwärterdienstjahres ab				
für Zivilanwärter	70 v. H.	80 v. H.	85 v. H.	90 v. H.	95 v. H.
für Militäranwärter	80 v. H.	85 v. H.	90 v. H.	95 v. H.	—
	des Anfangsgrundgehalts derjenigen Gruppe, in der der Stellenanwärter beim regelmäßigen Verlaufe seiner Dienstlaufbahn zuerst planmäßig angestellt wird				
	M	M	M	M	M
Gruppe 1 { Zivilanwärter .	5 250	6 000	6 375	6 750	7 125
Gruppe 1 { Militäranwärter .	6 000	6 375	6 750	7 125	—
Gruppe 2 { Zivilanwärter .	7 000	8 000	8 500	9 000	9 500
Gruppe 2 { Militäranwärter .	8 000	8 500	9 000	9 500	—
Gruppe 3 { Zivilanwärter .	8 050	9 200	9 775	10 350	10 925
Gruppe 3 { Militäranwärter .	9 200	9 775	10 350	10 925	—
Gruppe 4 { Zivilanwärter .	8 750	10 000	10 625	11 250	11 875
Gruppe 4 { Militäranwärter .	10 000	10 625	11 250	11 875	—
Gruppe 5 { Zivilanwärter .	9 450	10 800	11 475	12 150	12 825
Gruppe 5 { Militäranwärter .	10 800	11 475	12 150	12 825	—
Gruppe 6 { Zivilanwärter .	10 150	11 600	12 325	13 050	13 775
Gruppe 6 { Militäranwärter .	11 600	12 325	13 050	13 775	—
Gruppe 7 { Zivilanwärter .	11 200	12 800	13 600.	14 400	15 200
Gruppe 7 { Militäranwärter .	12 800	13 600	14 400	15 200	—
Gruppe 8	12 600	14 400	15 300	16 200	17 100
Gruppe 9	14 700	16 800	17 850	18 900	19 950
Gruppe 10	17 500	20 000	21 250	22 500	23 750

c) Jahresbeträge, gültig für die Zeit vom 1. April bis 30. Sept. 1922.

	1.	2.	3.	4.	5.
Gruppe 1 { Zivilanwärter .	7 700	8 800	9 350	9 900	10 450
Gruppe 1 { Militäranwärter .	8 800	9 350	9 900	10 450	—
Gruppe 2 { Zivilanwärter .	9 450	10 800	11 475	12 150	12 825
Gruppe 2 { Militäranwärter .	10 800	11 475	12 150	12 825	—
Gruppe 3 { Zivilanwärter .	10 500	12 000	12 750	13 500	14 250
Gruppe 3 { Militäranwärter .	12 000	12 750	13 500	14 250	—
Gruppe 4 { Zivilanwärter .	11 200	12 800	13 600	14 400	15 200
Gruppe 4 { Militäranwärter .	12 800	13 600	14 400	15 200	—
Gruppe 5 { Zivilanwärter .	11 900	13 600	14 450	15 300	16 150
Gruppe 5 { Militäranwärter .	13 600	14 450	15 300	16 150	—
Gruppe 6 { Zivilanwärter .	12 950	14 800	15 725	16 650	17 575
Gruppe 6 { Militäranwärter .	14 800	15 725	16 650	17 575	—
Gruppe 7 { Zivilanwärter .	14 000	16 000	17 000	18 000	19 000
Gruppe 7 { Militäranwärter .	16 000	17 000	18 000	19 000	—
Gruppe 8	15 400	17 600	18 700	19 800	20 900
Gruppe 9	17 500	20 000	21 250	22 500	23 750
Gruppe 10	19 600	22 400	23 800	25 200	26 600

d) Hundertsätze, gültig vom 1. Okt. 1922 ab (vgl. Ziff. 126 Abs. 1 bis 5).

Es betragen die Hundertsätze vom Beginn des

	1.	2.	3.	4.	5.
	Anwärterdienstjahres ab				
für Zivilanwärter	70 v. H.	80 v. H.	85 v. H.	90 v. H.	95 v. H.
für Militäranwärter . . .	80 v. H.	85 v. H.	90 v. H.	95 v. H.	—
	des Anfangsgrundgehalts derjenigen Gruppe, in der der Stellenanwärter beim regelmäßigen Verlaufe seiner Dienstlaufbahn zuerst planmäßig angestellt wird.				

Anlage 4.

Beispiele:

Zu Ziff. 37.

1. (Ziff. 37 Abs. 1 Satz 1.)

Es wird aufgerückt: von 4300 ℳ in Gruppe 1 auf 4700 ℳ in Gruppe 2, von 6000 ℳ in Gruppe 1 auf 6200 ℳ in Gruppe 2, von 5000 ℳ in Gruppe 2 auf 5400 ℳ in Gruppe 3, von 6000 ℳ in Gruppe 2 auf 6300 ℳ in Gruppe 3, von 5000 ℳ in Gruppe 3 auf 5400 ℳ in Gruppe 4, von 5400 ℳ in Gruppe 3 auf 5800 ℳ in Gruppe 4, von 6500 ℳ in Gruppe 3 auf 6800 ℳ in Gruppe 4, von 5400 ℳ in Gruppe 4 auf 5800 ℳ in Gruppe 5, von 5800 ℳ in Gruppe 4 auf 6200 ℳ in Gruppe 5, von 6200 ℳ in Gruppe 4 auf 6600 ℳ in Gruppe 5, von 7300 ℳ in Gruppe 4 auf 7600 ℳ in Gruppe 5, von 5800 ℳ in Gruppe 5 auf 6300 ℳ in Gruppe 6, von 7300 ℳ in Gruppe 5 auf 7700 ℳ in Gruppe 6, von 8100 ℳ in Gruppe 5 auf 8300 ℳ in Gruppe 6, von 7700 ℳ in Gruppe 6 auf 8100 ℳ in Gruppe 7, von 8100 ℳ in Gruppe 6 auf 8500 ℳ in Gruppe 7, von 8500 ℳ in Gruppe 6 auf 8900 ℳ in Gruppe 7, von 9100 ℳ in Gruppe 7 auf 9600 ℳ in Gruppe 8, von 9600 ℳ in Gruppe 8 auf 10 200 ℳ in Gruppe 9, von 10 200 ℳ in Gruppe 8 auf 10 800 ℳ in Gruppe 9 und 10 800 ℳ in Gruppe 9 auf 11 300 ℳ in Gruppe 10, von 13 200 ℳ in Gruppe 12 auf 15 600 ℳ in Gruppe 13.

2. (Ziff. 37 Abs. 1.)

Ein Beamter der Besoldungsgruppe 6 mit einem BDA. vom 1. April 1915 wird am 1. Oktober 1920 in eine Stelle der Besoldungsgruppe 7 befördert. Er erhält in Gruppe 6 ein Grundgehalt von 6800 ℳ, steigend am 1. April 1921 auf 7300 ℳ und in Gruppe 7 ein Grundgehalt von 7200 ℳ, steigend am 1. April 1921 auf 7700 ℳ, mithin ein BDA. vom 1. April 1915.

3. (Ziff. 37 Abs. 1.)

Wird derselbe Beamte erst am 1. Oktober 1926 in eine Stelle der Besoldungsgruppe 7 befördert, so erhält er in Gruppe 6 ein Grundgehalt von 8100 ℳ, steigend am 1. April 1927 auf 8300 ℳ und in Gruppe 7 ein Grundgehalt von 8500 ℳ (also ein Grundgehalt, das über den Satz von 8300 ℳ, den er am 1. April 1927 beziehen würde, hinausgeht), steigend am 1. Oktober 1928 auf 8900 ℳ und ein BDA. vom 1. Oktober 1916.

4. (Ziff. 37 Abs. 2 und 3.)

Ein Landrat der Besoldungsgruppe 11 mit einem BDA. vom 1. Januar 1908, der ein Grundgehalt von 14 100 ℳ, steigend am 1. Januar 1922 auf 14 500 ℳ und eine nichtruhegehaltsfähige Aufwandsentschädigung von 2000 ℳ erhält, wird zum 1. April 1921 zum Oberregierungsrat befördert. Er erhält in Gruppe 12 ein Grundgehalt von 15 100 ℳ, steigend am 1. Januar 1922 auf 16 000 ℳ und ein BDA. vom 1. Januar 1912.

5. (Ziff. 37 Abs. 3.)

Ein Beamter der Besoldungsgruppe 3 mit einem BDA. vom 1. April 1903, der zum 1. Juli 1921 in eine Stelle der Besoldungsgruppe 4 befördert wird, erhält nicht das den bisherigen Grundgehalt von 6900 ℳ entsprechende höhere Grundgehalt von 7100 ℳ und damit ein BDA. vom 1. Juli 1909, sondern ein Grundgehalt von 7300 ℳ und ein BDA. vom 1. April 1907.

6. (Ziff. 37 Abs. 3.)

Ein Beamter der Besoldungsgruppe 5 mit einem BDA. vom 1. April 1901, der zum 1. April 1922 in eine Stelle der Besoldungsgruppe 6 befördert wird, erhält nicht den seinem Grundgehalt von 8100 ℳ in Gruppe 5 entsprechenden höheren Grundgehaltssatz in Besoldungsgruppe 6 (8300 ℳ) und damit ein BDA. vom 1. April 1910, sondern auch in Gruppe 6 das Höchstgehalt von 8700 ℳ und ein neues BDA. vom 1. April 1905.

7. (Ziff. 37 Abs. 3.)

Ein Beamter der Besoldungsgruppe 10 mit einem BDA. vom 1. April 1907, Grundgehalt 12 300 ℳ, steigend am 1. April 1921 auf 12 600 ℳ, wird am 1. April 1920 in eine Stelle der Besoldungsgruppe 11 befördert. Er erhält in Gruppe 11 nicht 12 500 ℳ, steigend am 1. April 1921 auf 13 300 ℳ und damit ein BDA. vom 1. April 1913, sondern ein Grundgehalt von 13 300 ℳ, steigend am 1. April 1921 auf 13 700 ℳ und ein BDA. vom 1. April 1911.

Zu Ziff. 39.

8. (Ziff. 39 Abs. 1.)

Ein Beamter der Besoldungsgruppe 2 mit einem BDA. vom 1. Oktober 1910 (5800 ℳ Grundgehalt) wird zum 1. April 1921 in eine Stelle der Besoldungsgruppe 4 befördert. Einzureihen in Gruppe 3 mit 6000 ℳ Grundgehalt, steigend am 1. Oktober 1922 auf 6300 ℳ (BDA. 1. Oktober 1912), sodann einzureihen in Besoldungsgruppe 4 mit 6200 ℳ, steigend am 1. Oktober 1922 auf 6500 ℳ, BDA. 1. Oktober 1914.

9. (Ziff. 39 Abs. 1.)

Ein Beamter der Besoldungsgruppe 5 mit einem BDA. vom 1. April 1914 (6600 ℳ Grundgehalt) wird zum 1. April 1921 in eine Stelle der Besoldungsgruppe 7 befördert. Einzureihen in Gruppe 6 mit einem Grundgehalt von 6800 ℳ, steigend ab 1. April 1922 auf 7300 ℳ, BDA. vom 1. April 1916 und in Gruppe 7 mit einem Grundgehalt von 7200 ℳ, steigend am 1. April 1922 auf 7700 ℳ, BDA. 1. April 1916.

10. (Ziff. 39 Abs. 1.)

Ein Beamter der Besoldungsgruppe 7 mit einem BDA. vom 1. April 1912 (Grundgehalt 8100 ℳ) wird zum 1. Juli 1921 in eine Stelle der Gruppe 10 befördert. Einzureihen in Gruppe 8 mit einem Grundgehalt von 8600 ℳ, steigend am 1. Juli 1923 auf 9100 ℳ (BDA. 1. Juli 1915), sodann einzureihen in Gruppe 9 mit einem Grundgehalt von 9000 ℳ, steigend am 1. Juli 1923 auf 9600 ℳ (BDA. 1. Juli 1917) und endlich einzureihen in Gruppe 10 mit einem Grundgehalt von 9200 ℳ, steigend am 1. Juli 1923 auf 10 000 ℳ (BDA. 1. Juli 1919).

11. (Ziff. 39 Abs. 1.)

Ein Beamter der Besoldungsgruppe 10 mit einem BDA. vom 1. April 1903 (Grundgehalt 12 600 ℳ) wird zum 1. April 1921 in eine Stelle der Besoldungsgruppe 13 befördert. Einzureihen in Gruppe 11 mit einem Grundgehalt von 14 500 ℳ (BDA. 1. April 1907), sodann einzureihen in Gruppe 12 mit einem Grundgehalt von 16 000 ℳ, steigend am 1. April 1923 auf 16 800 ℳ (BDA. 1. April 1911) und endlich einzureihen in Gruppe 13 mit 18 000 ℳ, steigend am 1. April 1923 auf 20 000 ℳ (BDA. 1. April 1917).

Zu Ziff. 40.

12. (Ziff. 40 Abs. 3.)

Ein Beamter der Besoldungsgruppe 8 mit einem BDA. vom 1. April 1912 (Grundgehalt 9100 ℳ) ist zum 1. April 1920 in eine Stelle der Gruppe 9 befördert (Grundgehalt 9600 ℳ, steigend am 1. April 1922 auf 10 200 ℳ) BDA. 1. April 1914. Am 1. Juli 1922 wird er auf seinen Antrag aus rein persönlichen Gründen unter Versetzung nach seinem früheren Dienstort in eine Stelle der Gruppe 8 zurückgeführt. Er erhält sein altes BDA. vom 1. April 1922; sein Grundgehalt wird von 10 200 ℳ auf 9600 ℳ ermäßigt.

13. (Ziff. 40 Abs. 4.)

Ein Beamter der Besoldungsgruppe 9 mit einem BDA. vom 1. April 1914 (Grundgehalt 9600 ℳ, steigend am 1. April 1922 auf 10 200 ℳ), der wegen körperlicher Unfähigkeit in einer Stelle der Besoldungsgruppe 9 nicht verbleiben konnte, wird zum 1. Oktober 1920 in eine Stelle der Gruppe 8 übergeführt. Er erhält hier denselben Grundgehaltssatz von 9600 ℳ, steigend am 1. April 1922 auf 9900 ℳ und ein BDA. vom 1. April 1910.

14. (Ziff. 40 Abs. 4.)

Hätte derselbe Beamte (Beispiel 13) ein BDA. in Gruppe 9 vom 1. April 1912 und ein Grundgehalt von 10 200 ℳ gehabt, so würde er in Gruppe 8 ein Grundgehalt von 10 200 ℳ und ein BDA. vom 1. April 1906 erhalten (nicht 1. Oktober 1906, weil in Gruppe 8 bei früherem Übertritt das Grundgehalt von 10 200 ℳ schon am 1. April 1920 erreicht worden wäre).

15. (Ziff. 40 Abs. 5.)

Derselbe Beamte (Beispiel 13 und 14) tritt am 1. April 1926 in eine Stelle der verlassenen Besoldungsgruppe 9 zurück. Im Falle des Beispiels 13 bezieht er dann in Gruppe 8 ein Grundgehalt von 10 200 ℳ. Er erhält in Besoldungsgruppe 9 wieder ein BDA. vom 1. April 1914 und ein Grundgehalt von 11 100 ℳ.

16. (Ziff. 40 Abs. 5.)

Wenn der Beamte ein BDA. in Gruppe 9 vom 1. April 1912 gehabt hätte (Beispiel 14), so würde er am 1. April 1926 in Gruppe 8 ebenfalls das Höchstgehalt von 10 200 ℳ beziehen und bei seinem Übertritt in Gruppe 9 ein BDA. vom 1. April 1912 und ein Grundgehalt von 11 400 ℳ erhalten.

Zu Ziff. 55.

17. Ein Beamter der Besoldungsgruppe 9 mit einem BDA. vom 1. Januar 1910 ist zum 1. April 1920 in den einstweiligen Ruhestand versetzt. Seit dem 1. Oktober 1920 wird er wieder als Beamter im Staatsdienst beschäftigt und am 1. April 1921 in einer Stelle der Besoldungsgruppe 9 wieder planmäßig angestellt. Sein BDA. ist auf den (1. Januar 1910 + 183 Tage, nämlich der Zeit vom 1. April 1920 bis zum 30. September 1920) 3. Juli 1910 festzusetzen.

18. Ein Beamter der Besoldungsgruppe 9 mit einem BDA. vom 1. Januar 1910 ist zum 1. April 1920 in den einstweiligen Ruhestand versetzt. Seit 1. Dezember 1920 wird er als Beamter im Staatsdienst wieder beschäftigt und am 1. April 1921 in einer Stelle der Besoldungsgruppe 10 wieder planmäßig angestellt. Zunächst ist sein BDA. in Gruppe 9 auf den (1. Januar 1910 + 244 Tage, nämlich die Zeit vom 1. April bis zum 30. November 1920) 2. September 1910 festzusetzen. Grundgehalt 10 800 ℳ, steigend am 1. September 1922 auf 11 100 ℳ, einzureihen in Besoldungsgruppe 10 mit einem Grundgehalt von 11 300 ℳ, steigend am 1. April 1923 auf 11 800 ℳ, BDA. 1. April 1913.

19. Ein Beamter der Besoldungsgruppe 9 mit einem BDA. vom 1. Januar 1916 ist zum 1. April 1920 in den einstweiligen Ruhestand versetzt. Seit dem 1. Juli 1920 wird er als Beamter im Staatsdienst wieder beschäftigt und am 1. Oktober 1920 in einer Stelle der Besoldungsgruppe 8 wieder planmäßig angestellt. Sein BDA. in Gruppe 9 ist zunächst auf den (1. April 1916 + 91 Tage, nämlich vom 1. April bis zum 30. Juni 1920) 1. April 1916 festzusetzen. Grundgehalt 9000 ℳ, einzureihen in Gruppe 8 mit einem Grundgehalt von 9100 ℳ und einem BDA. vom 1. April 1912.

Zu Ziff. 58, 59.

20. Ein planmäßiger Landesbeamter, dessen bisheriges Gehalt der Gehaltsklasse der Besoldungsgruppe 8 des BDEG. entspricht, ohne mit dieser im Sinne der Ziff. 59 Abs. 1 PBV. übereinzustimmen, tritt in eine Stelle des Staatsdienstes über, welche der Besoldungsgruppe 8 angehört. Bezog der Beamte ein Grundgehalt nach Dienstaltersstufen, so ist zunächst in sinngemäßer Anwendung der PBV. sein BDA. in der bisherigen Gehaltsklasse zu ermitteln. Mit diesem BDA. ist er in Besoldungsgruppe 8 einzureihen.

Entspricht aber nicht nur die bisherige Gehaltsklasse des Beamten, sondern auch die Gehaltsklasse, der er unmittelbar vor dieser angehört hat, der Besoldungsgruppe 8, so ist er in die Besoldungsgruppe 8 mit einem BDA. einzureihen, das sich für diese frühere Gehaltsklasse errechnet.

21. Derselbe Beamte tritt am 1. Oktober 1920 in eine Stelle des Staatsdienstes über, welche der Besoldungsgruppe 9 angehört. Bezog der Beamte ein Grundgehalt nach Dienstaltersstufen, so ist er nach Errechnung seines bisherigen BDA. zunächst mit diesem in Besoldungsgruppe 8 einzureihen und von hier aus in Besoldungsgruppe 9 zu überführen. Ergibt sich beispielsweise für die bisherige Gehaltsklasse 8 ein BDA. vom 1. Januar 1913, so würde er bei Überführung in Gruppe 8 am 1. Oktober 1920 ein Grundgehalt von 8600 ℳ erhalten, steigend am 1. Januar 1921 auf 9100 ℳ. Er erhält also in Gruppe 9 vom 1. Oktober 1920 an ein Grundgehalt von 9000 ℳ, steigend am 1. Januar 1921 auf 9600 ℳ und ein BDA. vom 1. Januar 1915.

Zu Ziff. 62.

22. Ein Beamter der Besoldungsgruppe 6 in einem Orte der Ortsklasse B mit einem BDA. vom 1. April 1910 wird zum 1. Juli 1921 auf Grund eines Disziplinarurteils mit Verminderung des Diensteinkommens von 10 v. H. zur Strafe nach einem anderen Orte der Ortsklasse B versetzt. Er erhält in der neuen Stelle: Grundgehalt (8100—810 =) 7290 ℳ, Ortszuschlag

(2800—280 =) 2520 ℳ und Ausgleichs- und Notzuschlag (67 v. H. von 9810 =) 6572,70 ℳ, zusammen 16 382,70 ℳ.

Zu Ziff. 67.

23. Anwärter der Besoldungsgruppe 7.

Ein am 1. April 1913 für den Büro- und Kassendienst vorgemerkter Zivilanwärter, der seiner gesetzlichen Dienstpflicht vom 1. Oktober 1911 bis zum 30. September 1912 genügt hat, ist vom 1. August 1914 bis zum 20. Dezember 1918 = 4 Jahre 142 Tage zum Kriegsdienst eingezogen gewesen. Er hätte nach der Reihenfolge seiner Vormerkung in der Bewerberliste und nach der tatsächlichen Stellenerledigung am 1. April 1916 als Zivilsupernumerar einberufen werden können, wenn er nicht zum Kriegsdienst einberufen worden wäre. Er ist zum 1. April 1919 einberufen. Sein AnwDA. ist einstweilen auf den (1. April 1916 + 3 Jahre 14 Tage =) 15. April 1919 festgesetzt. Würde er die Prüfung rechtzeitig nach dem 1. April 1922 mit Erfolg ablegen, und würde er zum 1. April 1925 planmäßig angestellt werden, so würde sein BDA. auf den 15. April 1924 festzusetzen sein (15. April 1919 AnwDA. + 5 Jahre).

Anmerkung: Es ist angenommen, daß der Beamte 14 Tage nach dem Zeitpunkt, zu dem die Stelle erledigt war, seinen Dienst bei der Behörde angetreten hätte.

Zu Ziff. 67 und 72.

24. Beamter der Besoldungsgruppe 7.

Militärdienst 1. Oktober 1900 bis 30. September 1912 = 12 Jahre. Am 30. September 1912 mit dem Zivilversorgungsschein ausgeschieden. Informatorische Beschäftigung bei der Behörde A vom 1. Oktober 1912 bis zum 31. Dezember 1912 = 92 Tage, bei der Behörde B vom 1. Januar 1913 bis zum 31. März 1913 = 90 Tage. Am 1. Juli 1913 zur Probedienstleistung für den Büro- und Kassendienst einberufen. Am 1. Januar 1914 endgültig in den Zivildienst übernommen. Vom 1. August 1914 bis zum 31. Juli 1918 = 4 Jahre Kriegsdienst. Vom 1. August 1918 bis 31. Dezember 1919 Fortsetzung des Vorbereitungsdienstes. Prüfung rechtzeitig bestanden.

Anwärterdienstalter 1. Juli 1914. Am 1. April 1921 planmäßig angestellt, hätte aber am 1. Oktober 1919 planmäßig angestellt werden können, wenn er die Prüfung bereits abgelegt gehabt hätte. Auf das unberichtigte BDA. (1. April 1921) sind anzurechnen: 4 Jahre Militärdienstzeit, von der nachfolgenden Zivildienstzeit die Zeit vom 1. Oktober 1912 bis zum 31. März 1913 und vom 1. Juli 1913 bis zum 30. Dezember 1913 = 1 Jahr, von der Anwärterdienstzeit (1. Juli 1914 bis zum 31. März 1921 = 6 Jahre 274 Tage), die über 4 Jahre hinausgehende Dienstzeit = 2 Jahre 274 Tage, zusammen 7 Jahre 274 Tage, mithin BDA. 1. Juli 1913.

25. Hätte der Anwärter bereits am 1. April 1916 planmäßig angestellt werden können, so wären anzurechnen gewesen: 4 Jahre Militärdienstzeit, von der nachfolgenden Zivildienstzeit die Zeit vom 1. Oktober 1912 bis zum 31. März 1913 und vom 1. Juli 1913 bis zum 30. Dezember 1913 = 1 Jahr (4 + 1 = 5 Jahre) und die Zeit, um die die Anstellung durch den Krieg nachweislich verzögert worden ist (vom 1. April 1916 bis zum 31. März 1921 = 5 Jahre), zusammen 10 Jahre, mithin BDA. 1. April 1911.

Zu Ziff. 68.

26. Beamter der Besoldungsgruppe 4.

Militärdienstzeit 1. Oktober 1900 bis 30. September 1913 = 13 Jahre. Am 1. Juli 1914 in einer freien Stelle auf Probe angestellt. Vom 1. August 1914 bis 31. Dezember 1918 Kriegsdienst = 4 Jahre 153 Tage. Am 1. Januar 1919 wieder im Zivilstaatsdienst. Am 1. Mai 1919 in der Stelle bestätigt.

Normalmäßig wäre er bestätigt worden am 1. Januar 1915, infolge Kriegsdienstleistung wurde er erst bestätigt am 1. Mai 1919, mithin Verzögerung 4 Jahre 120 Tage.

Auf das unberichtigte BDA. (1. Mai 1919) sind daher anzurechnen: Militärdienstzeit 5 Jahre, Kriegsdienstzeit 4 Jahre 120 Tage, zusammen 9 Jahre 120 Tage, mithin BDA. 1. Januar 1910.

Zu Ziff. 69.

27. Beamter der Besoldungsgruppe 10.

Diplomingenieur 5. November 1911. Praktische Ausbildung vom 16. November 1911 bis zum 30. September 1912 = 320 Tage, vom 1. Oktober 1913 bis zum 13. Oktober 1914 = 1 Jahr 13 Tage, vom 12. Februar 1919 bis zum 21. März 1919 = 38 Tage, verschiedene Zeiten während des Kriegsdienstes mit zusammen 359 Tagen, zusammen 1 Jahr 730 Tage oder 3 Jahre.

Militär- und Kriegsdienstzeit: Gedient vom 1. Oktober 1912 bis zum 30. September 1913 = 1 Jahr, Kriegsdienst vom 14. Oktober 1914 bis zum 31. Dezember 1918 = 4 Jahre 79 Tage, Krankheit infolge der Kriegseinwirkungen vom 21. September 1919 bis zum 31. Oktober 1919 = 41 Tage, zusammen 5 Jahre 120 Tage. Davon ab die auf die Ausbildung angerechneten Zeiten = 359 Tage, bleiben 4 Jahre 126 Tage.

Aufgabe für die staatliche Prüfung erteilt am 5. März 1919 mit Ablieferungsfrist bis zum 4. Juni 1919. Ablieferung fristzeitig. Meldefrist für die weitere Prüfung bis 20. September 1919. Diese verlängert bis 5. November 1919, weil Prüfling an Nervenschwäche erkrankt war, für die nach dem amtsärztlichen Zeugnis die Kriegseinwirkung als Ursache angesehen ist. Meldung am 1. November 1919. Prüfung beendet 10. März 1920.

Anwärter- (Baumeister-) Dienstalter vom 10. März 1920 zu verbessern um 4 Jahre 126 Tage, mithin festzusetzen auf den 5. November 1915. (Hierzu tritt noch die weitere Verbesserung nach Ziff. 159.)

---

2. Ausführungsanweisung des Finanzministers vom 21. Januar 1921 zum Beamtendiensteinkommensgesetz und zum Beamtenaltruhegehaltsgesetz vom 17. Dezember 1920 — B 1626 —

(FinMinBl. 1921 S. 33.)

Vorbemerkung.

Der Teil I dieser Ausführungsanweisung ist veraltet, die Vorschriften desselben sind zum größten Teil durch die PBV. überholt. In Kraft geblieben sind lediglich folgende Bestimmungen:

1. Abschnitt I Aa Ziff. 2 Abs. 4, wonach die Stellen der auf Grund der Fußnote zur Besoldungsgruppe 7 in die Bezüge der Gruppe 8 eintretenden Beamten auf die in der Gruppe 8 vorgesehenen (in der BO. mit dem Zeichen ■) versehenen) Aufrückungsstellen angerechnet werden müssen.

2. Ziff. 3, welche bestimmt, daß die Beamten auf die Verleihung einer Aufrückungsstelle keinen Rechtsanspruch haben und daß diese Stellen in der Regel nach dem Dienstalter verliehen werden sollen, daß sie jedoch in besonderen Fällen ausnahmsweise auch dienstjüngeren, besonders tüchtigen und mit besonders verantwortungsvollen oder arbeitsreichen Amtsobliegenheiten betrauten Beamten verliehen werden können.

3. Abschnitt I Bb Ziff. 1, wonach die am 31. März 1920 vorhanden gewesenen Anwärter auf Stellen für Kanzleiassistenten bei Bemessung ihrer Dienstbezüge als Stellenanwärter der Gruppe 5 gelten und bei ihrer planmäßigen Anstellung, obwohl sie in einer Stelle der Gruppe 4 zur Anstellung kommen, demnach die Bezüge der Gruppe 5 erhalten (vgl. Fußnote 1 zur Besoldungsgruppe 4).

Als Beamte im Sinne dieser Vorschrift gelten sowohl die am 31. März 1920 bereits förmlich als Anwärter eingestellten Beamten, als auch die Beamten, die an diesem Tage ihren Probedienst ableisteten oder beendeten [1]).

Von Bedeutung ist noch für die Berechnung der Gebührnisse der Ruhegehaltsempfänger, Wartegeldempfänger der nachstehend abgedruckte Teil II, der indessen auch in einigen Abschnitten bereits durch die weiter unten auszugsweise wiedergegebenen Runderlasse des Finanzministers vom 20. Dezember 1921 — I D 1. 3462 — (FinMinBl. 1922 S. 25), vom 31. März 1922 — Bes. 1111 — I D 1. 1459 (FinMinBl. S. 184) und vom 25. Oktober 1922 — Bes. 3526 — I D 1. 5901 (FinMinBl. S. 622) ergänzt ist.

---

[1]) Nach dem Erlaß vom 21. Januar 1921 fielen nur die bereits förmlich als Anwärter eingestellten Beamten unter die Fußnote 1 zur Gruppe 4. die Ausdehnung dieser Bestimmung auf die „Probisten" erfolgte durch den Erlaß des Finanzministers vom 15. Februar 1922 — Bes. 287.

I. Dienstbezüge der aktiven Beamten.

S. Vorbemerkung.

II. Versorgungsgebührnisse der Wartegeldempfänger, Ruhegehaltsempfänger und Hinterbliebenen.

a) Gleichstellung der Altwartegeldempfänger, Altruhegehaltsempfänger und Althinterbliebenen mit den Neuwartegeldempfängern, Neuruhegehaltsempfängern und Neuhinterbliebenen.

Das Ruhegehalt und das Wartegeld der zum 1. April 1920 oder zu einem früheren Zeitpunkt in den Ruhestand versetzten unmittelbaren Staatsbeamten sowie das Witwen- und Waisengeld der Hinterbliebenen der zum 1. April 1920 oder zu einem früheren Zeitpunkt in den Ruhestand versetzten unmittelbaren Staatsbeamten und der vor dem 1. April 1920 im Amt verstorbenen Beamten ist für die Zeit vom 1. April 1920 an auf den Betrag festzusetzen, der sich ergeben hätte, wenn der Beamte bei seinem Ausscheiden aus der zuletzt von ihm bekleideten Stelle nach den am 1. April 1920 geltenden oder mit Wirkung von diesem Zeitpunkt an in Kraft tretenden Vorschriften besoldet gewesen und in den Ruhestand versetzt worden wäre.

Die Altwartegeldempfänger, Altruhegehaltsempfänger und Althinterbliebenen sind also den Neuwartegeldempfängern, Neuruhegehaltsempfängern und Neuhinterbliebenen grundsätzlich gleichgestellt. Infolgedessen sind auch die im Beamtenaltruhegehaltsgesetz vom 7. Mai 1920 vorgesehenen Zuschüsse an Altruhegehalts-, Altwartegeldempfänger und Althinterbliebene mit Wirkung vom 1. April 1920 an unter Anrechnung auf die neu zu berechnenden Versorgungsgebührnisse weggefallen.

b) Erhöhte Anrechnung der Dienstzeit während des Krieges.

Nach dem Gesetz vom 23. November 1920 (GS. 1921 S. 89) wird bei Berechnung der ruhegehaltsfähigen Dienstzeit nach dem Zivilruhegehaltsgesetz vom 27. März 1872 (GS. S. 268) den Staatsbeamten die während des Zeitraums vom 1. August 1914 bis zum 31. Dezember 1918 im Reichs-, aktiven Militär- oder unmittelbaren Staatsdienst verbrachte Zeit, sofern sie mindestens 6 Monate betrug, anderthalbfach angerechnet. Die erhöhte Anrechnung erstreckt sich nicht auf sonstige Zeiträume, die nach den §§ 14, 18 und 19 des Zivilruhegehaltsgesetzes als ruhegehaltsfähige Dienstzeit angerechnet werden. Sie erstreckt sich ferner nicht auf die in solche Kalenderjahre fallende Dienstzeit, in denen der Beamte als Kriegsteilnehmer die Bedingungen erfüllt hat, die für ihn die besondere Berechnung eines Kriegsjahres zur Folge haben. Sie erstreckt sich auch nicht auf Zeiträume, die auf Grund anderer gesetzlicher Bestimmungen doppelt anzurechnen sind.

Halbe Tage, die sich bei der Berechnung der Gesamtdienstzeit ergeben, werden nicht mitgezählt. Da das Gesetz vom 23. November 1920 mit Rückwirkung vom 1. August 1914 in Kraft getreten ist, sind die sich hiernach für die nach dem 31. Januar 1915 zur Ruhe gesetzten oder im Dienst gestorbenen Beamten bis zum 31. März 1920 ergebenden erhöhten Ruhegehälter und Hinterbliebenenbezüge in e i n e r S u m m e nachzuzahlen.

Beispiel:

Ein Beamter der Besoldungsgruppe 7 ist vom 1. April 1916 bis zum 31. Januar 1917 zum Kriegsdienst eingezogen. Im August 1916 hat er an einer Schlacht teilgenommen und ist schwer verwundet worden. Die Verwundung hat seine Entlassung aus dem Heeresdienst zur Folge gehabt. Zum 1. Oktober 1917 ist er in den Ruhestand versetzt und am 25. Februar 1919 ist er gestorben. Sein Ruhegehalt ist seinerzeit nach einer Dienstzeit von 31 Jahren 180 Tagen und einem Kriegsjahr (1916) = 32 Jahren 180 Tagen mit $^{82}/_{120}$ von (4500 + 546 =) 5046 ℳ = 3450 ℳ, das Witwengeld auf 1380 ℳ festgesetzt worden.

Der alten Dienstzeit treten hinzu: Vom 1. August 1914 bis 31. Dezember 1915 = 1 Jahr 153 Tage, vom 1. Januar 1917 bis zum 30. September 1917 = 273 Tage, zusammen 1 Jahr 426 Tage oder 791 Tage, davon die Hälfte = 395 Tage = 1 Jahr 30 Tage. Gesamtdienstzeit nunmehr 33 Jahre 210 Tage. Das alte Ruhegehalt ist auf $^{83}/_{120}$ von 5046 = 3492 ℳ zu erhöhen, das Witwengeld auf 1396,80 ℳ.

Es sind nachzuzahlen:

Für die Zeit vom 1. Oktober 1917 bis zum 31. Mai 1919 = 20 Monate an Ruhegehalt: $20 \times \frac{3492 - 3450}{12} = 20 \times \frac{42}{12} = 70$ ℳ,

für die Zeit vom 1. Juni 1919 bis zum 31. März 1920 = 10 Monate an Witwengeld: $10 \times \frac{1396{,}80 - 1380}{12} = 10 \times \frac{16{,}80}{12} = 14$ ℳ.

Das neue Ruhegehalt würde betragen 8343 ℳ[1]), das Witwengeld beträgt 3337,20 ℳ; außerdem ist zu dem Witwengeld ein Versorgungszuschlag von 3015 ℳ zu zahlen.

c) Anrechnung der nach Versetzung in den Ruhestand geleisteten Staatsdienstzeit.

Beamten, die nach ihrer Versetzung in den Ruhestand in der Zeit vom 1. August 1914 bis zum 31. Dezember 1918 als Beamte im unmittelbaren Staatsdienst verwendet worden sind, ist nach § 5 BARG. der Zeitraum ihrer Verwendung zu ihrer ruhegehaltsfähigen Dienstzeit hinzuzurechnen. Hat die Verwendung ununterbrochen mindestens 60 Tage gedauert, so wird die ruhegehaltsfähige Dienstzeit auch dann um ein Jahr erhöht, wenn durch die Zeit der Verwendung ein weiteres Dienstjahr nicht vollendet ist. Das Ruhegehalt dieser Beamten sowie das Witwen- und Waisengeld ihrer Hinterbliebenen ist mit Wirkung vom 1. April 1920 an neu festzusetzen, mit der Maßgabe, daß eine Steigerung über die bei 40 Jahren ruhegehaltsfähiger Dienstzeit zu gewährenden Bezüge hinaus nicht stattfindet.

Auch bei diesen Beamten ist im übrigen die nach ihrer Versetzung in den Ruhestand in der Zeit vom 1. August 1914 bis zum 31. Dezember 1918 geleistete Dienstzeit nach Maßgabe des Gesetzes vom 23. November 1920 anderthalbfach anzurechnen, eine Nachzahlung an altem Ruhegehalt

---

[1]) Die in diesem und den folgenden Beispielen eingesetzten Beträge an Ruhegehalt pp. entsprechen den am 1. April 1920 geltenden Sätzen.

oder Witwengeld kommt aber nicht in Frage, da der § 5 BARG. erst mit dem 1. April 1920 in Kraft getreten ist.

Eine Wiederverwendung als Beamter liegt auch bei Beschäftigung und Entlohnung auf Privatdienstvertrag dann vor, wenn der Ruhestandsbeamte mit Ausübung von Staatshoheitsrechten beauftragt war. In Zweifelsfällen ist unter Darlegung der dem Ruhestandsbeamten übertragen gewesenen Tätigkeit zu berichten.

Beispiel:

Ein Beamter der Besoldungsgruppe 6, der eine ruhegehaltsfähige Dienstzeit von 30 Jahren zurückgelegt hatte, ist zum 1. April 1914 in den Ruhestand getreten und vom 1. September 1916 bis zum 31. August 1918 als Beamter im unmittelbaren Staatsdienst wiederverwendet worden. Altes Ruhegehalt $^{40}/_{60}$ von (3600 + 540 =) 4146 ℳ = 2766 ℳ. Seine ruhegehaltsfähige Dienstzeit beträgt nunmehr $30 + 1^1/_2 \cdot 2 = 30 + 3 = 33$ Jahre.

Neues Ruhegehalt ($^{83}/_{120}$ von 8700 + 2760 = 11 460 ℳ) = 7929 ℳ, Versorgungszuschlag 3964,50 ℳ, zusammen 11 893,50 ℳ.

d) Festsetzung des Besoldungsdienstalters ausgeschiedener Beamten.

1. Nach § 10 BARG. sind bei Berechnung des Betrages, der sich ergeben hätte, wenn der Beamte bei seinem Ausscheiden aus der zuletzt von ihm bekleideten Stelle nach den am 1. April 1920 geltenden oder mit Wirkung von diesem Zeitpunkt an in Kraft tretenden Vorschriften besoldet gewesen wäre, die Vorschriften des § 25 Abs. 1 und 5 des BDEG. mit der Maßgabe sinngemäß anzuwenden, daß an Stelle des 1. April 1920 der Tag des Ausscheidens aus dem Amt tritt. Über jene Vorschriften hinaus ist in der Regel das Besoldungsdienstalter nicht neu festzusetzen.

2. Bei Beamten, die sich beim Ausscheiden in damals mit Einzelgehalt ausgestatteten Stellen, für die jetzt Dienstaltersstufen eingeführt sind, befanden oder gemäß Ziff. f 3 unten in gehobene Stellen einzureihen sind, ist das Besoldungsdienstalter gemäß § 10 Satz 1 BARG., § 25 Abs. 1 und § 3 Abs. 5 BDEG. neu zu berechnen.

Beispiel:

Ein Präsidialsekretär ist zum 1. April 1916 nach einer ruhegehaltsfähigen Dienstzeit von mehr als 40 Jahren zur Ruhe gesetzt. Er ist am 1. April 1886 als Regierungssekretariatsassistent planmäßig angestellt, am 1. April 1896 zum Regierungssekretär ernannt (BDA. 1. April 1885) und am 1. April 1908 mit den Geschäften eines Präsidialsekretärs betraut worden. Sein altes Ruhegehalt beträgt 3586 ℳ.

Sein BDA. ist so umzurechnen, als ob er zum 1. April 1916, dem Tage seines Ausscheidens, aus Besoldungsgruppe 7 in Besoldungsgruppe 9 befördert worden wäre.

BDA. in Besoldungsgruppe 8 = 1. April 1889, BDA. in Besoldungsgruppe 9 = 1. April 1893. Neues Ruhegehalt $^{45}/_{60}$ von (11 400 ℳ Grundgehalt und 3090 ℳ Ortszuschlagsdurchschnitt =) 10 869 ℳ + 5434,50 ℳ Versorgungszuschlag = 16 303,50 ℳ.

3. Darüber hinaus wird gemäß § 10 Satz 2 BARG., um offenbare Härten zu vermeiden, die dadurch für *beförderte* Beamte entstehen

könnten, wenn ihr bisheriges BDA. unverändert bestehen bliebe, obwohl es wegen eines früheren höheren Anfangsgehalts ein ungünstiges wäre, zugelassen, daß das BDA. dieser Beamten unter Anwendung der Grundsätze im § 3 Abs. 5 BDEG. anderweit festgesetzt wird, falls dies für sie günstiger ist.

Beispiel:

Ein Landrentmeister ist zum 1. April 1913 nach einer ruhegehaltsfähigen Dienstzeit von 40 Jahren mit einem Ruhegehalt von 5157 ℳ zur Ruhe gesetzt. Er ist am 1. April 1886 als Regierungssekretariatsassistent planmäßig angestellt, am 1. April 1896 zum Buchhalter ernannt (BDA. 1. April 1885), am 1. Oktober 1898 zum Oberbuchhalter befördert (BDA. 1. April 1894) und am 1. April 1906 zum Landrentmeister ernannt (BDA. 1. April 1906). Als Landrentmeister hat er, weil die Aufrückungsfrist bis zur Erreichung des Höchstgehalts nur 6 Jahre betrug, das Höchstgehalt bezogen. Würde sein BDA. nicht neu festgesetzt, so würde er nur anderweite Versorgungsgebührnisse beziehen können, die nach einem Grundgehalt von 10 800 ℳ (die vierte Stufe der Gruppe 10) berechnet sind. Sein BDA. ist daher anderweit auf den 1. April 1897 festzusetzen. Er erhält also vom 1. April 1920 an: Ruhegehalt $^{45}/_{60}$ von (12 600 + 3420 =) 16 020 = 12 015 ℳ + 6007,50 ℳ Versorgungszuschlag, zusammen 18 022,50 ℳ.

4. Die Gehälter der Beamten sind erst vom 1. April 1892 an nach Dienstaltersstufen geregelt worden. Das Besoldungsdienstalter der vor Einführung der Dienstaltersstufen zur Ruhe gesetzten oder gestorbenen Beamten ist daher wie folgt festzusetzen:

a) bei Beamten, die in der ersten Dienststelle (Eingangsstelle) verblieben sind: auf den Tag der planmäßigen Anstellung,

b) bei Beamten, die unmittelbar hintereinander mehreren (alten) Gehaltsklassen angehört haben, die nunmehr in derselben (neuen) Besoldungsgruppe vereinigt sind: auf den Tag der planmäßigen Anstellung in der Klasse, der der Beamte zuerst angehört hatte,

c) bei Beamten, die befördert oder aus dienstlichen Rücksichten in eine andere Stelle versetzt sind, die in eine höhere Besoldungsgruppe gehört: auf den Tag der Beförderung oder Versetzung; wenn sich jedoch bei Anwendung der Grundsätze im § 3 Abs. 5 des BDEG. ein günstigeres Besoldungsdienstalter ergibt, so ist das günstigere Besoldungsdienstalter anzunehmen.

5. Das in den Fällen zu 2 bis 4 festgesetzte Besoldungsdienstalter darf aber nicht noch weiter verbessert werden, insbesondere sind folgende Grundsätze des BDEG. nicht anzuwenden:

§ 13 Abs. 2 (erweiterte Anrechnung der über 5 oder 4 Jahre hinausgehenden Anwärterdienstzeit auf das Besoldungsdienstalter),

§ 3 Abs. 4 (erweiterte Anrechnung von Militär- und Zivildienstzeit auf das Besoldungsdienstalter der aus dem Militäranwärterstande hervorgegangenen Beamten).

Falls Härten entstehen, ist zu berichten.

e) Umrechnung der Ruhegehälter und Hinterbliebenenbezüge.

1. Für die Berechnung des Ruhegehalts, das sich ergeben hatte, wenn der Beamte bei seinem Ausscheiden aus der zuletzt von ihm bekleide-

ten Stelle nach dem am 1. April 1920 geltenden oder mit Wirkung vor diesem Zeitpunkt an in Kraft tretenden Vorschriften besoldet gewesen und in den Ruhestand versetzt worden wäre, bleibt, soweit sich nicht aus Ziffer IId 2 und 3 etwas anderes ergibt, grundsätzlich die bei der Zurruhesetzung oder beim Ableben des Beamten festgestellte ruhegehaltsfähige Dienstzeit maßgebend. Dagegen ist die jetzige Ruhegehaltsabstufung des § 8 des Zivilruhegehaltsgesetzes in der Fassung des Gesetzes vom 27. Mai 1907 (GS. S. 95) auch bei den vor dem 1. April 1907 verstorbenen Beamten und bei sämtlichen zu oder vor dem 1. April 1907 in den Ruhestand versetzten Beamten anzuwenden.

2. Das Witwengeld ist stets mit dem jetzt geltenden Satze von 40 v. H. des Ruhegehalts festzusetzen. Auch ist dabei der neue Mindestbetrag von 900 ℳ und der neue Höchstbetrag von 9000 ℳ anzuwenden. Die Vorschrift des § 12 Abs. 3 des Hinterbliebenen-Fürsorgegesetzes in der Fassung des Gesetzes vom 1. Juli 1897 (GS. S. 169), wonach der Altersunterschied je nach der Dauer der Ehe ausgeglichen wird, soll bei der Festsetzung des Witwengeldes auch den Witwen der vor dem 1. April 1897 verstorbenen Beamten zugute kommen.

Beispiel:

Die Witwe eines nach 40 jähriger ruhegehaltsfähiger Dienstzeit vor dem 1. April 1897 verstorbenen Beamten der Besoldungsgruppe III der Einzelgehälter bezog bisher ein Witwengeld von 1600 ℳ. Die Berechnung nach den neuen Vorschriften würde an sich ein Witwengeld von 9426 ℳ ergeben. Es darf aber nur der Höchstbetrag von 9000 ℳ festgesetzt werden, außerdem erhält die Witwe einen Versorgungszuschlag von 7855 ℳ.

War das bisherige Witwengeld wegen Altersunterschiedes um $^{3}/_{20}$ auf 1360 ℳ gekürzt, so würde, wenn wegen der längeren Dauer der Ehe $^{2}/_{20}$ wieder hinzuzusetzen sind, der Höchstbetrag von 9000 ℳ um $^{1}/_{20}$ auf 8550 ℳ zu kürzen sein. Außerdem würde die Witwe auch in diesem Falle 7855 ℳ Versorgungszuschlag erhalten.

3. Unter dem Witwen- und Waisengeld im Sinne des BARG. sind auch die auf dem Beamten-Unfallfürsorge-Gesetze beruhenden Witwen- und Waisen**renten** zu verstehen. Es ist jedoch zu beachten, daß die im § 2 des Unfall-Fürsorgegesetzes vorgesehenen Höchstbeträge der Witwen- und Waisen**rente** — 3000 ℳ für die Witwe und 1600 ℳ für jedes Kind — noch weiter gelten.

Beispiel:

Die Witwe eines am 5. 7. 1918 infolge eines Betriebsunfalles verstorbenen Werksbeamten mit einem Besoldungsdienstalter vom 1. 7. 1904 bezog bisher ein Witwengeld von 1132,80 ℳ (berechnet nach 2832 ℳ Unfallruhegehalt und für 2 Kinder je 849,20 ℳ Waisenrente). Nach den neuen Vorschriften hätte das ruhegehaltsfähige Diensteinkommen am Todestage des Beamten 10200 ℳ Grundgehalt und 2760 ℳ Ortszuschlag = 12960 ℳ betragen, und es sind zu zahlen: für die Witwe 3456 ℳ Witwen**geld** (berechnet nach 8640 ℳ Unfall-Ruhegehalt) und für jedes Kind 1600 ℳ Waisen**rente** (statt 20 v. H. von 12960 ℳ = 2598 ℳ). Vgl. Ausführungsanweisung im Ministerialblatt für die innere Verwaltung 1907 S. 354. Witwengeld und Waisenrente (3456 + 3200 =) 6656 ℳ übersteigen, somit nicht 60 v. H.

von 12960 ℳ (7776 ℳ). Dazu erhält die Witwe den Versorgungszuschlag von 3240 ℳ und die Kinderbeihilfen.

4. Ruhegehaltsfähige Zulagen oder ruhegehaltsfähige Nebenbezüge sind nur noch insoweit zu berücksichtigen, als sie unter der Herrschaft des BDEG. zulässig sind. Beispielsweise sind mit Wirkung vom 1. April 1920 an weggefallen: Die ruhegehaltsfähigen Zulagen der Oberregierungsräte (je 2100 ℳ oder je 1200 ℳ), der Regierungsräte in gehobenen Stellen (je 600 ℳ), die ruhegehaltsfähigen Nebenbezüge der Revierförster und Förster (für freies Brennholz oder Torf gegen Erstattung der Nebenkosten sowie für Nebeneinnahmen aus der Jagd je 150 ℳ), sowie der Torf-, Wiesen-, Wege-, Flöß- usw. Meister (für freies Brennholz oder Torf gegen Erstattung der Nebenkosten = 75 ℳ).

Beispiele:

a) Das Ruhegehalt eines Oberregierungsrats, der nach einer ruhegehaltsfähigen Dienstzeit von 42 Jahren zum 1. 4. 1910 in den Ruhestand getreten ist, ist berechnet: $^{90}/_{120}$ von (7200 + 1200 + 874 =) 9274 ℳ = 6957 ℳ. Seine Versorgungsgebührnisse sind nach den neuen Grundsätzen wie folgt zu berechnen: Ruhegehalt $^{90}/_{120}$ von 16800 + 3420 =) 20220 ℳ = 15165 ℳ, Versorgungszuschlag 7582,50 ℳ, zusammen 22747,50 ℳ.

b) Ein Regierungs- und Medizinalrat, der ein Gehalt von 7200 ℳ und eine ruhegehaltsfähige Zulage von 600 ℳ, außerdem als Mitglied eines Provinzial-Medizinal-Kollegiums eine Besoldung von 900 ℳ bezog, ist nach einer ruhegehaltsfähigen Dienstzeit von 41 Jahren zum 1. 4. 1918 in den Ruhestand getreten. Er bezog bisher ein Ruhegehalt von $^{90}/_{120}$ von 9574 ℳ = 7182 ℳ. Das Ruhegehalt nach den neuen Sätzen beträgt $^{90}/_{120}$ von (14500 + 3420 + 900 =) 18820 ℳ = 14115 ℳ, der Versorgungszuschlag beträgt 7075 ℳ, zusammen 21190 ℳ.

5. Wenn Beamten, die strafweise entlassen sind, auf Grund des § 16 des Disziplinargesetzes vom 21. Juli 1852 eine Unterstützung in einem fest bestimmten Betrage, der nicht auf Grund des Ruhegehalts errechnet ist, zugebilligt ist, so darf diese Unterstützung nicht selbständig erhöht werden, ebensowenig ist es zulässig, dazu einen Versorgungszuschlag zu gewähren. Liegt ein Anlaß vor, einem solchen Beamten die Unterstützung zu erhöhen, so ist zu berichten.

War dagegen ein Teil des Ruhegehalts als Unterstützung bewilligt, diese also erst von dem ruhegehaltsfähigen Diensteinkommen zu berechnen, so ist die Unterstützung und der Versorgungszuschlag mit Wirkung vom 1. April 1920 an anderweitig festzusetzen und zu gewähren.

Beispiel:

Ein Beamter der Besoldungsgruppe 7 mit einem Gehalt von 4500 ℳ ist im Jahre 1914 nach 33jähriger ruhegehaltsfähiger Dienstzeit mit Entlassung bestraft worden. Dabei ist ihm die Hälfte des erdienten Ruhegehaltsbetrages auf Lebenszeit als Unterstützung bewilligt worden. Diese Unterstützung betrug bisher ($^1/_2$ von 3492 =) 1746 ℳ. Da das Ruhegehalt nach den neuen Grundsätzen $^{83}/_{120}$ von 9300 + 2760 = $^{83}/_{120}$ von 12060 = 8343 ℳ, der Versorgungszuschlag 4171,50 ℳ betragen würde, erhält der Beamte vom 1. April 1920 an: die Hälfte des neuen Ruhegehalts = 4171,50 ℳ und die Hälfte des Versorgungszuschlags = 2085,75 ℳ, zusammen 6257,25 ℳ.

6. Bei den zum 1. April 1920 oder einem früheren Zeitpunkt auf Grund des § 13 der Verordnung vom 26. Februar 1919 (GS. S. 33) in den Ruhestand versetzten Beamten sind die Versorgungsgebührnisse nicht unter Zugrundelegung von 3/4 des ruhegehaltsfähigen Diensteinkommens zu berechnen, das sich ergeben hätte, wenn der Beamte bei seinem Ausscheiden aus der zuletzt von ihm bekleideten Stelle nach den mit Wirkung vom 1. April 1920 an in Kraft getretenen Vorschriften besoldet gewesen und in den Ruhestand versetzt worden wäre, sondern nach § 19 Ziff. 5 BDEG. unter Zugrundelegung der zurückgelegten ruhegehaltsfähigen Dienstzeit.

Beispiel:

Ein Regierungsrat mit einer ruhegehaltsfähigen Dienstzeit von 21 Jahren (darunter 5 Kriegsjahren) und einem BDA. vom 1. 5. 1915 ist auf Grund des § 13 der Verordnung vom 26. Februar 1919 auf seinen Antrag zum 1. Juli 1919 mit 3/4 seines ruhegehaltsfähigen Diensteinkommens von (4800 + 874 =) 5674 M = 4758 M zur Ruhe gesetzt worden. Er erhält jetzt: 31/60 von (10 000 + 2760 =) 12 760 = 6592,67 M, aufgerundet 6594 M Ruhegehalt und 3297 M Versorgungszuschlag, zusammen 9891 M.

7. Witwen, die nur Witwenpension aus einer Witwenverpflegungsanstalt (Kap. 60 des Haushalts des Finanzministeriums) beziehen, sind die bisher bewilligten Teuerungsbeihilfen zu belassen. Im Falle des sachlichen Bedürfnisses können die Teuerungsbeihilfen im Rahmen der bisherigen Vorschriften über die Teuerungsbeihilfen erhöht werden, jedoch mit der Witwenpension zusammen nicht über denjenigen Gesamtbetrag hinaus, der sich nach dem BARG. an Witwengeld und Versorgungszuschlag ergeben würde.

8. Für die Umrechnung der Versorgungsgebührnisse sind neue Vordrucke B 6 und B 7 hergestellt. Der sorgfältig zu ermittelnde und mit Rücksicht auf die bestehende Papierknappheit auf das unbedingt notwendige Maß zu beschränkende Bedarf an Vordrucken ist sofort im Bürowege bei dem Kassenbüro der Regierung in Potsdam anzumelden. Dabei sind die bei den verschiedenen Büroabteilungen einer Behörde erforderlichen Vordrucke nicht von jeder Büroabteilung einzeln, sondern von einer Abteilung für sich und die übrigen Büros zusammen zu bestellen.

Die Beispiele in den hier beigefügten ausgefüllten Mustern sind zu beachten.

f) Einreihung der Altwartegeldempfänger, Altruhegehaltsempfänger usw. in Besoldungsgruppen.

1. Für die Einreihung der Altwartegeldempfänger, Altruhegehaltsempfänger usw., deren letztes Diensteinkommen der Berechnung der Versorgungsgebührnisse zugrunde gelegt wird, bieten im allgemeinen die bisherigen Amtsbezeichnungen und das bisherige Normalgehalt, verglichen mit dem etwa an ihre Stelle getretenen neuen Amtsbezeichnungen und dem den Beamten mit diesen neuen Amtsbezeichnungen gewährten Grundgehalt, einen ausreichenden Anhalt. In Zweifelsfällen ist die ministerielle Entscheidung einzuholen (§ 9 BARG.).

2. In die in der Besoldungsordnung mit dem Zeichen ■ versehenen planmäßigen Aufrückungsstellen können Altversorgungsberechtigte nicht ein-

gereiht werden, da ihnen solche vor ihrer Zurruhesetzung nicht verliehen worden sind.

3. Soweit Beamte bisher gleicher Gattung und bisher gleicher Amtsbezeichnung jetzt unter gleichen oder verschiedenen Amtsbezeichnungen in mehreren Besoldungsgruppen aufgeführt sind, haben Altversorgungsberechtigte nur Anspruch darauf, in die unterste Besoldungsgruppe eingereiht zu werden (z. B. die Kreissekretäre, die in den Besoldungsgruppen 7, 8 und 9 aufgeführt stehen, nur in Gruppe 7, die Landräte, die in die Besoldungsgruppen 10, 11 und 12 eingereiht sind, nur in Gruppe 10). Soweit die Beamten jedoch eine gehobene Besoldung, insbesondere eine ruhegehaltsfähige Zulage beim Ausscheiden aus der zuletzt von ihnen bekleideten Stelle bezogen haben, sind sie in die entsprechend höhere Besoldungsgruppe einzureihen (z. B. ein Botenmeister bei einer Regierung in Gruppe 3, ein Kanzleiinspektor bei einer Regierung in Gruppe 6, ein Präsidialsekretär bei einer Regierung in Gruppe 9, soweit sie bei ihrem Ausscheiden eine Stellenzulage bezogen haben).

4. Soweit in der Besoldungsordnung durch besondere Anmerkungen für die am 31. März 1920 im Amt oder gewisse Zeit im Amt befindlichen Beamten die Gewährung der Bezüge der nächsthöheren Besoldungsgruppe vorgesehen ist, kommt für die bereits vor dem 1. April 1920 aus dem Dienste ausgeschiedenen Versorgungsberechtigten oder ihre Hinterbliebenen die Einreihung in diese nächsthöheren Gruppen nicht in Frage.

g) Versorgungszuschlag.[1])

h) Erhöhung des Versorgungszuschlags.[1])

i) Kinderbeihilfen.

1. Die im § 17 des BDEG. vorgesehenen Kinderbeihilfen einschließlich Ausgleichszuschlag werden für die Zeit vom 1. April 1920 an in der gleichen Weise unter den dort genannten Voraussetzungen nach den §§ 24 BDEG. und 4 BAKG. auch den in den Ruhestand versetzten unmittelbaren Staatsbeamten sowie für die Kinder der im Amte oder im Ruhestande verstorbenen Beamten gewährt, und zwar auch für Vollwaisen und Kinder einer wiederverheirateten Beamtenwitwe, sowie, wenn die sonstigen Voraussetzungen vorliegen, auch nach Wegfall des Waisengeldes bis zum vollendeten 21. Lebensjahre.

2. Die Kinderbeihilfe wird nunmehr unter den im Abschnitt I d dieses Erlasses angegebenen Voraussetzungen auch für Stiefkinder, uneheliche oder an Kindes Statt angenommene Kinder und für Kinder aus einer Ehe, die nach der Zurruhesetzung des Beamten geschlossen ist, gewährt.

3. **Für Stiefkinder, die erst nach dem Tode des Beamten oder Ruhegehaltsempfängers in die Familiengemeinschaft aufgenommen sind, werden Kinderbeihilfen nicht gewährt.**

4. **Bei Kindern verstorbener Beamten oder Ruhegehaltsempfängern hat der Vormund diejenigen Obliegenheiten wahrzunehmen, die nach I d dieses Erlasses dem Beamten (der Beamtin) zufallen.**

---

[1]) **Abschnitt g und h sind ersetzt durch Ziff. 17 und 19 des Runderlasses vom 25. Oktober 1922 — Bes. 3526, vgl. S. 340.**

5. Die zahlenden Kassen haben jede Wohnortsveränderung des elterlichen Gewalthabers oder des Vormundes der Kinder, für die Kinderbeihilfen gezahlt werden, der anweisenden Behörde anzuzeigen.

6. **Auch für Kinder von Wartegeldempfängern, Ruhegehaltsempfängern und von verstorbenen Beamten wird der unter I d Ziff. 7 genannte Notzuschlag** gewährt, und zwar richtet sich hier die Höhe des Notzuschlags nach dem Wohnsitz des zum Empfang der Kinderbeihilfe Berechtigten. Die Herabsetzung oder Erhöhung des Notzuschlags tritt mit dem Beginn des auf die Wohnortsveränderung folgenden Monats ein.

k) Ruhen der Versorgungsgebührnisse.

1. Bei dem zum 1. April 1920 oder zu einem früheren Zeitpunkt in den Ruhestand versetzten, darnach jedoch im Sinne des § 27 Abs. 2 des ZRG. vom 27. März 1872 (GS. S. 268) in der Fassung des Gesetzes vom 27. Mai 1907 (GS. S. 95) wieder angestellten oder beschäftigten Beamten gilt als früheres Diensteinkommen im Sinne der Vorschriften über das Ruhen der Versorgungsgebührnisse dasjenige Einkommen, das ausschließlich Ausgleichszuschlag sich ergeben hätte, wenn der Beamte in der zur Zeit seiner früheren Zurruhesetzung bekleideten Stelle nach dem BDEG. besoldet gewesen wäre.

2. Wird ein einstweilen in den Ruhestand versetzter Beamter auf Anordnung des Verwaltungschefs mit der zeitweiligen Wahrnehmung eines Amtes im unmittelbaren Staatsdienst beschäftigt, die seinen Fähigkeiten und bisherigen Verhältnissen entspricht, so erhält er während der Dauer dieser Beschäftigung ein erhöhtes Wartegeld in Höhe des vollen Betrages seines ruhegehaltsfähigen Diensteinkommens (§ 7 der Wartegeldverordnung vom 26. Februar 1919).

3. Wenn und solange der einstweilen in den Ruhestand versetzte Beamte infolge einer Wiederanstellung oder Beschäftigung im Reichs- oder Staatsdienst im Sinne des § 27 Abs. 2 des ZRG. vom 27. März 1872 (GS. S. 268) in der Fassung vom 27. Mai 1907 (GS. S. 91) ein Diensteinkommen bezieht, ruht das Recht auf den Bezug des Wartegeldes insoweit, als der Betrag des neuen Diensteinkommens unter Hinzurechnung des Wartegeldes den Betrag des von dem Beamten vor der einstweiligen Versetzung in den Ruhestand bezogenen Diensteinkommens übersteigt. Hinsichtlich der Berechnung des früheren und des neuen Diensteinkommens findet § 27 Abs. 3 des ZRG. entsprechend Anwendung.

Beispiel:

Ein Beamter der Besoldungsgruppe 9 mit einer ruhegehaltsfähigen Dienstzeit von 30 Jahren, der zum 1. Oktober 1919 gemäß § 1 der Verordnung vom 26. Februar 1919 in den einstweiligen Ruhestand versetzt worden ist und seit dem 1. April 1920 bis zum 30. September 1924 ein Wartegeld nach einem Grundgehalt von 11 400 ℳ und einen Ortszuschlagdurchschnitt von 3090 ℳ, zusammen 14 490 ℳ, dazu einen Versorgungszuschlag von 7245 ℳ erhält, wird im Gemeindedienst vom 1. April 1920 an in einem Orte der Ortsklasse A in einer Stelle der Besoldungsgruppe 8 beschäftigt. Er erhält 10 200 ℳ Grundgehalt und 4000 ℳ Ortszuschlag, zusammen 14 200 ℳ, dazu 7100 ℳ Ausgleichszuschlag.

Neues ruhegehaltsfähiges Diensteinkommen im Gemeindedienst:

10200 + 2760 = ...	12960 ℳ,
Wartegeld: 11400 + 3090 = ...	14490 „
zusammen	27450 ℳ.
Davon ab das frühere ruhegehaltsfähige Diensteinkommen	14490 „
das Wartegeld ruht in Höhe von . . .	12960 ℳ.

Zu zahlen sind: 1530 ℳ Wartegeld und nach § 23 Abs. 5 BDEG. 7245 — 7100 =) 145 ℳ Versorgungszuschlag.

4. Bei Umrechnung der Versorgungsgebührnisse der vor dem 1. April 1907 zur Ruhe gesetzten Beamten, die später im Gemeindedienst wieder angestellt und auch dort zur Ruhe gesetzt worden sind und der Hinterbliebenen solcher Beamten, sind die § 28 ZPG., § 6 BARG., § 23 Abs. 5 BDEG. und Artikel XI Abs. 3 und 4 des Gesetzes vom 27. Mai 1907 (GS. S. 95) zu beachten.

Beispiele:

a) Ein Beamter der jetzigen Besoldungsgruppe 5 ist zum 1. April 1899 nach einer ruhegehaltsfähigen Dienstzeit von 23 Jahren mit einem Ruhegehalt von 648 ℳ in den Ruhestand versetzt worden. Am 1. Oktober 1899 ist er in den Gemeindedienst getreten und hier zum 1. Juli 1920 unter Bewilligung eines Ruhegehalts von $^{30}/_{60}$ von 9300 ℳ Grundgehalt und 2760 ℳ Ortszuschlagsdurchschnitt = $^{1}/_{2} \cdot 12060 =$ 6030 ℳ und eines Versorgungszuschlags von 3015 ℳ, zusammen 9045 ℳ in den Ruhestand versetzt worden.

Zunächst ist das Ruhegehalt eines Beamten der Gruppe 5 mit 23 jähriger ruhegehaltsfähiger Dienstzeit neu zu berechnen. Es beträgt 5793 ℳ (und 2896,50 ℳ Versorgungszuschlag). Dieses Ruhegehalt ruht insoweit, als es zusammen mit dem Gemeinderuhegehalt, das sich aus dem früheren Diensteinkommen im Staatsdienste und der Gesamtdienstzeit von mehr als 40 Jahren ergebende Ruhegehalt übersteigt. Das frühere Diensteinkommen im Staatsdienste ist dabei aber nach § 6 BARG. nach dem BDEG. zu berechnen.

Das Ruhegehalt eines Beamten der Besoldungsgruppe 5 mit mehr als 40 jähriger ruhegehaltsfähiger Dienstzeit beträgt 5899 ℳ. Da dies Ruhegehalt niedriger ist, als das umgerechnete von 5793 ℳ und das im Gemeindedienst erdiente Ruhegehalt von 6030 ℳ zusammengerechnet, aber höher als das letztere, so sind vom 1. Juli 1920 an aus der Staatskasse an Stelle des bisherigen Ruhegehalts von 648 ℳ zu zahlen: (7899—6030 —) 1869 ℳ Ruhegehalt. Der oben berechnete, an sich 2896,50 ℳ betragende Versorgungszuschlag zu dem Ruhegehalt aus der Staatskasse ist nach § 23 Abs. 5 BDEG. nicht zu zahlen, da er niedriger ist, als der im Gemeindedienst erdiente Versorgungszuschlag von 3015 ℳ.

b) Ein Beamter der jetzigen Besoldungsgruppe 4 ist zum 1. April 1895 nach einer ruhegehaltsfähigen Dienstzeit von 10 Jahren mit einem Ruhegehalt von 348 ℳ in den Ruhestand versetzt worden. Zum

1. Juli 1895 ist er in den Gemeindedienst eingetreten und hier zum 1. Oktober 1920 unter Bewilligung eines Ruhegehalts von $^{35}/_{60}$ von 9300 ℳ Grundgehalt und 2760 ℳ Ortszuschlagsdurchschnitt = 12060 ℳ = 7035 ℳ Ruhegehalt (und 3517,50 ℳ Versorgungszuschlag) in den Ruhestand versetzt worden.

Zunächst ist das Ruhegehalt eines Beamten der Gruppe 4 mit 10 jähriger Dienstzeit neu zu berechnen. Es beträgt, wenn die dritte Stufe von 6200 ℳ der Gruppe 4 in Frage kommt, 2769 ℳ (und 2075 ℳ Versorgungszuschlag). Bei Berücksichtigung der 35-jährigen Gesamtdienstzeit ergäbe sich bei dem Grundgehalt von 6200 ℳ ein Ruhegehalt von 5880 ℳ. Da dieses niedriger ist, als das im Gemeindedienst erdiente von 7035 ℳ, hätte es nach § 28 ZRG. an sich völlig zu ruhen, mit Rücksicht auf die Bestimmungen im Artikel XI Abs. 3 und 4 des Gesetzes vom 27. Mai 1907 (GS. S. 95) ist aber das alte Ruhegehalt von 348 ℳ weiter zu zahlen. Der oben berechnete, an sich 2075 ℳ betragende Versorgungszuschlag zu dem Ruhegehalt aus der Staatskasse ist nach § 23 Abs. 5 BDEG. nicht zu zahlen, da er niedriger ist, als der im Gemeindedienst erdiente von 3517,50 ℳ.

l) Wegfall von ruhegehaltsfähigen Zuwendungen und Unterstützungen.

Die bisher gezahlten Zuwendungen und laufenden Unterstützungen aus Kap. 58a Tit. 9, Kap. 62 Tit. 6, Kap. 62 Tit. 9 und Kap. 63 Tit. 1 fallen vom 1. April 1920 an in allen Fällen weg, in welchen die neuen Versorgungsgebührnisse höher sind, als die bisher gezahlten Versorgungsgebührnisse samt der Zuwendung oder Unterstützung aus Kap. 58a Tit. 9, Kap. 62 Tit. 6, Kap. 62 Tit. 9 und Kap. 63 Tit. 1. Sind die neuen Versorgungsgebührnisse geringer als die bisher gezahlten Versorgungsgebührnisse ohne die Zuwendungen oder Unterstützungen aus Kap. 58a Tit. 9, Kap. 62 Tit. 6, Kap. 62 Tit. 9 und Kap. 63 Tit. 1, so sind die Zuwendungen oder Unterstützungen in solcher Höhe (auf volle 10 ℳ nach oben abgerundet) weiter zu zahlen, daß die bisherigen Gesamtbezüge erreicht werden.

3. Verschiedene Erlasse des Finanzministers,

durch welche Teil II des Erlasses vom 21. Januar 1921 — B 1626 — (S. 323) ergänzt wird.

A. Ausführungsanweisung des Finanzministers, betreffend die Bezüge der Ruhegehaltsempfänger, Wartegeldempfänger und Hinterbliebenen nach dem Gesetz über eine Änderung der Dienst- und Versorgungsbezüge der unmittelbaren Staatsbeamten vom 24. November 1921 (GS. S. 553).

Vom 20. Dezember 1921 — I D 1. 3462 —

(FinMinBl. 1922 S. 25.)

Von Bedeutung sind noch folgende Ziffern:

5. Umrechnung der Wartegelder. Nach Art. III des Gesetzes werden die neuen Sätze der Grundgehälter und Ortszuschläge der Berechnung der Wartegelder nur mit der Maßgabe zugrunde gelegt, daß sich keine höheren Wartegelder ergeben, als sie die in den einstweiligen Ruhestand versetzten Reichsbeamten bei gleichem ruhegehaltsfähigem Diensteinkommen und gleicher ruhegehaltsfähiger Dienstzeit erhalten.

Auf Grund dieser Bestimmung, die infolge einer entsprechenden Sperrbestimmung der 4. Ergänzung des Reichsbesoldungsgesetzes aufgenommen werden mußte, ist eine Abänderung des § 1 der Verordnung betreffend die einstweilige Versetzung der unmittelbaren Staatsbeamten in den Ruhestand vom 26. Februar 1919 — GS. S. 33 — (Fassung des § 19 BDEG.) und des § 8 der Verordnung über die Versorgung der Hofbeamten und ihrer Hinterbliebenen vom 10. März 1919 (Fassung des § 20 BDEG.) zwecks Angleichung an die Vorschriften des § 26 des Reichsbeamtengesetzes vom 17. Mai 1907 (RGBl. S. 245), wonach das Wartegeld in der Regel 3/4 des ruhegehaltsfähigen Diensteinkommens beträgt, erforderlich.

Bereits vor Verabschiedung eines entsprechenden ausdrücklichen Abänderungsgesetzes, das bereits in Vorbereitung ist[1]), können aber mit Wirkung vom 1. Oktober 1921 die Gebührnisse der Wartegeldempfänger, die gemäß §§ 1 und 2 der Wartegeldverordnung oder §§ 8 und 9 der Hofbeamtenverordnung Wartegeld beziehen, nach der am Eingang dieser Ziffer erwähnten Bestimmung, insoweit die neuen Gehältssätze zugrunde gelegt werden,

---

[1]) Bisher noch nicht ergangen.

nur nach den reichsrechtlichen Bestimmungen des § 26 des Reichsbeamtengesetzes berechnet werden. Dies gilt sowohl für die zum 1. Oktober 1921 oder einem früheren Zeitpunkt auf Grund der erwähnten Bestimmungen in den einstweiligen Ruhestand versetzten Beamten, wie für die auf Grund derselben zu einem späteren Zeitpunkt in den einstweiligen Ruhestand versetzten oder in Zukunft zu versetzenden Beamten und Hofbeamten. Nur insoweit sich auf Grund der bis zum 30. September 1921 geltenden Gehaltssätze und der bisherigen Bestimmungen der §§ 1 und 2 der Wartegeld- und 8 9 der Hofbeamtenverordnung für einen gewissen Zeitraum höhere Gesamtbezüge der Wartegeldempfänger ergeben, sind die Bezüge für diesen Zeitraum dem Wartegeldempfänger in dieser Höhe zu belassen.

Demgemäß ist bei Wartegeldempfängern, die auf Grund der §§ 1 und 2 Satz 1 der Wartegeldverordnung und der §§ 8 und 9 Satz 1 der Hofbeamtenverordnung Wartegeld beziehen, das Wartegeld in Höhe von $^3/_4$ des ruhegehaltsfähigen Diensteinkommens nach den neuen Gehaltssätzen zu berechnen, höchstens jedoch in Höhe von 60 000 Mark, sofern nicht das bis zum Zeitpunkte der Versetzung in den einstweiligen Ruhestand erdiente, unter Zugrundelegung der neuen Gehaltssätze errechnete Ruhegehalt höher ist; in diesem Falle erhält der Wartegeldempfänger dieses Ruhegehalt als Wartegeld.

Bei den Wartegeldempfängern, die auf Grund des § 9 Satz 2 der Hofbeamtenverordnung Wartegeld beziehen, gilt das gleiche, sofern nicht der bisher der Berechnung des Wartegeldes zugrunde gelegte Bruchteil bereits zu einem geringeren Betrage an Wartegeld führen würde. In diesem Falle verbleibt es bei dem bisherigen Bruchteil.

> Beispiel: Ein Wartegeldempfänger der Gruppe 2 der Gehaltsstufe 5600 ℳ erhielt vom 1. April 1920 ab ein Wartegeld von 7370 ℳ, das sich ab 1. Februar 1925 auf 5929 ℳ verringert hätte. Er erhielt dazu am 30. September einen Versorgungszuschlag in Ortsklasse A von jährlich 6854,10 ℳ, zusammen 14 224,10 ℳ. Er würde vom 1. Oktober 1921 ab erhalten ein Wartegeld von (11 600 ℳ + 2600 ℳ) · $^3/_4$ = 10650 ℳ und einen Versorgungszuschlag von 10 650 ℳ · $^{20}/_{100}$ = 2130 ℳ, zusammen 12 780 ℳ. Zur Erreichung der bisherigen Gebührnisse ist ihm der Versorgungszuschlag um (14 224,10 ℳ—12 780 ℳ =) 1444,10 ℳ bis zum 31. Januar 1925 zu erhöhen.

6. Zuschüsse zum Versorgungszuschlag. Nach Art. IV § 1 Satz 2 können zum Ausgleich von Härten Zuschüsse zum Versorgungszuschlag (§ 23 BDEG.) gewährt werden. Solche Härten liegen überall da vor, wo die am 30. September 1921 laufenden Gebührnisse durch die am 1. Oktober 1921 neu zu gewährenden nicht erreicht werden. In all diesen Fällen soll zur Erreichung der bisherigen Gebührnisse ein Zuschlag zum Versorgungszuschlag, der bei Kap. 62 Tit. 9 des Staatshaushaltsplans (in der Justizverwaltung bei Kap. 76 Tit. 5, Bergverwaltung Kap. 14 Tit. 9 und Kap. 22 Tit. 3) zu verrechnen ist, gewährt werden. Eine Prüfung, ob dadurch der Vollsatz des Ausgleichszuschlags vom ruhegehaltsfähigen Diensteinkommen überschritten wird, ist nicht erforderlich.

In den Umrechnungsnachweisungen ist daher wie folgt zu verfahren:

a) es sind die nach gesetzlicher Vorschrift zustehenden Jahresbeträge an Versorgungszuschlag, nach dem Stande vom 30. September und vom 1. Oktober 1921, einander gegenüberzustellen.

b) Eine etwa durch ministerielle Verfügung für bestimmte Zeit bewilligte Erhöhung des Versorgungszuschlags auf einen bestimmten Prozentsatz ist unter Zugrundelegung des bisher zugrunde gelegten Prozentsatzes nach dem alten und nach dem neuen Betrage gegenüberzustellen.

c) Eine bisher lediglich zur Erreichung der am 31. März 1920 laufenden Gebührnisse gemäß Ziff. II h 2 der Ausführungsanweisung vom 21. Januar 1921 — FinMinBl. S. 33 — (Justizverwaltung Allgem. Verf. vom 3. März 1921, JMBl. S. 146) angewiesene Erhöhung des Versorgungszuschlages ist bei den bisherigen Gebührnissen zu vermerken, ihr jedoch eine Erhöhung des Versorgungszuschlags bei den neuen Gebührnissen nicht gegenüberzustellen.

d) Soweit die hiernach berechneten Versorgungsgebührnisse vom 1. Oktober 1921 ab einschließlich etwaiger Kinderbeihilfen hinter den am 30. September 1921 laufenden Gebührnissen zurückbleiben, ist der Unterschiedsbetrag in der unter der Summe der neuen Gebührnisse vorgesehenen Reihe als zur Erreichung der bisherigen Bezüge vorgenommene Erhöhung des Versorgungszuschlags zu vermerken.

10. Witwenpensionen aus den Witwenverpflegungsanstalten. Witwen, die nur Witwenpension aus einer Witwenverpflegungsanstalt (Kap. 60 des Haushalts des Finanzministeriums) beziehen, kann auf Antrag bei Bedürftigkeit Witwengeld und Versorgungszuschlag nach Maßgabe der neuen Sätze vom 1. Oktober 1921 ab durch den Verwaltungschef in Gemeinschaft mit dem Finanzminister bewilligt werden, sofern der Ehemann im unmittelbaren Staatsdienste gestanden hat und entweder durch Pensionierung oder als pensionsberechtigter Beamter durch den Tod aus ihm ausgeschieden ist, und auch sonst die Witwe nach den jetzt geltenden Bestimmungen witwengeldberechtigt wäre. Durch diese Bewilligungen darf jedoch ein Jahreseinkommen von 18 000 Mark [1]) nicht überschritten werden. Diese Grenze erhöht sich für Witwen mit Kindern um 3600 Mark [1]) jährlich für jedes Kind. Die bisherige Witwenpension ist aus dem bisherigen Etatstitel fortzuzahlen und auf die neuen Witwengebührnisse anzurechnen. Diese sind im übrigen aus den Fonds für gesetzliche Witwengebührnisse anzuweisen.

Anträge sind dem Verwaltungschef zur Entscheidung unter Beifügung einer Berechnung des zur Gewährung vorgeschlagenen Witwengeldes und der Personalakten, falls diese zu beschaffen sind, vorzulegen. Falls die Personalakten nicht zu beschaffen sind, sind glaubhafte Unterlagen für die Berechnung der Witwengebührnisse anderweit, erforderlichenfalls durch Einforderung der etwa im Besitz der Witwe befindlichen Papiere oder Befragung der Witwe zu beschaffen.

---

[1]) Diese Beträge sind entsprechend der fortschreitenden Geldentwertung mehrfach erhöht worden. Über die zur Zeit geltenden Sätze vergl. Verfügung des FinMin. vom 30. Juni 1923 — I D 13 050 — FinMinBl. 1923 Nr. 13.

B. Vorläufige Ausführungsanweisung des Finanzministers zu den Gesetzen über Änderungen in der Beamtenbesoldung und in dem Diensteinkommen der Lehrer und Lehrerinnen an öffentlichen Volksschulen.

Vom 31. März 1922 — Bes. 1111 — 1 D¹ 1459.

(FinMinBl. S. 184.)

Von Bedeutung sind noch folgende Ziffern:

B. Neuregelung der Versorgungsbezüge der Beamten und Volksschullehrer im Ruhestande und der Hinterbliebenen solcher.

34. Die Frauenbeihilfe wird den verheirateten und verwitweten männlichen Wartegeld- und Ruhegehaltsempfängern als besonderer Versorgungszuschlag in derselben Höhe und nach denselben Grundsätzen wie den im Dienst befindlichen Staatsbeamten gewährt. Sofern Wartegeld- und Ruhegehaltsempfänger nicht vor Anweisung der neuen Bezüge die Voraussetzungen der Gewährung nach den Ziff. 17 bis 19 glaubhaft machen, ist die Frauenbeihilfe zunächst noch nicht anzuweisen und sind Wartegeld- und Ruhegehaltsempfänger bei der Benachrichtigung über die Anweisung der neuen Bezüge aufzufordern, die für den Bezug der Frauenbeihilfe maßgebenden Verhältnisse glaubhaft zu machen. Die Frauenbeihilfe ist gegebenenfalls nachträglich anzuweisen. Es ist jedoch hierbei zu beachten, daß eine lediglich zur Erreichung der bisherigen Bezüge gewährte Erhöhung des Versorgungszuschlags sich um den Betrag der Frauenbeihilfe bei deren nachträglichen Anweisung vermindert.

35. Die Umrechnung der Versorgungsgebührnisse hat durch diejenigen Behörden zu erfolgen, die bisher für die Umrechnung nach dem BARG. bzw. VARG. zuständig waren. Wegen der Volksschullehrer im Ruhestande usw. vgl. hierzu den Runderlaß des Ministers für Wissenschaft, Kunst und Volksbildung vom 3. Dezember 1921 — U. III. D. 2555 U III. E.

II.

36. Darüber, daß die Umrechnung, Anweisung und Auszahlung der neuen Versorgungsbezüge der Ruhegehalts-, Wartegeldempfänger und Hinterbliebenen sich ungebührlich verzögert, sind immer wieder aus den Kreisen der Beteiligten und im Landtage lebhafte Klagen geführt worden. Es wird erwartet, daß die nachgeordneten Behörden sich der Umrechnung, Anweisung und Auszahlung der neuen Bezüge mit größter Beschleunigung und allem Nachdrucke annehmen. Zur Beschleunigung des Umrechnungsgeschäfts wird folgendes angeordnet:

a) Weniger eilbedürftige Sachen sind zurückzustellen und es ist dafür zu sorgen, daß zunächst die Versorgungsgebührnisse der Ruhestandsbeamten und Hinterbliebenen geregelt werden.

b) Geeignete Wartegeldempfänger und Ruhegehaltsempfänger, die in ihrem früheren Dienstverhältnisse mit den einschlägigen Arbeiten vertraut waren, sind vorübergehend zu diesen besonderen Arbeiten erforderlichenfalls einzuberufen. Gegebenenfalls sind zu diesem Zwecke die örtlichen Pensionärvereinigungen zu ersuchen, geeignete Kräfte zur Mitarbeit vorzuschlagen.

c) Für die Umrechnung der Ruhegehalts- und Hinterbliebenenbezüge der Volksschullehrpersonen sind nach Bedarf auch Volksschullehrpersonen, namentlich solche, die mit diesen Arbeiten vertraut sind, heranzuziehen, und zwar im Benehmen mit den Lehrerkammern.

d) Insoweit dies nicht bereits auf Grund des Runderlasses vom 2. März 1922 — I. D. 1/898 — innerhalb des Geschäftsbereichs des Finanzministers geschehen ist, sind bei der besonderen Wichtigkeit der Angelegenheit bei allen mit der Umrechnung von Versorgungsgebührnissen befaßten Dienststellen Referenten als Kommissare zu bestellen, denen die besondere Verantwortung für die schnelle und sachgemäße Erledigung der in Frage stehenden Arbeiten obliegt. Der Kommissar hat sich insbesondere fortlaufend über den Stand der Arbeiten zu unterrichten und geeignete Vorschläge für eine beschleunigte Erledigung zu machen.

e) Insbesondere ist sofort zu prüfen, ob sich die vorübergehende Einrichtung eines besonderen Pensionsbüros empfiehlt. Diesem würden die erforderlichen Beamten zu überweisen sein, die für alle Abteilungen — außer der Schulabteilung — die erhöhten Versorgungsgebührnisse für die Wartegeldempfänger, Ruhegehaltsempfänger und Hinterbliebenen zur Zahlung anzuweisen hätten. Dem Pensionsbüro wären die Entwürfe zu den auf Grund des Runderlasses vom 20. Dezember 1921 — I. D. 1/3462 — sowie des Runderlasses des Ministers für Wissenschaft, Kunst und Volksbildung vom 22. Februar 1922 — U. III. D. 98, A. III. — gefertigten Berechnungen zuzustellen. Das Pensionsbüro wäre ferner ausschließlich mit der Umrechnung der Versorgungsgebührnisse zu beschäftigen und erst aufzulösen, nachdem sämtliche Versorgungsgebührnisse umgerechnet worden sind.

Entsprechendes gilt für andere Dienststellen, bei denen Umrechnungen von Versorgungsgebührnissen in größerem Umfange vorzunehmen sind.

f) Die Reinschriften der Berechnungen sind nicht gesammelt, sondern möglichst täglich an die zahlenden Kassen abzusenden, damit bei diesen nicht durch Anhäufung der Anweisungen eine weitere Verzögerung in der Auszahlung der Gebührnisse eintritt.

g) Der für die Umrechnung der Versorgungsgebührnisse bestellte Kommissar hat auch die schleunige Erledigung der Zahlungsanweisungen durch die Kassen zu überwachen und geeignete Maßnahmen hierfür in Vorschlag zu bringen.

h) Das Kassenbüro der Regierung in Potsdam wird angewiesen, den Umrechnungsbehörden die Vordrucke für die Umrechnungen ohne besondere Anforderung in der gleichen Anzahl mit größter Beschleunigung zuzustellen, auf die die Anforderungen für die Umrechnung nach den Gesetzen vom 24. November 1921 lauteten.

Falls anfänglich Vordrucke in ausreichender Zahl noch nicht zur Verfügung stehen sollten, sind Teilsendungen an alle beteiligten Umrechnungsbehörden zu machen, damit das Umrechnungsgeschäft bei allen Dienststellen sofort in Angriff genommen werden kann.

i) Die Entsendung von Kommissaren zur Nachprüfung des Standes der Arbeiten und der getroffenen Maßnahmen an Ort und Stelle bleibt vorbehalten, ebenso die Anforderung von Berichten über den Stand des Umrechnungsgeschäfts.

Durch die nach vorstehenden Anordnungen notwendige Neuberechnung der Besoldungen, Versorgungs- und Hinterbliebenenbezüge darf eine etwa auf Grund früherer Gesetze noch im Gang befindliche Umrechnung von Ruhegehältern, Wartegeldern und Hinterbliebenenbezügen nicht gestört werden; diese bereits im Gang befindliche Umrechnung ist vielmehr mit besonderer Beschleunigung zu Ende zu führen.

C. Runderlaß des Finanzministers namens des Ministerpräsidenten und sämtlicher Staatsminister, vom 25. Oktober 1922, zur Durchführung des Gesetzes über Änderung der Dienst- und Versorgungsbezüge der unmittelbaren Staatsbeamten und des Gesetzes über Änderungen in dem Diensteinkommen der Lehrer und Lehrerinnen an den öffentlichen Volksschulen (Bes. 3526 — I D 1. 5901 —).

(FinMinBl. S. 622.)

Von Bedeutung sind noch folgende Ziffern:

B. Neuregelung der Versorgungsbezüge der Beamten und Volksschullehrer im Ruhestande und der Hinterbliebenen von solchen.

Umrechnungsstellen.

12. Die Umrechnungen werden nicht, wie bisher die Umrechnung der Pensionen, der Ruhegehälter, Wartegelder und Hinterbliebenenbezüge bei einer Änderung der Grundgehälter, den letzten Dienstbehörden übertragen, sondern zur Vereinfachung des Umrechnungsgeschäfts den die Versorgungsbezüge regelnden Regierungen, die den zahlenden Kassen vorgesetzt sind. Die zur Umrechnung erforderlichen Angaben sind in den durch Runderlaß vom 21. August 1922 — Bes. 2876 I D 1/4454 — eingeführten Vordrucken 154 und 157 (Ruhegehaltsempfänger) und 160 und 165 (Hinterbliebene) sämtlich enthalten. Soweit sie noch fehlen, wird wegen ihrer Beschaffung auf Ziff. 2 meines Runderlasses vom 21. Oktober 1922 — I D 1. 5822 — verwiesen.

Berechnung.

13. Die Ruhegehälter, Witwengelder und Waisengelder sind in Zukunft ebenso wie die Gehälter auf Monatsbeträge festzusetzen. Ihre Berechnung hat lediglich auf Grund von Monatsbeträgen des Diensteinkommens bzw. Ruhegehaltes zu erfolgen. Soweit ruhegehaltsfähige Nebenbezüge, Stellenzulagen usw. nach Jahresbeträgen festgesetzt sind, sind sie daher bei der Berechnung des ruhegehaltsfähigen Diensteinkommens auf Monatsbeträge umzurechnen.

Abrundung.

14. Sämtliche Ruhegehälter, Wartegelder, Witwen- und Waisengelder sind bei der Festsetzung auf Monatsbeträge auf volle Mark nach oben abzurunden. Dies gilt nicht nur für dasjenige Ruhegehalt, Wartegeld, Witwen- oder Waisengeld, das sich am Schluß der Berechnung ergibt, sondern auch für ein nur hilfsweise errechnetes Ruhegehalt oder Witwengeld, z. B. das Ruhegehalt, aus dem das Witwengeld berechnet wird, das Witwengeld,

aus dem Waisengeld oder das wegen Altersunterschiedes gekürzte Witwengeld berechnet wird. Auch nach den §§ 10 bis 12 gekürzte Witwen- oder Waisengelder sind einzeln auf volle Mark nach oben abzurunden. Im Falle des § 10 darf somit das Ruhegehalt, im Falle des § 12 der Zwanzigstelbetrag um die Abrundungsbeträge überschritten werden.

Ortszuschlag.

15. Der Ortszuschlag ist von jetzt ab bei dem ruhegehaltsfähigen Diensteinkommen nicht mehr, wie bisher, nach dem früher vorgeschriebenen, jeweils besonders im Gesetze festgestellten Durchschnittssatze, sondern allgemein — unabhängig von dem letzten Dienstorte oder dem Wohnorte des Versorgungsberechtigten — nach dem Satze der Ortsklasse B anzurechnen. Dies gilt sowohl nach Art. I Ziff. 7 für die Neuversorgungsberechtigten wie nach Art. VI für die Altversorgungsberechtigten.

Witwengeldsatz.

16. Das Witwengeld ist von jetzt ab an Stelle von 40 v. H. mit 60 v. H. des Ruhegehalts zu berechnen.

Der Mindestbetrag des Witwengeldes beträgt von jetzt ab monatlich 6000 Mark, der Höchstbetrag monatlich 25 000 Mark. Demgemäß beträgt der Mindestsatz bei einer Vollwaise 1000 Mark monatlich, der Höchstsatz 8334 Mark monatlich; bei einer Halbwaise der Mindestsatz 600 Mark monatlich, der Höchstsatz 5000 Mark monatlich.

Versorgungszuschlag.

17. a) Eine grundlegende Änderung haben die gesetzlichen Bestimmungen über den Versorgungszuschlag der Ruhegehaltsempfänger, Wartegeldempfänger und Witwen erfahren. Der Mindestversorgungszuschlag in Höhe der Hälfte des Ruhegehalts des Ausgleichszuschlages vom ruhegehaltsfähigen Diensteinkommen, der für die Ruhegehaltsempfänger galt, und den die Witwen allgemein erhielten, ist fortgefallen. Der Versorgungszuschlag wird von jetzt ab mit dem gleichen Prozentsatz, wie der Ausgleichszuschlag der Beamten im Dienst von deren Grundgehalt und Ortszuschlag berechnet wird, bei sämtlichen Ruhegehaltsempfängern, Wartegeldempfängern und Witwen von deren Ruhegehalt, Wartegeld oder Witwengeld berechnet. Wegen der an sich für einige Ruhegehaltsempfänger von wenig Dienstjahren und für einen Teil der Witwen sich ergebenden Minderbeträge vgl. das unten bei Ziff. 19 vorgeschriebene Verfahren.

b) Neu ist auch die Vorschrift, daß nunmehr auch der Versorgungszuschlag abzurunden ist, und zwar ebenso wie die sonstigen Versorgungsbezüge monatlich auf volle Mark. Die Abrundung bezieht sich auf den Gesamtbetrag des Versorgungszuschlags einschließlich etwaiger wegen Vorliegens besonderer Verhältnisse oder zur Erreichung der bisherigen Bezüge bewilligten Mehrbeträge.

c) Neu ist die Vorschrift des § 23 Abs. 7. Sie bildet eine Einschränkung zu Abs. 6 und besagt, daß, soweit bezüglich des Ruhegehalts, Wartegeldes oder Witwengeldes die Ruhensvorschriften der §§ 27, 28 ZPG., § 10 Wartegeldverordnung, § 12a Hinterbliebenenfürsorgegesetz Platz greifen, zu dem nicht ruhenden Teil des Ruhegehalts, Wartegeldes oder Witwengeldes ebenfalls der Versorgungszuschlag zu gewähren ist. Halbsatz 2 des Abs. 7 ist bedeutungslos, da ein Kopfzuschlag nicht gewährt wird.

Beispiel:

Ein Ruhegehaltsempfänger, der beim Ausscheiden im Endgehalt der Gruppe 12 stand und eine ruhegehaltsfähige Dienstzeit von 20 Dienstjahren hatte, wird nach dem Tarifvertrag im Endgehalt der Gruppe 10 wiederbeschäftigt, übt jedoch Staatshoheitsrechte aus, sodaß die Kürzungsvorschriften des § 27 ZPG. Platz greifen. Es ergibt sich folgende Berechnung:

Das frühere ruhegehaltsfähige Diensteinkommen beträgt:

	47 500 ℳ	Grundgehalt monatlich,
	4 500 „	anrechnungsfähiger Ortszuschlag der Ortskasse B monatlich,
zusammen	52 000 ℳ.	

Hierauf würde nach dem für die 1. und 2. Hälfte des Oktober 1922 zusammen sich ergebenden Ausgleichzuschlagssatz von 7 v. H. ein Ausgleichszuschlag von 3640 ℳ zu zahlen sein, das frühere Diensteinkommen mithin zusammen 55 640 ℳ im Monat betragen. Das Ruhegehalt beträgt $^{30}/_{60}$ des ruhegehaltsfähigen Diensteinkommens von 52 000 ℳ = 26 000 ℳ monatlich. Hierzu käme ein Versorgungszuschlag von 7 v. H. = 1820 ℳ monatlich. Das neue Diensteinkommen beträgt monatlich

	34 000 ℳ	Grundvergütung und
	4 500 „	Ortszuschlag,
zusammen	38 500 ℳ.	Hierzu 7 v. H. = 2695 ℳ.

Das Ruhegehalt hätte zu ruhen, insoweit das neue Diensteinkommen von

	38 500 ℳ monatlich
+ Ruhegehalt	26 000 „
zusammen	64 500 ℳ

das frühere Diensteinkommen von 52 000 ℳ übersteigt, mithin in Höhe von 12 500 ℳ monatlich. Es bleiben mithin zu zahlen von dem Ruhegehalt

26 000 ℳ
— 12 500 „
= 13 500 ℳ monatlich.

Nach der bisherigen Regelung wäre von dem Versorgungszuschlag nichts zu zahlen gewesen, da er geringer ist als der neben dem neuen Diensteinkommen zu zahlende Ausgleichszuschlag. Vom 1. Oktober 1922 ab ist jedoch nach § 23 Abs. 7 BDEG. der Versorgungszuschlag in Höhe des Ausgleichszuschlages von dem nichtruhenden Teile des Ruhegehalts, mithin in Höhe von 7 v. H. von 13 500 ℳ = 945 ℳ monatlich zu zahlen.

Die Wirkung der Vorschrift ist die, daß der wiederbeschäftigte Ruhegehaltsempfänger erhält:

1. nicht ruhenden Teil des Ruhegehalts . . .	13 500 ℳ
2. Versorgungszuschlag dazu	945 „
3. neues Diensteinkommen	38 500 „
4. Ausgleichszuschlag dazu	2 695 „
zusammen	55 640 ℳ

und daher in den Gesamtbezügen sein früheres ruhegehaltsfähiges Diensteinkommen im Endgehalte der Gruppe 12 einschließlich des darauf entfallenden Ausgleichszuschlages voll erreicht.

Soweit die Ruhensvorschriften nicht Platz greifen, weil z. B. der Ruhegehaltsempfänger nicht als Beamter oder in der Eigenschaft eines Beamten wiederbeschäftigt ist — oder auch während der ersten 6 Monate einer vorübergehenden Beschäftigung im Beamtenverhältnis —, behält es dagegen bei der bisherigen Regelung des § 23 Abs. 6 sein Bewenden.

Zuschüsse zur Erreichung der bisherigen Bezüge.

19. Nach Art. VIII Satz 2 können zum Ausgleich von Härten Zuschüsse zum Versorgungszuschlag gewährt werden. In gleicher Weise wie nach Ziff. 6 der Ausführungsanweisung vom 20. Dezember 1921 sind daher zur Erreichung der bisherigen Gebührnisse, auf den Monatsbetrag umgerechnet, in allen Fällen ohne Antrag und ohne Prüfung der Bedürftigkeit Zuschüsse zum Versorgungszuschlag zu gewähren. Eine Prüfung, ob dadurch der Vollsatz des Ausgleichszuschlags vom ruhegehaltsfähigen Diensteinkommen überschritten wird, ist hierbei nicht erforderlich. Insbesondere gelten die Vorschriften unter Ziff. 6 a, b und c der Ausführungsanweisung vom 20. Dezember 1921 entsprechend.

Gnadenvierteljahre.

22. Soweit den Hinterbliebenen nach dem 1. April 1922 verstorbener Beamten, Ruhegehaltsempfänger und Wartegeldempfänger Gnadenbezüge zustehen, sind bei ihrer Bemessung Änderungen zu berücksichtigen, die sich in der Zeit zwischen dem Tode des Beamten und dem Ablaufe des Gnadenvierteljahrs durch Änderung der Grundgehälter, Ortszuschläge, Kinderzuschläge, der Ausgleichs- oder Versorgungszuschläge, durch Änderung der Zahl der für die Gewährung von Kinderzuschlägen zu berücksichtigenden Kinder und durch Änderung der sonstigen für die Gewährung und die Höhe von Kinderzuschlägen bestehenden Voraussetzungen ergeben. Alle sonstigen Änderungen bleiben außer Betracht. Der Frauenzuschlag wird aus einem anderen Grunde als dem der allgemeinen Neufestsetzung nicht geändert. Eine nachträgliche Herabsetzung der Gnadenbezüge findet nicht statt.

Die sich hieraus für die Zeit vom 1. Mai ab ergebenden Nachzahlungen sind den Berechtigten alsbald nachträglich zu gewähren.

Benachrichtigung der Empfänger von Versorgungsgebührnissen.

24. Zur Vereinfachung und Beschleunigung der Umrechnung und Zahlung der veränderten Versorgungsgebührnisse wird folgendes bestimmt:

a) Solange sich die Ruhegehälter, Witwengelder und Waisengelder nicht selbst ändern, und solange nicht ein neuer Einkommensbestandteil für die Empfänger eingeführt wird, ist den Ruhegehaltsempfängern und Hinterbliebenen keine besondere Ausgabenachricht zu erteilen. Die Bestimmung unter **Ziff. VI des Runderlasses vom 28. Juli 1922 — Bes. 2630 —**, wonach die Empfänger von Versorgungsgebührnissen mittels Postkarte über die veränderten Bezüge zu benachrichtigen sind, wird hierdurch aufgehoben.

b) Die Kassen haben auch für solche Empfänger, die sonst ihre Gebührnisse bei der Kasse selbst abholen, die Nachzahlungen im Postscheckwege zu leisten.

c) Die Kassen haben

I. bei den Empfängern, die ihre Gebührnisse im Postscheckwege erhalten, auf den Abschnitten zur Überweisung, zum Scheck oder zur Zahlungsanweisung handschriftlich oder durch Gummistempelaufdruck folgende Nachricht anzubringen:

Monatsbetrag Ihrer Versorgungsgebührnisse

ab .... ℳ

Überwiesen werden für die Zeit vom ....

bis .... 192 .... ℳ

Ab Steuer . . . . ℳ

„ Kosten der Überweisung . . . . „

„ Vorschuß . . . . „ .... „

Bleiben . . . . ℳ

II. bei den Empfängern, deren Gebührnisse auf ein Bankkonto überwiesen werden, bei der Überweisung der Bank eine Mitteilung folgenden Inhalts zur Aushändigung an den Empfänger mitzuübersenden:

Mitteilung

für Herrn — Frau — ....

....

Monatsbetrag Ihrer Versorgungsgebührnisse

ab 1. .... 192 .... = ... ℳ

Überwiesen werden für die Zeit vom ....

bis .... 192 .... ℳ

Ab Steuer . . . . ℳ

„ Kosten der Überweisung . . . . „

„ Vorschuß . . . . „ .... „

Bleiben . . . . ℳ

Tagesstempel der staatlichen Kasse

Nr. 304. Mitteilung über die auf Bankkonto überwiesenen Versorgungsgebührnisse.

Die Regierung in Frankfurt a. O. ist ersucht worden, jeder Regierung und der Ministerial-Militär- und Baukommission in Berlin 500 Bogen des Vordrucks (8000 Stück) im Bürowege zu übersenden. Der weiter erforderliche Bedarf für die Rechnungsjahre 1922 und 1923 ist von den Kassen binnen 8 Tagen bei dem Kassenbüro der vorgesetzten Regierung, von dem Kassenbüro binnen 14 Tagen bei dem Kassenbüro der Regierung in Frankfurt a. O. anzumelden.

d) Diesmal sind zur Benachrichtigung der Empfänger über die vom 1. Oktober und 1. November anderweit festgesetzten Versorgungsbezüge die durch den bei Ziff. 1 erwähnten Erlaß eingeführten Postkarten weiter zu verwenden, auf der Anschriftseite jedoch nicht auszufüllen, sondern in Briefumschläge zu stecken. Um Verwechslungen zu vermeiden, sind die Briefumschläge von demjenigen Beamten, der die Benachrichtigung ausfüllt, gleich mit der Anschrift zu versehen.

Unfallfürsorgesätze.

25. Wegen der veränderten Mindest- und Höchstsätze des Unfallfürsorgegesetzes wird auf Artikel V des Gesetzes besonders hingewiesen.

Beschleunigung der Umrechnungsarbeiten.

26. Wegen Beschleunigung der Umrechnungs- und Zahlungsarbeiten für die Versorgungsberechtigten wird auf die bestehenden Erlasse Bezug genommen. Wenn auch bei der Mehrzahl der beteiligten Dienststellen eine anerkennenswerte Besserung erzielt ist, so haben doch bei einzelnen Dienststellen die bestehenden Rückstände noch immer nicht völlig restlos beseitigt werden können. Für die Zukunft muß unbedingt erstrebt werden, daß auch den Versorgungsberechtigten Erhöhungen ihrer Bezüge innerhalb weniger Tage gezahlt werden. Die zur Erreichung dieses Ziels erforderlichen organisatorischen Maßnahmen mache ich den Behördenleitern zur besonderen persönlichen Pflicht.

D. Erlaß des Finanzministers, betreffend Kinderbeihilfe und Frauenbeihilfe für Ruhegehaltsempfänger, Wartegeldempfänger und Hinterbliebene sowie Kürzung des Versorgungszuschlages.

Vom 31. Oktober 1922 (I D 1. 5618/Bes. 3328).

1. Ziff. III 5 der Ausführungsanweisung vom 3. September 1921 zur Verordnung vom 2. September 1921, Sonderabdruck aus Finanzministerialblatt Nr. 16, wird mit Wirkung vom 1. Oktober 1921 aufgehoben. Kinderbeihilfen sind hiernach vom 1. Oktober 1921 an auch zu zahlen:

a) für Kinder oder Stiefkinder aus einer erst nach der Versetzung des Beamten in den Ruhestand geschlossenen Ehe,

b) für uneheliche Kinder, die der Beamte erst nach seinem Ausscheiden aus dem Dienste, d. h. als Ruhegehaltsempfänger, erzeugt und unterhalten hat,

c) für Kinder, die der Beamte erst als Ruhegehaltsempfänger für ehelich erklärt oder an Kindesstatt angenommen hat, soweit die sonstigen Voraussetzungen für die Gewährung der Kinderbeihilfe vorliegen.

Die Kinderbeihilfen sind jedoch nur solange zu zahlen, bis der Anspruch auf Ruhegehalt oder Wartegeld, neben dem sie zustehen, erlischt. Neben den Gebührnissen für das Gnadenvierteljahr würden sie noch zu zahlen sein.

Dies gilt ebenso von Kinderbeihilfen für uneheliche Kinder, die der Beamte vor seinem Ausscheiden erzeugt und unterhalten hat. Die Kinderbeihilfen fallen weg von dem Tage an, an dem die Zahlung des Diensteinkommens oder der Versorgungsgebührnisse des Beamten oder Ruhegehalts- bzw. Wartegeldempfängers aufhört.

Es wird, wie bereits mehrfach in Einzelfällen hervorgehoben ist, hier nochmals darauf hingewiesen, daß der Fall, daß eine Kinderbeihilfe zu zahlen ist, ohne daß gleichzeitig sonstige Versorgungsgebührnisse zu zahlen sind, nur eintreten kann bei waisengeldberechtigten Waisen, die das 18. aber noch nicht das 21. Lebensjahr vollendet haben.

2. Mit Wirkung vom 1. Januar 1922 an wird ferner folgendes bestimmt:

Waisengeld auf Grund eines Beamtenhinterbliebenengesetzes oder Waisenrente auf Grund eines sonstigen Versorgungsgesetzes, die aus Mitteln des Reichs, eines Landes oder einer sonstigen öffentlichen Körperschaft für ein Kind gezahlt werden, wobei die Person des Empfängers gleichgültig ist, sowie Kinderzulagen auf Grund des Reichsversorgungsgesetzes vom 12. Mai 1920 — RGBl. S. 989 — § 30 — und Teuerungszulagen hierzu — § 87 ebenda — sind auf die Kinderbeihilfen nicht anzurechnen, da sie einen anders gearteten Charakter haben als diese und somit nicht als „entsprechende Beihilfe" im Sinne des § 17 Abs. 3 Satz 3 BDEG. angesehen werden können. Ebensowenig können sie als „eigenes Einkommen des Kindes" gemäß § 17 Abs. 1 Ziff. 2 BDEG. (Finanzm. vom 19. April 1922 — GS. S. 83) angesehen und angerechnet werden.

Hiernach sind auch Waisenrenten und etwaige Zuschläge zu den Waisenrenten, die auf Grund eines Militärversorgungsgesetzes gezahlt werden, nicht mehr anzurechnen.

Dies gilt nicht nur für die neben Versorgungsgebührnissen zahlbaren Kinderbeihilfen (z. B. bei Kriegswitwen), sondern auch für die neben aktiven Dienstbezügen zahlbaren Kinderbeihilfen (z. B. wenn ein Beamter eine Kriegswitwe geheiratet und Kriegswaisen zu Stiefkindern hat).

3. Die für die Zeit gemäß Ziff. 1 seit dem 1. Oktober 1921 zustehenden und für die gemäß Ziff. 2 seit dem 1. Januar 1922 zustehenden Beträge an Kinderbeihilfen sind nachzuzahlen. Für die Zeit vor dem 1. Oktober 1921 bzw. 1. Januar 1922 können Beträge, die nach der vom 1. Oktober 1921 bzw. 1. Januar 1922 ab geltenden Regelung zu zahlen gewesen wären, in Ausgabe belassen werden, sofern sie tatsächlich gezahlt sind.

4. Teuerungsbezüge, die ehemaligen Militärpersonen und deren Hinterbliebenen zu den ihnen nach den Militärversorgungsgesetzen, insbesondere dem Reichsversorgungsgesetz zustehenden Gebührnissen gewährt werden — z. B. die im § 87 des Reichsversorgungsgesetzes vorgesehenen Teuerungszulagen — gehören nicht zu den nach § 23 Abs. 6 (früher 5) BDEG. auf den Versorgungszuschlag anzurechnenden Teuerungszuschlägen.

Dies gilt jedoch nicht für die Teuerungszuschläge, die auf Grund des § 5 des Reichspensionsergänzungsgesetzes vom 21. Dezember 1920 (RGBl. S. 2109) in der Fassung des Gesetzes vom 7. April 1922 (RGBl. S. 328) oder nach Maßgabe dieser Vorschrift — vgl. § 14 des Wehrmachtversorgungsgesetzes vom 4. August 1921 (RGBl. S. 993) in der Fassung des Gesetzes vom 7. April 1922 (RGBl. S. 328) — gezahlt werden, also insbesondere für Teuerungszuschläge neben den Militärpensionen, Militärwitwengeldern, die auf Grund von Militärpensionen berechnet sind, und neben Übergangsgeldern. Diese sind vielmehr auf den Versorgungszuschlag nach Maßgabe des § 23 BDEG. anzurechnen.

5. Die Vorschriften des § 23 Abs. 6 (früher 5) BDEG. beziehen sich auch auf die nach § 23 Abs. 4 BDEG. in der Fassung des § 1 Ziff. VI des Gesetzes vom 19. April 1922 (GS. S. 83) zu gewährende Frauenbeihilfe. Diese hat mithin bei Gewährung einer gleichartigen Beihilfe aus anderem Anlaß in entsprechender Höhe zu ruhen.

6. Wegen der Frage, von wem die Kinderbeihilfen bei Stiefkindern einem Beamten zu zahlen sind, wird auf Ziff. 1—3 des Runderlasses vom 10. Oktober 1921 — I D 11988 — verwiesen. Es sind ferner noch andere Fälle hervorgetreten, in denen zweifelhaft erscheint, von welcher von mehreren an sich verpflichteten Dienststellen eine Kinderbeihilfe oder Frauenbeihilfe zu zahlen ist. Hierzu wird folgendes bemerkt:

a) Ist ein Pensionär, ein Wartegeldempfänger oder eine Witwe im Staatsdienst beschäftigt, so sind von der beschäftigenden Dienststelle die Kinderbeihilfen und die Frauenbeihilfe gegebenenfalls zu zahlen. Die neben den Versorgungsgebührnissen zahlbaren Beihilfen ruhen.

b) Ist ein Pensionär von verschiedenen Körperschaften des öffentlichen Rechts pensioniert oder bezieht eine Witwe von verschiedenen Körperschaften des öffentlichen Rechts Witwengeld, so sind gegebenenfalls die Kinderbeihilfen und die Frauenbeihilfe von derjenigen Körperschaft des öffentlichen Rechts zu zahlen, der der Beamte zuletzt gedient hat und die seine Versorgungsgebührnisse demnach zuletzt festgesetzt hat. Die neben den zuerst erdienten Versorgungsgebührnissen zahlbaren Kinderbeihilfen und Frauenbeihilfen ruhen.

4. Erlaß des Ministers des Innern, betreffend Richtlinien für die Besoldung des Kommunalbeamten.

Vom 1. März 1922 IV a I 1306 (MBl. f. d. i. V. S. 212.)

Im Anschluß an meinen Runderlaß vom 14. Dez. 1921 — IV a I 1506 II — (nicht veröffentlicht) und die dort bereits gegebenen Weisungen ersuche ich, die aus Anlaß der Erhöhung der Gehaltssätze der Reichs- und Staatsbeamten erforderlich gewordene Neuregelung der Besoldungen der Kommunalbeamten nunmehr mit größter Beschleunigung zum Abschluß zu bringen. Die Schaffung endgültiger und klarer Verhältnisse liegt vor allem im eigenen Interesse der Gemeinden und Gemeindeverbände wie der Kommunalbeamten. Sie ist ferner geboten, weil der Herr Reichsfinanzminister für die Zukunft die Gewährung weiterer Vorschüsse von der Bedingung abhängig macht, daß die Übereinstimmung der kommunalen Besoldungsvorschriften mit den Grundsätzen des Besoldungssperrgesetzes festgestellt ist. Deshalb muß angestrebt werden, daß die Neuregelung der Besoldungen der Kommunalbeamten bis zum 1. April 1922 durchgeführt ist. Diese Durchführung zu erleichtern und zu beschleunigen, ist der Zweck der auf Grund von Besprechungen in den Provinzen aufgestellten Richtlinien. Sie sollen innerhalb der durch das Besoldungssperrgesetz gezogenen Grenzen die Berücksichtigung der von Reich und Staat abweichenden besonderen Verhältnisse der Gemeindeverwaltung sichern.

I. Bedeutung der Richtlinien.

Die Richtlinien gelten in gleicher Weise für die weitere Durchführung des Gesetzes, betreffend vorläufige Regelung verschiedener Punkte des Gemeindebeamtenrechts vom 8. Juli 1920 (GS. S. 383) wie des Reichsgesetzes zur Sicherung einer einheitlichen Regelung der Beamtenbesoldung vom 21. Dezember 1920 (RGBl. S. 2117) (Besoldungssperrges.) [1]).

Die Richtlinien sollen dem zweifachen Zweck entsprechend einerseits die unterste Grenze derjenigen Leistungen angeben, zu denen die Gemeinden und Gemeindeverbände gesetzlich verpflichtet sind, und anderseits auch die obere Grenze, über die mit Rücksicht auf das Besoldungssperrgesetz nicht hinausgegangen werden darf.

Die praktische Bedeutung der Richtlinien ist also die, daß Besoldungsvorschriften der Gemeinden, welche sich innerhalb der von ihnen gezogenen Grenzen halten und den für die Einstufung im einzelnen aufgestellten Grundsätzen entsprechen, von den Genehmigungsbehörden als den gesetzlichen Vorschriften entsprechend, mithin auch nicht als „günstigere Regelung" im Sinne des § 1 Abs. 2 des Besoldungssperrges. anzusehen sind und daher — ins-

---

[1]) S. Anhang Nr. XI.

besondere auch gemäß § 9 des Besoldungssperrges. — genehmigt werden können, während Besoldungsordnungen, welche die Grenzen nicht innehalten, oder den Einstufungsgrundsätzen nicht entsprechen, entweder gemäß § 9 des Besoldungssperrges. nicht zu genehmigen oder gemäß § 3 des Ges. vom 8. Juli 1920 zu beanstanden sind (zu vgl. VI A).

Da die Richtlinien ihren Zweck nur erfüllen können, wenn ihre gleichmäßige Durchführung nach einheitlichen Gesichtspunkten gesichert ist, so sind die von ihnen gezogenen Grenzen für die Kommunalaufsichtsbehörden bindend, sofern nicht ausnahmsweise eine günstigere Regelung im Sinne des § 1 Abs. 2 des Besoldungssperrges. zulässig ist. *Die Nichteinhaltung der Mindestgrenze ist in jedem Falle als eine erhebliche Verletzung im Sinne des § 3 a. a. O. anzusehen.*

Neue Besoldungsordnungen haben die Regelung der Besoldung der *Dienststellen* zum Gegenstand und berühren die Ansprüche der jeweiligen Stelleninhaber nur insoweit, als eine Änderung ihrer Besoldung ohne Verletzung wohlerworbener Rechte möglich ist. Hierüber ist im Streitfalle nur in dem Verfahren gemäß § 7 des Kommunalbeamtenges.[2]) zu entscheiden. Grundsätzlich ist aber zu bemerken, daß neue Besoldungsvorschriften im Sinne des § 10 des Besoldungssperrges., welche mit den Vorschriften des Besoldungssperrges. in Widerspruch stehen, wohlerworbene Rechte nicht begründen können (vgl. § 11 Abs. 2 a. a. O.), und daß nach der von dem Herrn Reichsfinanzminister vertretenen Auffassung wohlerworbene Rechte überhaupt nur in bezug auf die Höhe des Diensteinkommens, nicht aber in bezug auf die Zugehörigkeit zu einer bestimmten Besoldungsgruppe entstehen können.

II. Inhalt der Richtlinien.

In Anbetracht der Vielgestaltigkeit und der Verschiedenheit der Organisation der Gemeindeverwaltungen müssen sich die von der Zentralstelle aufzustellenden Richtlinien darauf beschränken, einmal diejenigen allgemeinen Grundsätze zu bestimmen, welche bei der Besoldung der Kommunalbeamten zu berücksichtigen sind, und zweitens Höchst- und Mindestgrenzen aufzustellen im wesentlichen für diejenigen Beamtenstellen, durch welche die Gliederung der allgemeinen Verwaltung der Gemeinde mit den wichtigsten Abstufungen dargestellt wird. Diese Grenzen werden einen ausreichenden Anhalt bieten, um eine entsprechende Einstufung der Stellen besonderer Verwaltungszweige zu ermöglichen an der Hand eines Vergleichs mit gleich zu bewertenden Stellen des Reichs- und Staatsdienstes einerseits und mit solchen des hauptsächlichen Verwaltungszweiges derselben Gemeinde anderseits. Dies gilt insbesondere für die technischen Beamten, die Polizeibeamten, Forstbeamten, Vollziehungsbeamten usw.

III. Ergänzende Richtlinien.

Um eine gleichmäßige Durchführung sicherzustellen, wird daher eine Ergänzung der Richtlinien für die einzelnen Provinzen in doppelter Richtung notwendig sein. Einmal werden ergänzende Normen aufgestellt werden müssen für diejenigen Beamtenstellen, hinsichtlich deren dies nach Lage der örtlichen Verhältnisse zweckmäßig und erforderlich erscheint; und ferner wird der Spielraum, den die Richtlinien an verschiedenen Stellen lassen, so zu begrenzen sein, daß unangemessene Einstufungen auch innerhalb der

---

[2]) Ges. v. 30. Juli 1899 (GS. S. 141).

Richtlinien auf jeden Fall verhindert werden. Zu diesem Zweck werden einmal den provinziellen Verhältnissen angepaßte Zwischeneinteilungen da einzuschalten sein, wo in der Größe des Spielraums eine Fehlerquelle liegen kann, beispielsweise bei der Einteilung der Städte nach der Einwohnerzahl für die Einstufung der Bürgermeister und Stadträte (Beigeordneten). Und ferner werden Grundsätze aufzustellen sein, unter welchen Umständen eine Einstufung in die in den Richtlinien nur als Ausnahme zugelassene höchste Stufe erfolgen darf. Als solche Umstände werden namentlich die unter VII B aufgeführten Verhältnisse in Betracht kommen, wenn sie in besonderem Maße hervortreten. Eine Verallgemeinerung dieser Ausnahmen wird nur da in Frage kommen, wo die besonderen Verhältnisse, welche sie rechtfertigen, sich nicht auf eine Gemeinde beschränken, sondern auf ganze Bezirke erstrecken (z. B. starke Industrialisierung).

Die Aufstellung solcher ergänzenden Richtlinien und Grundsätze, bei der die nachgeordneten Kommunalaufsichtsbehörden und die Gutachterausschüsse (unter VI D) zu beteiligen sind, ist Sache der Oberpräsidenten. Innerhalb der Richtlinien und Grundsätze haben die zuständigen Genehmigungsbehörden nach pflichtmäßigem Ermessen, auch über die Zulassung der Ausnahmen, zu entscheiden.

IV. Günstigere Regelung.

Eine günstigere Regelung gemäß § 1 Abs. 2 des Besoldungssperrges. ist nur in besonderen Ausnahmefällen zulässig. Als besondere Verhältnisse und Gründe im Sinne des § 1 Abs. 2 a. a. O. werden insbesondere zu gelten haben die unter VII B a bis c aufgeführten Umstände, wenn sie im Einzelfalle in solchem Maße vorliegen, daß ihre volle Berücksichtigung im Rahmen der Richtlinien nicht möglich ist; ferner ungünstige Verhältnisse der einzelnen Gemeinden (Gemeindeverbände), welche die Gewinnung geeigneter Kräfte besonders für die Stellen der leitenden Beamten zu erschweren geeignet sind und einen Ausgleich bei der Gehaltsbemessung finden müssen. Die Zustimmung zu einer solchen günstigeren Regelung darf, um die erforderliche Einheitlichkeit der Entscheidungen innerhalb der Provinz sicherzustellen, nur von dem Oberpräsidenten erteilt werden. Um meinerseits die einheitliche Behandlung dieser Ausnahmefälle innerhalb des ganzen Landes überwachen zu können, bestimme ich, daß die durch § 1 Abs. 2 in Verbindung mit § 10 Abs. 2 a. a. O. vorgeschriebene Mitteilung an den Herrn Reichsfinanzminister in Zukunft nur durch meine Vermittlung zu geschehen hat. Der Herr Reichsfinanzminister ist hiervon unterrichtet.

V. Anwendbarkeit der Richtlinien auf die ständig Angestellten und Anwärter.

Die Richtlinien gelten zunächst für die Besoldungsregelung der Kommunalbeamten. Ihre Anwendung auf die gemäß § 1 Abs. 4 des Ges. vom 8. Juli 1920 den Beamten gleichzuachtenden ständig Angestellten und Anwärter ergibt sich für die Durchführung des Ges. vom 8. Juli 1920 ohne weiteres aus § 1 Abs. 4, für die Durchführung des Besoldungssperrges. daraus, daß grundsätzlich eine Gleichbehandlung dieser Angestellten und Anwärter mit den entsprechenden Kommunalbeamten stattfinden soll, eine abweichende Besoldung mithin als ein offenbarer Auswuchs im Sinne des Ges. vom 18. Juli 1920 anzusehen sein würde.

VI. Verfahren.

A. Vorlage der Besoldungsvorschriften an die Genehmigungsbehörde.

Die Prüfung und Genehmigung der Besoldungsvorschriften wird hiermit gemäß § 9 des Besoldungssperrges. den Kommunalaufsichtsbehörden mit der Maßgabe übertragen, daß sie hinsichtlich der Besoldungen der Beamten der Landbürgermeistereien und Ämter in der Rheinprovinz und Westfalen den Regierungspräsidenten zusteht.

Die Gemeinden und Gemeindeverbände haben alle nach dem 31. März 1920 erlassenen oder in Kraft getretenen für die bevorstehende Neuregelung maßgebenden Besoldungsvorschriften der Kommunalaufsichtsbehörde erster Instanz vorzulegen.

Die Verpflichtung zur Vorlage beschränkt sich nicht auf die Besoldungsvorschriften, deren Prüfung gemäß § 3 des Besoldungssperrges. bisher nicht ausdrücklich stattgefunden hat, sondern erstreckt sich auch auf die infolge der Erhöhung der Besoldungssätze der Reichs- und Staatsbeamten zu erlassenden neuen Besoldungsvorschriften. Als neue Besoldungsvorschrift in diesem Sinne gilt nach der Auslegung der maßgebenden Stellen auch eine Erhöhung der Besoldungssätze, die infolge der Erhöhung der Dienstbezüge der unmittelbaren Staatsbeamten nach der Besoldungsordnung der betreffenden Gemeinde ohne weiteres eintritt.

Da die einmal festgestellte Übereinstimmung solcher automatischen Besoldungsordnungen mit den Richtlinien auch im Falle einer späteren automatisch eintretenden Erhöhung der Besoldungssätze erhalten bleibt, bedarf eine solche in Zukunft keiner Genehmigung mehr. Insofern ist die auf Grund der Richtlinien erfolgende Genehmigung solcher automatischen Besoldungsordnungen endgültig.

Neue Besoldungsvorschriften im Sinne des § 9 des Besoldungssperrges. können vor der Genehmigung rechtswirksam nicht in Kraft gesetzt werden.

B. Genehmigung.

Da die Prüfung der zulässigen Höchstgrenze auf Grund der schärferen Vorschriften des Besoldungssperrges. zu erfolgen hat, wird sich die auf Grund des Ges. vom 8. Juli 1920 vorzunehmende Prüfung auf die Einhaltung der durch die Richtlinien gezogenen Mindestgrenzen, also gegebenenfalls auf das zu diesem Zwecke einzuleitende Verfahren gemäß § 3 des Ges. vom 8. Juli 1920 zu beschränken haben. Das in § 2 a. a. O. geregelte Verfahren findet keine Anwendung mehr, da nachträgliche Ergänzungen der ersten Besoldungsvorschriften jetzt nicht mehr in Frage kommen. Die Genehmigung gemäß § 9 des Besoldungssperrges. ist daher ohne Rücksicht auf die nach dem Ges. vom 8. Juli 1920 noch schwebenden Verfahren zu erteilen oder zu versagen.

Soweit, abgesehen von den Verfahren auf Grund des Ges. vom 8. Juli 1920 und des Besoldungssperrges. für die Genehmigung von Besoldungsvorschriften der Gemeinden und Gemeindeverbände gesetzlich ein besonderes Verfahren vorgeschrieben ist, ist zunächst dieses zur Durchführung zu bringen und erst nach seinem Abschluß gemäß § 9 des Besoldungssperrges. Entscheidung zu treffen. Beispielsweise muß hinsichtlich der Besoldung der Bürgermeister und der besoldeten Magistratsmitglieder (§ 64 Abs. 1 der östl. Städteordnung) die Genehmigung des Bezirksausschusses (auf Beschwerde des Provinzialrats) erteilt sein, ehe die Genehmigung gemäß § 9 a. a. O. zu erteilen oder zu versagen ist.

C. Rechtsmittel gegen die Versagung der Genehmigung.

Wird die Genehmigung der vorgelegten Besoldungsvorschriften von den Regierungspräsidenten versagt, so findet, wie ich hiermit in Abänderung meiner Runderlasse vom 15. Mai 1921 — IV a I 375 (MBliV. S. 193) — und vom 21. Oktober 1921 — IV a I 1353 (MBliV. S. 348) — bestimme, gemäß § 9 Abs. 3 des Besoldungssperrges. unmittelbar die Anrufung des Landesschiedsgerichts statt, dessen Bildung demnächst öffentlich bekanntgemacht werden wird. Gegen die Versagung der Genehmigung seitens der Landräte findet zunächst die Beschwerde gemäß § 24 des Zuständigkeitsges. an die Regierungspräsidenten statt.

D. Sicherung einer einheitlichen Durchführung der Richtlinien.

Die Oberpräsidenten sind für die einheitliche Durchführung der Richtlinien innerhalb der Provinz verantwortlich. Volle Klarheit und Übereinstimmung hinsichtlich der Durchführung bei den Kommunalaufsichtsbehörden herzustellen und zu erhalten, ist daher ihre wichtigste Aufgabe. Zu diesem Zwecke werden nicht nur die von dem Oberpräsidenten zu erlassenden ergänzenden Richtlinien zum Gegenstand gemeinsamer Besprechungen zu machen, sondern auch weiterhin periodische Besprechungen mit den Regierungspräsidenten abzuhalten sein, bei denen alle aus den vorgelegten Besoldungsvorschriften sich ergebenden Fragen von allgemeiner oder grundsätzlicher Bedeutung zu erörtern sind.

Um hierbei ein enges und vertrauensvolles Zusammenarbeiten auch mit den Gemeinden und Gemeindebeamten zu erreichen, haben die Oberpräsidenten bei der diesmaligen Besoldungsregelung Vertreter der Provinzialorganisationen der Gemeinden, Gemeindeverbände und Beamten nach Maßgabe der folgenden Bestimmungen als Gutachterausschüsse zuzuziehen. Die Ausschüsse sind paritätisch aus Vertretern der Gemeinde- und Beamtenorganisationen zusammenzusetzen und im Interesse schneller und sachlicher Arbeit auf eine möglichst kleine Mitgliederzahl (etwa sechs im ganzen) zu beschränken. Sie sind regelmäßig für die ganze Provinz zu bilden, sofern nicht bereits für bestimmte Bezirke getroffene Besoldungsvereinbarungen oder besondere örtliche Verhältnisse eine anderweitige Abgrenzung zweckmäßig machen. Die Gutachterausschüsse sollen sowohl bei der Aufstellung und Erörterung der ergänzenden Richtlinien wie bei der Besprechung der aus den vorgelegten Besoldungsordnungen sich ergebenden Fragen von grundsätzlicher Bedeutung gehört werden. Dabei werden selbstverständlich auch Anregungen der Gutachterausschüsse über solche grundsätzlichen Fragen mit erörtert werden können. Dagegen ist es nicht ihre Aufgabe, die Belange einzelner Beamten zu vertreten, deren Erörterung für die Durchführung der Richtlinien ohne grundsätzliche Bedeutung ist. Der Staatskasse dürfen durch die Zuziehung der Gutachterausschüsse Kosten nicht erwachsen.

VII. Allgemeine Grundsätze der Richtlinien.

Für die Durchführung des Pr. Ges. vom 8. Juli 1920 sind die jeweils geltenden preußischen gesetzlichen Vorschriften und Bestimmungen, jetzt also die Besoldungsges. vom 17. und 18. Dezember 1920 in der Fass. der VO. vom 8. Februar 1921 (GS. S. 300) und der Novelle vom 24. November 1921 (GS. S. 553) und die „preußischen Besoldungsvorschriften" vom 8. Juli 1921 (FinMinBl. Nr. 14) maßgebend (vgl. Erlaß vom 15. Februar 1921 — IV a I 201, nicht veröffentl.). Für die Durchführung des Besoldungssperrges. sind gemäß § 1 a. a. O. die Besoldungsvorschriften und Bestimmungen des Reiches maßgebend, jetzt also das Reichsbesoldungsges. vom 30. April 1920 (RGBl. S. 805) in der Fass. des Ges. vom 17. Dezember 1920 (RGBl. S. 2075) und des Ges. vom 21. Nov. 1921 (RGBl. S. 1365), die Reichsbesoldungsvorschriften vom 21. März 1921 (RGBl. S. 257) und vom 25. August 1921 (RGBl. S. 1244 und 1247) sowie das Pensionsergänzungsges. vom 21. Dezember 1920 (RGBl. S. 2109) und das Ortsklassenverzeichnis vom 13. Januar 1922 (RGBl. S. 87). Daneben können auch für die Durchführung des Besoldungssperrges. den Gemeinden und Gemeindeverbänden gegenüber die Preuß. Besoldungsvorschriften als Anhalt herangezogen werden, soweit sie nicht ausnahmsweise von denen des Reichs abweichen, wie z. B. hinsichtlich der Anrechnung der Militär- und Marine-Dienstzeit auf das Besoldungsdienstalter der Militäranwärter (§ 5 des Reichsbesoldungsges., § 3 des Preuß. Beamten-Diensteinkommensges.).

Für die Prüfung der vorgelegten Besoldungsordnungen sind die Besoldungsvorschriften des Reichs maßgebend sowohl hinsichtlich der die Grundlage der Besoldungsregelung bildenden Besoldungsgrundsätze wie hinsichtlich der Einstufung der einzelnen Stellen in die Besoldungsgruppen.

A. Besoldungsgrundsätze.

Die Besoldungsvorschriften der Gemeinden und Gemeindeverbände haben den Besoldungsgrundsätzen des Reichs entsprechende Bestimmungen zu enthalten, insbesondere:

a) hinsichtlich des Diensteinkommens, der Kinderbeihilfen, des Ausgleichszuschlages, des Ruhegehalts und der Hinterbliebenenbezüge,

b) hinsichtlich der Feststellung des Besoldungsdienstalters und der Berechnung des Anwärterdienstalters,

c) hinsichtlich des der Berechnung der Ruhegehälter und Hinterbliebenenbezüge zugrunde zu legenden Ortszuschlags mit der Maßgabe, daß in allen Fällen ohne Rücksicht auf die Ortsklasse der einzelnen Gemeinde der Durchschnittssatz anzurechnen ist (§ 15 des Reichsbesoldungsges.),

d) hinsichtlich von Nebenbezügen mit der Maßgabe, daß die Vergütung für eine mit dem Amte nicht in unmittelbarem Zusammenhange stehende nebenamtliche Tätigkeit unberücksichtigt bleibt,

e) hinsichtlich der Aufwandsentschädigungen mit der Maßgabe, daß solche nur denjenigen Beamten gewährt werden dürfen, welche hinsichtlich der durch die Aufgaben des Amtes bedingten Notwendigkeit eines besonderen Aufwandes mit den in der Schlußbemerkung A der Preuß. Besoldungsordnung aufgeführten Beamten vergleichbar sind. Von der Aufwandsentschädigung im engeren Sinne zu unterscheiden ist die Dienstaufwandsentschädigung (z. B. Pauschvergütung für Büro-Unterhaltung, Reisekosten usw.), deren Höhe nur durch das sachliche Bedürfnis bestimmt wird,

f) hinsichtlich des § 34 des Reichsbesoldungsges. dahin, daß jede Besoldungsordnung eine Bestimmung enthalten muß, daß die durch sie geregelten Diensteinkommensbezüge und Kinderbeihilfen sowie die auf Grund dieser Diensteinkommensbezüge festgesetzten Ruhegehälter und Hinterbliebenenbezüge sowie die Einreihung der Beamten in die Gruppen der Besoldungsordnung durch neue Besoldungsvorschriften geändert werden können.

In anderer Form, als die Besoldungsgrundsätze des Reiches es zulassen, darf den Kommunalbeamten Diensteinkommen nicht gewährt werden.

B. Grundsätze für Einstufung im allgemeinen.

In den Besoldungsordnungen sind die Beamten in gemeinschaftliche Besoldungsgruppen zusammenzufassen, welche denen der Besoldungsordnung für die Reichs- und Staatsbeamten in bezug auf Anfangs- und Endgehalt, die Zahl der Dienstaltersstufen und die Aufrückungsfristen entsprechen müssen. Die Gehaltssätze sind den jeweilig für die entsprechenden Gruppen der Reichsbesoldung geltenden gleichzusetzen, damit eine dauernde Übereinstimmung der Besoldungsordnungen der Gemeinden (Gemeindeverbände) mit denen des Reichs und Staates gemäß dem Ges. vom 8. Juli 1920) sichergestellt ist.

Für die Einstufung der Beamten in die einzelnen Besoldungsgruppen, d. h. für die Prüfung der Gleichwertigkeit der kommunalen Dienststelle mit einer solchen im Reichsdienste ist die Bedeutung und der Inhalt des Amtes, nicht die Amtsbezeichnung entscheidend. Hierbei werden die Vorbildung, Ausbildung und Fortbildung der Beamten, insbesondere der durch die Ablegung von Prüfungen erbrachte Nachweis der für die Stelle geforderten Kenntnisse einen wichtigen Anhalt bieten können. Für den Vergleich sind insbesondere folgende Umstände zu berücksichtigen:

a) das Maß der zu erfüllenden Leistung, die Pflicht selbständiger Entscheidung und die damit verbundene Verantwortung, kurz der Gesamtinhalt der tatsächlichen Pflichten und Dienstgeschäfte der Stelle,

b) besondere Verhältnisse der einzelnen Gemeinde, welche für den Grad der Schwierigkeit der Stellen besonders der leitenden Beamten in wirtschaftlicher oder politischer Beziehung mitbestimmend sein können (besonders schwierige wirtschaftliche Aufgaben und politische Verhältnisse, starke Industrialisierung, Größe der Gemeinde, Vororte größerer Städte, Umfang des Kur- und Badebetriebes in Kur- und Badeorten).

c) die äußeren Anstellungsverhältnisse, Maß der Sicherheit und Dauer der Anstellung, besonders bei Wahlbeamten, Exponiertheit der Stellen in politischer Beziehung.

Wenn in den Richtlinien für die Einstufung (Anlage zu VIII) ausdrücklich bemerkt ist, daß für bestimmte Stellen keine Richtlinien aufgestellt werden, so wird damit die Möglichkeit einer Gleichbewertung mit Stellen im Reichsdienst nicht etwa verneint. Auch für diese Stellen wird, wenngleich ein allgemein gültiger Vergleichsmaßstab nicht gefunden werden kann, doch im einzelnen Falle unter Berücksichtigung aller maßgebenden Umstände eine gleichwertige Stelle im Reichsdienst und damit die angemessene Besoldungsgruppe festzustellen sein.

Als schlechthin nicht gleich bewertbar sollen angesehen werden nur: die Stellen der Oberbürgermeister in Städten von mehr als rund 100000 Einwohnern, die Stellen der Leiter großer Verwaltungen, bei denen die kaufmännische, technische, künstlerische oder wissenschaftliche Bedeutung des Amtes besonders bewertet werden muß, und die Stellen der Landeshauptleute.

Die Prüfung der wirklichen Bedeutung der einzelnen Stelle ist eine der wesentlichsten Voraussetzungen für die erfolgreiche praktische Durchführung der Richtlinien. Allgemeine Grundsätze werden sich hierfür kaum aufstellen lassen. Um die den Aufsichtsbehörden obliegende Prüfung zu erleichtern, sind in allen Fällen für jede Stelle neben den jetzigen Amtsbezeichnungen auch die bis zum 1. April 1920 maßgebend gewesenen anzugeben, erforderlichenfalls die Besoldungssätze aus der Zeit vor dem 1. April 1920 mitzuteilen und auf Verlangen der Genehmigungsbehörde auch ein „Organisationsplan“ und der Haushaltsplan vorzulegen, damit die Gliederung der Verwaltung der Gemeinde oder des Gemeindeverbandes und die Einordnung der einzelnen Stellen, insbesondere die Über-, Unter- und Gleichordnung mit anderen erkennbar ist.

C. Aufrückung.

Hinsichtlich der Aufrückungsmöglichkeit von einer Besoldungsgruppe in die nächsthöhere ist zu beachten, daß eine solche nur da besteht, wo sie im Reichsdienst zugelassen ist, und daß das Verhältnis der Stellen in der Obergruppe zu denen in der Eingangsgruppe nicht größer sein darf als im Reichsdienst, d. h. 1 : 1 im Verhältnis von Gruppe III zu II (Amtsgehilfen und ihnen gleich zu bewertende Beamte) und 1 : 2 im Verhältnis von Gruppe VII zu VI (Sekretäre und ihnen gleich zu bewertende Beamte) [1]. Auch bei den Stellen des höheren und des schwierigeren Bürodienstes (Gruppe IX, VIII, VII) ist grundsätzlich von dem im Reichsdienst geltenden Verhältnis (1 : 2 : 3) auszugehen. Indessen wird hierbei der vom Reich und Staat abweichenden Verwaltungsorganisation der Gemeinden und Gemeindeverbände besonders Rechnung zu tragen sein (vgl. dazu VIII Ad.) Ein Rechtsanspruch des einzelnen Beamten auf Aufrückung in eine höhere Besoldungsgruppe kann nach den reichsgesetzlichen Vorschriften nicht begründet werden.

In solchen Fällen, in denen die Gesamtzahl der Stellen in beiden Gruppen so gering ist, daß der Bruchteil nicht zu berechnen ist, oder daß bei Anwendung des Bruchteilsverhältnisses die Aufrückungsmöglichkeit für den einzelnen Kommunalbeamten ungünstiger sein würde als für die vergleichbaren unmittelbaren Staatsbeamten, kann ausnahmsweise die Besoldungsordnung bestimmen, daß die einzelnen Beamten in die Obergruppe nach Erreichung desjenigen Dienstalters aufrücken können, mit dem durchschnittlich die vergleichbaren unmittelbaren Staatsbeamten aufrücken. Das durchschnittliche Dienstalter ist für jede Provinz und für jede Aufrückungsgruppe von den Oberpräsidenten festzustellen.

Hinsichtlich der am 31. März 1920 im Amt befindlich gewesenen Stelleninhaber finden die in den Fußnoten der Reichsbesoldungsordnung enthaltenen Übergangsbestimmungen Anwendung. Eine Ausdehnung dieser Ausnahme auf andere Gruppen und andere Beamte als die am 31. März 1920 im Amt befindlich gewesenen Stelleninhaber ist ausgeschlossen. Bei der Fußnote zu Gruppe VII ist zu beachten, daß Voraussetzung für die Aufrückung der Stelleninhaber nach Gruppe VIII ist, daß sie entweder die dort vorgesehene Prüfung abgelegt oder in einer Stelle der Gruppe VII eine Dienstzeit von insgesamt 10 Jahren zurückgelegt haben.

---

[1]) Da der Herr Reichsfinanzminister gegen die Aufrückungsmöglichkeit von Gruppe VI nach Gruppe VII, wie sie in Preußen besteht, Einspruch eingelegt hat, wird insoweit die Genehmigung nur unter dem Vorbehalt erteilt werden können, daß eine solche Aufrückung nicht mehr stattfinden kann, falls das Reichsschiedsgericht dem Einspruch stattgeben sollte (vgl. hierzu Einleitung).

VIII. Grundsätze für die Einstufung im einzelnen.

(Hierzu Anlage: Richtlinien für die Einstufung.)

A. Städte, Landgemeinden, Ämter, Landbürgermeistereien.

a) Städtische Bürgermeister, Stadträte, (Beigeordnete). Bei den obersten leitenden Beamten eines Gemeinwesens, das nicht nur Verwaltungsbezirk, sondern auch ein Wirtschaftskörper ist, ist die Zahl der für die Bedeutung des Amtes maßgebenden Umstände, die bei Prüfung der Gleichwertigkeit mit Stellen des Reichsdienstes zu berücksichtigen sind, besonders groß. Aus diesem Grunde lassen die Richtlinien hier den weitesten Spielraum, indem sie für die Städte von 2500 bis rund 25 000 Einwohnern die Einstufung in die Besoldungsgruppen VIII—XIII zulassen und nur eine Zwischengrenze bei rund 10 000 Einwohnern ziehen. Die Besoldungsgruppe VIII wird nur bei den kleinsten Städten dicht an der untersten Grenze und bei besonders einfachen Verhältnissen in Betracht kommen und auch dann nur dort, wo diese Einstufung jetzt Rechtens ist.

Für die Bürgermeister in Städten von mehr als rund 25 000 Einwohnern und von weniger als 2500 Einwohnern sind Richtlinien nicht aufgestellt, da hier die Gleichwertigkeit der Stelle nur nach den besonderen örtlichen Verhältnissen geprüft werden kann.

Der Eigenschaft des Bürgermeisteramtes als Wahlstelle und der Notwendigkeit, bewährte Kräfte der Stadt erhalten zu können, wird durch das Zugeständnis Rechnung zu tragen sein, die Stelle nach der ersten Wiederwahl eine Gruppe höher einstufen zu können als vorher. Dasselbe gilt für die Stadträte (Beigeordneten).

Für Magistratsmitglieder (Beigeordnete) in Städten von weniger als rund 10 000 Einwohnern, in denen in der Regel die Amtsbezeichnung „Stadtrat“ nicht geführt wird (MinErl. vom 15. Februar 1873, MBliV. S. 59) sind Richtlinien nicht aufgestellt, weil hier die Einstufung nur unter Berücksichtigung der besonderen Verhältnisse des Einzelfalles geschehen kann.

Auch innerhalb des von den Richtlinien und den ergänzenden Richtlinien gelassenen Spielraums ist die Einstufung der einzelnen Stellen lediglich nach sachlichen Gesichtspunkten vorzunehmen, die Einreihung in die Höchststufen insbesondere auf diejenigen Fälle zu beschränken, in denen die Stelle ihrer Bedeutung nach an der oberen Grenze der betreffenden Klasse steht.

b) Besoldete Gemeindevorsteher. Für die besoldeten Gemeindevorsteher von Landgemeinden wird sich die angemessene Besoldungsgruppe aus einem Vergleich mit den Richtlinien für die Bürgermeister ergeben.

c) Amtmänner und Landbürgermeister. Für die Amtmänner und Landbürgermeister sind die Richtlinien in Anlehnung an die für die städtischen Bürgermeister aufgestellt. Es wird indessen bei der Einstufung zu berücksichtigen sein, daß diese Beamten zur Zeit auf Lebenszeit ernannt werden.

d) Bürobeamte. Die Richtlinien sind so aufgestellt, daß sie dem Organisationsplane auch der größten Städte entsprechen. Die Stellen der Bürodirektoren usw. und der Oberinspektoren, welche eine umfangreichere Organisation des Bürodienstes voraussetzen, werden daher in der Regel nur für größere Städte in Frage kommen.

Bei den Stellen des höheren Bürodienstes (Gruppe IX: Oberinspektoren) und des schwierigeren Bürodienstes (Gruppe VII, VIII: Obersekretäre) ist zu berücksichtigen, daß die Verwaltung einer Stadt von der des Reichs und des Staates sich dadurch unterscheidet, daß die Zahl der höheren Verwaltungsbeamten (Dezernenten) im Verhältnis zu den Bürobeamten wesentlich geringer ist und deshalb die gehobenen Stellen des Bürodienstes mit größerer Selbständigkeit, Verantwortung und Aufsichtsbefugnissen verhältnismäßig zahlreich sein werden. Insofern unterscheiden sich die Stellen des höheren und des schwierigeren Bürodienstes von denen des einfacheren (Gruppen V, VI, VII: Assistenten und Sekretäre). Dem wird in doppelter Beziehung Rechnung zu tragen sein: Einmal wird ein Mißverhältnis nicht ohne weiteres darin zu erblicken sein, daß die Stellen des höheren und schwierigeren Bürodienstes im Vergleich zu denen des einfacheren Bürodienstes zahlreicher sind als im Reichsdienst. Und ferner wird, wenngleich bei den gehobenen Stellen in Gruppe VII, VIII und IX auch hier zunächst das Verhältnis von 3 : 2 : 1, wie es im Reichsdienst besteht, zugrunde gelegt werden soll, ausnahmsweise eine Überschreitung dieses Verhältnisses doch dann zugelassen werden können, wenn ein sachliches Bedürfnis für eine größere Zahl von Stellen in Gruppe VIII oder IX besteht.

Mit Ausnahme der Stellen des Bürodirektors, Rechnungsdirektors und Sparkassenrendanten, deren Eigenart eine besondere Behandlung erfordert, ist der Aufstieg in eine höhere Gruppe als IX nur im Wege der Beförderung in eine Dezernentenstelle zulässig. Für die Einstufung des Sparkassenrendanten ist die Größe des Betriebes der Sparkasse maßgebend.

Für die Bürobeamten von Landgemeinden, Ämtern und Landbürgermeistereien finden die Richtlinien mit der Maßgabe Anwendung, daß auch hier Inhalt und Bedeutung des Amtes, nicht die Amtsbezeichnungen maßgebend sind. Es wird also beispielsweise da, wo die Stellen in Anbetracht der einfacheren Verhältnisse nach Inhalt und Bedeutung den städtischen Stellen nicht voll vergleichbar sind, eine entsprechend niedrigere Einstufung stattzufinden haben.

B. Kreise.

Hinsichtlich der Bürobeamten ist zu bemerken, daß die Verleihung der Befugnisse eines Bürodirektors sachlich nur da gerechtfertigt ist, wo der Umfang der Verwaltung, insbesondere die Zahl der Kreisausschußobersekretäre, die Einrichtung einer besonderen Oberaufsicht über den gesamten Bürobetrieb notwendig macht. Die Stellen der Abteilungsvorsteher (Oberinspektoren) werden nur bei ganz großen Verwaltungen in Frage kommen, wo der Bürodirektor die Oberleitung des ganzen Bürodienstes der Kreiskommunalverwaltung nicht mehr allein führen kann und deshalb die Einrichtung mehrerer Abteilungen notwendig wird. Der Aufstieg in eine höhere Gruppe als IX ist auch hier nur im Wege der Beförderung in eine Dezernentenstelle zulässig. Für die Kreis- und Sparkassenrendanten gilt dasselbe wie für die städtischen.

C. Provinzen.

Der Herr Reichsfinanzminister hält daran fest, daß die Landesräte grundsätzlich in Gruppe XII einzustufen sind. Nur für Stellen von besonderer Bedeutung kann die Einstufung in Gruppe XIII zugelassen werden. Da die Zahl dieser Stellen je nach der Größe und den besonderen Aufgaben der Verwaltung in den einzelnen Provinzen verschieden sein wird, ist davon Abstand genommen worden, ein bestimmtes Verhältnis zwischen den Stellen in beiden Gruppen vorzuschreiben. Es wird jedoch darauf zu achten sein, daß ein Mißverhältnis vermieden wird und nur diejenigen Stellen nach

Gruppe XIII eingestuft werden, die sich durch ihre besondere Bedeutung von den Stellen der übrigen Landesräte unterscheiden.

Hinsichtlich der Bürobeamten gilt dasselbe wie für die städtischen Bürobeamten.

IX. Schlußbestimmung.

Die Richtlinien treten an die Stelle der hiermit aufgehobenen Runderlasse vom 15. Mai 1921 -- IV a I 375 — (MBliV. S. 193), vom 17. Mai 1921 — IV a I 380 — (das. S. 151), vom 12. Juli 1921 — IV a I 1048 — (das. S. 226), vom 21. Oktober 1921 — IV a I 1353 — (das. S. 349) sowie der ergangenen Einzelanweisungen, soweit sie mit den Richtlinien in Widerspruch stehen.

Anlage zu dem Erlaß, betr. Richtlinien für die Besoldung der Kommunalbeamten.

Richtlinien für die Einstufung.

I. Städte.

A. Leitende Beamte.

Für Städte bis 2500 Einwohner keine Richtlinien.

Für Städte von 2500 bis rund 10 000 Einwohner: Gruppe IX bis XI (ausnahmsweise VIII).

Für Städte von 10 000 bis rund 25 000 Einwohner: Gruppe X bis XII (ausnahmsweise XIII).

Für Städte von 25 000 bis rund 100 000 Einwohner keine Richtlinien.

B. Stadträte (Beigeordnete).

Für Städte von rund 10 000 bis rund 100 000 Einwohner: Gruppe X bis XII, aber 1 bis 2 Gruppen tiefer als der Bürgermeister. Zweiter Bürgermeister (Vertreter des Bürgermeisters) und besonders qualifizierte Stellen 1 bis 2 Gruppen höher als X bis XII, aber mindestens 1 Gruppe tiefer als der Bürgermeister.

Für Städte über rund 100 000 Einwohner: Gruppe X bis XIII, besonders qualifizierte Stellen 1 bis 2 Gruppen höher. Für den zweiten Bürgermeister (Vertreter des Bürgermeisters) keine Richtlinien, aber mindestens 1 Gruppe tiefer als der Bürgermeister.

Für Städte über rund 250 000 Einwohner: Gruppe XII bis B II (besonders qualifizierte Stellen ausnahmsweise 1 Gruppe höher).

C. Magistratsräte und -assessoren.

Für Städte bis 100 000 Einwohner: Eingangsgruppe X, Endgruppe XI.

Für Städte über 100 000 Einwohner: Eingangsgruppe X, Endgruppe XII.

D. Bürobeamte.

1. Einzelbeamte: a) Bürodirektor Leitung und Beaufsichtigung des gesamten Bürobetriebes): b) Rechnungsdirektor (oberste Aufsicht über die gesamte Rechnungsführung u. oberste Leitung des gesamten Rechnungsrevisionswesens):	Für Städte bis 100 000 Einwohner: Gruppe IX bis X. Für Städte über 100 000 Einwohner: Gruppe X bis XI (ausnahmsweise XII).

c) Sparkassenrendant bezw. -direktor: Gruppe VIII bis XI (ausnahmsweise XII).

2. Oberinspektoren: (Abteilungsbürovorsteher, erster Bürovorsteher) Gruppe IX.
3. Obersekretäre: Gruppe VII bis VIII.
4. Sekretäre: Gruppe VI bis VII.
5. Büroassistenten: Gruppe V bis VI.

E. Kanzleibeamte: Gruppe IV bis V.
(Vorsteher bei größeren Verwaltungen): Gruppe VI.

F. Amtsgehilfen: Gruppe II bis III.
(Erste Hausmeister [Kastellane, Botenmeister] in großen Verwaltungen): Gruppe IV.

II. Rheinische Landbürgermeistereien, Westfälische Ämter.

Landbürgermeister, Amtmänner.

Für Landbürgermeistereien bezw. Ämter bis rund 2500 Einwohner keine Richtlinien.

Für Landbürgermeistereien bezw. Ämter von rund 2500 bis rund 10 000 Einwohner: Gruppe VIII bis X (ausnahmsweise XI).

Für Landbürgermeistereien bezw. Ämter von rund 10 000 bis rund 25 000 Einwohner: Gruppe X bis XI (ausnahmsweise XII).

Für Landbürgermeistereien bezw. Ämter von mehr als rund 25 000 Einwohner: Gruppe XII (ausnahmsweise XIII).

III. Landkreise.

1. Kreissyndikus: Gruppe X bis XI (ausnahmsweise XII).
2. Sparkassenrendant bezw. -direktor: Gruppe VIII bis XI (ausnahmsweise XII).
3. Kreisausschußobersekretäre: Gruppe VII bis VIII.
Bürodirektor oder erster Kreisausschußobersekretär mit den Befugnissen eines Bürodirektors: Gruppe IX.

Wo die Kreiskommunalverwaltung einen solchen Umfang hat, daß zwischen den Kreisausschußobersekretären und dem Bürodirektor noch mehrere Abteilungen eingerichtet werden müssen, können die Abteilungsvorsteher in Gruppe IX, der Bürodirektor in Gruppe X eingestuft werden.

IV. Provinzen.

1. Landesräte: Gruppe XII (Stellen von besonderer Bedeutung: Gruppe XIII).
2. Landesassessoren: Eingangsgruppe X, Endgruppe XI.
3. Bürobeamte:
a) Bürodirektor und die ihm gleichzuachtende Stellen: Gruppe IX bis X (bei besonders großen Verwaltungen XI).
b) Landesobersekretäre: Gruppe VII bis VIII.
c) Landessekretäre: Gruppe VI bis VII.
d) Büroassistenten: Gruppe V bis VI.

5. Verfügung des Ministers des Innern, betreffend Amtsbezeichnungen und Dienstgradabzeichen der kommunalen Polizeibeamten.

Vom 20. Mai 1922 — II D 982.

(MinBl. f. d. i. V. S. 502.)

Mir vorliegende Berichte lassen erkennen, daß über die Auslegung des Erlasses vom 27. September 1921 — II D 2619 (MinBl. f. d. i V. S. 319) Zweifel entstanden sind. Zu ihrer Beseitigung bestimme ich in Ergänzung und Erläuterung des genannten Erlasses folgendes:

1. Für die Einreihung der Beamten in die einzelnen Besoldungsgruppen, d. h. für die Prüfung der Gleichwertigkeit der kommunalen Dienststelle mit einer solchen im Staatsdienst und ihre Amtsbezeichnung ist die Bedeutung und der Inhalt des Amtes entscheidend.

2. Kommunale Polizeibeamte der Besoldungsgruppen 1—3, die eine polizeiliche Ausbildung nicht erhalten haben, vorwiegend mit Bestellungen und ähnlichen Dienstleistungen und nur ausnahmsweise mit polizeilichen Angelegenheiten beschäftigt werden, sind als „Amtsgehilfen" zu bezeichnen und dürfen die Dienstkleidung der kommunalen Polizeibeamten nicht tragen.

3. a) Kommunale Polizeibeamte, die einen anerkannten Ausbildungslehrgang oder eine Polizeischule nicht besucht, die aber durch praktische Betätigung im Polizeidienste über eine polizeiliche Vorbildung verfügen und deren Dienst vorwiegend in Polizeidienst besteht — hierzu gehören auch Zustellungen, Feststellungen und dergl. — und die Erlaubnis zum Tragen der Dienstkleidung der kommunalen Polizeibeamten gemäß Kabinettsordre vom 7. Februar 1894 [1]) erhalten haben oder erhalten, führen die Amtsbezeichnung „Polizeiwachtmeister", tragen die für die Polizeibetriebsassistenten auf Probe vorgeschriebenen Achselstücke und werden aus Gruppe 3 besoldet.

b) Hilfsbeamte der zu a bezeichneten Art führen die Amtsbezeichnung „Hilfspolizeiwachtmeister" und tragen Achselklappen von karmesinrotem Tuch ohne Einfassung.

4. a) Als „Polizei- und Kriminalbetriebsassistenten" sind diejenigen von den staatlichen Aufsichtsbehörden als Polizeibeamte bestätigten kommunalen Polizeisergeanten und -Wachtmeister zu bezeichnen, die eine Polizeischule oder einen anerkannten Ausbildungslehrgang mit Erfolg besucht oder durch eine mehrjährige praktische Tätigkeit im Polizeivollzugsdienst den Nachweis ihrer Befähigung erbracht haben und sich in Dienststellungen befinden, die denen der staatlichen Polizei- oder Kriminalbetriebsassistenten oder der Polizeioberwachtmeister der Schutzpolizei vergleichbar sind. Sie stehen in

---

[1]) Vgl. MinBl. f. d. i. V. 1894 S. 42; 1912 S. 133, 170.

Besoldungsgruppe 4, sofern sie nicht persönlich gemäß Fußnote 2 zur Besoldungsgruppe 4 des BDEG. die Bezüge der Gruppe 5 erhalten.

b) Hilfsbeamte dieser Art haben die Bezeichnung „Hilfspolizeibetriebsassistenten" zu führen und tragen die für die Polizeibetriebsassistenten auf Probe vorgeschriebenen Achselstücke.

c) Polizeibetriebsassistenten auf Probe sind Polizeibeamte, die für die Besetzung einer planmäßigen Polizeibetriebsassistentenstelle in Aussicht genommen sind, während ihrer Probezeit.

5. Polizei- und Kriminalassistenten sind diejenigen kommunalen Polizeivollzugsbeamten, die aus Gruppe 5 besoldet werden oder event. auf Grund der Fußnote zur Besoldungsgruppe 5 a. a. O. für ihre Person die Bezüge der Gruppe 6 erhalten, früher die Dienstgradbezeichnung „Oberwachtmeister" trugen, eine vorgesetzte Stellung gegenüber den ihnen unterstellten Polizeiwachtmeistern, jetzigen Polizeibetriebsassistenten, innehaben oder durch ständige Wahrnehmung besonderer dienstlicher Aufgaben, die eine gewisse Selbständigkeit erfordern, sich als Inhaber „gehobener" Stellen kennzeichnen.

Die Fußnote 2 zu Gruppe 4 und die Fußnote zu Gruppe 5 der dem BDEG. vom 17. Dezember 1920 beigefügten Besoldungsordnung findet auch auf die kommunalen Polizeibeamten Anwendung, die am 31. März 1920 16 Dienstjahre — Militär- und Polizeidienstzeit — vollendet hatten.

6. Als „Polizei- und Kriminalsekretäre" werden die kommunalen Vollzugsbeamten der Besoldungsgruppen 6 und 7 bezeichnet, die früher die Dienstgradbezeichnung „Ober- oder Bezirkswachtmeister" führten, die selbständige Dienststellen von geringerer Bedeutung, wie Polizeireviere, Bezirke oder Stationen, Verkehrs- und Gewerbekommissariate in kleineren Städten, Kriminaldienststellen zu leiten vermögen.

7 a) Die bisherigen kommunalen Polizei- und Kriminalkommissare behalten ihre Dienstgradbezeichnungen und werden aus Gruppe 8 besoldet.

b) Die bisherigen kommunalen Polizei- und Kriminaloberkommissare behalten ihre Dienstgradbezeichnungen, tragen die Achselstücke der Kommissare mit einem Stern und bleiben in der Gehaltsgruppe stehen, in der sie bei der Dienstgradverleihung eingereiht wurden.

Die Dienstgradbezeichnung „Oberkommissar" darf jedoch in Zukunft nicht mehr verliehen werden.

8. Die kommunalen Polizei- und Kriminalinspektoren stehen in der Besoldungsgruppe 9, in mittleren und großen Städten, soweit sie die Aufsicht über die gesamte Polizeiverwaltung, also auch über wesentliche Gebiete des Innendienstes wahrzunehmen haben, so daß ihre Stellungen mit denen der Polizeiräte der staatlichen Verwaltungen vergleichbar sind, mit meiner Genehmigung in Gruppe 10.

9. Für die Polizei- und Kriminaldirektoren ist die Besoldungsgruppe 10 vorgesehen.

10. Andere Dienstgradbezeichnungen als die vorgenannten dürfen von kommunalen Polizeibeamten nicht mehr geführt werden. Auch dürfen kommunale Polizeibeamte keine andere Uniform tragen, als sie durch Erlaß vom 13. Oktober 1895 (MinBl. f. d. i. V. S. 226), enthaltend eine Zusammenstellung der Vorschriften über die Uniformierung und Bewaffnung der städtischen Polizeibeamten des Exekutivdienstes, der Verfügung vom 7. Mai 1904 (MinBl. f. d. i. V. S. 86) betreffend Einführung von Litewken und Um-

hängen und der Kabinettsordre vom 7. Februar 1894 (MinBl. f. d. i. V. S. 42) vorgeschrieben ist.

11. Kommunale Beamte, die vor dem 27. September 1921 in den Ruhestand getreten sind, dürfen nur ihre frühere Amtsbezeichnung führen.

12. Die Schaffung von Stellen für übergeordnete Polizeivollzugsbeamte (Assistent, Sekretär, Kommissar, Inspektor) ist in der Regel nur zulässig, wenn Stellen für die zunächst nachgeordneten Dienstgrade vorhanden sind.

Ausnahmsweise kann jedoch die Schaffung einer Kommissarstelle auch dann erfolgen, wenn nur eine der beiden Zwischenstufen (Assistenten- oder Sekretärstelle) vorhanden ist.

13. Die Verleihung von Amtsbezeichnungen an Beamte ohne gleichzeitige Übertragung einer der Amtsbezeichnung entsprechenden Stelle ist unzulässig.

14. Kommunale Polizeiwachtmeister dürfen nur bei Ortspolizeiverwaltungen mit weniger als 1500 Einwohnern angestellt werden; bei Polizeiverwaltungen mit mehr als 1500 Einwohnern ist es im Interesse der Wahrnehmung eines ordnungsmäßigen Polizeidienstes und der öffentlichen Sicherheit notwendig, in Zukunft nur fachlich vorgebildete Polizeibetriebsassistenten zur Anstellung zu bringen.

15. Durch die Aufsichtsbehörden dürfen fortan kommunale Polizeibetriebsassistenten und dergl. nur bestätigt werden wenn sie durch den erfolgreichen Besuch einer staatlich anerkannten Polizeischule oder eines anerkannten Ausbildungslehrganges den Nachweis der Befähigung für das Amt erbracht haben.

Eine Befreiung von dieser Vorschrift kann nur auf besonderen Antrag mit meiner Genehmigung erfolgen, wenn der Beamte durch Selbststudium und längere praktische Dienstleistung den Befähigungsnachweis erbracht hat und die Forderung des Schulbesuchs usw. eine besondere Härte für ihn bedeuten würde.

Die Einreihung von kommunalen Polizeibeamten in die einzelnen Besoldungsgruppen mit der Beschränkung, daß nur ein gewisser Prozentsatz des Diensteinkommens der betreffenden Gehaltsgruppe zur Auszahlung gelangt, weil der Stelleninhaber nicht voll beschäftigt ist, ist unzulässig.

6. Bekanntmachung betreffend Bildung des Landesschiedsgerichts.

Vom 4. September 1922 (MinBl. f. d. i. V. S. 919).

Gemäß § 3 des Preußischen Gesetzes vom 24. März 1922, betreffend Errichtung eines Landesschiedsgerichts (GS. S. 76), wird hierdurch öffentlich bekanntgemacht, daß das Preußische Landesschiedsgericht für die Entscheidung von Streitigkeiten über die einheitliche Regelung der Beamtenbesoldung am heutigen Tage gebildet worden ist.

Zum Vorsitzenden habe ich an meiner Stelle den Senatspräsidenten des Oberverwaltungsgerichts Seydel bestellt, zu ständigen Beisitzern den Senatspräsidenten i. R., Wirklichen Geheimen Oberregierungsrat Mundt und den Oberverwaltungsgerichtsrat Holle sowie zu deren Stellvertretern die Oberverwaltungsgerichtsräte Dr. Schimmelpfennig und Dr. von Elbe ernannt.

Die Geschäftsräume des Landesschiedsgerichts befinden sich im Dienstgebäude des Oberverwaltungsgerichts, Berlin-Charlottenburg, Hardenbergstraße 31.

Vorstehende Bekanntmachung erfolgt mit dem Hinweis darauf, daß die Frist für die Anrufung des Landesschiedsgerichts in allen Fällen, in denen der Gemeinde oder sonstigen öffentlichen Körperschaft der anzufechtende Bescheid schon vorher eröffnet ist, vom Tage dieser Bekanntmachung zu laufen beginnt.

Berlin-Charlottenburg, den 4. September 1922.

Der Vorsitzende des Landesschiedsgerichts.

Dr. Drews,

Staatsminister,

Präsident des Preußischen Oberverwaltungsgerichts.

7. Vorschriften über das Verfahren vor dem Preußischen Landesschiedsgericht.

Vom 4. September 1922 (MinBl. f. d. i. V. S. 921).

Auf Grund des § 4 des zu dem Reichsgesetze zur Sicherung einer einheitlichen Regelung der Beamtenbesoldung vom 21. Dezember 1920 (RGBl. S. 2117) ergangenen Preußischen Gesetzes vom 24. März 1922 (GS. S. 76) werden für das Verfahren vor dem Preußischen Landesschiedsgericht folgende Vorschriften erlassen:

§ 1. Das Landesschiedsgericht hat seinen Sitz in Berlin.

§ 2. Die Anrufung des Landesschiedsgerichts erfolgt schriftlich bei dem Vorsitzenden.

Die Frist wird gewahrt, wenn innerhalb derselben die Anrufungsschrift bei der Aufsichtsbehörde der Gemeinde oder sonstigen öffentlichen Körperschaft oder bei derjenigen Behörde eingereicht wird, die den Bescheid erlassen hat, gegen den die Anrufung sich richtet. Alle Behörden, bei denen Anrufungsschriften eingehen, haben diese unverzüglich an den Vorsitzenden des Landesschiedsgerichts abzugeben. Er kann im Falle unverschuldeter Fristversäumnis Wiedereinsetzung in den vorigen Stand gewähren.

§ 3. Die Gemeinde oder sonstige öffentliche Körperschaft, welche gemäß § 9 Abs. 3 des Reichsgesetzes vom 21. Dezember 1920 die Entscheidung des Landesschiedsgerichts anruft, hat eine schriftliche, in tatsächlicher und rechtlicher Beziehung vollständige Erklärung über die Frage, ob und wieweit die durch Versagung der Genehmigung oder durch Abänderung betroffenen Vorschriften nach dem genannten Reichsgesetze zulässig sind, bei dem Vorsitzenden des Schiedsgerichts einzureichen.

§ 4. Die Erklärung (§ 3) wird dem andern Teil zur Gegenerklärung mitgeteilt. Für die Erklärung, soweit sie nicht mit der Anrufung verbunden ist, sowie für die Gegenerklärung bestimmt der Vorsitzende die Frist zur Abgabe. Entsprechendes gilt für den weiteren Schriftwechsel, sofern der Vorsitzende einen solchen für erforderlich erachtet.

Alle Schriftsätze sind in sechs Exemplaren einzureichen (1 für den andern Teil, 1 zusammen für den Vorsitzenden und die ständigen Mitglieder, je 1 für die vier nicht ständigen Mitglieder).

§ 5. Die Entscheidung kann ohne vorgängige mündliche Verhandlung erfolgen. Der Vorsitzende kann eine solche anordnen. Sie muß angeordnet werden, wenn sie von einem der Streitteile beantragt wird.

Die Streitteile können sich in der mündlichen Verhandlung durch geeignete Personen vertreten lassen.

§ 6. Die Beratung und Beschlußfassung des Schiedsgerichts wird durch das schriftliche Gutachten eines von dem Vorsitzenden zu bestellenden Berichterstatters vorbereitet. Das Gutachten ist vor der Sitzung den Mitgliedern des Schiedsgerichts zur Kenntnis zu bringen. Der Vorsitzende kann einen zweiten Berichterstatter bestellen.

Die Reihenfolge bei der Abstimmung bestimmt in jedem Falle der Vorsitzende mit der Maßgabe, daß der Berichterstatter zuerst, der Vorsitzende zuletzt seine Stimme abgibt.

§ 7. Die Entscheidung ist mit Gründen zu versehen. Sie ist von sämtlichen Mitgliedern des Schiedsgerichts zu unterzeichnen. Sie wird von dem Vorsitzenden den Streitteilen zugestellt.

§ 8. Für die Entscheidungen wird außer den durch das Verfahren entstandenen baren Auslagen eine in die Staatskasse fließende Gebühr erhoben. Die Gebühr ist je nach dem Wert des Streitgegenstandes zu bemessen. Daneben kann auch die dem Schiedsgericht verursachte Mühewaltung berücksichtigt werden.

Die Gebühr soll nicht mehr als 5 v. H. des Wertes des Streitgegenstandes und nicht weniger als 50 000 Mk. betragen.

Aus besonderen Gründen kann von der Erhebung einer Gebühr Abstand genommen werden.

Wird das Verfahren auf andere Weise als durch Entscheidung beendet, so sind lediglich die durch das Verfahren entstandenen baren Auslagen zu erstatten.

§ 9. Das Schiedsgericht entscheidet nach billigem Ermessen darüber, wer die Gebühr und die baren Auslagen zu tragen hat, sowie darüber, ob aus besonderen Gründen von der Erhebung einer Gebühr Abstand genommen werden soll.

Die Festsetzung der Höhe der Gebühr erfolgt, sofern sie nicht in der Entscheidung getroffen ist, endgültig durch den Vorsitzenden. Dieser hat auch den Betrag der zu erstattenden baren Auslagen zu bestimmen und kann für Schreibwerk Pauschsätze festsetzen.

Die Beitreibung der Gebühr und der baren Auslagen erfolgt durch die Verwaltungsbehörden. Soweit Gebühren oder Auslagen vom Staatsfiskus zu tragen sind, bleiben sie außer Ansatz.

§ 10. Eine Erstattung der den Streitteilen erwachsenen baren Auslagen findet nicht statt.

§ 11. Die Bekanntmachung über die Bildung des Landesschiedsgerichts erfolgt im Deutschen Reichs- und Preußischen Staatsanzeiger. Außerdem ist in den Regierungsblättern auf diese Bekanntmachung hinzuweisen. Der Hinweis bleibt ohne Einfluß auf den Lauf der **Anrufungsfrist.**

Die vorstehenden Vorschriften werden hiermit öffentlich bekanntgemacht.

Berlin-Charlottenburg, den 4. September 1922.

Der Vorsitzende des Landesschiedsgerichts.

Dr. Drews,

Staatsminister,

Präsident des Preußischen Oberverwaltungsgerichts.

XIV. Verordnungen und Erlasse,
betr. Zuwendungen an Beamte in besonderen Fällen.
1. Kinderzulagen für über 21 Jahre alte Kinder.

A. **Verfügung des Finanzministers zugleich im Namen des Ministers des Innern vom $\frac{\text{24. August 1922}}{\text{17. Mai 1923}}$, betreffend Gewährung von Kinderzulagen an über 21 Jahre alte Kinder** (FM. Bes 2822, M. d. J. Ial 1009).

FinMinBl. $\frac{1922}{1923}$, $\frac{\text{S. 497}}{\text{Nr. 8/9}}$.

Das Staatsministerium hat in seiner Sitzung vom $\frac{\text{8. August 1922}}{\text{15. Mai 1923}}$ die nachfolgenden Richtlinien über die Gewährung von Kinderzulagen an über 21 Jahre alte Kinder beschlossen:

1. Allen Beamten und Volksschullehrpersonen kann im Falle des Bedürfnisses [1] auf Antrag eine widerrufliche Kinderzulage für Kinder im Alter von mehr als 21 bis 24 Jahren bewilligt werden, wenn sie [2]
   a) sich noch in der Schulausbildung oder in der Ausbildung für einen künftig gegen Entgelt auszuübenden Lebensberuf befinden oder wegen körperlicher oder geistiger Gebrechen dauernd erwerbsunfähig sind und
   b) kein eigenes Einkommen von mehr als 10 000 Mark monatlich haben; übersteigt das eigene Einkommen des Kindes den Betrag von 10 000 Mark um weniger als den Betrag der bewilligten Kinderbeihilfe, so kann diese gewährt werden, jedoch mindestens gekürzt um den Betrag, um den das eigene Einkommen des Kindes den Betrag von 10 000 Mark übersteigt.

2. Als Höchstbetrag der zu gewährenden Kinderzulage gilt die für Kinder bis zum vollendeten 21. Lebensjahre jeweils gesetzlich zustehende Kinderbeihilfe einschließlich des jeweiligen Ausgleichszuschlags.

3. Ein Rechtsanspruch auf die Kinderzulage besteht nicht.

4. Den Beamten usw. ist die Verpflichtung aufzuerlegen, Änderungen in ihren persönlichen Verhältnissen, die die Gewährung der Kinderzulage beeinflussen könnten, unverzüglich und unaufgefordert der vorgesetzten Behörde anzuzeigen.

Die Zahlung der Kinderzulagen ist einzustellen mit dem Ablauf des Monats, in welchem das für den Wegfall der Zulage maßgebende Ereignis eintritt.

5. Weggefallen. [3]

6. Die Befugnisse zur Bewilligung der Kinderzulage darf seitens der Fachminister auf die nachgeordneten Provinzialbehörden übertragen werden.

7. Die vorstehenden Richtlinien gelten vom 1. April 1923 an.

8. Dieselbe Kinderzulage kann unter den vorstehenden Voraussetzungen auch den Wartegeldempfängern, Ruhegehaltsempfängern und den Hinterbliebenen neben dem Wartegeld, dem Ruhegeld und dem Witwen- und Waisengeld [4] gewährt werden, außerdem ohne Zahlung von Witwen- und Waisengeld den ledigen Waisen über 21 Jahre, die vor Vollendung des 18. Lebensjahres Waisengeld bezogen haben würden. [5]

Für die Kinder aus einer erst nach der Versetzung in den Ruhestand geschlossenen Ehe sowie für uneheliche Kinder, die der Beamte erst nach seinem Ausscheiden aus dem Dienst als Ruhegehaltsempfänger erzeugt und unterhalten hat, darf die Zulage jedoch nur so lange gewährt werden, bis der Anspruch auf Ruhegehalt, neben dem sie gewährt wird, erlischt.

Zu Ziff. 6 dieser Richtlinien wird für den Bereich der allgemeinen, der Kreiskassen-, Kataster-, Hochbau- und inneren Verwaltung einschließlich der Landjägerei und staatlichen Polizeiverwaltung folgendes angeordnet:

Die Befugnis zur Bewilligung der Kinderzulage wird auf die Herren Oberpräsidenten, Regierungspräsidenten und den Herrn Polizeipräsidenten in Berlin sowie auf den Herrn Präsidenten der Preußischen Bau- und Finanzdirektion in Berlin übertragen.

Eine weitere Übertragung dieser Befugnis auf nachgeordnete Behörden ist unzulässig.

---

1. Bedürfnis ist nicht gleichbedeutend mit Bedürftigkeit. Durch dies Erfordernis sollte lediglich verhütet werden, daß die Kinderzulagen auch Beamte erhalten, die nach ihren Einkommens- und Vermögensverhältnissen imstande sind, für den Unterhalt und die Ausbildung ihrer Kinder ohne große Schwierigkeiten aufzukommen. Bei der Entscheidung hierüber sind die gesamten Verhältnisse des Beamten frei zu würdigen.

2. Zum folgenden vergl. Anm. 8—12 zu § 17 BDEG.

3. Betraf die als Übergangsmaßnahme weitergezahlte außerordentliche Kinderzulage von monatlich 50 Mark, die vom 1. April 1923 ab in Wegfall gekommen ist.

4. Z. B. wenn jüngere Geschwister Waisengeld erhalten.

5. Hierunter fallen nicht bloß die Vollwaisen, sondern auch Halbwaisen, deren Mutter sich wieder verheiratet hat oder aus anderen Gründen kein Witwengeld bezieht.

B. **Aus der Verfügung des Finanzministers vom 10. Februar 1923 (FinMinBl. Nr. 5), betr.**

A. . . .

B. **Kinderzulage im besetzten und Einbruchsgebiet** (Bes 429, Lo 395, I C 2. 829).

B. Die Kinderzulage zur Besatzungszulage und zur Notzulage in den Einbruchsgebieten darf vom 1. Januar 1923 ab auch neben der Kinderzulage an Kinder über 21 Jahre (Verfügung vom 24. August 1922 — FM. Bes 2822, M. d. J. IaI 1009 — FinMinBl. S. 497) gezahlt werden. Die Verrechnung hat nach den für die Verrechnung der Besatzungszulage und Notzulage ergangenen Bestimmungen zu erfolgen.

---

2. Notstandsbeihilfen.

Vorbemerkungen.

Durch Erlaß vom 25. August 1922 (FinMinBl. Nr. 17) wurden auf Grund eines Staatsministerialbeschlusses für die unmittelbaren im Dienst befindlichen preußischen Staatsbeamten mit Wirkung vom 1. April 1922 ab die sog. Notstandsbeihilfen für Geburten, Todesfälle und Erkrankungen eingeführt. Von den Krankenkassen unterscheiden sie sich hauptsächlich durch das Fehlen einer Beitragspflicht, aber auch eines Rechtsanspruchs auf die Leistung. Es ist alles in das pflichtgemäße Ermessen des Vorgesetzten gelegt, der unter Fortfall jeder Schematisierung je nach den Besonderheiten des Einzelfalls die Beihilfe gewähren soll. Damit wird ohne eine kostspielige Organisation, die bei den Beamtenkrankenkassen unvermeidlich wäre, deren Zweck und zudem in angemessener Weise erreicht. Der schon lebhaft erörterte Gedanke der Beamtenkrankenkassen dürfte daher durch die Einführung der Notstandsbeihilfen endgültig abgetan sein. Dem Vorgehen Preußens hat sich auf Grund einer Entschließung des Reichstags neuerdings auch die Reichsregierung angeschlossen. Die neuen Richtlinien, die das Reich und Preußen in fast wörtlicher Übereinstimmung herausgegeben haben (vergl. auch Erlaß des Reichsfinanzministers vom 21. April 1923 — Reichsbesoldungsblatt S. 115 ff.), sehen die Notstandsbeihilfen auch für Ruhestandsbeamte und Hinterbliebene vor. Für Kommunalbeamte gelten diese Richtlinien nicht. Der Staat gibt den Kommunen zu den durch Gewährung von Notstandsbeihilfen entstehenden Kosten keine Zuschüsse, ebensowenig wie der Staat solche vom Reich erhält, da es sich rechtlich nicht um Gehaltsteile sondern um Unterstützungen handelt. Lediglich für die Volksschullehrer zahlt der Staat der Landesschulkasse einen Zuschuß. Das erklärt sich aber aus der besonderen Stellung der Volksschullehrer.

Verfügung des Preußischen Finanzministers vom 16. Mai 1923, betr. Notstandsbeihilfen (I. C. 2. 3033).

FinMinBl. 1923 Nr. 10.

Das Staatsministerium hat am 7. Mai 1923 zu St. M. — II 1716 — beschlossen, die Notstandsbeihilfen auch den Wartegeld- und Ruhegehaltsempfängern sowie den Hinterbliebenen mit Wirkung vom 1. Januar 1923 ab zu gewähren. Ferner hat es mich allgemein ermächtigt, die näheren Bestimmungen über die Gewährung von Notstandsbeihilfen zu erlassen.

Die auf Grund dieser Ermächtigung von mir aufgestellten neuen Grundsätze gebe ich nachstehend bekannt.

Zu den darin in Ziff. 6 Abs. 3 aufgeführten außer Betracht bleibenden Bezügen gehören auch die Ausgleichszahlungen auf Grund des Erlasses vom 11. April 1923 (Bes. 1174 / Lo. 1000).

Die Verrechnung der an die Wartegeld- und Ruhegehaltsempfänger sowie Hinterbliebenen bewilligten Notstandsbeihilfen erfolgt bei den „sonstigen außerplanmäßigen Ausgaben" der betreffenden Verwaltung unter dem besonderen Titel: „Notstandsbeihilfen für Beamte im Ruhestande, Wartegeldempfänger und Hinterbliebene."

Im übrigen gelten für die Verrechnung, Anweisung und kassenmäßige Behandlung weiter die Bestimmungen der Ziff. II 2 und III des Erlasses vom 14. April 1923 — I C 2. 2234 — und Ziff. 9 des Erlasses vom 25. August 1922 — I C 2. 3422 —.

Bis zum 10. Juli 1923 ersuche ich, mir die vom 1. Mai bis 30. Juni 1923 bei den einzelnen Haushaltsmitteln angewiesenen Beträge unter Angabe der Zahl der Bewilligungen mitzuteilen.

Die zur geschäftlichen Erleichterung bestimmten Abdrucke dieses Erlasses liegen bei.

Grundsätze für die Gewährung von Notstandsbeihilfen an unmittelbare Staatsbeamte, Wartegeld- und Ruhegehaltsempfänger sowie Hinterbliebene.

1. Für die aktiven plan- und nichtplanmäßigen Staatsbeamten einschließlich der Beamten im Vorbereitungs- und Ausbildungsdienst können bis auf weiteres:

a) im Falle der eigenen Erkrankung,
b) im Falle des Todes, wenn Familienmitglieder vorhanden sind, außerdem
c) für verheiratete und verheiratet gewesene Beamte in Fällen der Erkrankung, der Geburt oder des Todes in ihrer Familie

auf Antrag Notstandsbeihilfen gewährt werden.

Beamte im Vorbereitungs- und Ausbildungsdienst kommen im allgemeinen nur in Betracht, wenn sie aus der Staatskasse eine laufende Vergütung (Unterhaltungszuschuß usw.) beziehen.

Für Beamte und deren Familienmitglieder, die einer öffentlichen Krankenkasse angehören oder einer Krankenkasse, für die das Reich oder der Staat einen Teil der Beiträge oder Verwaltungskosten zahlt, darf eine Notstandsbeihilfe in Krankheitsfällen nicht gewährt werden.

Soweit Beamten und deren Familienmitgliedern aus öffentlichen Mitteln freie ärztliche Behandlung oder besondere Heilfürsorge (z. B. auf Grund versorgungsgesetzlicher Ansprüche) zuteil wird, müssen die betreffenden Kosten bei der Bewilligung einer Notstandsbeihilfe außer Ansatz bleiben.

Für Beamte der Schutzpolizei bis zur Besoldungsgruppe XIII einschließlich kommt die Gewährung einer Notstandsbeihilfe nur insoweit in Frage, als diesen Personen nach den jeweils geltenden Heilfürsorgebestimmungen nicht oder nicht hinreichend geholfen werden kann.

Zur Familie im Sinne des obigen Buchstabens c gehören im Gegensatz zu dem weiteren Begriff des Familienmitgliedes des Buchstabens b nur

a) die Ehefrau,
b) Kinder, für die nach den jeweils geltenden Bestimmungen Kinderzuschläge oder Kinderbeihilfen in gesetzlich nicht geregelten Fällen gezahlt werden, uneheliche Kinder jedoch nur, wenn sie in den Hausstand des Vaters aufgenommen sind,
c) Kinder im Sinne des § 17 des Besoldungsgesetzes, für die Kinderbeihilfen oder -zuschläge zwar nicht mehr gezahlt werden, die aber in

den Hausstand des Beamten aufgenommen sind und von ihm überwiegend unterhalten werden.

Wegen des Begriffs „Aufnahme in den Hausstand" vergl. Ziff. 110a Abs. 2 PBV.

2. Eine Notstandsbeihilfe kann nur zu solchen tatsächlich bewirkten Aufwendungen bewilligt werden, die unvermeidbar und — der Not der Zeit entsprechend — in sparsamsten Grenzen gehalten sind. Aufwendungen für Gegenstände des gewöhnlichen Bedarfs scheiden aus.

In Betracht kommen somit:

a) in Krankheitsfällen die durch den Arzt, durch ärztlich verordnete Heilmittel, Arzneien und Hilfsmittel gegen Verunstaltung und Verkrüppelung, durch eine erforderliche Krankenhausbehandlung oder durch Annahme einer Berufspflegekraft entstandenen Kosten sowie die durch ärztlich besonders verordnete Stärkungsmittel verursachten Verpflegungsmehrkosten. Die Lieferung künstlicher Gebisse, Zahnersatz u. dergl. gelten als Krankheit nur insoweit, als sie zur Verhütung von Krankheiten und zur Wiederherstellung der Gesundheit erforderlich sind; Zahnheilungs- und Zahnersatzkosten sind nur dann zu berücksichtigen, wenn die Arbeiten in möglichst einfacher Art ausgeführt sind; darnach sind die Mehrkosten infolge Verwendung von Edelmetallen grundsätzlich nicht erstattungsfähig.

Bei Prüfung der Angemessenheit der Arztvergütungen sind die Gebührenordnungen nicht außer Acht zu lassen, da die jetzt vielfach übliche Berechnung nach den mit den Indexziffern vervielfachten Friedenssätzen häufig eine unter den heutigen Verhältnissen ungebührlich hohe Forderung ergibt, die jedenfalls der Staat bei der Bemessung der Notstandsbeihilfe nicht in voller Höhe berücksichtigen kann.

Eine Notstandsbeihilfe wird für denselben Krankheitsfall nur gewährt, soweit seine Dauer nicht den Zeitraum von 3 Monaten überschreitet; dauert die Krankheit länger, so werden die nach Ablauf der 3 Monate erwachsenden Kosten in der Regel nicht berücksichtigt (vergl. Ziff. 9).

Dauerkrankheiten (z. B. Siechtum, Geisteskrankheit) scheiden für die Gewährung einer Notstandsbeihilfe grundsätzlich aus.

b) in Geburtsfällen die Kosten der Hebamme, Heilmittel, Arzneien und, soweit im Einzelfalle erforderlich, des Arztes, der Hauspflegerin für die ersten 10 Tage und der Entbindungsanstalt, außerdem die durch ärztlich besonders verordnete Stärkungsmittel verursachten Verpflegungsmehrkosten.

c) in Todesfällen die durch eine Sterbekasse nicht gedeckten Begräbnis- oder Feuerbestattungskosten einschl. der ortsüblichen Gebühren für die Überführung der Leiche nach dem Friedhofe, die Grabstelle (jedoch nicht für ein Erbbegräbnis) und die ortsübliche einfache Instandsetzung des Grabes.

Nicht in Betracht kommen dagegen u. a.:

zu a und b: Mehrkosten für die übliche bessere Verpflegung, Erstattung von Reiseauslagen an Verwandte, Mehraufwendungen für Verpflegung der Verwandten oder Pfleger, Geschenke für sie, Reiseauslagen zum Besuch von Familienmitgliedern, Mehrverbrauch an Licht und Heizung;

zu b: Außerdem Anschaffungskosten für Erstlingswäsche und dergl., Kinderwagen, Wagendecken, Kinderbetten, Matratzen, Badewannen, Schwämme, Öfen für Kinderzimmer, Anzeigen und Karten, Porto, Aufbesserung der Kost in der Entbindungsanstalt;

zu c: Kosten für eine Überführung der Leiche von oder nach auswärts, Beschaffung von Trauerkleidung und Grabsteinen, Auslagen für Todesanzeigen, Danksagungen, Karten, Porto, Telegramme, Umzugskosten.

Erkrankungen in Verbindung mit einer Geburt und Erkrankungen mit unmittelbar darauffolgendem Tod sind zusammen als je ein Fall der Notstandsbeihilfe zu behandeln.

3. Ein Rechtsanspruch auf Gewährung einer Notstandsbeihilfe besteht nicht.

4. Für den Antrag ist das durch Erlaß vom 14. April 1923 — I C 2. 2334 — (FinMinBl. Nr. 8/9) eingeführte Muster zu verwenden. Er ist an die vorgesetzte Dienstbehörde zu richten; wenn Mann und Ehefrau Beamte sind, an die vorgesetzte Dienstbehörde des Mannes.

5. Die Prüfung des Antrages — nötigenfalls auch seine Ergänzung durch den Antragsteller — ist von der vorgesetzten Dienstbehörde zu bewirken. Hierbei ist wohlwollend zu verfahren und ein peinliches Eindringen in die privaten Verhältnisse des Beamten oder seiner Familienmitglieder zu vermeiden; insbesondere hat für die Feststellung, ob und inwieweit ein etwaiges Privateinkommen, eine Versicherung zur Deckung der Kosten herangezogen werden kann, in der Regel die Erklärung im Antrage zu genügen. Andererseits ist jedoch sorgfältig darauf zu achten, daß nur die wirklich notwendigen und angemessenen Aufwendungen Berücksichtigung finden.

6. Von den entstandenen Kosten hat der Beamte (das Familienmitglied) in jedem Falle den Betrag allein zu tragen, der einem Zehntel des Monatsdiensteinkommens des Beamten entspricht. Treten jedoch innerhalb dreier Monate mehrere Fälle ein, für die eine Notstandsbeihilfe an sich gewährt werden kann, so ist das Zehntel nur einmal (bei dem ersten Fall) anzurechnen.

Als Monatsdiensteinkommen gilt nach Abzug eines Steuersatzes von 10 v. H. der Gesamtbetrag aus Grundgehalt, Orts- und Teuerungszuschlag sowie den nicht als Dienstaufwandsentschädigung bewilligten fortlaufenden Nebenbezügen aus einer Tätigkeit, ermittelt:

a) in Geburts- und Todesfällen nach dem Stande am Tage des Ereignisses,

b) in Krankheitsfällen, die nicht mit Fällen zu a in Verbindung stehen, nach den durchschnittlichen Tagesbezügen während der Krankheitsdauer; der Monat ist hierbei mit 30 Tagen, die Krankheitsdauer vom Tage der erstmaligen Zuziehung des Arztes ab zu rechnen.

Örtliche Sonderzuschläge, Frauenzuschlag, Kinderzuschläge, Besatzungszulagen usw. bleiben bei der Ermittlung des Monatsdiensteinkommens außer Betracht.

Die Notstandsbeihilfe wird nur für die Kosten gewährt, die nach Abzug eines Zehntels des Monatsdiensteinkommens verbleiben (beim zweiten und weiteren Falle innerhalb dreier Monate mithin für die vollen Kosten), und zwar mit einem Anteil von **bis zu 60 v. H.**

7. Die Bewilligung der Notstandsbeihilfe erfolgt unter Berücksichtigung der wirtschaftlichen Lage des Antragstellers. Zu diesem Zweck hat die prüfende Behörde der bewilligenden einen bestimmten Vorschlag zu unterbreiten. Zuständig für die Bewilligung sind bei Beamten der Provinzialbehörden und der ihnen unterstellten Behörden die Provinzialbehörden, bei den Vorstehern der Provinzialbehörden und den Beamten der Ministerien der Fachminister. Den Provinzialbehörden stehen gleich die sonstigen höheren Staatsbehörden, die unmittelbar den Ministerien unterstellt sind.

In Fällen, in denen eine höhere Notstandsbeihilfe, als an sich nach Ziff. 6 statthaft, ausnahmsweise befürwortet wird, ist der Antrag nach Erledigung innerhalb der Zuständigkeit an den Fachminister weiterzuleiten, der im Benehmen mit mir entscheidet.

Neben der Bewilligung einer Notstandsbeihilfe ist für den gleichen Fall die Gewährung einer Unterstützung, abgesehen von der in Ziff. 12 erwähnten Ausnahme unzulässig.

8. Für eine Badekur kann eine Notstandsbeihilfe nur ganz ausnahmsweise bewilligt werden, wenn bei Anlegung eines strengen Maßstabes ein besonders dringendes Erfordernis der Kur zur Heilung eines Leidens anzuerkennen ist. Grundsätzlich ist ein Gutachten eines beamteten Arztes beizubringen. Landaufenthalt ist einer Kur nicht gleichzuachten.

Bei einer Kur können die allgemeinen Kur-, Bäder-, Arzt- und Pensionskosten sowie die Auslagen für Reise- und Gepäckbeförderung berücksichtigt werden; die häusliche Ersparnis ist darauf anzurechnen.

Die Bewilligung von Notstandsbeihilfen für Badekuren darf durch die Provinzialbehörden nicht ausgesprochen werden. Sie bleibt in jedem Einzelfalle dem Fachminister — im Benehmen mit mir — vorbehalten.

9. Bei Krankheiten von längerer als dreimonatiger Dauer kann zu den über drei Monate hinaus aufzuwendenden Kosten ganz ausnahmsweise bei dem Fachminister eine zweite Notstandsbeihilfe beantragt werden, wenn ihre Bewilligung geeignet erscheint, einen besonders gelagerten Härtefall abzuwenden. Der Fachminister befindet über den Antrag im Benehmen mit mir.

10. Im Falle eines dringenden Bedürfnisses (z. B. bei Aufnahme in ein Krankenhaus oder eine Entbindungsanstalt, bei Begräbnissen) kann dem Beamten (Familienmitglied) durch die zuständige Behörde (s. Ziff. 7 Abs. 2) in Grenzen der Ziff. 6 eine angemessene Abschlagszahlung auf die Notstandsbeihilfe gewährt werden, die sogleich als solche zu verrechnen ist.

11. Von den als Notstandsbeihilfe bewilligten Beträgen sind keine Steuerabzüge zu machen, da die Notstandsbeihilfe steuerrechtlich als Unterstützung anzusehen ist.

12. Für Fälle, in denen keine Notstandsbeihilfe gewährt werden kann, bleibt der bisherige Weg des Antrages auf Unterstützung offen; dahin gehören beispielsweise die nicht nach Ziff. 9 erledigten Anträge aus Anlaß von Erkrankungen über die Dauer von drei Monaten hinaus und Anträge für andere als die in Ziff. 1 Abs. 6 bezeichneten Familienmitglieder.

13. Auf Wartegeld- und Ruhegehaltsempfänger sowie Hinterbliebene finden diese Bestimmungen mit der Maßgabe sinngemäß Anwendung, daß Notstandsbeihilfen nur im Falle eines dringenden Bedürfnisses gewährt werden dürfen. Bei Erkrankungen, die ihren Grund in der zunehmenden Hinfälligkeit der Personen haben, häufig wiederkehren oder nicht mehr heilbar sind, kommt eine Gewährung von Notstandsbeihilfen nicht in Frage. Statt dessen kann unter Umständen nach Maßgabe des Erlasses vom 18. November 1920 (FinMinBl. S. 406) eine Erhöhung des Versorgungszuschlages gewährt werden. Die Anträge sind zu richten:

a) für im Staatsdienst wiederbeschäftigte Wartegeld- und Ruhegehaltsempfänger an die Beschäftigungsbehörde,

b) im übrigen an die Behörde, die über Unterstützungsgesuche dieser Person zu entscheiden hat.

14. Vorstehende Grundsätze treten für die Wartegeld- und Ruhegehaltsempfänger sowie die Hinterbliebenen mit dem **1. Januar 1923** in Kraft. In Krankheitsfällen, die vor dem 1. Januar 1923 eingesetzt haben, dürfen nur die nach diesem Zeitpunkt erwachsenen Kosten berücksichtigt werden. Für die Beamten finden diese Bestimmungen auf alle noch nicht berücksichtigten, seit 1. Januar 1923 eingetretenen Fälle Anwendung.

Auf die Notstandsbeihilfen sind die etwa für den gleichen Fall nach dem 1. Januar 1923 bewilligten Unterstützungen anzurechnen.

Muster für den Antrag (vergl. Ziff. 4 der Grundsätze).

(1. Seite.)

Antrag auf Gewährung einer Notstandsbeihilfe

aus Anlaß:

/einer **Geburt**,
des **Todes** meine ....
meiner/ — der **Erkrankung** meiner *Tochter Frieda*

(Nichtzutreffendes ist zu durchstreichen)

Anlage: 1 Heft mit *10* Belegen.

Der Landrat des Kreises Teltow. *Berlin, den 12. April 1923.*

(Beschäftigungsbehörde) (Ort und Datum)

U. mit Anlage

an *den Herrn Regierungspräsidenten*

in Potsdam

überreicht mit dem Vorschlage, d*em* Antragsteller...... eine Notstandsbeihilfe in Höhe von *90 000* ℳ (etwa *60* v. H.) zu bewilligen.

(Unterschrift)

....

Verfügung.

Der Regierungspräsident. *Potsdam, den 23. April 1923.*

(Behörde) (Ort und Datum)

1. an *N.* sind *90 000* ℳ zu zahlen;
2. die beiliegende Ausgabeanweisung ist an die Kasse abzusenden;
3. Bescheid an den Empfänger nach Vordruck; *(Außenadresse: Landrat des Kreises Teltow in Berlin).*
4. zu den *Pers.* Akten *des N.*

I. V.

....

(2. Seite.)

Zuname, Vor- und ggf. Geburtsname	Dienststellung und Dienstbehörde	Familienstand, Namen und Alter der unterhaltsberechtigten Kinder	a) Tag der Geburt, b) Tag des Todes, c) Ort und Dauer der Krankheit (von bis zus. ...... Tage)
1	2	3	4
N., Wilhelm Bei nicht dienstlich Beschäftigten Wohnung:	*Kreissekretär beim Landratsamt des Kreises Teltow*	*verheiratet* *Emil, 12 Jahre* *Frieda, 10 Jahre*	*c) Blinddarmentzündung vom 16.12.22 bis 4.3.23 = 79 Tage* zu a): Siehe Geburtsschein Beleg Nr. ...... — zu b): Siehe Sterbeurkunde Beleg Nr. ...... —

Ich bitte infolge der obigen mir entstandenen außergewöhnlichen Ausgaben um Gewährung einer Notstandsbeihilfe und versichere pflichtgemäß, daß eine Deckung der erwachsenen Kosten aus eigenen nichtdienstlichen Einkünften und aus Einkommen der Ehefrau sowie der in meinem Haushalt lebenden unterhaltsberechtigten Kinder nicht oder nur unter überwiegender Inanspruchnahme des gesamten Einkommens aus allen genannten Einkommensquellen möglich ist *).

Berlin, den 10. April 1923.
....
(Ort und Datum)

*) Unverheiratete Beamte haben die Bezugnahme auf das Einkommen der Ehefrau und Kinder, kinderlos Verheiratete diejenige auf das Einkommen der Kinder zu streichen.

(Seite 3.).

Bezeichnung	Monatseinkommen in den in Sp. 4 angegebenen Zeiten — Monatssätze für die Zeitabschnitte: ab 16. 12. 22 ℳ	Januar 23 ℳ	Februar 23 ℳ	1. bis 4. 3. 23 ℳ	Höhe der beihilfefähigen Aufwendungen nach näherer Zusammenstellung auf der Rückseite	Erträgnisse aus Kranken-, Unfall- oder Sterbekassen und Bemerkungen über die sonstigen Vermögensverhältnisse
	5				6	7
Grundgehalt = Gr. 8 Stufe 7	25 000	25 000	25 000	25 000		
Ortszuschlag (Ortsklasse *A*)	5 000	5 400	5 400	5 400	Insgesamt . . . 172 360 ℳ,	
Ruhegehalt (Witwen- und Waisengeld)	—	—	—	—	davon ab:	
Teuerungszuschlag (ohne Sonderzuschlag)	232 v. H. 70 528	395 v. H. 120 080	942 v. H. 286 368	942 v. H. 286 368	$^1/_{10}$ des Betrags Sp. 5 . . . 19 137 ℳ	
Fortlaufende Nebenbezüge .	—	—	—	—	Bleiben 153 223 ℳ	
Zusammen	100 928	150 480	316 768	316 768	für die Bewilligung der	
Auf die Krankheitstage entfallen	50 464	150 480	316 768	42 236	Notstandsbeihilfe zu berücksichtigen *).	
Zusammen	559 948					
Mithin Tagesdurchschnitt: (Tage [Sp. 4 c]) . . .	7 088					
Mithin Monatsdurchschnitt (× 30)	212 640					
Ab: 10 v. H. Steuer . .	21 264					
Bleiben	191 376					

Festgestellt
Müller,
Kreissekretär.

Wilhelm N., Kreissekretär.

(Eigenhändige Unterschrift; Vor- und Zuname, Dienststellung.)

*) **Wegen weiterer Abzüge siehe Sp. 7.**

(4. Seite.)

Zusammenstellung zu Sp. 6.

Lfde. Nr.	Aufwendungen: Art	Aufwendungen: Zeit der Entstehung (Behandlung, Lieferung)	Beihilfefähiger Betrag*) ℳ	Beihilfefähiger Betrag*) ₰	Beleg Nr.	Bemerkungen
1	2	3	4		5	6
1	*Arzt*	*16. 12. 22 bis 2. 3. 23*	*43 000*	—	*1*	
2	*Krankenhausbehandlung* .	*3. 1. bis 18. 1. 23*	*86 000*	—	*2/4*	
3	*Arzneien*	*17. 12. 22*	*390*	—	*5*	
4	*Desgl.*	*21. 12. 22*	*1 650*	—	*6*	
5	*usw.*	—	—	—	—	
		Zusammen	*172 360*	—		

*) Etwa notwendige Absetzungen sind auf den Belegen vorzunehmen.

XV. Tafeln.

Tafel 1.

Grundgehälter und Ortszuschlagssätze vom 1. April 1920 bis zum 30. September 1921.

I. Aufsteigende Gehälter.

A. Gehälter mit festen Grundgehaltssätzen.

Gruppe 1: 4000—4300—4600—4900—5200—5500—5700—5900—6000
Gruppe 2: 4300—4700—5000—5300—5600—5800—6000—6200—6400
Gruppe 3: 4600—5000—5400—5700—6000—6300—6500—6700—6900
Gruppe 4: 5000—5400—5800—6200—6500—6800—7100—7300—7500
Gruppe 5: 5400—5800—6200—6600—7000—7300—7600—7900—8100
Gruppe 6: 5800—6300—6800—7300—7700—8100—8300—8500—8700
Gruppe 7: 6200—6700—7200—7700—8100—8500—8900—9100—9300
Gruppe 8: 6800—7400—8000—8600—9100—9600—9900—10200
Gruppe 9: 7600—8300—9000—9600—10200—10800—11100—11400
Gruppe 10: 8400—9200—10000—10800—11300—11800—12300—12600
Gruppe 11: 9700—10700—11700—12500—13300—13700—14100—14500
Gruppe 12: 11200—12200—13200—14200—15100—16000—16800
Gruppe 13: 13200—15600—18000—20000—22000 Mark jährlich.

B. Gehälter mit Mindestgrundgehaltssätzen.

Gruppe 1: Mindestgrundgehaltssätze jährlich: 5600—6100—6600—7100—7600—8000—8300—8800 Mark.

Gruppe 2: Mindestgrundgehaltssätze jährlich: 6000—6600—7100—7500—7900—8300—8700—9100 Mark.

Gruppe 3: 11550 Mark im Durchschnitt. Mindestgrundgehaltssätze jährlich: 8400—9200—10000—10800—11600—12300—13000—13700 Mark, höchstens jedoch 16000 Mark,

Gruppe 4: 13550 Mark im Durchschnitt. Mindestgrundgehaltssätze jährlich: 9900—10800—11700—12600—13500—14400—15300—16200 Mark, höchstens jedoch 19000 Mark.

Gruppe 5: 16000 Mark im Durchschnitt. Mindestgrundgehaltssätze jährlich: 12500—13500—14500—15500—16500—17500—18500 Mark, höchstens jedoch 20000 Mark.

II. Einzelgehälter.

Gruppe	I:	22000	Mark	jährlich,
„	II:	25000	„	„
„	III:	28000	„	„
„	IV:	38000	„	„
„	V:	50000	„	„

Der Ortszuschlag beträgt für planmäßige Beamte

bei einem Grundgehalt	in den Orten der Ortsklasse: A	B	C jährlich	D	E	Durchschnitt
bis 4900 Mark	2000	1600	1400	1200	1000	1440 Mark
über 4900 bis 5700 Mark	2500	2000	1700	1450	1200	1770 „
über 5700 bis 7000 „	3000	2400	2000	1700	1400	2100 „
über 7000 bis 8100 „	3500	2800	2300	1950	1600	2430 „
über 8100 bis 10500 „	4000	3200	2600	2200	1800	2760 „
über 10500 bis 12500 „	4500	3600	2900	2450	2000	3090 „
über 12500 Mark	5000	4000	3200	2700	2200	3420 „

Tafel 2.

Grundgehälter und Ortszuschlagssätze vom 1. Okt. 1921 bis zum 31. März 1922.

I. Aufsteigende Gehälter.

A. Gehälter mit festen Grundgehaltssätzen.

Gruppe 1: 7500—8100—8700—9300—9900—10500—11000—11500—12000

Gruppe 2: 10000—10400—10800—11200—11600—12000—12400—12700—13000

Gruppe 3: 11500—12000—12500—13000—13400—13800—14200—14600—15000

Gruppe 4: 12500—13000—13500—14000—14400—14800—15200—15600—16000

Gruppe 5: 13500—14000—14500—15000—15400—15800—16200—16600—17000

Gruppe 6: 14500—15200—15900—16500—17100—17700—18300—18900—19500

Gruppe 7: 16000—16900—17700—18500—19300—20100—20900—21700—22500

Gruppe 8: 18000—19200—20400—21600—22800—24000—25000—26000

Gruppe 9: 21000—22500—24000—25500—27000—28500—30000—31000

Gruppe 10: 25000—26800—28600—30400—32200—33800—35400—37000

Gruppe 11: 30000—32000—34000—36000—38000—40000—42000—44000

Gruppe 12: 38000—41500—45000—48000—51000—54000—57000

Gruppe 13: 53000—60000—67000—74000—80000 Mark jährlich.

B. Gehälter mit Mindestgrundgehaltssätzen.

1. Mindestgrundgehaltssätze jährlich: 14000—15000—15900—16800—17600—18400—19200—20000 Mark,
2. Mindestgrundgehaltssätze jährlich: 15500—16500—17500—18400—19300—20200—21100—22000 Mark,
3. 35000 Mark im Durchschnitt. Mindestgrundgehaltssätze jährlich: 25000—27500—30000—32000—34000—36000—38000—40000 Mark, höchstens jedoch 54000 Mark,
4. 45850 im Durchschnitt. Mindestgrundgehaltssätze jährlich: 32000—36000—40000—43000—46000—49000—52000—54700 Mark, höchstens jedoch 70000 Mark.
5. 51500 Mark im Durchschnitt. Mindestgrundgehaltssätze jährlich: 38000—42000—46000—50000—54000—57000—60000 Mark, höchstens jedoch 75000 Mark.

II. Einzelgehälter.

Gruppe I:	80000	Mark jährlich,
„ II:	90000	„ „
„ III:	105000	„ „
„ IV:	140000	„ „
„ V:	180000	„ „

Der Ortszuschlag beträgt für planmäßige Beamte

	in den Orten der Ortsklasse:					
	A	B	C	D	E	
Bei einem Grundgehalt			jährlich			Durchschnitt
bis 11500 Mark	3200	2400	2000	1600	1200	2080 Mark
über 11500 bis 12700 Mark	4000	3000	2500	2000	1500	2600 „
über 12700 bis 15200 „	4800	3600	3000	2400	1800	3120 „
über 15200 bis 16900 „	5600	4200	3500	2800	2100	3640 „
über 16900 bis 25500 „	6400	4800	4000	3200	2400	4160 „
über 25500 bis 38000 „	7200	5400	4500	3600	2700	4680 „
über 38000 Mark	8000	6000	5000	4000	3000	5200 „

Tafel 3.

Grundgehälter und Ortszuschlagssätze vom 1. April 1922 bis zum 30. September 1922.

I. Aufsteigende Gehälter.

A. Gehälter mit festen Grundgehaltssätzen.

Gruppe 1: 11000—11700—12400—13000—13600—14200—14800—15400—16000

Gruppe 2: 13500—14100—14700—15300—15900—16500—17000—17500—18000

Gruppe 3: 15000—15700—16400—17000—17600—18200—18800—19400—20000

Gruppe 4: 16000—16800—17600—18300—19000—19700—20300—20900—21500

Gruppe 5: 17000—18000—19000—19800—20600—21200—21800—22400—23000

Gruppe 6: 18500—19500—20500—21300—22100—22900—23600—24300—25000

Gruppe 7: 20000—21000—22000—23000—24000—25000—26000—27000—28000

Gruppe 8: 22000—23500—25000—26200—27400—28600—29800—31000

Gruppe 9: 25000—26600—28200—29800—31400—33000—34500—36000

Gruppe 10: 28000—30000—32000—34000—36000—38000—40000—42000

Gruppe 11: 32000—34500—37000—39500—42000—44000—46000—48000

Gruppe 12: 40000—44000—48000—51000—54000—57000—60000

Gruppe 13: 53000—60000—67000—74000—80000 Mark jährlich.

B. Gehälter mit Mindestgrundgehaltssätzen.

Gruppe 1: Mindestgrundgehaltssätze jährlich: 18000—19100—20200—21300 22400—23500—24500—25500 Mark.

Gruppe 2: Mindestgrundgehaltssätze jährlich: 19500—20600—21700—22800 23900—25000—26000—27000 Mark.

Gruppe 3: 41500 Mark im Durchschnitt; Mindestgrundgehaltssätze jährlich: 30000—33000—36000—38000—40000—42000—44000—46000 Mark, höchstens jedoch 60000 Mark.

Gruppe 4: 52000 Mark im Durchschnitt; Mindestgrundgehaltssätze jährlich: 38500—41500—44500—47500—50500—53000—55500—58000 Mark, höchstens jedoch 75000 Mark.

Gruppe 5: 55000 Mark im Durchschnitt; Mindestgrundgehaltssätze jährlich: 40000—44500—49000—53000—57000—61000—64000 Mark, höchstens jedoch 78000 Mark.

II. Einzelgehälter.

Gruppe I	. . .	80000	Mark jährlich,
Gruppe II	. .	90000	„ „
Gruppe III	. . .	105000	„ „
Gruppe IV	. . .	140000	„ „
Gruppe V	. . .	180000	„ „

Der Ortszuschlag beträgt für planmäßige Beamte:

bei einem Grundgehalt	in den Orten der Ortsklasse A jährlich Mark	B Mark	C Mark	D Mark	E Mark	Durchschnitt Mark
bis 11500 Mark	3200	2400	2000	1600	1200	2080
über 11500 bis 12700 „	4000	3000	2500	2000	1500	2600
über 12700 bis 15200 „	4800	3600	3000	2400	1800	3120
über 15200 bis 16900 „	5600	4200	3500	2800	2100	3640
über 16900 bis 25500 „	6400	4800	4000	3200	2400	4160
über 25500 bis 38000 „	7200	5400	4500	3600	2700	4680
über 38000	8000	6000	5000	4000	3000	5200

Tafel 4.

Grundgehälter und Ortszuschlagssätze vom 1. Oktober 1922 bis zum 30. Juni 1923.

I. Aufsteigende Gehälter.

A. Gehälter mit festen Grundgehaltssätzen.

Gruppe 1: 9700—10100—10500—10900—11300—11700—12100—12500—12800

Gruppe 2: 10600—11100—11600—12100—12500—12900—13300—13700—14100

Gruppe 3: 11700—12200—12700—13200—13700—14200—14700—15100—15500

Gruppe 4: 12800—13400—14000—14500—15000—15500—16000—16500—17000

Gruppe 5: 14100—14700—15300—15900—16500—17100—17700—18200—18700

Gruppe 6: 15400—16100—16800—17500—18100—18700—19300—19900—20500

Gruppe 7: 17300—18100—18800—19500—20200—20900—21600—22300—23000

Gruppe 8: 19600—20500—21400—22300—23200—24100—25000—25900

Gruppe 9: 21500—22600—23700—24800—25900—27000—28100—29100

Gruppe 10: 24400—25800—27200—28600—30000—31400—32700—34000

Gruppe 11: 27500—29300—31100—32800—34500—36200—37900—39600

Gruppe 12: 32500—35000—37500—40000—42500—45000—47500

Gruppe 13: 42000—47000—52000—57000—62000 Mark monatlich.

B. Gehälter mit Mindestgrundgehaltssätzen.

Gruppe 1: Mindestgrundgehaltssätze monatlich: 15200—15900—16600—17300—18000—18700—19400—20000 Mark.

Gruppe 2: Mindestgrundgehaltssätze monatlich: 17000—17800—18500—19200—19900—20600—21300—22000 Mark.

Gruppe 3: 43000 Mark monatlich im Durchschnitt; Mindestgrundgehaltssätze monatlich: 31000—33000—35000—37000—39000—41000—43000—45000, in besonderen Einzelfällen bis zu 56000 Mark.

Gruppe 4: 54000 Mark monatlich im Durchschnitt; Mindestgrundgehaltssätze monatlich: 39000—42000—45000—48000—50000—52000—54000—56000, in besonderen Einzelfällen bis zu 62000 Mark.

Gruppe 5: 57000 Mark monatlich im Durchschnitt; Mindestgrundgehaltssätze monatlich: 42500—46000—49500—53000—56000—59000—62000, in besonderen Einzelfällen bis zu 64000 Mark.

II. Einzelgehälter.

Gruppe I	. . .	62000	Mark monatlich
Gruppe II	. . .	70000	„ „
Gruppe III	. . .	81000	„ „
Gruppe IV	. . .	108000	„ „
Gruppe V	. . .	140000	„ „

Der Ortszuschlag beträgt für planmäßige Beamte:

bei einem Grundgehalt	in den Orten der Ortsklasse A	B	C	D	E
	monatlich				
	Mark	Mark	Mark	Mark	Mark
bis 11600 Mark	2400	1800	1500	1200	900
über 11600 bis 12900 „	3000	2300	1900	1500	1100
über 12900 bis 15400 „	3600	2700	2300	1800	1400
über 15400 bis 17500 „	4200	3200	2600	2100	1600
über 17500 bis 22600 „	4800	3600	3000	2400	1800
über 22600 bis 32800 „	5400	4100	3400	2700	2000
über 32800 Mark	6000	4500	3800	3000	2300

Veränderungen während des Druckes.

Während der Drucklegung sind die nachstehend abgedruckten vier Gesetze verabschiedet worden, die folgende wesentlichen Veränderungen der bisherigen Besoldungsgesetzgebung bringen:

1. Im BDEG., VDEG., MDG., GDG. sind entsprechend der gestiegenen Geldentwertung die Sätze der Grundgehälter, Ortszuschläge, und der Kinder- und Frauenbeihilfe erhöht worden. Im Zusammenhang damit ist der Ausgleichszuschlag, der zuletzt (ab 15. Juni 1923) 6000 % betrug, auf 87 % herabgesetzt worden.

2. Die Kinderbeihilfen, die bisher im allgemeinen nur bis zum vollendeten 14. Lebensjahr gewährt wurden, werden vom 1. Juli ds. Js. ab bis zum vollendeten 16. Lebensjahre gewährt ohne Rücksicht darauf, ob die Kinder eigenes Einkommen haben oder nicht.

3. Der Empfängerkreis der Frauenbeihilfe ist dadurch erweitert, daß auch die aktive Beamtin, die als Witwe beihilfeberechtigte Kinder, die Frauenbeihilfe erhält. Außerdem sind die schuldlos geschiedenen Beamten und diejenigen Beamten, deren Ehe für nichtig erklärt ist, den Witwern gleichgestellt. Ihnen wird beim Vorliegen der sonstigen Voraussetzungen ebenfalls die Frauenbeihilfe gewährt.

4. Die Versorgungsbezüge der Ruhegehaltsempfänger, Wartegeldempfänger und Hinterbliebenen sind entsprechend den veränderten Grundgehaltssätzen neu zu ordnen, wobei das BARG. (VARG.) mit der Maßgabe Anwendung findet, daß an Stelle des 1. April 1920 der 1. Juli 1923 tritt. Die Berechnung der Ruhegehälter erfolgt in Zukunft nach Hundertsteln, nicht wie bisher nach Sechszigsteln und Hundertzwanzigsteln. Die Pensionsskala ändert sich danach wie folgt:

Dienstjahre	Künftig v. H.	Bisher
10	35	20/60
11	37	21/60
12	39	22/60
13	41	23/60
14	43	24/60
15	45	25/60
16	47	26/60
17	49	27/60
18	51	28/60
19	53	29/60
20	55	30/60

Dienstjahre	Künftig v. H.	Bisher
21	57	31/60
22	59	32/60
23	61	33/60
24	63	34/60
25	65	35/60
26	66	36/60
27	67	37/60
28	68	38/60
29	69	39/60
30	70	40/60
31	71	81/120
32	72	82/120
33	73	83/120
34	74	84/120
35	75	85/120
36	76	86/120
37	77	87/120
38	78	88/120
39	79	89/120
40	80	90/120

5. **Der Versorgungszuschlag wird auch vom Waisengeld gewährt.**

6. **Der Mindestbetrag des Witwengeldes beträgt in Zukunft 120 000 ℳ, der Höchstbetrag 1 200 000 ℳ monatlich.**

Im VDG. und MDG. sind noch von besonderer Wichtigkeit die neuen Bestimmungen über die Höhe der Einzahlungen für die Anrechnung von Privatschuldienstzeit und über die Vorausleistungen der Schulunterhaltungsträger.

Zu dem Gesetz über Änderungen der Dienst- und Versorgungsbezüge der unmittelbaren Staatsbeamten ist die amtliche Begründung mit abgedruckt, in welcher die Gründe für die zahlreichen Abänderungen, insbesondere bei der Berechnung der Ruhegehälter, eingehend dargelegt sind.

Wichtig ist ferner noch das am Schluß wiedergegebene Gesetz über eine Änderung des Besoldungssperrgesetzes, welches die Verlängerung der Geltungsdauer dieses Gesetzes bis zum 1. April 1925 enthält.

1. Gesetz
über Änderungen der Dienst- und Versorgungsbezüge der unmittelbaren Staatsbeamten.

Vom 12. Juli 1923 (GS. S. 305).

Der Landtag hat folgendes Gesetz beschlossen:

Artikel I.

§ 1.

Das Gesetz über das Diensteinkommen der unmittelbaren Staatsbeamten (Beamten-Diensteinkommensgesetz) vom 17. Dezember 1920/1. April 1923 (Gesetzsamml. 1923 S. 167) wird wie folgt geändert:

I. § 6 Abs. 2 erhält folgende Fassung:

(2) Bei Versetzungen wird der Ortszuschlag vom Ersten des auf die Änderung des dienstlichen Wohnsitzes folgenden Monats nach dem Satz des Ortszuschlags für den Versetzungsort gezahlt. Findet die Änderung des dienstlichen Wohnsitzes am ersten Werktag eines Monats statt, so tritt der Wechsel im Satz des Ortszuschlages schon mit diesem Monat ein.

II. § 17 wird wie folgt geändert:

Im Abs. 1 ist die Zahl „2000" durch „70 000", „2500" durch „80 000", „3000" durch „90 000" zu ersetzen.*)

Im Abs. 2 ist an Stelle der Zahl „14" die Zahl „16" zu setzen.

Nr. 2 des Abs. 2 erhält folgende Fassung:

2. . . . . . eigenes Einkommen nicht haben, oder wenn das eigene Einkommen des Kindes die Kinderbeihilfe einschließlich des Ausgleichszuschlages nicht übersteigt. Übersteigt das eigene Einkommen des Kindes den Betrag der Kinderbeihilfe einschließlich des Ausgleichszuschlags, ohne das Doppelte dieses Betrags zu erreichen, so wird die Kinderbeihilfe nur zur Hälfte gewährt; erreicht oder übersteigt das eigene Einkommen des Kindes das Doppelte der Kinderbeihilfe einschließlich des Ausgleichszuschlags, so fällt die Kinderbeihilfe fort.

III. § 18 wird wie folgt geändert:

Abs. 1 erhält folgende Fassung:

Zur Anpassung an die Veränderungen in der allgemeinen Wirtschaftslage wird zum Grundgehalte, zur Grundvergütung und zum Ortszuschlage sowie zu den Kinderbeihilfen ein veränderlicher Ausgleichszuschlag gewährt. Die Art und Höhe des Satzes wird gleichmäßig für alle vorgenannten Bezüge durch den Staatshaushaltsplan oder durch besonderes Gesetz bestimmt.

Abs. 2 ist zu streichen.

---

*) Durch ein am 10. Juli 1923 vom Landtag beschlossenes Iniativgesetz sind die Sätze der Kinderbeihilfen erhöht auf 80 000, 90 000 und 100 000 Mark monatlich.

Der bisherige Abs. „3“ wird Abs. „2“.

Im Abs. 2 Satz 2 ist an Stelle des Wortes „Witwern“ zu setzen: „verwitweten Beamten“.

IV. § 23 wird wie folgt geändert:

Im Abs. 1 ist statt „und Witwengeldbezügen“ zu setzen: „Witwen- und Waisengeldern“.

Im Abs. 2 ist statt „und Witwen“ zu setzen „Witwen und Waisen“, statt „und Witwengeld“ „Witwen- und Waisengeld“.

Im Abs. 3 ist hinter „Versorgungszuschlag“ einzuschalten „zum Ruhegehalt, Wartegeld und Witwengeld“. Am Schlusse ist hinzuzufügen „Für den Versorgungszuschlag zum Witwengeld gilt dies nur insoweit, als unter Hinzurechnung des Versorgungszuschlages zum Waisengeld (Abs. 1) der vorbezeichnete Höchstbetrag nicht überschritten wird“.

Im Abs. 4 wird „(§ 18 Abs. 3)“ in „(§ 18 Abs. 2)“ geändert.

Im Abs. 5 ist statt „und Witwen“ zu setzen: „Witwen und Waisen“.

Abs. 6 und 7 erhalten folgende Fassung:

(6) Witwen und Waisen, die im Reichs-, Staats- oder einem sonstigen öffentlichen Dienst im Sinne des § 27 Abs. 2 des Zivilruhegehaltsgesetzes Teuerungs- oder Ausgleichszuschläge der im Dienst befindlichen Beamten, Lohnangestellten, Lohnempfänger, Ruhegehalts- oder Wartegeldempfänger beziehen oder erdient haben, werden nur insoweit berücksichtigt, als diese Bezüge hinter dem Versorgungszuschlag zurückbleiben.

(7) Sofern das Witwengeld oder Waisengeld nach den Vorschriften über das Ruhen der Versorgungsbezüge teilweise ruht, wird der Versorgungszuschlag von dem nichtruhenden Teil gewährt.

Im Abs. 8 werden die Worte „volle Mark“ ersetzt durch die Worte „durch 10 teilbare Markbeträge“.

V. Im § 24 sind Abs. 2 und 3 zu streichen.

VI. Im § 27 (§ 1 des Gesetzes, betreffend die Zahlung der Beamtenbesoldung und des Gnadenvierteljahres vom 7. März 1908 (Gesetzsamml. S. 135) werden die Worte „volle Markbeträge“ ersetzt durch die Worte „durch 10 teilbare Markbeträge“.

VII. In der Anlage 1 (Besoldungsordnung für die planmäßigen unmittelbaren Staatsbeamten) werden die Grundgehaltssätze in den Abschnitten I, II und III wie folgt geändert:

I. Aufsteigende Gehälter.

A. Gehälter mit festen Grundgehaltssätzen.

Gruppe 1: 324000 — 338000 — 352000 — 366000 — 380000 — 393000 — 406000 — 419000 — 432000 ℳ monatlich,

Gruppe 2: 357000 — 372000 — 387000 — 402000 — 417000 — 432000 — 447000 — 462000 — 476000 ℳ monatlich,

Gruppe 3: 390000 — 407000 — 424000 — 440000 — 456000 — 472000 — 488000 — 504000 — 520000 ℳ monatlich,

Gruppe 4: 437000—456000—474000—492000—510000—528000—546000—564000—582000 ℳ monatlich,

Gruppe 5: 494000—515000—536000—557000—578000—598000—618000—638000—658000 ℳ monatlich,

Gruppe 6: 557000—581000—605000—628000—651000—674000—697000—720000—743000 ℳ monatlich,

Gruppe 7: 636000—663000—690000—717000—744000—770000—796000—822000—848000 ℳ monatlich,

Gruppe 8: 730000—765000—800000—835000—870000—905000—939000—973000 ℳ monatlich,

Gruppe 9: 838000—878000—918000—958000—998000—1038000—1078000—1118000 ℳ monatlich,

Gruppe 10: 963000—1009000—1055000—1101000—1147000—1193000—1239000—1284000 ℳ monatlich,

Gruppe 11: 1115000—1169000—1222000—1275000—1328000—1381000—1434000—1487000 ℳ monatlich,

Gruppe 12: 1303000—1376000—1449000—1521000—1593000—1665000—1737000 ℳ monatlich,

Gruppe 13: 1560000—1690000—1820000—1950000—2080000 ℳ monatlich.

B. Gehälter mit Mindestgrundgehaltssätzen.

1. Mindestgrundgehaltssätze monatlich: 627000—658000—689000—720000—750000—780000—810000—840000,
2. Mindestgrundgehaltssätze monatlich: 720000—755000—790000—825000—859000—893000—927000—960000,
3. 1605000 ℳ monatlich im Durchschnitt.
   Mindestgrundgehaltssätze monatlich: 1200000—1270000—1340000—1410000—1480000—1545000—1605000—1665000,
   in besonderen Einzelfällen bis zu 1960000 ℳ,*)
4. 1895000 ℳ monatlich im Durchschnitt.
   Mindestgrundgehaltssätze monatlich: 1480000—1555000—1630000—1700000—1765000—1830000—1895000—1960000,
   in besonderen Einzelfällen bis zu 2220000 ℳ,*)
5. 2000000 ℳ monatlich im Durchschnitt.
   Mindestgrundgehaltssätze monatlich: 1600000—1710000—1820000—1920000—2020000—2120000—2220000,
   in besonderen Einzelfällen bis zu 2300000 ℳ.

---

*) Durch ein am 10. Juli 1923 vom Landtag beschlossenes Iniativgesetz sind die Grundgehaltssätze der Gruppen 3 und 4 wie folgt geändert:

3. 1605000 ℳ monatlich im Durchschnitt.
   Mindestgrundgehaltssätze monatlich: 1222000—1287000—1352000—1417000—1482000—1545000—1605000—1665000,
   in besonderen Einzelfällen bis zu 1960000 ℳ.
4. 1900000 ℳ monatlich im Durchschnitt.
   Mindestgrundgehaltssätze monatlich: 1521000—1591000—1656000—1720000—1780000—1840000—1900000—1960000,
   in besonderen Einzelfällen bis zu 2200000 ℳ.

Die Anmerkung zu Gruppe 1 und 2 erhält folgende Fassung:

Zu den Mindestgrundgehaltssätzen kann ein ausgleichszuschlagsfähiger Ergänzungsbetrag von durchschnittlich monatlich 130000 ℳ für 1/3 und von durchschnittlich monatlich 250000 ℳ für 1/6 aller Stellen mit der Maßgabe gewährt werden, daß das Gesamtgrundgehalt des einzelnen Stelleninhabers bei 1 : 1090000 ℳ, bei 2 : 1210000 ℳ monatlich nicht übersteigen darf.

II. Einzelgehälter

Gruppe	I . . .	2220000 ℳ	monatlich,
„	II . . .	2500000 „	„ ,
„	III . . .	2900000 „	„ ,
„	IV . . .	3870000 „	„ ,
„	V . . .	5700000 „	„ .

VIII. Im Abschnitt C, Nebenbezüge, Ziffer 5b und 5c der Schlußbemerkungen zu Anlage 1 sind die Zahlen „38400“ und „34800“ durch die Zahlen „145000“ und „125000“ und das Wort „jährlich“ jedesmal durch das Wort „monatlich“ zu ersetzen.

IX. Die Anlage 2 (Ortszuschlag) erhält folgende Fassung: Der Ortszuschlag beträgt für planmäßige Beamte:

in Orten der Ortsklasse	bei einem Grundgehalt von monatlich						
	bis 387000 ℳ	über 387000 bis 437000 ℳ	über 437000 bis 510000 ℳ	über 510000 bis 605000 ℳ	über 605000 bis 838000 ℳ	über 838000 bis 1275000 ℳ	über 1275000 ℳ
	monatlich						
A . . .	72000	90000	108000	126000	144000	162000	180000
B . . .	60000	75000	90000	105000	120000	135000	150000
C . . .	52000	65000	78000	91000	104000	117000	130000
D . . .	44000	55000	66000	77000	88000	99000	110000
E . . .	36000	45000	54000	63000	72000	81000	90000

X. In den Schlußbemerkungen Abschnitt C wird in Ziff. 6 folgender Absatz angefügt:

d) die zu a bezeichneten Gebühren sind in Höhe eines von dem Fachminister im Einvernehmen mit dem Finanzminister festzusetzenden Betrages, der den jeweiligen wirtschaftlichen Verhältnissen entsprechend geändert werden kann, ruhegehaltsfähig.

Hinter der Ziffer 9 ebenda wird folgender Absatz zugefügt:

Diese Gebühren sind in Höhe eines von dem Fachminister im Einvernehmen mit dem Finanzminister festzusetzenden Betrages, der den jeweiligen wirtschaftlichen Verhältnissen entsprechend geändert werden kann, ruhegehaltsfähig.

XI. In Ziffer 3 der Anlage 3 (Dienstbezüge für die nichtplanmäßigen unmittelbaren Staatsbeamten) wird die Zahl „10 070" durch die Zahl „339 150" ersetzt.

XII. Ziffer 5 der Schlußbemerkungen zu Anlage 3 erhält folgende Fassung:

5. Die Konstruktions-, Betriebs- und Oberingenieure bei den Technischen Hochschulen beziehen neben ihrer Grundvergütung einen Anteil an den Unterrichtsgebühren des Professors, dem sie zugewiesen sind, insoweit der Gesamtbetrag dieser Gebühren zur Deckung der Ausgabe außer dem Gebührenanteil des Professors, ausreicht. Die Höhe dieses Anteils wird durch den Fachminister im Einvernehmen mit dem Finanzminister festgesetzt. Diese Festsetzung kann den jeweiligen wirtschaftlichen Verhältnissen entsprechend jederzeit geändert werden.

§ 2.

(1) Die am 30. Juni 1923 im Dienste befindlichen planmäßigen und nichtplanmäßigen Beamten werden mit ihrem bisherigen Besoldungs- und Anwärterdienstalter in die neuen Dienstbezüge eingewiesen.

(2) Ist ein Beamter mit Wirkung von einem Tage zwischen dem 30. Juni 1923 und dem Tage der Verkündung dieses Gesetzes in eine andere Besoldungsgruppe übergetreten, so erfolgt die Berechnung des Besoldungsdienstalters in der neuen Besoldungsgruppe nach Maßgabe der bisherigen Grundgehaltssätze, bei späterem Übertritt nach Maßgabe der neuen Sätze.

Artikel II.

Die Verordnung, betreffend die einstweilige Versetzung der unmittelbaren Staatsbeamten in den Ruhestand, vom 26. Februar 1919 (Gesetzsamml. S. 33) in der Fassung des Gesetzes über das Diensteinkommen der unmittelbaren Staatsbeamten vom 17. Dezember 1920/1. April 1923 (Gesetzsamml. S. 167), des Artikels II des Gesetzes über Änderungen der Dienst- und Versorgungsbezüge der unmittelbaren Staatsbeamten vom 21. November 1922 (Gesetzsamml. S. 431) und des Gesetzes zur Abänderung dieser Verordnung vom 31. Dezember 1922 (Gesetzsamml. 1923 S. 1) wird wie folgt geändert:

I. § 1 Abs. 2, § 2 Satz 2, § 3 Abs. 4 sind zu streichen.

II. Hinter § 3 ist einzufügen:

§ 3 a.

Das Wartegeld beträgt $^{80}/_{100}$ des ruhegehaltsfähigen Diensteinkommens, und höchstens 1 800 000 ℳ monatlich. Hat der Beamte jedoch zur Zeit seiner einstweiligen Versetzung in den Ruhestand bereits ein höheres Ruhegehalt erdient, so erhält er ein Wartegeld in der Höhe des zu diesem Zeitpunkt erdienten Ruhegehalts.

Im Falle des § 2 kann für die Zeit, für die ein Anspruch auf Wartegeld nicht besteht, ein Wartegeld bis zur Höhe des gesetzmäßigen Ruhegehaltsbetrages bewilligt werden.

III. Im § 4 werden die Worte „volle Mark" ersetzt durch die Worte „durch 10 teilbare Markbeträge".

IV. Im § 11 ist der Abs. 2 zu streichen.

Artikel III.

Die Verordnung über die Versorgung der Hofbeamten und ihrer Hinterbliebenen vom 10. März 1919 (Gesetzsamml. S. 45) in der Fassung des Gesetzes über das Diensteinkommen der unmittelbaren Staatsbeamten vom 17. Dezember 1920/1. April 1923 (Gesetzsamml. S. 167) und des Artikels II des Gesetzes über Änderungen der Dienst- und Versorgungsbezüge der unmittelbaren Staatsbeamten vom 21. November 1922 (Gesetzsamml. S. 431) wird wie folgt geändert:

I. § 8 Abs. 2 erhält folgende Fassung:

Das Wartegeld beträgt $^{80}/_{100}$ des ruhegehaltsfähigen Diensteinkommens.

II. Im § 10 werden die Worte „volle Mark" ersetzt durch die Worte „durch 10 teilbare Markbeträge".

III. Im § 17 ist der Abs. 2 zu streichen.

Artikel IV.

Das Gesetz, betreffend die Pensionierung der unmittelbaren Staatsbeamten, vom 27. März 1872/27. Mai 1907 (Gesetzsamml. S. 268/95) in der Fassung des Gesetzes über das Diensteinkommen der unmittelbaren Staatsbeamten vom 17. Dezember 1920/1. April 1923 (Gesetzsamml. S. 167) und des Artikels II des Gesetzes über Änderungen der Dienst- und Versorgungsbezüge der unmittelbaren Staatsbeamten vom 21. November 1922 (Gesetzsamml. S. 431) wird wie folgt geändert:

I. § 8 erhält folgende Fassung:

Die Pension beträgt, wenn die Versetzung in den Ruhestand nach vollendetem 10., jedoch vor vollendetem 11. Dienstjahre eintritt, $^{35}/_{100}$ und steigt mit jedem weiter zurückgelegten Dienstjahre bis zum vollendeten fünfundzwanzigsten Dienstjahre um $^{2}/_{100}$ und von da ab um $^{1}/_{100}$ des in den §§ 10 und 11 bestimmten Diensteinkommens.

Über den Betrag von $^{80}/_{100}$ dieses Einkommens hinaus findet eine Steigerung nicht statt.

In dem in § 1 Abs. 2 erwähnten Fall beträgt die Pension $^{35}/_{100}$, in dem Fall des § 7 höchstens $^{35}/_{100}$ des vorbezeichneten Diensteinkommens.

II. Im § 9 werden die Worte „volle Mark" ersetzt durch die Worte „durch 10 teilbare Markbeträge".

III. § 27 Abs. 1 Nr. 2, Abs. 2, 3 erhalten folgende Fassung:

2. wenn und solange ein Pensionär aus der Verwendung im Reichs-, Staats- oder in einem sonstigen öffentlichen Dienst ein Diensteinkommen bezieht, insoweit, als der Betrag dieses neuen Diensteinkommens unter Hinzurechnung der Pension den Betrag des von dem Beamten vor der Pensionierung bezogenen Diensteinkommens übersteigt.

(2) Als Verwendung im Reichs-, Staats- oder in einem sonstigen öffentlichen Dienst im Sinne dieser Vorschrift gilt ohne Rücksicht auf die Art und Dauer der Beschäftigung jede Tätigkeit, für die eine Vergütung gewährt wird, die ganz oder zum Teil unmittelbar oder mittelbar aus öffentlichen Mitteln fließt. Auch die Beschäftigung im

Kirchendienst und bei der Reichsbank gilt als Verwendung im sonstigen öffentlichen Dienst im Sinne dieser Vorschrift.

(3) Bei Berechnung des früheren und des neuen Diensteinkommens sind die Aufwandsentschädigungen, die jederzeit widerruflichen Zulagen für eine Tätigkeit bei bestimmten Behörden und die Auslandszulagen nicht in Ansatz zu bringen. Dagegen sind sowohl dem früheren und dem neuen Diensteinkommen als auch der Pension die daneben nach dem Familienstand zahlbaren Beihilfen und die zur Anpassung an die allgemeine und die örtliche Wirtschaftslage zur Zeit der Verwendung gewährten Zuschläge hinzuzurechnen. Nach Ortsklassen abgestufte Diensteinkommensteile sind in dem früheren Diensteinkommen mit den für den Ort der Verwendung maßgebenden Sätzen zu berücksichtigen.

IV. Im § 28 Abs. 2 ist hinzuzufügen:

§ 27 Abs. 3 gilt entsprechend.

V. Im § 28 Abs. 3 werden die Worte „Reichs- oder Staatsdienst" ersetzt durch die Worte „Reichs-, Staats- oder in einem sonstigen öffentlichen Dienst".

VI. Im § 29 ist Abs. 2 zu streichen.

VII. Im § 29a Abs. 1 werden die Worte „Reichs- oder Staatsdienst" ersetzt durch die Worte „Reichs-, Staats- oder in einem sonstigen öffentlichen Dienst".

Artikel V.

Das Gesetz, betreffend die Fürsorge für die Witwen und Waisen der unmittelbaren Staatsbeamten, vom 20. Mai 1882/27. Mai 1907 (Gesetzsamml. S. 298/99) in der Fassung des Gesetzes über das Diensteinkommen der unmittelbaren Staatsbeamten vom 17. Dezember 1920/1. April 1923 (Gesetzsamml. S. 167) und des Artikels II des Gesetzes über Änderungen der Dienst- und Versorgungsbezüge der unmittelbaren Staatsbeamten vom 21. November 1922 (Gesetzsamml. S. 431) wird wie folgt geändert:

I. § 8 Abs. 2 erhält folgende Fassung:

Das Witwengeld soll jedoch vorbehaltlich der im § 10 verordneten Beschränkung nicht hinter einem Drittel des niedrigsten ruhegehaltsfähigen Diensteinkommens aus der Besoldungsgruppe A 1 der aufsteigenden Gehälter zurückbleiben und nicht die Hälfte des ruhegehaltsfähigen Diensteinkommens aus der Besoldungsgruppe II der Einzelgehälter übersteigen.

II. Im § 8 Abs. 3 und im § 9 Abs. 2 werden die Worte „volle Mark" ersetzt durch die Worte „durch 10 teilbare Markbeträge".

Artikel VI.

Das Schutzpolizeibeamtengesetz vom 16. August 1922 (Gesetzsamml. S. 251) wird wie folgt geändert:

§ 41 erhält folgende Fassung:

Das Ruhegehalt beträgt für ruhegehaltsberechtigte Schutzpolizeibeamte nach vollendeter zehnjähriger Gesamtdienstzeit (§§ 61 u. 62) $^{35}/_{100}$ und steigt mit jedem weiteren Dienstjahr bis zum vollendeten dreißigsten Dienstjahre um $^{2}/_{100}$ und von da ab um $^{1}/_{100}$ bis auf $^{80}/_{100}$ des zuletzt zuständigen ruhegehaltsfähigen Diensteinkommens (§ 42), jedoch mit der Einschränkung, daß in Dienstgraden und

Dienststellen mit Einzelgehältern das Ruhegehalt bereits nach dem fünfundzwanzigsten Dienstjahre nur um $1/_{100}$ mit jedem weiteren Dienstjahre steigt. Der Monatsbetrag ist nach oben auf durch zehn teilbare Markbeträge abzurunden.

Artikel VII.

Das Beamten-Altruhegehaltsgesetz vom 17. Dezember 1920 (Gesetzsamml. 1921 S. 214) wird wie folgt geändert:

I. Im § 3 Abs. 1 ist statt „und Witwengeldern" zu setzen „Witwen- und Waisengeldern".

II. Im § 3 Abs. 2 ist statt „oder ruhegehaltsfähige Diensteinkommen, soweit es aus Grundgehalt oder Grundvergütung und Ortszuschlagsdurchschnitt besteht" zu setzen „Witwen- oder Waisengeld".

III. Im § 4 ist Abs. 2 zu streichen.

IV. Im § 6 sind die Worte „ausschließlich Ausgleichszuschlag" zu streichen.

Artikel VIII.

Das Gesetz, betreffend die Fürsorge für Beamte infolge von Betriebsunfällen, vom 2. Juni 1902 (Gesetzsamml. S. 153) in der Fassung des Artikels V des Gesetzes über Änderungen der Dienst- und Versorgungsbezüge der unmittelbaren Staatsbeamten vom 21. November 1922 (Gesetzsamml. S. 431) wird wie folgt geändert:

I. Im § 2 Nr. 2a ist an Stelle von „3000 ℳ" und „25000 ℳ monatlich" sowie „1000 ℳ" und „10000 ℳ monatlich" zu setzen: „120000 ℳ" und „1200000 ℳ monatlich" sowie „70000 ℳ" und „300000 ℳ monatlich".

II. Im § 2 Nr. 2b und c ist an Stelle von „1000 ℳ" und „10000 ℳ monatlich" zu setzen „70000 ℳ" und „300000 ℳ monatlich".

Artikel IX.

Soweit in anderen preußischen Gesetzen als dem Gesetz, betreffend die Pensionierung der unmittelbaren Staatsbeamten, Vorschriften über das Ruhen von Wartegeldern, Übergangsgebührnissen, Pensionen, Witwen- und Waisengeldern aus Anlaß einer Verwendung der Versorgungsberechtigten im Reichs- oder Staatsdienst enthalten sind, gelten diese Vorschriften als dem vorstehenden Artikel IV entsprechend geändert.

Artikel X.

Mit Wirkung vom Tage des Inkrafttretens dieses Gesetzes sind die Bezüge der Ruhegehaltsempfänger, Wartegeldempfänger und Hinterbliebenen nach den Vorschriften dieses Gesetzes neu zu regeln. Das Beamten-Altruhegehaltsgesetz vom 17. Dezember 1920 (Gesetzsamml. 1921 S. 214) findet mit der Maßgabe Anwendung, daß an Stelle des 1. April 1920 der 1. Juli 1923 tritt.

Artikel XI.

Die neuen Sätze der Grundgehälter und Ortszuschläge werden der Berechnung der Ruhegehälter und Wartegelder nur mit der Maßgabe zugrunde gelegt, daß sich keine höheren Ruhegehälter und Wartegelder ergeben, als sie die in den dauernden oder einstweiligen Ruhestand versetzten Reichsbeamten bei gleichen ruhegehaltsfähigen Diensteinkommen und gleicher ruhegehaltsfähiger Dienstzeit erhalten. Dasselbe gilt sinngemäß für die Hinterbliebenen.

Artikel XII.

Die Ausführungsbestimmungen zu diesem Gesetz erläßt der Finanzminister. Er ist insbesondere ermächtigt, zum Ausgleich von Härten Zuschüsse zum Versorgungszuschlag (§ 23 des Beamten-Diensteinkommensgesetzes vom 17. Dezember 1920 — Gesetzsamml. 1921 S. 135 —) zu gewähren.

Der Finanzminister wird ferner ermächtigt, vorbehaltlich der endgültigen gesetzlichen Regelung zu bestimmen, welcher Ausgleichszuschlag beim Inkrafttreten dieses Gesetzes neben den in diesem Gesetze vorgesehenen Grundgehältern, Wartegeldern, Ruhegehältern und Hinterbliebenenbezügen zu zahlen ist.

Artikel XIII.

Dieses Gesetz tritt mit Ausnahme des § 1 Abschnitt XII mit Wirkung vom 1. Juli 1923 in Kraft. Abschnitt XII des § 1 tritt mit Wirkung vom 1. April 1923 in Kraft.

Artikel XIV.

Die Bestimmungen dieses Gesetzes finden auf die unter das Gewerbe- und Handelslehrer-Diensteinkommensgesetz vom 17. Oktober 1922 (Gesetzsamml. S. 315) fallenden Lehrkräfte sinngemäß Anwendung.

Artikel XV.

Die nach dem Vorbilde des Reichs geleistete Zahlung eines Mehr von $^3/_4$ des Diensteinkommens für den Monat April und von $^1/_4$ des Diensteinkommens für den Monat Mai wird nachträglich genehmigt. Das Mehr ist als Ausgleichszuschlag (Versorgungszuschlag) für das Rechnungsjahr 1923 zu verrechnen.

Begründung.

A. Allgemeines.

Die infolge der ständig wachsenden Geldentwertung besonders im Laufe des letzten halben Jahres notwendig gewordene mehrfache Erhöhung der Ausgleichszuschläge hat allmählich zu einem starken Mißverhältnis zwischen der Höhe der festen Gehaltsbestandteile und der Ausgleichszuschläge geführt. Deshalb scheint es erforderlich, die bisher als Ausgleichszuschläge gewährten Teile des Diensteinkommens in das Grundgehalt, den Ortszuschlag und die Kinderbeihilfe einzubauen. Der Entwurf bringt daher neue Sätze über das Grundgehalt, den Ortszuschlag und die Kinderbeihilfen, die in Übereinstimmung mit der Regelung im Reich aufgestellt sind. Dabei ist zu bemerken, daß die Spannung zwischen den einzelnen Ortsklassen in den Ortszuschlägen gegenüber den bisherigen Sätzen erheblich verringert worden ist. Hierdurch ist dem Umstande Rechnung getragen, daß die Unterschiede in der allgemeinen Teuerung zwischen Stadt und Land, größeren und kleineren Orten wesentlich geringer geworden sind. Daneben enthält der Entwurf mehrere Bestimmungen zur Vereinfachung des Rechnungswesens sowie eine grundsätzliche Änderung in der Berechnung und Höhe der Ruhegehälter und Wartegelder. Das für ein nach 40 Dienstjahren erreichbare Ruhegehalt beträgt $^{80}/_{100}$ des ruhegehaltsfähigen Diensteinkommens.

B. Einzelnes.

Artikel I § 1.

Ziffer I. Die Bestimmung bezweckt eine Vereinfachung der Kassengeschäfte insofern, als Änderungen des Ortszuschlags stets mit Beginn des neuen Monats wirksam werden, während bisher unter Umständen innerhalb eines Monats verschiedene Ortszuschläge in Frage kommen konnten.

Die Ziffern II, VII und IX enthalten die neuen Sätze für die Kinderbeihilfen, Grundgehälter und Ortszuschläge. Nach Ziffer II soll ferner die Kinderbeihilfe bis zum vollendeten 16. Lebensjahre stets zum vollen Betrage gezahlt werden, da in der großen Mehrzahl der Fälle Kinder vom vollendeten 14. bis zum vollendeten 16. Lebensjahre sich noch in der Schul- oder Berufsausbildung befinden und auch noch kein auf die Kinderbeihilfe anzurechnendes Einkommen haben. Außerdem ist eine Vereinfachung in der Anrechnung des eigenen Einkommens des Kindes auf die Kinderbeihilfe vorgesehen.

Ziffer III. Durch die Neufassung des § 18 Abs. 1 und Wegfall des bisherigen Abs. 2 soll die bei einer anderweiten Festsetzung des Ausgleichszuschlags bisher erforderliche Gesetzesänderung vermieden werden. Durch die Änderung des Abs. 2 soll bewirkt werden, daß die aktive Beamtin, die als Witwe beihilfeberechtigte Kinder hat, die Frauenbeihilfe erhält.

Der schuldlos geschiedene Beamte sowie der Beamte, dessen Ehe für nichtig erklärt ist, soll im Wege der Ausführungsbestimmungen dem Witwer gleichgestellt werden.

Ziffer IV. Vergl. die Begründung zu Artikel VII, I bis IV und zu Artikel IV, III Ziffer V. Die entsprechenden Bestimmungen zu § 17 sind durch das Gesetz vom 17. April 1923 beseitigt.

Ziff. VI. Diese Bestimmung der Aufrundung aller Beträge auf volle 10 ℳ ist eine Folge der fortschreitenden Geldentwertung und dient zur Vereinfachung der Kassengeschäfte.

Ziffer VIII und X. Die Erhöhungen sind zur Anpassung an die neuen Grundgehälter vorgenommen.

Ziffer XI. Die abändernde Fassung war erforderlich, da die Unmöglichkeit, den Anteil der Konstruktions-, Betriebs- und Oberingenieure an den Technischen Hochschulen an den Unterrichtsgebühren der Professoren der Geldentwertung entsprechend zu erhöhen, zu Unträglichkeiten geführt hat und mit Recht von den Beteiligten als Härte empfunden wird.

Artikel II.

Ziffer I und II. Die Erhöhung des Wartegelds von $^3/_4$ auf $^{80}/_{100}$ des ruhegehaltsfähigen Diensteinkommens entspricht dem durch die Änderung des § 8 Zivilruhegehaltsgesetzes bedingten neuen Höchstpensionssatze. Wie bisher soll das Wartegeld nach dem Höchstpensionssatze bemessen bleiben.

Da der Wartegeldsatz von $^3/_4$ hiernach abgeändert werden mußte, erschien es zweckmäßig, die bisherige Bestimmung, wonach das Wartegeld während der ersten fünf Jahre dem Betrage des ruhegehaltsfähigen Diensteinkommens gleichkam — eine Bestimmung, die schon seit dem 1. Oktober 1921 auf Grund der seit diesem Zeitpunkt erlassenen reichsrechtlichen Sperrbestimmungen ohne praktische Bedeutung war —, auch formell zu beseitigen. Die Ermächtigung hierzu ist in Artikel 14 Abs. 3 des entsprechenden Reichsgesetzes enthalten. Nach dem ersten Absatz dieses Artikels darf ein höherer Bruchteil, als die vorgesehenen $^{80}/_{100}$, seitens der Länder nicht gewährt werden. Die Erhöhung des Höchstbetrages von 46 500 ℳ auf 1 800 000 ℳ soll neben der Anpassung an die neuen Grundgehälter dazu führen, daß diese Bestimmung nicht schon in Gruppe 13 der aufsteigenden Gehälter, sondern erst bei den Einzelgehältern praktische Bedeutung erlangt.

Vergl. Artikel II Ziffer IV, Artikel IV Ziffer VI.

Artikel III vergl. die Begründung zu Artikel II.

Artikel IV.

Ziffer I. Die Berechnung der Ruhegehälter nach Einhundertsteln des ruhegehaltsfähigen Diensteinkommens bedeutet eine erhebliche Vereinfachung der Rechenarbeiten. Die neue Skala bringt in allen Altersstufen eine Verbesserung, die zwischen 5% und 11,43% und durchschnittlich etwa 7% beträgt. Die erstmalige Umrechnung nach der neuen Skala stellt keine Mehrarbeit dar, weil eine gleichzeitig eintretende Änderung der Grundgehälter und Ortszuschläge ohnehin eine Umrechnung der Versorgungsbezüge erforderlich macht. Die Umwandlung der bisherigen Sechzigstel in Hundertstel macht eine Erhöhung der Höchstpensionen auf $^{80}/_{100}$ erforderlich, da bei den anderen etwa möglichen Skalen entweder für die Beamten vom 28. bis zum 39. Dienstjahr eine Verschlechterung eingetreten wäre oder die Höchstpensionen schon mit vollendetem 35. Dienstjahre erreicht worden wäre.

Ziffer III bis V, VII. Die Regelung der Versorgungsbezüge in den Fällen, in denen Versorgungsberechtigte infolge Wiederbeschäftigung in einem öffentlichen Dienst ein neues Diensteinkommen oder ein Ruhegehalt beziehen, hat sich aus zwei Gründen außerordentlich schwierig gestaltet:

a) durch die verschiedene Behandlung der Fälle, in denen ein Versorgungsberechtigter „als Beamter oder in der Eigenschaft eines Beamten" tätig war oder als Privatangestellter angesehen werden mußte,
b) durch die verschiedenartige Behandlung der Ruhegehälter einerseits und der Familienbeihilfen, Ausgleichszuschläge und örtliche Sonderzuschläge anderseits.

Zu a. Die Klärung des Begriffs der Beschäftigung „in der Eigenschaft eines Beamten" hat wegen der fortwährend auftauchenden Zweifel zu endlosem Schriftwechsel der Behörden aller Instanzen und auch zu Prozessen geführt. Da jetzt durch die Tarifverträge die Bezüge der Angestellten einer Kürzungsbestimmung unterworfen sind, nach der die zahlbare Pension auf die Angestelltenbezüge anzurechnen ist, besteht ein praktischer Unterschied zwischen beiden Fällen im Endergebnis nicht mehr. Die Voraussetzung der Beschäftigung in der Eigenschaft eines Beamten hat ihre frühere Bedeutung eingebüßt. Dem trägt der Entwurf Rechnung. Gleichzeitig verschafft er mehr als bisher dem Gedanken der Versorgungsgesetzgebung Geltung, daß der Bezug eines Diensteinkommens aus öffentlichen Mitteln für einen öffentlichen Dienst schlechthin die ebenfalls aus öffentlichen Mitteln für öffentlichen Dienst zustehende Pension kürzen soll. Dabei darf der Begriff „öffentliche Mittel" und „öffentlicher Dienst" nicht eng ausgelegt werden. Zum Beispiel müssen selbstverständlich Beschäftigungen bei den Einrichtungen der Reichsversicherungen, bei den Handels-, Landwirtschafts- und Handwerkskammern, den Krankenkassen, den Berufsgenossenschaften usw. als Verwendung im öffentlichen Dienst gelten. Maßgebend bleibt, ob es sich um öffentliche Einrichtungen handelt, deren Betriebsmittel ganz oder zum Teil ihrer Natur nach als öffentliche Mittel angesehen werden müssen.

Zu b. Seit dem 1. Oktober v. Js. führte die getrennte Behandlung der Ruhegehälter einerseits, der Ausgleichszuschläge und Familienbeihilfen andererseits für die Versorgungsberechtigten im allgemeinen zu dem gleichen Gesamtergebnis, wie wenn die Zuschläge als Teil des Ruhegehalts angesehen und zum Zwecke der Regelung der Gesamtbezüge gegenübergestellt werden. Das neue Verfahren erscheint einfacher und übersichtlicher. Wie sich die Regelung nach § 27 Nr. 2 des Zivilruhegehaltsgesetzes künftig gestaltet, zeigt folgendes Beispiel, das nach den Sätzen vom Juni d. Js. (2900 % Ausgleichszuschlag) durchgeführt ist.

Ein Beamter der Gruppe A 10 der aufsteigenden Gehälter, Stufe 8, in Ortsklasse C, unverheiratet, ist zum 1. Mai 1920 pensioniert worden. Pension nach 30 Dienstjahren $^{40}/_{60}$; jetzt auf Grund des Teiltarifvertrages in Berlin beschäftigt, Vergütung nach Gruppe 9, Satz 27 000 ℳ, verheiratet, zwei Kinder unter sechs Jahren.

1	2	3	4
	Neues Diensteinkommen Juni 1923 ℳ	fiktives früheres Diensteinkommen ℳ	Gebührnisse als Pensionär ℳ
Grundgehalt bezw. Grundvergütung	27 000	34 000	34 000
Ortszuschlag	5 400	6 000	4 500
	32 400	40 000	38 500
Pension	—	—	25 667
Kinderbeihilfen	4 000	4 000	4 000
	36 400	44 000	29 667
Ausgleichszuschlag . . .	1 055 600	1 276 000	860 343
Oertlicher Sonderzuschlag .	191 100	231 000	155 752
Frauenbeihilfe	32 000	32 000	32 000
	1 315 100	1 583 000	1 077 762
Dazu nach Sp. 4	1 077 762		
	2 392 862		
Ab nach Sp. 3	1 583 000		
Mithin haben	809 862	von den Gebührnissen nach Sp. 4 zu ruhen	809 862
	zahlbar bleiben . . .		267 900

Durch die Worte „Aufwandsentschädigungen“ und „Auslandszulagen“ ist eine materielle Änderung nicht beabsichtigt.

Ziffer VI. Der zu streichende Abs. 2 des § 29 bestimmt, daß bei vorübergehender Beschäftigung gegen Tagegelder oder eine andere Entschädigung die Einziehung oder Kürzung der Pension erst 6 Monate nach Beginn der Beschäftigung erfolgt. Die Begriffe „vorübergehend“ und „andere Entschädigung“ sind von jeher eine Quelle von Zweifeln, von langwierigem Schriftwechsel und Unzufriedenheit der wiederbeschäftigten Pensionäre gewesen. Die Streichung bringt eine dringend erwünschte Klärung und Vereinfachung sowie eine gleichmäßige Behandlung der Beamten und Angestellten.

Artikel V.

Ziffer I. Die Mindest- und Höchstbeträge des Witwengeldes wurden bisher in festen Zahlen angegeben und mußten demzufolge bei jeder Neuregelung der Grundgehälter geändert werden. Der Entwurf will dies für die Zukunft dadurch vermeiden, daß er diese Beträge in ein festes Verhältnis zur jeweiligen Besoldung bringt. Gleichzeitig wird der Mindestbetrag des Witwengeldes um rund 30% des bisherigen erhöht, während der Höchstbetrag erst bei dem Einzelgehalt III wirksam wird.

Artikel VI.

Die Änderung entspricht der in Artikel 5 des entsprechenden Reichsgesetzes erfolgten Änderung des Wehrmachtversorgungsgesetzes. Die Höchstpension der ruhegehaltsberechtigten Schutzpolizeibeamten wird gleichfalls auf $^{80}/_{100}$ gebracht, erreichbar in 35 Dienstjahren.

Artikel VII.

Ziffer I und II. Die Gewährung des Versorgungszuschlags zu den Waisengeldern muß nach der Entwicklung der Verhältnisse als gerechtfertigt angesehen werden. Die Waisengelder sind der einzige aus dem Grundgehalt abgeleitete Versorgungsteil, zu dem kein Versorgungszuschlag gewährt wird. Die Entwicklung hat dahin geführt, daß z. B. eine Waise mit 5000 ℳ Waisengeld und 3000 ℳ Kinderbeihilfe erhielt:

im Oktober 1922	
Waisengeld	5000 ℳ,
Kinderbeihilfe mit Versorgungszuschlag	3210 „ ,
zusammen . . .	8210 ℳ,
dagegen im Juni 1923	
Waisengeld	5000 ℳ,
Kinderbeihilfe mit Versorgungszuschlag	90000 „ ,
zusammen . . .	95000 ℳ,

also rund das elffache bei einer Steigerung der Beamten und der sonstigen Hinterbliebenen auf das achtundzwanzigfache.

Nach dem neuen Vorschlag würde für Juni 1923 zu zahlen gewesen sein:

Waisengeld mit Versorgungszuschlag .	150000 ℳ,
Kinderbeihilfe mit Versorgungszuschlag	90000 „ .
zusammen . . .	240000 ℳ.

Ziffer III. Die Abänderung entspricht einer bereits durch das Gesetz vom 17. April 1923 herbeigeführten Abänderung des § 17 des Beamten-Diensteinkommensgesetzes.

Ziffer IV. Die Abänderung wird erforderlich durch die Neuregelung in § 27 Ziffer 2 des Zivilruhegehaltsgesetzes.

Artikel VIII.

Ziffer I und II. Die Änderung der bisherigen Sätze ist lediglich eine Folge der in dem Gesetz vorgesehenen Erhöhung der Grundgehälter und Ortszuschläge. Dabei hat der Mindestbetrag der Waisenrente besonders erhöht werden müssen.

Artikel IX.

Kürzungsvorschriften, wie sie in Artikel IV behandelt sind, finden sich z. B. in der Verordnung über die einstweilige Versetzung der unmittelbaren Staatsbeamten in den Ruhestand vom 26. Februar 1919, in der Verordnung über die Versorgung der Hofbeamten und ihrer Hinterbliebenen vom 10. März 1919, im Hinterbliebenenfürsorgegesetz vom 20. Mai 1882/27. Mai 1907, in dem Gesetze über ein Übergangsgeld für die Staatsminister vom
und im Schutzpolizeibeamtengesetz vom 16. August 1922.

Artikel X.

Diese Vorschrift ist erforderlich, damit die neuen Bezüge auch den Versorgungsberechtigten zugute kommen.

Artikel XI.

Die Sperrvorschrift entspricht dem Artikel 14 des entsprechenden Reichsgesetzes.

Artikel XII.

Soweit beim Inkrafttreten der neuen Grundgehälter der Ausgleichszuschlag zu den bisherigen Grundgehältern gegenüber dem Stande vom 1. Juni 1923 sich erhöht haben wird, werden neben dem neuen Grundgehalte sofort wieder entsprechende Ausgleichszuschläge zu zahlen sein. Um die Zahlung zugleich mit den neuen Gehältern bewirken zu können, ist die Ermächtigung des Finanzministers entsprechend der Regelung im Reich vorgesehen.

Artikel XV.

Die Zahlung der Mehrbeträge entspricht der Regelung im Reich. Sie ist auf Grund einer von dem Regierungsvertreter im Hauptausschuß des Landtags abgegebenen Erklärung erfolgt.

2. Gesetz über Änderungen des Volksschullehrer-Diensteinkommensgesetzes, des Volksschullehrer-Ruhegehaltsgesetzes, des Volksschullehrer-Altruhegehaltsgesetzes und des Volksschullehrer-Hinterbliebenenfürsorgegesetzes.

Vom 10. Juli 1923 (GS. S. 317).

Der Landtag hat folgendes Gesetz beschlossen:

Artikel I.

Das Volksschullehrer-Diensteinkommensgesetz vom 17. Dezember 1920 (Gesetzsamml. S. 623) in der Fassung der Gesetze vom 9. November 1922 (Gesetzsamml. S. 416) und 8. Februar 1923 (Gesetzsamml. S. 18) wird wie folgt geändert:

§ 1.

Im § 1 Abs. 1 werden die Grundgehaltssätze erhöht:

bei Gruppe 1 auf: 636 000—663 000—690 000—717 000—744 000—770 000—796 000—822 000—848 000 ℳ monatlich;

bei Gruppe 2 auf: 730 000—765 000—800 000—835 000—870 000—905 000—939 000—973 000 ℳ monatlich;

bei Gruppe 3 auf: 838 000—878 000—918 000—958 000—998 000—1 038 000—1 078 000—1 118 000 ℳ monatlich.

§ 2.

Im § 6 Abs. 2 wird der Einzahlungssatz für die Anrechnung von Privatschuldienst von 80 000 ℳ auf 800 000 ℳ für Lehrer und von 72 000 ℳ auf 720 000 ℳ für Lehrerinnen erhöht. Der Abs. 4 des § 6 erhält folgenden Wortlaut:

(4) Die nach den bisherigen Bestimmungen bereits erfolgte Anrechnung von Privatschuldienstzeit wird hierdurch nicht berührt. Wenn in der Zeit vom 1. Juli bis zum 31. Juli 1923 noch Einzahlungen nach den bis zum 30. Juni 1923 gültigen Sätzen geleistet sind oder werden, kann Privatschuldienstzeit noch nach den bisherigen Bestimmungen angerechnet werden.

§ 3.

Dem § 11 wird folgender Abs. 5 hinzugefügt:

(5) Bei Versetzungen, die eine Verlegung des dienstlichen Wohnsitzes zur Folge haben, wird der Ortszuschlag vom Ersten des auf die Änderung des dienstlichen Wohnsitzes folgenden Monats nach dem Ortssatze des Versetzungsortes gezahlt. Findet die Änderung des dienstlichen Wohnsitzes am ersten Werktage eines Monats statt, so tritt der Wechsel im Ortssatz schon mit diesem Monat ein.

§ 4.

In § 46 Abs. 2 sind am Schluß folgende Sätze hinzuzufügen:

Für eine Stelle, deren Besetzung oder Verwaltung durch eine besondere Lehrkraft wegen Rückgangs der Schülerzahl mit Genehmigung der Schulaufsichtsbehörde ohne förmliche Aufhebung der Stelle unterbleibt, kann vom Beginn des auf die Stellenerledigung folgenden Rechnungsjahres ab von der Einziehung des Beitrages an die Landesschulkasse mit Zustimmung des Kassenanwalts solange Abstand genommen werden, bis ihre Wiederbesetzung durch eine besondere Lehrkraft erfolgt oder von der Schulaufsichtsbehörde angeordnet wird. Solange diese Stelle hiernach unbesetzt bleibt, unterliegt sie nicht den Bestimmungen des Unterbringungsgesetzes vom 30. März 1920 (Gesetzsamml. S. 63).

§ 5.

Im § 47 Abs. 1 und Abs. 3 werden „sechs Milliarden" durch „sechzig Milliarden" ersetzt.

Im § 47 Abs. 3 und im § 49 Abs. 1 werden „drei Milliarden" durch „dreißig Milliarden" ersetzt.

§ 6.

Im § 57 werden die Worte „2500 ℳ für jede planmäßige Lehrerstelle" durch die Worte „28000 ℳ für jede planmäßige Schulstelle" ersetzt.

Ferner wird dem § 57 folgender zweiter Absatz hinzugefügt:

Der im § 17 Abs. 1 des Volksschulunterhaltungsgesetzes genannte Betrag von 500 ℳ wird vom Rechnungsjahre 1923 ab durch 50000 ℳ und der im § 17 Abs. 3 genannte Betrag von 2000 ℳ durch 200000 ℳ ersetzt.

§ 7.

Der § 58 Abs. 3 erhält folgende Fassung:

Die im § 46 Abs. 3 bezeichneten Schulverbände (Schulgemeinden) haben auf die Zeit vom 1. Januar 1923 bis Ende Juni 1923 für jede dort genannte Schulstelle einen Beitrag von jährlich 100000 ℳ und auf die Zeit vom 1. Juli 1923 bis Ende März 1925 einen Beitrag von jährlich 900000 ℳ nebst einem Zuschlage von 20 v. H. und die in Ziffer 4 bezeichneten Schulverbände (Schulgemeinden) für jede daselbst genannte Schulstelle auf den erstgedachten Zeitraum einen Beitrag von jährlich 120000 ℳ und auf den letztbezeichneten Zeitraum einen Beitrag von jährlich 1100000 ℳ nebst einem Zuschlage von 20 v. H. an die Landesschulkasse an Stelle der gesetzlichen Vorausleistung zu zahlen.

§ 8.

Hinter den § 58 ist folgender § 58a einzufügen:

Änderungen der durch das Volksschullehrer-Diensteinkommensgesetz und seine Abänderungsgesetze geregelten Diensteinkommensbezüge und Kinderbeihilfen sowie der auf Grund dieser Diensteinkommensbezüge festgesetzten Ruhegehälter und Hinterbliebenenbezüge können durch Gesetz erfolgen. Aenderungen der im § 16 vorgesehenen Stellenzulagen, die sich aus einer Verminderung der Bezüge aus der Dotation des vereinigten Schul- und Kirchenamtes — § 6 Abs. 2 und 3 des Gesetzes vom 26. Mai 1909 — Gesetzsamml. S. 99 — ergeben, sind jederzeit auf dem in diesem Gesetz § 6 Abs. 3 angegebenen Wege zulässig.

§ 9.

Bei Feststellung des Bedarfs der Landesschulkasse für die Rechnungsjahre 1923 und 1924 sind die in diesem Gesetz angeordneten Diensteinkommenserhöhungen mit zu berücksichtigen.

Artikel II.

Die am 30. Juni 1923 im Dienste befindlichen endgültig oder einstweilig angestellten sowie die auftragsweise vollbeschäftigten Lehrer (Lehrerinnen) werden mit ihrem bisherigen, dem Volksschullehrer-Diensteinkommensgesetz entsprechenden Besoldungs- und Vergütungsdienstalter in die neuen Dienstbezüge eingewiesen.

Artikel III.

Das Gesetz, betreffend die Pensionierung der Lehrer und Lehrerinnen an den öffentlichen Volksschulen, vom 6. Juli 1885 (Gesetzsamml. S. 298) in der Fassung des Gesetzes vom 9. November 1922 (Gesetzsamml. S. 416) wird wie folgt geändert:

§ 1.

Dem § 1 Abs. 4 wird folgender Satz hinzugefügt:

Dies gilt auch für die auftragsweise vollbeschäftigten und einstweilig angestellten Lehrer, die wegen Dienstunfähigkeit aus dem Dienste entlassen werden.

§ 2.

Der § 2 erhält folgenden Wortlaut:

Die Pension beträgt bei vollendeter zehnjähriger oder kürzerer Dienstzeit $^{35}/_{100}$ und steigt nach vollendetem zehnjährigen Dienstjahre mit jedem weiter zurückgelegten Dienstjahre bis zum vollendeten fünfundzwanzigsten Dienstjahr um $^{2}/_{100}$, und von da ab um $^{1}/_{100}$ des im § 4 bestimmten Diensteinkommens. Über den Betrag von $^{80}/_{100}$ dieses Diensteinkommens hinaus findet eine Steigerung nicht statt.

In dem im § 1 Abs. 2 erwähnten Falle beträgt die Pension $^{35}/_{100}$, in dem Falle des § 1 Abs. 4 Satz 1 höchstens $^{35}/_{100}$ des vorbezeichneten Diensteinkommens und in dem Falle des § 1 Abs. 4 Satz 2 höchstens den seiner ruhegehaltsfähigen Dienstzeit entsprechende Betrag.

§ 3.

Der § 3 wird wie folgt geändert:

Der Monatsbetrag des Ruhegehalts sowie des Versorgungszuschlages ist, jedes für sich, auf durch zehn teilbare Markbeträge nach oben abzurunden.

§ 4.

Der § 19 Abs. 1 Ziffer 2 und § 19 Abs. 2 und 3 erhalten folgenden Wortlaut:

2. Wenn und solange ein Pensionär aus der Verwendung im Reichs-, Staats- oder in einem sonstigen öffentlichen Dienst ein Diensteinkommen bezieht, insoweit, als der Betrag dieses neuen Diensteinkommens unter Hinzurechnung der Pension den Betrag des von dem Lehrer vor der Pensionierung bezogenen Diensteinkommens übersteigt.

(2) Als Verwendung im Reichs-, Staats- oder in einem sonstigen öffentlichen Dienst im Sinne dieser Vorschrift gilt ohne Rücksicht auf die Art und Dauer der Beschäftigung jede Tätigkeit, für die eine Ver-

gütung gewährt wird, die ganz oder zum Teil unmittelbar oder mittelbar aus öffentlichen Mitteln fließt. Auch die Beschäftigung im Kirchendienst und bei der Reichsbank gilt als Verwendung im sonstigen öffentlichen Dienst im Sinne dieser Vorschrift.

(3) Bei Berechnung des früheren und des neuen Diensteinkommens sind die Dienstaufwandsentschädigungen, die jederzeit widerruflichen Zulagen für eine Tätigkeit bei bestimmten Behörden und die Auslandszulagen nicht in Ansatz zu bringen. Dagegen sind sowohl dem früheren und dem neuen Diensteinkommen als auch der Pension die daneben nach dem Familienstand zahlbaren Beihilfen und die zur Anpassung an die allgemeine und die örtliche Wirtschaftslage zur Zeit der Verwendung gewährten Zuschläge hinzuzurechnen. Nach Ortsklassen abgestufte Diensteinkommensteile sind in dem früheren Diensteinkommen mit dem für den Ort der Verwendung maßgebenden Satz zu berücksichtigen.

§ 5.

In § 20 Abs. 2 ist am Schluß folgender Satz hinzuzufügen:

§ 19 Abs. 3 gilt entsprechend.

Im § 20 Abs. 2 ist zu setzen statt: „Reichs- oder Staatsdienst" „Reichs-, Staats- oder in einem sonstigen öffentlichen Dienst".

§ 6.

Im § 21 ist der Abs. 2 zu streichen.

§ 7.

Der § 24 erhält folgende Fassung:

Die vorstehend für Lehrer getroffenen Bestimmungen finden auch auf Lehrerinnen Anwendung.

Artikel IV.

Das Volksschullehrer-Altruhegehaltsgesetz vom 17. Dezember 1920 (Gesetzsamml. S. 655) wird wie folgt geändert:

§ 1.

In dem Volksschullehrer-Altruhegehaltsgesetz tritt überall mit Wirkung vom 1. Juli 1923 an Stelle des 1. April 1920 der 1. Juli 1923.

§ 2.

Im § 3 Abs. 1 werden die Worte „und Witwengelder" ersetzt durch „Witwen- und Waisengeldern".

Der Abs. 2 erhält folgenden Wortlaut:

Maßgebend ist für die Berechnung dieses Versorgungszuschlages das Ruhegehalt, Witwen- oder Waisengeld, das sich ergeben hätte, wenn der Lehrer (die Lehrerin) bei Ausscheiden aus der zuletzt bekleideten Stelle nach den am 1. Juli 1923 geltenden oder mit Wirkung von diesem Zeitpunkt ab in Kraft tretenden Vorschriften besoldet gewesen und in den Ruhestand versetzt worden wäre.

§ 3.

Im § 6 sind die Worte „ausschließlich Ausgleichszuschlag" zu streichen.

Artikel V.

Das Volksschullehrer-Hinterbliebenenfürsorgegesetz vom 4. Dezember 1899 (Gesetzsamml. S. 587) in der Fassung des Gesetzes vom 9. November 1922 (Gesetzsamml. S. 416) wird wie folgt geändert:

§ 1.

§ 3 Abs. 2 erhält folgenden Wortlaut:

(2) Das Witwengeld soll jedoch, vorbehaltlich der im § 5 verordneten Beschränkung nicht hinter einem Drittel des niedrigsten ruhegehaltsfähigen Diensteinkommens aus der Besoldungsgruppe A I der aufsteigenden Gehälter der unmittelbaren Staatsbeamten zurückbleiben. Der Monatsbetrag des Witwengeldes und Waisengeldes sowie des Versorgungszuschlages ist, jedoch für sich, auf durch zehn teilbare Markbeträge nach oben abzurunden.

Artikel VI.

Mit Wirkung vom Tage des Inkrafttretens dieses Gesetzes sind die Bezüge der Ruhegehaltsempfänger (Ruhegehaltsempfängerinnen) und der Hinterbliebenen nach den Vorschriften dieses Gesetzes neu zu regeln.

Artikel VII.

Die neuen Sätze der Grundgehälter und Ortszuschläge werden der Berechnung der Ruhegehälter nur mit der Maßgabe zugrunde gelegt, daß sich keine höheren Ruhegehälter ergeben, als sie die in den Ruhestand versetzten Reichsbeamten bei gleichem ruhegehaltsfähigem Diensteinkommen und gleicher ruhegehaltsfähiger Dienstzeit erhalten. Dasselbe gilt sinngemäß für die Hinterbliebenen.

Artikel VIII.

Dieses Gesetz tritt hinsichtlich des Artikels III § 1 mit Wirkung vom 1. April 1920, im übrigen mit Wirkung vom 1. Juli 1923 in Kraft.

Artikel IX.

Die Ausführungsbestimmungen zu diesem Gesetz erlassen der Unterrichtsminister, der Finanzminister und der Minister des Innern. Der Unterrichtsminister und der Finanzminister sind ermächtigt, zum Ausgleich von Härten Zuschüsse zum Versorgungszuschlag (§ 23 des Beamten-Diensteinkommensgesetzes) zu gewähren.

3. Gesetz
zur Abänderung des Mittelschullehrer-Diensteinkommensgesetzes.

Vom 10. Juli 1923 (GS. S. 322).

Der Landtag hat folgendes Gesetz beschlossen:

Artikel I.

Das Gesetz über die Besoldung der Lehrer und Lehrerinnen an den öffentlichen Schulen (Mittelschullehrer-Diensteinkommensgesetz) vom 14. Januar 1921 (Gesetzsamml. S. 325) in der Fassung der Gesetze vom 9. und 17. November 1922 (Gesetzsamml. S. 420 und 421) und des Artikels 3 des Gesetzes vom 8. Februar 1923 (Gesetzsamml. S. 18) wird wie folgt abgeändert:

§ 1.

Im § 1 Abs. 1 werden die Grundgehaltssätze erhöht:

bei Gruppe 1 auf: 730000—765000—800000—835000—870000—905000—939000—973000 ℳ monatlich;

bei Gruppe 2 auf: 838000—878000—918000—958000—998000—1038000—1078000—1118000 ℳ monatlich;

bei Gruppe 3 auf: 963000—1009000—1055000—1101000—1147000—1193000—1239000—1284000 ℳ monatlich.

§ 2.

Der § 20 Abs. 1 erhält zu b folgende Fassung:

Die Unterhaltungsträger haben für jede von ihnen unterhaltene zu Gruppe 3 gehörige Schulstelle auf die Zeit vom 1. Januar 1923 bis Ende Juni 1923 einen Beitrag von jährlich 100000 ℳ und auf die Zeit vom 1. Juli 1923 bis Ende März 1925 einen Beitrag von jährlich 900000 ℳ nebst einem Zuschlage von 20 v. H. an die Landesmittelschulkasse an Stelle der gesetzlichen Vorausleistung zu zahlen.

§ 3.

Im § 20 Abs. 1 zu d tritt am Schluß hinzu:

Außer Betracht bleiben neu errichtete Stellen, bis diese durch eine besondere Lehrkraft versehen werden. Für eine Stelle, deren Besetzung oder Verwaltung durch eine besondere Lehrkraft wegen Rückgangs der Schülerzahl mit Genehmigung der Schulaufsichtsbehörde ohne förmliche Aufhebung der Stelle unterbleibt, kann vom Beginn des auf die Stellenerledigung folgenden Rechnungsjahres ab von der Einziehung des Beitrages an die Landesmittelschulkasse mit Zustimmung des Kassenanwalts solange Abstand genommen werden, bis ihre Wiederbesetzung durch eine besondere Lehrkraft erfolgt oder von der Schulaufsichtsbehörde angeordnet wird. Solange diese Stelle hiernach unbesetzt bleibt, unterliegt sie nicht den Bestimmungen des Unterbringungsgesetzes vom 30. März 1920 (Gesetzsamml. S. 63).

§ 4.

§ 20 Abs. 1 unter e erhält folgende Fassung:

Stellt sich der für die Lehrer und Lehrerinnen einschließlich der Ruhegehaltsempfänger und der Hinterbliebenen von Lehrern eines Unterhaltungsträgers aus der Landesmittelschulkasse in den Rechnungsjahren 1920, 1921, 1922 und 1923 gemäß § 16 gezahlte Betrag höher als der sich nach a, b, c und d ergebende Betrag, so hat der Unterhaltungsträger 15 v. H. dieses Mehrbetrages als besonderen Beitrag zur Landesmittelschulkasse zu zahlen. Die Gesamtsumme dieser besonderen Beiträge ist am Schlusse des Rechnungsjahres 1924 zur Ermäßigung der Beiträge derjenigen Unterhaltnngsträger zu verwenden, deren Beiträge in dem gedachten Zeitraum höher gewesen sind als die für sie gemäß § 16 aus der Landesmittelschulkasse erfolgten Zahlungen. Die Ermäßigungen sind anteilsmäßig auf die Höhe der nach d errechneten Beiträge zu gewähren.

Für die Zeit nach dem 1. April 1924 gelten diese Bestimmungen sinngemäß stets für einen Zeitraum von drei Rechnungsjahren.

§ 5.

Hinter dem § 25 ist folgender § 25a einzufügen:

Änderungen der durch das Mittelschullehrer-Diensteinkommensgesetz und seine Abänderungsgesetze geregelten Diensteinkommensbezüge, Zuschüsse (§§ 2 und 24, Abs. 2 und 3) und Kinderbeihilfen sowie der auf Grund dieser Diensteinkommensbezüge und Zuschüsse festgesetzten Ruhegehälter und Hinterbliebenenbezüge können durch Gesetz erfolgen.

§ 6.

Bei Feststellung des Bedarfs der Landesmittelschulkasse für die Rechnungsjahre 1923 und 1924 sind die in diesem Gesetz angeordneten Diensteinkommenserhöhungen und bei Verteilung des Bedarfs auf die Unterhaltungsträger die im § 2 vorgesehenen Erhöhungen der Vorausleistung mitzuberücksichtigen.

Artikel II.

Die am 30. Juni 1923 im Dienste befindlichen endgültig und einstweilig angestellten sowie die auftragsweise vollbeschäftigten Lehrer (Lehrerinnen) werden mit ihrem bisherigen, dem Mittelschullehrer-Diensteinkommensgesetz entsprechenden Besoldungs- und Vergütungsdienstalter in die neuen Dienstbezüge eingewiesen.

Artikel III.

Dieses Gesetz tritt mit Wirkung vom 1. Juli 1923, die Bestimmung im Artikel I § 4 jedoch mit Wirkung vom 1. April 1920 ab in Kraft.

Die Ausführungsbestimmungen zu diesem Gesetz erlassen der Unterrichtsminister, der Finanzminister und der Minister des Innern.

Gesetz, betreffend eine zweite Änderung des Besoldungssperrgesetzes.

(Reichsbesoldungsblatt S. 202.)

vom 23. Juni 1923 (RGBl. I S. 419).

Der Reichstag hat das folgende Gesetz beschlossen, das mit Zustimmung des Reichsrats hiermit verkündet wird:

Artikel I.

Das Gesetz zur Sicherung einer einheitlichen Regelung der Beamtenbesoldung vom 21. Dezember 1920 (Reichsgesetzbl. S. 2117) in der Fassung des Gesetzes vom 22. März 1923 (Reichsgesetzbl. Teil I S. 215) wird wie folgt geändert:

I. Dem § 12a sind als Abs. 2 und 3 anzufügen:

Soweit Vorschriften, die vor dem 1. Juli 1923 erlassen worden sind oder erlassen werden, erst nach dem 30. Juni 1923 in Kraft treten, beginnt der Lauf dieser Fristen nicht vor dem 1. Juli 1923.

Für Vorschriften der Länder, Gemeinden und sonstigen öffentlichen Körperschaften, die vor dem 1. April 1925 erlassen werden, gilt dieses Gesetz auch insoweit, als jene Vorschriften erst nach dem 31. März 1925 in Kraft treten sollen.

II. Im § 15 wird „1. Juli 1923" ersetzt durch „1. April 1925".

Artikel II.

Dieses Gesetz tritt am 1. Juli 1923 in Kraft.

Berlin, den 23. Juni 1923.

Der Reichspräsident.
Ebert.

Der Reichsminister der Finanzen.
Dr. Hermes.

Schlagwortverzeichnis.

A = BDEG. B = BARG. XIII = PBV.

A.

Abgabe von Räumen bei Dienstwohnungen A § 7 Anm. 6.

Abtretung, des Diensteinkommens, der Wartegeld-, Ruhegehalts- und Hinterbliebenenbezüge A Vorb. Ziff. 5, — der Kinderbeihilfe A § 17 Anm. 2.

Abzug, s. Kürzung.

Adoptivkinder, s. an Kindes Statt angenommene Kinder.

Althinterbliebene, Begriff B Vorb. Ziff. 1.

Altruhegehaltsempfänger, Begriff B Vorb. Ziff. 1.

Altwaisen, s. Althinterbliebene.

Altwartegeldempfänger, Begriff B Vorb. Ziff. 1.

Altwitwen, s. Althinterbliebene — von Hochschulprofessoren B § 7 Anm. 8.

Amtsbezeichnungen A § 1 Anm. 6 d.

Amtssuspension A Vorb. Ziff. 5.

Amtstitel A § 1 Anm. 6 d.

Amtszulagen A § 8 Anm. 1.

An Kindes Statt angenommene Kinder, Kinderbeihilfen für A § 17 Anm. 16, § 24 Anm. 2.

Änderung, Möglichkeit einer gesetzlichen — der Diensteinkommensbezüge A § 29, — der Besoldungsordnung A § 30.

Anpassung der Höhe der Dienstbezüge an die allgem. Wirtschaftslage A § 18 Anm. 1.

Anrechnung von Anwärterdienstzeit auf das Besoldungsdienstalter A § 3 Anm. 11, § 25 Anm. 5, von Militärdienstzeit auf das Besoldungsdienstalter A § 3 Anm. 12—18, von Dienst in anderen Verwaltungszweigen A § 3 Anm. 39, von Reichs- oder Landesdienst A § 3 Anm. 40, von Gemeinde-, Kirchen- oder Schuldienstzeit A § 3 Anm. 41, von nichtstaatlicher Vordienstzeit auf das Besoldungsdienstalter A § 3 Anm. 42 bis 44, der Dienstwohnung auf den Ortszuschlag A § 7 Anm. 3, bei nichtplanmäßigen Beamten und wissenschaftlichen Assistenten A § 15 Anm. 1—3, — staatsseitig gewährter Sondervergünstigungen auf das Diensteinkommen A § 10 Anm. 1, von Staatsdienst auf das ruhegehaltsfähige Diensteinkommen B § 5 Anm. 1—6.

Anrechnungsmietwert bei Dienstwohnungen A § 7 Anm. 3, XIII Ziff. 98.

Anstellung, als Voraussetzung für die Gewährung des Diensteinkommens A § 1 Anm. 1, Tag der — als Beginn des Besoldungsdienstalters A § 3 Anm. 2, s. auch Anstellungstag.

Anstellungsschein, Inhaber des — A § 3 Anm. 8.

Anstellungstag A § 3 Anm. 6.

Anwärterdienstalter A § 13 Anm. 1, sinngemäße Anwendung der Grundsätze über das Besoldungsdienstalter auf das — A § 13 Anm. 4.

Anwärterdienstjahr A § 15 Anm. 1.

Anwärterdienstzeit, Begriff A § 13 Anm. 5, Anrechnung von — A § 3 Anm. 11, § 13 Anm. 4.

Anwärtergruppe A § 13 Anm. 1, § 14 Anm. 4.
Anweisung der Dienstalterszulagen für die planmäßigen Beamten A § 2 Anm. 6, für die nichtplanmäßigen Beamten A § 12 Anm. 3.
Art der Zahlung der Dienstbezüge A § 27 Anm. 1.
Assistenten, s. wissenschaftl. Assistenten.
Aufrechnung gegenüber der Forderung auf Diensteinkommen A Vorb. Ziff. 5.
Aufrücken in eine neue Besoldungsgruppe A § 3 Anm. 23, im Grundgehalt A § 2 Anm. 2—7, in der Grundvergütung A § 12 Anm. 1, 3—6.
Aufrückungsfrist bei Gehältern A § 2 Anm. 4, — für die nichtplanmäßigen Beamten A § 12 Anm. 3, — für die wissenschaftl. Assistenten A § 12 Anm. 3.
Aufrückungsstellen A § 1 Anm. 6 c, Verleihung von — § 3 Anm. 23, Einreihung in — bei Inkrafttreten des BDEG. § 25 Anm. 4, Nichtberücksichtigung von — bei Altversorgungsberechtigten B § 1 Anm. 4.
Auftragstagegelder A Vorb. Ziff. 2.
Aufwandsentschädigungen A § 8 Anm. 1.
Ausführungsbestimmungen A Vorb. Ziff. 4, § 35.
Ausgleichszuschlag, Begriff A § 18 Anm. 1, Beschränkung auf bestimmte Bezüge ebenda, Anm. 3, Pfändbarkeit ebenda Anm. 4, Art und Höhe des Satzes ebenda, Anm. 5, kein — bei Ruhestandsbeamten und Hinterbliebenen ebenda, Anm. 3.
Ausgleichszuschlagfähige Bezüge A § 18 Anm. 3.
Ausgleichszuwendungen B Vorb. Ziff. 1.
Auslandsbeamte, Ortszuschlag der — A § 5 Anm. 2.
Automatisches Aufrücken in eine höhere Besoldungsgruppe A § 1 Anm. 6 c.

B.

Beamtenschein, Inhaber des — A § 3 Anm. 20.
Beamtenvertretung, Mitwirkung A § 7 Anm. 4, § 10 Anm. 2, § 33 Anm. 1.
Beförderung als Voraussetzung für den Eintritt in eine höhere Besoldungsgruppe A § 3 Anm. 23.
Beförderungsstellen A § 1 Anm. 6 c.
Besatzungszulage A § 18 Anm. 2.
Beschäftigung in anderen Zweigen des Staatsdienstes A § 3 Anm. 39, — im Reichsdienst A § 3 Anm. 40, — außerhalb des Staatsbeamtenverhältnisses A § 3 Anm. 42.
Beschäftigungstagegelder A Vorb. Ziff. 2.
Besoldung, s. Diensteinkommen.
Besoldungsdienstalter, Begriff A § 3 Anm. 1, Vorrückung des — A § 3 Anm. 1, 24—28, Berechnung der Dienstzeit bei Ermittlung des — A § 3 Anm. 5. Bemessung nach der nächsthöheren Gehaltsstufe A § 3 Anm. 24, Anrechnung der Militärdienstzeit auf das — A § 3 Anm. 14, Anrechnung von Anwärterdienstzeit auf das — A § 13 Anm. 6, Festsetzung des — bei Übertritt in eine andere Besoldungsgruppe A § 3 Anm. 23, bei Wiederanstellung von Wartegeldempfängern und Ruhegehaltsempfängern XIII Ziff. 55 u. 56, bei Wiederanstellung ausgeschiedener Beamten XIII Ziff. 57, bei Versetzung infolge Disziplinarurteils XIII Ziff. 62, Milderung von Härten bei Festsetzung A § 3 Anm. 46, s. auch Reichsdienst-, Landesdienst-, Vordienstzeit, neue Berechnung des — bei Altversorgungsberechtigten B § 10 Anm. 3.
Besoldungsgruppen, Einteilung der Beamtenschaft in — A § 1 Anm. 6 b, Aufrücken in den — A § 3 Anm. 23, Überspringen von — A § 23 Anm. 29.
Besoldungsordnung, Gliederung A § 1 Anm. 6 a.
Besoldungsplan A Anm. zu § 36.

Besoldungsvorschriften (preußische) s. Anhang XIII. 1.
Bewertung der zuletzt bekleideten Stelle bei Altversorgungsberechtigten B § 1 Anm. 4, § 9.

D.

Diätar, s. Stellenanwärter.
Diätariat, s. Anwärterdienstzeit.
Diätariendienstalter, s. Anwärterdienstalter.
Diätarische Dienstzeit, s. Anwärterdienstzeit.
Diäten, s. Grundvergütung.
Dienstaltersstufen A § 2 Anm. 3.
Dienstalterszulagen A § 2 Anm. 2, Anweisung der — A § 2 Anm. 6, — der nichtplanmäßigen Beamten A § 12 Anm. 1.
Dienstaufwandsentschädigungen A Vorb. Ziff. 2, § 21 Anm. 4.
Dienstaufwandsgelder, s. Aufwandsentschädigungen.
Diensteinkommen, Bestandteile A Vorb. Ziff. 2, Voraussetzungen und Beginn des Anspruchs auf — A § 1 Anm. 1, Zeitpunkt der Zahlung A § 27 Anm. 1, Kürzung und Einbehaltung, Verjährung, Abtretung und Verpfändung, Pfändung, Gehaltsabzugsverfahren, Aufrechnung und Zurückbehaltungsrecht A Vorb. Ziff. 5, Gehalt A § 1 Anm. 5, Ortszuschlag A § 4 Anm. 1 u. 2, Dienstwohnungen A § 7 Anm. 1, Zulagen A § 8 Anm. 1, außerordentliche Remunerationen A § 8 Anm. 4, Naturalbezüge A § 10 Anm. 1.
Dienstenthebung, vorläufige, s. Amtssuspension.
Dienstentlassung A § 3 Anm. 33.
Dienstkleidung, staatliche Lieferung von A § 10 Anm. 4 u. 5.
Dienstlicher Wohnsitz, Begriff A § 6 Anm. 1.
Dienstliches Verhalten, Mängel im — A § 12 Anm. 6.
Dienstrang, s. Rang.
Dienstunfall A § 3 Anm. 36 u. 37.
Dienstwohnung A § 7 Anm. 1, Umfang einer — ebenda, Zuweisung einer A § 7 Anm. 2, Unmöglichkeit der Einräumung einer vorhandenen — A § 7 Anm. 2, Anrechnung auf den Ortszuschlag A § 7 Anm. 3, Abgabe von Räumen einer — A § 7 Anm. 6, Räumung der — durch die Hinterbliebenen A Vorb. Ziff. 5, Anrechnungsbeträge bei den nichtplanmäßigen Beamten und wissenschaftl. Assistenten A § 15 Anm. 1; s. auch Anrechnung.
Dienstzeit, Berechnung der — bei Ermittlung des Besoldungsdienstalters A § 3 Anm. 5, bei Ermittlung des Anwärterdienstalters A § 13 Anm. 4.
Disziplinarverfahren, Verminderung des Diensteinkommens im — XIII Ziff. 62, förmliches — A § 2 Anm. 9, Verlust des Amts A § 2 Anm. 12.
Doppelbeamte, Kürzung des Ortszuschlags A § 4 Anm. 7.
Durchschnittssätze der Ortszuschläge A § 19 Anm. 2, § 21 Anm. 4.

E.

Eheliche Kinder, Kinderbeihilfe für — A § 17, Anm. 14.
Eigenes Kindeseinkommen A § 17 Anm. 12.
Einbehaltung des Diensteinkommens A Vorb. Ziff. 5.
Einreihung der Beamtenschaft in die Besoldungsgruppen beim Inkrafttreten des Gesetzes A, Anm. zu § 25.
Einstellungszahl, Feststellung der jährlich anzustellenden Anwärter A § 13 Anm. 8.
Einstweilige Versetzung in den Ruhestand A § 19 Anm. 1, B § 1 Anm. 1 u. 7.
Einzelgehälter A § 1 Anm. 5.
Emeritierung, Begriff A § 21 Anm. 3.
Emeritierte Hochschullehrer A § 2 Anm. 15, § 23 Anm. 2, B § 7 Anm. 2—5, 7, Althinterbliebene von — B § 7 Anm. 6 u. 8.

Ersparte Besoldungsbeträge, Verbot anderweiter Verwendung A § 28 Anm. 1.
Erziehungsgelder A § 17 Anm. 2.

F.

Familienstand, Berücksichtigung des — A § 1 Anm. 6 f.
Fixierte Remunerationen.
Fonds zu Remunerationen und Unterstützungen A § 8 Anm. 5.
Forstversorgungsschein, Inhaber des — A § 3, Anm. 8.
Frauenbeihilfe A § 18 Anm. 7—12.
Freiwilliger Uebertritt in eine niedrigere Besoldungsgruppe A § 3 Anm. 30.
Für ehelich erklärte Kinder, Kinderbeihilfe für — A § 17 Anm. 15.
Fußnote 1 zur Gruppe 7 A § 1 Anm. 6 c, § 3 Anm. 23.

G.

Gebührenanteile A § 9 Anm. 3.
Gehalt A § 1 Anm. 5, s. a. Diensteinkommen.
Gehaltsabzugsverfahren A Vorb. Ziff. 5.
Gehaltsklassen, s. Besoldungsgruppen.
Gehaltsstufen, s. Dienstaltersstufen.
Gehaltsvorschriften A § 3 Anm. 1.
Gehaltszulagen, s. Dienstalterszulagen.
Gehobene Stellen, Bedeutung A § 1 Anm. 6 c.
Gemeindebeamte A § 1 Anm. 3.
Gendarmen, s. Landjäger.
Gendarmerie, s. Landjägerei.
Gerichtsschreibergehilfen A § 31 Anm. 1.
Gesamtaufrückungszeit A § 2 Anm. 5.
Gewinnanteile A § 9 Anm. 4.
Gleichstellung mit den bisherigen Dienstbezügen A Anm. zu § 26, B § 1 Anm. 8.
Gnadenvierteljahr XIII Ziff. 9 a.
Grundgehalt, Bedeutung der Bezeichnung, Arten des — A § 1 Anm. 5.
Grundgehaltssätze, Höhe A § 1 Anm. 6 e.
Grundvergütung, Bedeutung des Ausdrucks A § 11 Anm. 7.
Grundvergütungssätze A § 11 Anm. 3, 7 u. 8, für weibliche Stellenanwärter A § 11 Anm. 8, für Anwärter der Landjägerei und Hilfspolizeiwachtmeister A § 11 Anm. 8, für wissenschaftl. Assistenten und gleichgestellte Hilfskräfte A § 11 Anm. 6.

H.

Hauptverfahren A § 2 Anm. 10.
Hilfsarbeiter A § 11 Anm. 2.
Hilfskräfte, wissenschaftl. A § 11 Anm. 6 u. 8, § 12 Anm. 3.
Hinterbliebene, Sterbemonat, Gnadenvierteljahr, Räumung der Dienstwohnung A Vorb. Ziff. 5.
Hinterbliebenenbezüge, s. Witwen- und Waisengeld.
Hinterbliebenen-Fürsorgegesetz, Aenderungen des — A Anm. zu § 22, s. auch Veränd. während des Drucks.
Hinterbliebenenversorgung, s. Witwen- und Waisengeld.
Hochschullehrer, s. emeritierte Hochschullehrer.
Hochschulprofessoren, Versorgung der Hinterbliebenen von — A § 22 Anm. 3, B § 7 Anm. 6 u. 8.
Höchstgrenze des Anrechnungsbetrages bei Dienstwohnungen XIII Ziff. 98, — des Wartegeldes A § 19 Anm. 3, s. auch Veränd. während des Drucks, — des Witwengeldes A § 22 Anm. 2, s. auch Veränd. während des Drucks, — des Versorgungszuschlags A § 23 Anm. 4.
Hofärzte, Ortszuschlag der — A § 4 Anm. 3 c.
Hofbeamte, Begriff A § 1 Anm. 4, Aenderung ihrer Wartegeldverhältnisse A, Anm. zu § 20, Altruhegehaltsempfänger, Altwartegeldempfänger, Althinterbliebene B, Anm. zu § 8.

J.

Informatorische Beschäftigung A § 3 Anm. 11.

J.

Justizanwärter, Anrechnung der Anwärterdienstzeit A § 13 Anm. 1.
Justizkanzleigehilfen, Anwärter auf Stellen für — A § 11 Anm. 8.
Justizsekretäre, Regelung ihrer Dienstverhältnisse A § 31 Anm. 1.

K.

Kanzleiassistenten, Anwärter auf Stellen für — A § 11 Anm. 8.
Kinderbeihilfen XIII, Ziff. 107—122 d, Zweck der — A § 17 Anm. 1, — kein Bestandteil des Diensteinkommens A § 17 Anm. 2, Pfändbarkeit der — A § 17 Anm. 2, empfangsberechtigte Personen A § 17 Anm. 3, kinderbeihilfefähige Kinder A § 17 Anm. 4, Kürzung der — bei eigenem Einkommen A § 17 Anm. 12, Schulausbildung A § 17 Anm. 8, Berufsausbildung A § 17 Anm. 9, an Wartegeldempfänger, Ruhegehaltsempfänger und Hinterbliebene B § 4 Anm. 1—5, Zahlungsweise der — A § 27 Anm. 1.
Kinderzulagen für über 21 Jahre alte Kinder A § 17 Anm. 6, Anhang XIV 2.
Kommissionsdiäten, s. Auftragstagegelder, Beschäftigungstagegelder.
Konto, Zahlung auf ein — A § 27 Anm. 2.
Kreisärzte, Ortszuschlag der nichtvollbesoldeten — A § 4 Anm. 3 c.
Kreistierärzte, Ortszuschlag der nichtvollbesoldeten — A § 4 Anm. 3 c.
Kriegsbeihilfen, Wegfall der — A Anm. zu § 34.
Kriegsdienstzeit A § 3 Anm. 17.
Kriegsteuerungszulagen, Wegfall der — A § 34 Anm. 1.
Kürzung des Diensteinkommens A Vorb. Ziff. 5, — der Grundgehalts- und Grundvergütungssätze bei weiblichen Beamten A § 1 Anm. 7, — des Diensteinkommens im Disziplinarverfahren XIII Ziff. 62, — des Ortszuschlages bei Doppelbeamten A § 4 Anm. 7, — der Kinderbeihilfen bei eigenem Einkommen A § 17 Anm. 12.
Kunsthochschulen A § 11 Anm. 5.

L.

Landesdienst A § 3 Anm. 40.
Landgendarmerie, s. Landjägerei.
Landjägerei, Beamte der —, Anrechnung von Militärdienstzeit A § 3 Anm. 9, Ausdehnung der Wartegeldverordnung vom 26. Febr. 1919, auf die — A § 19 Anm. 8, Ausdehnung der Vorschriften des Zivilruhegehaltsgesetzes auf die — A § 21 Anm. 2, Anwendung der BARG. auf ehemalige Offiziere der Landgendarmerie B § 1 Anm. 6.
Ledige Beamte A § 1 Anm. 6 f.

M.

Marinedienstzeit, s. Militärdienstzeit.
Mehrere Stellen, Inhaber von — A § 1 Anm. 8.
Mietentschädigungen, A § 7 Anm. 2.
Militäranwärter, Begriff A § 3 Anm. 8.
Militärdienstzeit, Begriff A § 3 Anm. 9, Anrechnung von — A § 3 Anm. 12—17, Nichtanrechnung von — A § 3 Anm. 18.
Mindestgrundgehaltssätze A § 1 Anm. 5.
Ministerialzulage A § 8 Anm. 1.
Mittelbare Staatsbeamte, Dienstbezüge der — A § 1 Anm. 3, Kürzung des Ortszuschlags bei Doppelbeamten A § 4 Anm. 7.
Monatliche Zahlung A § 11 Anm. 3, § 27 Anm. 1.

N.

Nachprüfung, keine — des Besoldungsdienstalters durch die Gerichte A § 3 Anm. 48.
Nachweisung der Dienstbezüge der nichtplanmäßigen Beamten A § 11 Anm. 8.

Naturalbezüge A § 10 Anm. 1.
Nebenämter A § 9 Anm. 5.
Nebenbeschäftigungen A § 9 Anm. 5.
Nebenbezüge A § 9 Anm. 1, der Hofbeamten A § 21 Anm. 2, Schaffung neuer — A § 30 Anm. 1.
Neue Stellen, vorzeitige Besetzung A § 3 Anm. 30, XIII Ziff. 13.
Nichtplanmäßige Beamte, s. Stellenanwärter.
Nichtruhegehaltsfähige Teile des Diensteinkommens A § 21 Anm. 4.
Notstandsbeihilfen Anhang XIV 1.
Notzuschlag zur Grundvergütung und zum Ortszuschlag der nichtplanmäßigen Beamten A Anm. zu § 11 a.

O.

Offiziere, Anstellungsverhältnisse ehemaliger aktiver — im Zivildienst A § 3 Anm. 19, XIII Ziff. 36, frühere — der Landgendarmerie B § 1 Anm. 6.
Organisationsänderung, Aenderung der Besoldungsordnung bei — A § 8 Anm. 1, § 30 Anm. 1.
Oertliche Sonderzuschläge A § 18 Anm. 2.
Ortsklassen, Zahl und Bezeichnung A § 4 Anm. 3 b.
Ortsklassenverzeichnis A § 5 Anm. 1.
Ortszuschlag, Bedeutung und Zweck des — A § 4 Anm. 1, Bestandteil des Diensteinkommens A § 4 Anm. 2, Kürzung im Disziplinarverfahren XIII Ziff. 92, bei Beamten mit Mindestgrundgehaltssätzen A § 4 Anm. 3 c, — bei nichtplanmäßigen Beamten A § 14 Anm. 3, — der wissenschaftl. Assistenten A § 14 Anm. 6, — für verheiratete weibliche Beamte A § 4 Anm. 4, Kürzung bei Doppelbeamten A § 4 Anm. 7, Aenderung infolge Versetzung § 6 Anm. 2.
Ortszuschlagsgruppen A § 4 Anm. 3 c.

P.

Pension, s. Ruhegehalt.
Pensionäre, s. Ruhegehaltsempfänger.
Pensionsfähig, s. Ruhegehaltsfähig.
Pfändbarkeit des Diensteinkommens, — des Gnadenvierteljahrs, — des Wartegeldes, — des Ruhegehaltes, des Witwen- und Waisengeldes A Vorb. Ziff. 5, — des Ortszuschlages A § 4 Anm. 2, — der Kinderbeihilfen A § 17 Anm. 2, — des Ausgleichszuschlages A § 18 Anm. 4, — des Versorgungszuschlages A § 23 Anm. 1.
Pflegekinder XIII Ziff. 110.
Planmäßig angestellte Beamte, Begriff A § 1 Anm. 1.
Planmäßige Anstellung A § 1 Anm. 1, — der Stellenanwärter nach fünf Jahren A § 13 Anm. 6.
Politische Beamte, Höchstgrenze des Wartegeldes für — A § 19 Anm. 3, s. auch Veränd. während des Drucks.
Polizeibeamte, s. Schutzmannschaft, Schutzpolizei.
Polizeiversorgungsschein A § 3 Anm. 21 u. 22.
Praktische Beschäftigung außerhalb des Staatsbeamtenverhältnisses A § 3 Anm. 42 u. 43.
Probe, Beamte auf — A § 3 Anm. 2.
Probedienstleistung der Militäranwärter A § 3 Anm. 11.
Punktstellen, s. Aufrückungsstellen.

R.

Rang, bei Versetzung im Interesse des Dienstes A § 3 Anm. 31.
Rangunterschiede A § 1 Anm. 6 b.
Rechtsanspruch auf das Aufrücken im Grundgehalt A § 2 Anm. 7, kein — auf Aufrücken in der Grundvergütung A § 11 Anm. 3, kein — auf Verleihung einer Aufrückungsstelle A § 1 Anm. 6 c.
Rechtsweg, zur Verfolgung der Ansprüche auf die Dienstbezüge A § 2 Anm. 7.
Referendare A § 11 Anm. 2.
Registratoren bei der Justiz, Regelung ihrer Dienstverhältnisse A § 31 Anm. 1.

Reichsdienst, Berücksichtigung beim Uebertritt in den preuß. Dienst A § 3 Anm. 40.
Reisekosten A Vorb. Ziff. 2.
Remunerationsfonds A § 8 Anm. 4.
Repräsentationsgelder, s. Aufwandsentschädigungen.
Richterliche Beamte, Ausdehnung des § 13 der Verord. vom 26. Febr. 1919 auf die — A § 19 Anm. 10.
Ruhegehalt der Staatsbeamten, Berechnung A § 21 Anm. 4, Berechnung des neuen — der Altruhegehaltsempfänger B § 1 Anm. 7.
Ruhegehaltsempfänger nach § 13 der Verord. v. 26. Febr. 1919 B § 1 Anm. 1 u. 7.
Ruhegehaltszuschlag, s. Versorgungszuschlag.
Ruhen des Anspruchs auf Dienstalterszulagen A § 2, Anm. 8, — der Versorgungsbezüge bei Altversorgungsberechtigten B § 6 Anm. 1—5.

S.

Schutzmannschaft, Beamte der — Anrechnung von Militärdienstzeit A § 3 Anm. 8 u. 9, Nichtanrechnung von Militärdienstzeit A § 3 Anm. 18.
Schutzpolizei, bewaffnete und uniformierte Beamte der A § 3 Anm. 21 u. 22.
Sicherheitspolizei, s. Schutzpolizei.
Soldaten der Wehrmacht, Anstellungsverhältnisse ehem. — A § 3 Anm. 21 u. 22.
Sondervergünstigungen, Anrechnung von — A § 10 Anm. 1.
Sondervergütungen Beseitigung der — A § 8 Anm. 1, Schaffung neuer — A § 30 Anm. 1, außerordentliche — A § 8 Anm. 4.
Sonderzuschläge, örtliche A § 18 Anm. 2.
Staatsdienstzeit, Anrechnung von — bei Ruhestandsbeamten B Vorb. Ziff. 4, § 5 Anm. 1—6.
Stellenanwärter, Bedeutung der Bezeichnung A § 11 Anm. 1.
Stellenzulagen, Beseitigung der — A § 8 Anm. 1.
Sterbemonat A Vorb. Ziff. 5.
Steuervorrechte, Wegfall der — A § 1 Anm. 6 g.
Stiefkinder, Kinderbeihilfe für — A § 17 Anm. 17.
Strafversetzung, Gehaltsregelung bei A § 3 Anm. 31.

T.

Titel, s. Amtstitel.

U.

Ueberspringen von Besoldungsgruppen A § 3 Anm. 29.
Ueberstunden A § 8 Anm. 2.
Uebertritt in eine niedrigere Besoldungsgruppe A § 3 Anm. 30.
Universitäten, s. wissenschaftl. Hochschulen.
Universitätsprofessoren, s. Hochschulprofessoren.
Unmittelbare Staatsbeamte, Begriff A § 1 Anm. 2.
Unterhaltszuschüsse A § 11 Anm. 2.
Unterrichtshonorare A § 9 Anm. 2.
Unterstützungen, Wegfall ruhegehaltsähnlicher — bei Altversorgungsberechtigten B § 1 Anm. 8.
Unverheiratete Beamte A § 1 Anm. 6 f.
Urlaub A Vorb. Ziff. 5.

V.

Vergütungsstufen s. Dienstaltersstufen.
Verheiratete weibliche Beamte, Ortszuschlag für — A § 4 Anm. 4, Kinderbeihilfen an — XIII Ziff. 107.
Verjährung der Dienstbezüge, des Wartegeldes, des Ruhegehaltes, des Witwen- u. Waisengeldes A Vorb. Ziff. 5.
Verlust des Amtes A § 2 Anm. 12.
Versetzung in ein anderes Amt mit gleichem Range A § 3 Anm. 31.
Versorgungsbezüge der Ruhestandsbeamten und Hinterbliebenen A Vorb. Ziff. 3, der Hinterbliebenen von Hochschulprofessoren A § 22 Anm. 3.

Versorgungszuschlag, Begriff A § 23 Anm. 1, Normalbetrag des — bei Ruhestandsbeamten A § 23 Anm. 3, Erhöhung des — A § 23 Anm. 4, — der Altruhestandsbeamten und Altwitwen B Vorb. Ziff. 2.

Verzögerung in der Verleihung einer planmäßigen Stelle A § 3 Anm. 46, des Aufrückens in der Grundvergütung A § 12 Anm. 6.

Vorbereitungsdienst A § 11 Anm. 2.

Vordienstzeit, Anrechnung von — auf das Besoldungsdienstalter A § 3 Anm. 36—44.

Vorenthaltene Beträge A § 2 Anm. 13.

Vorlesungshonorare A § 9 Anm. 2.

Vorrückung des Besoldungsdienstalters A § 3 Anm. 1, 23—29, — des Anwärterdienstalters A § 13 Anm. 4.

Voruntersuchung A § 2 Anm. 11.

Vorzeitige Besetzung neuer Stellen A § 3 Anm. 7.

W.

Waisengeld, für Waisen von Hochschullehrern A § 22 Anm. 3, Berechnung des neuen —es bei Altwaisen B § 2 Anm. 6, bei Altwaisen von Hochschullehrern B § 7 Anm. 6—8.

Wartegeld, Höchstgrenze bei politischen Beamten A § 19 Anm. 3, Berechnung des neuen —es bei Altwartegeldempfängern B § 1 Anm. 7.

Wartegeldzuschlag s. Versorgungszuschlag.

Wehrmacht, Anstellung ehemaliger Soldaten der — A § 3 Anm. 21 u. 22.

Weibliche Beamte, Gleichstellung mit den männl. A § 3 Anm. 7, s. a. verheiratete weibliche Beamte.

Widerruf, Beamte auf — A § 3 Anm. 2.

Wiederanstellung in den Ruhestand versetzter Beamten in planmäßigen Stellen XIII Ziff. 55 u. 56, — freiwillig ausgeschiedener Beamter XIII Ziff. 57.

Wirtschaftsbeihilfen s. Sonderzuschläge, örtliche.

Wissenschaftliche Assistenten, Dienstbezüge der — A § 11 Anm. 4.

Wissenschaftliche Hilfskräfte, A § 11 Anm. 6.

Wissenschaftliche Hochschulen, Begriff A § 11 Anm. 5, Ausdehnung der Vorschriften des Ruhegehaltsgesetzes auf die Lehrer an den — A § 21 Anm. 3.

Witwengeld, Mindest- u. Höchstgrenze A § 22 Anm. 2, s. auch Veränd. während des Druckes, Berechnung des neuen —es bei Altwitwen B § 2 Anm. 6.

Witwengeldzuschlag s. Versorgungszuschlag.

Witwenverpflegungsanstalt, Allgemeine B § 2 Anm. 1.

Wohnsitz, dienstlicher A § 6 Anm. 1.

Wohnungsgeldzuschuß A § 4 Anm. 1.

Wohnungsbeihilfe A § 6 Anm. 1.

Z.

Zahlung des Diensteinkommens, der Kinderbeihilfen, des Wartegeldes, des Ruhegehaltes, der Hinterbliebenenbezüge A § 27 Anm. 1, — auf ein Konto A § 27 Anm. 2.

Zentralgenossenschaftskasse, Preuß. Beamte der — A § 1 Anm. 2.

Zivilanwärter, Nichtanrechnung von Militärdienstzeit A § 3 Anm. 18, Anstellung nach spätestens 5 Jahren A § 12 Anm. 2, § 13 Anm. 6.

Zivildienstschein A § 3 Anm. 21 u. 22.

Zivildienstzeit, Begriff A § 3 Anm. 11.

Zivilruhegehaltsgesetz, Aenderungen des — A Anm. zu § 21; s. auch Veränd. während des Druckes.

Zulagen A § 8 Anm. 1.

Zuletzt bekleidete Stelle B § 1 Anm. 4.

Zurückzahlung von Dienstbezügen A Vorb. Ziff. 5.

Verlag von H. W. Müller, München und Berlin.

Handelsgesetzbuch und Wechselordnung

nebst Einführungs- und Nebengesetzen
(Ausgabe ohne Seerecht).

Erläutert durch die Rechtsprechung des Reichsgerichts

von

Julius Basch,
Justizrat und Notar.

8., verbesserte Auflage. 1920. Gebunden GZ. 5.—.

Strafrecht und Strafprozeß.

Eine Sammlung der wichtigsten, das
Strafrecht und das Strafverfahren betreffenden Gesetze.

Erläutert und herausgegeben von

Dr. A. Dalcke
weiland Ober-Staatsanwalt, Geh. Ober-Justizrat.

16. neubearbeitete Auflage
besorgt von

P. Dalcke
Amtsgerichtsrat.

1923. Preis gbd. GZ. 10.

Grundzahl mal Schlüsselzahl = Verkaufspreis

Verlag von H. W. Müller, München und Berlin.

Das
Feld- und Forstpolizeigesetz
vom 1. April 1880
mit Erläuterungen
von
Dr. P. Daude
weil. Geh. Reg.-Rat und Universitätsrichter.
Fünfte Auflage
bearbeitet und herausgegeben von
Dr. E. Daude,
Amtsgerichtsrat in Halle a. S.

1920. 14 Bogen. Preis GZ. 3.5.

Die
Preußische Jagdordnung
vom 15. Juli 1907
nebst der Ausführungsanweisung und die sonstigen jagdgesetzlichen Bestimmungen für Preußen

Zum praktischen Gebrauch erläutert
von **Görcke,** Amtsgerichtsrat.

5. Auflage des Dr. P. Kohlt'schen Werkes
„Die preußischen Jagdgesetze".

1920. 253 Seiten. Gebunden GZ. 4.5.

Grundzahl mal Schlüsselzahl = Verkaufspreis

FSC
www.fsc.org
MIX
Papier | Fördert
gute Waldnutzung
FSC® C083411

Kolibri 360 GmbH
Ferdinand-Jühlke-Straße 7
99095 Erfurt, Deutschland
produktsicherheit@kolibri360.de